Julia Christine Pohl

AF828647

Doppelte Rechtshängigkeit im schiedsgerichtlichen Verfahren

Ein Beitrag zur besseren Erfassung
der Schiedshängigkeit unter besonderer
Berücksichtigung des deutschen
und US-amerikanischen Schiedsrechts

PL ACADEMIC RESEARCH

Bibliografische Information der Deutschen Nationalbibliothek
Die Deutsche Nationalbibliothek verzeichnet diese Publikation in der Deutschen Nationalbibliografie; detaillierte bibliografische Daten sind im Internet über http://dnb.d-nb.de abrufbar.

Zugl.: Freiburg (Breisgau), Univ., Diss., 2014

Erstgutachter:	Prof. Dr. Dres. h.c. Rolf Stürner
Zweitgutachter:	Prof. Dr. Alexander Bruns, LL.M. (Duke University)
Tag der mündlichen Prüfung:	11. November 2014
Dekan:	Prof. Dr. Matthias Jestaedt
Dissertationsort:	Freiburg im Breisgau
Erscheinungsjahr der Dissertation:	2015

D 25
ISSN 0531-7312
ISBN 978-3-631-66419-3 (Print)
E-ISBN 978-3-653-05564-1 (E-Book)
DOI 10.3726/978-3-653-05564-1

© Peter Lang GmbH
Internationaler Verlag der Wissenschaften
Frankfurt am Main 2015
Alle Rechte vorbehalten.
PL Academic Research ist ein Imprint der Peter Lang GmbH.
Peter Lang – Frankfurt am Main · Bern · Bruxelles · New York · Oxford · Warszawa · Wien

Das Werk einschließlich aller seiner Teile ist urheberrechtlich geschützt.
Jede Verwertung außerhalb der engen Grenzen des Urheberrechtsgesetzes ist ohne Zustimmung des Verlages unzulässig und strafbar.
Das gilt insbesondere für Vervielfältigungen, Übersetzungen, Mikroverfilmungen und die Einspeicherung und Verarbeitung in elektronischen Systemen.

Diese Publikation wurde begutachtet.

www.peterlang.com

Meiner Familie

Vorwort

Die vorliegende Arbeit wurde im Wintersemester 2014/2015 von der Rechtswissenschaftlichen Fakultät der Albert-Ludwigs-Universität Freiburg als Dissertation angenommen. Rechtsprechung und Literatur konnten bis Anfang 2014 Berücksichtigung finden.

Mein größter Dank gilt meinem Doktorvater, Herrn Professor Dr. Dres. h.c. Rolf Stürner, der die Anregung zu diesem Thema gab, mich während meiner gesamten Promotionszeit sehr gut betreut hat und mir stets ein sehr guter Gesprächspartner war. Dies gilt vor allem auch für die Zeit nach meinem Umzug nach Hamburg. Herzlich bedanken möchte ich mich auch bei Herrn Professor Dr. Alexander Bruns, LL.M. (Duke University) für die zügige Erstellung des Zweitgutachtens.

Besonders dankbar bin ich meiner Mutter, meiner Schwester und meiner Großmutter: Sie haben mich während der gesamten Fertigstellung der Dissertation unterstützt, hatten stets ein offenes Ohr und haben es zu jeder Zeit verstanden, mich weiterhin zu motivieren.

Hamburg, im Februar 2015 — Julia Christine Pohl

Inhaltsverzeichnis

1. Kapitel. Nationaler Teil

A. Einleitung

Die schiedsgerichtliche Streitbeilegung steht im Mittelpunkt des Interesses von Rechtswissenschaft und Rechtspraxis: Ausdruck hierfür ist nicht nur die rasant wachsende Anzahl an Publikationen und Gerichtsentscheidungen zu dieser Thematik, sondern gerade auch die Statistik[1] der tatsächlich durchgeführten Schiedsgerichtsverfahren sowie der Umstand, dass immer mehr Kanzleien das Schiedsverfahren als eigenständiges Tätigkeitsfeld angeben.[2] Die Gründe hierfür sind vielfältig: Einerseits wird der Zuspruch, den die Schiedsgerichtsbarkeit erfährt, von ihren Befürwortern mit ihrer Flexibilität gegenüber der Staatsgerichtsbarkeit begründet. Andererseits ist auch die Überbeanspruchung der Justiz bei stagnierenden Personal- und Finanzressourcen ein Grund für eine generell verstärkte Debatte über Alternativen zur staatlichen Gerichtsbarkeit.[3]

Darüber hinaus entspricht die Weiterentwicklung und Ausgestaltung des schiedsgerichtlichen Verfahrens heute einem nicht mehr zu ignorierenden Bedürfnis des Wirtschaftslebens.[4] Der Gesetzgeber hat auf dieses Bedürfnis dadurch reagiert, dass auch er eine Stärkung alternativer Konfliktlösungsmechanismen – in gewissen Grenzen – befürwortet. In den vergangenen Jahren ist eine Öffnung des Zivilprozesses für konsensuale Streitbeilegung in Form von verschiedenen schiedsgerichtsfreundlichen Gesetzesänderungen zu beobachten.[5] Die zunehmende staatliche Akzeptanz schiedsgerichtlicher Streitbeilegung spiegelt sich auch in der Politik wider. Im Jahr 2004 hat die Bundesregierung daher im milliardenschweren

---

1 Zahlenangaben aus den Jahren 2011 und 2013 zu eingeleiteten Schiedsverfahren unter anderem unter den Verfahrensordnungen der DIS, der ICC, und der AAA führen an Markert/Wilske, SchiedsVZ 2012, S. 58 (58) sowie Markert/Wilske/Bräuninger, SchiedsVZ 2014, S. 49 (51 f.). Vgl. auch Thümmel, in: FS Kaissis, S. 1027, Fn. 1.

2 Allerdings ist zu bedenken, dass trotz der zunehmenden Anzahl an Veröffentlichungen zu schiedsgerichtlichen Problemkreisen aufgrund der Nichtöffentlichkeit schiedsgerichtlicher Verfahren die existierenden Statistiken keine exakten Angaben über die tatsächlich geführten Schiedsverfahren anzugeben vermögen (Näheres zur Nichtöffentlichkeit noch unter Gliederungspunkt 1. Kapitel. C.VI. 2.). Insbesondere über die Ad-hoc-Verfahren fehlen deshalb verlässliche Zahlenangaben. Eingehend hierzu Lachmann, Schiedsgerichtspraxis, S. 29 ff. Wegen dieser ungesicherten Anzahl über durchgeführte Schiedsverfahren nur von einem Bedeutungszuwachs des Schiedsverfahrens in der Rechtstheorie bzw. Lehre zu sprechen wäre jedoch verfehlt.

3 Ebbing, Private Zivilgerichte, S. 11.

4 Stein/Jonas-*Schlosser*, Vor § 1025, Rn. 1; Prütting/Gehrlein-*Prütting*, § 1025, Rn. 3.

5 BT-Drucks. 13/5274, S. 34 ff.

Rechtsstreit um die LKW-Mautgebühr (Toll Collect) die Entscheidungsbefugnis an ein Schiedsgericht und nicht an ein ordentliches Gericht übertragen.[6]

Bei der Auseinandersetzung mit den veröffentlichten Werken zur Schiedsgerichtsbarkeit wird zweierlei deutlich, dass mehrheitlich dem schiedsgerichtlichen Verfahren zum einen eine wachsende Bedeutung neben der staatlichen Gerichtsbarkeit bestätigt wird. Zudem hat der Gesetzgeber in der Gesetzesbegründung zur Neuregelung des Schiedsverfahrensrechts an verschiedenen Stellen zum Ausdruck gebracht, dass mit der Neuregelung im Grunde eine Gleichstellung der Schiedsgerichtsbarkeit mit dem Staatsverfahren beabsichtigt ist.[7] Zum anderen geht eine umfassende Gleichstellung des schiedsgerichtlichen Verfahrens mit dem Staatsprozess mit diesem Gleichstellungsbestreben bisher jedoch nicht einher.[8] Besonders in prozessualer Hinsicht werden (von Gesetzes wegen) signifikante Unterschiede zwischen staatlichem Verfahren und Schiedsverfahren gemacht. So führt nach herrschender Ansicht in Rechtsprechung[9] und Literatur[10] die Klageerhebung vor einem Schiedsgericht nicht zu einer Klageerhebung im Sinn der Zivilprozessordnung. Im Schiedsverfahren werden deshalb die Rechtshängigkeit als solche und besonders die prozessuale Wirkung einer Verfahrenssperre, wie sie für das staatliche Verfahren in § 261 Abs. 3 Nr. 1 ZPO kodifiziert ist, schlichtweg nicht anerkannt[11] oder von vornherein gar nicht thematisiert.

Die Zivilprozessordnung sieht für das staatliche Verfahren mehrere Mechanismen vor, um identische Verfahren zwischen denselben Parteien in unterschiedlichen Verfahrensstadien zu berücksichtigen und um den negativen Folgen dieser Verfahrensdoppelung frühzeitig und wirksam entgegenzuwirken. Nach Verfahrensabschluss dient das Institut der Rechtskraft (*res judicata*)[12] der Koordination von Verfahren über einen identischen Streitgegenstand. Zeitgleich ablaufende Parallelverfahren, also Verfahren zwischen identischen Parteien in derselben Streitsache,

---

6 Im Schiedsverfahren gilt der Grundsatz der Vertraulichkeit, hierzu unter Gliederungspunkt 1. Kapitel. C.VI. 2. Diesem ist es geschuldet, dass der Öffentlichkeit zu dem angesprochenen Schiedsverfahren um die Mautgebühr nur wenige Informationen zugänglich gemacht werden. Zu diesem Verfahren Schwenn, „*Toll Collect: Bund erwägt Trennung*“, in: Frankfurter Allgemeine Zeitung, Artikel vom 15.2.2012; Hinweise gibt auch Schill, SchiedsVZ 2012, S. 335 (335).

7 BT-Drucks. 13/5274, S. 36, li. Sp.

8 An dieser Stelle kann offen bleiben, ob eine umfassende Gleichstellung erstens überhaupt zulässig und zweitens erstrebenswert ist.

9 BGHZ 41, 104 (107); BGH NJW 1958, S. 950 (950).

10 Schütze/Tscherning/Wais, Handbuch Schiedsverfahren, S. 195, Rn. 385; Rosenberg/Schwab/Gottwald, § 179, Rn. 41; Schwab/Walter, Schiedsgerichtsbarkeit, Kap. 16, Rn. 4; Lachmann, Schiedsgerichtspraxis, S. 204, Rn. 762.

11 Vgl. BGH MDR 2011, S. 1002 (1002), der für das Verhältnis zwischen staatlicher Gerichtsbarkeit und Schiedsgerichtsbarkeit eine auf Rechtshängigkeit abstellende Regelung ablehnt.

12 Zur Begriffsklärung Cremades/ Madalena, 24 Arb. Int’l (2008), S. 507 (519).

werden durch den Grundsatz der Rechtshängigkeit (*lis pendens*-Grundsatz) geregelt. Dieser sieht nach § 261 Abs. 3 Nr. 1 ZPO eine Verfahrenskoordination dergestalt vor, dass der Antrag auf ein zeitlich nachfolgendes Verfahren von Amts wegen als unzulässig abgewiesen wird. Demgegenüber ist es für das schiedsgerichtliche Verfahren der ZPO nach derzeitiger Gesetzeslage möglich und in der Rechtspraxis üblich, dass es in bestimmten verfahrensrechtlichen Konstellationen zum (unerwünschten) Parallellauf eines staatlichen und eines schiedsgerichtlichen Verfahrens oder zu Parallelverfahren vor mehreren Schiedsgerichten über denselben Streitgegenstand zwischen denselben Parteien kommen kann.[13]

Zielsetzung dieser Arbeit ist es zunächst, die Notwendigkeit und Existenz des Instituts der Rechtshängigkeit im Schiedsverfahren aufzuzeigen und in einem weiteren Schritt die weitgehende Kongruenz eines schiedsgerichtlichen Instituts der Rechtshängigkeit mit dem traditionellen Rechtsinstitut des staatlichen Verfahrens zu belegen.[14] Es gilt zu ergründen, ob das Gleichstellungsbestreben des Gesetzgebers nicht zu einer prozessualen Aufwertung des schiedsgerichtlichen Verfahrens durch ein der Rechtshängigkeit des staatlichen Verfahrens entsprechendes Institut führen sollte. Hierdurch könnte der Schiedsgerichtsbarkeit mehr eigenständiges Gewicht verschafft und ihr somit zum Status einer echten (ernst zu nehmenden) Alternative zur staatlichen Gerichtsbarkeit verholfen werden.[15]

Die Frage nach den Auswirkungen einer anderweitigen Rechtshängigkeit auf die Zuständigkeit eines Schiedsgerichts ist für den Fall der Anhängigkeit derselben Streitsache in einem staatlichen Verfahren bereits häufiger thematisiert worden.[16] Die Rechtsfolgen eines anderweitig rechtshängigen Schiedsverfahrens (sogenannter schiedsinterner Kollisionsfall) sind hingegen wenig hinterfragt.[17] In dieser Arbeit bildet der Zuständigkeitskonflikt bei zwei gleichzeitig rechtshängigen Schiedsverfahren den Untersuchungsschwerpunkt. Auf den ersten Blick kommt es in der Praxis seltener zu einem Zuständigkeitskonflikt zweier Schiedsgerichte als

---

13 Hierzu unter Gliederungspunkt 1. Kapitel. F.II. 6. b)aa).

14 Zumeist wird die Thematik prozessualer Wirkungen des schiedsgerichtlichen Verfahrensbeginns unter dem Stichwort der Schiedshängigkeit thematisiert. Hier wird diese Begrifflichkeit bewusst nicht gewählt, da überwiegend mit der Bezeichnung als „Schiedshängigkeit“ eine inhaltliche Differenzierung zwischen Rechtshängigkeit einerseits und Schiedshängigkeit andererseits einhergeht. Der Schiedshängigkeit werden prozessual weniger weitreichende Wirkungen beigemessen. Daher wird im Rahmen dieser Arbeit die Begrifflichkeit der „Rechtshängigkeit“ bevorzugt, um nicht von vornherein ein Defizit der schiedsgerichtlichen Wirkungen zu unterstellen. So auch Bosch, Rechtshängigkeit im Schiedsverfahren, S. 2, Fn. 5.

15 Vgl. auch BT-Drucks. 13/5274, S. 46, li. Sp.; BT-Drucks. 13/5274, S. 34, re. Sp.; vgl. MüKo-*Münch*, Vor §§ 1025 ff., Rn. 127; Schütze, Schiedsgericht und Schiedsverfahren, S. 3, Rn. 9.

16 Hierzu z. B. Van Houtte, in: ASA Special Series (2001), S. 35 ff.; Schlosser, in: ASA Special Series (2001), S. 15 ff.

17 Hierzu Mansel, in: FS Kühne, S. 809 ff.

zu einem Zuständigkeitskonflikt mit einem staatlichen Gericht. Gerade wegen der steigenden Bedeutung von schiedsgerichtlichen Verfahren – vor allem im Wirtschaftsrecht – steht aber zu erwarten, dass sich zukünftig häufiger schiedsinterne Zuständigkeitskonflikte ergeben. Ursachen für Parallelverfahren können insbesondere unklare oder missverständliche Schiedsvereinbarungen oder prozesstaktische Erwägungen der beteiligten Schiedsparteien sein.[18]

Um die rechtliche Handhabung schiedsinterner Kollisionsfälle eingehend untersuchen zu können, sind die in diesem Zusammenhang denkbaren Verfahrenskonstellationen zu erörtern.[19] Anhand der Verfahrenskonstellationen ist sodann zu klären, ob ein Parallelinstitut zur Rechtshängigkeit, ausgestattet mit der prozessualen Wirkung der Verfahrenssperre, entsprechend oder – was zu erläutern ist – nur ähnlich der Regelung in § 261 Abs. 3 Nr. 1 ZPO einer schiedsinternen Doppelbefassung prozessual einen Riegel vorschieben kann. Ein Ansatzpunkt für eine schiedsgerichtliche Rechtshängigkeitsregelung sind hierbei nicht nur die Wirkungen dieses Rechtsinstituts, sondern ganz entscheidend dessen Funktionen.[20] Fraglich ist, ob die Funktionen der Rechtshängigkeit unmodifiziert aus dem staatlichen Zivilprozess auf das Schiedsverfahren zu übertragen sind oder ob sie entsprechend dem Wesen und der Stellung des Schiedsverfahrens in der Rechtsordnung an schiedstypische Besonderheiten anzupassen sind.

Als Hinweis auf eine tatsächlich existente Rechtshängigkeitsregelung im Schiedsverfahren ist § 1044 ZPO zu untersuchen, der ähnlich den Regelungen im staatlichen Verfahren (§ 253 Abs. 1 ZPO in Verbindung mit § 261 Abs. 1 ZPO) den Beginn des schiedsgerichtlichen Verfahrens normiert. Des Weiteren ist § 1055 ZPO daraufhin zu überprüfen, ob die Vorschrift als möglicher Ausgangspunkt und Grundlage für eine Rechtshängigkeitsregelung im schiedsgerichtlichen Rechtsverkehr fungieren kann, da diese Regelung dem Schiedsspruch die Wirkungen eines rechtskräftigen gerichtlichen Urteils zuspricht.[21] Wegen des engen Zusammenspiels von Rechtskraft und Rechtshängigkeit – jedenfalls im staatlichen Verfahren – könnte die Vorschrift mit ihrem Regelungsgehalt bereits das verfahrensrechtliche Stadium vor Eintritt der Rechtskraftwirkung mit umfassen und somit ebenfalls eine Aussage über das Rechtsinstitut der Rechtshängigkeit beinhalten.[22]

Neben gesetzlichen Ausgangspunkten für eine Erfassung der Rechtshängigkeit im Schiedsverfahren stellt die Einordnung des Rechtsinstituts als allgemeiner, zwingender Verfahrensgrundsatz des deutschen Schiedsverfahrensrechts nach § 1042 Abs. 3 ZPO einen zentralen Gesichtspunkt innerhalb dieser Arbeit dar.[23] Hierzu wird eingehend erörtert, was einen Verfahrensgrundsatz im

---

18 Hierzu unter Gliederungspunkt 1. Kapitel. F.II. 6. c)dd)(2).
19 Hierzu unter Gliederungspunkt 1. Kapitel. F.II. 6. c) ff.
20 Hierzu unter den Gliederungspunkten 1. Kapitel. F.I. 2. d) und 1. Kapitel. F.II. 3. c) ff.
21 Hierzu unter Gliederungspunkt 1. Kapitel. D.II. 1. ff.
22 Hierzu unter Gliederungspunkt1. Kapitel. F.II. 6. c)ii).
23 Hierzu unter den Gliederungspunkten 1. Kapitel. F.II. 6. c)ff) ff.

schiedsgerichtlichen Verfahren ausmacht und ob Rechtshängigkeit diese Erfordernisse erfüllen kann.

Die derzeitigen gesetzlichen Regelungen des Schiedsverfahrensrechts könnten aber auch unzulänglich und lückenhaft sein und daher den bereits angesprochenen Analogieschluss zu der Regelung in § 261 Abs. 3 ZPO im staatlichen Verfahren erfordern. Je nachdem, wie die Fragestellung nach der Ergiebigkeit der bestehenden Gesetzeslage zu beantworten sein wird, könnte sich in letzter Konsequenz auch das Bedürfnis nach einer Gesetzesänderung im Sinne einer expliziten Rechtshängigkeitsregelung im Schiedsverfahren ergeben.

Eingangs wurde die Wahl einer schiedsgerichtlichen Thematik mit der zunehmend größeren Rolle der Schiedsgerichtsbarkeit begründet. Besonders im internationalen Rechtsverkehr nimmt die Anzahl von schiedsgerichtlichen Verfahren zu.[24] Diese steigende Relevanz ist eng mit den Veränderungen der weltpolitischen Rahmenbedingungen und der unterschiedlichen Integration der Schiedsgerichtsbarkeit innerhalb der verschiedenen staatlichen Rechtspflegesysteme verbunden. Die rechtliche Qualifikation der schiedsgerichtlichen Streitbeilegung innerhalb des Gesamtrechtspflegesystems eines Staates kann sich entscheidend und auf unterschiedliche Weise auch auf das Zuständigkeitsverhältnis zwischen mehreren Schiedsgerichten auswirken. Als Ursache für die steigende Anzahl schiedsgerichtlicher Verfahren besonders im internationalen Rechtsverkehr ist die einfachere verfahrensrechtliche Handhabung im Vergleich zum Rechtsverkehr zwischen staatlichen Gerichten zu nennen. So ist zum Beispiel die internationale Vollstreckung von Schiedssprüchen im Vergleich zur internationalen Urteilsvollstreckung deutlich einfacher.[25] Als Grund hierfür lässt sich die Existenz verschiedener internationaler Abkommen wie zum Beispiel des New Yorker UN-Übereinkommens über die Anerkennung und Vollstreckung ausländischer Schiedssprüche (UNÜ) vom 10.6.1958 anführen, dem sich bislang 150 Staaten angeschlossen haben.[26]

Wegen dieses großen Erfolges im internationalen Rechtsverkehr wird auch die Funktionsweise der grenzüberschreitenden Schiedsgerichtsbarkeit beim Umgang mit doppelt rechtshängigen Schiedsverfahren analysiert werden. Der schiedsinterne Kollisionsfall kann nämlich nicht nur beschränkt auf nationales Schiedsverfahrensrecht auftreten, sondern auch im internationalen Verhältnis relevant werden.

---

24 So auch Böckstiegel, DRiZ 1996, S. 267 (270); MüKo-*Münch*, Vor §§ 1025 ff., Rn. 18; grundlegend zur internationalen Schiedsgerichtsbarkeit Born, International Arbitration, S. 1 ff.; Schlosser, Internationale Schiedsgerichtsbarkeit, S. 1 ff.; im Übrigen zum internationalen Schiedsrecht Frick, Arbitration, S. 7 ff.

25 Reitmann/Martiny, Internationales Vertragsrecht, S. 2025, Rn. 6550.

26 Der aktuelle Status zur Anzahl der Mitgliedsstaaten des UNÜ ist abrufbar unter der Homepage http://www.uncitral.org/uncitral/en/uncitral_texts/arbitration/NYConvention_status.html. Eingehend zum UNÜ Van den Berg, New York Convention sowie unter den Gliederungspunkten 1. Kapitel. F.II. 3. a)bb)(4) und 3. Kapitel. B.I. 2. a)bb)(3) ff.

Da der internationale schiedsinterne Kollisionsfall nicht vollkommen losgelöst von nationalen Schiedsrechten auftritt, wird neben dem deutschen Schiedsverfahrensrecht beispielhaft auch das US-amerikanische Schiedsverfahrensrecht Gegenstand dieser Dissertationsschrift sein. Im Hinblick auf die dominante Stellung der USA im Bereich der internationalen Schiedsgerichtsbarkeit (*International Arbitration*) bietet sich ein Rechtsvergleich zwischen dem deutschen und dem US-amerikanischen Schiedsrecht besonders an. Im Gegensatz zur kontinental-europäischen Rechtskultur haben vielfältige Formen außergerichtlicher Streitbeilegung in den Vereinigten Staaten von Amerika schon lange Zeit Hochkonjunktur.[27] Zudem erfährt das Schiedsverfahren im anglo-amerikanischen Rechtskreis eine große – auf den deutschen Rechtsuchenden teilweise befremdlich wirkende – Akzeptanz.[28] Das Schiedsverfahren (*Arbitration*) ist hierbei nur eine der unter dem Sammelbegriff *Alternative Dispute Resolution* (ADR)[29] zusammengefassten verschiedenen Verfahrensformen zur Streitbeilegung unter Verzicht auf die staatliche Justiz. Exemplarisch zu nennen sind in diesem Kontext die *Conciliation*[30] (Versöhnung), *Mediation*[31] (Vermittlung) und das *Mini-trial*[32] (strukturierte Vergleichsverhandlungen).

Erschwert, aber eben auch wesentlich interessanter wird die Untersuchung durch das vom kontinentaleuropäischen Rechtssystem abweichende Rechtsverständnis des US-amerikanischen Rechtssystems.[33] Angesichts dieser bestehenden Systemunterschiede sind für das nationale US-amerikanische Schiedsverfahrensrecht

---

27 Hay, US-amerikanisches Recht, S. 81, Rn. 222. Grundlegende Werke zu den unterschiedlichen Formen außergerichtlicher Streitbeilegung sind die Schriften von Fisher/Ury/Patton, Das Harvard-Konzept: der Klassiker der Verhandlungstechnik, S. 25 ff.; ebenfalls aus der deutschen Literatur Breidenbach, Mediation, S. 1 ff.; vgl. auch Katzenmeyer, ZZP 115 (2002), S. 51 ff.

28 Vgl. Weigand, Practitioner's Handbook, S. 877, Rn. 13.01 f., der zunächst auf die lange Tradition der internationalen Handelsschiedsgerichtsbarkeit aus US-amerikanischer Sicht hinweist, aber auch die ursprünglich ablehnende Haltung der staatlichen Richterschaft gegenüber der Schiedsgerichtsbarkeit beschreibt; Hoellering, in: Böckstiegel, Schiedsgerichtsbarkeit im deutsch-amerikanischen Wirtschaftsverkehr, S. 11 (11 f.); vgl. zudem Aden, Handelsschiedsgerichtsbarkeit, S. 14 f., Rn. 13 ff. zur „Amerikanisierung" der internationalen Schiedsgerichtsbarkeit.

29 Die US-Amerikaner umschreiben ADR als „*Various methods of resolving disputes through means other than the judicial process*", vgl. Carper/West, Understanding the Law, S. 173; zum Ganzen auch Brown/Marriott, ADR principles and practice, Rn. 2002.

30 Hierzu Holtzmann/Donovan, National Report (United States), in: ICCA International Handbook on Commercial Arbitration, S. 1 (90 ff.).

31 Hierzu umfassend Hopt/Steffek, Mediation, S. 1245 ff.

32 Hierzu Klingsberg, in: Böckstiegel, Schiedsgerichtsbarkeit im deutsch-amerikanischen Wirtschaftsverkehr, S. 73 ff. sowie Kaskell, in: Böckstiegel, Schiedsgerichtsbarkeit im deutsch-amerikanischen Wirtschaftsverkehr, S. 85 (90 ff.).

33 Gilfrich, Schiedsverfahren im Scheidungsrecht, S. 110.

andersartige Regelungen im Hinblick auf einen schiedsinternen Kollisionsfall zu erwarten. Wie im deutschen Recht nimmt auch im US-amerikanischen Recht das staatliche Verfahren eine Vorbildfunktion für das Schiedsverfahrensrecht ein. Wie zu zeigen ist, wird bereits im US-amerikanischen staatlichen Zivilprozessrecht im Umgang mit der Rechtshängigkeit ein vom deutschen Zivilprozessrecht abweichendes Lösungskonzept verfolgt.[34] Typisch für das angloamerikanische Recht ist ein weniger formalistischer und dogmatischer Umgang mit zivilprozessualen Problemen. Im Gegensatz zum deutschen Recht gibt es im US-Recht deshalb kein an strikten Tatbestandsmerkmalen orientiertes Institut der Rechtshängigkeit. Das Problem doppelt rechtshängiger Verfahren wird mit unterschiedlichen prozessualen Mechanismen gelöst, wobei großer Wert auf Interessenabwägungen im Einzelfall gelegt wird.[35] Entsprechendes gilt für das US-amerikanische Schiedsverfahrensrecht. Nicht zuletzt wegen der Koexistenz von Bundesrecht (*federal law*) und einzelstaatlichem Recht (*state law*) in den Vereinigten Staaten bietet die Analyse, wie US-amerikanische Gerichte und Schiedsgerichte mit einer parallelen Befassung zweier Gerichte mit dem identischen Streitgegenstand zwischen denselben (Schieds-) Parteien umgehen, einen vielseitig problembehafteten und spannenden Untersuchungsgegenstand.

B. Gang der Darstellung

Rechtshängigkeit und Rechtskraft stellen im staatlichen und im schiedsgerichtlichen Verfahren eng zusammenhängende Rechtsinstitute dar. Nach einem kurzen historischen Überblick und einer Einführung in die wichtigsten Grundbegriffe der schiedsgerichtlichen Konfliktbewältigung wird vorweg im nationalen 1. Kapitel auf die Rechtskraftlehre im staatlichen Prozess und im Schiedsprozess eingegangen.[36] Zudem knüpfen im deutschen Recht sowohl die Rechtskraft als auch die Rechtshängigkeit an den Streitgegenstandsbegriff an.[37] Somit finden auch Ausführungen zur Streitgegenstandslehre Berücksichtigung.[38] Der Streitgegen-standsbegriff ist hier besonders im Hinblick auf die Auslegung und Erfassung der Reichweite von Schiedsvereinbarungen bzw. Schiedsklauseln von Bedeutung. Die Unsicherheit darüber, ob eine Rechtsstreitigkeit von der Reichweite einer Schiedsklausel oder Schiedsvereinbarung tatsächlich erfasst ist, kann zu ungewollter schiedsgerichtlicher Parallelbefassung bezüglich desselben Streitgegenstandes zwischen denselben Parteien führen. Vor allem zeigt sich das angesprochene Zusammenspiel von Rechtshängigkeit und Streitgegenstandsbegriff in der bereits erwähnten Norm des § 261 Abs. 3 Nr. 1 ZPO, welche ein weiteres Verfahren über den vom

34 Hierzu unter Gliederungspunkt 2. Kapitel. D.III. 3. ff.
35 Vgl. Krause-Ablass/Bastuck, in: FS Stiefel, S. 445 (457).
36 Hierzu unter Gliederungspunkt 1. Kapitel. D.
37 Bosch, Rechtshängigkeit im Schiedsverfahren, S. 1.
38 Hierzu unter Gliederungspunkt 1. Kapitel. E.

Streitgegenstand erfassten Rechtsstreit untersagt. Die Verfahrenssperre des § 261 Abs. 3 Nr. 1 ZPO ist ein zentraler Dreh- und Angelpunkt dieser Arbeit.[39] Wo es angebracht erscheint, erfolgen zu Vergleichszwecken auch im nationalen 1. Kapitel in Form von Exkursen[40] Ausführungen zur Regelungssystematik im ausländischen Schiedsverfahrensrecht.

Das 2. Kapitel hat das US-amerikanische Zivilprozessrecht[41] und im Anschluss das US-amerikanische Schiedsverfahrensrecht[42] sowie ihre Lösungsmodelle im Fall von doppelt rechtshängigen Schiedsverfahren zum Gegenstand. Hierbei werden die Staaten New York und Kalifornien wegen ihrer Leitbildfunktion für das Schiedsrecht weiterer Einzelstaaten exemplarisch behandelt werden. Inhaltlich geht es auch hier um die Frage, ob sich in der amerikanischen Schiedsgerichtsbarkeit Ansatzpunkte für die Notwendigkeit eines der Rechtshängigkeit im staatlichen Verfahren gleichstehenden Instituts finden. Mögliche Unterschiede zwischen der rechtlichen Handhabung des Rechtsinstituts der Rechtshängigkeit in den USA und dem kontinentaleuropäischen Verständnis werden dabei aufgezeigt und herausgearbeitet. Im US-amerikanischen Teil wird hierzu ebenfalls auf verschiedene Verfahrenskonstellationen[43] eingegangen, in denen es sich anbietet, das Rechtsinstitut der Rechtshängigkeit, ausgestattet mit denselben Wirkungen wie im staatlichen Prozess, im schiedsgerichtlichen Verfahren anzuerkennen.

Schließlich werden sowohl im nationalen als auch im US-amerikanischen Teil andere Möglichkeiten, eine parallele Befassung zweier Gerichte zu verhindern, ohne auf die Rechtshängigkeitssperre zurückgreifen zu müssen, diskutiert und bewertet. Konzeptionell wird innerhalb der gesamten Arbeit ein zweigeteilter Aufbau verfolgt: Den ersten Untersuchungsschritt bilden Darstellungen zum gerichtlichen Verfahren. Der zweite Schritt bezieht sich jeweils auf die entsprechenden Fragestellungen im schiedsgerichtlichen Verfahren. Nach Würdigung und Zusammenfassung der Ergebnisse zum nationalen US-amerikanischen Schiedsrecht erläutert das rechtsvergleichende 3. Kapitel zum Schluss die Beachtlichkeit anderweitiger ausländischer Rechtshängigkeit im transnationalen schiedsgerichtlichen Kollisionsfall[44] zwischen parallelen US-amerikanischen und deutschen Schiedsverfahren.

C. Grundlagen des schiedsgerichtlichen Verfahrens

I. Historie der Schiedsgerichtsbarkeit in Deutschland

Die Auseinandersetzung mit den Ursprüngen der Schiedsgerichtsbarkeit in Deutschland zeigt, dass Schiedsgerichte bereits in früheren Zeiten bekannt

39 Hierzu unter Gliederungspunkt 1. Kapitel. F.
40 Hierzu unter den Gliederungspunkten 1. Kapitel. F.II. 3. a)bb) ff.
41 Hierzu unter Gliederungspunkt 2. Kapitel. B.
42 Hierzu unter Gliederungspunkt 2. Kapitel. C.
43 Hierzu unter den Gliederungspunkten 2. Kapitel. D.III. 4. ff.
44 Hierzu unter den Gliederungspunkten 3. Kapitel. B.I. 2. a) ff.

gewesen sind.[45] Schon die ZPO in der Form der Reichsjustizgesetze von 1877 beinhaltete ebenso wie die heutige Zivilprozessordnung im Zehnten Buch Regelungen zur Schiedsgerichtsbarkeit.[46] Teilweise wird sogar angenommen, dass Schiedsgerichte die ursprünglichste Art der Gerichtsbarkeit sind,[47] worüber letztlich wegen lückenhafter Quellenangaben nur gemutmaßt werden kann.[48] Gesichert ist hingegen die Erkenntnis, dass es sich beim schiedsgerichtlichen Verfahren um eine geschichtlich gewachsene Form der Konfliktlösung mit sowohl römisch-rechtlichen als auch germanisch-deutschen Wurzeln handelt.[49] Den deutlicheren Einfluss hatte dabei das nachfolgend kurz skizzierte römische Recht auf die heutige Form der deutschen Schiedsgerichtsbarkeit.[50]

Im klassischen römischen Recht war die Schiedsgerichtsbarkeit als eine Streitschlichtungsinstitution anerkannt.[51] Die im römischen Recht verwandten Begrifflichkeiten divergieren von den heutigen: Der zwischen den streitenden Parteien geschlossene Schiedsvertrag wurde als *compromissum*[52], die richterliche Amtsübernahme als *receptum* und die Richterfunktion als *arbitrum* bezeichnet.[53] Ebenso wie das Wesen des Schiedsvertrages in der Ausgestaltung des heutigen Rechts, war auch das Wesen des römischen *compromissum* umstritten.[54] Da das *compromissum* nur vor dem Hintergrund einer Gesamtschau des römischen Rechts verständlich erscheint, kann mit gutem Grund behauptet werden, dass das *compromissum* ein Gebilde *sui generis* war.[55] Die Annahme einer vertraglichen Begründung findet aber am ehesten Zustimmung durch Quellenbelege. Das römische *compromissum* hatte demnach eine obligatorische und eine prozessuale Seite. Aus heutiger Sicht bereitete es Schwierigkeiten, das im *compromissum* Vereinbarte durchzusetzen.

---

45 Schütze, Schiedsgericht und Schiedsverfahren, S. 1, Rn. 1; vgl. Bornhak, ZZP 30 (1902), S. 1 (1 ff.); Bennettt, Essential Concepts, S. 9.

46 Prütting/Gehrlein-*Prütting*, § 1025, Rn. 3.

47 Schütze/Tscherning/Wais, Handbuch Schiedsverfahren, S. 13, Rn. 25; Schwab/Walter, Schiedsgerichtsbarkeit, Kap. 1, Rn. 7; Schütze, Ausgewählte Probleme, S. 2; a. A. Ziegler, Schiedsgericht im römischen Recht, S. 5.

48 Ziegler, Schiedsgericht im römischen Recht, S. 5, der darauf hinweist, dass die Ursprünge auch im römischen Recht „*im Dunkeln liegen*“.

49 MüKo-*Münch*, Vor §§ 1025 ff., Rn. 124 f.; Bornhak, ZZP 30 (1902), S. 1 (2 ff.).

50 MüKo-*Münch*, Vor §§ 1035 ff., Rn. 124.

51 Vgl. hierzu ausführlich Ziegler, Schiedsgericht im römischen Recht, S. 47 ff.; vgl. auch den Vergleich der privaten Schiedsgerichtsbarkeit im römischen Recht und heute bei Lukits, SchiedsVZ 2013, S. 269 ff.

52 Lukits, SchiedsVZ 2013, S. 269 (271); vgl. Ziegler, Schiedsgericht im römischen Recht, S. 47 ff.

53 Vgl. Ziegler, Schiedsgericht im römischen Recht, S. 115 ff.

54 Auf das Wesen des Schiedsvertrages wird weiter unten 1. Kapitel. C.VIII. 3. noch vertiefend eingegangen. Zu den Meinungen über das Wesen des römischen *compromissums* vgl. Bethmann-Hollweg, Civilprozess in geschichtlicher Entwicklung, S. 109; Ziegler, Schiedsgericht im römischen Recht, S. 48 ff.

55 Krause, Geschichtliche Entwicklung des Schiedsgerichtswesens, S. 48.

Denn das römische Recht kannte zwar eine Reihe von *actiones* und hatte auch bestimmte Vertragsarten herausgebildet, der Schiedsvertrag ließ sich aber keinem vorhandenen Vertragstyp zuordnen.[56] Rechtswirksamkeit konnte dem *compromissum* als *nudum pactum* nicht beigemessen werden.[57] Einer Partei war es daher unbenommen, trotz Vertrages die Sache vor die ordentlichen Gerichte zu bringen. Eine Vollstreckung unmittelbar aus dem Schiedsvertrag war nicht möglich. Da das *compromissum* den Anforderungen an eine praktische Durchsetzung nicht genügen konnte, musste sich anders beholfen werden, um dem Schiedsvertrag dennoch eine gewisse Beachtlichkeit zukommen zulassen. Dies erreichte man, indem man für den Fall der Missachtung des gefällten Schiedsspruchs dessen Beachtung bzw. Erfüllung durch vorab erklärte wechselseitige Strafversprechen, die sog. *stipulatio poenae*, absicherte.[58] Zunächst war die Strafstipulation die einzige Möglichkeit, einem *compromissum* eine gewisse Klagbarkeit beizumessen.[59] Unter Justinian[60] wurde das klassisch römische *compromissum* weiterentwickelt, indem es unter bestimmten Voraussetzungen – auch ohne Strafstipulation – kein *nudum pactum* darstellte, sondern durch Beschwörung des Schiedsvertrages durch die Parteien oder den Schiedsrichter oder durch beide Seiten eine Vollstreckung des Schiedsspruchs ermöglichte und diesem demnach erweiterte Wirkungen zukamen.[61] Eine exakte Gleichstellung von Schiedsspruch und Urteil vollzog sich jedoch weder unter Justinian noch in den Lehren römischer Gelehrter.[62]

II. Folgerungen

Dieser historische Überblick zeigt, dass schiedsgerichtlicher Streitbeilegung eine lange rechtliche Tradition neben der staatlichen Gerichtsbarkeit zukommt. Allerdings fällt auf, dass die Schiedsgerichtsbarkeit stets auf die dienende Funktion der staatlichen Gerichte angewiesen war. Sei es, weil für eine Vollstreckung aus dem Schiedsspruch – wie im heutigen Recht gem. § 1060 Abs. 1 ZPO – eine Vollstreckbarerklärung vor den staatlichen Gerichten notwendig war oder weil es an einer Gleichsetzung des Schiedsspruchs mit einem gerichtlichen Urteil im Allgemeinen fehlte. In der geltenden Fassung der Zivilprozessordnung setzt § 1055 ZPO den erlassenen Schiedsspruch zwar einem Urteil insofern gleich, als ihm zwischen den Parteien dieselben Wirkungen

56 Krause, Geschichtliche Entwicklung des Schiedsgerichtswesens, S. 48; vgl. auch Bornhak, ZZP 30 (1902), S. 1 (6).
57 Krause, Geschichtliche Entwicklung des Schiedsgerichtswesens, S. 48.
58 Kaser, Das römische Zivilprozessrecht, S. 526 f.; Krause, Geschichtliche Entwicklung des Schiedsgerichtswesens, S. 48.
59 Bornhak, ZZP 30 (1902), S. 1 (6).
60 Ausführlich zum Schiedsgerichtswesen unter Justinian Ziegler, Schiedsgericht im römischen Recht, S. 205 ff.
61 Krause, Geschichtliche Entwicklung des Schiedsgerichtswesens, S. 49.
62 Krause, Geschichtliche Entwicklung des Schiedsgerichtswesens, S. 49.

zukommen, wie einem rechtskräftigen gerichtlichen Urteil. Inwiefern es mit dieser – vom Wortlaut ausgehenden – auf den ersten Blick eindeutigen Gleichsetzung des Schiedsspruchs mit einem Urteil seine tatsächliche Bewandtnis hat, soll nicht Fragestellung dieses Abschnitts sein.[63] Zudem muss eine Gleichsetzung des Schiedsspruchs mit einem gerichtlichen Urteil nicht zwangsläufig eine volle Kongruenz der Wirkungen eines staatlichen Verfahrens und eines Schiedsverfahrens bedingen. Vielmehr ist insgesamt auch das Stadium des laufenden Verfahrens angesprochen und nicht nur der Abschluss in Form eines Schiedsspruchs bzw. eines Urteils.

Letztlich haben die geschichtlichen Erläuterungen zum Schiedswesen – wie bereits eingangs angedeutet – gezeigt, dass mit der Historie der Schiedsgerichtsbarkeit nicht die Argumentation gestützt werden kann, dass dem laufenden Schiedsverfahren (nahezu) identische Wirkungen wie dem staatlichen Verfahren beizumessen sind. Zudem wurde auch ein ergangener Schiedsspruch zu keiner Zeit einem staatlichen Urteil vollkommen gleichgesetzt.

Insbesondere die verfahrensrechtliche Wirkung der Rechtshängigkeit war der schiedsgerichtlichen Praxis im römischen und im germanischen Recht fremd. Vereinzelt wird das Institut der Rechtshängigkeit zwar erwähnt, obgleich die Einrede der anderweitigen Rechtshängigkeit auf Grund eines *compromissum* im Verhältnis zum ordentlichen Rechtsweg verneint wird.[64] Daher kann die Historie nur verdeutlichen, dass ursprünglich einem Schiedsspruch jedenfalls nicht dieselben Wirkungen wie einem gerichtlichen Urteil zukommen sollten. Es liegt die weitere Vermutung nahe, dass darüber hinaus ein Schiedsverfahren als solches nicht einem staatlichen Verfahren ebenbürtig war.[65] Die Problemanalyse ist daher ausschließlich auf das heutige Recht zu richten, und die Gesetzeslage muss sich aus sich heraus erklären, ohne auf Rückschlüsse aus der Rechtsgeschichte angewiesen zu sein. Da der Gesetzgeber der heute geltenden Zivilprozessordnung aber ausdrücklich eine Norm wie den § 1055 ZPO in das Gesetz aufgenommen hat, muss dieser auch eine rechtstatsächliche Bedeutung zukommen. Ob ihr Regelungsgehalt sich bereits auf das anhängige Schiedsverfahren bezieht, wird im Folgenden noch erörtert.[66] Von einem Redaktionsversehen oder einer rein deklaratorischen Norm kann jedenfalls nicht ausgegangen werden, zumal bereits § 1040 ZPO a. F. – ausgehend von einer reinen Wortlautbetrachtung – dem Schiedsspruch urteilsgleiche Wirkungen zugemessen hatte.

63 Dieser Fragestellung wird eingehend unter 1. Kapitel. D.II. 1. nachgegangen werden.
64 Bornhak, ZZP 30 (1902), S. 1 (12).
65 Eingehend hierzu Bornhak, ZZP 30 (1902), S. 1 (15), der konstatiert, dass der Schiedsspruch in seinen Wirkungen vom Urteil wesentlich verschieden ist.
66 Eingehend hierzu unter 1. Kapitel. F.II. 6. c)ii).

III. Das schiedsgerichtliche Verfahren innerhalb der ZPO

1. Begriff der Schiedsgerichtsbarkeit

Die heutigen Regelungen zur deutschen Schiedsgerichtsbarkeit beruhen im Wesentlichen auf dem unter der Schirmherrschaft der UNCITRAL[67] entstandenen Modellgesetz (ModG) über internationale Handelsschiedsgerichtsbarkeit vom 21.6.1985.[68] Das Modellgesetz wurde in den letzten dreißig Jahren weltweit mit dem Ziel der Harmonisierung und Vereinheitlichung der nationalen Schiedsrechte rezipiert.[69] Der deutsche Gesetzgeber hat die Neuregelung des Schiedsrechts mit der Gesetzesnovelle vom 22.12.1997 vorgenommen.[70] Hintergrund der Novellierung war zum einen die Tatsache, dass das bis dato geltende deutsche Schiedsverfahrensrecht zum Großteil veraltet war und Deutschland kaum als Austragungsort von ausländischen Parteien gewählt wurde.[71] Der Gesetzgeber hat sich dazu entschieden, ein einheitliches Schiedsverfahrensgesetz auf den Weg zu bringen, wobei davon abgesehen worden ist, ein Sondergesetz für internationale Schiedsverfahren zu erlassen.[72]

Seit dem 1.1.1998 ist das Schiedsverfahrensrecht in der heutigen Fassung in Kraft. Obgleich sich die Paragraphenzählung innerhalb des Zehnten Buches der ZPO verändert hat, beinhaltet die Novellierung häufig keine materiell-rechtlichen Änderung der Normen. Daher können Rechtsprechung und Literatur, die zum alten deutschen Schiedsverfahrensrecht erschienen sind, weiterhin herangezogen werden.[73] Diese Tatsache ist gerade für die bevorstehende Untersuchung zur Rechtshängigkeit relevant, da es zu diesem Problemkreis des schiedsgerichtlichen Verfahrens an aktuellen Stellungnahmen fehlt.

Zu einem Schiedsverfahren nach den Regelungen der ZPO kommt es, wenn zusätzlich zur Zuständigkeitsbegründung eines Schiedsgerichts durch wirksame Privatvereinbarung zwischen den Schiedsparteien gemäß § 1029 ZPO der

---

67 United Nations Commission on International Trade Law = Kommission der Vereinten Nationen für Internationales Handelsrecht.

68 Vgl. weiterführend zum ModG Weigand, Practitioner's Handbook (1. Auflage), S. 1153 ff.; Textsynopse (englisch/deutsch) bei Lionnet/Lionnet, Internationale und nationale Schiedsgerichtspraxis, Anhang 3/4, S. 576 ff.

69 Vgl. BT-Drucks. 13/5274, S. 23 ff.

70 Gesetzesbegründung zum SchiedsVfG, BT-Drucks. 13/5274, S. 1 ff.; Zum Reformvorhaben insgesamt Zerbe, Die Reform des deutschen Schiedsverfahrensrechts, S. 1 ff. sowie Mönnikes, Die Reform des deutschen Schiedsverfahrensrechts, S. 1 ff.

71 BT-Drucks. 13/5274, S. 23, li. Sp. Damit folgte der deutsche Gesetzgeber weitgehend den Vorgaben des ModG. Anders ist die Lage z. B. in der Schweiz, wo weiterhin ein zweispuriges Schiedsgerichtssystem praktiziert wird. Zum schweizerischen Schiedsrecht unter 1. Kapitel. F.II. 3. a)bb)(2).

72 BT-Drucks. 13/5274, S. 25, li. Sp.

73 Ebbing, Private Zivilgerichte, Einl., S. 3, der ebenfalls von keiner Veränderung der materiellen Gesetzeslage ausgeht.

Anwendungsbereich des deutschen Schiedsrechts eröffnet ist. Dies ist dann der Fall, wenn eine der in § 1025 Abs. 1-3 ZPO den Anwendungsbereich des nationalen Schiedsrechts begründenden normierten Voraussetzungen vorliegt. Schiedsgerichte im Sinne des Zehnten Buches der ZPO, §§ 1025 ff. ZPO – nur solche sollen hier behandelt werden –,sind Privatgerichte aus einem oder mehreren Schiedsrichtern, denen die Entscheidung in bürgerlichen Rechtsstreitigkeiten an Stelle staatlicher Gerichte durch private Willenserklärung übertragen ist.[74] Schiedsgerichtsbarkeit ist also nur „die verbindliche Entscheidung einer zivilrechtlichen Streitigkeit zwischen Personen durch eine oder mehrere Privatpersonen, deren Entscheidungszuständigkeit auf einer privatautonomen Vereinbarung der Parteien beruht."[75] Entscheidende Basis des Schiedswesens ist die rechtsgeschäftliche Privatautonomie.[76] Die Privatgerichte bilden demzufolge für die jeweiligen Parteien des Rechtsstreits im rechtsstaatlichen Rahmen ein Substitut der staatlichen Gerichtsbarkeit.[77] Wenn die Schiedsgerichtsbarkeit der Beilegung von privatrechtlichen Streitigkeiten dient, die ihren Ursprung im Wirtschaftsrecht haben, spricht man von Handelsschiedsgerichtsbarkeit (*Commercial Arbitration*).[78] Unter den Begriff der Schiedsgerichtsbarkeit lassen sich diverse Ausprägungen dieser Form der Konfliktbereinigung zusammenfassen. Im Rahmen der vorliegenden Arbeit wird es aber ausschließlich um die private Schiedsgerichtsbarkeit gehen. Die schiedsgerichtliche Streitbeilegung im völkerrechtlichen[79] sowie im öffentlichrechtlichen Bereich[80] bleibt außer Betracht. Sowohl im nationalen als auch im internationalen Bereich betrifft die Schiedsgerichtsbarkeit nach der obigen Definition solche Schiedsgerichte, deren Träger typischerweise Privatpersonen sind; allerdings ist der Vollständigkeit halber zu erwähnen, dass es auch staatlich angeordnete und staatlich organisierte Verfahren geben kann.[81]

Das schiedsgerichtliche Verfahren findet dann statt, wenn zwar der Rechtsweg zu den ordentlichen Gerichten im Sinne des § 13 GVG eröffnet ist, aber wirksam durch die zwischen den Parteien geschlossene Schiedsvereinbarung ersetzt

---

74 Rosenberg/Schwab/Gottwald, § 174, Rn. 1.

75 Henn, Schiedsverfahrensrecht, S. 1, Rn. 1.

76 Prütting/Gehrlein-*Prütting*, § 1025, Rn. 1.

77 Ebbing, Private Zivilgerichte, S. 14; Gilfrich, Schiedsverfahren im Scheidungsrecht, S. 2.

78 Lionnet/Lionnet, Internationale und nationale Schiedsgerichtspraxis, S. 45.

79 Zu diesem Komplex der Schiedsgerichtsbarkeit Schwab/Walter, Schiedsgerichtsbarkeit, Kap. 41, Rn. 22 ff.; Schlosser, Internationale Schiedsgerichtsbarkeit, S. 2 f., Rn. 4.

80 Vergleiche hierzu Schütze/Tscherning/Wais, Handbuch Schiedsverfahren, Rn. 37; MüKo-*Münch*, § 1029, Rn. 79. Zur Abgrenzung der Vereins- und Verbandsschiedsgerichtsbarkeit Kröll, ZIP 2005, S. 13 ff.

81 Ebbing, Private Zivilgerichte, S. 6. Als gesetzliches Beispiel ist § 89 SGB V zu nennen, der von Gesetzes wegen die Durchführung eines Schiedsverfahrens vorsieht.

wurde.[82] Heute sind maßgebliche Wesensmerkmale der privaten Schiedsgerichtsbarkeit die Freiwilligkeit aufgrund der Privatautonomie der Parteien, die Gestaltungsfreiheit im Hinblick auf das Verfahren sowie die Möglichkeit freier Wahl der Schiedsrichter und die Ausschlussfunktion der Schiedsvereinbarung gegenüber einem staatlichen Verfahren.[83]

2. Wesen und Rechtsnatur der Schiedsgerichtsbarkeit

Hinsichtlich der funktionellen Qualifikation der Schiedsgerichtsbarkeit besteht weitestgehende Einigkeit: Das schiedsgerichtliche Verfahren gemäß den §§ 1025 ff. ZPO ist Rechtsprechung im materiellen Sinn und das Schiedswesen bildet demnach ein funktionales Äquivalent des staatlichen Gerichtswesens.[84] Der Schiedsrichter ist wie der staatliche Richter zur Entscheidung eines Rechtsstreits berufen; der Entscheidungsakt durch den Schiedsrichter tritt an die Stelle des staatlichen Urteils. Auch durch den Schiedsspruch wird somit bindend und endgültig festgestellt, welches Recht besteht und welches nicht.[85] Mit dem Abschluss von Schiedsvereinbarungen verzichten die Schiedsparteien in verfassungsrechtlich zulässiger Weise auf ihren Justizgewährungsanspruch.[86] Die in jüngerer Zeit öfter gewählte Formulierung Schiedsgerichtsbarkeit sei „Rechtsprechung im weiteren Sinn"[87], ist nach hier vertretener Ansicht hingegen als zu weitreichend und letztlich auch als zu unpräzise abzulehnen, da sie sich einer differenzierenden Stellungnahme hinsichtlich der Eigenarten des schiedsgerichtlichen Verfahrens enthält.

Anders als über die funktionelle Einordnung herrscht über den grundsätzlichen Standort, d. h. über die dogmatische Qualifikation der Schiedsgerichtsbarkeit

82 Lachmann, Schiedsgerichtspraxis, S. 1, Rn. 4; Schütze/Tscherning/Wais, Handbuch Schiedsverfahren, S. 21, Rn. 40.

83 Prütting/Gehrlein-*Prütting*, § 1025, Rn. 1. Auf die Verfahrensgestaltung wird unter Gliederungspunkt 1. Kapitel. C.VI. 7. noch einmal zurückzukommen sein.

84 BGH NJW 1986, S. 3077 (3078); BGH 54, 392 (395); Lindacher, KTS 1966, S. 153 (154); MüKo-*Münch*, Vor §§ 1025 ff., Rn. 4 ff., der die Charakterisierung als Rechtsprechung im materiellen Sinn nicht einmal in Frage stellt; Zöller-*Geimer*, Vor § 1025, Rn. 3, der den Schiedsgerichten ebenfalls Rechtsprechungsqualität bestätigt und im Einzelfall sogar höhere Qualität dieser Rechtsprechung im Vergleich zu derjenigen der staatlichen Gerichte hervorhebt.

85 BGHZ 65, 59 (61).

86 Vgl. BGHZ 144, 146 (148 f.); Stein/Jonas-*Schlosser*, Vor § 1025, Rn. 2, der die Zulässigkeit des Schiedswesens zwar generell bejaht, aber auch zugleich konstatiert, dass eine Spannung zwischen Schiedsgerichtsbarkeit und staatlicher Rechtsprechung nicht negiert werden kann. Auf den Zusammenhang zwischen Verfassung und Schiedsgerichtsbarkeit wird weiter unten unter 1. Kapitel. C.XI. ff. noch eingegangen werden.

87 Die weite Formulierung aufgreifend BGHZ 162, 9 (16); BGHZ 159, 207 (212); ablehnend gegenüber dieser Formel MüKo-*Münch*, Vor §§ 1025 ff., Rn. 4.

innerhalb von Rechtslehre und Rechtsprechung[88] schon immer Uneinigkeit: Seit jeher wurde versucht, die Schiedsgerichtsbarkeit materiell-rechtlich oder prozessrechtlich einzuordnen. Auch für die vorliegende Untersuchung könnte die Frage nach der Qualifizierung der privaten Schiedsgerichtsbarkeit insofern von Belang sein, als zunächst davon ausgegangen werden muss, dass die Einordnung der Schiedsgerichtsbarkeit als ein prozessrechtliches Phänomen oder als ein solches des materiellen Rechts eine Aussage über eine Rechtshängigkeitsregelung an sich und über deren Wirkungen und Ausgestaltung im Schiedsverfahren implizieren könnte.[89] Für das staatliche Verfahren steht es außer Frage, dass Rechtshängigkeit eine Einrichtung des Prozessrechts ist.[90] Es ist deshalb umso interessanter, zu hinterfragen, warum die Einordnung der Schiedsgerichtsbarkeit derart umstritten ist und nicht eindeutig vorzunehmen zu sein scheint. Mit anderen Worten: Es ist besonderes zu erörtern, was insbesondere die Gründe für ein materiell-rechtliches Verständnis der Schiedsgerichtsbarkeit sind. Im Folgenden werden die vertretenen Ansichten auf ihre wesentlichen Argumente reduziert dargestellt.

a) Materiell-rechtliche Qualifizierung

Literaturstimmen[91] und auch das Reichsgericht[92] gingen in längere Zeit zurückliegenden, aber bis heute im Zusammenhang mit der dogmatischen Einordnung der Schiedsgerichtsbarkeit stets zitierten Veröffentlichungen von einer materiellrechtlichen Qualifizierung der privaten Schiedsgerichtsbarkeit aus. Grundlage für diese Charakterisierung bilde der Schiedsvertrag, der seinerseits materiellrechtlicher Natur sei und daher auch zu einem materiell-rechtlich zu qualifizierenden Schiedsspruch führe. Als ein Grund für diese Sichtweise wird der Vergleich zwischen Schiedsvertrag und Prorogationsvertrag herangezogen.[93] Der Prorogationsvertrag sei im Gegensatz zum Schiedsvertrag eindeutig prozessrechtlich zu qualifizieren. Zwar liege beiden juristischen Figuren der gemeinsame Zweck der Streiterledigung zugrunde, die Mechanismen, die zur Konfliktlösung führten, seien aber grundverschieden, denn die Prorogation eines ordentlichen Gerichts führe zur Beendigung des Rechtsstreits in Form eines staatlichen Hoheitsaktes.[94] Die Schiedsvereinbarung hingegen schließe nur auf Grundlage einer wirksamen Parteivereinbarung das Klagerecht vor den ordentlichen Gerichten aus, um die Streitsache der Streiterledigung durch eine private Instanz zuzuführen. Konsequenz der

---

88 Vgl. zur Rechtslage nach § 1040 ZPO a. F. Schlosser, Internationale Schiedsgerichtsbarkeit, S. 31, Rn. 42; zum Meinungsstand über die Rechtsnatur der Schiedsgerichtsbarkeit in ausländischen Rechtsordnungen, Schlosser, Internationale Schiedsgerichtsbarkeit, S. 28, Rn. 40 ff.

89 Zu dieser Fragestellung Bosch, Rechtshängigkeit im Schiedsverfahren, S. 13 ff.

90 Vgl. OLG München NJW 1964, S. 979 (980).

91 Lorenz W., AcP 157 (1958/1959), S. 265 ff.; Blomeyer K., in: FG Rosenberg, S. 51 ff.

92 RGZ 116, 76 (77); RGZ 117, 386 (387).

93 Lorenz W., AcP 157 (1958/1959), S. 265 (274 f.).

94 Lorenz W., AcP 157 (1958/1959), S. 265 (274 f.)

Konstituierung infolge einer Parteivereinbarung sei, dass das Schiedsgericht nicht dazu befugt sei, eine wirksame Entscheidung über den Bestand des Schiedsvertrages und damit über die Zulässigkeit seines Verfahrens zu treffen. Mithin fehle es dem Schiedsgericht an der Kompetenz-Kompetenz.[95] Das prorogierte Staatsgericht könne demgegenüber aufgrund seiner Berufung durch Gesetz über die Gültigkeit der Gerichtsstandsvereinbarung und somit auch über seine eigene Zuständigkeit entscheiden.[96]

Zudem stützen die Vertreter der materiell-rechtlichen Qualifizierung ihre Ansicht auf unterschiedliche Wirkungen von Schiedsspruch und Urteil. Dem Schiedsspruch komme demnach zwar ebenfalls Rechtskraftwirkung zu, diese sei aber im Gegensatz zum Urteil nur auf Einrede hin zu beachten. Auch sei der Schiedsspruch auf die staatliche Vollstreckbarerklärung angewiesen. Schließlich sei die Rechtskraftwirkung des Schiedsspruchs eher der staatlichen Kontrolle zugänglich als diejenige des Urteils; mithin also weniger stark. Dies zeige sich in den Aufhebungsgründen des § 1041 ZPO a. F. – der dem heutigen § 1059 ZPO entspricht –, welche im Vergleich zu den Wiederaufnahmegründen im staatlichen Verfahren mannigfaltiger seien.[97]

Des Weiteren wird auch in diesem Zusammenhang unterstützend mit dem verfahrensrechtlichen „Manko" des Schiedsverfahrens argumentiert. Durch Klageerhebung vor dem Schiedsgericht werde keine Rechtshängigkeit begründet. Die durchaus mögliche Einrede des Schiedsvertrages sei mit der Einrede anderweitiger Rechtshängigkeit nicht zu vergleichen, zumal die Schiedseinrede eine vom Parteiwillen abhängige Einrede darstelle.[98] Letztlich zeige der Verzicht auf die Verbürgung der Gegenseitigkeit bei der Anerkennung und Vollstreckung ausländischer Schiedssprüche, dass es dem Schiedsspruch an der Qualität des Hoheitsaktes mangele. Im Rahmen der Anerkennung und Vollstreckung ausländischer Urteile gem. § 328 Abs. 1 Nr. 5 ZPO komme es gerade auf die Verbürgung der Gegenseitigkeit an.[99]

b) Prozessrechtliche Qualifizierung

Mehrheitlich wird die Schiedsgerichtsbarkeit prozessrechtlich qualifiziert. Begründet wird dies damit, dass der Schiedsrichter ebenso wie der staatliche Richter zur Streitentscheidung berufen sei. Auch eine private Gerichtsbarkeit sei eine echte

95 Lorenz W., AcP 157 (1958/1959), S. 265 (275). Die Frage nach der Kompetenz-Kompetenz von Schiedsgerichten behandelt das Problem, ob die Schiedsgerichte nicht nur in eigener Kompetenz, sondern auch mit bindender Wirkung für die staatlichen Gerichte über das Bestehen des Schiedsvertrages (und damit über ihre Zuständigkeit) positiv entscheiden können. Einzelheiten hierzu unter 1. Kapitel. F.II. 6. b)bb)(2).

96 Lorenz W., AcP 157 (1958/1959), S. 265 (275).

97 Lorenz W., AcP 157 (1958/1959), S. 265 (275 f.).

98 Lorenz W., AcP, 157 (1958/1959), S. 265 (275 f.)

99 Lorenz W., AcP 157 (1958/1959), S. 265 (276).

Gerichtsbarkeit und daher Rechtsprechung im materiellen Sinn.[100] Dass Schiedsgerichtsbarkeit prozessual qualifiziert werden müsse, wird als Konsequenz aus dem Fehlen eines Rechtsprechungs- und Gerichtsbarkeitsmonopols des Staates hergeleitet. Schiedsgerichtsbarkeit sei Rechtsprechung, obgleich ihr keine öffentliche Gewalt zukomme.[101] Darüber hinaus zeigt sich die dogmatische Einordnung der Schiedsgerichtsbarkeit bei der prozessualen Lehre über die Rechtsnatur von Schiedsspruch und Schiedsvertrag.[102] Der Schiedsvertrag wird von den Vertretern der prozessualen Qualifizierung als Prozessvertrag charakterisiert, welcher unmittelbare prozessuale Wirkungen erzeuge, indem der Anspruch des Klägers auf ein positives Sachurteil durch ein staatliches Gericht unmittelbar unterbunden und somit eine prozesshindernde Einrede begründet werde. Weiterhin zeige sich der prozessuale Charakter der Schiedsgerichtsbarkeit darin, dass das Schiedsverfahren zu einem rechtskräftigen Schiedsspruch führe.

c) Erkenntnisse für die Rechtshängigkeitsproblematik

Als grundsätzlicher gedanklicher Ausgangspunkt wurde bereits weiter oben[103] festgehalten, dass es sich beim Rechtsinstitut der Rechtshängigkeit unstreitig um ein Rechtsinstitut des staatlichen Zivilprozesses handelt. Wenn aus der Rechtsnatur der Schiedsgerichtsbarkeit unmittelbare Rückschlüsse auf die Ausgestaltung der schiedsgerichtlichen Rechtshängigkeit zu folgern wären, könnte eine prozessuale Qualifizierung der Schiedsgerichtsbarkeit näher liegen als eine materiellrechtliche. Es ist anzunehmen, dass nur eine prinzipielle verfahrensrechtliche Ebenbürtigkeit von Schieds- und Staatsverfahren auch eine vergleichbare Ausgestaltung der Rechtshängigkeit im Schiedsverfahren nach sich ziehen kann.[104] Eine prozessuale Charakterisierung böte eine geeignete Ausgangslage bzw. Grundvoraussetzung für einen derartigen Vergleich. Allerdings ist in diesem Stadium der Arbeit noch nicht geklärt, ob die dogmatische Qualifikation als materiell-rechtliches oder prozessrechtliches Institut überhaupt Einfluss auf eine Rechtshängigkeitsregelung im Schiedsverfahren haben kann.

Potenzielle Auswirkungen können daher umfassend erst erörtert werden, wenn sich ein differenzierteres Bild der Rechtshängigkeit im schiedsgerichtlichen Verfahren ergeben hat. Daher wird an anderer Stelle noch einmal auf den dogmatischen Streit zum Wesen des Schiedsverfahrens zurückzukommen sein.[105] Gegenwärtig

---

100 BGHZ 65, 59 (61); Ebbing, Private Zivilgerichte, S. 19 f.; Kornblum, Schiedsrichterliche Unabhängigkeit, S. 82 (115); Habscheid, NJW 1962, S. 5 (7); Habscheid, KTS 1959, S. 113 (114 ff.).

101 Stein/Jonas-*Schlosser*, Vor § 1025, Rn. 2.

102 Goldschmidt, Prozess als Rechtslage, S. 456 ff.; Schiedermair, Vereinbarungen im Zivilprozeß, S. 44, 102 f.

103 Hierzu unter Gliederungspunkt 1. Kapitel. C.III. 2.

104 Der Gesetzgeber sieht in der Schiedsgerichtsbarkeit jedenfalls eine „(...) *im Prinzip gleichwertige Rechtsschutzmöglichkeit*...(...)“, vgl. BT-Drucks. 13/5274, S. 34, re. Sp.

105 Hierzu unter Gliederungspunkt 1. Kapitel. G.

kann einer der beiden Qualifizierungsmöglichkeiten im Hinblick auf die Gesamtthematik nur vom theoretischen Standpunkt aus der Vorzug gegeben werden. Schon die systematische Stellung der Regelungen über das schiedsgerichtliche Verfahren innerhalb der Zivilprozessordnung kann als Indiz für ihre Zugehörigkeit zum Prozessrecht gewertet werden. Das äußerlich von den materiell-rechtlichen Vorschriften getrennte Regelungssystem der schiedsgerichtlichen Normen könnte erstens von einer vom Gesetzgeber bewusst gewollten Trennung des materiellen und des Prozessrechts zeugen und zweitens das Schiedswesen eindeutig dem Prozessrecht zuordnen.[106]

Das Argument der Befürworter materiell-rechtlicher Qualifikation, der Verzicht auf die Verbürgung der Gegenseitigkeit bei der Anerkennung und Vollstreckung ausländischer Schiedssprüche im Vergleich zu den strikteren Anerkennungsvoraussetzungen ausländischer Urteile deute auf eine materiell-rechtliche Qualifizierung, sei zu widerlegen: Die Normierung unterschiedlich strenger Regelungen bezüglich ausländischer Urteile und Schiedssprüche deute nur darauf hin, dass ausländische Schiedssprüche im Rahmen der Anerkennung nicht urteilsgleich behandelt würden. Ein zwingender Schluss auf ein materiell-rechtliches Wesen der Schiedsgerichtsbarkeit sei hingegen nicht angebracht.[107]

Die Auseinandersetzung mit den Argumentationslinien des materiell-rechtlichen und des prozessrechtlichen Ansatzes zeigt, dass beide Meinungen die Einordnungsproblematik insofern nur verlagern, als sich beide argumentativ auf Wirkungen und Rechtsnatur von Schiedsspruch und Schiedsvereinbarung stützen. Eine solche Vorgehensweise, von den Wirkungen des Schiedsspruchs auf seine Rechtsnatur und letztlich auf die Qualifizierung der Schiedsgerichtsbarkeit insgesamt zu schließen, bringt jedoch keine neuen Erkenntnisse mit sich. Über die tatsächlichen Wirkungen des Schiedsspruchs und die Rechtsnatur der Schiedsvereinbarung besteht nämlich ebenso wenig Konsens.[108] Versinnbildlicht ausgedrückt erinnert diese Argumentationsweise zu diesem Themenkreis an „eine Katze, die sich in den Schwanz beißt".

Jedenfalls verdeutlicht die Tatsache, dass sich beide Meinungen die Rechtsnatur des Schiedsspruchs und des Schiedsvertrages zu eigen machen wollen, wie sehr mit der Qualifizierung der privaten Schiedsgerichtsbarkeit ein äußerst facettenreicher, im Zusammenhang mit weiteren Fragestellungen erneut diskussionsbedürftiger

---

106 So auch Henckel, Prozessrecht, S. 5. Er erwägt eine – unabhängig von der Qualifizierung des Schiedsverfahrens – durch die äußerliche Trennung von materiellem Recht und Prozessrecht in unterschiedlichen Kodifikationen vom Gesetzgeber angelegte Unterscheidung beider Rechte. Letztlich lehnt Henckel es aber ab, aus der unterschiedlichen Kodifikation auf eine strikte Trennung von prozessualen und materiell-rechtlichen Normen zu schließen. Allenfalls konstatiert er, dass der Gesetzgeber offensichtlich heute von einer grundsätzlichen Aufteilung in materielles Recht und Prozessrecht ausgeht.

107 Bosch, Rechtshängigkeit im Schiedsverfahren, S. 21.

108 So auch bereits Bosch, Rechtshängigkeit im Schiedsverfahren, S. 20.

Problemkreis angesprochen wird. Die Problematik umfassend zu klären, würde den Rahmen dieser Arbeit sprengen. Zudem käme eine abschließende Entscheidung für die eine oder andere Qualifizierung einer Vorentscheidung für nachfolgende Untersuchungsabschnitte gleich.[109] Es ist gerade ein Ziel dieser Arbeit, die tatsächlichen Wirkungen des Schiedsspruchs – ausgehend von § 1055 ZPO – zu untersuchen. Für die Rechtshängigkeit als einer temporär dem Schiedsspruch vorangehenden Wirkung wird versucht, die Kongruenz zu den Wirkungen des staatlichen Verfahrens herauszustellen.[110]

Gerade wegen der angestrebten Vergleichbarkeit des Schiedsverfahrens mit dem staatlichen Prozess wird gegenwärtig trotz aller Bedenken eine prozessrechtliche Einordnung befürwortet. Die Entscheidung für diese Sichtweise muss sich aber an dieser Stelle den Vorwurf gefallen lassen, dass sie einerseits den Rückschluss von Wirkungen des Schiedsspruchs und der Schiedsvereinbarung auf die Rechtsnatur des Schiedsverfahrens als Zirkelschluss ablehnt, andererseits einer methodisch angreifbaren, nämlich auf das angestrebte Gesamtergebnis zugeschnittenen und ergebnisorientierten Argumentation beipflichtet. Zudem kann ein formales Argument wie die systematische Zuordnung der Regelungen zum Schiedsverfahren in der Regel nur ein unterstützendes und für sich genommen eher schwaches Argument sein.

Die Einteilung in materielles Recht und Prozessrecht ist für gewöhnlich nämlich nur eine Art Voreinteilung, die es dem Rechtsanwender nicht untersagt, Normen, die im materiellen Recht angeordnet sind, einen prozessualen Regelungsgehalt beizumessen oder umgekehrt.[111] Als Beispiel ist § 2039 BGB zu erwähnen, der im Bürgerlichen Gesetzbuch steht, aber dennoch die Prozessführungsbefugnis regelt, welche als prozessual zu charakterisieren ist.[112] Das formale Argument wird durch ein Sachargument in Form der einfacheren Vergleichbarkeit mit dem staatlichen Prozess ergänzt. Als entscheidender Befund für die prozessrechtliche Verortung der Schiedsgerichtsbarkeit kann zudem angeführt werden, dass die Regelungen der §§ 1025 ff. ZPO ein in sich stimmiges Verfahrenssystem darstellen[113] und weitgehend äquivalent zum staatlichen Zivilprozess das Verfahren vor Schiedsgerichten ordnen. In diesem Zusammenhang sind die Allgemeinen Verfahrensregeln des § 1042 Abs. 1 - 3 ZPO zu nennen.[114] Zutreffend ist daher die Ansicht Henckels,[115]

---

109 In diesem Sinn auch MüKo-*Münch*, Vor §§ 1025 ff. ZPO, Rn. 6, der davor warnt, dass eine angemessene Problemlösung nicht durch einen Entscheid des Meinungsstreits präjudiziert werden sollte.

110 Zum Großteil wird erheblich von der gesetzlich angeordneten Gleichsetzung des Schiedsspruchs mit einem gerichtlichen Urteil abgewichen. Vgl. hierfür zum alten Recht Bosch, Rechtshängigkeit im Schiedsverfahren, S. 37 ff.

111 Henckel, Prozessrecht, S. 5 („Historische Zuordnung nicht verbindlich.").

112 Vgl. Henckel, Prozessrecht, S. 5.

113 Vgl. Loritz, ZZP 105 (1992), S. 1 (10) („kein Verfahren minderer Qualität").

114 Hierzu noch unter Gliederungspunkt 1. Kapitel. F.II. 6. c)ff)(2).

115 Henckel, Prozessrecht, S. 36.

der Schiedsvertrag stelle verfahrensrechtliche Rechtsbeziehungen zwischen den Schiedsparteien her, indem er das Schiedsgerichtsverfahren durch die Begründung von Rechtsbeziehungen in Form von Rechten und Pflichten ausgestalte. Die derart geschaffenen Rechtsbeziehungen entsprächen denen des Gerichtsverfassungs- und Prozessrechts für das Verfahren vor staatlichen Gerichten.

Angesichts der großen Uneinigkeit über die dogmatische Einordnung der Schiedsgerichtsbarkeit konnten bereits längere Zeit zurück liegende Veröffentlichungen[116] den Streit nicht befriedigend entscheiden. Es wurde keine zwingende Verbindung zur Rechtshängigkeitsproblematik im Schiedsverfahren herausgearbeitet. Auch hier bleibt es zunächst bei dem unbefriedigenden Ergebnis, dass zwar die prozessrechtliche Einordnung präferiert wird, diese aber nur durch vergleichsweise schwache Kriterien gestützt wird. Schließlich darf die Ansicht nicht unbeachtet bleiben, die dem Theorienstreit inzwischen die praktische Relevanz abspricht. Der grundsätzliche Theorienstreit werde durch seinen erneuten Aufgriff zur Beurteilung von Einzelaspekten und – komplexen wie der Rechtsnatur der Schiedsvereinbarung nur verzerrt und künstlich aufgespalten.[117] Zuzugeben ist, dass der praktisch bedeutsame Ertrag dieses Meinungsstreits für die Zielsetzung dieser Arbeit in unverhältnismäßigem Verhältnis zum theoretischen Aufwand steht. Für die Rechtshängigkeitsproblematik bedeutet diese große Uneinigkeit neben einigen Unklarheiten aber auch eine beachtliche Chance, da ein echter Gestaltungsraum für eigene Ansätze besteht. Diesen Spielraum gilt es auszuschöpfen.

IV. Zielsetzung der Schiedsgerichtsbarkeit

Um die Zunahme der Zahl von Auseinandersetzungen mit schiedsgerichtlichen Fragestellungen und die generell steigende Bedeutung der Schiedsgerichtsbarkeit nachvollziehen zu können, ist es von Vorteil, sich die Zielsetzung der Einrichtung Schiedsgerichtsbarkeit zu vergegenwärtigen. Ein wesentliches Ziel des schiedsgerichtlichen Verfahrens ist es, den Rechtsfrieden zwischen den Parteien herzustellen,[118] und zwar in demselben Umfang, in dem es ansonsten die staatliche Gerichtsbarkeit täte.[119] Die Schiedsgerichtsbarkeit stellt keine Verweigerung des Rechtsschutzes dar; sie führt zu einer auf die Privatautonomie zurückzuführenden Verlagerung des Rechtsschutzes.[120] Zudem impliziert jedes störungsfrei durchgeführte Schiedsverfahren eine Entlastung der ordentlichen Gerichtsbarkeit, was gerade in einem Land wie Deutschland, in dem die Inanspruchnahme der Gerichte

---

116 So die bereits angesprochene Veröffentlichung Bosch, Rechtshängigkeit im Schiedsverfahren, S. 13 ff.
117 Stein/Jonas-*Schlosser*, Vor § 1025, Rn. 2.
118 BGH NJW-RR 1986, S. 1059 (1060).
119 MüKo-*Münch*, Vor §§ 1025 ff., Rn. 5.
120 MüKo-*Münch*, Vor §§ 1025 ff., Rn. 5.

ständig ansteigt, von erheblichem Vorteil ist.[121] Erste Qualitätseinbußen in der Justiz werden öffentlich angeprangert; so ist die Rede nicht mehr von sorgsamer Rechtsanwendung, sondern von einer mit Fließbandarbeit zu vergleichenden Rechtsprechung.[122] Neben der Entlastung der staatlichen Gerichtsbarkeit, welche in erster Linie dem öffentlichen Interesse zugutekommt,[123] bietet das Schiedsverfahren häufig den wesentlich interessengerechteren Konfliktlösungsprozess für die jeweiligen Streitparteien.[124] In ihrer Zielsetzung spricht die Schiedsgerichtsbarkeit somit auch explizit die individuellen Interessen der Parteien an. Eine andere Sichtweise wäre auch fatal, da sie der Schiedsgerichtsbarkeit in letzter Konsequenz ihre autarke Existenzberechtigung unabhängig von der staatlichen Gerichtsbarkeit abspräche. Eine zunehmende Ausdifferenzierung des Schiedswesens zur reinen Ressourcenschonung der staatlichen Gerichtsbarkeit kann und darf nicht Zielsetzung eines Streitentscheidungsmechanismus sein, der für sich und die streitenden Parteien den Anspruch erhebt, eine Alternative zum staatlichen Gerichtswesen zu bilden.

V. Abgrenzung zu anderen Formen alternativer Streitbeilegung

Wenn man sich mit schiedsgerichtlichen Themenkreisen befasst, stellt man fest, dass das Schiedswesen nur eine Möglichkeit ist, um einen Rechtsstreit unter Verzicht auf die Inanspruchnahme der staatlichen Gerichte zu bereinigen. Die Schiedsgerichtsbarkeit ist von weiteren nichtstaatlichen Streitbeilegungsmechanismen abzugrenzen. Für die Stellung der privaten Schiedsgerichtsbarkeit ist kennzeichnend, dass sie sozusagen auf der Grenze zwischen streitiger Zivilgerichtsbarkeit und den mannigfaltigen Formen außergerichtlicher Streitbeilegung liegt.[125] Demnach könnte man geneigt sein, der privaten Schiedsgerichtsbarkeit eine Art „Zwitterstellung“ zuzusprechen: Einerseits ist die Schiedsgerichtsbarkeit unstreitig kein Teil der staatlichen Gerichtsbarkeit,[126] sondern gehört dem Bereich der außergerichtlichen Streitbeilegung an; anderseits wurde das schiedsgerichtliche Verfahren bereits als Rechtsprechung im materiellen Sinn

---

121 Der Gesetzgeber erkennt ebenfalls an, dass schiedsgerichtliche Rechtsprechung zu einer Entlastung der staatlichen Rechtspflege führt; vgl. hierzu die Gesetzesbegründung zum Schiedsverfahrensgesetz, BT-Drucks. 13/5274, S. 22, re. Sp. sowie Kinkel, in: Böckstiegel, Schiedsgerichtsbarkeit im Umfeld von Politik, Wirtschaft und Gerichtsbarkeit, S. 1 (2).

122 In diese Richtung Ebbing, Private Zivilgerichte, S. 11; Loritz, ZZP 105 (1992), S. 1 (10, 19); Zöller-*Geimer*, Vor § 1025, Rn. 3 geht ebenfalls von einer häufig besseren Rechtsprechungsqualität der Schiedsgerichte aus.

123 Ebbing, Private Zivilgerichte, S. 11.

124 Vgl. hierzu die Ausführungen unter Gliederungspunkt 1. Kapitel. C.VI. 7.; Lachmann, Schiedsgerichtspraxis, S. 40, Rn. 140 („vor den Schiedsgerichten sind die Parteien, um es überspitzt zu formulieren „Privatpatienten“.“) vgl. auch Prütting/Gehrlein-*Prütting*, § 1025, Rn. 21.

125 Prütting/Gehrlein-*Prütting*, § 1025, Rn. 17.

126 BGHZ 65, 59 (61).

qualifiziert. Überlegungen zu einer möglichen „Zwitterstellung" wird sodann der Boden dadurch entzogen, dass das maßgebliche Abgrenzungskriterium, welches die Schiedsgerichtsbarkeit von anderen Alternativen außergerichtlicher Streitbeilegung unterscheidet, die volle Entscheidungsbefugnis des Schiedsrichters ist.[127] Schiedsgerichtsbarkeit ist der staatlichen Gerichtsbarkeit verfahrenstechnisch nicht nur vorgeschaltet, sondern substituiert diese.[128] Denn das Schiedsverfahren endet in der Regel mit einer autoritativen Entscheidung in Form eines Schiedsspruchs.[129] Diesem kommt gem. § 1055 ZPO zwischen den Parteien die Wirkungen eines rechtskräftigen gerichtlichen Urteils zu.[130] Somit ist die Befugnis zur verbindlichen Entscheidung nicht nur Abgrenzungsmerkmal von anderen Möglichkeiten außergerichtlicher Streitbeilegung, sondern zugleich auch das gemeinsame Charakteristikum von Schiedsgerichten und staatlichen Gerichten. Wegen der Verbindlichkeit des Schiedsspruchs entspricht der schiedsgerichtliche Verfahrensabschluss demjenigen eines staatlichen Verfahrens. Unterschiede des Schiedsverfahrens gegenüber dem staatlichen Verfahren verdeutlichen besonders die normierten Eingriffs- und Kontrollbefugnisse (§ 1026 ZPO) des Staats während des laufenden Schiedsverfahrens, welche im staatlichen Verfahren kein Äquivalent haben. Zu unterscheiden ist die Schiedsgerichtsbarkeit vor allem von den nachstehenden Mechanismen:[131]

1. Mediation

Als Mediation[132] wird die Vermittlung in einem Konflikt zwischen mindestens zwei Parteien verstanden, die einen Konflikt dauerhaft durch einen externen, neutralen

127 Prütting/Gehrlein-*Prütting*, § 1025, Rn. 17 („*Verfahrensabschluss durch autoritative Entscheidung*"). Vgl. auch Born, Law and Practice, § 1.01, S. 5 („*characteristic of arbitration is that it produces a binding award.*").

128 BGHZ 65, 59 (61).

129 Wobei gerade in Ad-hoc-Verfahren oftmals kein Schiedsspruch erlassen wird, sondern eine gütliche Einigung erzielt wird. Vgl. aber Lachmann, Schiedsgerichtspraxis, S. 48 f., Rn. 165, der auf die ungesicherten Erkenntnisse über tatsächlich durchgeführte Schiedsverfahren hinweist.

130 Was diese gesetzliche Gleichstellung von Schiedsspruch und rechtskräftigem gerichtlichem Urteil im Einzelnen bedeutet, muss an dieser Stelle noch nicht erörtert werden. In diesem Stadium der Arbeit kann es bei einer pauschalierten Betrachtungsweise bleiben. Detaillierter wird auf den Gehalt des § 1055 ZPO unter 1. Kapitel. F.II. 2. eingegangen werden.

131 Die Auflistung an dieser Stelle ist nicht vollständig; vielmehr sollen nur exemplarisch einige andere wichtige außergerichtliche Streiterledigungsmethoden kurz skizziert werden.

132 Grundlegende Werke zur Mediation: Haft/v. Schlieffen, Handbuch Mediation, S. 1 ff.; Breidenbach, Mediation, S. 1 ff.; Hager, Konflikt und Konsens, S. 75 ff.

Dritten, den Mediator, lösen wollen.[133] Dem Mediator kommt hierbei keine Entscheidungskompetenz zu. Vielmehr hat er nur die Aufgabe, den Konfliktparteien Hilfestellung und Unterstützung bei der einvernehmlichen Lösung ihres Konfliktes zu leisten. Im Gegensatz zum Schiedsverfahren fehlt es der Mediation daher an einer autoritativen Entscheidung.[134]

2. *Schlichtung*

Schlichtung zeichnet sich dadurch aus, dass ein neutraler Dritter ohne eigene Entscheidungsgewalt darum bemüht ist, den freiwillig verhandelnden Parteien zur Einigung zu verhelfen.[135] Die Grenzen gerade zur Mediation sind fließend, und die Begriffsbildung ist eher weitläufig. In der Regel sind Schlichtungsverfahren freiwillig und finden unter Zustimmung der Parteien statt. Durch eine Schlichtungsvereinbarung wird die Klagbarkeit des Anspruchs vorübergehend ausgeschlossen, so dass der Rechtsweg weiterhin offen steht und die Klagbarkeit nur zeitweise gehemmt wird.[136] Im nationalen Recht gibt es verschiedenartige Schlichtungsstellen in den unterschiedlichsten Branchen, z. B. im Bereich des Versicherungswesens[137], des Verbraucherschutzes und der Arzthaftung.[138]

3. *Schiedsgutachten*

Schließlich ist die Schiedsvereinbarung auch vom Schiedsgutachten zu unterscheiden.[139] Im Gegensatz zur umfassenden Streitbeilegung durch Schiedsspruch bezieht sich der Schiedsgut-achtenvertrag nach h. M. nur auf ein einzelnes Element der

133 Ebenfalls für dieses weite Verständnis der Mediation Risse, Wirtschaftsmediation, S. 5; v. Bargen, Gerichtsinterne Mediation, S. 15; Goldberg/Green/Sander, Dispute resolution, S. 103.

134 Prütting/Gehrlein-*Prütting*, § 1025, Rn. 18. Zu einigen Grundfragen der Mediation, insbesondere zum Verfahrensablauf Eidenmüller, in: Breidenbach, Konsensuale Streitbeilegung, S. 45 ff. Mit Geltung seit dem 26.7.2012 sind im Mediationsgesetz nunmehr Verfahrensfragen detaillierter geregelt worden. Vgl. den ursprünglichen Gesetzesentwurf zur Förderung der Mediation und anderer Verfahren der außergerichtlichen Konfliktbeilegung BT-Drucks. 17/5335 sowie den durch den Rechtsausschuss geänderten Entwurf BT-Drucks. 17/8058; eine erste Kurzkommentierung bei Risse, SchiedsVZ 2012, S. 244 ff.; ausführlich hierzu Horstmeier, Das neue Mediationsgesetz, S. 1 ff.

135 MüKo-*Münch*, Vor §§ 1025 ff., Rn. 21.

136 BGH NJW 1984, S. 669 (669 f.); MüKo-*Münch*, Vor §§ 1025 ff., Rn. 21.

137 Römer, NJW 2005, S. 1251 ff.

138 Hierzu Meurer/Katzenmeyer, Außergerichtliche Streitbeilegung in Arzthaftungssachen, S. 3 f.

139 Eine knappe Gegenüberstellung von Schiedsgerichtsverfahren und Schiedsgutachtenverfahren findet sich bei Lachmann, Schiedsgerichtspraxis, S. 24, Rn. 77.

Entscheidung, welches verbindlich geklärt wird.[140] Die Erscheinungsformen von Schiedsgutachten sind vielfältig: Es kann eine Leistungsbestimmung durch einen Dritten (§ 317 BGB) zum Gegenstand haben, soweit die Parteien dies vereinbart haben, es kann aber auch zur Feststellung rechtlich relevanter Vorfragen oder zur Tatsachenfeststellung sowie zur Anpassung eines bestehenden Vertragsverhältnisses an veränderte Umstände dienen.[141] Ein in der Praxis besonders relevanter Fall eines Schiedsgutachtens bildet die Qualitätsarbitrage,[142] z. B. zur Eignungsfeststellung von Baumaterialien durch unparteiliche, schnelle Klärung von Fachleuten.[143] Durch Auslegung ist zu ermitteln, ob die Parteien einen Schieds- oder Schiedsgutachtenvertrag gewollt haben.[144] Letztlich bildet auch hier das ausschlaggebende Unterscheidungskriterium die Wirkung eines Schiedsgutachtenvertrages und die sich hiervon unterscheidende Wirkung eines Schiedsvertrages, die durch das Element der durch das Schiedsgericht anstelle des staatlichen Gerichts getroffenen, endgültigen Entscheidung gekennzeichnet ist.[145]

4. Exkurs: § 15a EGZPO

Weiter ist noch die artverwandte Einrichtung der obligatorischen Streitschlichtung nach § 15 a EGZPO zu erwähnen.[146] Mit dem Gesetz zur Förderung der außergerichtlichen Streitbeilegung vom 15.12.1999 wurde eine Ermächtigung für die Länder zur Einführung eines vorgerichtlichen obligatorischen Schlichtungsverfahrens geschaffen.[147] Mit dieser Ermächtigung wurden die Landesgesetzgeber zur

---

140 BGHZ 6, 335 (339); Wittmann, Schiedsgutachtenvertrag, S. 148 ff.; umfassend zur Abgrenzung vom Schiedsverfahren Greger/Stubbe, Schiedsgutachten, S. 3 ff.; Lachmann, Schiedsgerichtspraxis, S. 23, Rn. 74; B/L/A/H-*Hartmann*, Grundz § 1025, Rn. 13.

141 Grundlegend zu den verschiedenen Erscheinungsformen des Schiedsgutachtens und der hierdurch bedingten unterschiedlichen Abgrenzungscharakteristika zum Schiedsvertrag, Habscheid, in: FS Lehmann, S. 789 (796 f.), Habscheid, in: FS Laufke, S. 303 (309).

142 Hierzu Straatmann, in: FS Stödter, S. 109 ff. sowie Rauscher, Schiedsgutachtenrecht, S. 1 ff.

143 Stein/Jonas-*Schlosser*, Vor § 1025, Rn. 21.

144 BGHZ 48, 25 (28). In Zweifelsfällen ist ein Schiedsgutachtenvertrag anzunehmen, so OLG München SchiedsVZ 2006, 286 (287); Thomas/Putzo-*Reichold*, Vorbem § 1029, Rn. 4.

145 Thomas/Putzo-*Reichold*, Vorbem § 1029, Rn. 4.

146 Vertiefend speziell zu § 15 a EGZPO Bitter, NJW 2005, S. 1235 ff., der eine eher kritische Sichtweise zur Einführung der Norm vertritt; Rüssel, NJW 2000, S. 2800 (2800 f.); Reiß, Obligatorische Streitschlichtung, S. 24 f.

147 Geändert wurde es durch das Gesetz zur Einführung des Euro in Rechtspflegegesetzen vom 13.12.2001 (BGBl I S. 3574 f.) und das Gesetz zur Umsetzung der europäischen Richtlinie zur Verwirklichung des Grundsatzes der Gleichbehandlung vom 14.8.2006 (BGBl. I S. 1897).

Einführung des Schlichtungsverfahrens jedoch keineswegs verpflichtet, sondern nur berechtigt.[148] Mit diesem Güteverfahren soll den Parteien in dem von § 15 a Abs. 1 EGZPO normierten Anwendungsbereich die Möglichkeit eröffnet werden, die Streitigkeit außergerichtlich beizulegen. Die Einführungsintention des Gesetzgebers wurde bedingt und geprägt durch die angespannte Haushaltslage von Bund und Ländern und ist vorrangig in der erhofften Entlastung des Justizapparates zu sehen.[149] Im Unterschied zum Schiedsverfahren stellt das Güteverfahren nur einen dem gerichtlichen Verfahren vorgelagerten Einigungsversuch in Form einer die Zulässigkeit der späteren Klage betreffenden besonderen Prozessvoraussetzung[150] dar und endet nicht mit einem verbindlichen Entscheidungsakt. Nach Auffassung des BGH erfordert eine zweckentsprechende Auslegung von § 15 a EGZPO, dass eine Erhebung der Klage nur dann zulässig sein könne, wenn dieser ein Einigungsversuch vorangegangen sei. Nach Rechtshängigkeit der Klage kann der Einigungsversuch daher nicht mehr nachgeholt werden.[151]

VI. Vorteile der Schiedsgerichtsbarkeit

Der Gesetzgeber ist dem Grundbedürfnis nach einer Alternative zur ordentlichen Gerichtsbarkeit durch die Regelung des Schiedsverfahrens innerhalb der ZPO nachgekommen.[152] Ein Ziel dieser Arbeit ist es, zum besseren Verständnis einer schiedsgerichtlichen Rechtshängigkeitsregelung eine Aussage über die verfahrensrechtliche Gleichwertigkeit von Schiedsgerichtsbarkeit und staatlichem Prozess treffen zu können. In diesem Zusammenhang ist es sinnvoll, die generellen Gründe, welche für die Wahl der Schiedsgerichtsbarkeit sprechen, darzustellen. Anders ausgedrückt stellt sich insoweit die Frage nach dem Bedürfnis alternativer Streitbeilegung im nationalen deutschen Recht.

Da nahezu jede Veröffentlichung, die sich schwerpunktmäßig mit der Schiedsgerichtsbarkeit befasst, allgemeine Erläuterungen ihrer Vor- und Nachteile gegenüber der staatlichen Gerichtsbarkeit voranstellt, werden nur die – nach hier vertretener Ansicht – gewichtigsten Vorzüge des schiedsgerichtlichen Verfahrens kurz erwähnt.

---

148 Bisher haben acht Bundesländer von der Ermächtigung Gebrauch gemacht: Baden-Württemberg, Bayern, Brandenburg, Hessen, Nordrhein-Westfalen, Saarland, Sachsen-Anhalt und Schleswig-Holstein.

149 Gesetzesentwurf BT-Drucks. 14/980, S. 5, li. Sp.; Becker/Nicht, ZZP 120 (2007), S. 159 (160). Bisher lassen Kostensenkung und Entlastung der Justiz noch auf sich warten. Diese Erfahrungswerte nach Einführung des § 15 a EGZPO präsentiert Lauer für den OLG-Bezirk Köln; Lauer, NJW 2004, S. 1280 (1280 ff.).

150 Vgl. Zöller-*Heßler*, § 15a EGZPO, Rn. 2 f.

151 BGHZ 161, 145 (148); anders als der BGH kritisch zur gesetzlichen Ausgestaltung des Güteversuchs als Prozessvoraussetzung Schilken, in: FS Ishikawa, S. 471 (474).

152 Stein/Jonas-*Schlosser*, Vor § 1025, Rn. 1.

1. *Sachkunde*

Fachkompetenz[153] und hohes Engagement des Schiedsrichters sollen für die Wahl des Schiedsgerichts sprechen. Den Anreiz hierzu bietet das den Parteien zustehende Wahlrecht bezüglich des Schiedsrichters, das die Möglichkeit eröffnet, einen Vertrauens- oder Fachmann zu benennen, der über besondere Spezialkenntnisse, beispielsweise in technischer oder auch juristischer Hinsicht, verfügt.[154] Dieser Qualitätsgesichtspunkt ist einer der hauptsächlichen Gründe, der in Befragungen von Parteien über potenzielle Vorteile von Schiedsgerichten immer wieder hervorgehoben wird.[155]

2. *Vertraulichkeit: Nichtöffentlichkeit und Geheimhaltungspflichten*

Nach überwiegender Ansicht ist die Vertraulichkeit im Schiedsverfahren ein wesentlicher Vorteil gegenüber den Verfahren vor ordentlichen Gerichten.[156] In vielen Veröffentlichungen wird nur pauschal von Vertraulichkeit im Schiedsverfahren gesprochen. Sachlich ist dies nicht zutreffend. Auseinandergehalten werden müssen nämlich unterschiedliche Aspekte des schiedsgerichtlichen Verfahrens: der Ausschluss der Öffentlichkeit (Nichtöffentlichkeit)[157] einerseits und unterschiedliche Facetten der Geheimhaltung im Schiedsverfahren andererseits.[158]

Eine § 169 S. 1 GVG entsprechende Regelung, die den Grundsatz der Öffentlichkeit im Zivilprozess postuliert, gibt es im schiedsgerichtlichen Verfahren nicht.[159] Andererseits ist den §§ 1025 ff. ZPO aber auch keine Vorschrift zu entnehmen, die die Nichtöffentlichkeit gesetzlich fixiert. Trotzdem wird einhellig davon

153 Wieczorek/Schütze-*Schütze*, § 1025, Rn. 14.

154 Weigand, in: FS Schlosser, S. 1081 ff. (1085); Lachmann, Schiedsgerichtspraxis, S. 37, Rn. 130 f.

155 Lachmann, Schiedsgerichtspraxis, S. 37, Rn. 130 f.

156 Hierzu allgemein Prütting, in: liber amicorum Böckstiegel, S. 629 ff., der auf eine im Jahr 1992 von der *London Business School* durchgeführte Untersuchung, beauftragt durch den *London Court of International Arbitration*, hinweist. Laut dieser Umfrage sind die Nichtöffentlichkeit des Schiedsverfahrens bzw. dessen Vertraulichkeit die bedeutsamsten Vorteile für die Befragten. Ebenfalls zur Vertraulichkeit Kohler, Die moderne Praxis des Schiedsgerichtswesen in der Wirtschaft, S. 79; Nagel, Durchsetzung von Vertragsansprüchen, S. 22; Haas, in: FS Kaissis, S. 315 ff.

157 Nicht differenzierend zwischen den unterschiedlichen Gesichtspunkten Schütze, Schiedsgericht und Schiedsverfahren, S. 15, Rn. 35; ebenfalls nur den Aspekt der Nichtöffentlichkeit sprechen unter der Überschrift „Vertraulichkeit" Schütze/Tscherning/Wais, Handbuch Schiedsverfahren, S. 10, Rn. 17 an.

158 So auch Lionnet/Lionnet, Internationale und nationale Schiedsgerichtspraxis, S. 453; Oldenstam/Pachelbel, SchiedsVZ 2006, S. 31 (32); Prütting, in: liber amicorum Böckstiegel, S. 629 (632 ff.).

159 Maier, Schiedsgerichtsbarkeit, S. 36, Rn. 4.

ausgegangen, dass Schiedsverfahren nur parteiöffentlich sind.[160] Personen, die nicht am Verfahren beteiligt sind, dürfen nur nach Zustimmung beider Schiedsparteien dem Schiedsverfahren beiwohnen.[161] Da Schiedsgerichte oftmals innerhalb von ständigen Geschäfts- und Rechtsbeziehungen aufgrund vorweg getroffener Schiedsvereinbarungen zur Entscheidung berufen werden, ist es den beteiligten Parteien in der Regel wichtig, dass die Geschäftsbeziehungen über den beizulegenden Streitpunkt hinaus für die Zukunft nicht gestört werden. Gerade für das Vertrauensverhältnis der Vertragspartner kann es von entscheidender Bedeutung sein, dass die Streitigkeit ohne Publizität beigelegt wird.[162] Mit der Nichtöffentlichkeit geht die Wahrung von Geschäftsgeheimnissen und somit die Wahrung von Wettbewerbsvorteilen einher.[163] Der Ausschluss der Öffentlichkeit kann nur ein erster Schritt zu einer vermehrten Vertraulichkeit des Schiedsverfahrens im Vergleich zum Zivilprozess sein. Gewährleistet werden kann eine gesteigerte Vertraulichkeit nur durch umfassende Geheimhaltungspflichten der einzelnen Verfahrensbeteiligten.[164] Eine gesetzliche Regelung existiert auch zu diesem Gesichtspunkt in den §§ 1025 ff. ZPO nicht.

Der Schiedsrichter ist aber nach überwiegender Ansicht wie der staatliche Richter zur Verschwiegenheit verpflichtet.[165] Von dieser Geheimhaltungspflicht sind

---

160 Lionnet/Lionnet, Internationale und nationale Schiedsgerichtspraxis, S. 454 f., Schütze, Schiedsgericht und Schiedsverfahren, S. 15, Rn. 35; Schütze/Tscherning/Wais, Handbuch Schiedsverfahren, S. 204, Rn. 401.

161 Schiffer, Wirtschaftsschiedsgerichtsbarkeit, S. 16; Lionnet/Lionnet, Internationale und nationale Schiedsgerichtspraxis, S. 455.

162 Vgl. Schütze/Tscherning/Wais, Handbuch Schiedsverfahren, S. 10, Rn. 10; Vgl. in diesem Zusammenhang die Ausführungen zu Art. 20 Abs. 7 ICC-SchO a. F.unter Gliederungspunkt 1. Kapitel. F.II. 6. c)dd)(1) (a).

163 Vgl. Schütze/Tscherning/Wais, Handbuch Schiedsverfahren, S. 10, Rn. 17; Böckstiegel, in: FS Schlosser, S. 49 (51).

164 Für Prütting, in: liber amicorum Böckstiegel, S. 629 (632) stellt die Nichtöffentlichkeit *„eine zwingende Vorfrage für die Vertraulichkeit“* dar. Der Autor bemängelt ebenfalls die Vermischung der unterschiedlichen Sachfragen.

165 Im Ergebnis entspricht die Annahme der Verschwiegenheit der ganz herrschenden Meinung. Allerdings ist die Rechtsgrundlage dieser Verpflichtung umstritten. Manche sehen sie durch eine analoge Anwendung der Normen, die den staatlichen Richter zur Verschwiegenheit verpflichten, begründet (§§ 43, 45 Abs. 1 S. 2 DRiG; § 30 Abs. 1 BVerfGG; § 55 VwGO; § 61 Abs. 2 SGG) sowie aus der allgemeinen Verschwiegenheitspflicht des Richters nach § 46 DRiG iVm. § 61 BBG. In diese Richtung Zöller-*Geimer*, § 1052, Rn. 5. Eine andere Auffassung vertritt hingegen Peltzer, Dissenting opinion in der Schiedsgerichtsbarkeit, S. 69, der die Verschwiegenheitsverpflichtung aus Gewohnheitsrecht herleiten möchte; gegen die Einordnung als Gewohnheitsrecht Prütting, in: FS Schwab, S. 409 (415); Prütting, in: liber amicorum Böckstiegel, S. 629 (633 f.); Glossner/Bredow/Bühler, Schiedsgericht in der Praxis, S. 98, Rn. 252; Lachmann, Schiedsgerichtspraxis, S. 42, Rn. 145.

sowohl der Inhalt und der Verlauf des Schiedsverfahrens[166], der Inhalt von Beratungen und Abstimmungen über den Schiedsspruch[167] sowie der Inhalt des Schiedsspruchs selbst[168] erfasst. Auch Sachverständige unterliegen regelmäßig aufgrund des mit ihnen abgeschlossenen Gutachtenvertrages einer Verschwiegenheitspflicht.[169] Diese Verschwiegenheitspflichten bewirken nur einen partiellen Schutz der Vertraulichkeit: Zeugen und die Parteien selbst kommen weiterhin als Informationsquellen in Betracht. Zeugen sind im Schiedsverfahren in der Regel Dritte, die in keinerlei Vertragsverhältnis zu den Schiedsparteien oder dem Schiedsgericht stehen.[170] Die Möglichkeiten, Zeugen an eine Verschwiegenheitspflicht zu binden, sind entsprechend eingeschränkt.[171]

Das größte Problem für eine umfassende Wahrung der Vertraulichkeit sind aber die Schiedsparteien selbst.[172] Es kann nicht vermieden werden, dass die Schiedsparteien im Verfahrensverlauf durch Schriftsätze, Sachdarstellungen oder rechtliche Erwiderungen vielfältige Informationen über die gegnerische Partei erlangen und dass das innerprozessuale Agieren durch diese gewonnenen Erkenntnisse beeinflusst wird. Um die hieraus resultierenden Risiken minimieren zu können, sind zwar privatautonom getroffene Vereinbarungen zur Verschwiegenheit möglich.[173] In der Praxis kommen solche Vereinbarungen aber selten vor.[174] Im Gegensatz zur Nichtöffentlichkeit ist die Vertraulichkeit des Schiedsverfahrens, was den Aspekt der Geheimhaltung durch die Schiedsparteien selbst anbelangt, kein dem Schiedsverfahren typischerweise immanenter Inhalt.[175]

Ein Interesse an Vertraulichkeit kann insbesondere auch gegenüber staatlichen Stellen gegeben sein, wenn die Streitigkeit im Rahmen einer rechtlich bedenklichen Vereinbarung auftritt, zum Beispiel in einem kartellrechtlichen Rechtsstreit.[176]

---

166 Schütze/Tscherning/Wais, Handbuch Schiedsverfahren, S. 119, Rn. 221; Wieczorek/Schütze-*Schütze*, § 1035, Rn. 89; Lörcher/Lörcher, Das Schiedsverfahren, S. 39, Rn. 128.

167 Schütze/Tscherning/Wais, Handbuch Schiedsverfahren, S. 255, Rn. 518; Prütting, in: liber amicorum Böckstiegel, S. 629 ff.

168 Vgl. MüKo-*Münch*, Vor §§ 1025 ff., Rn. 72.

169 So auch Prütting, in: liber amicorum Böckstiegel, S. 629 (636).

170 Lionnet/Lionnet, Internationale und nationale Schiedsgerichtsbarkeit, S. 457.

171 Lachmann, Schiedsgerichtspraxis, S. 42, Rn. 146.

172 Lionnet/Lionnet, Internationale und nationale Schiedsgerichtsbarkeit, S. 458.

173 Prütting, in: liber amicorum Böckstiegel, S. 629 (635); vgl. auch Haas, in: FS Kaissis, S. 315 (316 f.) mit dem rechtsvergleichenden Hinweise zur Frage, ob aus dem Abschluss einer Schiedsvereinbarung ein konkludenter Parteiwille zur Vertraulichkeit gefolgert werden kann.

174 Prütting, in: liber amicorum Böckstiegel, S. 629 (635).

175 So Lionnet/Lionnet, Internationale und nationale Schiedsgerichtsbarkeit, S. 458; Lachmann, Schiedsgerichtspraxis, S. 146; Prütting, in: liber amicorum Böckstiegel, S. 629 (635); a. A. Schütze Schiedsgericht und Schiedsverfahren, S. 110, Rn. 210.

176 Sonnauer, Kontrolle der Schiedsgerichte, S. 11.

Auch viele Vereine, Kirchen und Verbände streben den Ausschluss staatlicher Gerichtsbarkeit an, um auf diese Art den Streitgegenstand – womöglich prekäre Interna der jeweiligen Organisation – vor staatlicher Kenntnisnahme und Beeinflussung abzusichern.[177]

3. *Kostenersparnis*

Als weiterer Vorteil der Schiedsgerichtsbarkeit wird von Streitbetroffenen häufig die Möglichkeit der Kostenersparnis genannt.[178] Dies mag für Schiedsverfahren mit hohen Streitwerten zutreffen, bei nur geringen Streitwerten hingegen kaum.[179] In Fällen, in denen tatsächlich eine Kostenersparnis eintritt, wird diese dann wegen des wegfallenden Instanzenzuges zu verbuchen sein[180], womit bereits der nachfolgende Gesichtspunkt der „Verfahrensdauer" angesprochen ist. Im Übrigen werden zumeist keine Vollstreckungskosten entstehen, da der Großteil von schiedsgerichtlichen Entscheidungen einvernehmlich befolgt wird.[181] Zu bedenken ist aber, dass es im Schiedsverfahren keine Prozesskostenhilfe gibt.[182]

4. *Verfahrensdauer*

Eine schiedsgerichtliche Konfliktlösung ist in der Regel schneller, da das Schiedsverfahren –abgesehen von nur selten anzutreffenden Vereinbarungen eines Oberschiedsgerichts – keinen Instanzenzug kennt.[183]

---

177 Musielek-*Voit*, § 1025, Rn. 2

178 Differenzierend hinsichtlich der Art der Kosten, Ebbing, Private Zivilgerichte, S. 84.

179 Lachmann, Schiedsgerichtspraxis, S. 48, Rn. 163; Quinke, Börsenschiedsvereinbarungen, S. 261 ff.; vgl. Hellwig, RIW 1984, S. 421 (429).

180 MüKo-*Münch*, Vor §§ 1025 ff., Rn. 67; Glossner/Bredow/Bühler, Schiedsgericht in der Praxis, S. 20, Rn. 5.

181 Lionnet/Lionnet, Internationale und nationale Schiedsgerichtsbarkeit, S. 80.

182 Schütze/Tscherning/Wais, Handbuch Schiedsverfahren, S. 323, Rn. 592; Geimer, Internationales Zivilprozessrecht, S. 1316, Rn. 3857.

183 Rosenberg/Schwab/Gottwald, § 174, Rn. 6; MüKo-*Münch*, Vor §§ 1025 ff., Rn. 65 weist hingegen auf die wenigen rechtstatsächlichen Untersuchungen zu diesem Gesichtspunkt hin; Prütting/Gehrlein-*Prütting*, § 1025, Rn. 21 schränken den Vorteil dahingehend ein, dass ein richtiger Vergleich nur mit dem gesamten Instanzenzug des staatlichen Verfahrens – inklusive der Rechtsmittel – gezogen werden könne. Auch für das schiedsgerichtliche Verfahren werden Überlegungen zur Einrichtung eines Oberschiedsgerichts getätigt. Konkret wird ein solches als Kontrollinstanz im Fall paralleler Schiedsverfahren angedacht, hierzu unter den Gliederungspunkten 1. Kapitel. F.II. 6. b)cc); 1. Kapitel. F.II. 6. c)dd)(1) (b); 3. Kapitel. A.III. 3. Grenz, Der Faktor Zeit im Schiedsverfahren, S. 2 sieht diesen Aspekt ebenfalls kritisch. Vgl. insgesamt zur Verfahrensdauer von Schiedsverfahren den Beitrag von Briner, in: FS Sandrock, S. 137 ff.

5. Einfluss auf die Zusammensetzung des Spruchkörpers

Gemäß § 1034 Abs. 1 ZPO können die Parteien die Anzahl der Schiedsrichter vereinbaren und somit maßgeblichen Einfluss auf die Zusammensetzung des Spruchkörpers nehmen. Dies wird oftmals als positiv empfunden, da eine höhere Anzahl von Schiedsrichtern, die sich mit der Streitsache auseinandersetzen, auch eine gesteigerte Sachkunde bedeuten kann.[184] Eine solche Einschätzung wird wohl nur in Grenzen zutreffend sein; das Sprichwort, dass viele Köche den Brei verderben, ist in diesem Zusammenhang sicherlich zu berücksichtigen.

6. Internationale Vorteile

Besondere Vorzüge der Schiedsgerichtsbarkeit bestehen im internationalen Bereich.[185] Weil die Durchführung von Verfahren in manchen Ländern sehr kostspielig, undurchsichtig und mühsam sein kann, wird der schiedsgerichtlichen Streiterledigung oft der Vorzug gegeben.[186] Insofern wird das Interesse am Ausschluss der staatlichen Gerichte im internationalen Rechtsverkehr wohl weniger an dem Vertrauen zur Schiedsgerichtsbarkeit liegen als vielmehr am Misstrauen gegenüber den fremden, ausländischen Gerichten.[187] Schiedsgerichte können im internationalen Bereich bei politischen und kulturellen Barrieren oftmals den entscheidenden Rechtsschutz gewähren.[188] Im Vergleich zur Anerkennung und Vollstreckung ausländischer staatlicher Entscheidungen birgt das schiedsgerichtliche Verfahren den Vorteil der einfacheren Anerkennung und Vollstreckbarkeit eines Schiedsspruchs im Ausland.[189] Einen weiteren entscheidenden Vorteil bietet die Schiedsgerichtsbarkeit im internationalen Bereich hinsichtlich des Zustellungsrechts.[190] Da Schiedsgerichte keine Hoheitsträger sind, sind sie nicht an § 182 Abs. 1 S. 2 Alt. 2 ZPO gebunden. Es droht keine Unterwanderung oder Verletzung von ausländischer staatlicher Souveränität, so dass keine Verbote der schiedsgerichtlichen oder schiedsrichterlichen Aktivität auf fremdem Hoheitsgebiet entgegenstehen.[191]

---

184 Lachmann, Schiedsgerichtspraxis, S. 37, Rn. 130.

185 Glossner/Bredow/Bühler, Schiedsgericht in der Praxis, S. 25 f., 19 ff. Für das Verhältnis zwischen den USA und Deutschland Sandrock, in: FS Stiefel, S. 625 ff.

186 Stumpf, in: FS Bülow, S. 217 ff.

187 Rosenberg/Schwab/Gottwald, § 174, Rn. 6; Böckstiegel, in: FS Sandrock, S. 95 (100 f.); Böckstiegel, DRiZ 1996, S. 267 (270); Stumpf, in: FS Bülow, S. 217 (218).

188 Prütting/Gehrlein-*Prütting/Schneider*, § 1025, Rn. 21.

189 Vgl. z. B. Rosenberg/Schwab/Gottwald, § 174, Rn. 6; Hierzu unter Gliederungspunkt 3. Kapitel. B.I. 2. a)bb)(3) (b) ff.

190 Reithmann/Martiny, Internationales Vertragsrecht, S. 2025, Rn. 6550.

191 Geimer, Internationales Zivilprozessrecht, S. 1316, Rn. 3860; Nagel, Durchsetzung von Vertragsansprüchen, S. 23 f.; Otto, IPRax 2002, S. 164 (165).

7. Flexibilität der Verfahrensgestaltung

Eine besonders positive Eigenheit des schiedsgerichtlichen Verfahrens ist die „chamäleonartige Anpassungsfähigkeit des Schiedsverfahrens“,[192] das sich an den individuellen Bedürfnissen der streitbetroffenen Parteien ausrichten lässt.[193] Parteien und Schiedsrichtern wird durch zahlreiche Verfahrensvereinfachungen im Vergleich zum regulären Zivilprozess die Möglichkeit zur freien Verfahrensgestaltung unter Einhaltung rechtsstaatlicher Mindeststandards in die Hände gelegt.[194] Die flexiblere Verfahrensgestaltung ist vor allem deshalb positiv herauszustellen, weil im staatlichen Verfahren die Richter gehalten sind, mit den öffentlichen Ressourcen angemessen zu haushalten. Die finanzielle Ausstattung des Richters und seine personellen Kapazitäten können keine Rücksicht darauf nehmen, wie hoch der potenzielle Imageschaden für die streitenden Parteien durch das Verfahren sein wird.[195] In diese Lücke stößt das Schiedsverfahren, mit dessen Ablauf und Gestaltung sich hochspezialisierte Anwaltskanzleien unabhängig vom eigentlichen Streitwert der Angelegenheit befassen können.[196]

8. Stellungnahme

Die Hervorhebung der Vorteile einer schiedsgerichtlichen Streitbeilegung erfolgte hier ganz bewusst, da die Untersuchung in ihrer Zielsetzung auch für eine gesteigerte Durchsetzbarkeit der im Schiedsverfahren getroffenen Entscheidungen plädiert. Letztlich dürfen die Augen aber nicht vor der Rechtstatsächlichkeit verschlossen werden. Nachteile der Schiedsgerichtsbarkeit gegenüber dem staatlichen Justizwesen dürfen bei der Wahl der Form der Streitbeilegung nicht unberücksichtigt bleiben.

In der Tat kann die Vereinbarung der schiedsgerichtlichen Streiterledigung ein zweischneidiges Schwert sein: Beispielhaft zu nennen ist die Gefahr der Parteilichkeit des gewählten Schiedsrichters, die im staatlichen Prozess nicht anzutreffen sein wird.[197] Zudem ist nicht immer eine kürzere Verfahrensdauer anzunehmen, insbesondere die Konstituierung des Schiedsgerichts kann einige Zeit in Anspruch nehmen.[198] Schließlich sollte bei der Darstellung der Vorteile bedacht werden, dass

---

192 MüKo-*Münch*, Vor §§ 1025 ff., Rn. 73; vgl. auch Thümmel, in: FS Kaissis, S. 1027 (1030 ff.).

193 Stumpf, in: FS Bülow, S. 217 (222 f.).

194 Mit Beispielen zur freieren Verfahrensgestaltung durch ein Schiedsgericht: Schütze/Tscherning/Wais, Handbuch Schiedsverfahren, S. 4 f., Rn. 5 ff.; S. 175 f.; 334, S. 211, Rn. 418; Wieczorek/Schütze-*Schütze*, § 1025, Rn. 17.

195 Harder, Schiedsverfahren im Erbrecht, S. 19.

196 Harder, Schiedsverfahren im Erbrecht, S. 19.

197 Prütting/Gehrlein-*Prütting*, § 1025, Rn. 21; Rosenberg/Schwab/Gottwald, § 174, Rn. 7.

198 Ebbing, Private Zivilgerichte, S. 82 geht davon aus, dass die Ernennungsrechte der Parteien häufig zur Verzögerung des Verfahrens missbraucht werden. Der

alle genannten Vorzüge unter der Prämisse einer guten Besetzung des Schiedsgerichts, eines ordnungsgemäßen Ablaufs des Schiedsverfahrens und einer generellen Akzeptanz durch die betroffenen Parteien steht.[199]

Letztlich kann man sagen, dass sich für Parteien, die über eine schiedsgerichtliche Streitlösung nachdenken, besonders bei einem internationalen Rechtsstreit mit hohem Streitwert die Flexibilität der Schiedsgerichte anbietet, da sie auch unterschiedliche Prozesskulturen zu überbrücken vermag. Für den nationalen Rechtsverkehr sprechen hingegen der Vertrauensschutz sowie der *numerus clausus* von Handlungs- und Eingriffsermächtigungen des Staates für die Schiedsgerichtsbarkeit. Eine staatliche Kontrolle schiedsgerichtlicher Entscheidungen kann nämlich gem. § 1026 ZPO nur erfolgen, wenn das Zehnte Buch der ZPO dies ausdrücklich zulässt.[200] Zudem stellt die Nichtöffentlichkeit in der Tat einen erheblichen Vorzug der Schiedsgerichte dar. Zusammenfassend lässt sich daher konstatieren, dass die Existenz des schiedsgerichtlichen Verfahrens einem „(...) *unleugbaren praktischen Bedürfnis des Wirtschaftslebens entspricht*"(...).[201] Letztlich liegt es an der konkreten Art der Streitigkeit, ob Parteien die Wahl einer schiedsgerichtlichen Streiterledigung gegenüber einem staatlichen Verfahren bevorzugen. Deutschland war in der Vergangenheit ein eher vernachlässigter Schiedsort. Länder wie der Schweiz, Österreich oder England wurden bevorzugt.[202] Seit der Neufassung des Zehnten Buches der ZPO durch weitgehende Übernahme von Regelungen, denen – wie gesagt – das UNCITRAL-ModG als Vorbild diente, ist eine internationalen Harmonisierung des Schiedsverfahrensrecht eingetreten.[203]

---

zeitliche Vorteil, der durch den Wegfall des Instanzenzuges gewonnen würde, werde in vielen Fällen durch die schleppende Konstituierung des Schiedsgerichts aufgehoben. Besonders dem Schiedsbeklagten liege nichts an einer schnellen Einberufung des Schiedsgerichts. Vergleiche für eine vertiefende Übersicht der Vor- und Nachteile der Schiedsgerichtsbarkeit, MüKo-*Münch*, Vor §§ 1025 ff., Rn. 64 ff.; Schwab/ Walter, Schiedsgerichtsbarkeit, Kap. 1, Rn. 7 ff.

199 Vgl. MüKo-*Münch*, Vor §§ 1025 ff., Rn. 64, der die Vorteile ebenfalls relativiert.

200 Lachmann, Schiedsgerichtspraxis, S. 3, Rn. 12; zu den nicht schiedsfähigen Materien unter Gliederungspunkt 1. Kapitel. C.IX. 1.

201 So Stein/Jonas-*Schlosser*, Vor § 1025, Rn. 1. Allerdings ist die Nichtöffentlichkeit nur für das eigentliche Schiedsverfahren gewährleistet. Soweit es zur Vollstreckbarerklärung im staatlichen Verfahren kommt, gelten dessen Verfahrensmaximen inklusive des Öffentlichkeitsgrundsatzes. Insofern ist dieser Vorteil des schiedsgerichtlichen Verfahrens zu relativieren; vgl. Büchting/Heussen-*Kreindler/Rust*, § 7, Rn. 29.

202 BT-Drucks. 13/5274, S. 23, li. Sp.

203 Ob Deutschland zukünftig mehr Zuspruch als Schiedsort erfährt, bleibt aber noch abzuwarten., vgl. MüKo-*Münch*, Vor §§ 1025 ff., Rn. 147. Jedenfalls geht die Gesetzesbegründung zur Neuordnung des Schiedsverfahrens durch die Anpassung an das UNCITRAL-Modellgesetz von einer Attraktivitätssteigerung Deutschlands als möglicher Schiedsort aus, vgl. BT-Drucks. 13 /5274, S. 23, li. Sp.; S. 28, re. Sp.; Thomas/Putzo-*Reichold*, Vor §1025, Rn. 2. Skeptisch gegenüber einer

VII. Gelegenheitsschiedsgerichte und institutionelle Schiedsgerichte

Schiedsgerichtsbarkeit kann in verschiedenen Erscheinungsformen auftreten. Es gibt Gelegenheitsschiedsgerichte und institutionalisierte Schiedsgerichte.

1. Ad-hoc-Schiedsgerichte

Das gesetzliche Regelungsmodell der §§ 1025 ff. ZPO sind Ad-hoc-Schiedsgerichtsverfahren (Gelegenheitsschiedsgerichte), d. h. das Schiedsgericht wird jeweils für die Durchführung eines konkreten Verfahrens erst konstituiert.[204] Das Verfahren folgt Regeln, die die Schiedsparteien selbstständig für den jeweiligen Streitfall vereinbart haben. Soweit die Parteien keine Vereinbarung über die Bildung des Schiedsgerichts, über die Verfahrensausgestaltung und den Schiedsspruch getroffen haben, kommen subsidiär die §§ 1034 ff. ZPO zur Anwendung. Zwingende Rechtsgrundsätze eines rechtsstaatlichen und fairen Verfahrens gelten in jedem Fall. Insbesondere sind die in § 1042 Abs. 1 - Abs. 3 ZPO normierten Verfahrensregelungen abhängig von deren jeweiliger Rechtsnatur als zwingendes oder dispositives Verfahrensrecht zu beachten.[205]

2. Institutionelle Schiedsgerichte

Neben der Möglichkeit, ein Ad-hoc-Schiedsgericht einzuberufen, können die Parteien auch institutionelle Schiedsgerichte in Anspruch nehmen.[206] Die Zivilprozessordnung sieht in § 1040 Abs. 3 Alt. 2 ZPO diese Alternative durch Bezugnahme auf eine schiedsrichterliche Verfahrensordnung als gleichwertige Alternative zur Streiterledigung durch Ad-hoc-Schiedsgerichte explizit vor. Im Gegensatz zur Ad-hoc-Schiedsgerichtsbarkeit bietet die institutionelle Schiedsgerichtsbarkeit als eine Art „vorfabrizierte" Form von Schiedsgerichten, u. a. Vorteile für eine unversierte Partei.[207] Ein Vorteil besteht darin, dass den Parteien in Form einer regelmäßig nicht oder nur begrenzt abänderbaren Schiedsordnung ein Rahmen für Durchführung und Organisation von Schiedsverfahren zur Verfügung gestellt wird. Institutionalisierte Schiedsgerichte sind im Rahmen einer bestimmten Orga-

---

Attraktivitätssteigerung Deutschlands als Schiedsort ist Kreindler, in: FS Sandrock, S. 515 (522 ff., 534 f.).

204 Ebbing, Private Zivilgerichte, S. 35; Glossner/Bredow/Bühler, Schiedsgericht in der Praxis, S. 22, Rn. 10.

205 Zur Unterscheidung von dispositivem und zwingendem Verfahrensrecht am Beispiel von *lis pendens* eingehend unter Gliederungspunkt 1. Kapitel. F.II. 6. c) ff)(2) (b).

206 Einen umfassenden Überblick zu den besonderen Schwierigkeiten von institutionalisierten Schiedsgerichten bietet Wolf, Die institutionelle Handelsschiedsgerichtsbarkeit, S. 1 ff.

207 Gentinetta, Die lex fori internationaler Handelsschiedsgerichte, S. 36.

nisation bestehende, auf Dauer angelegte Einrichtungen, die zur Erledigung einer unbestimmten Anzahl von Fällen zur Verfügung stehen und auf Grundlage einer eigenen Verfahrensordnung judizieren.[208]

Institutionalisiertes oder auch administriertes Schiedsverfahren bedeutet aber nicht, dass es sich schon um fest existierende Spruchkörper handelt.[209] Vielmehr können die Parteien an der Konstituierung des Schiedsgerichts mitwirken, indem ihnen die Auswahl und Benennung der Schiedsrichter freisteht.[210] Eine von den Parteien vorgesehene Schiedsordnung muss sich bei Vereinbarung eines deutschen Schiedsortes am zwingenden deutschen Recht einschließlich den Verfahrensgrundsätzen messen lassen (vgl. §§ 1025 Abs. 1, 1043 Abs. 1 in Verbindung mit § 1042 Abs. 3 ZPO). In dieser Arbeit steht in erster Linie die Ad-hoc-Schiedsgerichtsbarkeit im Focus der Untersuchung. An verschiedenen Stellen wird jedoch auch Bezug auf Vorschriften oder Rechtsprechungsmaterialien zu Verfahrensordnungen einiger institutionalisierter Schiedsgerichte genommen.[211] Die deutsche Institution für Schiedsgerichtsbarkeit e.V. (DIS) und die Schiedsgerichtsinstitution der Internationalen Handelskammer (ICC) werden hauptsächlich Erwähnung finden und sind deshalb nachfolgend kurz vorzustellen.

a) Deutsche Institution für Schiedsgerichtsbarkeit e.V.

Für das deutsche nationale Recht ist das wohl prominenteste Beispiel für eine Schiedsgerichtsinstitution die Deutsche Institution für Schiedsgerichtsbarkeit e.V. (DIS).[212] Die DIS in ihrer heutigen Ausgestaltung gibt es seit dem 1.1.1992.[213] Sie ist ein eingetragener Verein und geht auf einen Zusammenschluss des Deutschen Ausschusses für Schiedsgerichtswesen (DAS) und der 1974 neu gegründeten Deutschen Institution für Schiedsgerichtsbarkeit e.V. zurück.[214] Die DIS kann auf einen

208 Vgl. Schwab/Walter, Schiedsgerichtsbarkeit, Kap. 1, Rn. 10.

209 Schwab/Walter, Schiedsgerichtsbarkeit, Kap. 1, Rn. 10; Ebbing, Private Zivilgerichte, S. 37, der auf die uneinheitliche Verwendung des Begriffs „ständiges Schiedsgericht" hinweist; als im eigentlichen Sinn ständiger Schiedsgerichte agieren z. B. Vereinsschiedsgerichte.

210 Vgl. z. B. § 2 Abs. 1 DIS-SchO; zur Benennung und davon zu trennenden Bestellung der Schiedsrichter in Verfahren unter der DIS-SchO Lachmann, Schiedsgerichtspraxis, S. 775 ff., Rn. 3381 ff.; im Übrigen tagen DIS-Schiedsgerichte als Dreier-Schiedsgerichte, was dem gesetzlichen Grundmodell des § 1034 Abs. 1 ZPO entspricht.

211 1. Kapitel. F.II. 6. c)gg) ff.

212 Eingehend zur Organisation und den Verfahren nach dieser Schiedsgerichtsordnung Lachmann, Schiedsgerichtspraxis, S. 771 ff., Rn. 3356 ff.; Schütze-*Theune*, Einl. Vor § 1 DIS-SchO, Rn. 1 ff.; neue Kommentierung der DIS-SchO bei Nedden/Herzberg, ICC-SchO/DIS-SchO, Praxiskommentar, S. 633 ff.; allgemeine Fakten und praxisorientierte Anmerkungen zur DIS gibt Schütze, SchiedsVZ 2003, S. 179 f.

213 Bredow, RPS BB-Beil. 15/1992, S. 4 (4).

214 Glossner, RPS BB-Beil. 05/1996, S. 3 (5); Bredow, RPS BB-Beil. 15/1992, S. 4 (4).

sehr großen organisatorischen Unterbau zurückgreifen. Zu ihren Mitgliedern gehören die meisten Industrie- und Handelskammern.[215] Neben der Hauptgeschäftsstelle in Köln verfügt die Institution über weitere Geschäftsstellen in München und Berlin. Schwerpunktmäßig betreut die DIS Schiedsverfahren, die das nationale Recht betreffen. Internationale Verfahren sind jedoch nicht von ihrer Betreuung ausgenommen.[216] Nach § 1 Abs. 2 DIS-SchO findet vorbehaltlich abweichender Parteivereinbarungen die DIS-SchO in der bei Verfahrensbeginn geltenden Fassung auf den Streitfall Anwendung.[217] Die Vorschriften der Verfahrensordnung orientieren sich weitgehend an den gesetzlichen Regelungen.[218] Primär kommt der DIS eine verfahrensverwaltende Rolle zu. Die Institution nimmt im Vergleich zu anderen Schiedsgerichtsinstitutionen nur eingeschränkten Einfluss auf das Verfahren. Als Vorzug der Verfahrensordnung der DIS werden deren vergleichsweise mehrheitlich klaren Formulierungen betont.[219]

b) Internationale Handelskammer (ICC)

Im internationalen Bereich sind besonders Schiedsverfahren bei der Internationalen Handelskammer (ICC) in Paris von Bedeutung. Ihr kommt die weltweit führende Rolle unter den Schiedsgerichtsinstitutionen zu.[220] Für den anglo-amerikanischen Rechtskreis ist als Gegenstück zur ICC die *American Arbitration Association* (AAA) mit Sitz in New York hervorzuheben.[221] Die aktuelle Fassung der ICC-SchO gilt seit dem 1.1.2012.[222] Die Organisationsstruktur der ICC-Schiedsgerichtsbarkeit unterscheidet sich von derjenigen der DIS.[223] 1919 wurde die Internationale Handelskammer gegründet. Im Jahr 1923 folgte die Gründung des Schiedsgerichtshofs der Internationalen Handelskammer. Der Internationale Gerichtshof entscheidet nicht selber über Schiedsverfahren. Ihm kommt nach Art. 1 Abs. 2 ICC-SchO

---

215 Lionnet/Lionnet, Internationale und nationale Schiedsgerichtspraxis, S. 485, Lachmann, Schiedsgerichtspraxis, S. 771, Rn. 3356.

216 Lachmann, Schiedsgerichtspraxis, S. 771, Rn. 3358.

217 Die Schiedsgerichtsordnung in der Fassung vom 1.7.1998 ist im Internet abrufbar unter http://www.dis-arb.de/de/16/regeln/dis-schiedsgerichtsordnung-98-id2.

218 Schütze-*Theune*, Einl. Vor § 1 DIS-SchO, Rn. 3.

219 Vgl. Schütze-*Theune*, Einl. Vor § 1 DIS-SchO, Rn. 5.

220 Lionnet/Lionnet, Internationale und nationale Schiedsgerichtsbarkeit, S. 486, 489; Born, International Arbitration, S. 175.

221 Hierzu unter Gliederungspunkt 2. Kapitel. C.III.

222 In dieser Arbeit wird hingegen nur die ICC-SchO in ihrer Fassung vom 1.1.1998 näher betrachet. In englischer Fassung ist diese z. B. abgedruckt bei Lachmann, Schiedsgerichtsbarkeit, S. 1089 ff., Rn. 4765 ff.; ebenfalls in englischer Sprache kommentiert von Derains/Schwartz, Guide ICC, S. 17 ff. Eine Kommentierung der aktuellen ICC-SchO findet sich bei Nedden/Herzberg, ICC-SchO/DIS-SchO, Praxiskommentar, S. 7 ff.

223 Ausführlich zur Organisation der ICC und des ICC Schiedsgerichtshofs Craig/Park/Paulsson, ICC Arbitration, § 2.02 ff., S. 17 ff.

a. F. die Aufgabe zu, über die richtige Anwendung der Schiedsgerichtsordnung zu wachen. Die eigentliche rechtsprechende Aufgabe ist den für den jeweiligen Fall zu konstituierenden Schiedsgerichten anvertraut. Dem Schiedsgerichtshof ist das Sekretariat des Gerichtshofs (Art. 1 Abs. 5 ICC-SchO a. F.) an die Seite gestellt. Dieses unterstützt den Gerichtshof in seinen Kontrollfunktionen und wird von den Parteien über jeden der Verfahrensschritte informiert (Art. 3 ICC-SchO a. F.). Insbesondere hat eine Verfahrenseinleitung in einen ICC-Verfahren durch Klageeinreichung bei dem Sekretariat zu erfolgen (Art. 6 Abs. 1 ICC-SchO a. F.).[224]

VIII. Schiedsvereinbarung und Schiedsklausel

1. Allgemeines

Der Abschluss einer wirksamen Schiedsvereinbarung über die fragliche Rechtsstreitigkeit zwischen den zukünftigen Schiedsparteien ist die Grundlage der Entscheidungskompetenz der Schiedsgerichte.[225] Die Schiedsvereinbarung ist der zentrale Dreh- und Angelpunkt im Schiedsverfahren. Sie bildet die Voraussetzung, die Basis sowie die Grenze der schiedsgerichtlichen Streiterledigung.[226] Die Parteien unterwerfen sich mit ihrem Abschluss für alle oder nur für einzelne Streitigkeiten aus einem bestimmten Rechtsverhältnis der Entscheidungsgewalt eines Schiedsgerichts. Zugleich entfällt die gesetzliche Entscheidungszuständigkeit der staatlichen Gerichtsbarkeit innerhalb der subjektiven und objektiven Grenzen der geschlossenen Schiedsvereinbarung.[227] Da die Derogation staatlicher Gerichtsbarkeit den Justizgewährungsanspruch tangiert, darf der Staat die Inanspruchnahme seiner Gerichte nur dann versagen, wenn die Parteien dies ausdrücklich vereinbart haben oder die Anordnung schiedsgerichtlicher Entscheidungskompetenz ihnen wenigstens zuzurechnen ist.[228] Die Schiedsvereinbarung ist eine vom Hauptvertrag unabhängige Vereinbarung.[229] Deren Wirksamkeit und Zuständigkeit können weitgehend klar getrennt voneinander bestimmt werden. § 1040 Abs. 1 S. 2 ZPO formuliert dieses Trennungsprinzip zwischen Hauptvertrag und Schiedsvereinbarung ausdrücklich.[230] Parteien, die eine Schiedsvereinbarung abschließen möchten,

---

224 Zum Verfahrensbeginn im ICC-Schiedsverfahren zur ICC-SchO in der Fassung vom 1.1.1998 vgl. die Ausführungen unter Gliederungspunkt 1. Kapitel. F.II. 6. c) gg)(2).

225 B/L/A/H-*Hartmann*, § 1029, Rn. 1; Wieczorek/Schütze-*Schütze*, § 1029, Rn. 3.

226 Liatowitsch, Parallelverfahren, S. 29.

227 Vgl. BGH NJW 1984, S. 669 (669); B/L/A/H/*Hartmann*, § 1029, Rn. 13.

228 Musielak-*Voit*, § 1029, Rn. 2; Näheres zur Vereinbarkeit von schiedsgerichtlicher Streitbeilegung und dem Justizgewährungsanspruch im 1. Kapitel. C.XI. 1. b).

229 BGHZ 53, 315 (318 f.); Rosenberg/Schwab/Gottwald, § 175, Rn. 8.

230 Ausführlich zum Verhältnis von Hauptvertrag und Schiedsvereinbarung, insbesondere zur Frage, ob § 139 BGB Anwendung findet, Lachmann, Schiedsgerichtspraxis, S. 150 ff., Rn. 532 ff.; vgl. auch BT-Drucks. 13/5274, S. 43, re. Sp.; zum alten Recht Wieczorek/Schütze-*Schütze* (3. Auflage), § 1025, Rn. 51 ff.

müssen rechtsfähig oder gem. § 124 Abs. 1 HGB fähig sein, im eigenen Namen Rechte und Pflichten zu begründen.[231]

Der ausdrückliche Abschluss einer Schiedsvereinbarung zwischen den Parteien bildet den Regelfall.[232] Des Weiteren kann die Durchführung eines schiedsgerichtlichen Verfahrens an Stelle des Beschreitens des staatlichen Rechtsweges auch obligatorisch in Satzungen privater Verbände vorgesehen sein.[233] Schließlich kann der Weg vor den Schiedsrichter dadurch begründet werden, dass die Parteien Rechtspositionen einnehmen, die von vornherein der Schiedsgerichtsbarkeit zugeschrieben werden.[234] In diesem Zusammenhang ist die Einsetzung von Schiedsgerichten durch letztwillige Verfügung[235], einen Vertrag zugunsten Dritter[236] oder durch eine Auslobung[237]zu nennen.

In § 1029 Abs. 1 ZPO enthält die ZPO eine Legaldefinition des Begriffs der Schiedsvereinbarung: (1) „*Schiedsvereinbarung ist die Vereinbarung der Parteien, alle oder einzelne Streitigkeiten, die zwischen ihnen in Bezug auf ein bestimmtes Rechtsverhältnis vertraglicher oder nichtvertraglicher Art entstanden sind oder künftig entstehen, der Entscheidung durch ein Schiedsgericht zu unterwerfen.*“ Unter dem Oberbegriff[238] der Schiedsvereinbarung sieht der deutsche Gesetzgeber somit zwei Varianten für den Ausschluss der staatlichen Gerichtsbarkeit vor. Zum einen ist eine Schiedsabrede, also eine selbstständige Vereinbarung, möglich, zum anderen kann auch eine Schiedsklausel verwendet werden, also eine Vereinbarung, die einen Teil des Hauptvertrages bildet.[239] Im Gegensatz zum deutschen Recht muss in einigen internationalen Verträgen sowie in einigen ausländischen Rechtsordnungen zwischen Schiedsklausel und Schiedsabrede wegen inhaltlicher Unterschiede genau differenziert werden.[240]

---

231 Musielak-*Voit*, § 1029, Rn. 5.

232 MüKo-*Münch*, § 1029, Rn. 44. Der explizite Abschluss einer Schiedsvereinbarung steht im Gegensatz zur einseitigen Anordnung der Schiedsbindung; hierzu Sareika, ZZP 90 (1977), S. 285 (291 f.).

233 Hierzu Kees, Grenzen der Zulässigkeit von Schiedsgerichten in Vereinssatzungen, S. 1 ff.

234 Musielak-*Voit*, § 1029, Rn. 2.

235 Vgl. zur Zulässigkeit von Schiedsverfahren kraft letztwilliger Verfügung Schwab/Walter, Schiedsgerichtsbarkeit, Kap. 32, Rn. 25; Stein/Jonas-*Schlosser*, § 1066, Rn. 3; Schulze, MDR 2000, S. 314 ff.

236 Hierzu Musielak-*Voit*, § 1029, Rn. 2.

237 Stein/Jonas-*Schlosser*, § 1066, Rn. 3; Schütte, Einsetzung von Schiedsgerichten, S. 23.

238 MüKo-*Münch*, § 1029, Rn. 7.

239 Der Abschluss einer Schiedsklausel ist der in der Praxis üblichere Fall, vgl. Stein/Jonas-*Schlosser*, § 1029, Rn. 7.

240 Zur Unterscheidung zwischen *compromis* und *clause compromissoire* im französischen Recht Fouchard, L' arbitrage commercial international, S. 53.

2. Essentialia der Schiedsvereinbarung gemäß § 1029 ZPO

Grundsätzliche Voraussetzung jeder Schiedsvereinbarung sind die eindeutige Unterwerfung unter die Entscheidungsgewalt eines Schiedsgerichts an Stelle des staatlichen Gerichts[241] sowie die inhaltliche Klarheit und Bestimmtheit. Das zur Entscheidung berufene Schiedsgericht muss entweder eindeutig bestimmt oder zumindest bestimmbar sein.[242] Die Schiedsvereinbarung muss den expliziten Willen der Parteien erkennen lassen, dass an Stelle der ordentlichen Gerichte eine Streitentscheidung durch ein Schiedsgericht – keine Schlichtung oder ähnliches – gewollt ist.[243] Im Zusammenhang mit dem Bestimmtheitserfordernis ist auf die Möglichkeit der Vereinbarung eines Wahlrechts hinzuweisen. Nach sehr verbreiteter Ansicht schließt die Unterwerfung unter die schiedsgerichtliche Entscheidungskompetenz die Vereinbarung eines Wahlrechts zwischen staatlichem Gericht und Schiedsgericht nicht aus.[244] Das Wahlrecht muss in der Schiedsvereinbarung selbst enthalten sein.[245] Es kann auf nur eine Partei beschränkt sein.[246] Jeder Partei steht dann entweder nur in der Rolle der klagenden Partei oder als beklagte Partei die Möglichkeit offen, anstatt des Schiedsgerichts das Staatsgericht für die Streitigkeit zu wählen.[247] Bedenken gegen die Vereinbarung eines Wahlrechts im Allgemeinen werden jedoch auch geäußert.[248] Ebenfalls als zulässig erachtet wird die Vereinbarung eines Wahlrechts zwischen zwei Schiedsgerichten.[249]

Im Gegensatz zum alten Recht ist das Bestimmtheitserfordernis nicht mehr ausdrücklich in § 1029 Abs. 1 ZPO erwähnt. Es findet aber weiterhin Anwendung.[250] Es gilt hierbei nicht nur hinsichtlich der Bestimmbarkeit des jeweiligen zur Entscheidung berufenen Schiedsgerichts, sondern auch bezüglich des von der Schiedsvereinbarung erfassten Rechtsverhältnisses, da im Interesse der Rechtssicherheit die Folgen der Schiedsvereinbarung überschaubar bleiben sollen.[251]

---

241 BGH NJW 1984, S. 669 (669).

242 BGH NJW 1983, S. 1267 (1267); Kröll, SchiedsVZ 2010, S. 145 (145).

243 Zur Abgrenzung des Schiedsverfahrens von anderen Formen alternativer Streitbeilegung vgl. die Ausführungen unter Gliederungspunkt 1. Kapitel. C.V. ff.

244 MüKo-*Münch*, § 1029, Rn. 96; Wieczorek/Schütze-*Schütze*, § 1029, Rn. 8.

245 BGHZ 88, 314 (317).

246 BGHZ 115, 324 (325).

247 Stein/Jonas-*Schlosser*, § 1029, Rn. 15.

248 AGB-rechtliche Bedenken äußert BGH NJW 1992, S. 575 (576); zum Verbot von Wahlrechtsoptionen in bestimmten Fällen BGH NJW 1976, S. 852 ff.

249 OLG Hamm SchiedsVZ 2003, S. 79 (80 f.); Handelskammer Hamburg SchiedsVZ 2007, S. 55 (56); Zöller-*Geimer*, § 1029, Rn. 37; hierzu noch unter Gliederungspunkt 1. Kapitel. F.II. 6. c)cc).

250 Stein/Jonas-*Schlosser*, § 1029, Rn. 13.

251 MüKo-*Münch*, § 1029, Rn. 73; Glossner/Bredow/Bühler, Schiedsgericht in der Praxis, S. 49, Rn. 96; Rosenberg/Schwab/Gottwald, § 175, Rn. 19.

Nach der gesetzlichen Regelung des § 1029 Abs. 1 ZPO sind Schiedsvereinbarungen über bereits entstandene sowie über künftige Streitigkeiten zulässig. Dies deckt sich mit der inhaltlichen Zulässigkeitsgrenze für Gerichtsstandsvereinbarungen gem. § 40 Abs. 1 ZPO.[252] Das Rechtsverhältnis wird – wie üblich – möglichst weit verstanden.[253] Erfasst wird jede konkrete rechtliche Beziehung von Personen untereinander oder von Personen zu Gegenständen.[254] Aufgrund der Substitutsfunktion der schiedsgerichtlichen Entscheidungszuständigkeit an Stelle der staatlichen Gerichtsbarkeit muss die fragliche Rechtsstreitigkeit eine bürgerliche Streitigkeit im Sinne von § 13 GVG sein.[255] Zusätzlich zum notwendigen Inhalt der Schiedsvereinbarung können die Parteien durch Vereinbarungen fakultativen Inhalts in Ergänzung der gesetzlichen Mindestanforderungen auf ihre Rechtsbeziehungen individuell zugeschneiderte Anpassungen vornehmen.[256] Gerade wenn die Rechtsstreitigkeit einen internationalen Bezug aufweist, ist eine sorgsame Verfahrensgestaltung unabdingbar und den Parteien in jedem Fall zu raten.[257]

3. *Rechtsnatur der Schiedsvereinbarung*

Ebenso wie die dogmatische Qualifizierung der Schiedsgerichtsbarkeit insgesamt seit jeher umstritten ist,[258] ist auch die Rechtsnatur der Schiedsvereinbarung schon immer Diskussionsgegenstand gewesen.[259] Der BGH ist früher von einem materiell-rechtlichen Vertrag über prozessuale Beziehungen ausgegangen.[260] Mit dieser Sichtweise der Rechtsprechung wurde dem Rechtsanwender allerdings keine eindeutige Richtschnur an die Hand gegeben. Diese Auffassung wollte den Normen des materiellen Rechts vollumfänglich zur Anwendung verhelfen[261] und bot

252 Rosenberg/Schwab/Gottwald, § 175, Rn. 19; HK/ZPO-*Saenger*, § 1029, Rn. 10.
253 MüKo-*Münch*, § 1029, Rn. 69.
254 BGHZ 22, 43 (47); MüKo-*Münch*, § 1029, Rn. 69.
255 Vgl. HK/ZPO-*Saenger*, § 1029, Rn. 12.
256 Rosenberg/Schwab/Gottwald, § 175, Rn. 6.; Wieczorek/Schütze-*Schütze*, § 1029, Rn. 20 ff.
257 Vgl. MüKo-*Münch*, § 1029, Rn. 103.
258 Vgl. die Ausführungen weiter oben unter 1. Kapitel. C.III. 2. zu diesem Problemkreis.
259 Eingehend hierzu Wagner, Prozeßverträge, S. 578 ff.; ebenfalls grundlegend Baumgärtel, Prozeßhandlung, S. 230 ff.
260 BGHZ 40, 320 (322); BGHZ 23, 198 (200); ebenso OLG Hamburg RIW 1979, S. 482 (483); B/A/L/H/Hartmann, § 1029, Rn. 10; Neuner, Privatrecht und Prozessrecht, S. 109 ff.; Niese, Verträge über Prozesshandlungen, S. 44 ff.; Lorenz, AcP 157 (19958/1959), S. 265 (274 ff.).
261 So Stein/Jonas-*Schlosser*, § 1029, Rn. 1.

Raum für individuelle Lösungen im Einzelfall.[262] Die inzwischen ganz herrschende Literaturmeinung nimmt hingegen einen Prozessvertrag an.[263]

Ausschlaggebende Argumente für die Qualifizierung als reiner Prozessvertrag sind die hauptsächlich prozessualen Wirkungen der Schiedsvereinbarung. Zum einen schließt sie die Zuständigkeit des staatlichen Gerichts für den Umfang der Schiedsvereinbarung auf Einrede aus (§ 1032 Abs. 1 ZPO), zum anderen ist das schiedsgerichtliche Verfahren auf den Erlass eines urteilsgleichen Schiedsspruchs gerichtet.[264] Als Konsequenz der Charakterisierung der Schiedsvereinbarung als Prozessvertrag sind die Regelungen über Prozesshandlungen heranzuziehen. Abschluss, Bestandteil und Wirkungen der Schiedsvereinbarung richten sich nach den allgemeinen Grundsätzen für prozessuale Verträge.[265] Teilweise wird eine vermittelnde Ansicht vertreten, die eine Schiedsvereinbarung als einen eigenständigen Vertragstypus qualifiziert, der sowohl prozessrechtliche als auch materiellrechtliche Elemente aufweise.[266] Mit der inzwischen wohl herrschenden Ansicht wird in dieser Arbeit von der Rechtsnatur des Schiedsvertrages als Prozessvertrag ausgegangen. Ob diese Qualifizierung Erkenntnisse für den eigentlichen Untersuchungsgegenstand hervorzubringen vermag, bleibt beim derzeitigen Erkenntnisstand der Arbeit weiterhin offen.[267]

4. Wirkungen der Schiedsvereinbarung

Aus der soeben dargestellten Rechtsnatur wurde bereits ersichtlich, dass der Schiedsvereinbarung sowohl prozessuale als auch materiell-rechtliche Wirkungen beigemessen werden.

a) Prozessuale Wirkung

Eine der Hauptwirkungen der Schiedsvereinbarung auf prozessualem Gebiet besteht darin, dass sie gem. § 1032 Abs. 1 ZPO eine prozesshindernde Einrede gegen die Hauptsacheklage vor dem ordentlichen Gericht begründet.[268] In § 1055

262 Die umfassende Anwendung der Vorschriften des materiellen Rechts wird in BGH KTS 1966, S. 246 ersichtlich.

263 Wagner, Prozeßverträge, S. 579 ff.; Zöller-*Geimer*, § 1029, Rn. 15; Zöller-*Greger*, Vor § 128, Rn. 26; Rosenberg/Schwab/Gottwald, § 175, Rn. 7; Stein/Jonas-*Schlosser*, § 1029, Rn. 1. Inzwischen hat sich auch der BGH in BGHZ 99, 143 (147) der Ansicht vom Prozessvertrag angeschlossen. Ebenso OLG München NJOZ 2011, S. 413 (416).

264 Zöller-*Geimer*, § 1029, Rn. 15.

265 Rosenberg/Schwab/Gottwald, § 175, Rn. 7; Prütting/Gehrlein-*Prütting*, § 1029, Rn. 7; a. A. B/A/L/H-*Hartmann*, 1029, Rn. 10; Musielak-*Voit*, § 1029, Rn. 3.

266 Kisch, ZZP 51 (1927), S. 321 ff.

267 Vgl. umfassend zum Meinungsstreit statt vieler Schlosser, Internationale Schiedsgerichtsbarkeit, S. 28 ff., Rn. 40 ff. (international ausgerichtet); Rosenberg/Schwab/Gottwald, § 175, Rn. 7 ff.

268 MüKo-*Münch*, § 1029, Rn. 116.

ZPO stellt die Zivilprozessordnung den Schiedsspruch einem rechtskräftigen gerichtlichen Urteil gleich.[269] Das Hauptziel der Parteiermächtigung eines Schiedsgerichts ist die autoritative und vollstreckbare Streitentscheidung in Form eines wirksamen Schiedsspruchs.

b) Materiell-rechtliche Wirkung

Unabhängig vom Hauptvertrag kommt der Schiedsvereinbarung eigenständige materiell-rechtliche Wirkung zu.[270] Durch den Abschluss des Schiedsvertrages haben sich die Parteien dazu verpflichtet, die Durchführung des schiedsgerichtlichen Verfahrens zu fördern und den reibungslosen Verfahrensablauf nicht zu behindern.[271] Werden diese Loyalitätspflichten verletzt, können sogar Schadensersatzansprüche begründet sein.[272]

5. *Reichweite der Schiedsvereinbarung und deren Auslegung*

Da es den Schiedsparteien gesetzlich offen steht, alle oder nur einzelne Streitigkeiten aus einem Rechtsverhältnis der Entscheidungskompetenz des Schiedsrichters zu unterwerfen, kommt es um so entscheidender darauf an, den gegenständlichen Umfang der Schiedsvereinbarung genau festzulegen. Das zentrale Thema dieser Arbeit setzt letztlich voraus, dass eine exakte Bestimmung der sachlichen Reichweite einer Schiedsvereinbarung vorliegt. In Zweifelsfällen läuft nämlich die Beantwortung der Frage, ob tatsächlich parallele (Schieds-) Verfahren rechtshängig sind, auf eine eingehende und zeitintensive Prüfung der konkreten Reichweite der Schiedsvereinbarung hinaus. Der von Gesetzes wegen eher großzügige Rahmen, in dem die Parteien den gegenständlichen Umfang der getroffenen Schiedsvereinbarung festlegen können, ist Ausdruck der Vertragsfreiheit der Schiedsparteien.[273] Aus dem Prozessrecht ergeben sich für die Schiedsvereinbarung insoweit keine Besonderheiten gegenüber der üblichen materiell-rechtlichen Vertragsgestaltung.[274] Die Schiedsvereinbarung ist auslegungsfähig[275] und in der Praxis – vor allem bei unerfahrenen Schiedsparteien, die nicht selten dazu neigen, die Schiedsvereinbarung wenig prägnant zu fassen – häufig auch auslegungsbedürftig. Der Umfang der Schiedsvereinbarung ist unter Berücksichtigung ihres Sinns und Zwecks, durch Anwendung der allgemeinen Auslegungsgrundsätze zu ermitteln.[276] Maßgebend

269 Hierzu unter Gliederungspunkt 1. Kapitel. D.II. 1.
270 B/A/L/H-*Hartmann*, § 1029, Rn. 19.
271 BGHZ 23, 198 (200 f.); BGHZ 41, 104 (108).
272 Musielak-*Voit*, § 1029, Rn. 26; Habscheid, KTS 1955, S. 31 (38 f.).
273 Stein/Jonas-*Schlosser*, § 1029, Rn. 18.
274 Stein/Jonas-*Schlosser*, § 1029, Rn. 18.
275 B/A/L/H-*Hartmann*, § 1029, Rn. 12, 13.
276 BGHZ 53, 315 (322 ff.); BGH NJW 2011, S. 2978 (2978) zur Anwendung des § 154 BGB; OLG München NJW 2005, S. 832 (832); DIS-SG SchiedsVZ 2005, S. 166 (167).

ist stets der Parteiwille[277] und die Interessenlage beider Parteien.[278] In der Regel geht der Parteiwille dahin, durch eine Schiedsvereinbarung das Rechtsverhältnis umfassend zu klären. Prinzipiell ist eine Schiedsklausel daher weit auszulegen.[279]

Wie angedeutet, ist die Tendenz, eine Schiedsvereinbarung im Zweifel weit auszulegen, für den Umgang mit einer auf Rechtshängigkeit beruhenden Verfahrenssperre im Schiedsverfahren keineswegs unproblematisch: Je weniger eng begrenzt die Reichweite einer Schiedsklausel gefasst wird, desto höher ist auch die Wahrscheinlichkeit, dass es zu (vermeintlich) sich überschneidenden Parallelverfahren zwischen den Schiedsparteien kommt. Auf den Konflikt zwischen dem legitimen Parteiwunsch, mittels einer weit gefassten Schiedsvereinbarung eine erschöpfende Streiterledigung zu erreichen, und der hieraus resultierenden Gefahr von Parallelverfahren ist an anderer Stelle zurückzukommen.[280]

IX. Schiedsfähigkeit

Die fragliche Streitigkeit muss der schiedsgerichtlichen Streitbeilegung überhaupt zugänglich sein. Angesprochen ist mit dieser Vorgabe die Schiedsfähigkeit der Streitsache zwischen den Parteien. Fragen der objektiven Schiedsfähigkeit regelt § 1030 ZPO.

1. Objektive Schiedsfähigkeit

Nach § 1030 Abs. 1 S. 1 ZPO kann jeder vermögensrechtliche Anspruch Gegenstand einer Schiedsvereinbarung sein. Ein Anspruch ist dann vermögensrechtlich, wenn er auf Geld oder geldwerte Gegenstände gerichtet ist oder auf einem vermögensrechtlichen Rechtsverhältnis beruht.[281] Die Erweiterung der Schiedsfähigkeit ist eine auf der Schiedsreform von 1998 beruhende Änderung.[282] Durch

---

277 RGZ, 159, 254 (256).

278 OLG München NJW 2005, S. 832 (832).

279 BGHZ 40, 320 (325); OLG München NJW-RR 1991, S. 602 (603); Ebbing, Private Zivilgerichte, S. 224; Schwab/Walter, Schiedsgerichtsbarkeit; Kap. 3, Rn. 19. Im Übrigen gilt der Grundsatz der großzügigen Auslegung auch für das im weiteren Verlauf der Arbeit zu behandelnde US-amerikanische Recht; hierzu Carbonneau, Arbitration, S. 16; *David L. Threlkeld Co. v. Metallgesellschaft*, 923 F.2d 245, 250 (2d Cir. 1991); *Collins Aikman Products Co. v. Building Systems, Inc.*, 58 F.3d 16, 19 (2d Cir. 1995).

280 Vgl. die Ausführungen unter Gliederungspunkt 1. Kapitel. E.II. 2.

281 B/L/A/H-*Hartmann*, Grdz. § 1 ZPO, Rn. 11 iVm. § 1030, Rn. 4; Zöller-*Vollkommer*, § 1 Rn. 11; ausführlich zur objektiven Schiedsfähigkeit Schulze, Grenzen der objektiven Schiedsfähigkeit, S. 20 ff.

282 Das alte Schiedsrecht hat für die objektive Schiedsfähigkeit eines Gegenstandes darauf abgestellt, ob er vergleichsfähig war. Heute wird das Erfordernis der Vergleichsfähigkeit nur noch für die objektive Schiedsfähigkeit von nichtvermögensrechtlichen Gegenständen aufrecht gehalten, § 1030 Abs. 1 S. 2 ZPO. Kritisch gegenüber der Aufgabe des am materiellen Rechts orientierten Kriteriums der

die Ausdehnung der objektiven Schiedsfähigkeit[283] wollte der Gesetzgeber der Grundüberzeugung, dass „(...) *die Schiedsgerichtsbarkeit als eine der staatlichen Gerichtsbarkeit im Prinzip gleichwertige Rechtsschutzmöglichkeit anzuerkennen ist*", Tribut zollen.[284] Von der Entscheidungskompetenz von Schiedsgerichten sind mangels objektiver Schiedsfähigkeit solche Streitigkeiten ausgeschlossen, für die sich der Staat ein Entscheidungsmonopol vorbehalten möchte. „*Im Interesse besonders schutzwürdiger Rechtsgüter*"[285] sieht der Staat davon ab, die Entscheidungsgewalt in diesen besonderen Fällen auf Schiedsrichter zu übertragen. Eigens Erwähnung finden im Gesetzesentwurf Ehescheidungs- und sonstige Statusverfahren.[286]

2. *Subjektive Schiedsfähigkeit*

Neben der objektiven Schiedsfähigkeit der Streitigkeit muss die subjektive Schiedsfähigkeit der Schiedsparteien gegeben sein. Verstanden wird die subjektive Schiedsfähigkeit als die „*konkrete Befähigung der Beteiligten zum Abschluss einer Schiedsvereinbarung*".[287] § 1030 ZPO regelt die subjektive Schiedsfähigkeit nicht.[288] Dass das Erfordernis der persönlichen Befähigung zum Abschluss einer Schiedsvereinbarung neben der objektiven Schiedsfähigkeit zu erfüllen ist, zeigt sich aber im Rahmen der Aufhebungsgründe nach § 1059 Abs. 2 ZPO, wo beide Elemente (objektive und subjektive Schiedsfähigkeit) separat voneinander geregelt werden:[289] In § 1059 Abs. 2 Nr. 1 lit. a.) einerseits „*eine der Parteien, die eine Schiedsvereinbarung nach den §§ 1029, 1031 ZPO geschlossen haben, (...) hierzu nicht fähig ist*" und in Nr. 2 lit. a.) andererseits „*der Gegenstand des Streites nach deutschem Recht nicht schiedsfähig ist*".

X. Form

Der allgemeinen Warnfunktion von Formvorschriften entsprechend sieht auch das Schiedsverfahrensrecht in § 1031 ZPO eine bestimmte Form für den Abschluss einer Schiedsvereinbarung vor.[290] Die Vorschrift verlangt Schriftform.[291] Bei Beteiligung

---

Verfügbarkeit über den Gegenstand zugunsten der Schiedsfähigkeit aller „vermögensrechtlichen Ansprüche" Schwab, in: FS Henckel, S. 803 (813 ff.).

283 Allgemein zur objektiven Schiedsfähigkeit Bork, ZZP 100 (1987), S. 249 ff.

284 BT-Drucks. 13/5274, S. 34 re. Sp.

285 BT-Drucks. 13/5274, S. 34, re. Sp.

286 BT-Drucks. 13/5274, S. 35, re. Sp.; Huber, SchiedsVZ 2004, S. 280 ff. vgl. auch BGH NJW 2004, S. 2298 (2899); für eine Erweiterung schiedsfähiger Materien Ebbing, Private Zivilgerichte, S. 168 ff.

287 MüKo-*Münch*, § 1030, Rn. 11.

288 Hierzu Kornmeier, ZZP 94 (1981), S. 27 ff.; Stein/Jonas-*Schlosser*, § 1029, Rn. 7 f.

289 MüKo-*Münch*, § 1030, Rn. 11.

290 Prütting/Gehrlein-*Prütting*, § 1030, Rn. 1.

291 Zu den denkbaren Arten der Schriftform (unterzeichnetes Dokument, gewechselte Schreiben etc.), insbesondere zu den elektronischen Formen der Nachrichtenübermittlung Rosenberg/Schwab/Gottwald, § 175, Rn. 25 f.

eines Verbrauchers werden wegen seiner besonderen Schutzbedürftigkeit nach Absatz 5 weitere Anforderungen gestellt.[292] Die Einlassung zur Hauptsache heilt nach Absatz 6 einen Formmangel. Aufgrund des bereits angesprochenen Trennungsprinzips zwischen Hauptvertrag und Schiedsvertrag muss der Schiedsvertrag nicht in einer strengeren Form, als es § 1031 ZPO vorschreibt, abgefasst werden, selbst wenn für den Hauptvertrag eine strengere Form erforderlich ist.[293]

XI. Schiedsgericht und Verfassungsrecht

Zu den Grundlagen der Schiedsgerichtsbarkeit in Deutschland gehört auch die Frage nach dem Verhältnis der Schiedsgerichtsbarkeit zum Verfassungsrecht. Der BGH hat sich schon zum alten Schiedsverfahrensrecht zur allgemeinen Zulässigkeit und zur Funktion der Schiedsgerichtsbarkeit folgendermaßen geäußert: *„Der Gesetzgeber hat mit der Zulassung des schiedsrichterlichen Verfahrens (§§ 1025 ff. ZPO) eine auf den Willen der Beteiligten beruhende nichtstaatliche Gerichtsbarkeit in privatrechtlichen Angelegenheiten anerkannt. Verfassungsrechtlich bestehen dagegen keine grundsätzlichen Bedenken, die Zulassung der privaten Schiedsgerichtsbarkeit verstößt insbesondere nicht gegen Art. 92, 101 GG. (...) Der Schiedsrichter ist wie der staatliche Richter zur Entscheidung eines Rechtsstreits berufen, er hat wie dieser endgültig und bindend auszusprechen, was rechtens ist. Das Schiedsgericht tritt dabei an die Stelle des staatlichen Gerichts, ist diesem nicht bloß vorgeschaltet.“*[294]

Das deutsche Grundgesetz erwähnt die Schiedsgerichtsbarkeit nicht eigens. In Übereinstimmung mit der gerade zitierten Ansicht des BGH geht auch das Schrifttum von der grundsätzlichen Zulässigkeit der Schiedsgerichtsbarkeit aus.[295] Obwohl der BGH ausdrücklich keine Unvereinbarkeit der privaten Schiedsgerichtsbarkeit mit Art. 92, 101 GG annimmt, werden immer wieder einige grundsätzliche Vorbehalte gegenüber der schiedsgerichtlichen Streiterledigung vorgetragen.

Diese Arbeit hat zum Ziel, die Notwendigkeit einer Rechtshängigkeitssperre für das schiedsgerichtliche Verfahren zu belegen.[296] Eine solche Verfahrenssperre

---

292 BGH SchiedsVZ 2005, S. 157 (157).

293 Rosenberg/Schwab/Gottwald, § 175, Rn. 25; Lüttmann/Breyer, ZZP 119 (2006), S. 475 (479) hinsichtlich der notariellen Beurkundung von Schiedsvereinbarungen.

294 BGHZ 65, 59 (61).

295 Maunz/Dürig-*Hillgruber*, Art. 92 GG, Rn. 87; Dütz, Gerichtsschutz, S. 235 ff.; Sonnauer, Kontrolle der Schiedsgerichte, S. 21; Schütze, Schiedsgericht und Schiedsverfahren, S. 3, Rn. 9; Lorenz, Rechtsschutz und Rechtsweggarantie, S. 210; Stober, NJW 1979, S. 2001 (2003 f.); etwas anders Jarass/Pieroth-*Pieroth*, Art. 92 GG, Rn. 6 (Schiedsgerichtsbarkeit durch Art. 92 GG weder erlaubt noch verboten); a. A. Hesselbarth, Schiedsgerichtsbarkeit und Grundgesetz, S. 174.

296 Zu diesem Zeitpunkt kann noch von einer Verfahrenssperre analog zur Rechtshängigkeitssperre des § 261 Abs. 3 Nr. 1 ZPO ausgegangen werden. Etwaige Modifikationen werden unter Gliederungspunkt 1. Kapitel. F.II. 3. c)bb) f. besprochen.

würde eine effektivere verfahrensrechtliche Absicherung des laufenden Schiedsverfahrens gegenüber weiteren Gerichts- und Schiedsverfahren zum selben Streitgegenstand nach sich ziehen. Diese Erweiterung der prozessualen Wirkungen des schiedsgerichtlichen Verfahrensbeginns würde – durch den Verzicht auf eine zeitraubende Verfahrensaussetzung – auch der Verfahrensbeschleunigung zugute kommen und damit nicht nur einen raschen Verfahrensablauf, sondern auch einen zeitnahen Verfahrensabschluss fördern. Im Ergebnis würden durch eine besonders geregelte Verfahrenssperre – gesetzt den Fall, sie käme nicht nur gegenüber einem zweiten Schiedsverfahren, sondern auch im Verhältnis zur Staatsgerichtsbarkeit zur Anwendung – die Unabhängigkeit und die Entscheidungskompetenz der Schiedsgerichte gegenüber der ordentlichen Gerichtsbarkeit ausgeweitet.[297] Die Schiedsgerichtsbarkeit derartig zu stärken, kann aber nur gerechtfertigt sein, wenn gegen sie nicht bereits in ihrer bestehenden Form begründete und gravierende Bedenken bestehen. Die wichtigsten Kritikpunkte an der verfassungsrechtlichen Zulässigkeit der Schiedsgerichtsbarkeit sind deshalb nachfolgend kurz vorzustellen. Dabei wird auch der verfassungsrechtliche Rahmen, also die Legitimation der nationalen Schiedsgerichtsbarkeit, wie sie den §§ 1025 ff. ZPO zugrunde liegt, beschrieben.

1. Kollisionsfragen der Schiedsgerichtsbarkeit

a) Rechtsprechungsmonopol des Staates

Mit Abschluss einer wirksamen Schiedsvereinbarung wird der Rechtsweg zu den staatlichen Gerichten für die konkrete Streitigkeit zwischen den Parteien im Umfang der Schiedsvereinbarung derogiert. In prozessualer Hinsicht zielt der Abschluss einer Schiedsvereinbarung primär darauf ab, den staatlichen Richter von der Entscheidungszuständigkeit auszuschließen.[298] Art. 92 GG schreibt allerdings vor, dass die rechtsprechende Gewalt den Richtern anvertraut sein muss. Der Entzug der Entscheidungszuständigkeit der Staatsgerichtsbarkeit könnte daher gegen den Richtervorbehalt in Art. 92 GG verstoßen. Es werden jedenfalls Bedenken vorgetragen, die Norm statuiere ein umfassendes Rechtsprechungsmonopol des Staates und schließe die schiedsgerichtliche Streiterledigung per se aus.[299]

Den angesprochenen Bedenken kann man sich über den Wortlaut von Art. 92 GG[300] nähern.[301] Dieser wirft zentrale Fragen auf: Einerseits ist fraglich, was unter

297 An dieser Stelle kann noch ausdrücklich offen bleiben, ob eine schiedsgerichtliche Rechtshängigkeitssperre auch das Verhältnis zur Staatsgerichtsbarkeit regeln soll. Hierzu unter Gliederungspunkt 1. Kapitel. F.II. 6. a) ff.

298 Zöller-*Geimer*, § 1029, Rn. 93.

299 Übersicht zum Meinungsstand bei Dütz, Gerichtsschutz, S. 82 ff. Das Werk ist zwar alt, die grundsätzlichen Argumentationslinien können aber auch heute noch herangezogen werden.

300 Art. 92 GG: „*Die rechtsprechende Gewalt ist den Richtern anvertraut; Sie wird durch das Bundesverfassungsgericht, durch die in diesem Grundgesetze vorgesehenen Bundesgerichte und durch die Gerichte der Länder ausgeübt.*“

301 So auch Sonnauer, Kontrolle der Schiedsgerichte, S. 21.

„rechtsprechende Gewalt" zu verstehen ist und ob Schiedsgerichtsbarkeit von dieser Begrifflichkeit inhaltlich erfasst wird. Andererseits ist der Begriff des Richters zu definieren und im Anschluss zu klären, ob der Schiedsrichter einbezogen ist. Das Grundgesetz definiert beide Tatbestandsmerkmale des Art. 92 GG nicht.

Die Zwecksetzung von Art. 92 GG spricht gegen ein umfassendes staatliches Rechtsprechungsmonopol: Es soll ausschließlich eine Delegation der Rechtsprechung an Verwaltungsbehörden, weisungsabhängige Beamte oder Privatpersonen unterbunden werden.[302] Vom Anwendungsbereich des Art. 92 GG ist nur die rechtsprechende Gewalt erfasst, die auf hoheitliche Tätigkeit beruht und von durch Gesetz eingerichteten staatlichen Gerichten ausgeübt wird.[303] Die Ausübung privater Gerichtsbarkeit, namentlich die Schiedsgerichtsbarkeit, wird von Art. 92 GG gar nicht geregelt, also auch explizit nicht für unzulässig erklärt.[304]

Die allgemeinen verfassungsrechtlichen Zulässigkeitsgrenzen für Erscheinungsformen privater Gerichtsbarkeit ergeben sich in erster Linie aus den Grundrechten der Beteiligten.[305] Ein Rechtsprechungsmonopol des Staates besteht nur in einem sensiblen unantastbaren Kernbereich, z. B. im Strafrecht.[306] Auf einfachgesetzlicher Ebene zeigt § 1030 Abs. 2 ZPO, der bestimmte Materien für schiedsunfähig erklärt, dass der Staat sich ein partielles Rechtsprechungsmonopol vorbehält.[307] Richter sind ausschließlich Personen, die die Voraussetzungen der Art. 97, 98 GG erfüllen.[308] Schiedsrichter werden von Art. 92 GG mithin nicht erfasst.[309] Im Übrigen war die Schiedsgerichtsbarkeit schon vor Inkrafttreten der Zivilprozessordnung fester Bestandteil des Rechtslebens; die Verfasser der Verfassung wollten hieran nichts ändern.[310]

b) Justizgewährungsanspruch

Konfliktpotenzial wird auch im Hinblick auf die Vereinbarkeit der Schiedsgerichtsbarkeit mit dem Justizgewährungsanspruch gesehen. Die Grundrechte in Verbindung mit dem Rechtsstaatsprinzip und der Rechtsgedanke des Art. 19 Abs. 4 GG enthalten die verfassungsrechtliche Gewährleistung wirkungsvollen

302 BVerfGE 22, 49 (73); zustimmend Sonnauer, Kontrolle Schiedsgerichte, S. 22.

303 BVerfGE 26, 186 (194 f.); Jarass/Pieroth-*Pieroth*, Art. 92, Rn. 6; Dreier-*Schulze-Fielitz*, Art. 92 GG, Rn. 49 f.; Dütz, Gerichtsschutz, S. 235.

304 v. Mangoldt/Klein/Starck-*Classen*, Art. 92 GG, Rn. 42; Stober, NJW 1979, S. 2001 (2005); Distler, Schiedsgerichtsbarkeit und Verfassung, S. 47 ff.

305 Maunz/Dürig-*Hillgruber*, Art. 92 GG, Rn. 88 f.

306 BVerfGE 22, 49 (73 ff., 77); BVerfGE 103, 111 (137); Jarass/Pieroth-*Pieroth*, Art. 92 GG, Rn. 3.

307 BGHZ 132, 278 (283); kritisch gegenüber der gesamten Neuregelung des Schiedsverfahrensrechts, insbesondere zur Vorschrift des § 1030 Abs. 1 ZPO in verfassungsrechtlicher Hinsicht Sachs-*Detterbeck*, Art. 92 GG, Rn. 29.

308 Sachs-*Detterbeck*, Art. 92 GG, Rn. 25.

309 Sachs-*Detterbeck*, Art. 92, Rn. 25; Ebbing, Private Zivilgerichte, S. 18.

310 Baur, JZ 1965, S. 163 (164).

Rechtsschutzes.[311] Dieser allgemeine Justizgewährungsanspruch ist Ausprägung des Rechtsstaatsprinzips.[312] Er ist das Gegenstück zum staatlichen Gewaltmonopol und das erforderliche Pendant zum Verbot der Selbsthilfe.[313] Der Staat muss gewährleisten, dass Streitigkeiten in einem Verfahren erörtert werden können, in dem eine tatsächliche und rechtliche Prüfung des Streitgegenstandes erfolgt und das durch eine verbindliche Entscheidung beendet wird.[314] Dem Recht auf Rechtsschutz des Einzelnen steht aber keine Verpflichtung des Staates gegenüber, Rechtsstreitigkeiten zwingend vor seinen Gerichten austragen und beilegen zu lassen. Vielmehr ist der Justizgewährungsanspruch ein subjektives Recht des Einzelnen gegen den Staat, auf welches in gewissem Umfang verzichtet werden kann.[315] Es steht den Parteien offen, sich zunächst einmal gegen die staatliche Streiterledigung zu entscheiden und Streitbeilegung durch ein Schiedsgericht zu vereinbaren. Zwingende Voraussetzung für die Wahl einer nichtstaatlichen Streiterledigung ist, dass beide Parteien den Verzicht aus freiem Willen vereinbaren.[316] Sofern die Schiedsgerichtsbarkeit das gewählte Alternativmodell darstellt, muss das Verfahren rechtsstaatlich gebotenen Mindestanforderungen genügen, und der Staat darf nicht davon ausgeschlossen werden, seine gesetzlich vorgesehenen Kontroll- und Hilfsfunktionen vor, während und im Anschluss an das schiedsgerichtliche Verfahren wahrzunehmen.[317]

c) Entziehung des gesetzlichen Richters

Schließlich wird die Vereinbarkeit mit dem in Art. 101 Abs. 1 S. 2 GG verbürgten grundrechtsgleichen Recht auf den gesetzlichen Richter angezweifelt.[318] Der Ausschluss der staatlichen Entscheidungsgewalt könnte einen nicht zulässigen

---

311 BVerfGE 54, 277 (292); BVerfGE 85, 337 (345); vgl. Isensee, Das Grundrecht auf Sicherheit, S. 36; Ebbing, Private Zivilgerichte, S. 21.

312 Jarass/Pieroth-*Jarass*, Art. 19 GG, Rn. 32; v. Mangoldt/Klein/Starck-*Huber*, Art. 19 GG, Rn. 352.

313 BVerfGE 54, 277 (292); BVerfGE 81, 347 (356); Schmidt-Bleibtreu/Klein-*Hopfauf*, Grundgesetz Kommentar, Einl. Rn. 130; Ebbing, Private Zivilgerichte, S. 21; vgl. auch Lorenz, Rechtsschutz und Rechtsweggarantie, S. 12.

314 BVerfGE 54, 277 (291).

315 Sonnauer, Kontrolle der Schiedsgerichte, S. 28 ff, der allerdings nicht von einem Verzicht auf den Justizgewährungsanspruch, sondern nur von einer Einschränkung der Entscheidungskompetenz der staatlichen Gerichte ausgeht; Schlosser, Einverständliches Parteihandeln, S. 65 ff.; a. A. Schiedermair, Vereinbarungen im Zivilprozess, S. 92 f.; vgl. auch OLG Hamburg, ZZP 50 (1926), S. 312 (312 f.).

316 Vgl. Matscher, in: FS Nagel, S. 227 ff. (bzgl. der EMRK); Schütze, Schiedsgericht und Schiedsverfahren, S. 3, Rn. 11.

317 Vgl. Ebbing, Private Zivilgerichte, S. 22; Wieczorek/Schütze-*Schütze*, § 1059, Rn. 59.

318 Kiesow, KTS 1962, S. 224 (231) mit diesbezüglichen Bedenken wegen der schiedsgerichtlichen Kompetenz-Kompetenz.

Entzug des gesetzlichen Richters bedeuten. Von seiner Schutzintention her betrifft Art. 101 Abs. 1 S. 2 GG die schiedsgerichtliche Streiterledigung jedoch nicht.[319] Die Vorschrift will vor Manipulationen durch Ad-hoc-Bestimmung der entscheidenden Richter vorbeugen.[320] Eine auf den Einzelfall bezogene Auswahl der zur Entscheidung berufenen Richter – und damit die Gefahr einer inhaltlichen Einflussnahme auf die gerichtliche Entscheidung – soll verhindert werden. Aus diesen Gründen verpflichtet die Verfassung den Gesetzgeber dazu, eine klare und abstrakt-generelle Zuständigkeitsordnung zu schaffen, die für jeden denkbaren Streitfall im Voraus den zur Entscheidung berufenen Richter bezeichnet.[321] Im Übrigen werden von Art. 101 GG nur staatlich eingesetzte Richter erfasst.[322]

2. *Verfassungsrechtlicher Rahmen der Schiedsgerichtsbarkeit*

Die Vorbehalte gegen die Zulässigkeit der privaten Schiedsgerichtsbarkeit lassen sich allesamt entkräften.[323] Die Ausführungen bestätigen die Auffassung von Rechtsprechung und überwiegender Lehre.[324] Da es an einer positivrechtlichen Aussage zur Schiedsgerichtsbarkeit im Grundgesetz fehlt, ergibt sich umso mehr das Bedürfnis, ihre verfassungsrechtliche Basis herauszuarbeiten. Nach überwiegender Ansicht ergibt sich die Zulässigkeit der Schiedsgerichtsbarkeit aus Art. 2 Abs. 1 GG als Teil des Rechts auf freie Entfaltung der Persönlichkeit.[325] Im Recht auf freie Entfaltung der Persönlichkeit sind die Privatautonomie und die Vertragsfreiheit eingeschlossen. Sie umfassen neben der Abschlussfreiheit die Freiheit zur inhaltlichen Ausgestaltung der eingegangenen privatrechtlichen Rechtsverhältnisse.[326] Der Abschluss der Schiedsvereinbarung beruht auf einer privatautonomen Entscheidung der Parteien, durch die sie die Schiedsgerichtsbarkeit

---

319 Ebbing, Private Zivilgerichte, S. 21.

320 BVerfGE 95, 322 (327).

321 BVerfGE 17, 294 (299); BVerfGE 48, 246 (254); BVerfG NJW 2005, S. 3410 (3411).

322 Dreier-*Schulze-Fielitz*, Art. 101 GG, Rn. 27; Sonnauer, Kontrolle Schiedsgerichte, S. 22.

323 So auch das Resümee von Sonnauer, Kontrolle Schiedsgerichte, S. 21 ff.; etwas pauschal Stein/Jonas-*Schlosser*, Vor § 1025, Rn. 3; Prütting/Gehrlein-*Prütting*, § 1025, Rn. 2.

324 Auf weitere verfassungsrechtliche Probleme wird an dieser Stelle nicht eingegangen; vertiefend zur Frage, ob die Schiedsgerichtsbarkeit sich als äquivalentes Rechtsprechungssystem zur Staatsgerichtsbarkeit eignet, Ebbing, Private Zivilgerichte, S. 57 ff.

325 Stober, NJW 1979, S. 2001 (2004 f.); Sonnauer, Kontrolle Schiedsgerichte, S. 24; Ebbing, Private Zivilgerichte, S. 22; vgl. auch v. Mangoldt/Klein/Starck-*Classen*, Art. 92 GG, Rn. 41.

326 BVerfGE 8, 274 (328); 73, 261 (270). Ablehnend gegenüber Art. 2 Abs. 1 GG als Legitimationsgrundlage der Schiedsgerichtsbarkeit Voit, JZ 1997, S. 120 (124 f.); differenzierend für das deutsche und das kantonale Schiedsverfahrensrecht in

als Streitentscheidungssystem festlegen und damit von ihrer Vertragsfreiheit Gebrauch machen. Die allgemeine Handlungsfreiheit besteht indes nicht uneingeschränkt, sondern unterliegt dem Vorbehalt der Schrankentrias des Art. 2 Abs. 1 GG.[327] Die Inanspruchnahme der Schiedsgerichtsbarkeit bedeutet auch keinen vollständigen Verzicht auf staatlichen Rechtsschutz.[328] Der Staat steckt mit der in § 1030 ZPO normierten Schiedsfähigkeit den gegenständlichen Rahmen des schiedsgerichtlichen Autonomiebereichs ab. In den §§ 1025 ff. ZPO sind des Weiteren einige Bestimmungen und Gewährleistungen zur Garantie eines rechtsstaatlichen Verfahrens enthalten. Insbesondere ist auf die im weiteren Verlauf noch näher zu berücksichtigenden §§ 1042 Abs. 1 - Abs. 3 ZPO, 1055, 1059 ZPO hinzuweisen.[329] Rechtshängigkeit ist ein Institut des Zivilprozessrechts. Zweck und Funktionen des Rechtsinstituts können ebenfalls zur Absicherung eines rechtsstaatlich ordnungsgemäßen Verfahrensablaufs des schiedsgerichtlichen Verfahrens beitragen.[330]

D. Rechtskraft

Den Schwerpunkt der Darstellung bildet das schiedsgerichtliche Verfahren. Wie bereits angesprochen, besteht ein enger Zusammenhang zwischen Rechtskraft und Rechtshängigkeit.[331]

§ 1055 ZPO misst dem Schiedsspruch unter den Parteien die Wirkungen eines rechtskräftigen gerichtlichen Urteils zu. Aus Gründen der besseren Vergleichbarkeit werden deshalb vorab die für die vorliegende Untersuchung wichtigsten Wirkungen eines staatlichen Urteils kurz erörtert. Durch die Gesetzesformulierung in § 1055 ZPO verweist der Gesetzgeber für Einzelheiten der Rechtskraft im schiedsgerichtlichen Verfahren auf die Vorschriften und Rechtsgrundsätze des staatlichen Zivilprozessrechts.[332] Kenntnisse zu diesem Themenkomplex im staatlichen Verfahren werden für den Umgang mit der Regelungssystematik des schiedsgerichtlichen Verfahrens vorausgesetzt. Ebenso wird die Herangehensweise, sich dem Verständnis der Rechtskraft eines Schiedsspruchs durch einen Vergleich mit den Wirkungen des staatlichen Urteils zu nähern, vorgegeben.

---

der Schweiz, Rehm, Rechtssystem, S. 12 ff.; vgl. auch Steiner, SchiedsVZ 2013, S. 15 (16).

327 v. Mangoldt/Klein/Starck-*Starck*, Art. 2 GG, Rn. 21 ff.

328 Schwab/Walter, Schiedsgerichtsbarkeit, Kap. 1, Rn. 1; Liatowitsch, Parallelverfahren, S. 9; Haas, ZZPInt 2 (1997), S. 409 (418).

329 Hierzu unter Gliederungspunkt.1. Kapitel. F.II. 6. c)ff)(2) ff.; 1. Kapitel. D.II. 1. ff.

330 Hierzu unter Gliederungspunk 1. Kapitel. F.II. 3. c) f. sowie 1. Kapitel. F.II. 6. c)ee).

331 Hierzu unter Gliederungspunkt 1. Kapitel. F.I. 2. e) ff.

332 Schreiber, in: FS Schütze, S. 807 (816).

I. Begriff der Rechtskraft im staatlichen Verfahren

Die Rechtskraft eines gerichtlichen Urteils ist von den verschiedenen Urteilswirkungen[333] vor allem im Hinblick auf die allgemeine Rechtssicherheit[334] die bedeutsamste Urteilswirkung. Wegen ihrer zentralen Funktion im staatlichen Zivilprozess und der damit einhergehenden erheblichen praktischen Bedeutung waren die Rechtskraft im Allgemeinen und die Reichweite dieses Rechtsinstituts im Besonderen schon immer Gegenstand zahlreicher wissenschaftlicher Abhandlungen und Meinungsverschiedenheiten.[335]

1. Wirkungen

Hinsichtlich der Rechtskraftwirkungen eines staatlichen Entscheidungsaktes ist grundsätzlich zwischen formeller und materieller Rechtskraft zu unterscheiden.

a) Formelle Rechtskraft

Den Eintritt der äußeren, formellen Rechtskraft regelt § 705 ZPO. Demnach ist ein Urteil formell rechtskräftig, wenn es mit ordentlichen Rechtsbehelfen nicht mehr anfechtbar ist.[336] Mit Eintritt der formellen Rechtskraft ist das Urteil bestandskräftig, also – von der Möglichkeit eines Wiederaufnahmeverfahrens oder einer Wiedereinsetzung wegen Versäumung der Rechtsmittelfrist abgesehen – unabänderlich geworden.[337] Die Einlegung von Rechtsmitteln oder eines Einspruchs hemmen hingegen den Eintritt der formellen Rechtskraft.[338] Urteile, gegen welche die Zivilprozessordnung von vornherein keine Möglichkeit eines ordentlichen Rechtsbehelfs vorsieht, werden sogleich mit ihrer Verkündung formell rechtskräftig.[339]

---

333 Vgl. hierzu Prütting/Gehrlein-*Völzmann-Stickelbrock*, § 322, Rn. 4 ff. Je nach Urteilsart kann dem Entscheidungsakt z. B. auch Gestaltungswirkung zu kommen. Ein Gestaltungsurteil führt unmittelbar mit dessen Ausspruch die angesprochene Rechtsänderung der Rechtslage herbei, vgl. zur Abgrenzung von Gestaltungswirkung und Rechtskraft im Allgemeinen, Schlosser, Gestaltungsklagen, S. 25 ff.

334 BGHZ 123, 30 (34).

335 Grundlegend zu den einzelnen Kontroversen bezüglich der Rechtskraft Koussoulis, Rechtskraftlehre, S. 1 ff. sowie Althammer, Streitgegenstand und Interesse, S. 477 ff., 489 f. zur objektiven Begrenzung des Rechtskraftumfangs.

336 Rosenberg/Schwab/Gottwald, § 149, Rn. 1.

337 MüKo-*Krüger*, (3. Auflage) § 705, Rn. 4; Musielak-*Lackmann*, § 705, Rn. 6.

338 BGH NJW 1987, S. 1766 (1767); Musielak-*Lackmann*, § 705, Rn. 7.

339 Schellhammer, Zivilprozess, S. 407, Rn. 834; Thomas/Putzo-*Seiler*, § 705, Rn. 6; Stein/Jonas-*Münzberg*, § 705, Rn. 4. Exemplarisch zu nennen sind hier – soweit es sich wegen des Einspruchsrechts nicht um erste Versäumnisurteile handelt –: Revisionsurteile des BGH; Kostenurteile gem. § 99 ZPO; Zwischenurteile gem. § 280 ZPO in den Fällen der §§ 513 Abs. 2 ZPO, 545 ZPO sowie Berufungsurteile der Landgerichte und Oberlandesgerichte gem. § 542 Abs. 2 ZPO und schließlich Beschlüsse, gegen die kein Rechtsmittel gegeben ist.

Die formelle Rechtskraft ist Voraussetzung für den Eintritt der materiellen Rechtskraft gem. § 322 ZPO.[340] Im Gegensatz hierzu muss nicht jedes formell rechtskräftige Urteil materielle Rechtskraft entfalten.[341]

b) Materielle Rechtskraft

Die materielle,[342] innere Rechtskraft ergänzt die formelle Rechtskraft nach § 705 ZPO und stellt im Zusammenwirken mit ihr für die Parteien in der rechtskräftig entschiedenen Angelegenheit dauerhaft Rechtssicherheit und Rechtsfrieden her, indem sie den inhaltlichen Bestand einer formell endgültigen Entscheidung in weiteren Verfahren und damit auch die Maßgeblichkeit des Inhalts der Entscheidung für die Parteien ohne erneute Inanspruchnahme eines Gerichts sichert.[343] Diese inhaltliche Bindungswirkung ist nicht nur für die Streitparteien, sondern auch für das Gericht maßgeblich, soweit es in einem späteren Verfahren um denselben prozessualen Anspruch gehen soll.[344] Den Gegenstand der materiellen Rechtskraft bildet die letztinstanzliche Entscheidung über den Streitgegenstand.[345] Gemeint ist dabei der Anspruch im prozessualen Sinne, der in der Klage erhoben wurde.[346]

Divergenzen im Rahmen der Rechtskraftlehre bestehen besonders über das Wesen, den Inhalt und vor allem die Reichweite der materiellen Rechtskraft für ein erneutes Verfahren über denselben Streitgegenstand. Hintergrund der bestehenden Kontroversen zur Rechtskraft ist, dass die ZPO selbst über das Wesen und den Inhalt des Rechtsinstituts schweigt. Lediglich Regelungen zum Gegenstand der Rechtskraft und deren subjektiven Reichweite (vgl. §§ 325 ff. ZPO) werden ausdrücklich getroffen. Selbst im Anwendungsbereich dieser Vorschriften ist vieles umstritten. Die sonstige Ausgestaltung des Rechtsinstituts überlässt der Gesetzgeber Lehre und Rechtsprechung. Im Folgenden werden nunmehr die wesentlichen Auffassungen zum Wesen bzw. zur Reichweite der materiellen Rechtskraft behandelt.

aa) Materielle Rechtskrafttheorie

Früher wurde mehrheitlich die materiell-rechtliche Theorie vertreten.[347] Dieser Auffassung zufolge decken sich Urteil und materielle Rechtslage notwendigerweise.

---

340 HK/ZPO-*Saenger*, § 322, Rn. 1; Musielak-*Lackmann*, § 705, Rn. 1; Stein/Jonas-*Münzberg*, § 705, Rn. 1.
341 Rosenberg/Schwab/Gottwald, § 149, Rn. 3; § 150, Rn. 1 ff.
342 Teilweise auch als Feststellungswirkung bezeichnet. Vgl. z. B. Rosenberg/Schwab/Gottwald, § 149, Rn. 2.
343 Vgl. Rosenberg/Schwab/Gottwald, § 149, Rn. 2; Prütting/Gehrlein-*Völzmann-Stickelbrock*, § 322, Rn. 1.
344 HK/ZPO-*Saenger*, § 322, Rn. 1.
345 Vgl. HK/ZPO-*Saenger*, § 322, Rn. 6; Musielak-*Musielak*, § 322, Rn. 6.
346 BGH NJW 2010, S. 2211 (2211); B/L/A/H-*Hartmann*, Einf §§ 322-327, Rn. 2 iVm. B/L/A/H-*Hartmann*, § 2, Rn. 4.
347 Umfassend zu den einzelnen Entwicklungsstufen sowohl der materiell-rechtlichen Theorie als auch der prozessrechtlichen Theorie, Gaul, in: FS Flume,

Ein richtiges Urteil bestätige die materielle Rechtslage und bringe einen zusätzlichen Tatbestand bzw. Titel für die festgestellte Rechtsfolge hervor. Ein unrichtiges Urteil verändere hingegen die materielle Rechtslage. Werde daher ein nach dem materiellen Recht nicht bestehendes Recht zuerkannt, so entstehe es durch die materielle Rechtskraft des Urteils. Demgegenüber erlösche ein materiell tatsächlich bestehendes Recht, welches durch das unrichtige Urteil aberkannt werde.

In Deutschland wird die materiell-rechtliche Theorie in jüngerer Zeit nur noch in modifizierter Form vertreten.[348] Im Gegensatz hierzu findet die materiell-rechtliche Theorie in *Common Law-Ländern* noch immer ihren Niederschlag. Nach der hier geltenden *doctrine of merger* geht man in diesen Ländern nämlich davon aus, dass der ursprüngliche Anspruch mit Urteilserlass untergeht und mit dem Anspruch aus dem Urteil verschmilzt.[349] Auf die sich hierdurch ergebenden Unterschiede des Rechtskraftverständnisses wird im US-amerikanischen Kapitel dieser Arbeit noch einmal zurückzukommen sein.[350]

bb) Prozessuale Rechtskrafttheorie

In Abkehr zur früheren Auffassung wird heute hauptsächlich die prozessrechtliche Theorie vertreten.[351] Demnach habe ein rechtskräftiger Urteilsspruch keine unmittelbare Auswirkung auf das materielle Recht. Dem Urteil komme keinerlei rechtsschöpfende Wirkung durch Veränderung der materiellen Rechtslage zu. Vielmehr liege das Wesen der materiellen Rechtskraft in der rein prozessual wirkenden Bindung des Richters an die rechtskräftige Entscheidung. Kurz gesagt: Das Wesen der materiellen Rechtskraft wird in der Maßgeblichkeit des Entscheidungsinhaltes für künftige gerichtliche Verfahren gesehen. Innerhalb der herrschenden

---

S. 443 (503 ff.); Herrmann, Grundstruktur der Rechtshängigkeit, S. 14 ff. sowie Althammer, Streitgegenstand und Interesse, S. 40 ff. Als Begründer der modernen materiell-rechtlichen Rechtskrafttheorie gilt v. Savigny, vgl. hierzu v. Savigny, System römisches Recht, S. 261, 271 ff. Weitere in der Tradition v. Savigny stehende Vertreter der materiell-rechtlichen Theorie sind Kohler, Prozeß als Rechtsverhältnis, S. 64 ff.; Kohler, in: FS Klein, S. 1 ff.; Pagenstecher, Lehre der materiellen Rechtskraft, S. 305 ff.; Reichel, Rechtskraft, S. 5 ff.; Mendelssohn-Bartholdy, Grenzen der Rechtskraft, S. 365 ff.; ebenfalls im Sinne der materiell-rechtlichen Auffassung urteilte das Reichsgericht, RGZ 46, 334 (336); RGZ 71, 310 (311); Vehementer Gegner der materiell-rechtlichen Theorie war besonders Hellwig, Zivilprozessrecht, S. 777 ff.

348 Blomeyer, JR 1968, S. 407 ff.

349 Fleming/Hazard/Leubsdorf, Civil Procedure, § 11.3.

350 Hierzu unter Gliederungspunkt 2. Kapitel. C.VII. ff.

351 BGHZ 3, 82 (85 f.); Bötticher; Kritische Beiträge, S. 139 ff.; Niese, Doppeltfunktionelle Prozeßhandlungen, S. 108 ff., 113; Schwab, JuS 1976, S. 69 (73 f.). Zu den Rechtskrafttheorien umfassend Koussoulis, Rechtskraftlehre, S. 22 ff.; Stein/Jonas-*Leipold*, § 322, Rn. 19; vgl. auch Althammer, Streitgegenstand und Interesse, S. 505 ff.

prozessrechtlichen Theorie besteht jedoch keine Einigkeit darüber, wie sich die Folgen für zukünftige Verfahren im Einzelnen darstellen. Die Auseinandersetzung bezieht sich auf die so genannten positiven und negativen Funktionen der Rechtskraft.[352] Die positive Funktion ist darin zu sehen, dass der Richter des nachfolgenden zweiten Prozesses die Beurteilung des Erstrichters nur inhaltlich zugrunde legen muss und nicht von ihr abweichen darf. Im Gegensatz hierzu geht das Verständnis von der negativen Funktion der Rechtskraft davon aus, dass der zweite Richter keinerlei inhaltliche Äußerungen über den Streitgegenstand mehr tätigen darf.[353]

(1) Bindungstheorie
Die zuerst genannte Ansicht über die positiven Funktionen der Rechtskraft, auch Bindungstheorie genannt, ist weniger streng, weil sie lediglich ein Verbot für eine anders lautende Entscheidung formuliert.[354] Die materielle Rechtskraft stellt somit auch kein Prozesshindernis dar und verhindert keine zweite gleich lautende Entscheidung.

(2) Ne-bis-in-idem-Lehre
Herrschend ist innerhalb der prozessrechtlichen Theorie allerdings die Ne-bis-in-idem-Lehre.[355] Ihr hat sich auch der BGH in ständiger Rechtsprechung angeschlossen.[356] Diese Ansicht ist wesentlich strikter als die Bindungstheorie und untersagt nicht nur eine gegenläufige Entscheidung in einem zukünftigen Verfahren, sondern schließt bereits jede erneute Verhandlung zur selben Rechtssache aus. Der materiellen Rechtskraft kommt die Eigenschaft einer negativen Prozessvoraussetzung zu, so dass eine neuerliche Klage mit identischem Streitgegenstand durch Prozessurteil als unzulässig abzuweisen ist. Dies gilt ohne Ausnahme bei identischen Streitgegenständen. Wenn der Gegenstand der rechtskräftigen Entscheidung in einem später anhängig gemachten Verfahren präjudiziell ist, untersagt die materielle Rechtskraft eine erneute Verhandlung und Entscheidung über diese Vorfrage.[357]

---

352 Herrmann, Grundstruktur der Rechtshängigkeit, S. 17.

353 Zu beiden Funktionen Prütting/Gehrlein-*Völzmann-Stickelbrock*, § 322, Rn. 3; MüKo-*Gottwald*, § 322, Rn. 9.

354 Grunsky, Verfahrensrecht, § 47 III 2, S. 495; Blomeyer, Zivilprozeßrecht, § 88, S. 469 ff.

355 BGH NJW 2004, S. 1805 (1806); BGH NJW 1993, S. 2942 (2943); Bötticher, Kritische Beiträge, S. 139 ff., S. 220 ff.; Musielak-*Musielak*, § 322, Rn. 5; MüKo-*Gottwald*, § 322, Rn. 12 ff.; B/L/A/H-*Hartmann*, Einf. §§ 322- 327, Rn. 12; Gaul, in: FS Flume, S. 443 (512 ff.); Stein/Jonas-*Leipold*, § 322, Rn. 36; Jauernig/Hess, Zivilprozessrecht, S. 246, Rn. 5 ff.; Rosenberg/Schwab/Gottwald, § 151, Rn. 7 ff.; HK/ZPO-*Saenger*, § 322, Rn. 10; Zöller-*Vollkommer*, Vor § 322, Rn. 19.

356 BGHZ 34, 337 (339); BGHZ 36, 365 (367); BGHZ 93, 287 (288 f.); BGHZ 123, 30 (34).

357 BGH NJW 2008, S. 1227 (1227); Einzelheiten zur Präjudizialität bei HK/ZPO-*Saenger*, § 322, Rn. 13 ff.

(3) Stellungnahme und Bezug zur Rechtshängigkeitsproblematik
Eine detaillierte Stellungnahme zu einzelnen Vor- und Nachteilen der verschiedenen Rechtskrafttheorien soll nicht Gegenstand dieser Erörterung sein, da die Beschäftigung mit Details keine weiterführenden Erkenntnisse für den Untersuchungsgegenstand der Rechtshängigkeitsproblematik im schiedsgerichtlichen Verfahren einzubringen vermag. Es wurden nur die wichtigsten Argumente für die einzelnen Ansichten erwähnt. Dementsprechend werden im Folgenden auch nur die ausschlaggebenden Kritikpunkte dargestellt:[358] Dem entscheidenden Richter kommt nur die Aufgabe zu, über die außerhalb des gerichtlichen Verfahrens durch einen Lebenssachverhalt bereits entstandene materielle Rechtslage zu urteilen. Abgesehen von Fällen der Gestaltungsklage und des Gestaltungsurteils ist es daher keine richterliche Aufgabe, materielles Recht zu gestalten oder neu zu schöpfen.[359] Die materiell-rechtliche Theorie geht somit von einer falschen Funktion des Richters aus und ist daher abzulehnen.[360]

Die prozessrechtliche Ansicht wird demgegenüber den Funktionen der Rechtskraft wesentlich besser gerecht, indem sie durch das Wiederholungsverbot den Gerichten jegliche Doppelbeschäftigung und somit eine vermehrte Inanspruchnahme von finanziellen, personellen und zeitlichen Ressourcen erspart. Zugleich wird das Ansehen der Gerichte geschützt. Außerdem liegt das Ne-bis-in-idem-Gebot auch eher im Interesse der Parteien, da es zu einer endgültigen Lösung eines kontradiktorischen Parteienstreits führt.[361] Auch die rechtsstaatlichen Aufgaben einer umfassenden Rechtsklärung und definitiven Streiterledigung werden durch den Ne-bis-in-idem-Grundsatz besser wahrgenommen.

Rechtshängigkeit ist verfahrensrechtliche Voraussetzung für den Eintritt der Rechtskraft, denn nur ein rechtshängig gewordenes Begehren hat die Fähigkeit in Rechtskraft zu erwachsen.[362] Unter Berücksichtigung dieses engen Zusammenspiels von Rechtskraft und Rechtshängigkeit im staatlichen Prozess kann es auch für das Schiedsverfahren nicht ohne Auswirkungen sein, welcher grundsätzlichen Auffassung zur Reichweite der Rechtskraft man folgt. Es wird dabei auch darum gehen, in Abgrenzung zur teilweise funktionsgleichen Rechtskraft eine eher eigenständige Funktion der Rechtshängigkeit im Schiedsverfahren herauszuarbeiten.[363] Kenntnisse zur Reichweite der Rechtskraftwirkung eines Urteils sind daher vorauszusetzen, um im Rahmen der Schiedsspruchwirkungen aufzeigen zu können, inwieweit die Wirkungen eines Schiedsspruchs und die Wirkungen eines rechtskräftigen gerichtlichen Urteils tatsächlich gleich sind. In Anlehnung an die Ne-bis-in-idem-Lehre

---

358 Umfassend zu den einzelnen Schwachstellen der materiellen und prozessualen Theorien MüKo-*Gottwald*, § 322, Rn. 12 ff.; Neuner, ZZP 54 (1929), S. 217 (224 f.).
359 Prütting/Gehrlein-*Völzmann-Stickelbrock*, § 322, Rn. 3.
360 So B/L/A/H-*Hartmann*, Einf §§ 322-327, Rn. 9.
361 BGHZ 93, 287 (289); BGHZ 123, 30 (34).
362 Vgl. Bosch, Rechtshängigkeit im Schiedsverfahren, S. 1.
363 Hierzu unter Gliederungspunkt 1. Kapitel. F.II. 5.

wird die Frage aufzuwerfen sein, ob auch ein rechtskräftiger Schiedsspruch ein Verfahrenshindernis im Sinne eines Wiederholungsverbotes für einen nachfolgenden staatlichen Prozess und für ein weiteres Schiedsverfahren bildet.[364]

2. *Zweck und Wirkung der materiellen Rechtskraft*

Nachdem Wesen und Reichweite der materiellen Rechtskraft dargestellt sind, liegen die Zwecke des Rechtsinstituts auf der Hand. Der materiellen Rechtskraft kommen vor allem rechtsstaatliche Funktionen zu: Sie ist Instrumentarium zur Verwirklichung von Rechtssicherheit und Rechtsfrieden.[365] Durch die Existenz der inneren Rechtskraft werden der Erlass zweier sich widersprechender Entscheidungen über den identischen Streitgegenstand zwischen denselben Parteien und folglich eine zu Rechtsunsicherheit führende Urteilskollision unterbunden. Das Verbot einer erneuten gerichtlichen Befassung mit derselben Angelegenheit führt zu einer im öffentlichen Interesse gebotenen Entlastung der staatlichen Gerichtsbarkeit. Schließlich kommt der materiellen Rechtskraft die Wirkung einer negativen Prozessvoraussetzung zu.[366] Bei Identität des Streitgegenstandes muss das nachfolgende Gericht die neue Klage wegen Fehlens einer Prozessvoraussetzung von Amts wegen als unzulässig abweisen.[367]

3. *Weitere Urteilswirkungen*

Mit Eintritt der formellen Rechtskraft wird zugleich auch die endgültige Vollstreckbarkeit des Richterspruchs herbeigeführt. Der im jeweiligen Einzelfall Berechtigte kann den im Urteil festgestellten Anspruch unter Zuhilfenahme der staatlichen Vollstreckungsorgane durchsetzen.[368] Von einer weiteren Wirkung, der Tatbestandswirkung eines Urteils, spricht man, wenn an die Existenz des Urteils bestimmte weitere Rechtsfolgen geknüpft werden, wenn also das Urteil Tatbestandsmerkmal einer Rechtsnorm ist.[369] § 318 ZPO kodifiziert eine weitere Wirkung des Urteils: die Bindung des Gerichts an seine getroffenen Entscheidungen. Die Norm statuiert ein mit Verkündung bzw. Zustellung[370] eintretendes

---

364 Hierzu Bosch, Rechtshängigkeit im Schiedsverfahren, S. 85 ff. sowie Gliederungspunkt 1. Kapitel. D.II. 3. b).

365 MüKo-*Gottwald*, § 322, Rn. 2; Stein/Jonas-*Leipold*, § 322, Rn. 27 ff.; vgl. auch Schwab/Gottwald, Verfassung und Zivilprozess, S. 28 ff.

366 B/L/A/H-*Hartmann*, Einf. §§ 322-327, Rn. 12.

367 BGH NJW 1989, S. 2133 (2134); BGHZ 123, 30 (32); BGHZ 157, 47 (50).

368 MüKo-*Gottwald*, § 322, Rn. 21; Zu den einzelnen Arten der Zwangsvollstreckung allgemein Brox/Walker, Zwangsvollstreckungsrecht, S. 109 ff.

369 Stein/Jonas-*Leipold*, § 322, Rn. 15; Prütting/Gehrlein-*Völzmann-Stickelbrock*, § 322, Rn. 7; Gaul, in: FS Zeuner, S. 317 ff.

370 Nach § 310 Abs. 1 ZPO wird ein Urteil in der Regel verkündet, ausnahmsweise wird die Verkündung im Fall von Anerkenntnis- oder Versäumnisurteilen durch die der Verkündung ebenbürtige Zustellung ersetzt, § 310 Abs. 3 ZPO.

Aufhebungs- und Änderungsverbot für das erkennende Gericht hinsichtlich der einmal getroffenen und somit nach außen erkennbaren Entscheidung.[371] Mithin enthält § 318 ZPO lediglich eine innerprozessuale Bindungswirkung.[372] Abänderungen und Aufhebungen sind ab Eintritt der Bindungswirkung nur in den engen Grenzen der §§ 319 ff. ZPO bei offensichtlichen Mängeln möglich. Die Reichweite der Bindungswirkung deckt sich mit der materiellen Rechtskraft, dennoch ist sie kein Ausfluss der materiellen Rechtskraft, was sich im Fall eines Zwischenurteils zeigt, welches mangels Fähigkeit zur formellen Rechtskraft nur Bindungswirkung erzeugen kann.[373]

II. Begriff der Rechtskraft im schiedsgerichtlichen Verfahren

Auch die Rechtskraftwirkung von Schiedssprüchen war schon häufig Diskussionsgegenstand in Rechtsprechung und Literatur.[374] Dass § 1055 ZPO dem Schiedsspruch unter den Parteien die gleichen Wirkungen zumisst wie einem rechtskräftigen gerichtlichen Urteil, stützt zunächst die Annahme, dass dem Entscheidungsakt des Schiedsrichters vollumfänglich dieselben Rechtskraftwirkungen beizumessen sind wie einem staatlichen Gerichtsurteil. Da indes gerade die Rechtskraft von Urteilen eine Fülle an Problemen aufwirft, die oben nur im Kern und soweit sie hier von Relevanz sein könnten dargestellt wurden, ist wegen der prinzipiellen Gleichstellung[375] von Schiedsspruch und staatlichem Urteil zugleich angedeutet, dass auch die Erörterung der Rechtskraft von Schiedssprüchen eine Menge Kontoversen aufweist.

Von besonderem Interesse ist hier die Frage nach den prozessualen Wirkungen der Rechtskraft eines Schiedsspruchs auf ein nachfolgendes staatliches Verfahren und speziell auf ein späteres Schiedsverfahren zwischen denselben Parteien mit identischem Streitgegenstand. Mit der gerade angesprochenen Frage nach der Relevanz der Rechtskraft für nachfolgende Verfahren über denselben Streitgegenstand ist der Streitpunkt angesprochen, ob die materielle Rechtskraft von Schiedssprüchen von Amts wegen zu berücksichtigen ist – oder wie es die bislang h. M. befürwortet – nur auf Einrede der Parteien. In der Diskussion ähnlich gelagert ist die in diesem Zusammenhang ebenfalls auftretende Fragestellung nach der –

---

371 Statt vieler: Lüke, JuS 2000, S. 1042 (1042 f.).

372 Zöller-*Vollkommer*, § 318, Rn. 10; HK/ZPO-*Saenger*, § 322, Rn. 2.

373 BGH NJW 1994, S. 1222 (1223); Zöller-*Vollkommer*, § 318, Rn. 11, vgl. auch Stein/Jonas-*Leipold*, § 322, Rn. 9.

374 Zum alten Recht (§ 1040 ZPO a. F.) eingehend zur Rechtskraft und zur Rechtshängigkeit im Schiedsverfahren, Bosch, Rechtshängigkeit im Schiedsverfahren, S. 37 ff.; Loritz, ZZP 105 (1992), S. 1 ff.; Neef, Rechtskraft des Schiedsspruchs, S. 1 ff.; OLG Bremen NJW 1957, S. 1035 ff. sowie zum geltenden Schiedsverfahrensrecht Gaul, in: FS Sandrock, S. 285 ff.; BGH WM 2009, S. 402 (403 f.).

375 Zur prinzipiellen Gleichstellung von Schiedsgerichtsbarkeit und Staatsgerichtsbarkeit BT-Drucks. 13/5274, S. 34, li. Sp.; S. 36, li. Sp.

vor allem in der Literatur lebhaft diskutierten – Disponibilität der Rechtskraft von Schiedssprüchen.[376]

Neben dem Überblick zur Rechtskraft im staatlichen Zivilprozess sind, bevor die gerade genannten schiedsverfahrensrechtlichen Spezialprobleme behandelt werden, einige grundsätzliche Ausführungen zur Rechtskraft von Schiedssprüchen notwendig: Die Handhabung der Rechtshängigkeitsproblematik im schiedsrichterlichen Verfahren orientiert sich stark am Meinungsstand von Rechtsprechung und Literatur zur Rechtskraftwirkung von Schiedssprüchen. Wegen dieser engen Verzahnung von Rechtskraft und Rechtshängigkeit kann auf eine Darstellung der Argumentationslinien von Rechtsprechung und Literatur zur Rechtskraftwirkung von Schiedssprüchen nicht verzichtet werden.

In einem der wenigen Urteile, die überhaupt zur Rechtshängigkeit im Schiedsverfahren Stellung nehmen, führt der BGH aus, dass die Schiedsgerichtshängigkeit nicht von Amts wegen zu beachten sei, ergebe sich jedenfalls daraus, dass sogar die Rechtskraftwirkung eines Schiedsspruchs nur auf entsprechenden Einwand hin zu beachten sei, da es an einem öffentlichen Interesse zur Beachtung von Amts wegen fehle.[377] Der in diesem Zusammenhang wie selbstverständlich vorgenommene Erst-Recht-Schluss des BGH vom Einredeerfordernis bei der Rechtskraft von Schiedssprüchen auf den prinzipiellen Umgang mit Rechtshängigkeit ist zu hinterfragen. Die Vorgehensweise des BGH begegnet nämlich grundsätzlichen Bedenken. Auf die kritischen Punkte der Vorgehensweise des BGH wird im weiteren Verlauf der Arbeit im Rahmen der Rechtshängigkeit noch zurückzukommen sein.[378] Zu erwähnen ist an dieser Stelle bereits, dass ein weitreichender Gleichlauf von Rechtskraft und Rechtshängigkeit zwar üblicherweise angenommen wird, dies aber auch für das staatliche Verfahren keinesfalls unbestritten ist.[379] Beiden Einrichtungen des Zivilprozessrechts sind zwar partiell die gleichen Funktionen beizumessen, ob diese teilweise Funktionsgleichheit aber aus sich heraus den Erst-Recht-Schluss der Rechtsprechung schon zufriedenstellend rechtfertigt, bleibt näher zu untersuchen.

Weiter ist diskussionswürdig, ob die an dieser Stelle für den staatlichen Prozess zugrunde gelegte partielle Wesens- und Funktionsgleichheit von Rechtshängigkeit und Rechtskraft in einem nächsten Schritt auf das Schiedsverfahren ohne Differenzierung oder Anpassung an die Eigenarten des Schiedsrechts transferiert werden

---

376 Zu beiden Streifragen vgl. die Ausführungen unter den Gliederungspunkten 1. Kapitel. D.II. 3. b)aa)(1) bzw. 1. Kapitel. D.II. 3. b)aa)(3).

377 Vgl. zur identischen Vorgängernorm des § 1055 ZPO BGH NJW 1958, S. 950 (950); BGHZ 41, 104 (107). Auf die insoweit divergierenden Begrifflichkeiten Schiedshängigkeit einerseits und Rechtshängigkeit andererseits, wurde bereits hingewiesen. Eingehend zur Art und Weise der prozessualen Berücksichtigung der Rechtskraft unter Gliederungspunkt 1. Kapitel. D.II. 3. b)aa)ff.

378 Vgl. hierzu die Ausführung unter Gliederungspunkt 1. Kapitel. D.II. 3. b)aa)(2) ff.

379 Die Diskussion findet vor allem im staatlichen Zivilprozess statt, umfassend hierzu Herrmann, Grundstruktur der Rechtshängigkeit, S. 5 ff.; Hellwig, Zivilprozessrecht, S. 363 ff.

kann. Jedenfalls können entsprechende Überlegungen nicht ohne nähere Erörterung dahinstehen.

Das obige Beispiel aus der BGH-Rechtsprechung hat für die Auseinandersetzung mit der Rechtshängigkeitsproblematik im Schiedsverfahren zunächst rein exemplarischen Charakter. Der Verlauf der Arbeit wird aber zeigen, dass die in diesem Urteil vorgenommene Verquickung mit anderen Problemkreisen des schiedsgerichtlichen Verfahrens und die dadurch hervorgerufene Verlagerung der eigentlichen Diskussionspunkte (leider) symptomatisch für den Umgang mit Rechtshängigkeit im schiedsgerichtlichen Verfahren sind.

1. Ausgangspunkt: § 1055 ZPO

Den gesetzlichen Ausgangspunkt für eine Auseinandersetzung mit der Rechtskraftwirkung von Schiedssprüchen im nationalen Recht bildet § 1055 ZPO. Der Wortlaut dieser mit § 1040 ZPO a. F. identischen Norm lautet: *„Der Schiedsspruch hat unter den Parteien die Wirkungen eines rechtskräftigen gerichtlichen Urteils“.*[380] Somit beschränkt sich der Gesetzestext mit seiner kodifizierten Regelung der Rechtskraftwirkung von Schiedssprüchen auf einen Verweis auf die Normen und Rechtsgrundsätze zur Rechtskraft eines gerichtlichen Urteils. Angesichts dieser knappen Grundaussage überlässt es der Gesetzgeber demnach Rechtsprechung und Lehre, ein Gesamtkonzept zu § 1055 ZPO zu erarbeiten. Insbesondere bleibt fraglich, ob der gesetzliche Verweis einen vollumfänglichen Verweis auf die §§ 322 ff. ZPO enthält oder nur einen partiellen, der den etwaigen Besonderheiten des Schiedsverfahrens angepasst ist. In der amtlichen Begründung zur Neuordnung des Schiedsverfahrensrechts heißt es zur Rechtskraftwirkung: *„Hinsichtlich der materiellen Rechtskraft unterscheidet sich die Wirkung eines Schiedsspruchs von der eines rechtskräftigen Urteils lediglich dadurch, dass die Rechtskraft nicht von Amts wegen, sondern nur auf Einrede hin berücksichtigt wird.“*[381] Unabhängig davon, ob dem Einredeerfordernis überhaupt zuzustimmen ist, übergeht die amtliche Begründung augenscheinlich den Wortlaut des § 1055 ZPO. Unterschiede zur Rechtskraft eines Urteils sind hier nämlich tatsächlich angelegt, allerdings nicht im Hinblick auf ein etwaiges Einredeerfordernis. Die Behauptung, die Beachtlichkeit der Rechtskraft nur auf Einrede hin sei der einzige Unterschied zur Rechtkraftwirkung eines Urteils, verwundert zudem auch insoweit sehr, als sie auch in

---

380 Nicht nur das deutsche Schiedsverfahrensrecht verleiht dem Schiedsspruch von Gesetzes wegen ausdrücklich *res judicata*-Wirkung. Einige andere Rechtsordnungen des vornehmlich europäischen Rechtsraums statten den Schiedsspruch ebenfalls mit Rechtskraftwirkung aus: Art. 1059 Abs. 1 des niederländischen Code of Civil Procedure; Art. 1703 des belgischen Judicial Code; Art. 31 des brasilianischen Arbitration Law; Art. 43 des spanischen Arbitration Act; Art. 35 Abs. 2 des griechischen International Arbitration Law, Art. 823 des italienischen Code of Civil Procedure, vgl. hierzu Born, International Arbitration, S. 3764 f., Fn. 179.

381 BT-Drucks. 13/5274, S. 56 f., re. Sp.

Diskrepanz zur gebräuchlichen Praxis im Zusammenhang mit der Rechtskraftwirkung von Schiedssprüchen steht. In der Praxis wird nämlich in der Tat von einigen weiteren Abweichungen von der Rechtskraft des Urteils ausgegangen.[382]

Im folgenden Abschnitt soll nun die Rechtskraft ausgehend von § 1055 ZPO dahingehend überprüft werden, ob die Sichtweise der h. M. zu den angesprochenen Problemen der materiellen Rechtskraft – zunächst unabhängig vom Institut der Rechtshängigkeit – Bestand haben kann. Hierbei beschränkt sich die Analyse nur auf die erwähnten Problemkreise. Dabei wird den Erörterungen in dieser Arbeit als gängige Definition des Schiedsspruchs die folgende Begriffsbestimmung zugrunde gelegt: Unter einem Schiedsspruch versteht § 1055 ZPO einen Ausspruch eines Schiedsgerichts, der inhaltlich eine endgültige Entscheidung in der Sache und nicht nur eine bloße Feststellung der Zuständigkeit betrifft und zudem die Förmlichkeiten des § 1054 ZPO erfüllt.[383] Erneut ist somit hervorzuheben, dass der Schiedsspruch sich einem gerichtlichen Entscheidungsakt entsprechend durch seine Entscheidungsendgültigkeit auszeichnet.[384]

2. Gesetzesimmanente Divergenzen zwischen Schiedsspruch und Urteil

Der Gesetzgeber macht in verschiedenen Vorschriften zum schiedsgerichtlichen Verfahren deutlich, dass es sehr wohl Unterschiede zwischen einem gerichtlichen Urteil und einem Schiedsspruch geben soll. Der Gesetzestext zu § 1055 ZPO zeigt dies in einem Punkt deutlich: Dem Schiedsspruch sollen nur unter den jeweiligen Schiedsparteien die Wirkungen eines rechtskräftigen Urteils zukommen. Darüber hinaus werden bei der Frage der Vollstreckbarkeit Unterschiede zum gerichtlichen Urteil ersichtlich, die sich ebenfalls aus der Zivilprozessordnung selber ergeben.[385]

a) Inter Partes-Wirkung

De lege lata geht § 1055 ZPO für Schiedssprüche vom Grundsatz der Rechtskraftwirkung *inter partes* aus. Grundsätzlich erstreckt sich auch die Rechtskraft eines gerichtlichen Urteils nur auf die betroffenen Streitparteien,[386] so dass auf den ersten Blick nicht deutlich wird, worin nun der angedeutete Unterschied zum Urteil bestehen soll. In den §§ 325 ff. ZPO und § 265 ZPO enthält die Zivilprozessordnung einige Vorschriften, die eine Rechtskrafterstreckung auf Dritte ausdrücklich

---

382 Hierzu nachfolgend unter Gliederungspunkt 1. Kapitel. D.II. 2. b).

383 Zu dieser Definition schon unter altem Recht Schwab/Walter, Schiedsgerichtsbarkeit, Kap. 21, Rn. 175.

384 Hierzu im Rahmen der Abgrenzung der Schiedsgerichtsbarkeit von anderen außergerichtlichen Streitbeilegungsmechanismen unter Gliederungspunkt 1. Kapitel. C.V. ff.

385 Hierzu unter Gliederungspunkt 1. Kapitel. D.II. 2. b).

386 BGHZ 123, 30 (33 f.); Zöller-*Vollkommer*, § 325, Rn. 2 f.

vorsehen.[387] Die subjektiven Grenzen der Rechtskraft von Schiedssprüchen sind hingegen seit jeher umstritten. Insbesondere ist schon zum alten Schiedsverfahrensrecht fraglich gewesen, ob die gesetzlich angeordnete Gleichstellung zwischen Schiedsspruch und gerichtlichem Urteil auch die Vorschriften zur Rechtskrafterstreckung auf Dritte umfasst.[388] Die h. M. verneint die Rechtskrafterstreckung gem. §§ 325 ff. ZPO beim Schiedsspruch und will einen Dritten nur erfassen, wenn auch der Schiedsvertrag diesen Dritten binde.[389] In der Gesetzesbegründung zu § 1055 ZPO schweigt sich der Gesetzgeber zur Gesamtproblematik aus, was die Rechtslage weiterhin unklar erscheinen lässt.[390] Die im Detail ungeklärten Fragen der subjektiven Grenzen der Rechtskraft des Schiedsspruchs sollen hier nicht weiter vertieft werden. Diese Fragestellung erfordert eine eingehende Auseinandersetzung, die den Rahmen der vorliegenden Arbeit sprengen würde. Die angesprochenen Fragestellungen verdeutlichen schon jetzt in ausreichendem Maße, dass

---

387 Für die Erstreckung der Rechtskraft eines Urteils auf Dritte bestehen klare Grundsätze, im Detail ist allerdings auch hier vieles umstritten, statt vieler Rosenberg/Schwab/Gottwald, § 156, Rn. 1 ff.

388 Zur subjektiven Rechtskrafterstreckung im alten Recht: ablehnend BGHZ 64, 122 (128); Loritz, ZZP 105 (1992), S. 1 (13 ff.); eingehend zu allen Meinungsströmungen und den unterschiedlichen Konstellationen der Rechtskrafterstreckung bei Fällen der Einzel- und Gesamtrechtsnachfolge Bosch, Rechtshängigkeit im Schiedsverfahren, S. 121 ff., Schütze, Schiedsgericht und Schiedsverfahren, S. 64 f., Rn. 182 ff. Den Meinungsstand zum neuen Recht greifen z. B. Gaul, in: FS Sandrock, S. 285 (298 ff.); Schwab/Walter, Schiedsgerichtsbarkeit, Kap. 21, Rn. 2 ff.; Stein/Jonas-*Schlosser*, § 1055, Rn. 18 ff. auf. Die Frage der Reichweite einer Rechtskrafterstreckung hat den BGH auch im Rahmen des Spezialproblems der Schiedsfähigkeit gesellschaftlicher Anfechtungs- und Nichtigkeitsklagen (§§ 248 Abs. 1 S. 1, 249 Abs. 1 S. 1 AktG) mehrfach beschäftigt. Während BGHZ 132, 278 (285 ff.) eine *Inter-omnes*-Wirkung der Rechtskraft (kraft analoger Anwendung der §§ 248, 249 AktG auf das schiedsgerichtliche Verfahren) noch verneinte, weil für die Erstreckung der Rechtskraft von Schiedssprüchen auf Dritte eine gesetzliche Anordnung notwendig gewesen wäre, hat der BGH mit Urteil vom 6.4.2009 – II ZR 255/08 = BGHZ 180, 221 ff. seine bisherige Rechtsprechung hierzu aufgegeben. Vgl. hierzu die Anmerkung von Wagner, GWR 2009, S. 110. Nunmehr sind Beschlussmängelstreitigkeiten im Recht der GmbH schiedsfähig und damit wird auch eine Rechtskrafterstreckung auf Dritte gebilligt, soweit bestimmte rechtsstaatliche Erfordernisse im schiedsgerichtlichen Verfahren erfüllt werden, der Rechtsschutz vor Schiedsgerichten also einem dem Staatsverfahren „gleichwertigen Schutz" bietet, insbesondere die „Mitwirkungsrechte und damit die Rechtsschutzgewährung für alle der Schiedsvereinbarung unterworfenen Gesellschafter" gewährleistet wird; hierzu BGH BB 2009, S. 1260 (1260 f.).

389 B/L/A/H-*Hartmann*, § 1055, Rn. 6; Schwab/Walter, Schiedsgerichtsbarkeit, Kap. 21, Rn. 2; Thomas/Putzo-*Reichold*, § 1055, Rn. 3; Schütze/Tscherning/Wais, Handbuch Schiedsverfahren, S. 264, Rn. 526; a. A. Zöller-*Geimer*, § 1055, Rn. 7.

390 Gaul, in: FS Sandrock, S. 285 (298).

tatsächlich gesetzesimmanente Divergenzen beim Institut der Rechtskraft von Schiedssprüchen im Vergleich zur Rechtskraft von Urteilen existieren.

b) Vollstreckbarerklärung

Im Unterschied zum gerichtlichen Urteil ist gem. § 794 Abs. 1 Nr. 4 a ZPO nicht der Schiedsspruch selbst, sondern erst die staatliche Entscheidung in Form der Vollstreckbarerklärung gem. § 1060 Abs. 1 ZPO Vollstreckungstitel.[391] Zum Teil wird aus dieser Tatsache geschlossen, dass dem Schiedsspruch nur teilweise urteilsgleiche Wirkung zukomme.[392] Dies scheint jedoch zu kurz zu greifen, da die Schiedsspruchwirkung der materiellen Rechtskraft mit der Vollstreckbarerklärung durch eine solche Sichtweise unsachgerecht vermengt wird. Es muss klar zwischen der Vollstreckbarerklärung des Schiedsspruchs nach § 1060 Abs. 1 ZPO einerseits und der materiellen Rechtskraftwirkung des Schiedsspruchs nach § 1055 ZPO anderseits unterschieden werden.[393] Richtig an der obigen Aussage ist, dass der Schiedsspruch anders als das staatliche Urteil, um zu einer Titelwirkung zu gelangen, der Vollstreckbarerklärung durch staatliche Gerichte bedarf.[394] Der Staat behält sich durch die Notwendigkeit der Vollstreckbarerklärung sein Monopol zur zwangsweisen Durchsetzung von Titeln vor.[395] Hierbei ist das Vollstreckbarerklärungsverfahren als eigenständiges Erkenntnisverfahren vor den staatlichen Gerichten ausgestaltet, durch welches erst der notwendige Titel für eine nachfolgende Zwangsvollstreckung geschaffen wird.[396] Das Vollstreckbarerklärungsverfahren ist insbesondere deshalb notwendig, weil der Schiedsspruch auf diese Weise auf seine Vereinbarkeit mit zwingenden rechtsstaatlichen Vorgaben der Rechtsordnung in Deutschland überprüft werden kann.[397] Ob wegen des Fehlens der originären Vollstreckbarkeit ein Schluss auf eine nur rechtskraftähnliche Wirkung von Schiedssprüchen und somit auf eine nur verminderte materielle Rechtskraftwirkung der Entscheidungen des Schiedsrichters zu ziehen ist, bleibt indes sehr fraglich.[398]

Letztlich stellt sich die Rechtslage in ihrem Ausgangspunkt nämlich wie beim staatlichen Urteil dar: § 1060 ZPO regelt die Vollstreckbarerklärung des Schiedsspruchs und § 1055 ZPO normiert die materielle Rechtskraft des schiedsgerichtlichen

391 BT- Drucks. 13/5274, S. 61, li. Sp.; Zöller-*Geimer*, § 1055, Rn. 18.

392 Vgl. MüKo-*Münch*, § 1055, Rn. 1.

393 Diese strikte Trennung nimmt auch Walter, in: FS Schwab, S. 539 (543 f.) vor; diesbezüglich ebenfalls kritisch Bosch, Rechtshängigkeit im Schiedsverfahren, S. 71.

394 MüKo-*Münch*, § 1055, Rn. 32.

395 Schwab/Walter, Schiedsgerichtsbarkeit, Kap. 26, Rn. 1.

396 Musielak-*Voit*, § 1060, Rn. 1.

397 Musielak-*Voit*, § 1060, Rn. 1. Zum Prüfungsumfang im Rahmen des Vollstreckbarerklärungsverfahrens vgl. Ebbing, Private Zivilgerichte, S. 122 ff.

398 Von einer nur rechtskraftähnlichen Wirkung nach § 1055 ZPO gehen jedenfalls Schwab/Walter, Schiedsgerichtsbarkeit, Kap. 28, Rn. 17 aus.

Entscheidungsaktes.[399] Im staatlichen Verfahren ordnen ebenfalls unterschiedliche Normen Vollstreckbarkeit und materielle Rechtskraft an:[400] § 704 ZPO einerseits und § 322 ZPO andererseits. Vollstreckbarkeit und materielle Rechtskraft werden somit im staatlichen Prozess zweifelsohne nicht nur getrennt voneinander geregelt, sondern auch als eigenständige Wirkungen betrachtet.[401] Die beiden Wirkungen sind im Schiedsverfahren ebenfalls separat voneinander normiert. Es bietet sich deshalb auch hier eine getrennte Betrachtungsweise an. Aus der gesonderten Regelung beider Wirkungen folgt, dass dem rechtskräftigen Schiedsspruch bereits Feststellungswirkung zukommt, hingegen vor Vollstreckbarerklärung noch keine Vollstreckungswirkung.[402]

Schon zum alten Recht wurde mehrheitlich vertreten, dass der Vollstreckbarerklärung ein über die bloße Ermöglichung der Zwangsvollstreckung hinausgehender Zweck zukomme. Sinn der Vollstreckbarerklärung sei auch die rechtskräftige Feststellung der Unanfechtbarkeit und somit die Stärkung der Bestandskraft des jeweiligen Schiedsspruchs. Deshalb seien auch Schiedssprüche mit an sich nicht vollstreckungsfähigen Inhalten wie abweisende, feststellende oder gestaltende[403] Schiedssprüche für vollstreckbar zu erklären, um sie zum Zwecke der erhöhten Rechtssicherheit vor späterer Aufhebung zu schützen.[404]

Eine andere Ansicht führt für die heutige Rechtslage an, dass die Vollstreckbarerklärung von Schiedssprüchen mit nicht vollstreckungsfähigem Inhalt nicht mehr notwendig sei, da – vorbehaltlich anderweitiger Parteiabsprachen – Rechtssicherheit im Sinne der Rechtsbeständigkeit auch nach Ablauf der dreimonatigen

---

399 Vgl. Wieczorek/Schütze-*Schütze*, § 1060, Rn. 25.

400 So auch bereits zum alten Recht Bosch, Rechtshängigkeit im Schiedsverfahren, S. 70.

401 Vgl. Rosenberg/Schwab/Gottwald, § 149, Rn. 4.

402 Walter, in: FS Schwab, S. 539 (543); ähnlich Rosenberg/Schwab/Gottwald, § 180, Rn. 36 (Rechtskraftwirkungen schon vor und unabhängig von Vollstreckbarerklärung).

403 Bei gestaltenden Schiedssprüchen wird teilweise wiederum der Eintritt der Gestaltungswirkung erst ab Vollstreckbarerklärung angenommen, so Schmidt, ZRG 1988, S. 523 (536), B/L/A/H-*Hartmann*, § 1055, Rn. 7; hiergegen sprechen sich Henn, Schiedsverfahrensrecht, S. 162, Rn. 384; Lachmann, Schiedsgerichtspraxis, S. 438, Rn. 1787; Stein/Jonas-*Schlosser*, § 1060, Rn. 2; Musielak-*Voit*, § 1060, Rn. 2 aus.

404 So die h. M. zum alten Recht: BGH WM 1962, S. 430 (430); Wieczorek/Schütze-*Schütze* (3. Auflage), § 1042 ZPO a. F., Rn. 7; ebenso auch die h. M. zum neuen Recht: Schwab/Walter, Schiedsgerichtsbarkeit, Kap. 26, Rn. 3, 7; Thomas/Putzo-*Reichold*, § 1060, Rn. 1; umfassend Lachmann, Schiedsgerichtspraxis, S. 574 f., Rn. 2403 ff.; BayObLG BB 1999, S. 1948 (1948); BayObLG NJW 2003, S. 502 (503). Das BayObLG stellt darauf ab, dass sich die Frage des vollstreckungsfähigen Inhalts eines Schiedsspruchs erst im Verfahren auf Erteilung der Vollstreckungsklausel stelle; dem BayObLG stimmt der BGH im Ergebnis zu, vgl. BGH NJW-RR, 2006, S. 995 (996); zustimmend auch OLG München SchiedsVZ 2009, S. 127 (128).

Frist in § 1059 Abs. 3 ZPO endgültig eintrete.[405] Angesichts der erwähnten Frist wird auch das Bedürfnis nach Klagen, die darauf gerichtet sind festzustellen, dass Aufhebungsgründe nicht bestehen, zu verneinen sein.[406] Zuzugeben ist, dass die Vollstreckbarerklärung einen weiteren Zweck haben kann, nämlich einen Antrag auf Aufhebung des Schiedsspruchs nach § 1059 Abs. 3 S. 4 ZPO zu präkludieren.[407]

Weitergehende Wirkung misst die überwiegende Meinung der Vollstreckbarerklärung zudem insoweit zu, als die Beachtlichkeit der Rechtskraft von Amts wegen befürwortet wird, sobald der Schiedsspruch für vollstreckbar erklärt wurde.[408] Zum einen stellt diese Meinung erneut eine in diesem Zusammenhang nicht sachgerechte Abhängigkeit der materiellen Rechtskraft von der Vollstreckbarerklärung her, was deren jeweilige Unabhängigkeit voneinander in Frage stellt, zum anderen begegnete diese Ansicht schon zur alten Rechtslage großen Bedenken: *Lindacher*[409] hat hierzu festgestellt, dass die Vollstreckbarerklärung zwar eine Unterwerfung unter den staatlichen Machtanspruch zur Zwangsvollstreckung bedeute. Weitere Funktionen als die Ermöglichung der Zwangsvollstreckung erfülle die Vollstreckbarerklärung indes nicht. Insbesondere habe sie keine Wandlung des Wesens des Schiedsspruchs zur Folge, durch die es den Parteien nach Vollstreckbarerklärung untersagt werde, über die Rechtskraft des Schiedsspruchs zu disponieren. Vielmehr verneint diese Ansicht die Disponibilität der Rechtskraftwirkung unabhängig von der Vornahme der Vollstreckbarerklärung.[410]

Vorliegend können nicht alle Bereiche, in denen der Vollstreckbarerklärung über die eigentliche Ermöglichung der Zwangsvollstreckung hinaus Funktionen zukommen soll, dargestellt werden. Auf weitere Probleme, insbesondere die Frage, ob materiell-rechtliche Einwendungen im Vollstreckbarerklärungsverfahren geltend zu machen sind, um hiermit nicht endgültig präkludiert zu werden[411] oder die Frage, ob

405 In diesem Sinn Musielak-*Voit*, § 1060, Rn. 2; ebenso MüKo-*Münch*, § 1060, Rn. 11. Zu den Neuerungen des § 1059 Abs. 3 ZPO im Vergleich zur alten Rechtslage nachfolgend unter Gliederungspunkt 1. Kapitel. D.II. 3. a)cc).

406 So Musielak-*Voit*, § 1060, Rn. 2; ebenfalls zweifelnd MüKo-*Münch*, § 1060, Rn. 43; hingegen für eine analoge Anwendung des § 1060 ZPO bei Verfahren zur Feststellung des Vorliegens eines Aufhebungsgrundes Zöller-*Geimer*, § 1060, Rn. 7.

407 BGH NJW-RR 2006, S. 995 (996); Rosenberg/Schwab/Gottwald, § 182, Rn. 3; Musielak-*Voit*, § 1060, Rn. 2; mit umfassender Darstellung der Rechtsprechung Lachmann, Schiedsgerichtspraxis, S. 582 ff., Rn. 2434 ff.

408 Lachmann, Schiedsgerichtspraxis, S. 437, Rn. 1785; MüKo-*Münch*, § 1055, Rn. 13.

409 Lindacher, KTS 1966, S. 153 (154) setzt sich unter anderem sehr kritisch mit einer Steigerung der Schiedsspruchwirkungen nach Vollstreckbarerklärung im Hinblick auf eine Berücksichtigung der Rechtskraft von Amts wegen und einer möglichen Disponibilität der Rechtskraft auseinander.

410 Lindacher, KTS 1966, S. 143 (154). Einzelheiten zur Disponibilität unter Gliederungspunkt 1. Kapitel. D.II. 3. b)aa)(3) ff.

411 Hierzu zum alten Recht Bosch, Rechtshängigkeit im Schiedsverfahren, S. 72 ff.

nur ein für vollstreckbar erklärter Schiedsspruch als Grundlage einer Register- oder Grundbucheintragung fungieren kann,[412] wird ausdrücklich nur hingewiesen.

Zusammenfassend ist zu sagen, dass zwar die Vollstreckbarkeit von Schiedssprüchen anders als bei gerichtlichen Urteilen geregelt ist. Hieraus können jedoch keine pauschalen Rückschlüsse auf eine verminderte Rechtskraftwirkung und Rechtsbeständigkeit von Schiedssprüchen gezogen werden. Noch einmal ist klarzustellen, dass Rechtskraft und Vollstreckbarkeit entgegen dem weiter oben erwähnten Ansatz zwei strikt voneinander zu trennende Einrichtungen des Zivilprozessrechts sind. Ausweislich der gesonderten gesetzlichen Regelungen gilt dies auch im schiedsgerichtlichen Verfahren.[413]

3. Gemeinsamkeiten von Schiedsspruchwirkungen und gerichtlichen Urteilswirkungen

Wie das gerichtliche Urteil kennt der Schiedsspruch sowohl die formelle (äußere) Rechtskraft als auch die materielle (innere) Rechtskraft. Vor einer Problemanalyse bedürfen beide Erscheinungsformen der Rechtskraft einiger grundsätzlicher Bemerkungen.

a) Formelle Rechtskraft

Unstreitig regelt § 1055 ZPO die materielle Rechtskraft von Schiedssprüchen. Die formelle Rechtskraft wird in dieser Norm hingegen nicht selbstständig erwähnt. Allerdings geht § 1056 ZPO davon aus, dass das schiedsrichterliche Verfahren mit dem *endgültigen* Schiedsspruch beendet wird; zumindest im Sinne einer Endgültigkeit der Entscheidung kommt die formelle Rechtskraft des Schiedsspruch daher in der ZPO indirekt zum Ausdruck.[414] Während in früheren Dissertationen[415] und anderen Veröffentlichungen noch eingehend diskutiert wurde, ob einem Schiedsspruch überhaupt äußere Rechtskraft zukommen könne, und wenn ja, wie sich dies begründen lasse und ob die formelle Rechtskraft mit der des staatlichen Urteils vergleichbar sei, gehen die heutigen Kommentierungen zur Zivilprozessordnung – obwohl das Gesetz hierzu schweigt – sinnvollerweise durchweg von der Existenz der formellen Rechtskraft bei Schiedssprüchen aus.[416] Darüber hinaus wird die

412 Für eine Eintragungsfähigkeit vor Vollstreckbarerklärung Rosenberg/Schwab/Walter, § 180, Rn. 36; Walter, in: FS Schwab, S. 539 (441 f.); dagegen B/L/A/H-*Hartmann*, § 1055, Rn. 7.

413 In diesem Sinn auch zum alten Recht: Walter, in: FS Schwab, S. 539 (543); ebenso zum neuen Recht: Rosenberg/Schwab/Gottwald, § 180, Rn. 36, Gaul, in: FS Sandrock, S. 285 (320), B/L/A/H-*Hartmann*, § 1055, Rn. 3.

414 So Gaul, in: FS Sandrock, S. 285 (288).

415 Zur Frage, ob § 1040 ZPO a. F. die formelle Rechtskraft überhaupt regelt: Bosch, Rechtshängigkeit im Schiedsverfahren, S. 37 ff.

416 Vgl. hierzu BT-Drucks. 13/5274, S. 56 li. Sp.; MüKo-*Münch*, § 1055, Rn. 3 ff.; B/L/A/H-*Hartmann*, § 1055, Rn. 2; Böckstiegel/Kröll/Naciemento-*von Schlabrendorff*/

formelle Rechtskraft im schiedsgerichtlichen Verfahren auch ebenso wie im staatlichen Verfahren definiert.

aa) Unanfechtbarkeit

Im Zivilprozess versteht man unter formeller Rechtskraft die Unanfechtbarkeit eines Urteils mit ordentlichen Rechtsmitteln. Auch im Schiedsverfahren bedeutet die formelle Rechtskraft die Unanfechtbarkeit mit ordentlichen Rechtsmitteln.[417] Vorbehaltlich parteiautonom getroffener Vereinbarungen wird der Eintritt der formellen Rechtskraft angenommen, sobald die Förmlichkeiten des § 1054 ZPO erfüllt sind.[418] Rechtsmittel zu den staatlichen Gerichten sind in der ZPO explizit nicht vorgesehen und können auch nicht Gegenstand einer Schiedsvereinbarung sein.[419] In der Regel ist dem Schiedsverfahren zudem ein Instanzenzug fremd,[420] wobei die privatautonome Vereinbarung eines Instanzenzuges selbstverständlich möglich bleibt.[421] In der Praxis sehen dementsprechend einige institutionelle Schiedsordnungen die Anrufung eines Oberschiedsgerichts vor.[422] In solchen Fällen tritt die formelle Rechtskraft dann erst mit Ablauf der vorgesehenen Rechtsmittelfrist ein bzw., wenn der Instanzenzug ausgeschöpft und die erforderlichen Förmlichkeiten gem. § 1054 ZPO erfüllt sind.[423]

bb) Außenwirksamkeit

Die Erfüllung der Förmlichkeiten des § 1054 ZPO bedeutet den förmlichen Abschluss des schiedsgerichtlichen Verfahrens. Abweichend von der alten Gesetzeslage nach § 1039 ZPO a. F. reicht eine einfache Übersendung des formgerecht gefassten Schiedsspruchs an jede Partei.[424] Abzustellen ist auf den ersten Benachrichtigungsakt, mit dem ein schriftlich verfasster Schiedsspruch nach außen

Sessler, § 1055, Rn. 1; Loritz, ZZP 105 (1992), S. 1 (1); differenzierend Schlosser, Internationale Schiedsgerichtsbarkeit, S. 523 ff.; Rn. 718 ff.

417 Prütting/Gehrlein-*Prütting*, § 1055, Rn. 3.

418 BT-Drucks. 13/5274, S. 56, re. Sp.; Prütting/Gehrlein-*Prütting*, § 1055, Rn. 3. Der Schiedsspruch ist schriftlich zu erlassen und zu unterschreiben (§ 1054 Abs. 1 S. 1 ZPO), zu begründen, (§ 1054 Abs. 2 ZPO), mit Datum zu versehen, (§ 1054 Abs. 3 ZPO) und schließlich den Parteien zu übersenden (§ 1054 Abs. 4 ZPO).

419 B/L/A/H-*Hartmann*, § 1055, Rn. 2; RGZ 146, 262 (265).; MüKo-*Münch*, § 1055, Rn. 3.

420 Vgl. zu diesem Punkt bereits unter Gliederungspunkt 1. Kapitel. C.VI. 4. Vgl. aber auch z. B. die Schiedsgerichtsordnung für das Schiedsgericht des Vereins der Getreidehändler der Hamburger Börse e. V. Diese Schiedsgerichtsordnung sieht in § 27 SchO einen Instanzenzug vor.

421 Schwab/Walter, Schiedsgerichtsbarkeit, Kap. 22, Rn. 1.

422 Übersicht bei Schottelius, Die kaufmännische Schiedsgerichtsbarkeit, Anhang, S. 196 ff.

423 Rosenberg/Schwab/Gottwald, § 180, Rn. 33; B/L/A/H/*Hartmann*, § 1055, Rn. 2.

424 MüKo-*Münch*, § 1055, Rn. 4; BT-Drucks. 13/5274, S. 56, re. Sp.

hervortritt und somit existent wird.[425] Ein Schiedsspruch, der den Förmlichkeiten des § 1054 ZPO nicht Genüge tut, beendet das schiedsgerichtliche Verfahren nicht und entfaltet keine formelle Rechtskraft.[426]

cc) Endgültigkeit

Wie beim staatlichen Urteil ist die Endgültigkeit der im Schiedsspruch getroffenen Entscheidung notwendig. Nur soweit der Schiedsspruch das Schiedsverfahren endgültig beendet, kann er auch in Rechtskraft erwachsen.[427] Im staatlichen Verfahren stehen die Möglichkeiten der Wiederaufnahme im Sinne der §§ 578 ff. ZPO sowie die Wiedereinsetzung gemäß der §§ 233 ff. ZPO dem Eintritt der Rechtskraft nicht entgegen. Ebenso wenig hindert die Möglichkeit, einen Schiedsspruch gem. § 1059 ZPO aufzuheben, den Eintritt der Rechtskraft. Das Regelungssystem des § 1059 ZPO ist vielmehr nur eine Kontrollmöglichkeit mit Ausnahmecharakter.[428] Da § 1059 ZPO eine beachtliche Änderung gegenüber dem alten Schiedsverfahrensrecht beinhaltet, sei eine grundlegende Neuerung an dieser Stelle hervorgehoben:[429] Abgesehen davon, dass die früher in § 1041 Abs. 1 Nr. 6 ZPO a. F. genannten Restitutionsgründe nunmehr unter der *ordre public*-Klausel des § 1059 Abs. 2 Nr. 2 lit. b.) ZPO zu prüfen sind,[430] verlangt § 1059 Abs. 3 ZPO eine dreimonatige Frist, innerhalb derer ein Aufhebungsantrag zu stellen ist. Diese Frist gilt gleichermaßen für die von Amts wegen zu berücksichtigenden Ausschlussgründe des § 1059 Abs. 2 Nr. 2 ZPO wie für die auf Einrede hin zu beachtenden Aufhebungsgründe des § 1059 Abs. 2 Nr. ZPO.[431] Der Fristlauf wird mit der förmlichen Zustellung des Schiedsspruchs an den Antragsteller in Gang gesetzt (§ 1059 Abs. 3 S. 2 ZPO). Durch diese Beschränkung der Aufhebbarkeit des Schiedsspruchs innerhalb der Dreimonatsfrist wollte der Gesetzgeber – der Gesetzesbegründung zufolge – die Bestandskraft von Schiedssprüchen insofern stärken, als im Sinne der Rechtssicherheit endgültige Klarheit über die Bestandskraft des Schiedsspruchs herrschen

425 Schwab/Walter, Schiedsgerichtsbarkeit, Kap. 21, Rn. 1; MüKo-*Münch*, § 1055, Rn. 4; a. A. Musielak-*Voit*, § 1055, Rn. 3, der auf die Übersendung des Schiedsspruchs als maßgeblichen Akt abstellt.

426 Vgl. Stein/Jonas-*Schlosser*, § 1054, Rn. 2; Wieczorek/Schütze-*Schütze*, § 1055, Rn. 9.

427 Vgl. Loritz, ZZP 105 (1992), S. 1 (1); Zöller-*Geimer*, § 1055, Rn. 6.

428 HK/ZPO-*Saenger*, § 1055, Rn. 3; MüKo-*Münch*, § 1055, Rn. 3.

429 Zu den speziell bei einem Verstoß gegen anderweitig bestehende Rechtshängigkeit in Frage kommenden Aufhebungsgründen im Rahmen des § 1059 ZPO eingehend unter Gliederungspunkt 1. Kapitel. F.II. 6. c)hh).

430 BT-Drucks. 13/5274, S. 59, re. Sp.

431 Allerdings können die Aufhebungsgründe nach Abs. 2 Nr. 2 ZPO noch im Vollstreckbarerklärungsverfahren geltend gemacht werden, § 1060 Abs. 2 S. 3 ZPO, wohingegen die Aufhebungsgründe nach § 1059 Abs. 2 Nr. 1 ZPO nach Fristablauf endgültig präkludiert sind.

müsse.[432] Im Übrigen entspricht eine derartige Fristenregelung auch den Modellen im europäischen Ausland.[433]

dd) Ersetzung der Schiedseinrede gem. § 1032 Abs. 1 ZPO durch Eintritt der materiellen Rechtskraft

Sobald der Schiedsspruch in formelle Rechtskraft erwächst, ist gegenüber der Anhängigmachung derselben Streitsache bei einem staatlichen Gericht nicht mehr die Einrede des Schiedsvertrages gem. § 1032 Abs. 1 ZPO gegeben. Von nun an tritt der Einwand der Rechtskraft des Schiedsspruchs an die Stelle der Einrede des Schiedsvertrages.[434]

b) Materielle Rechtskraft

Unter materieller Rechtskraft von Schiedssprüchen versteht man im Allgemeinen genauso wie im staatlichen Zivilprozessrecht die Maßgeblichkeit des Inhalts einer Entscheidung. Über die entschiedene Rechtsfolge darf zwischen den von der Rechtskraft umfassten Parteien nicht noch einmal gestritten und entschieden werden.[435]

aa) Meinungsstand zur materiellen Rechtskraft des Schiedsspruchs

Über ein allgemeines Grundverständnis der materiellen Rechtskraft hinaus besteht bezüglich dieses Rechtsinstituts wenig Einigkeit innerhalb von Rechtsprechung und Lehre. Das Meinungsspektrum über die Ausgestaltung der materiellen Rechtskraft von Schiedssprüchen ist breit gefächert und die Meinungsvielfalt findet ihren

---

432 BT- Drucks. 13/5274, S. 60, li. Sp. Ob sich der Gesetzgeber mit dieser Neuerung einen Gefallen getan hat, wird sich zeigen. Gerade, weil die Ausschlussfrist des § 1059 Abs. 3 ZPO auch für die von Amts wegen zu berücksichtigenden Aufhebungsgründe des Absatz 2 Nr. 2 gelten soll, deren Vorliegen erst nach Erlass des Schiedsspruchs bekannt werden können, stößt diese Regelung auf große Kritik; vgl. hierzu Gaul, in: FS Sandrock, S. 285 (291 ff.), der den Verweis des Gesetzgebers auf das Schadensersatzrecht mit einer Klage nach § 826 BGB unter Durchbrechung der materiellen Rechtskraft des Schiedsspruchs stark kritisiert.

433 Als Beispiele sind Art. 1707 des belgischen Code Judiciaire und der Art. 1064 Abs. 3 der niederländischen ZPO zu nennen.

434 Schwab/Walter, Schiedsgerichtsbarkeit, Kap. 21, Rn. 1.

435 Insofern wird hier der materiellen Rechtskraft von Schiedssprüchen das Verständnis der Ne-bis-in-idem-Lehre zugrunde gelegt (Wiederholungsverbot); so wie hier Böckstiegel/Kröll/Naciemento-*von Schlabrendorff/Sessler*, § 1055, Rn. 17; Prütting/Gehrlein-*Prütting*, § 1055, Rn. 4; MüKo-*Münch*, § 1055, Rn. 10; Schütze/Tscherning/Wais, Handbuch Schiedsverfahren, S. 263, Rn. 526; Habscheid, KTS 1957, S. 161 (164); offen lassend Musielak-*Voit*, § 1055, Rn. 5; a. A. Schwab/Walter, Schiedsgerichtsbarkeit, Kap. 21, Rn. 7; Bosch, Rechtshängigkeit im Schiedsverfahren, S. 89; Stein/Jonas-*Schlosser*, § 1055, Rn. 6 (nur Verpflichtung inhaltlich gleich zu entscheiden).

Ursprung erneut in der unterschiedlichen Qualifizierung der Schiedsgerichtsbarkeit als privatrechtliche Einrichtung oder als solche des Prozessrechts.[436] Den Auffassungen zur generellen Qualifikation der Schiedsgerichtsbarkeit entsprechend wird auch der dogmatische Streit um die materiellrechtliche oder prozessuale Erklärung der Rechtskraftfolgen facettenreich ausgefochten. Die Argumente der Positionen sind die schon bekannten: Die materiellrechtliche Sichtweise[437] verneint den *„delegierten staatshoheitlichen Urteilsakt“* und befürwortet – passend zum Einredeerfordernis – eine „Art Vertragskraft“.[438] Demgegenüber beruft sich die prozessuale Anschauung unter anderem auf die strikte Anwendung des Gesetzestextes, der dem Schiedsspruch nun einmal *„die Wirkungen eines gerichtlichen Urteils“*[439] zuerkenne, wobei innerhalb dieser Meinung viele Differenzierungen vorgenommen werden.

(1) Berücksichtigung von Amts wegen?

Hier ist die bereits angesprochene Frage nach der Berücksichtigung der materiellen Rechtskraft eines Schiedsspruchs von Amts wegen oder abhängig von einer Einredeobliegenheit der Parteien von besonderem Interesse. Die amtliche Begründung zu § 1055 ZPO[440] wurde bereits zitiert. Dass die Rechtskraft des Schiedsspruchs entgegen dieser Begründung vom unterstellten Einredeerfordernis independente Unterschiede zur Rechtskraft des gerichtlichen Urteils aufweist, wurde bei Erörterung der Frage einer subjektiven Rechtskrafterstreckung vorweg dargelegt. Die zusätzlich notwendige Vollstreckbarerklärung des Schiedsspruchs durch die staatlichen Gerichte kann hingegen nur insoweit einen Unterschied zum (End-) Urteil dokumentieren, als die Vollstreckung von Schiedssprüchen anders gestaltet wurde als in staatlichen Verfahren. Rückschlüsse auf die materielle Rechtskraft verbieten sich nach hier vertetener Auffassung. Voranzuschicken ist zwar, dass die „stillschweigend vorausgesetzte Beachtlichkeit“[441] der Rechtskraft nur auf Einredeerhebung nicht nur den im Gesetzesentwurf geäußerten Vorstellungen des Gesetzgebers entspricht, sondern auch der bislang üblichen Praxis.[442] Dies sollte freilich zu keiner voreiligen Bewertung verleiten. Im Übrigen muss eine gängige Rechtsanwendung nicht den einzigen bei einer Fragestellung vertretbaren Lösungsweg darstellen. Auch ist es nicht zwingend, dass eine vorherrschende Praxis der sachlich saubersten bzw. der *de lege lata* gebotenen Lösung einer Rechtsfrage entspricht.

---

436 Vgl. zu dieser Grundsatzdiskussion auch schon die Ausführungen unter 1. Kapitel. C.III. 2.

437 Blomeyer K., in: FG Rosenberg, S. 51 (60 ff.); Lorenz W., AcP 157 (1958/1959), S. 265 (275 f.).

438 Blomeyer K., in: FG Rosenberg, S. 51 (62 f.).

439 Vgl. zu den einzelnen Argumenten und Meinungsvertretern Bosch, Rechtshängigkeit im Schiedsverfahren, S. 68 f.

440 BT-Drucks. 13/5274, S. 56 f., re. Sp.

441 So MüKo-*Münch*, § 1055, Rn. 12.

442 OLG Bremen NJW 1957, S. 1035 (1036); MüKo-*Münch*, § 1055, Rn. 12.

Vielmehr ist es ein in vielen Bereichen des Rechtslebens bekanntes Phänomen, dass sich mit der Zeit bestimmte Herangehensweisen etabliert haben, die nicht unbedingt den ausschließlichen oder stringentesten Lösungsweg anbieten oder sogar (inzwischen) eine „saubere“ dogmatische Erklärung schuldig bleiben.[443]

Im Gesetz ist die prozessuale Berücksichtigung des Einwandes schiedsgerichtlicher Rechtskraft nicht ausdrücklich geregelt. Für jede vertretene Ansicht besteht deshalb insgesamt dieselbe Ausgangsbasis. Zudem werden weder in der erwähnten Entscheidung des BGH[444] noch in der amtlichen Begründung zu § 1055 ZPO die vertretenen Standpunkte begründet. Wenig überraschend ist es deshalb, dass sich eine inzwischen beinahe gleich starke Gegenposition entwickelt hat, deren Argumente neben denen der (noch) h. M. im Folgenden dazustellen sind. Schließlich soll eine eigene Stellungnahme die Überlegungen abschließen.

(2) Inhalt des Amtsprüfungsgrundsatzes

Ein sachgerechter Umgang mit dem Diskussionsstand erfordert zunächst eine genaue Bestimmung dessen, was unter dem Terminus „Prüfung von Amts wegen“ zu verstehen ist.[445] Die Zivilprozessordnung zählt in § 56 Abs. 1 ZPO parteibezogene Prozessvoraussetzungen auf und ordnet, um deren Vorliegen oder Fehlen feststellen zu können, in dieser Vorschrift Amtsprüfung an. Demnach bedeutet die Prüfung von Amts wegen, dass eine Prüfungspflicht des Gerichts einsetzt, sobald sich die Möglichkeit eines Mangels einer der Prozessvoraussetzungen aufdrängt.[446] Auch über die in § 56 ZPO benannten Fälle hinaus begegnet die Prüfung von Amts wegen als einer der Grundsätze des Zivilprozessrechts.[447] Weitere Vorschriften wie z. B. die §§ 139 Abs. 3, 335 Abs. 1 Nr. 1 ZPO erwähnen eine solche Prüfungspflicht ebenfalls. Das Gericht muss auf Grund von Verdachtsmomenten von sich aus tätig werden und zwar in jeder Lage des Verfahrens[448] und in jedem Rechtszug.[449] Das Parteiverhalten ist in diesen Fällen nicht ausschlaggebend d. h. es dominiert nicht den Verfahrensfortgang.[450] Der Grundsatz der Amtsprüfung beinhaltet kurz gesagt die „rügelose Prüfung in jeder Verfahrenslage“.[451] Eine Prüfung von Amts wegen

---

443 Zu unterscheiden sind derartige Gebräuchlichkeiten vom allgemein anerkannten Gewohnheitsrecht, für dessen Anerkennung bestimmte Voraussetzungen vorzuliegen haben; vgl. zu den Entstehungsvoraussetzungen von Gewohnheitsrecht Witthohn, Gewohnheitsrecht als Eingriffsermächtigung, S. 18 ff.

444 BGH NJW 1958, S. 950 (950).

445 Eingehend und grundlegend zur Prüfung von Amts wegen, Rimmelspacher, Zur Prüfung von Amts wegen im Zivilprozess, S. 9 ff.

446 BGH NJW 2011, S. 778 (778 f.); OLG München NJW-RR 2007, S. 735 (736).

447 Stein/Jonas-*Leipold*, Vor § 128, Rn. 163.

448 BGHZ 5, 240 (242); MüKo-*Lindacher*, § 56, Rn. 2.

449 BGHZ 40, 197 (198); BGHZ 31, 279 (282 ff.) bezüglich der Prozessführungsbefugnis.

450 Stein/Jonas-*Leipold*, Vor § 128, Rn. 163.

451 MüKo-*Lindacher*, § 56, Rn. 2.

ist jedoch keinesfalls gleichzusetzen mit einer Amtsermittlung.[452] Im Fall der Amtsermittlung wird das Gericht auch ohne konkreten Anlass selbstständig aktiv. In Fällen der Prüfung von Amts wegen wird das Gericht hingegen ausschließlich tätig, wenn es Kenntnis von bestimmten Tatsachen erlangt.[453] Das Gericht muss den Sachverhalt nicht selbstständig ermitteln, es gilt nicht der Untersuchungsgrundsatz.[454] Die Verdachtsmomente, die das Gericht zum Tätigwerden veranlassen, müssen jedoch nicht sehr stark sein.

Für die Fragestellung der prozessualen Berücksichtigung der Rechtskraft eines Schiedsspruchs bedeutet das dargelegte Verständnis des Amtsprüfungsgrundsatzes, dass das Gericht nachzuprüfen hat, ob sich der Parteivortrag bestätigt, sofern eine Partei auf einen schon existenten Schiedsspruch in derselben Sache hinweist oder auf Tatsachen, die hierauf schließen lassen.[455] Es findet eine Prüfung des *„vorliegenden oder offenkundigen Prozessstoffs"* durch das Gericht statt.[456] In Zweifelsfällen ist das Gericht auf entsprechende Hinweise an die beweisbelastete Partei beschränkt, die die entsprechende Tatsache dann in den Prozess einführt.[457]

Der entgegengesetzte Begriff der Einrede erklärt sich hingegen beinahe selbstredend. Unterschiede zwischen beiden Möglichkeiten der prozessualen Berücksichtigung werden dann evident, wenn Tatschen, die auf das Vorliegen eines bereits ergangenen Schiedsspruchs schließen lassen, vorgetragen werden, die Partei sich hierauf aber nicht ausdrücklich beruft.[458]

(a) Einredeerfordernis bejahende Meinung

Der Gedanke einer Berücksichtigung der Rechtskraft nur auf Einredeerhebung einer Partei wird hauptsächlich damit begründet, dass der Schiedsspruch im Gegensatz zum gerichtlichen Urteil kein staatlicher Hoheitsakt sei.[459] Vielmehr beruhten Schiedsverfahren und somit auch der Schiedsspruch nur auf Parteivereinbarung, weshalb es eindeutig an einem öffentlichen Interesse fehle, einander widersprechende Schiedssprüche und Urteile zu verhindern.[460] Andere formulieren

---

452 BAG NJW 1958, S. 1699 (1700); BGH NJW 1989, S. 2064 (2064); BGH NJW 2004, S. 2523 (2524); Stein/Jonas-*Bork*, § 56, Rn. 1.

453 BGH NJW 2004, S. 2523 (2524) bezüglich der Prozessfähigkeit.

454 BAG NJW 1958, S. 1699 (1700); BGH NJW 1989, S. 2064 (2065); Zöller-*Vollkommer*, § 56, Rn. 4.

455 Bosch, Rechtshängigkeit im Schiedsverfahren, S. 76.

456 Stürner, Richterliche Aufklärung, S. 43.

457 BGH NJW 1989, S. 2064 (2065).

458 Bosch, Rechtshängigkeit im Schiedsverfahren, S. 76.

459 Lachmann, Schiedsgerichtspraxis, S. 437, Rn. 1785; HK/ZPO-*Saenger*, § 1055, Rn. 5; B/L/A/H-*Hartmann*, § 1055, Rn. 4.

460 Zur alten Regelung in § 1040 ZPO a. F. BGH NJW 1958, S. 950 (950); BGHZ 41, 104 (107); RGZ 146, 262 (267); Schütze/Tscherning/Wais, Handbuch Schiedsverfahren, S. 264, Rn. 526; Lorenz, AcP 157 (1958/59), S. 265 (275); Altenrath, Wirkung des Schiedsspruchs, S. 43; Jacobson, Rechtskraft, S. 30; zum geltenden Recht

das mangelnde öffentliche Interesse dahingehend, dass es im schiedsgerichtlichen Verfahren nicht um den Schutz der staatlichen Autorität gehe.[461] Weiter beruft man sich auf die Gesetzesmaterialien, die das Einredeerfordernis klar artikulierten.[462] Im Übrigen entspreche es auch der üblichen Praxis zum früheren Schiedsverfahrensrecht, dessen § 1040 ZPO a. F. mit § 1055 ZPO inhaltlich übereinstimme.[463] Schließlich wird vorgebracht, dass § 1055 ZPO der Schiedseinrede nach § 1032 ZPO gewissermaßen nachfolge. Diese sei zweifelsohne nur auf Einrede hin zu beachten, dasselbe gelte daher auch für § 1055 ZPO, der die „Initiativlast nicht verschiebt".[464] Wie erwähnt[465], nimmt die h. M. eine Differenzierung für den Fall vor, dass der Schiedsspruch bereits für vollstreckbar erklärt worden ist. In diesem Fall erhalte der Schiedsspruch eine erhöhte Rechtsbeständigkeit und sei deshalb ab dem Zeitpunkt der Vollstreckbarerklärung von Amts wegen zu berücksichtigen.[466]

(b) Berücksichtigung von Amts wegen bejahende Meinung

Vertreter, die eine Beachtlichkeit der Rechtskraft von Amts wegen befürworten, berufen sich auf den vermeintlich eindeutigen Gesetzeswortlaut von § 1055 ZPO.[467] Gegen das Einredeerfordernis spreche die Tatsache, dass die Rechtskraft des Schiedsspruchs nach der h. M. eine im Sinne der §§ 282 Abs. 3, § 296 Abs. 3 ZPO bzw. 296 Abs. 1 ZPO präklusionsbedrohte Einrede darstelle. Eine solche Sichtweise liefe der gesetzlichen Wertung in § 1055 ZPO zuwider. Der Gesetzgeber habe das Schiedsverfahren, insbesondere durch die Regelung in § 1055 ZPO, als ein dem staatlichen Verfahren ebenbürtiges Verfahren ausgestalten wollen. Vorbehaltlich

---

BT-Drucks. 13/5274, S. 57, li. Sp.; Stein/Jonas-*Schlosser*, § 1055, Rn. 5; HK/ZPO-*Saenger*, § 1055, Rn. 5.

461 Altenrath, Wirkung des Schiedsspruchs, S. 43: Dem Schiedsrichter mangele es entscheidend an der Repräsentantenfunktion der staatlichen Gewalt.

462 BT-Drucks. 13/5274, S. 56, li. Sp.

463 Zum alten Recht BGH NJW 1958, S. 950 (950); RG JW 1920, S. 703 (704); OLG Bremen NJW 1957, S. 1035 (1036); zum neuen Recht vgl. MüKo-*Münch*, § 1055 Rn. 12 iVm. MüKo-*Münch*, § 1055 Rn. 1.

464 MüKo-*Münch*, § 1055, Rn. 12; so auch HK/ZPO-*Saenger*, § 1055, Rn. 5, aber mit anderer Begründung; zum alten Recht ebenso Wieczorek/Schütze-*Schütze* (3. Auflage), § 1040, Rn. 4.

465 Hierzu unter Gliederungspunkt 1. Kapitel. D.II. 2. b).

466 Lachmann, Schiedsgerichtspraxis, S. 437, Rn. 1785; MüKo-*Münch*, § 1055, Rn. 13.

467 Gaul, in: FS Sandrock, S. 285 (321); Gaul, in: FS Leipold, S. 881 (898); Zöller-*Geimer*, § 1055, Rn. 8; MüKo-*Gottwald*, § 322, Rn. 62; Schwab/Walter, Schiedsgerichtsbarkeit, Kap. 21, Rn. 6; Rosenberg/Schwab/Gottwald, § 180, Rn. 33; Musielak-*Voit*, § 1055, Rn. 5; zum alten Recht Bosch, Rechtshängigkeit im Schiedsverfahren, S. 82 ff.; Loritz, ZZP 105 (1992), S. 1 (12); Walter, RIW 1988, S. 945 (946); Lindacher, KTS 1966, S. 153 (157); Beitzke, ZZP 60 (1936/37), S. 317 (319); Habscheid, KTS 1957, S. 161 (164 f.); Habscheid, KTS 1958, S. 177 (178 f.); Walter, RIW 1988, S. 945 (946); Schäfer, in: FS Henckel, S. 723 (727 f.); Stein/Jonas-*Schlosser* (21. Auflage), § 1040, Rn. 5.

seiner Aufhebung nach § 1059 ZPO sei der Schiedsspruch daher in seinen Wirkungen mit dem gerichtlichen Urteil gleichzustellen.[468] Dem Vorwurf, das Schiedsverfahren und somit auch der Schiedsspruch beruhten ausschließlich auf dem Willen der Parteien sei zu entgegnen, dass der Schiedsspruch nur mittelbar auf die Parteivereinbarung zurückzuführen sei, unmittelbar beruhe der Schiedsspruch hingegen auf der expliziten gesetzlichen Anordnung in § 1055 ZPO.[469]

Einen anderen Ansatzpunkt verfolgt ein *Loritz*,[470] der sich weder am Wortlaut des Gesetzes noch an der umstrittenen Rechtsnatur[471] des Schiedsspruchs orientiert, sondern Grundlagen und Aufgaben sowie Notwendigkeit der Schiedsgerichtsbarkeit im heutigen Rechtsstaat der Bundesrepublik Deutschland genauer untersucht. Es müsse hinterfragt werden, ob das schiedsgerichtliche Verfahren nicht bereits durch die zahlreichen gesetzlichen Regelungen derart ausgestaltet sei, dass es keine von der staatlichen Gerichtsbarkeit abweichende Behandlung zulasse. Diese Ansicht sieht die äußeren verfahrensrechtlichen Vorkehrungen des Gesetzgebers als ausreichend an, um einen inhaltlich zutreffenden und qualitativ hochwertigen Entscheidungsakt der Schiedsrichter hervorbringen zu können, der dem Urteil unter rechtsstaatlichen und verfahrensrechtlichen Gesichtspunkten in nichts nachstehe. Daher sei eine Ungleichbehandlung der materiellen Rechtskraft von Schiedssprüchen nicht zu rechtfertigen und ihre Beachtung von Amts wegen geboten.[472]

Eine weitere Ansicht[473] argumentiert, dass das ausschlaggebende Argument für eine Beachtung von Amts wegen in den Interessen, denen die materielle Rechtskraft diene, sowie in deren Funktionen zu finden sei. Die entscheidenden Ziele der Rechtskraft seien, Rechtssicherheit und Rechtsfrieden zu schaffen und zu bewahren. Diese im öffentlichen Interesse liegenden Rechtskraftziele vermöge ein Schiedsspruch in gleicher Weise zu verwirklichen wie ein gerichtliches Urteil.[474]

(c) Stellungnahme

Zunächst ist festzustellen, dass die h. M. sich zum alten Schiedsverfahrensrecht herausgebildet hat. Dies verdeutlichen die oftmals sehr alten Zitate. Allein diese

---

468 So Musielak-*Voit*, § 1055, Rn. 5; Stein/Jonas-*Schlosser*, § 1055, Rn. 7; für eine Anwendung der §§ 282 Abs. 3, 296 Abs. 3 ZPO MüKo-*Münch*, § 1055, Rn. 13.

469 So Gaul, in: FS Sandrock, S. 285, (321 f.); Lindacher, KTS 1966, S. 151 (155).

470 Loritz, ZZP 105 (1992), S. 1 ff.

471 Zur Rechtsnatur des Schiedsvertrages als Prozessvertrag unter Gliederungspunkt 1. Kapitel. C.VIII. 3.

472 Loritz, ZZP 105 (1992), S. 1 (8 ff.); ähnlich auch Habscheid, KTS 1957, S. 161 (165), der die Schiedsgerichtsbarkeit als eine ins staatliche Verfahren integrierte Institution betrachtet. Die Rechtskraft des Schiedsspruchs sei keine *„Rechtskraft minderer Qualität"* und deshalb sei sie genauso wie diejenige eines Urteil zu behandeln.

473 Lindacher, KTS 1966, S. 153 (156 f.).

474 Ebenso Neef, Rechtskraft des Schiedsspruchs, S. 72.

Tatsache kann jedoch nicht gegen den Standpunkt von gewichtigen Wissenschaftlern sprechen, zumal § 1055 ZPO die Vorgängernorm § 1040 ZPO a. F. wortwörtlich übernimmt und sich auch die Gegenposition in ihren Grundzügen schon vor der Neuregelung des Schiedsverfahrensrechts herausgebildet hat.

Allerdings lässt besonders die h. M. eine Weiterentwicklung vermissen und bleibt bei ihrer ursprünglichen Argumentation stehen. Dies ist deshalb kritisch zu sehen, weil sich die Relevanz des schiedsgerichtlichen Verfahrens und auch seine Akzeptanz in den vergangenen Jahren erheblich fortentwickelt und verbessert hat. Dieser gesteigerten Inanspruchnahme und vermehrten Wahrnehmung durch die Rechtspraxis sollte durch ständige Weiterentwicklung und kritische Überprüfung des Meinungsstandes Rechnung getragen werden. Das Rügeerfordernis bei der Rechtskraft von Schiedssprüchen wird als nicht mehr zeitgemäß empfunden und entspricht nicht (mehr) den Anforderungen der Rechtswirklichkeit. Es war ein ausdrückliches Ziel des Reformgesetzgebers, das „Prinzip der Gleichwertigkeit der Schiedsgerichtsbarkeit mit der staatlichen Gerichtsbarkeit" zu fördern.[475] Wenn die Rechtskraft des schiedsrichterlichen Entscheidungsaktes aber nur auf Einrede hin zu berücksichtigen sein soll, unterläuft der Reformgesetzgeber damit zugleich seine eigenen Reformbestrebungen.[476] Eine neue Gesetzesfassung muss sich stets auch an den tatsächlichen Gegebenheiten der jeweiligen Zeit orientieren und darf sich neuen Rechtsentwicklungen nicht verschließen.[477] Heutzutage – auch bereits zur Zeit der Reform 1998 – gewinnt das Schiedsverfahren zunehmend an Zuspruch. Auch wird das Schiedsverfahren vom Gesetzgeber als echte Alternative zur staatlichen Gerichtsbarkeit begrüßt, um zur Entlastung der Justiz beizutragen.[478] Konsequenterweise muss dann aber auch ein Schiedsspruch in gleicher Weise respektiert werden und zur Durchsetzung gelangen wie ein gerichtliches Urteil. Entscheidend ist aber, dass der Gesetzgeber – obwohl er die Problematik kannte – keine eindeutig gesetzlich fixierte Regelung getroffen hat. Hätte der Gesetzgeber die bisher geübte Praxis eindeutig fortführen wollen, hätte er dies nicht nur ohne jegliche Begründung im Entwurf zur Neuregelung des Schiedsverfahrens erwähnen dürfen, sondern das Einredeerfordernis unmissverständlich im Gesetz selber festschreiben müssen. An anderer Stelle, insbesondere im Rahmen des § 1032 Abs. 1 ZPO praktiziert der Gesetzgeber diese Methode schließlich auch.

Stimmen, die sich auf die Ähnlichkeit der Einrede der Rechtskraftwirkung mit der Einrede des Schiedsvertrages berufen, sehen sich dem kritischen Argument gegenüber, dass in § 1055 ZPO bzw. § 1032 Abs. 1 ZPO gesetzlich eine andere Art und Weise prozessualer Ausgestaltung vorgesehen sei. Letztlich spricht gegen die h. M. der immer wieder bemühte Streit um die dogmatische Einordnung von Rechtsnatur des Schiedsspruchs und der Schiedsgerichtsbarkeit insgesamt. Wie

475 BT-Drucks. 13/5274, S. 34 li. Sp.

476 So auch ausdrücklich Gaul, in: FS Sandrock, S. 285 (320).

477 Gaul, in: FS Sandrock, S. 285 (320).

478 BT-Drucks. 13/5274, S. 22 re. Sp. und S. 35, re. Sp.

bereits an einigen Stellen[479] erörtert, schwebt diese Grundsatzdiskussion über der gesamten Thematik, verfängt sich aber in Argumenten, die letztlich nicht überzeugen.[480] Im Übrigen wird das Schiedsverfahren hier als echte Rechtsprechung charakterisiert.[481]

Auf den ersten Blick macht es sich die Gegenposition mit dem schlichten Verweis auf den scheinbar unmissverständlichen Wortlaut von § 1055 ZPO etwas zu einfach. Eine strikt formalistische Herangehensweise hat aber auch den Vorteil der Klarheit für sich. Im Übrigen bildet in der allgemeinen juristischen Methodenlehre der mögliche Wortlaut einer Norm die äußerste Auslegungsgrenze.[482] Darüber hinaus stellt der Gesetzeswortlaut den Ausgangspunkt der Auslegung dar, wenn diesem kein abschließendes Verständnis zu entnehmen ist. Es ist dann eine einschränkende oder ausdehnende Auslegung nach dem Sinn und Zweck der jeweiligen Norm vorzunehmen.[483] § 1055 ZPO spricht ausschließlich von den *„Wirkungen eines rechtskräftigen gerichtlichen Urteils"*. Sinn und Zweck des § 1055 ZPO sind zu ermitteln. Hierbei kann das geäußerte Gleichstellungsbestreben des Gesetzgebers im Gesetzesentwurf herangezogen werden.[484] Dem steht jedoch die ausdrückliche Aussage der Begründung zum Rügeerfordernis gegenüber.

Eine Vorschrift ist bei Unsicherheiten über ihren Sinngehalt aber nicht nur aus sich heraus zu verstehen, sondern anhand einer logisch-systematischen Auslegung.[485] Aus dem Gesamtzusammenhang der Regelungen zum Schiedsverfahrensgesetz ergibt sich, dass der Gesetzgeber in § 1032 Abs. 1 ZPO das Rügeerfordernis normiert hat, wovon er in § 1055 ZPO abgesehen hat.

Zusammengefasst wird deshalb in dieser Arbeit die Meinung favorisiert, die die Rechtskraft eines Schiedsspruchs von Amts wegen berücksichtigen möchte. Jedoch kann sich die h. M. ebenfalls auf gute Argumente stützen. Im weiteren Verlauf dieser Arbeit wird bei Gelegenheit unterschiedlicher Fragestellungen auf diese Kontroverse zurückzukommen sein. Hierbei wird die Darstellung zumeist beide Ansichten mitberücksichtigen.

(3) Disponibilität der Rechtskraft des Schiedsspruchs?

Mit der obigen Kontroverse geht die Diskussion über die Disponibilität der Rechtskraft von Schiedssprüchen einher. Die Argumente und die jeweiligen Vertreter der einen oder anderen Ansicht sind zum Großteil identisch mit denen zur gerade

---

479 Hierzu unter den Gliederungspunkten 1. Kapitel. C.III. 2. ff.

480 Bosch, Rechtshängigkeit im Schiedsverfahren, S. 70 kommt zu dem Ergebnis, dass der Theorienstreit letztlich keine Auswirkungen auf die Schiedsspruchwirkungen habe, weil beide Ansichten im Ergebnis dieselben Wirkungen des Schiedsspruchs bejahen bzw. diesem gerade absprechen.

481 Hierzu unter Gliederungspunkt 1. Kapitel. C.III. 2. ff.

482 V. Staudinger-*Coing/Honsell*, Einl zum BGB, Rn. 139.

483 V. Staudinger-*Coing/Honsell*, Einl zum BGB, Rn. 141; RGZ 74, 69 (71).

484 BT-Drucks. 13/5274, S. 34 li. Sp.

485 V. Staudinger-*Coing/Honsel*, Einl zum BGB, Rn. 143.

dargestellten Streitfrage. Oftmals werden beide Probleme wegen ihrer engen Verzahnung nicht einmal getrennt voneinander diskutiert.[486] Eine gleiche Behandlung beider Probleme scheint in der Tat die mehrheitlich vertretene Ansicht zu sein. Vorliegend werden hauptsächlich die über die obige Erörterung hinausgehenden Aspekte ergänzt.

(a) Disponibilität bejahende Meinung

Der Ursprung des Schiedsspruchs in der Parteivereinbarung wird ebenfalls für deren Derogationsmöglichkeit angeführt.[487] Das Reichsgericht hat zur früheren Rechtslage darauf hingewiesen, dass die Ausgestaltung ihrer schuldrechtlichen Verhältnisse ins Belieben der Parteien gestellt sei.[488] Die Rechtskraft des Schiedsspruchs müsse einvernehmlich wieder aufhebbar sein, da die Parteien ja auch verabreden könnten, durch Aufhebung der Schiedsabrede wieder zur Zuständigkeit des staatlichen Gerichts zurückzukehren.[489] Durch diese Aufhebung komme es dann auch nicht zu unterschiedlichen, womöglich sich widersprechenden Entscheidungen. Für eine Verzichtsmöglichkeit spreche außerdem, dass nur die staatlichen Ressourcen nicht beliebig oft in Anspruch genommen werden könnten. Im Fall des Verzichts auf die Rechtskraft des Schiedsspruchs seien diese bislang nicht berührt.[490]

(b) Disponibilität verneinende Meinung

Die Gegenansicht bemüht zuerst erneut den Gesetzeswortlaut des § 1055 ZPO. Dieser enthalte eine strukturelle Gleichstellung von Urteil und Schiedsspruch. Mit der gesetzlichen Gleichstellung habe der Gesetzgeber eindeutig zeigen wollen, dass er dem Schiedsspruch die gleichen Wirkungen wie einem gerichtlichen Urteil zuerkennen wolle. Die Rechtskraft eines Schiedsspruchs sei keine Rechtskraft „ *minderer Qualität*".[491] Auch die amtliche Begründung zu § 1055 ZPO erwähne

---

486 So hat Schlosser inzwischen die getrennte Betrachtung beider Aspekte aufgegeben und will „*den allgemeinen Strukturen des Prozessrechts*" zwingend eine Kopplung beider Fragen entnehmen, Stein/Jonas-*Schlosser*, § 1055, Rn. 5. Hierzu hat Schlosser nicht nur die getrennte Betrachtungsweise aufgegeben, sondern auch seine Ansicht zur prozessualen Berücksichtigung der Rechtskraftwirkung geändert. Zum § 1040 ZPO a. F. hatte der Autor noch den Amtsprüfungsgrundsatz mit dem Hinweis auf das öffentliche Interesse an einer Entlastung der Staatsgerichte befürwortet und gleichwohl eine Disponibilität der Rechtskraft bei Unzufriedenheit beider Schiedsparteien angenommen, Stein/Jonas-*Schlosser* (20. Auflage), § 1040, Rn. 6. Von einer Nichttrennbarkeit beider Themenkomplexe geht auch Gaul, in: FS Flume, S. 482 (500 ff.) aus.

487 BayObLG MDR 1984, S. 496 (496); OLG Bremen NJW 1957, S. 1035 (1036).

488 RGZ 146, 262 (268).

489 Vgl. Stein/Jonas-*Schlosser*, § 1055, Rn. 5.

490 Stein/Jonas-*Schlosser*, § 1055, Rn. 5.

491 Zum alten Recht Habscheid, KTS 1957, S. 161 (165).

die Beseitigungsmöglichkeit der Rechtskraft nicht.[492] Im staatlichen Verfahren könne – nahezu unstreitig – nicht durch Konsens der Parteien ein rechtskräftiges Urteil beseitigt werden.[493] Es seien insofern keine strukturellen Unterschiede im Schiedsverfahren ersichtlich, die eine solch gravierende Abweichung von den Grundsätzen des Zivilprozesses rechtfertigten.[494] Teilweise wird der h. M. insofern zugestimmt, als die Aufhebung des Schiedsspruchs durch die Parteien bei beidseitiger Unzufriedenheit der interessengerechtesten Lösung entsprechen könne.[495] Kritisch sei dieses Verfahren dagegen vor allem bei rechtsgestaltenden Schiedssprüchen, durch die in der Regel bereits irreversible Tatsachen geschaffen worden sind, z. B. im Fall der Auflösung einer Gesellschaft.[496] Insbesondere in Fällen, in denen Interessen Dritter durch den Schiedsspruch betroffen sein könnten, verböte sich die (einverständliche) Aufhebung der Rechtskraft von Schiedssprüchen zweifelsohne.[497] Die Abdingbarkeit der Rechtskraft von Schiedssprüchen zu bejahen, würde bedeuten, dass die Parteien den schiedsgerichtlichen Ausspruch als nicht existent behandelten. Soweit der Staat aber durch die Ausgestaltung des verfahrensrechtlichen Rahmens dafür Sorge getragen habe, dass das schiedsgerichtliche Verfahren im Vergleich zum staatlichen Verfahren keine mindere Qualität aufweise, so könne allein die Unzufriedenheit der Parteien über einen getroffenen Schiedsspruch dessen Außerachtlassung nicht überzeugend rechtfertigen.[498] Problematisch an einem Verzicht auf die Rechtskraft des Schiedsspruchs sei, dass dieser in gleicher Weise der Sicherung des Rechtsfriedens diene wie ein gerichtliches Urteil. Sobald ein rechtskräftiger Schiedsspruch erlassen werde, werde die vor dessen Erlass bestehende Rechtsunsicherheit ausgeräumt. Die den Rechtsfrieden sichernde Funktion könne aber nur erfüllt werden, wenn die Rechtskraft nicht zur Disposition der Schiedsparteien stehe.[499]

---

492 Vgl. BT-Drucks. 13/5274, S. 56 f.

493 BGH NJW-RR 1987, S. 642 (643); BSG JZ 1961, S. 504 (504); MüKo-*Gottwald*, § 322, Rn. 59, B/L/A/H-*Hartmann*, §§ 322-327, Rn. 25, 36; Rosenberg/Schwab/Gottwald, § 152, Rn. 17, Zöller-*Vollkommer*, Vor § 322, Rn. 20, a. A. Schlosser, Einverständliches Parteihandeln, S. 12 ff.

494 Musielak-*Voit*, § 1055, Rn. 6.

495 So argumentiert jedenfalls Musielak-*Voit*, § 1055, Rn. 6, der in diesem Punkt der Meinung von Stein/Jonas-*Schlosser*, § 1055, Rn. 5 zustimmt.

496 Vgl. Musielak-*Voit*, § 1055, Rn. 6. An dieser Stelle hat freilich die hier abgelehnte Meinung keine Probleme, welche die Gestaltungswirkung erst ab Vollstreckbarkeit des Schiedsspruchs eintreten lassen möchte.

497 Mit diesem und weiteren Beispielen Musielak-*Voit*, § 1055, Rn. 6. Ebenso Spohnheimer, Gestaltungsfreitheit bei antezipiertem Schuldanerkenntnis des Schiedsspruchs, S. 25. Wobei es bei diesem Argument entscheidend darauf ankommt, welche Ansicht man bei der Frage nach einer Rechtskrafterstreckung von Schiedssprüchen auf Dritte vertritt.

498 Loritz, ZZP 105 (1992), S. 1 (13).

499 Lindacher, KTS 1966, S. 153 (157), etwas relativierend bezüglich einer den Rechtsfrieden sichernden Funktion der materiellen Rechtskraft des Schiedsspruchs, Musielak-*Voit*, § 1055, Rn. 5.

(c) Würdigung der Streitstände und Zusammenhang mit der Rechtshängigkeit
Trotz der separaten Darstellung der Fragen nach der Aufhebbarkeit der Rechtskraft eines Schiedsspruchs und der Frage nach deren prozessualen Berücksichtigung in einem nachfolgenden Verfahren wird anerkannt, dass nur eine einheitliche Handhabung beider Komplexe zu einem überzeugenden Gesamtkonzept führen kann. Angesichts der bereits getroffenen Entscheidung für eine Beachtung der Rechtskraft eines Schiedsspruchs von Amts wegen ist das Ergebnis der zweiten Fragestellung vorweggenommen: Nach vorliegend vertretener Ansicht können die Parteien einen Schiedsspruch nicht durch Vereinbarung wieder aufheben.

Zunächst kann dem zuerst genannten Argument der h. M. nicht zugestimmt werden: Die Situationen der einverständlichen Aufhebung der Schiedsvereinbarung einerseits, und diejenige der Derogation des rechtskräftig erlassenen Schiedsspruchs andererseits, unterscheiden sich nämlich grundlegend voneinander. In der ersten verfahrensrechtlichen Situation hat das Schiedsverfahren in der Regel noch nicht gem. § 1044 ZPO begonnen und das Schiedsgericht hat sich im Normalfall noch nicht konstituiert, ferner hat der Schiedsrichter – und dies ist ausschlaggebend – noch keine Entscheidung getroffen. In der zweiten Situation ist aber ein dem gerichtlichen Urteil gleichgestellter Schiedsspruch ergangen, dessen Inhalt für die Parteien bindend ist. Dem Erlass des Schiedsspruchs ist ein Entscheidungsfindungsprozess in Gestalt des Schiedsprozesses vorausgegangen. Gerade dieser temporäre verfahrensrechtliche Unterschied zwischen beiden Situationen ist kennzeichnend für die klare Trennung zwischen der in § 1032 Abs. 1 ZPO geregelten Schiedseinrede und der in § 1055 ZPO normierten Rechtskraftwirkung des Schiedsspruchs. Vor Beginn des schiedsgerichtlichen Verfahrens können die Parteien über die schiedsgerichtliche Zuständigkeit frei disponieren. Sobald das Schiedsverfahren begonnen hat, wäre eine beliebige Disposition über das Recht unbillig und nicht mit der Gleichstellungsanordnung des § 1055 ZPO zu vereinbaren.[500] Dass der Gesetzesentwurf zur Derogationsmöglichkeit schweigt, ist ein ergänzendes Argument. Andererseits hat sich der Gesetzgeber zur Frage der prozessualen Beachtung im Entwurf zur Neuregelung des Schiedsverfahrensrechts geäußert; zur Dispositionsmöglichkeit aber gerade nicht.

Des Weiteren geht die h. M. von einer zutreffenden Grundaussage aus: Im Rahmen der Privatautonomie muss es den Parteien möglich sein, ihre geschlossenen Verträge wieder einvernehmlich aufzuheben. Anderenfalls würde die

500 In diesem Sinn auch Musielak-*Voit*, § 1055, Rn. 5, der das Recht nicht „ins Belieben der Parteien" stellen möchte; zustimmend Gaul, in: FS Sandrock, S. 285 (324). Wobei in der vorliegenden Arbeit nicht darauf abgestellt wird, ob das Schiedsverfahren bereits begonnen hat, womit die unter Gliederungspunkt 1. Kapitel. F.II. 6. c)ff)(2) (b) ff. zu untersuchende Frage der Beachtlichkeit eines rechtshängigen Schiedsverfahrens angesprochen ist. Vielmehr soll hier allein ausschlaggebend sein, ob der Schiedsrichter bzw. das Entscheidungsgremium einen verfahrensabschließenden Schiedsspruch gefällt hat, der die Anforderungen des § 1054 ZPO erfüllt.

Vertragsfreiheit, welche als Teil der Privatautonomie grundrechtlich durch Art. 2 Abs. 1 GG geschützt ist, unterlaufen. Art. 2 Abs. 1 GG gewährleistet zudem die individuelle Selbstbestimmungsmöglichkeit des Einzelnen und untersagt übermäßige Einschränkungen.[501]

Von der grundrechtlich geschützten Privatautonomie umfasst ist die generelle Möglichkeit, Rechtsstreitigkeiten unter Derogation der staatlichen Gerichtsbarkeit von Schiedsgerichten entscheiden zu lassen. Dem Ausschluss der Disponibilität des rechtskräftig entschiedenen Schiedsspruchs könnten somit möglicherweise grundrechtlich geprägte Bedenken entgegenstehen. Andererseits steht auch Art. 2 Abs. 1 GG unter Gesetzesvorbehalt. Insbesondere können die Grundrechtsschranken der „verfassungsmäßigen Ordnung“ und „die Rechte anderer“ die Privatautonomie im Einzelfall einschränken. Auf die Möglichkeit, dass Dritte von der Rechtskraft des Schiedsspruchs erfasst werden oder ein schützenswertes Interesse an dessen Bestand haben können, wird von der hier favorisierten Ansicht ebenfalls rekurriert.[502]

Die Privatautonomie steht also mit anderen, die Rechtsordnung prägenden Prinzipien in Wechselwirkung. Hier wurde die wichtige Funktion der Rechtskraft, Rechtssicherheit und Rechtsfrieden zu gewährleisten, bereits erörtert.[503] Im Interesse eines endgültigen Rechtsfriedens ist es daher geboten, den Parteien einen Verzicht auf die Rechtskraft des Schiedsspruchs dergestalt, dass auch nachfolgende Gerichte nicht an den schiedsgerichtlichen Ausspruch gebunden seien sollen, zu versagen.

Nach hier vertretener Ansicht muss die Privatautonomie der Parteien, trotz ihres hohen Stellenwertes im schiedsgerichtlichen Verfahren nach Erlass eines rechtskräftigen Schiedsspruchs hinter den übergeordneten Zielen der Rechtssicherheit und des Rechtsfriedens zurücktreten. Den Parteien steht es auch bei dieser Sichtweise frei, eine andere materiellrechtliche Gestaltung ihrer Rechtsbeziehungen vorzunehmen als es der Schiedsspruch vorsieht.[504]

---

501 Vgl. v. Mangoldt/Klein/Starck-*Starck*, Art. 2 GG, Rn. 145. Zum grundrechtlichen Schutz der Vertragsfreiheit Bäuerle, Vertragsfreiheit und Grundgesetz, S. 284 ff. Allerdings ist die Einordnung der Privatautonomie als Bestandteil der allgemeinen Handlungsfreiheit nicht unbestritten. Teilweise wird davon ausgegangen, dass die Privatautonomie zwar in Art. 2 Abs. 1 GG beinhaltet sei, aber in einem unbenannten Freiheitsgrundrecht aufgehe, so Manssen, Privatrechtsgestaltung, S. 195.

502 Vgl. Musielak-*Voit*, § 1055, Rn. 5; wohl auch in diesem Sinn Böckstiegel/Kröll/Naciemento-*von Schlabrendorff/Sessler*, § 1055, Rn. 24; die Rechtskrafterstreckung auf Dritte bildet allerdings nicht den Regelfall, sondern die Ausnahme.

503 Hierzu unter Gliederungspunkt 1. Kapitel. D.I. 2.

504 In diesem Sinn auch Musielak-*Voit*, § 1055, Rn. 6 mit Hinweis auf die Gefahr, dass der Schiedsspruch auf diese Weise dennoch unterlaufen würde. Zum alten Recht RGZ 146, 262 (268). Vgl. auch Gaul, in: FS Sandrock, S. 285 (324).

Durch Darstellung der ausgewählten Streitpunkte zur Rechtskraftwirkung von Schiedssprüchen ist vorweg eine Tendenz aufgezeigt worden, zu welchen Aspekten sich die wesentlichen Kontroversen in der schiedsgerichtlichen Wissenschaft und Rechtsprechung entwickelt haben. Für den Umgang mit *lis pendens* im schiedsgerichtlichen Verfahren sind wegen der mehrfach angedeuteten Parallelen zur Rechtskraft des Schiedsspruchs damit gleichzeitig die wesentlichen Grundpositionen vorgezeichnet.

bb) Exkurs: Geltungskonflikt zwischen Urteil und Schiedsspruch sowie zwischen zwei Schiedssprüchen

Ein Hauptgrund, warum die vorliegende Arbeit sowohl bezüglich der Disponibilität der materiellen Rechtskraft von Schiedssprüchen als auch bei der Art der prozessualen Berücksichtigung der materiellen Rechtskraft eines Schiedsspruchs in nachfolgenden (Schieds-) Verfahren einen von der herrschenden Meinung abweichenden und schiedsfreundlicheren Standpunkt einnimmt, ist in der Überzeugung zu sehen, dass Schieds- und Staatsgerichtsbarkeit – innerhalb der dargestellten Grenzen – als gleichwertige Foren zur Bewältigung von Rechtsstreitigkeiten angesehen werden sollten. Ein wesentliches Anliegen der staatlichen Rechtspflege ist es rechtsstaatliche Verfahren zu gewährleisten, mit deren rechtskräftigen Verfahrensabschluss Rechtssicherheit und dauerhafter Rechtsfrieden eintreten. Innerhalb der bislang aufgezeigten Leitlinien und Grenzen erfüllt auch der Schiedsspruch diese Funktionen. In konsequenter Fortführung dieses Ansatzes müssen dann aber auch Geltungskonflikte zwischen widersprüchlichen Schiedssprüchen bzw. zwischen einem Schiedsspruch und einem Urteil in gleicher Weise aufgelöst bzw. bereits vorweg unterbunden werden wie die Rechtskraftkollision von zwei Gerichtsurteilen, weil eine relevante Bedrohung des Rechtsfriedens in jedem Fall auftreten kann.[505]

Der nachfolgende – stark verkürzte – Exkurs skizziert daher die Auflösung von Geltungskonflikten[506] mehrerer Entscheidungen innerhalb der Staatsgerichts-

505 So auch Bosch, Rechtshängigkeit im Schiedsverfahren, S. 80 f., der nicht sämtliche vorliegend anzusprechenden Kollisionskonstellationen erörtert, sondern vornehmlich den Fall, in dem ein Schiedsspruch dem Erlass eines gerichtlichen Urteils vorgeht. Mit Hilfe dieser Konstellation versucht Bosch das Bedürfnis für eine Gleichstellung von Schiedsspruch und Urteil bezüglich der Art und Weise ihrer prozessualen Berücksichtigung in nachfolgenden Verfahren zum identischen Streitgegenstand aufzuzeigen.

506 Vorangestellt ist zu definieren, was hier unter einem Geltungskonflikt bzw. einer Rechtskraftkollision verstanden wird: Grundsätzlich sind mehrere Fälle denkbar, in denen die materielle Rechtskraft missachtet wird: Einerseits, indem eine zweite mit der ersten rechtskräftigen Entscheidung in Widerspruch stehende Entscheidung ergeht, andererseits verbietet das Wiederholungsverbot auch eine gleichlautende erneute Entscheidung zum identischen Streitgegenstand. Darüber hinaus kann auch die Entscheidung, die für eine Vorfrage in einem zweiten Prozess

barkeit, innerhalb der Schiedsgerichtsbarkeit sowie die Kollision von Entscheidungsakten beider Streitbeilegungsmechanismen. Die verschiedenen Ansichten zur Rechtskraftwirkung des Schiedsspruchs kommen hierbei mal mehr, mal weniger ausgeprägt zum Tragen. Es wird sowohl auf das Lösungskonzept hingewiesen, wenn man die Rechtskraft des Schiedsspruchs von Amts wegen berücksichtigen möchte als auch auf die Variante, dass im nachfolgenden Verfahren die Einrede der Rechtskraftwirkung des Schiedsspruchs erhoben werden muss.

(1) Widerspruch zwischen zwei staatlichen Urteilen

Im Staatsprozess muss grundsätzlich bereits eine frühere anderweitige Rechtshängigkeit in jeder Lage des Verfahrens von Amts wegen geprüft werden.[507] Durch diesen ersten Filter soll zum frühestmöglichen Verfahrenszeitpunkt auch schon der Gefahr von widersprüchlichen Entscheidungen vorgebeugt werden. Zu einer Kollision von rechtskräftigen Urteilen kommt es erst nachfolgend, wenn die Rechtshängigkeit missachtet worden ist. Fraglich ist, wie diese Situation, dass zwei Urteile zum identischen Streitgegenstand erlassen wurden, rechtlich zu bewerkstelligen ist. Auf den ersten Blick scheint die Lösung der Problematik auf der Hand zu liegen: Wenn der Rechtskrafteinwand eigentlich bereits einer zweiten Klage entgegensteht, ist es naheliegend, dem zweiten Urteil keine Rechtskraftwirkung zu zusprechen. Dieser Gedankengang ist aber stark vereinfacht und deckt nicht alle denkbaren Konstellationen ab. Beispielsweise könnte das als Zweites rechtskräftig gewordene Urteil aus dem eigentlich früher rechtshängig gewordenen Verfahren stammen, so dass hier bereits ein Verstoß gegen die Rechtshängigkeitssperre vorliegt und dieses Verfahren (also das als Zweites eingeleitete Verfahren) unter einem Verfahrensfehler leidet. Die Auflösung von Geltungskonflikten zwischen gerichtlichen Urteilen hat also viele Faktoren zu berücksichtigen, vieles ist im Detail umstritten.[508]

Immerhin besteht ein dahingehender Konsens, dass zwei Urteile zur selben Rechtssache nicht auf Dauer nebeneinander mit voller Rechtskraftwirkung bestehen können.[509] Die vorgeschlagenen Lösungswege divergieren. Eine Ansicht geht davon aus, dass ein Urteil, welches die materielle Rechtskraft eines früher ergangenen Urteils zum identischen Streitgegenstand verletze, als wirkungslos zu betrachten sei. Eine Restitutionsklage nach § 580 Nr. 7 lit. a ZPO gegen das zweite Urteil komme in Betracht. Dieser Restitutionsklage komme aber nur noch die

---

vorgreiflich ist, in diesem nicht berücksichtigt werden. Alle erwähnten Konstellationen werden vorliegend unter dem Schlagwort des Widerspruchs bzw. des Geltungskonflikts behandelt. Dem Umfang eines Exkurses ist es geschuldet, dass hierbei keinerlei Differenzierung nach Klageart gemacht wird. Zur Berücksichtigung der unterschiedlichen Klagearten, Gaul in: FS Nakamura, S. 137 ff.

507 Zöller-*Greger*, § 261, Rn. 11.

508 Grundlegend Lenenbach, Die Behandlung von Unvereinbarkeiten, S. 14 ff.

509 Vgl. Musielak-*Musielak*, § 322, Rn. 15; Zöller-*Vollkommer*, Vor § 322, Rn. 77; Gaul, in: FS Weber, S. 155 (169 ff.).

Aufgabe zu, die Wirkungslosigkeit des zweiten Urteils „formell" zu bestätigen.[510] Mehrheitlich wird § 580 Nr. 7 lit. a ZPO hierbei als Nichtigkeitsgrund qualifiziert, da im Staatsverfahren seit geraumer Zeit der Amtsprüfungsgrundsatz mit der Rechtskraftwirkung von staatlichen Urteilen fest verbunden ist und sich das Verständnis der Rechtskraft verändert hat.[511]

Eine weitere Ansicht[512] geht im Unterschied zu der ersten Meinung davon aus, dass kein nichtiges Urteil vorliege, wenn ein Gericht sich durch ein zweites Urteil in Widerspruch zu einem früheren Urteil zum identischen Streitgegenstand setze. Die nachfolgende Entscheidung sei aber unter Verletzung der materiellen Rechtskraft des ersten Urteils zustande gekommen und daher fehlerhaft. Diese Fehlerhaftigkeit müsse mit der Restitutionsklage nach § 580 Nr. 7 lit. a ZPO korrigiert werden. Bis zur erfolgreichen Restitutionsklage sei das zweite Urteil zwar fehlerhaft, entfalte aber volle Rechtskraft. Uneinigkeit besteht zudem darüber, welchem Urteil der Vorrang zukommen soll, solange kein Rechtsmittel eingelegt wird. Mehrheitlich wird der Rechtskraft des älteren Urteils der Vorrang zugesprochen.[513] Einige Stimmen wollen aber auch der Rechtskraft des jüngeren Urteils Vorrang gewähren.[514]

(2) Widerspruch eines Schiedsspruchs zu einem früher rechtskräftig gewordenen Urteil

In dieser Konstellation zeigen sich vor allem zur alten Rechtslage Widersprüche innerhalb der h. M.[515] Demnach sollte die Missachtung eines früher rechtskräftig gewordenen gerichtlichen Urteils den Bestand eines nachträglich erlassenen Schiedsspruchs nicht beeinträchtigen können.[516] In der umgekehrten Situation

---

510 Musielak-*Musielak*, § 580, Rn. 13 sowie Musielak-*Musielak*, § 322, Rn. 15; wohl auch Zöller-*Vollkommer*, Vor § 322, Rn. 77; Gaul, Grundlagen des Wiederaufnahmerechts, S. 97 ff.; Gaul, in: FS Weber, S. 155 (159, 170); Lenenbach, Die Behandlung von Unvereinbarkeiten, S. 62 ff.; 79 ff.

511 Braun, Rechtskraft und Restitution, S. 392 ff.; MüKo-*Braun*, § 580, Rn. 42; Gaul, in: FS Kralik, S. 157 (165); Gaul, in: FS Sandrock, S. 285 (314); Musielak-*Musielak*, § 580, Rn. 13; a. A. Spohnheimer, in: FS Käfer, S. 357 (376).

512 MüKo-*Gottwald*, § 322, Rn. 64.

513 BGH NJW 1981, S. 1517 (1518); BAG NJW 1986, S. 1831 (1832); Thomas/Putzo-*Reichold*, § 261, Rn. 15; Musielak-*Musielak*, § 322, Rn. 15; Zöller-*Vollkommer*, Vor § 322, Rn. 77, der den Vorrang der Rechtskraft des älteren Urteils auf die Fälle beschränkt, in denen die nachfolgende Entscheidung unter Verstoß gegen die Rechtskraft der ersten Entscheidung erlassen wurde; zustimmend, aber mit anderer Begründung Gaul, Grundlagen des Wiederaufnahmerechts, S. 95.

514 RGZ 52, 216 (218); Stein/Jonas-*Leipold*, § 322, Rn. 215; Mädrich, MDR 1982, S. 455 (456).

515 Unter Darstellung der h. M. und mit weiterführenden Hinweisen Gaul, in: FS Sandrock, S. 285 (300 ff.).

516 Stein/Jonas-*Schlosser* (21. Auflage), § 1041, Rn. 38.

sollte das Rechtsmittel der Restitutionsklage nach § 580 Nr. 7 lit. a ZPO gegen das nachfolgende Urteil hingegen zur Anwendung kommen.[517] Begründet wurde die mangelnde Beseitigungsmöglichkeit des Schiedsspruchs mit der fehlenden Bezugnahme in § 1041 Abs. 1 Nr. 1 ZPO a. F. auf den Restitutionsgrund des § 580 Nr. 7 lit. a ZPO.[518] Nach einem anderen Ansatz[519] fehle es in dieser Konstellation an der schiedsgerichtlichen Verfahrensvoraussetzung des schiedsfähigen (Rechts-) Streits (vgl. § 1025 ZPO a. F.), weil durch das gerichtliche Urteil bereits eine rechtskräftige zivilprozessuale Erledigung des Rechtsstreits vorgelegen habe.[520] Eine Aufhebung sei deshalb nur nach § 1041 Abs. 1 Nr. 1 ZPO a. F. geboten. Im Übrigen komme ein Wiederaufnahmegrund nach § 580 Nr. 7 lit. a ZPO wegen der abschließenden Enumeration der Aufhebungsgründe in § 1041 ZPO a. F. nicht in Betracht.[521]

Nach heutiger Rechtslage kommt bei einer Nichtberücksichtigung der Rechtskraftwirkung eines früher erlassenen Urteils ein Aufhebungsantrag nach § 1059 Abs. 2 Nr. 2 lit. b) ZPO in Frage: In der Missachtung des rechtskräftigen staatlichen Urteils sei ein Verstoß gegen den verfahrensrechtlichen *ordre public* zu sehen.[522] Dem heutigen Rechtskraftverständnis liege ein „prozessualer Verbotscharakter" zugrunde; das verfahrensrechtlich ordnungsgemäß zustande gekommene Urteil verdiene den Vorzug vor dem nachträglich gefällten Schiedsspruch in derselben

---

517 So Stein/Jonas-*Grunsky* (21. Auflage), § 580, Rn. 24; Rosenberg/Schwab/Gottwald (15. Auflage), § 160, S. 969.

518 Stein/Jonas-*Schlosser* (21. Auflage), § 1041, Rn. 38; a. A. Wieczorek/Schütze-*Schütze* (3. Auflage), § 1041, Rn. 46. Eine eingehende Darstellung und Literaturhinweise der früheren Rechtslage findet sich bei Gaul, in: FS Sandrock, S. 285 (301 ff.).

519 Schultzenstein, ZZP 41 (1911), S. 351 (356).

520 Diese Ansicht ist mit dem Inhalt von § 1025 ZPO a. F. zu erklären: Parteien waren nach dieser Norm dazu berechtigt ein Schiedsverfahren zu betreiben, wenn sie auch berechtigt waren, über den Gegenstand des Rechtsstreits einen Vergleich zu schließen. Der Begriff des Vergleichs deckt sich mit der Legaldefinition in § 779 BGB. Demnach wird durch einen Vergleich *„der Streit oder die Ungewissheit der Parteien über ein Rechtsverhältnis im Wege gegenseitigen Nachgebens beseitigt."* Mit Erlass des vorangehenden Zivilurteils bestand keine Ungewissheit über das Rechtsverhältnis mehr.

521 Schultzenstein, ZZP 41 (1911), S. 351 (358); a. A. Neef, Rechtskraft des Schiedsspruchs, S. 85, der den hier einschlägigen Aufhebungsgrund unabhängig von der Aufzählung in § 1041 Nr. 6 ZPO a. F. in den § 1041 Nr. 1 ZPO a. F. iVm. § 1025 ZPO a. F. integrieren möchte.

522 Gaul, in: FS Sandrock, S. 285 (311); die amtliche Begründung zu § 1059 ZPO nenne einen Rechtskraftverstoß zwar nicht explizit, sondern erwähne nur, dass alle vormals in § 1041 Abs. 1 Nr. 6 ZPO a. F. geregelten Restitutionsgründe für einen Aufhebungsantrag nach § 1059 Abs. 2 Nr. 2 lit. b) ZPO in Frage kämen, doch spreche sich der Gesetzgeber auch nicht gegen die Vorgehensweise aus; vgl. BT-Drucks. 13/5274, S. 59, 61.

Streitsache.[523] Der nachfolgend erlassene Schiedsspruch könne nämlich die bereits durch das ordnungsgemäß zustande gekommene Urteil eingetretene Rechtssicherheit nicht mehr herstellen. Der im Rechtskraftverstoß liegende Verstoß gegen den *ordre public* zähle zu den von Amts wegen zu berücksichtigenden Aufhebungsgründen des § 1059 Abs. 2 Nr. 2 ZPO, die noch gemäß § 1060 Abs. 2 S. 1 ZPO einem Antrag auf Vollstreckbarerklärung unbefristet entgegenstehen könnten (Umkehrschluss aus § 1060 Abs. 2 S. 2 ZPO). Die Vollstreckbarerklärung des Schiedsspruchs sei infolgedessen unter Aufhebung der schiedsgerichtlichen Entscheidung abzulehnen.[524] Die Einordnung eines Rechtskraftverstoßes in die Kategorie der von Amts wegen zu beachtenden und somit schwerwiegenderen Aufhebungsgründe im Rahmen des § 1059 Abs. 2 Nr. 2 ZPO sei durch den hohen Stellenwert des Instituts der Rechtskraft zu rechtfertigen. Unstreitig ist es zudem heute allgemeine Meinung, dass der Amtsprüfungsgrundsatz im Zivilprozess mit der Rechtskraft einhergehe.[525] Diese Tatsache und die Funktionen, die die Rechtskraft erfülle, legitimierten die Einordnung der Rechtskraft als einen „elementaren Grundsatz des Prozessrechts."[526]

Durch die Möglichkeit mit Hilfe des Rechtsbehelfs des Aufhebungsantrages gem. § 1059 ZPO einen Verstoß gegen die materielle Rechtskraft eines früher rechtskräftig gewordenen Urteils zu sanktionieren, wird ein harmonisches Gesamtkonzept für Rechtskraftkollisionen aufgestellt, da die oben angedeutete Diskrepanz im Lösungskonzept der früher herrschenden Meinung nicht auftritt. Im Ergebnis wird die hier favorisierte Herangehensweise auch dem „Prinzip der prinzipiellen Gleichwertigkeit"[527] von Schieds- und Staatsgerichtsbarkeit besser gerecht. Der bestehende Geltungskonflikt wird parallel zu den im reinen Staatsprozess entwickelten Grundsätzen aufgelöst.[528] Im Grundsatz wird dem ursprünglich und zuerst ordnungsgemäß zustande gekommenen Entscheidungsakt Geltung verschafft.[529]

(3) Widerspruch eines Urteils zu einem früher rechtskräftig gewordenen Schiedsspruch

Die grundsätzlichen Unterschiede der dargestellten Lösungskonzepte zur Frage, ob die Rechtskraft eines Schiedsspruchs mit der h. M. nur auf Einrede einer Schiedspartei oder von Amts wegen durch das nachfolgende Gericht zu beachten ist, zeigen sich besonders in der nunmehr zu erörternden Konstellation, in der zunächst

523 Bötticher, Kritische Beiträge, S. 139 ff.; Gaul, in: FS Sandrock, S. 285 (313 f.).
524 Vgl. Gaul, in: FS Sandrock, S. 285 (314 ff.).
525 Gaul, in: FS Flume, S. 443 (513). Zu der früheren Konzeption des Einredeerfordernisses vgl. Herrmann, Grundstruktur der Rechtshängigkeit, S. 18 f., 45.
526 Gaul, in: FS Sandrock, S. 285 (313).
527 Vgl. BT-Drucks. 13/5274, S. 34 re. Sp.
528 So auch Wieczorek/Schütze-*Schütze*, § 1055, Rn. 26.
529 So Gaul, in: FS Sandrock, S. 285 (310 f.).

ein wirksamer rechtskräftiger Schiedsspruch erlassen wird und zeitlich nachfolgend ein ordentliches Gericht über den identischen Streitgegenstand urteilt. Bereits zum alten Schiedsverfahrensrecht wurde diese Variante der Kollisionsproblematik kontrovers diskutiert. Die h. M. zum alten Recht bejahte die Aufhebungsmöglichkeit eines späteren gerichtlichen Urteils mit der Restitutionsklage gem. § 580 Nr. 7 lit. a ZPO, wenn das staatliche Gericht einen früher erlassenen Schiedsspruch unberücksichtigt gelassen hatte.[530] Erstaunlicherweise sollte diese Kollisionskonstellation stets nach dem beschriebenen Muster gehandhabt werden; ungeachtet dessen, ob die Einrede der Rechtskraft im Verfahren erhoben worden war oder nicht.[531] Mit dieser Herangehensweise setzte sich die h. M. also erneut in Widerspruch zu dem ansonsten eindrucksvoll verteidigten und ausnahmslos angewandten Dogma des Rügeerfordernisses zur Beachtung der Rechtskraft. Konsequenter wäre es in diesem Zusammenhang gewesen, davon auszugehen, dass eine Restitutionsklage gegen das nachfolgende Urteil in den Fällen unzulässig ist, in denen im Staatsverfahren die Rechtskraftrüge des Schiedsspruchs nicht rechtzeitig erhoben worden ist.

Eine weitere Ansicht[532] ging ebenfalls von der Beseitigungsmöglichkeit des unter Verletzung der Rechtskraftwirkung eines früher rechtskräftig gewordenen Schiedsspruchs erlassenen Urteils mit Hilfe der Restitutionsklage nach § 580 Nr. 7 lit. a ZPO aus. Diese Meinung stützte sich auf eine Vergleichbarkeit zwischen der Situation, dass ein vorausgegangener Schiedsspruch vor dem Staatsgericht unberücksichtigt geblieben sei, mit der Situation in der ein früheres Urteil zum identischen Streitgegenstand in einem späteren Staatsverfahren keine Berücksichtigung gefunden habe. Grundsätzlich sei dem zweiten Entscheidungsakt mangels Rechtsschutzbedürfnisses keinerlei Wirkung beizumessen. Solange aber keine fristgerechte Beseitigung der zweiten Entscheidung mittels eines Rechtsmittels (der Restitutionsklage) erfolge, sei nach der § 580 Nr. 7 lit. a ZPO innewohnenden Wertung nur das zweite Judikat maßgebend.[533]

Anderer Ansicht[534] nach sei eine Restitutionsklage im Fall eines zuvor rechtskräftig gewordenen Schiedsspruchs nicht geboten, da das Staatsgericht die Rechtskraft des Schiedsspruchs gar nicht zu berücksichtigen gehabt hätte, sofern im

530 Rosenberg/Schwab/Gottwald (15. Auflage), § 160, S. 969; Stein/Jonas-*Grunsky* (21. Auflage), § 580, Rn. 23; B/L/A/H-*Hartmann* (56. Auflage), § 580, Rn. 12.

531 Stein/ Jonas-*Grunsky* (15. Auflage), § 580, Rn. 24; Zu der Widersprüchlichkeit dieser Ansicht Gaul, in: FS Sandrock, S. 285 (302, 317 f.).

532 Neef, Rechtskraft des Schiedsspruchs, S. 86 ff.

533 Neef, Rechtskraft des Schiedsspruchs, S. 86. Auch Triebel/Coenen, IDR BB-Beil. 05/2003, S. 2 (6) gehen zum neuen Schiedsverfahrensrecht davon aus, dass dem Restitutionsgrund in § 580 Nr. 7 a ZPO kein Prioritätsprinzip zugunsten der zuerst rechtskräftig gewordenen Entscheidung zu entnehmen sei. Vielmehr hänge der Vorrang der Rechtskraft der ersten Entscheidung vom Parteiverhalten im nachfolgenden Verfahren ab. Wenn die Voraussetzungen des § 580 Nr. 7 lit. a ZPO nicht erfüllt seien, sei die spätere Entscheidung maßgebend.

534 Schultzenstein, ZZP 41 (1911), S. 351 (358).

staatlichen Verfahren die Einrede des Schiedsvertrages nicht erhoben worden sei, läge nämlich kein Restitutionsgrund im Sinne des § 580 Nr. 7 lit. a ZPO vor. Soweit zwei Vollstreckungstitel aus dieser Vorgehensweise herrührten, entscheide die zeitliche Reihenfolge der Vollstreckung.[535] Gegen die zuletzt genannte Ansicht wurde eingewandt, dass eine Restitutionsklage nicht bereits deshalb ausgeschlossen sei, weil der Rechtskrafteinwand nicht erhoben worden sei, die Notwendigkeit „der Geltendmachung der anderweitigen Rechtshängigkeit“ sei § 580 Nr. 7 lit. a ZPO nicht immanent. Die Restitutionsklage sei vielmehr ausgeschlossen, weil deren Tatbestandsvoraussetzungen des Restitutionsgrundes in § 580 Nr. 7 a ZPO nicht erfüllt seien: *„Lag der rechtskräftige Schiedsspruch im später rechtskräftig geschlossenen Verfahren bereits vor und wurde er – obwohl dies ohne weiteres möglich war – nicht geltend gemacht, so scheitert die Restitutionsklage schon an § 580 Nr. 7a ZPO selbst: sie ist nur zulässig, wenn die früher rechtskräftig gewordene Entscheidung aufgefunden oder die Partei sie zu benutzen in den Stand gesetzt wird“*.[536]

Zum neuen Schiedsverfahrensrecht hat sich im Grundsatz an den einzelnen Positionen nichts verändert. Die Unterschiede im Detail sind auch für den heutigen Meinungsstand symptomatisch. Im Einklang mit dem Ergebnis aller Ansichten ist eine Aufhebung des staatlichen Urteils nach § 580 Nr. 7 lit. a ZPO anzunehmen. Im Gegensatz zur herrschenden Meinung verfängt sich die Begründung der vorliegend befürworteten Ansicht aber nicht in Widersprüchlichkeiten, weil eine Beachtlichkeit der Rechtskraft des Schiedsspruchs von Amts wegen bejaht wird. Der staatliche Richter ist daher von Amts wegen zur Beachtung der Rechtskraft des vormals ergangenen Schiedsspruchs verpflichtet.[537]

Problematisch an der Vorgehensweise über die Restitutionsklage nach § 580 Nr. 7 a ZPO ist, dass bereits deren Anwendbarkeit im Falle des Übergehens eines früher rechtskräftig gewordenen Schiedsspruchs fragwürdig sein könnte.[538] Der Wortlaut der Vorschrift bezieht sich ausdrücklich nur auf *„ein früher rechtskräftig gewordenes Urteil“*. Über die gesetzliche Gleichstellungsanordnung in § 1055 ZPO könnte der Weg über § 580 Nr. 7 lit. a ZPO aber gerechtfertigt sein.[539] Da vorliegend aus den dargelegten Gründen, eine umfassende Gleichstellungsanordnung des Schiedsspruchs mit dem gerichtlichen Urteil befürwortet wird, bezieht sich diese gesetzliche Gleichstellung in § 1055 ZPO auch auf etwaige Beseitigungsmöglichkeiten eines unter Verletzung der Rechtskraft eines Schiedsspruch zustande

535 Schultzenstein, ZZP 41 (1911), S. 351 (359, 369).

536 Bosch, Rechtshängigkeit im Schiedsverfahren, S. 81. Diese Argumentation Boschs kritisiert wiederum Gaul, in: FS Sandrock, S. 285 (304, 325), der auf das veränderte Rechtskraftverständnis hinweist, insbesondere sei nicht das „Auffinden“ des Urteils ausschlaggebend, sondern die Missachtung des verfahrensrechtlichen Grundsatzes der Rechtskraft.

537 Zum Inhalt des Amtsprüfungsgrundsatzes unter Gliederungspunkt 1. Kapitel. D.II. 3. b)aa)(2).

538 So auch Gaul, in: FS Sandrock, S. 285 (318).

539 Vgl. Gaul, in: FS Sandrock, S. 285 (318).

gekommenen gerichtlichen Urteils.[540] Die Anwendung der Restitutionsklage ist nur die konsequente Fortführung dieses Lösungsansatzes.[541]

(4) Widerspruch zweier Schiedssprüche

Das Verhältnis von zwei (widersprüchlichen) Schiedssprüchen über den identischen Streitgegenstand zueinander ist weit weniger detailliert erforscht als drohende Kollisionen zwischen einer Staatsentscheidung und einem Schiedsspruch. Verfahrenstechnisch bzw. temporär folgt die Rechtskraft der Rechtshängigkeit nach, denn „nur ein rechtshängig gewordenes Begehren kann in Rechtskraft erwachsen".[542] Das Problem doppelt rechtshängiger Schiedsverfahren ist dem Problem der Rechtskraftkollision somit zeitlich vorgelagert. Des Weiteren kann es zur Kollision von Schiedssprüchen nur kommen, wenn ein nachfolgend angerufenes Schiedsgericht das bereits schwebende Verfahren vor einem anderen Schiedsgericht missachtet hat. Der nunmehr zu erörternde Geltungskonflikt zwischen zwei Schiedssprüchen interessiert im Hinblick auf den Untersuchungsgegenstand wegen seines schiedsinternen Charakters besonders.

Früher wurde das Verhältnis von Schiedssprüchen untereinander davon abhängig gemacht, ob die Parteien positive Kenntnis von der Existenz des früheren Schiedsspruchs hatten. Diese Ansicht ist erneut mit der Vorschrift des § 1025 ZPO a. F. zu erklären: Sofern den Parteien der erste Schiedsspruch bekannt war, könnten sie mangels Ungewissheit des Rechtsverhältnisses keinen diesbezüglichen Vergleich mehr schließen. Die Parteien könnten ebenso wenig mit Rechtswirksamkeit ein zweites Schiedsverfahren über jenes Rechtsverhältnis betreiben.[543]

Um jedoch dem heutigen Rechtskraftverständnis gerecht zu werden, kann dem dieser Ansicht maßgeblich zugrundeliegenden subjektiven Kriterium der Kenntnis keine Bedeutung mehr beigemessen werden.[544] Vielmehr könnte man einen

540 Vgl. HK/ZPO-*Kemper*, § 580, Rn. 9; Gaul, in: FS Sandrock, S. 285 (318); auf den Gleichstellungsgrundsatz und die Anwendung des § 580 Nr. 7 ZPO weist auch Zöller-*Geimer*, § 1055, Rn. 13 hin. Anderer Ansicht ist Haas, in: FS Rechberger, S. 187 (210), der zwar bestätigt, dass der Wortlaut des § 1055 ZPO im Kollisionsfall für den Prioritätsgrundsatz spreche. Dennoch will Haas wegen der im Gegensatz zum staatlichen Urteil nur auf Einrede zu berücksichtigenden Rechtskraft des Schiedsspruchs stets dem staaatlichen Urteil den Vorrang geben.

541 Zutreffend führt Gaul, in: FS Sandrock, S. 285 (321) an, dass in der Zivilprozessordnung in ihrer geltenden Fassung für die Rechtskraft von Urteilen der Amtsprüfungsgrundsatz gelte, wenn der Gesetzgeber sich an seine eigene Gesetzesbegründung halte, dann müsse er sich an der Rechtstatsächlichkeit orientieren und bei der Rechtskraftkollision mit Schiedssprüchen infolge der Gleichstellungsanordnung in § 1055 ZPO auch den Amtsprüfungsgrundsatz in diese Gleichstellung einbeziehen.

542 Bosch, Rechtshängigkeit im Schiedsverfahren, S. 1.

543 Neef, Rechtskraft des Schiedsspruchs, S. 83 f.

544 Gaul, in: FS Sandrock, S. 285 (327).

Schiedsvertrag über eine bereits durch den ersten Schiedsspruch endgültig außer Streit gestellte Rechtsstreitigkeit als unwirksam einstufen und dem Aufhebungsregime des § 1059 Abs. 2 Nr. 2 lit. a.) oder lit. b.) ZPO unterstellen.[545]

Im Hinblick auf die Gleichstellungsanordnung des § 1055 ZPO, die bisher angesprochenen Lösungsvarianten bei Geltungskonflikten zwischen Schiedssprüchen und Urteilen sowie das darstellte Rechtskraftverständnis im Rahmen des schiedsgerichtlichen Verfahrens, bietet es sich an, eine Rechtskraftkollision zwischen zwei Schiedssprüchen entsprechend den Grundsätzen zur Rechtskraftkollision von zwei staatlichen Urteilen aufzulösen. Der Restitutionsklage nach § 580 ZPO im Staatsverfahren entspricht der Rechtsbehelf des Aufhebungsantrages gegen einen Schiedsspruch nach § 1059 ZPO.[546] Deshalb wird die Ansicht vertreten, der Verstoß eines zweiten Schiedsspruchs gegen die Rechtskraft des ersten Schiedsspruchs müsse aufgrund der Wertungen in § 1055 ZPO als Verstoß gegen den verfahrensrechtlichen *ordre public* gewertet werden.[547] Dieselbe Ansicht wirft auch die Frage auf, ob der vorliegende Fall einer Rechtskraftkollision einer anderen Bewertung unterliege, weil es sich um einen ausschließlich schiedsgerichtlichen Problemkreis handelt.[548]

Wenn allerdings die Rechtskraftwirkung eines Schiedsspruchs schon im Verhältnis zur Staatsgerichtsbarkeit d. h. im Kollisionsfall mit einem Urteil vom staatlichen Richter von Amts wegen zu berücksichtigen ist, dann muss dies im Wege eines Erst-Recht-Schlusses für den schiedsinternen Bereich gelten. Von den Schiedsparteien privatautonom vereinbarte verfahrensrechtliche Modifikationen sind im Vorfeld eines rechtskräftigen Schiedsspruchs möglich, nicht hingegen nach Erlass eines rechtskräftigen, urteilsgleichen Schiedsspruchs. Insofern ist auf die weiter oben angeführte Argumentation zu verweisen.[549]

Im Verhältnis von zwei Schiedssprüchen zueinander, stellt sich wesentlich mehr die Frage, ob die herrschende Meinung zur Frage der Berücksichtigung der materiellen Rechtskraft eines Schiedsspruchs weiterhin beibehalten werden kann. Die Argumentation für ein Rügeerfordernis hat sich zum Großteil auf ein fehlendes öffentliches Interesse an einer Amts wegigen Berücksichtigung des rechtskräftigen Schiedsspruchs gestützt.[550] Dieser Kritikpunkt verliert in der vorliegenden Konstellation an Gewicht, weil es an einer Beteiligung der Staatsgerichte und somit auch an einem drohenden Widerspruch zu einem gerichtlichen Urteil fehlt.

---

545 Gaul, in: FS Sandrock, S. 285 (327).
546 Hierzu noch ausführlicher unter Gliederungspunkt 1. Kapitel. F.II. 6. c)hh) ff.
547 So Gaul, in: FS Sandrock, S. 285 (327).
548 Gaul, in: FS Sandrock S. 285 (327 f.), der es ablehnt im schiedsinternen Bereich eine andere Wertung zugrunde zulegen; a. A. Loritz ZZP 105 (1992), S. 1 (13), der einer Einrede der Rechtskraft des Schiedsspruchs nur im Verhältnis zur Staatsgerichtsbarkeit zur Geltung verhelfen möchte.
549 Hierzu unter Gliederungspunkt 1. Kapitel. D.II. 3. b)aa)(3) (c).
550 BGH NJW 1958, S. 950 (950).

E. Streitgegenstand

I. Streitgegenstandsbegriff im staatlichen Verfahren

Der Streitgegenstand ist einer der bedeutsamsten Begriffe des Prozessrechts. Von seiner Bestimmung hängen viele prozessuale Fragestellungen ab.[551] In der vorliegenden Arbeit interessieren die Auswirkungen auf zwei weitere wesentliche Rechtsinstitute des Zivilprozessrechts. Im laufenden Rechtsstreit hat der Inhalt des Streitgegenstandes unter anderem Einfluss auf den objektiven Umfang des Einwandes der anderweitigen Rechtshängigkeit nach § 261 Abs. 3 Nr. 1 ZPO.[552] Im Gesetzestext zu § 261 Abs. 3 Nr. 1 ZPO heißt es „(...) *während der Dauer der Rechtshängigkeit kann die Streitsache von keiner Partei anderweitig anhängig gemacht werden.*" Die Identität des Streitgegenstandes ist zwingende Voraussetzung für die Unzulässigkeit der zweiten Klage.[553] Nicht nur für die Beurteilung, ob die Rechtshängigkeit eines Anspruchs der erneuten Geltendmachung desselben Anspruchs entgegensteht, kommt es maßgeblich auf die Streitsache und ihren exakten Inhalt an. Auch nach Abschluss des Verfahrens bleibt der Streitgegenstand weiterhin maßgebend.[554] Gemäß § 322 Abs. 1 ZPO sind Urteile der Rechtskraft nur insoweit fähig, als sie über den durch die Klage erhobenen Anspruch entschieden haben. Die sachlichen, objektiven Grenzen[555] der materiellen Rechtskraft orientieren sich also ebenfalls am Streitgegenstand. Die unterschiedlichen Begrifflichkeiten in § 322 Abs. 1 ZPO und § 261 Abs. 3 Nr. 1 ZPO verdeutlichen bereits, dass die Zivilprozessordnung den Begriff des Streitgegenstandes nur selten explizit und zudem nicht einheitlich verwendet (vgl. zudem den Wortlaut der §§ 2, 59, 81, 83, 253 Abs. 3 ZPO). In der Regel wird auf eine andere Terminologie zurückgegriffen.[556] Üblicherweise gebraucht der ZPO-Gesetzgeber die Begriffe „Anspruch" (vgl. z. B. §§ 5, 33 Abs. 1, 322 Abs. 1, 261 Abs. 2, 307 ZPO) oder „Streitsache" (§ 261 Abs. 1, Abs. 3 Nr. 1 ZPO) und meint damit den Streitgegenstand als den Gegenstand des Rechtsstreits, wie er in § 253 Abs. 2 Nr. 2 ZPO genannt ist und von Rechtsprechung und Lehre geprägt wird.[557]

Für das schiedsgerichtliche Verfahren wurde schon herausgestellt, dass die präzise Auslegung der Reichweite einer Schiedsvereinbarung im unmittelbaren

551 Stein/Jonas-*Roth*, Vor § 253, Rn. 4. Zu weiteren Rechtsinstituten, die entscheidend durch den Streitgegenstandsbegriff geprägt werden, vgl. Rosenberg/Schwab/Gottwald, § 92, Rn. 2 ff.

552 Stein/Jonas-*Roth*, Vor. § 253, Rn. 4.

553 Vgl. Rosenberg/Schwab/Gottwald, § 92, Rn. 5.

554 Stein/Jonas-*Roth*, Vor § 253, Rn. 4.

555 Wegen anderer Schwerpunktsetzung, wird an dieser Stelle ausdrücklich darauf hingewiesen, dass Ausführungen bezüglich einzelner Elemente von Urteilen und Schiedssprüchen, die in Rechtskraft erwachsen können, ausgeklammert werden, vgl. hierzu Bosch, Rechtshängigkeit im Schiedsverfahren, S. 100 ff.

556 Stein/Jonas-*Roth*, Vor. § 253, Rn. 6.

557 Rosenberg/Schwab/Gottwald, § 92, Rn. 1

Zusammenhang mit der Bestimmung des schiedsgerichtlichen Streitgegenstandsbegriffs steht.[558] Die Bedeutung des Streitgegenstandes auch für eine potenzielle schiedsgerichtliche Rechtshängigkeitssperre ist somit evident. Es ist davon auszugehen, dass im Schiedsverfahrensrecht die Einrichtungen der Rechtskraft und der Rechtshängigkeit gleichermaßen an den Begriff des Streitgegenstandes anknüpfen wie im staatlichen Prozess. Die Grundlage für die Ausführungen zum Schiedsverfahrensrecht bietet ein nachfolgender – keinesfalls vollständiger – Überblick über den wesentlichen Meinungsstand der Wissenschaft zu den wichtigsten Streitgegenstandstheorien im Zivilprozess.

1. Materiell-rechtlicher Streitgegenstandsbegriff

Der ursprünglichen Konzeption des Gesetzgebers der Zivilprozessordnung lag eine materielle Sichtweise vom fraglichen Anspruch zugrunde.[559] Diese wurde in die deutsche Rechtswissenschaft nach Vorbild der *actio* im römischen Recht etabliert.[560] Man orientierte sich deshalb auch im Rahmen der ZPO zunächst am Anspruchsbegriff des materiellen Rechts, also an der in § 194 BGB legaldefinierten Begrifflichkeit. Da prozessualer Anspruch und materiell-rechtlicher Anspruch als identisch angesehen wurden,[561] war es auch ohne Belang, dass in der Zivilprozessordnung selbst keine Legaldefintion des Streitgegenstandes vorgesehen war.[562] Große Schwierigkeiten bereitete dieser Konzeption aber die Festlegung des Streitgegenstandes bei materiell-rechtlicher Anspruchskonkurrenz[563] sowie bei einigen Rechtsschutzformen, insbesondere bei Gestaltungs- und Feststellungsklagen, denen ein privatrechtliches Gestaltungsrecht und kein privatrechtlicher Anspruch zugrunde liegt bzw. die nicht auf die Feststellung eines zivilrechtlichen Anspruchs, sondern auf die Feststellung des Bestehens oder Nichtbestehens eines Rechtsverhältnisses gerichtet sind.[564]

---

558 So auch Bosch, Rechtshängigkeit im Schiedsverfahren, S. 105 ff.; Hierzu bereits unter Gliederungspunkt 1. Kapitel. C.VIII. 5.

559 Rosenberg/Schwab/Gottwald, § 92, Rn. 8.

560 Windscheid, Die Actio des römischen Zivilrechts, S. 1 ff.; vgl. aus neuerer Zeit die Zusammenfassung der Ergebnisse Windscheids bei Rimmelspacher, Materiell-rechtlicher Anspruch, S. 16 ff. sowie Althammer, Steitgegenstand und Interesse, S. 11 ff.

561 Rimmelspacher, Materiell-rechtlicher Anspruch, S. 3; Habscheid, Streitgegenstand, S. 21; eher skeptisch Stürner, in: FS Schütze, S. 913 (917, Fn. 17).

562 Stein/Jonas-*Roth*, Vor § 253, Rn. 7.

563 Stein/Jonas-*Roth*, Vor § 253, Rn. 9; Rosenberg/Schwab/Gottwald, § 92, Rn. 9.

564 Rosenberg/Schwab/Gottwald, § 92, Rn. 8. Diesen Kritikpunkt greift (zum österreichischen Zivilprozessrecht) z. B. Böhm, in: FS Kralik, S. 83 (86) auf, indem er feststellt, dass der materiell-rechtliche Anspruchsbegriff primär auf die Leistungsklage ausgerichtet sei und bei anderen Klagearten Probleme bereite. Ein Überblick zu diesem und weiteren Kritikpunkten findet sich bei Stein/Jonas-*Roth*, Vor § 253, Rn. 8 f. (mit weiterführenden Literaturangaben).

2. Prozessualer Streitgegenstandsbegriff

Die geschilderten Probleme der materiell-rechtlichen Streitgegenstandsbestimmung werden umgangen, wenn man den Streitgegenstand ausschließlich prozessual bestimmt.[565] Nach der eingliedrigen Streitgegenstandstheorie wird der vom Kläger gestellte Antrag als ausreichend erachtet, um den Streitgegenstand zu individualisieren.[566] Ein Antrag entspricht einem Streitgegenstand. Mehrere Anträge führen zu mehreren Streitgegenständen. Ob ein oder mehrere Lebenssachverhalte vorliegen, ist irrelevant. Der Lebenssachverhalt wird – soweit erforderlich – nur zur Auslegung des Klageantrages herangezogen.[567]

Herrschend unter den prozessualen Streitgegenstandstheorien ist hingegen die Lehre vom zweigliedrigen Streitgegenstandsbegriff.[568] Nach dieser Ansicht wird der Streitgegenstand durch die zwei gleichwertigen Elemente des klägerischen Antrags und durch den Sachverhalt bestimmt. Den relevanten Sachverhalt bildet hierbei der gesamte historische Lebenssachverhalt und nicht der durch den Vortrag des Klägers unterbreitete Sachverhalt.[569] Der zweigliedrigen Streitgegenstandstheorie hat sich auch der BGH in ständiger Rechtsprechung angeschlossen.[570] Einer solchen Streitgegenstandsbestimmung bereiten die unterschiedlichen Rechtsschutzformen[571] keine Probleme. Den Fällen der materiell-rechtlichen Anspruchskonkurrenz werde man gerecht, indem die verschiedenen Ansprüche zu einer prozessualen Einheit zusammengefasst werden könnten.[572] Am zweigliedrigen Streitgegenstandsbegriff wird jedoch ebenfalls Kritik geübt. Hauptsächlich bezieht

---

565 Rosenberg/Schwab/Gottwald, § 92, Rn. 9.

566 Ursprünglich wurde diese Lehre von Bötticher, in: FG Rosenberg, S. 73 (84 ff.) vertreten. In jüngerer Zeit wurde sie von Schwab, Streitgegenstand im Zivilprozeß, S. 199 ff. (Zusammenfassung); Schwab, in: FS Lüke, S. 793 ff. übernommen. Ein Überblick über die historische Entwicklung sowie eine Zusammenfassung der Vor- und Nachteile findet sich bei Stein/Jonas-*Roth*, Vor § 253, Rn. 26 ff.

567 Kritisch gegenüber dem eingliedrigen Streitgegenstandsbegriff aufgrund mangelnder „Leistungsfähigkeit" gerade wegen des im Einzelfall notwendigen Rückgriffs auf den Lebenssachverhalt Lüke/Prütting, Zivilverfahrensrecht, S. 351.

568 Ursprünglich wurde diese Auffassung von Rosenberg vertreten, Rosenberg, Lehrbuch Zivilprozessrecht, § 87 II 2, S. 240 ff.; später weiterentwickelt und vertreten von Nikisch und Habscheid. Siehe Nikisch, Der Streitgegenstand im Zivilprozess, S. 1 ff.; Habscheid, Streitgegenstand, S. 206 ff.; heute z. B. vertreten von MüKo-*Becker-Eberhard*, Vor §§ 253 ff., Rn. 32; Zöller-*Vollkommer*, Einl. Rn. 82 f.; Thomas/Putzo-*Reichold*, Einl. II, Rn. 25; Rosenberg/Schwab/Gottwald, § 92, Rn. 10; Zimmermann, ZPO, Einleitung, Rn. 15 f.

569 BGHZ 157, 47 (51); BGHZ 154, 342 (347 f.); Rosenberg/Schwab/Gottwald, § 92, Rn. 10; ebenso Stein/Jonas-*Leipold* (21. Auflage), § 322, Rn. 234.

570 BGHZ 117, 1 (5); BGHZ 154, 342 (347 f.); BGHZ 157, 47 (50).

571 So Rosenberg/Schwab/Gottwald, § 92, Rn. 10. Besonderheiten des Mahnverfahrens berücksichtigt Vollkommer, in: FS Schneider, S. 231 ff.

572 Rosenberg/Schwab/Gottwald, § 92, Rn. 10.

sich die Kritik auf praktische Abgrenzungsschwierigkeiten, um den maßgeblichen Lebenssachverhalt zu bestimmen.[573]

Die herrschende Meinung geht für alle Klagearten von einem einheitlichen Streitgegenstandsbegriff aus.[574] Den so verstandenen Begriff des Streitgegenstandes nimmt sie dann als Basis für alle Vorschriften, die sich auf den Streitgegenstandsbegriff beziehen.[575]

a) Streitgegenstandsbegriff im Rahmen der Rechtshängigkeit

Ein Anwendungsfall des am jeweiligen Normzweck orientierten relativen Streitgegenstandsbegriffs soll das Prozessrechtsinstitut der Rechtshängigkeit sein.[576] Besonders prozessökonomische Gründe sprechen hier für den relativen Streitgegenstandsbegriff. Denn parallele Verfahren seien besser durch eine weite Fassung

---

573 Kritik am unpräzisen Begriff des Lebenssachverhaltes übt Musielak, NJW 2000, S. 3593 (3594 f.); Musielak-*Musielak*, Einl., Rn. 75 f. Allerdings hat die Rechtsprechung die praktischen Auslegungsschwierigkeiten bislang noch immer überwinden und lösen können. Nach Ansicht des BGH wird der Lebenssachverhalt von allen Tatsachen bestimmt, die bei einer „natürlichen vom Standpunkt der Parteien ausgehenden Betrachtungsweise zu dem durch den Vortrag des Klägers zur Entscheidung gestellten Tatsachenkomplex gehören“, so BGHZ 117, 1 (6); BGHZ 123, 137 (141).

574 Zu abweichenden Vorschlägen nachfolgend unter Gliederungspunkt 1. Kapitel. E.I. 2. a).

575 Von einem einheitlichen Begriff des Streitgegenstandes geht z. B. Habscheid, in: FS Schwab, S. 181 (188 f.) aus. Vorteile einer solchen Einheitsthese betont auch MüKo-*Lüke* (2. Auflage), Vor § 253, Rn. 33, insbesondere stellt er auf eine große Vorhersehbarkeit und die hiermit einhergehende Rechtssicherheit für die Beteiligten ab. Skeptisch äußern sich hingegen die 3. und 4. Auflage des Münchener Kommentars, vgl. MüKo-*Becker-Eberhard*, Vor §§ 253, Rn. 35 ff., indem auf die vielfältigen Modifikationen hingewiesen wird, die die Vertreter des einheitlichen Streitgegenstandsbegriffs vorzunehmen hätten, um im Einzelfall zu sachgerechten Ergebnissen zu gelangen. Daher wird in der Literatur ein am Normzweck orientierter Streitgegenstandsbegriff vorgeschlagen, der sich auf die konkrete Prozesssituation einstellt. In diesem Sinn z. B. Baumgärtel, JuS 1974, 69 ff.; Rimmelspacher, Materiell-rechtlicher Anspruch, S. 176, 310 (auf der Basis eines materiell-rechtlichen Streitgegenstandsbegriffs); vgl. auch Althammer, ZZP 123 (2010), S. 163 (178 ff.); Jauernig, Verhandlungsmaxime, S. 73; Zöller-*Vollkommer*, Einl., 82. Stein/Jonas-*Schumann*, (20. Auflage), Einl., Rn. 283, 285 hingegen möchte gänzlich von einem nur relativen Begriff des Streitgegenstandes ausgehen. Einen guten Überblick über die Entwicklung und die einzelnen Meinungsvertreter zum relativen Streitgegenstand bietet Stein/Jonas-*Roth*, Vor § 253, Rn. 41 ff., der im Übrigen auch von der Relativität des Streitgegenstandes ausgeht. Kritik an beiden vertretenen Theorien übt zudem Althammer, Streitgegenstand und Interesse, S. 201 ff.

576 Z. B. Stein/Jonas-*Leipold*, § 322, Rn. 92 ff.

des Streitgegenstandes zu vermeiden.[577] Für dieses Verständnis werden auch der im Vergleich zum deutschen Recht wesentlich weitere Streitgegenstandsbegriff des EuGH zur Rechtshängigkeit nach Art. 27 EuGVVO angeführt sowie die angloamerikanischen Vorstellungen vom Begriff des Streitgegenstandes, die ebenfalls von einem variablen Begriff bei einzelnen Rechtsinstituten ausgingen.[578]

Für das Rechtsinstitut der Rechtskraft befürworten die Vertreter des normzweckorientierten Streitgegenstandsbegriffs hingegen einen zweigliedrigen Streitgegenstandsbegriff, weil der Umfang der Rechtskraft hier restriktiver sein müsse als der Streitgegenstand, um zu verhindern, dass jede Partei aus Angst vor späterer Präklusion von vornherein alle erdenklichen Gründe anführe.[579]

b) Maßgeblichkeit der Präjudizialität als bestehender Unterschied zwischen Rechtskraft und Rechtshängigkeit

Die Verknüpfung von Rechtskraft und Rechtshängigkeit mit dem Streitgegenstandsbegriff ist neben den Überschneidungen in Anwendungsbereich und Funktion eine weitere Gemeinsamkeit dieser beiden zentralen Institute des deutschen Zivilprozessrechts. Erwähnenswerte Unterschiede, die im Zusammenhang mit dem Streitgegenstandsbegriff stehen, sind ebenfalls vorhanden. Bei der Frage nach der Maßgeblichkeit von Präjudizien reichen die objektiven Grenzen der materiellen Rechtskraft und die Reichweite der Rechtshängigkeitssperre unterschiedlich weit.[580] Soweit sich ein rechtskräftiges Urteil nur auf Vorfragen des jetzt zu entscheidenden Rechtsstreits bezieht, kommt der materiellen Rechtskraft eher eine entlastende Funktion zu, da sie durch die Maßgeblichkeit der entschiedenen Vorfrage den zweiten Prozess von einer diesbezüglichen Entscheidung entbindet.[581]

---

577 So Stein/Jonas-*Schumann* (20. Auflage), Einl, Rn.292; Stein/Jonas-*Roth*, Vor § 253, Rn. 60; ebenfalls in diesem Sinn Bader, Tragweite der Entscheidung im Zivilprozeß, S. 52.

578 Stein/Jonas-*Schumann* (20. Auflage), Einl., Rn. 294; Gottwald, in: Symposium für Schwab, S. 85 (91, 94). Zur Rechtskraft und dem Streitgegenstandsbegriff im *Common Law*-Rechtskreis Stürner, in: FS Schütze, S. 913 (920 ff.). Ausführlich zum Streitgegenstand im Rahmen von Art. 27 EuGVVO Althammer, Streitgegenstand und Interesse, S. 123 ff.

579 Stein/Jonas-*Leipold*, § 322, Rn. 94; Stein/Jonas-*Roth*, Vor § 253, Rn. 61. Ablehnend gegenüber der Auffassung, dass im Rahmen von Rechtskraft und Rechtshängigkeit unterschiedlich weite Begriffe des Streitgegenstandes angelegt werden sollen, z. B. Bosch, Rechtshängigkeit im Schiedsverfahren, S. 97, Fn. 13, da er keinen praktischen Nutzen sieht, wenn eine Blockade über den Einwand der anderweitigen Rechtshängigkeit im laufenden Verfahren eintrete, nach Abschluss des Verfahren hingegen eine Verhandlung zur gleichen Rechtssache möglich wäre.

580 Müko-*Becker-Eberhard*, § 261, Rn. 55. Zum Begriff der Rechtshängigkeit und Vorgreiflichkeit bei Zwischenfeststellungswiderklage BGH NJW-RR 2010, S. 640 (641).

581 Stein/Jonas-*Roth*, § 261, Rn. 1.

Für die Reichweite der Rechtshängigkeitssperre wird es hingegen als nicht ausreichend erachtet, dass der Streitgegenstand des ersten Verfahrens ein für das nachfolgende Verfahren vorgreifliches Rechtsverhältnis darstellt.[582]

3. *Zusammenfassung*

Die Komplexität des zivilprozessualen Streitgegenstandsbegriffs lässt sich anhand der vorangehenden Ausführungen nur annähernd erahnen. Als eine zentrale Komponente der Rechtshängigkeitssperre in § 261 Abs. 3 Nr. 1 ZPO war der Streitgegenstandsbegriff eigens darzustellen. Die große Meinungsvielfalt deutet zugleich an, dass auch zum Streitgegenstand im schiedsgerichtlichen Verfahren ein großes Diskussionspotential zu erwarten ist.

II. Streitgegenstandsbegriff im schiedsgerichtlichen Verfahren

Im Folgenden ist der Frage nach der gesetzlichen Fixierung und Ausgestaltung des Streitgegenstandsbegriffs im schiedsgerichtlichen Verfahren nachzugehen.[583] Den Ausführungen ist voranzustellen, dass der Streitgegenstandsbegriff im schiedsgerichtlichen Verfahren weit weniger dogmatisch aufgearbeitet ist als im staatlichen Zivilprozess, wo dem Begriff des Streitgegenstandes bisweilen das größte Forschungsinteresse der zivilprozessualen Wissenschaft zuteil wurde.[584] Die Streitgegenstandsbestimmung für das schiedsgerichtliche Verfahren könnte sich daher – zumindest auf den ersten Blick – als vergleichsweise schwieriger als im Zivilprozess erweisen. Auf der anderen Seite kann in der weniger detaillierten Erforschung des schiedsgerichtlichen Streitgegenstandes und der relativ wenigen Materialfülle auch der Vorteil eines nicht so umstrittenen Themenbereichs und deshalb einfacher darzustellenden Komplexes zu sehen sein. Thematisch sind die nachfolgenden Ausführungen auf den Versuch beschränkt, den schiedsgerichtlichen Streitgegenstandsbegriffs gesetzlich festzulegen. Eine eingehende Auseinandersetzung damit, welche Schwierigkeiten im Einzelfall auftreten können, bleibt außen vor. Darüber hinaus werden ebenso wenig wie im vorangehenden zivilprozessualen Teil vertiefte Ausführungen zu den Verknüpfungen des schiedsgerichtlichen Streitgegenstandes mit den objektiven Grenzen der Rechtskraft von Schiedssprüchen erfolgen.

Unter Gesichtspunkten einer Litispendenzregelung wird der Streitgegenstand eines Schiedsverfahrens dann relevant, wenn sich in zwei Verfahren zwischen denselben Parteien, entweder vor Staats- und Schiedsgerichtent oder ausschließlich in zwei Schiedsverfahren die konkrete Frage stellt, ob dem nachfolgenden Verfahren

582 Vgl. MüKo-*Becker-Eberhard*, § 261, Rn. 55; BGH NJW-RR 2010, S. 640 (641); vgl. auch OLG Naumburg NJW-RR 2007, S. 1158 (1159), eine scheidungsrechtliche Fragestellung betreffend.

583 Hierzu auch schon Bosch, Rechtshängigkeit im Schiedsverfahren, S. 102 ff.

584 Vgl. Lüke, in: FS Ishikawa, S. 241 (241).

aufgrund der Identität des Streitgegenstandes in beiden Verfahren der Einwand anderweitiger Rechtshängigkeit entgegensteht. Die bisherigen Erörterungen haben ergeben, dass der von den Parteien abgeschlossenen Schiedsvereinbarung eine tragende Rolle dabei zukommt, den jeweiligen Streitgegenstand einzugrenzen.[585] Zum einen ermöglicht es die Schiedsvereinbarung, den Streitgegenstand zu individualisieren, sobald diese abgeschlossen wird, also häufig bereits vor Klageerhebung.[586] Zum anderen gibt die Schiedsvereinbarung auch den Rahmen und die sachlichen Grenzen für die schiedsgerichtliche Entscheidungsbefugnis vor.[587] Der schiedsrichterlichen Entscheidungsgewalt werden nur diejenigen Streitigkeiten unterstellt, die auch von der abgeschlossenen Schiedsvereinbarung tatsächlich erfasst werden. Wird der gegenständliche Rahmen der Schiedsvereinbarung überschritten, stellt das einen rügefähigen Aufhebungsgrund im Sinne des § 1059 Abs. 1 Nr. 1 lit. c.) ZPO dar. In Zweifelsfällen über die Reichweite der Schiedsvereinbarung wird diese anhand der üblichen Auslegungsgrundsätze gegebenenfalls ermittelt.[588]

1. Gesetzliche Fixierung und Elemente des schiedsgerichtlichen Streitgegenstandes

Fraglich bleibt, ob neben der möglicherweise auszulegenden Schiedsvereinbarung weitere Elemente zur Bestimmung des Streitgegenstandes heranzuziehen sind.[589] Diesbezügliche Anhaltspunkte könnten sich aus den schiedsrechtlichen Regelungen innerhalb der §§ 1025 ff. ZPO über den Streitgegenstand ergeben.[590] Ebenso wie die Normen zum staatlichen Prozess erwähnen auch die ZPO-Vorschriften zum Schiedsverfahrensrecht den Begriff des Streitgegenstandes – entweder ausdrücklich oder zumindest inhaltlich – an einigen Stellen. So schließt beispielsweise die rechtzeitig erhobene Schiedseinrede des § 1032 Abs. 1 ZPO eine Klage vor einem staatlichen Gericht über eine Angelegenheit aus, die Gegenstand einer Schiedsvereinbarung ist. Eindeutig erwähnt § 1044 S. 2 ZPO den Streitgegenstandsbegriff. *„Der Antrag muss die Bezeichnung der Parteien, die Angabe des Streitgegenstandes und den Hinweis auf die Schiedsvereinbarung enthalten."* Auch § 1046 Abs. 1 S. 1 ZPO könnte faktisch Bezug auf den schiedsrechtlichen Streitgegenstand nehmen. Denn der Wortlaut dieser Vorschrift bezieht sich auf den *„Anspruch"* des Klägers.[591]

---

585 Stein/Jonas-*Schlosser*, § 1029, Rn. 18. Vgl. hierzu unter Gliederungspunkt 1. Kapitel. C.VIII. 5.

586 Zum alten Recht Bosch, Rechtshängigkeit im Schiedsverfahren, S. 102.

587 Vgl. Stein/Jonas-*Schlosser*, § 1029, Rn. 15.

588 Hierzu unter Gliederungspunkt 1. Kapitel. C.VIII. 5.

589 So auch bereits Bosch, Rechtshängigkeit im Schiedsverfahren, S. 102 ff.

590 Teilweise wird zur Präzisierung und Unterscheidung vom Zivilprozess die Terminologie des Schiedsgegenstandes vorgeschlagen, Aden, Handelsschiedsgerichtsbarkeit, S. 33, Rn. 10.

591 Die uneinheitliche Terminologie der Zivilprozessordnung hat sich bereits anhand der Vorschriften zum staatlichen Streitgegenstandsbegriff gezeigt.

Zudem wird in § 1030 Abs. 1 S. 1 ZPO zur Bestimmung der Schiedsfähigkeit auf den *„Gegenstand einer Schiedsvereinbarung“* abgestellt. Allerdings regelt diese Norm ausschließlich die objektive Schiedsfähigkeit, als *„die abstrakte Tauglichkeit der Streitsache als Gegenstand einer Schiedsvereinbarung zu fungieren“*.[592] In § 1030 ZPO wird hingegen nicht der konkrete objektive Umfang des jeweiligen schiedsgerichtlichen Verfahrens geregelt.

Um den Bezugspunkt der Rechtsinstitute der Rechtskraft und Rechtshängigkeit bilden zu können, bedarf es aber der ausdrücklichen Festlegung eines generellen schiedsgerichtlichen Streitgegenstandsbegriffs. Von der in § 1030 ZPO geregelten objektiven Schiedsfähigkeit ist die allgemeine Notwendigkeit, den schiedsgerichtlichen Streitgegenstand gesetzlich zu fixieren, zu trennen.

Immerhin setzen augenscheinlich alle erwähnten Vorschriften einen schiedsgerichtlichen Streitgegenstandsbegriff voraus. Eine Legaldefinition wie § 194 BGB für den materiell-rechtlichen Anspruchsbegriff enthält hingegen keine der Vorschriften.

Mehrheitlich wird in § 1040 S. 2 ZPO das Pendant zu § 253 Abs. 2 Nr. 2 ZPO gesehen. Diese Vorschrift soll dann auch den schiedsgerichtlichen Streitgegenstandsbegriff beinhalten.[593]

Der Gesetzgeber belässt es im Gesetz aber bei der schlichten Nennung des Streitgegenstandes. Dem Rechtsanwender wird damit eine weitestgehend noch *„ausfüllungsbedürftige Floskel“* überlassen.[594] Ob das Gesetz durch die synonyme Begrifflichkeit auch einen Verweis auf das zivilprozessuale Verständnis des Streitgegenstandsbegriffs und die entsprechenden prozessualen und materiell-rechtlichen Theorien im staatlichen Verfahren impliziert oder ob spezielle schiedsgerichtliche Sonderregelungen zur Bestimmung des Streitgegenstandes eingreifen, lässt der Gesetzgeber ebenfalls offen. Mit Blick auf das staatliche Verfahren ist insbesondere zu überlegen, ob der Streitgegenstand ausschließlich vom Antrag oder zusätzlich von den zu seiner Begründung vorgetragenen Tatsachen, also vom zugrunde liegenden Lebenssachverhalt, geprägt wird.

In diesem Zusammenhang könnte ein Blick auf institutionelle Schiedsordnungen weiteren Aufschluss geben. Die Verfahrensordnung der Deutschen Institution für Schiedsgerichtswesen e.V. regelt in § 6 DIS-SchO die Einleitung des schiedsgerichtlichen Verfahrens. Diese Regelung lässt vermuten, dass auch der schiedsgerichtliche Streitgegenstand zweigliedrig sowohl durch den Antrag als auch durch den betreffenden Lebenssachverhalt geprägt wird.[595] Die Vorschrift erwähnt nämlich als

---

592 MüKo-*Münch*, § 1030, Rn. 11; hierzu bereits unter Gliederungspunkt 1. Kapitel. C.IX. 1.

593 B/L/A/H-*Hartmann*, § 1044, Rn. 2; Münch, in: FS Schlosser, S. 613 (622); MüKo-*Münch*, § 1044, Rn. 3.

594 So die Ansicht von MüKo-*Münch*, § 1044, Rn. 3, 17.

595 Vgl. Schütze-*Theune*, Art. 6 DIS-SchO, Rn. 4. Zu einem zweigliedrigen Streitgegenstandsbegriff tendiert offenbar MüKo-*Münch*, § 1044, Rn. 18; ebenfalls nicht eindeutig, aber mit Tendenz zum zweigliedrigen Streitgegenstandsbegriff

zwingenden Inhalt der Klageerhebung in § 6 Abs. 2 DIS-SchO einen bestimmten Antrag und kumulativ die notwendigen Angaben zu den Tatsachen und Umständen, auf welche die Klageansprüche begründet werden. Eine § 6 Abs. 2 DIS-SchO weitgehend entsprechende Vorschrift enthielt die Verfahrensordnung der Internationalen Handelskammer in Art. 4 Abs. 3 ICC-SchO a. F.[596] Dass der Streitgegenstand in dieser Regelung niedergelegt ist, wird angenommen.[597] Über die zu dessen Präzisierung notwendigen Elemente schweigt die einschlägige Fachliteratur ähnlich wie zu § 1044 ZPO.[598] Allerdings wird eine so eindeutige Fixierung des Streitgegenstandes verlangt, dass der Rechtsanwender anhand der vorgetragenen Angaben über hinreichend bestimmte Sachangaben verfügt, um im Rahmen der Anwendungsbereiche der Einrede anderweitiger Rechtshängigkeit bzw. des Rechtskrafteinwandes über deren Vorliegen entscheiden zu können.[599] Zudem erfolgt der Hinweis, dass sich der Streitgegenstandsbegriff als „Systembegriff"[600] an der maßgeblichen *lex fori* zu orientieren habe. Für die §§ 1025 ff. ZPO als geltende *lex fori arbitri*[601] ist hieraus zu folgern, dass die oben angesprochenen Grundsätze zum Streitgegenstand des Staatsverfahrens auf das Schiedsverfahren im Grundsatz zu übertragen sind.

Die Erläuterungen im Gesetzesentwurf zu den §§ 1025 ff. ZPO gehen davon aus, dass sich der schiedsgerichtliche Streitgegenstand aus dem „Anspruch" und „den Tatsachen, auf die sich dieser begründet" zusammensetzt, was auf ein zweigliedriges Streitgegenstandsverständnis hindeutet.[602] Allerdings beziehen sich diese Erläuterungen nicht auf § 1044 ZPO, sondern auf § 1046 ZPO.[603] Verständlich werden diese scheinbar deplatzierten Ausführungen im Rahmen der Gesetzesbegründung zu § 1046 ZPO durch die Besonderheiten des schiedsgerichtlichen Verfahrensbeginns.[604] Aus der Gesetzessystematik ergibt sich, dass sich der Verfahrensbeginn vor Schiedsgerichten in der Regel aus mehreren Teilakten zusammensetzt: § 1044 ZPO, der nach

---

Zöller-*Geimer*, § 1044, Rn. 2. Ablehnend gegenüber einer prozessualen Bestimmung des schiedsgerichtlichen Streitgegenstandes Bosch, Rechtshängigkeit im Schiedsverfahren, S. 109 ff., der unter anderem auf die weniger detailliertere Klageschrift im Schiedsverfahren hinweist, welche aber als Element der prozessualen Theorien notwendig sei. Bosch schlägt deshalb eine materiell-rechtliche Bestimmung des Streitgegenstandes vor.

596 Entsprechend die Neuregelung in der seit dem 1.1.2012 geltenden Fassung des Art. 4 Abs. 3 ICC-SchO.

597 Aden, Handelsschiedsgerichtsbarkeit, S. 128, Rn. 12.

598 Hierzu unter Gliederungspunkt 1. Kapitel. F.II. 3. b)aa).

599 Aden, Handelsschiedsgerichtsbarkeit, S. 128, Rn. 13.

600 Aden, Handelsschiedsgerichtsbarkeit, S. 128, Rn. 12.

601 Zur Begrifflichkeit "*lex arbitri*" Redfern/Hunter, Law and Practice, S. 174, Rn. 3. 35: „*the law oft the place or seat of the arbitration*".

602 BT-Drucks. 13/5274, S. 48 re. Sp.Nunmehr geht auch der BGH SchiedsVZ 2009, S. 122 (124) von einem zweigliedrigen Streitgegenstandsbegriff im schiedsgerichtlichen Verfahren aus.

603 BT-Drucks. 13/5274, S. 48 re. Sp.

604 Hierzu unter Gliederungspunkt 1. Kapitel. F.II. 3. b)aa).

der nicht amtlichen Überschrift den Beginn des schiedsgerichtlichen Verfahrens festschreibt, verkörpert die eigentliche Klageerhebung des Schiedsverfahrens.[605] § 1046 ZPO mit der Überschrift „*Klage und Klagebeantwortung*" versehen, folgt – zeitlich gesehen – dem Verfahrensbeginn nach. Diese Vorschrift beinhaltet, anders als die Überschrift vermuten lässt, nur die Klagebegründung.[606] Diese Sichtweise ist zwar nicht unbestritten, nach hier vertretener Ansicht ist jedoch bereits aus der zeitlichen Reihenfolge von § 1044 ZPO und § 1046 ZPO die Konsequenz zu ziehen, dass notwendigerweise schon § 1044 ZPO den Streitgegen-stand festlegen muss. Dieser wird in § 1044 ZPO normiert, dessen Voraussetzungen sind aber zu diesem Zeitpunkt noch weniger streng als bei einer Klageerhebung im staatlichen Verfahren.[607] Durch die nachfolgende Klagebegründung in § 1046 Abs. 1 ZPO wird der Streitgegenstand dann nicht mehr bestimmt, sondern der im Vorlageantrag bereits festgelegte Streitgegenstand wird nur noch mit Tatsachen unterfüttert und präzisiert.[608]

Um den schiedsgerichtlichen Streitgegenstand in § 1044 ZPO festlegen zu können, ist jedenfalls zu verlangen, dass das Begehren des Klägers seinem Antrag eindeutig zu entnehmen ist, und ein unmissverständlicher Bezug zur Schiedsvereinbarung hergestellt wird. Der Schiedsbeklagte muss aufgrund des Vorlageantrags nach § 1044 ZPO erkennen können, welcher Streitstoff Gegenstand des Schiedsverfahrens sein wird.[609] Denn der Schiedsbeklagte muss sich auf eine entsprechende Verteidigung im zukünftigen Schiedsverfahren einstellen können.[610] Zudem muss der Beklagte aus der Umschreibung des Streitgegenstandes entnehmen können, ob die Schiedsvereinbarung den Streitgegenstand erfasst.[611]

Teilweise wird wegen der im Vergleich zur Klageerhebung im staatlichen Prozess geringeren Anforderungen für die Individualisierung des schiedsgerichtlichen Streitgegenstandes vorgeschlagen, auf die Grundsätze zurückzugreifen, die im anderen Kontext zur Individualisierung von Ansprüchen herangezogen werden, wie zum Beispiel beim Mahnantrag nach § 690 Abs. 1 Nr. 3 ZPO.[612]

2. Würdigung

Richtigerweise sind § 1044 ZPO und § 1046 ZPO in engem Zusammenhang zu verstehen, und beide stehen in direkter Beziehung zum schiedsgerichtlichen

605 So Münch, in: FS Schlosser, S. 613 (624); MüKo-*Münch*, § 1044, Rn. 3.
606 MüKo-*Münch*, § 1046, Rn. 1.
607 Stein/Jonas-*Schlosser*, § 1044, Rn. 1; Zöller-*Geimer*, § 1044, Rn. 2.
608 Vgl. Müko-*Münch*, § 1044, Rn. 6; MüKo-*Münch*, § 1046 Rn. 6.
609 Stein/Jonas-*Schlosser*, § 1044, Rn. 1.
610 MüKo-*Münch*, § 1044, Rn. 5.
611 Lachmann, Schiedsgerichtspraxis, S. 203, Rn. 759; Zöller-*Geimer*, § 1044, Rn. 2; Stein/Jonas-*Schlosser*, § 1044, Rn. 1; BT-Drucks. 13/5274, S. 48 li. Sp.; Münch, in: FS Schlosser, S. 613 (624).
612 HK/ZPO-*Saenger*, § 1044, Rn. 3; B/L/A/H-*Hartmann*, § 1044, Rn. 2; Thomas/Putzo-*Reichold*, § 1044, Rn.1; Musielak-*Voit*, § 1044, Rn. 2.

Streitgegenstandsbegriff. Den Mindestvoraussetzungen der Streitgegenstandsbestimmung wird bereits durch den Vorlageantrag nach § 1044 ZPO Genüge getan: Der Beklagte kann sich anhand dessen auf den anstehenden Streitstoff einstellen und der Schiedskläger gibt klar zu erkennen, was Inhalt des Schiedsverfahrens sein soll. Die Schwierigkeiten, die durch den mehrstufigen Verfahrensbeginn ausgelöst werden, können in der Praxis umgangen werden, indem der Schiedskläger von vornherein das Schiedsverfahren mit einem Vorlageantrag einleitet, der zugleich die nach § 1046 Abs. 1 ZPO erforderlichen Angaben enthält.[613] Bei Schiedsverfahren, die einer institutionellen Schiedsordnung folgen, fallen die Verfahrensschritte – wie gezeigt – ohnehin äußerlich in einem Akt zusammen.

Einfluss auf den einmal bestimmten Streitgegenstandsbegriff können zusätzliche Faktoren haben. Neben der Schiedsvereinbarung selbst, sind der Zeitpunkt, zu dem diese abgeschlossen wurde, und das Verhältnis, das die Parteien zueinander haben, nicht unerheblich.[614] Soweit die Schiedsvereinbarung im Rahmen einer ständigen Geschäftsbeziehung getroffen wird, ist tendenziell davon auszugehen, dass die Vereinbarung eher weit formuliert wird, um eine dauerhafte Streiterledigung herbeizuführen.[615] Auf der anderen Seite liegen die aus extrem weit gefassten Schiedsvereinbarungen resultierenden Folgeprobleme auf der Hand, weil gerade die weite Fassung von Schiedsvereinbarungen eine Ursache für das Auftreten von Parallelverfahren sein kann.[616]

F. Rechtshängigkeit

I. Rechtshängigkeit im staatlichen Verfahren

Der anschließende Teil beschäftigt sich mit dem Hauptgegenstand dieser Untersuchung, dem Rechtsinstitut der Rechtshängigkeit. Wie üblich erfolgen im ersten Schritt die Ausführungen zum staatlichen Verfahren, um im Weiteren die hierauf aufbauende Darstellung für den schiedsgerichtlichen Rechtsverkehr vorzunehmen zu können.

---

613 In diese Richtung Lachmann, Schiedsgerichtspraxis, S. 203, Rn. 761, der auf die zeitlichen Vorteile einer gleichzeitigen Einreichung von Vorlageantrag und Schiedsklage hinweist.

614 Bosch, Rechtshängigkeit im Schiedsverfahren, S. 102 ff.; Lachmann, Schiedsgerichtspraxis, S. 131 ff., Rn. 472 ff. bietet einen guten Überblick über praktische Schwierigkeiten bei der Bestimmung der sachlichen Reichweite einer konkreten Schiedsvereinbarung,. Insbesondere werden unter ausführlicher Einbeziehung der Rechtsprechung viele Beispiele für die Ermittlung des Streitgegenstandes gegeben.

615 Vgl. Elsing, in: FS Westphalen, S. 109 (120).

616 Vgl. hierzu auch unter Gliederungspunkt 1. Kapitel. F.II. 6. c)cc).

1. *Historie der Rechtshängigkeitseinrede (exceptio litis pendentis)*

Rechtshängigkeit ist nicht erst seit der Kodifizierung der CPO im Jahr 1877 ein essentieller Verfahrensgrundsatz im deutschen Zivilprozessrecht. Die historischen Wurzeln des Instituts reichen in das römische Recht zurück.[617] Ursprünglich bestand der römische Zivilprozess aus zwei Teilen: Im ersten Verfahrensabschnitt musste der Kläger um die Erteilung der *formula*[618] nachsuchen. Dieser Verfahrensteil diente dem Auffinden des anzuwendenden Rechtssatzes.[619] Mit Erteilung der *formula* trat eine Konsumtionswirkung ein, d. h. das geltend gemachte Recht ging unter. Einem neuen Verfahren zur Erteilung der *formula* über denselben Streitgegenstand stand die Einrede der *exceptio rei in iudicium deductae* entgegen.[620] Im zweiten Verfahrensabschnitt war nunmehr das Klagerecht zu verfolgen, welches das ursprünglich geltend gemachte Recht ersetzte.[621] Nachdem diese Zweiteilung aufgehoben worden war, entstand die so genannte *exceptio litis pendentis*.[622] Die ursprüngliche Konsumptionswirkung der *formula* hatte mit Wegfall der Zweiteilung des römischen Zivilprozesses keinen Bestand mehr. Der Beklagte sollte jedoch weiterhin vor schikanösen Wiederholungen der gleichen Klage im laufenden Verfahren bewahrt werden.[623] Man versuchte das entstandene Defizit der Verteidigungsmöglichkeiten des Beklagten mit Hilfe der *exceptio litis pendentis* auszugleichen.[624] Anders als früher beruhte die *exceptio litis pendentis* nicht mehr auf einer Änderung des materiellen Rechts, wie es zuvor bei der *exceptio rei in iudicum deductae*[625] üblich gewesen war. Die *exceptio litis pendentis* verkörperte ein selbstständiges Prozesshindernis.[626] Bereits im jüngeren römischen Recht hatte

617 Zu den Ursprüngen von lis pendens im Bereich *International Litigation* McLachlan, Lis pendens, S. 28 ff.

618 Hierunter ist der Urteilsspruch des Prätors zu verstehen, Planck, Mehrheit von Rechtsstreitigkeiten, S. 4.

619 Planck, Mehrheit von Rechtsstreitigkeiten, S. 4; Herrman, Grundstruktur der Rechtshängigkeit, S. 13.

620 Planck, Mehrheit von Rechtsstreitigkeiten, S. 5 f., 11 ff.; Althammer, Streitgegenstand und Interesse, S. 207; Herrmann, Grundstruktur der Rechtshängigkeit, S. 13.

621 Planck, Mehrheit von Rechtsstreitigkeiten, S. 4 ff.; Herrmann, Grundstruktur der Rechtshängigkeit, S. 21.

622 Herrmann, Grundstruktur der Rechtshängigkeit, S. 21; vgl. auch Gaul, in: FS Flume, S. 443 (467).

623 Planck, Mehrheit von Rechtsstreitigkeiten, S. 13 f.

624 Herrmann, Grundstruktur der Rechtshängigkeit, S. 38; Planck, Mehrheit von Rechtsstreitigkeiten, S. 13.

625 Ausführlich hierzu Planck, Mehrheit von Rechtsstreitigkeiten, S. 5.

626 Vgl. Gaul, in: FS Flume, S. 443 (509); Herrmann, Grundstruktur der Rechtshängigkeit, S. 21, 38.

die Einrede der Rechtshängigkeit demnach prozessualen Charakter.[627] Generell war die Entwicklung, anders als bei anderen Rechtsinstituten des deutschen Zivilprozesses, wenig im Fluss.[628] Deshalb kommen der Rechtshängigkeit im heutigen Recht weitestgehend dieselben Wirkungen zu wie es bereits die ersten Entwürfe zur ZPO vorsahen.[629] Eine Wandlung hat es allerdings hinsichtlich der Schutzintention des Rechtsinstituts und bezüglich der prozessualen Beachtung der anderweitigen Rechtshängigkeit in einem nachfolgenden Verfahren gegeben.[630]

2. Begriff und Regelung der Rechtshängigkeit in der Zivilprozessordung

Im Schiedsverfahrensrecht wird die Existenz eines gleichwertigen Parallelinstituts zu § 261 Abs. 3 Nr. 1 ZPO gänzlich bestritten. Bei der angestrebten Rechtshängigkeitsanalyse kommt es deshalb noch stärker als bei den bisherigen Darstellungen zum staatlichen Verfahren auf die einführenden Darstellungen zur Ausgestaltung der Rechtshängigkeit in Verfahren vor ordentlichen Gerichten an. Eine sachgerechte und fundierte Argumentation hinsichtlich einer schiedsgerichtlichen Rechtshängigkeitssperre kann nur erfolgen, wenn eine gute Vergleichsbasis zuvor geschaffen worden ist. Mögliche Parallelen und Unterschiede, die schiedsgerichtlichen Besonderheiten geschuldet sind, können dann erkannt und richtig eingeordnet werden. Vorangehend werden in einem Dreischritt die Voraussetzungen, Wirkungen und insbesondere die Funktionen des Rechtsinstituts der Rechtshängigkeit im staatlichen Zivilprozess erörtert. Mit Rücksicht darauf, dass die zivilprozessuale Rechtshängigkeit trotz ihrer eingehenden gesetzlichen Regelung nur den Ausgangspunkt, nicht aber den eigentlichen Themenschwerpunkt bildet, wird die Darstellung auf die für die eigentliche Fragestellung relevanten Ausführungen reduziert.[631]

Rechtshängigkeit ist in § 261 Abs. 1 ZPO definiert als der Zustand, der durch die Erhebung der Klage begründet wird. § 261 ZPO steht in engem Zusammenhang mit § 253 ZPO. Diese Vorschrift regelt wiederum, was unter der Erhebung der Klage zu verstehen ist. Im deutschen Zivilprozess erfolgt die Klageerhebung durch die Zustellung eines Schriftsatzes an den Beklagten. Damit die Zustellung der Klageschrift den Zustand der Rechtshängigkeit auslöst, sind die formalen

---

627 Planck, Mehrheit von Rechtsstreitigkeiten, S. 17; differenzierend Schwalbach, AcP 64 (1881), S. 256 (285 f.).

628 Herrmann, Grundstruktur der Rechtshängigkeit, S. 21.

629 Vgl. Herrmann, Grundstruktur der Rechtshängigkeit, S. 21 f. mit weiteren Literaturangaben zur Entwicklung des Rechtsinstituts der Rechtshängigkeit.

630 Hierzu unter 1. Kapitel. F.I. 2. c)bb)(4) (a).

631 Zur vertieften Lektüre über das Rechtsinstitut der Rechtshängigkeit und die Verwandtschaft mit der Rechtskraft im staatlichen Verfahren lesenswert Herrmann, Grundstruktur der Rechtshängigkeit, S. 1 ff.

Voraussetzungen des § 253 Abs. 2 ZPO zu erfüllen:[632] Das Gericht und die Parteien müssen bezeichnet werden, § 253 Abs. 2 Nr. 1 ZPO. Der zugestellte Schriftsatz muss zudem einen bestimmten Antrag enthalten, sowie Gegenstand und Grund des erhobenen Anspruchs bestimmt angeben, § 253 Abs. 2 Nr. 2 ZPO. Es kommt nicht auf die Zulässigkeit und Begründetheit der Klage an. Den Erfordernissen wird schon Genüge getan, wenn die Klage formell ordnungsgemäß erhoben und zugestellt wurde.[633] Formelle Mängel bei der Klageerhebung unterbinden den Eintritt von Rechtshängigkeit dann nicht, wenn sie mit rückwirkender Wirkung (*ex tunc*) nachgeholt oder geheilt werden können.[634] Die in der Klageschrift benannte Streitsache ist nach § 308 Abs. 1 S. 1 ZPO für den Umfang der gerichtlichen Entscheidung maßgeblich. Mehr als hier beantragt wird, darf das Gericht nicht bewilligen.[635] Des Weiteren kann Rechtshängigkeit durch die Geltendmachung des Anspruchs in der mündlichen Verhandlung begründet werden, vgl. § 261 Abs. 2 ZPO.[636]

Inhaltlich bedeutet Rechtshängigkeit, oder auch Litispendenz genannt, das Schweben eines Streits über einen prozessualen Anspruch innerhalb eines Urteilsverfahrens eines jeden Rechtsweges im Sinne des § 17 GVG.[637] Nach § 17 Abs. 1 S. 2 GVG greift Rechtshängigkeit rechtswegübergreifend im Verhältnis aller Gerichtszweige ein.[638] Ob hierzu auch das schiedsgerichtliche Verfahren zu zählen ist, wird von denjenigen, die der Schiedsgerichtsbarkeit keinen der staatlichen Gerichtsbarkeit gleichwertigen Rechtsprechungscharakter zusprechen, und von der h. M., die das Institut der Rechtshängigkeit im Schiedsverfahren nicht anerkennt, freilich verneint.[639] Nach allgemeiner Ansicht ist das maßgebende Kriterium für das Eingreifen der Rechtshängigkeitssperre zwischen den Gerichtszweigen deren

632 Im Gegensatz zu den weiteren in Absatz 2 - 5 genannten „Soll"-Voraussetzungen sind die Voraussetzungen des Absatzes 2 einzuhaltende Mindestvoraussetzungen, die zur wirksamen Klageerhebung notwendig sind. Ein den Erfordernissen nicht genügender Schriftsatz enthält hingegen nur die Ankündigung einer demnächst mündlich zu erhebenden Klage. Die Klageerhebung stellt eine Prozesshandlung dar und begründet ein Prozessrechtsverhältnis, vgl. hierzu Musielak-*Foerste*, § 253, Rn. 2 ff.; Mängel im notwendigen Inhalt der Klageschrift können, abhängig davon, was für ein Mangel vorliegt, ggf. beseitigt werden, hierzu MüKo-*Becker-Eberhard*, § 253, Rn. 175 ff.

633 BGH NJW 1967, S. 2304 (2304).

634 Zu einzelnen in Betracht kommenden Mängeln und der Frage nach deren Nachholbarkeit Zöller-*Greger*, § 253, Rn. 22 ff.

635 Hierzu Musielak, in: FS Schwab, S. 349 ff.

636 Hierzu Heinsheimer, ZZP 38 (1909), S. 1 (40 ff.).

637 Vgl. Wieczorek/Schütze-*Assmann*, § 261, Rn. 6.

638 Lüke, in: GS Bruns, S. 129 (137 f.), der bereits vor Neuerung des § 17 Abs. 1 S. 2 GVG von einer rechtswegübergreifenden Rechtshängigkeit ausging, als sich die damals h. M. noch hiergegen aussprach; wie Lüke auch Schumann, in: FS Lüke, S. 767 (790).

639 Vgl. z. B. Rosenberg/Schwab/Gottwald, § 98, Rn. 4.

Gleichwertigkeit.[640] Trotz gegenteiliger Bestrebungen des Gesetzgebers[641] wird die Gleichwertigkeit von Schiedsgerichtsbarkeit und Staatsgerichtsbarkeit mehrheitlich in Zweifel gezogen.[642] Besonders im Hinblick auf prozessuale Einrichtungen und deren Wirkungen werden Bedenken an der Gleichwertigkeit geäußert, was im Rahmen der Rechtskraft bereits ausgeführt wurde.

a) Lis alibi pendens-Grundsatz als Bestandteil der deutschen Rechtsordnung

Der Grundsatz der *lis alibi pendens*, also der Vermeidung einer mehrfachen Rechtshängigkeit derselben Streitsache zwischen denselben Parteien, ist in den meisten kontinentalen Rechtsordnungen ein fester Bestandteil der Rechtsausübung und zwingender Rechtsgrundsatz. „*The principle of lis pendens is a fundamental principle of procedural fairness and justice which is normally considered to form part of procedural public policy in most legal systems.*"[643] Die deutsche Zivilprozessordnung zählt diese prozessuale Einrichtung ebenfalls zu einem wesentlichen Verfahrensprinzip.[644]

b) Anhängigkeit als Vorform

Zu unterscheiden ist die Rechtshängigkeit von der Anhängigkeit, also dem Einreichen der Klage bei Gericht.[645] Anhängigkeit bedeutet im Gegensatz zur Rechtshängigkeit nur das Schweben jedes beliebigen gerichtlichen Verfahrens, beispielsweise auch eines Mahnverfahrens.[646] Somit ist die Anhängigkeit der weitergehende Begriff.[647] Richtig ist auch die Aussage, dass die Anhängigkeit in der

---

640 Lüke, in: GS Bruns, S. 129 (138 f.); Schumann, in: FS Lüke, S. 767 (767); MüKo-*Becker-Eberhard*, § 261, Rn. 46.

641 Auf die Bestrebungen des Gesetzgebers, dass das schiedsgerichtliche Verfahren als namhafte Alternative zum staatlichen Verfahren ausgestaltet sein soll, wurde mehrfach hingewiesen; vgl. BT-Drucks. 13/5274, S. 1, 36, li. Sp.

642 Haas, in: FS Rechberger, S. 187 (210); Hesselbarth, Schiedsgerichtsbarkeit und Grundgesetz, S. 26 ff. hält die Neuregelung des Schiedsverfahrensrechts von 1998 sogar für verfassungswidrig.

643 Hobér, in: Cremades/Lew, Parallel Proceedings, S. 243 (253). Zu Regelungen in Frankreich, Schweiz; Italien, Schweden Dänemark vgl. die Ausführungen in International Law Association (2006), S. 8 ff.

644 OLG München NJW 1964, S. 979 (980). Dies spiegelt sich insbesondere in den noch unter Gliederungspunkt 1. Kapitel. F.I. 2. d) darzustellenden Funktionen und der prozessualen Berücksichtigung von Amts wegen wider, hierzu unter Gliederungspunkt 1. Kapitel. F.I. 2. c)bb)(4) (a), vgl. umfassend MüKo-*Becker-Eberhard*, § 261, Rn. 42 ff.

645 Musielak-*Foerste*, § 261, Rn. 3.

646 Ausführlich zur Anhängigkeit Schilken, JR 1984, S. 446 ff.; B/L/A/H-*Hartmann*, § 261, Rn. 1.

647 RGZ 135, 121 (122); Stein/Jonas-*Roth*, § 261, Rn. 4.

Regel eine Vorstufe der Rechtshängigkeit darstellt, dies auch deshalb, weil die Anhängigkeit eines Anspruchs gewisse Vorwirkungen der Rechtshängigkeit auslösen kann, wie beispielsweise die Fristwahrung im Rahmen des § 167 ZPO.[648] Die hier vorgenommene Trennung in der Terminologie entspricht zwar den tatsächlich existierenden Unterschieden beider Institute, auf die es insbesondere im Fall einer Klagerücknahme oder bei der einseitigen Erledigung der Hauptsache ankommt.[649] Allerdings hält der Gesetzgeber selber diese Trennung der Begrifflichkeiten nicht strikt durch.[650] Beispielsweise wird in den §§ 66 Abs. 1, 64 ZPO *„Anhängigkeit“* als Synonym für Rechtshängigkeit verwendet. Für die nachfolgende Analyse des Rechtsbegriffs der Rechtshängigkeit wird dennoch eine klare terminologische Trennung beider Begriffe eingehalten.

c) Wirkungen der Rechtshängigkeit

Im staatlichen Zivilprozess kommen der Rechtshängigkeit sowohl materiell-rechtliche als auch prozessuale Wirkungen zu.

aa) Materiell-rechtliche Wirkungen

§ 262 S. 1 ZPO bestimmt, dass die Vorschriften des Bürgerlichen Gesetzbuches über die sonstigen Wirkungen der Rechtshängigkeit unberührt bleiben. Der Vollständigkeit halber sind die wichtigsten materiellen-rechtlichen Normen innerhalb des BGB kurz zu nennen, die Wirkungen an den Eintritt der Rechtshängigkeit knüpfen. Vor allem führt die Rechtshängigkeit zur Rechtserhaltung im materiellen Recht. Es tritt Verjährungshemmung nach § 204 Abs. 1 Nr. 11 BGB ein.[651] In den §§ 286 Abs. 1 S. 2, 291, 292, 818 Abs. 4, 987, 989, 2023 BGB kommt der Rechtshängigkeit eine rechtsvermehrende Funktion zu. Rechtsmindernd wirkt sie sich hingegen unter anderem in den §§ 1408 Abs. 2 S. 2, 2077 Abs. 1 S. 2 und 3, 1933 S. 2 BGB aus. Schließlich kann Rechtshängigkeit wie in § 1613 BGB eine rechtsverstärkende Funktion erfüllen[652]. Darüber hinaus beziehen sich weitere materiell-rechtliche Normen innerhalb und außerhalb des BGB auf den Eintritt der Rechtshängigkeit.[653] Die erwähnten materiell-rechtlichen Wirkungen, die an den Eintritt der Rechtshängigkeit anknüpfen, treten auch bei unzulässiger Klage ein.[654]

---

648 Musielak-*Foerste*, § 261, Rn. 3.

649 Zur Bedeutung im Rahmen der einseitigen Erledigungserklärung Stein/Jonas-*Bork*, § 91a, Rn. 11.

650 Stein/Jonas-*Roth*, § 261, Rn. 4.

651 An dieser Stelle ist auf die Konzeption des § 220 BGB a. F. hinzuweisen, der die materiell-rechtliche Wirkung der Verjährungsunterbrechung durch die Verfahrenseinleitung vor einem Schiedsgericht normierte, hierzu Hauck, Schiedshängigkeit und Verjährungsunterbrechung, S. 1 ff.; Münch, in: FS Schlosser, S. 615 ff.

652 Vgl. insgesamt Rosenberg/Schwab/Gottwald, § 98, Rn. 36.

653 Vgl. Rosenberg/Schwab/Gottwald, § 98, Rn. 36 f. (mit weiteren Nachweisen); Musielak-*Foerste*, § 262, Rn. 1.

654 BGH NJW 1996, S. 2152 (2153).

bb) Prozessuale Wirkungen

Die wichtigsten prozessualen Wirkungen der Rechtshängigkeit regelt die Zivilprozessordnung insbesondere in § 261 Abs. 3, bzw. in den §§ 263, 264, 265 ZPO.

(1) Perpetuatio fori

In § 261 Abs. 3 Nr. 2 ZPO ist eine der prozessualen Wirkungen des Eintritts der Rechtshängigkeit normiert, nämlich die Fortdauer der Zuständigkeit, oder auch *perpetuatio fori* genannt. Demzufolge werden nach Eintritt der Rechtshängigkeit die Zuständigkeit des gewählten Rechtsweges und die Zuständigkeit des Prozessgerichts durch die Veränderung der sie begründenden Umstände nicht mehr berührt. Diese prozessuale Wirkung dient der Prozessökonomie und will zugunsten einer Sachentscheidung einen Parteienstreit um die Zuständigkeit zügig beenden.[655] Ein Gericht, das bei Klageerhebung unzuständig war, kann durch nachträgliche Veränderung die Zuständigkeit erlangen.[656] Die Intention der Norm lässt sich jedoch nicht umkehren, so dass ein im Laufe des Prozesses zuständig gewordenes Gericht seine Zuständigkeit auch bei Wegfall der zuständigkeitsbegründenden Umstände beibehält.[657] Die *perpetuatio fori* setzt – ebenso wie die in § 261 Abs. 3 Nr. 1 ZPO kodifizierte Rechtshängigkeitssperre – die Identität des Streitgegenstandes voraus. Eine Veränderung des Streitgegenstandes macht daher eine erneute Zuständigkeitsprüfung erforderlich.[658]

(2) Erschwerung der Klageänderung

Gemäß § 263 ZPO ist nach dem Eintritt der Rechtshängigkeit eine Klageänderung, d. h. eine Veränderung des in der Klageschrift geltend gemachten Streitgegenstandes nur zulässig, wenn der Beklagte einwilligt oder das Gericht eine Klageänderung für sachdienlich hält.[659] Denn mit Klageerhebung ist der Streitgegenstand fixiert worden und der Beklagte hat sich in seiner Verteidigung auf diesen eingestellt. Der Schutz des Beklagten[660] und die Absicherung einer allgemein prozessökonomischen Verfahrensführung[661] durch eine Fortsetzung des ursprünglichen Prozesses sind als Gründe für das Prozessinstitut der Klageänderung anzuführen.

---

655 BGH NJW 2001, S. 2477 (2478); Zöller-*Greger*, § 261, Rn. 12.

656 Stein/Jonas-*Roth*, § 261, Rn. 35 (mit weiteren Nachweisen).

657 B/L/A/H-*Hartmann*, § 261, Rn. 31. Beispiele für derartige Fälle sind eine Wohnsitzveränderung oder eine Prozessverbindung sowie eine Prorogation des angerufenen Gerichts; hierzu BGH NJW 2006, S. 2782 (2783).

658 BGH NJW 2001, S. 2477 (2478); MüKo-*Becker-Eberhard*, § 261, Rn. 81.

659 Zum Begriff der Sachdienlichkeit BGH NJW 1975, S. 1228 (1229); Zöller-*Greger*, § 263, Rn. 13; vgl. zudem BT-Drucks. 13/5274, S. 49, li. Sp., hier wird davon ausgegangen, dass § 263 ZPO auf das Schiedsverfahren entsprechende Anwendung findet.

660 BGH NJW 1996, S. 2869 (2870).

661 v. Mettenheim, Prozeßökonomie, S. 95 ff.; Stein/Jonas-*Roth*, § 263, Rn. 1.

(3) Auswirkungen der Veräußerung oder Abtretung der streitbefangenen Sache
§ 265 ZPO nimmt Stellung zu den Auswirkungen des Rechtshängigkeitseintritts auf die Veräußerung oder Abtretung der streitbefangenen Sache. Hierbei normiert Absatz 1 das, was ohnehin nach den Vorschriften des Bürgerlichen Gesetzbuches angenommen werden müsste: Dem sachlichen Recht ist ein Verbot für die Veräußerung einer Streitsache fremd.[662] Der BGH sieht den Normzweck des gesamten § 265 ZPO darin, dass das Prozessrechtsverhältnis vor Änderungen des materiellen Rechts „abgeschirmt" werden solle.[663] Die Konsequenz der Veräußerung oder Abtretung der streitbefangenen Sache ist der Verlust der Sachlegitimation.[664] Nach § 265 Abs. 2 ZPO bleibt der Veräußerer bzw. der Abtretende aber dennoch Partei des Rechtsstreits, indem er diesen nunmehr als gesetzlicher Prozessstandschafter über ein fremdes Recht in eigenem Namen führt.[665] Der Prozess wird unter Erhaltung der bisherigen Prozessergebnisse weitergeführt.[666] An anderer Stelle ist bereits darauf hingewiesen worden, § 325 ZPO sorge dafür, dass in bestimmten Fällen auch der Rechtsnachfolger an ein späteres Urteil gebunden wird, weil sich die Rechtskraft auf ihn erstreckt.[667] § 265 Abs. 3 ZPO regelt nunmehr den Schutz des Gegners des Veräußerers bzw. des Abtretenden in den Fällen, in denen wegen § 325 Abs. 2 ZPO an sich keine Rechtskrafterstreckung auf den Erwerber der Streitsache erfolgen würde.[668]

Auch der Normzweck des § 265 ZPO ist zweigeteilt zu betrachten: Primär dient die Vorschrift dem Schutz des Prozessgegners, da dieser keinen Veränderungen in der Person seines Prozessgegners ausgesetzt werden soll.[669] Sekundär kommt die Vorschrift auch der Prozesswirtschaftlichkeit zu Gute, denn trotz des Verlustes der Sachlegitimation werden durch § 265 ZPO in Verbindung mit § 325 ZPO unnötige Doppelprozesse von vornherein vermieden.[670]

(4) Verfahrenssperre gem. § 261 Abs. 3 Nr. 1 ZPO
Das Forschungsinteresse in dieser Arbeit gilt primär der Rechtshängigkeitssperre in § 261 Abs. 3 Nr. 1 ZPO *„als der für die Rechtshängigkeit eigentümlichen Wirkung"*[671] und eigentlichen Regelungsschwerpunkt des § 261 ZPO. Die Rechtshängigkeitssperre bewirkt, dass während der Dauer der Rechtshängigkeit dieselbe Streitsache von keiner Partei weder beim selben noch bei einem anderen Gericht ein weiteres Mal anhängig gemacht werden kann.

---

662 So B/L/A/H-*Hartmann*, § 265, Rn. 1; vgl. auch BGH NJW 2011, S. 2193 (2194).
663 BGHZ 118, 312 (315).
664 Vgl. Musielak-*Foerste*, § 265, Rn. 1.
665 Zöller-*Greger*, § 265, Rn. 1.
666 BGHZ 148, 335 (338); BGH NJW 1998, S. 156 (158).
667 Hierzu unter Gliederungspunkt 1. Kapitel. D.II. 2. a).
668 Stein/Jonas-*Roth*, § 265, Rn. 1.
669 BGHZ 61, 140 (142 f.); MüKo-*Becker-Eberhard*, § 265, Rn. 2.
670 BGHZ 148, 335 (338); Stein/Jonas-*Roth*, § 265, Rn. 1.
671 MüKo-*Becker-Eberhard*, § 261, Rn. 4.

(a) Voraussetzungen und Reichweite der Verfahrenssperre

Bei den Voraussetzungen der Verfahrenssperre ist zwischen subjektiven und objektiven Voraussetzungen zu unterscheiden.[672] In subjektiver Hinsicht erfordert die Rechtshängigkeitssperre Identität der Parteien beider eingeleiteten Prozesse. Auf die Parteirollen kommt es nicht an, d. h. der Kläger des ersten Prozesses kann daher Beklagter im zweiten Prozess sein oder umgekehrt.[673] Für die Bestimmung der Parteiidentität gilt der formelle Parteibegriff.[674] Neben den Parteien selbst sind von der Rechtshängigkeitssperre auch diejenigen Personen erfasst, auf die sich nach §§ 325 ff. ZPO die Rechtskraft erstreckt.[675] Von einer Parteiidentität ist deshalb auch auszugehen, wenn derselbe Streitgegenstand unter Einschaltung eines Prozessstandschafters auf einer oder auf beiden Seiten dem Gericht dargelegt wird.[676] Die erforderlichen Voraussetzungen in objektiver Hinsicht sind schon angesprochen worden: Damit der Rechtshängigkeitseinwand durchgreift, müssen der Streitgegenstand des ersten und des zweiten Prozesses in Umfang und Gegenstand identisch sein. Ausgehend und abhängig vom jeweils befürworteten Streitgegenstandsbegriff, wird auch der objektive Umfang der Rechtshängigkeitssperre unterschiedlich eng oder weitreichend bestimmt.[677]

Unterschiede zwischen dem zweigliedrigen Streitgegenstandsbegriff der h. M. und dem eingliedrigen Streitgegenstandsbegriff werden unter anderem deutlich bei der Frage, welche Rolle das Rechtsschutzziel im Rahmen der Streitgegenstandsbestimmung einnimmt. Nachfolgend soll nur ein kurzer Ausschnitt der Problematik am Beispiel des Verhältnisses von Feststellungs- und Leistungsklage zueinander aufgezeigt werden. Auch diesbezüglich können nur Grundlinien dargestellt werden, weil eine umfassende Darstellung des Verhältnisses beider Klagearten zueinander für sich genommen bereits den Rahmen dieser Arbeit sprengen würde.[678]

Für das Hauptproblem kollidierender schiedsgerichtlicher Verfahren kann insofern dann auf diese Grundsätze zurückgegriffen werden, als dem Schiedsverfahren die bekannten Klagearten des staatlichen Verfahrens ebenfalls vertraut sind.[679]

---

672 Hierzu insgesamt MüKo-*Becker-Eberhard*, § 261, Rn. 50 ff.

673 BGH NJW 2001, S. 3713 (3714); MüKo-*Becker-Eberhard*, § 261, Rn. 50; Zöller-*Greger*, § 261, Rn. 8 a.

674 BGHZ 4, 328 (334); MüKo-*Münch*, § 1044, Rn. 16 iVm. MüKo-*Lindacher*, Vor §§ 50 ff., Rn. 2 f.

675 BGH NJW 1980, S. 2461 (2463); Rosenberg/Schwab/Gottwald, § 98, Rn. 20; Herrmann, Grundstruktur der Rechtshängigkeit, S. 151 ff.; so auch hinsichtlich der Rechtskrafterstreckung differenzierend Bettermann, Rechtsschutzform, S. 10 f.

676 BGH NJW-RR 1986, S. 158 (158); Bosch, Rechtshängigkeit im Schiedsverfahren, S. 167.

677 Vgl. Wieczorek/Schütze-*Assmann*, § 261, Rn. 58. Vgl. zu den unterschiedlichen Möglichkeiten der Streitgegenstandsbestimmung, insbesondere dem relativen Streitgegenstandsbegriff die Ausführungen unter Gliederungspunkt 1. Kapitel. E ff.

678 Ausführlich zur Thematik Gruber, ZZP 117 (2004), S. 133 ff.

679 Vgl. Lachmann, Schiedsgerichtspraxis, S. 359, Rn. 1447.

Für Feststellungsklagen im schiedsgerichtlichen Verfahren sollen jedoch weniger strenge Anforderungen als die in § 256 ZPO kodifizierten gelten. Es wird kein rechtliches Interesse verlangt, sondern ein wirtschaftliches Interesse an der alsbaldigen Feststellung für ausreichend gehalten.[680]

Die h. M. vertritt auch im Anwendungsbereich des Rechtsinstituts der Rechtshängigkeit einen zweigliedrigen, einheitlichen Streitgegenstandsbegriff. Indem auf den klägerischen Antrag und den Lebenssachverhalt abgestellt wird, wird über das Begehren die Rechtsschutzform in den Streitgegenstandsbegriff mit eingeschlossen.[681] Insofern müssen Klagen mit unterschiedlichen Rechtsschutzzielen auch bei identischem Sachverhalt zu unterschiedlichen Streitgegenständen führen.[682] Demgegenüber genügt für die Vertreter des eingliedrigen Streitgegenstandsbegriffs die Identität der Klageanträge, um einer nachfolgenden Klage den Einwand anderweitiger Rechtshängigkeit entgegenzuhalten. Diese Ansicht klammert die Rechtsschutzform aus dem Streitgegenstandsbegriff aus, um auf diese Weise durch einen weit gefassten Streitgegenstandsbegriff zu einer „Konzentration des Verfahrens im Erstforum zu gelangen".[683]

Für das Verhältnis von Feststellungsklage zur Leistungsklage haben sich eigene Grundsätze herausgebildet. Für das Verhältnis der Streitgegenstände beider Klagearten zueinander sei die Besonderheit zu beachten, dass Teilidentität zwischen den Streitgegenständen von Leistungs- und Feststellungsklage bestehe.[684] Habe ein Kläger anfänglich auf Leistung geklagt, dann scheitere seine parallel dazu erhobene Klage auf Feststellung des Bestehens desselben Anspruchs an der Rechtshängigkeit der Leistungsklage, weil der Streitgegenstand der Feststellungsklage in der Leistungsklage mitenthalten sei.[685] Deshalb sei auch ein grundsätzlicher Vorrang der Leistungsklage gegenüber der Feststellungsklage gegeben.[686] Das Rechtsschutzziel der Leistungsklage gehe weiter als das der Feststellungsklage, deshalb begründe eine negative Feststellungsklage keine Rechtshängigkeitssperre für eine nachfolgende Leistungsklage.[687] Wenn der Schuldner die Leistungsklage nicht mehr einseitig zurücknehmen könne, fehle der Feststellungsklage von

680 BGH WM 1976, S. 910 (912); Schwab/Walter, Schiedsgerichtsbarkeit, Kap. 16, Rn. 1.

681 MüKo-*Becker-Eberhard*, (3. Auflage) § 261, Rn. 57.

682 BGH NJW 2001, S. 3713 (3713).

683 So z. B. Stein/Jonas-*Roth*, § 261, Rn. 26, 28 mit zahlreichen Beispielen für das Eingreifen der Verfahrenssperre nach der eingliedrigen Streitgegenstandstheorie.

684 MüKo-*Becker-Eberhard*, § 261, Rn. 62.

685 Bettermann, Rechtsschutzform, S. 26 f.; Gruber, ZZP 117 (2004), S. 133 (138 ff.); Schellhammer, Zivilprozess, S. 98, Rn. 185; MüKo-*Becker-Eberhard*, (3. Auflage) § 261, Rn. 64, eine einer Feststellungsklage nachfolgende selbstständige Leistungsklage sei wegen der zusätzlichen Vollsteckungsmöglichkeit hingegen nicht ausgeschlossen, BGH NJW 1994, S. 2954 (2955); Stein/Jonas-*Roth*, § 261, Rn. 28.

686 BGH NJW 1989, S. 2064 (2064); BGHZ 99, 340 (342).

687 BGH NJW 1989, S. 2064 (2064).

diesem Zeitpunkt an das Feststellungsinteresse.[688] Eine Ausnahme von diesen Grundsätzen billigt die h. M. zu, wenn die Feststellungsklage entscheidungsreif ist, dann bleibe ausnahmsweise das Feststellungsinteresse bestehen.[689] Wenn zuerst eine Leistungsklage erhoben wird und der Beklagte daraufhin eine diesbezügliche negative Feststellungsklage erhebt, solle die negative Feststellungsklage hingegen am Rechtshängigkeitseinwand scheitern.[690]

Im umgekehrten Fall einer zuerst erhobenen Feststellungsklage stehe einer nachfolgend erhobenen selbstständigen Klage auf Leistung der Einwand des § 261 Abs. 3 Nr. 1 ZPO entgegen. Ohne Bedeutung soll es dabei sein, dass der Umfang der zuerst erhobenen Feststellungsklage hinter demjenigen der nachträglichen Leistungsklage zurückbleibe, weil man insofern davon ausgehen könne, dass der Rechtshängigkeitseinwand, jedenfalls im Umfang der Identität beider Klagen (also bezüglich des feststellenden Teils der Klagen), durchgreife.[691] Anstelle einer selbstständigen Leistungsklage stehe dem Kläger der Weg über § 264 Nr. 2 ZPO offen, indem er die Feststellungsklage in eine Leistungsklage umändere.[692]

Soweit einem Urteil nur präjudizielle Bedeutung für eine Entscheidung des zweiten Verfahrens zukommt, kann diesem während der Rechtshängigkeit beider Klagen nicht die Einrede der Rechtshängigkeit entgegengehalten werden.[693] Gegebenenfalls kann sich eine Aussetzung des zweiten Verfahrens anbieten oder – das Einverständnis der Beteiligten vorausgesetzt – sogar eine Zusammenlegung beider Prozesse geboten sein. Im Unterschied zu § 148 ZPO beruht das Verbot der

---

688 BGHZ 99, 340 (343 f.); BGH NJW 1991, S. 1061 (1062); BGH NJW 1989, S. 2064 (2064); RGZ 71, 68, 73 f. (alle Feststellungen, die in der Entscheidung über die negative Feststellungsklage getroffen würden, seien auch Gegenstand des Leistungsurteils); Stein/Jonas-*Schumann* (21. Auflage), § 261, Rn. 62; a. A. Stein/Jonas-*Roth*, Vor § 253, Rn. 54.

689 BGH NJW-RR 1990, S. 1532 (1532).

690 BGH NJW 1989, S. 2064 (2064 f.); im Ergebnis zustimmend Gruber, ZZP 117 (2004), S. 133 (140), der ausdrücklich darauf hinweist, dass der nachfolgenden negativen Feststellungsklage nicht das Feststellungsinteresse fehle, sondern dieser Klage bereits das Prozesshindernis der anderweitigen Rechtshängigkeit entgegenstünde; a. A. Baltzer, Negative Feststellungsklage, S. 149 ff.

691 So Gruber, ZZP 117 (2004), S. 133 (141), bezogen auf das Verhältnis von zuerst erhobener negativer Feststellungsklage und anschließender Leistungsklage. Gruber erachtet die Teilidentität der Streitgegenstände von negativer Feststellungsklage und Leistungsklage für das Eingreifen der Rechtshängigkeitssperre als ausreichend und begründet dies mit Sinn und Zweck des § 261 Abs. 3 Nr. 1 ZPO; MüKo-*Becker-Eberhard*, (3. Auflage) § 261, Rn. 64.

692 Blomeyer, Zivilprozessrecht, § 49 III 2, Lüke, JuS 1969, S. 301 (301); ähnlich Stein/Jonas-*Roth*, § 261, Rn. 29.

693 Musielak-*Foerste*, § 261, Rn. 12; vgl. die Ausführungen unter Gliederungspunkt 1. Kapitel. E.I. 2. b).

anderweitigen Rechtshängigkeit somit nicht auf der Präjudizialität des ersten Prozesses, sondern schöpft seinen Grund aus der Verfahrensidentität.[694]

Als negative Prozessvoraussetzung[695] ist die anderweitige Rechtshängigkeit nach heute ganz herrschender Meinung in jeder Lage des Verfahrens *von Amts wegen* zu beachten.[696] Liegt sie vor, so ist die später erhobene Klage durch Prozessurteil als unzulässig abzuweisen.[697] Der Amtsprüfungsgrundsatz war aber keinesfalls von Anfang an fest mit der Einrede der anderweitigen Rechtshängigkeit verbunden. Vielmehr zeigt die Rechtsprechung des Reichsgerichts,[698] dass von einem Rügeerfordernis ausgegangen wurde. Unter dem maßgeblichen Einfluss einiger Vertreter aus der Literatur[699] hat in den dreißiger Jahren ein Wandel im Schrifttum zur Amtsprüfung eingesetzt. Diesem Wandel hat sich schließlich auch die Rechtsprechung angeschlossen und geht bis heute vom Amtsprüfungsgrundsatz aus.[700] Sollte eine entgegenstehende anderweitige Rechtshängigkeit in einem nachfolgenden Verfahren unberücksichtigt bleiben und somit in zwei Verfahren über den identischen Streitgegenstand zwischen denselben Parteien verhandelt und entschieden werden, muss die Rechtskraft des zuerst erlassenen Urteils – den obigen Ausführungen zur Rechtskraft entsprechend – im anderen Prozess Berücksichtigung finden.[701]

(b) Beginn und Ende der Rechtshängigkeit

Der Beginn der Rechtshängigkeit ist auf den Zeitpunkt der Zustellung der Klageschrift an den Beklagten festgelegt.[702] Für das nationale deutsche Recht ist der Beginn der Rechtshängigkeit maßgeblich für den Eintritt der unterschiedlichen Rechtshängigkeitswirkungen. Einen noch größeren Stellenwert nimmt der Zeitpunkt des Beginns der Rechtshängigkeit dann ein, wenn das Verhältnis von Parallelverfahren zu beurteilen ist, welche in unterschiedlichen Rechtsordnungen eingeleitet worden sind. Einer der Unterschiede im europäischen und internationalen Vergleich besteht nämlich darin, dass viele ausländische Rechtsordnungen nicht zwischen Anhängigkeit und Rechtshängigkeit unterscheiden.[703]

694 Stein/Jonas-*Roth*, § 261, Rn. 20; MüKo-*Becker-Eberhard*, § 261, Rn. 55.
695 Stein/Jonas-*Roth*, § 261, Rn. 22 ist also bei beizupflichten, wenn er darauf hinweist, dass es ungenau ist, wenn einige Autoren von einem Prozesshindernis sprechen. Das zweite Verfahren wird nicht verhindert, sondern sogleich durch Prozessurteil abgewiesen.
696 BGH FamRZ 2005, S. 971 (971); BGH NJW 2001, S. 524 (525); Rosenberg/Schwab/Gottwald, § 97, Rn. 18; MüKo-*Becker-Eberhard*, § 261, Rn. 44 ff.
697 Stein/Jonas-*Roth*, § 261, Rn. 22.
698 RGZ 52, 181 (183), RG JW 1902, S. 124 (132).
699 Bülow, AcP 83 (1894), S. 1 ff.
700 BGH NJW 2001, S. 524 (525).
701 Hierzu unter Gliederungspunkt 1. Kapitel. D.II. 3. b)bb)(1).
702 Zöller-*Greger*, § 261, Rn. 2.
703 Vgl. Geimer, in: FS Sonnenberger, S. 357 (361 f.).

Besondere Probleme sind hiermit im Rahmen der Anerkennung und Vollstreckung von ausländischen Entscheidungen und Schiedssprüchen verbunden. Auf dieses Problem wird im Verhältnis von Deutschland zu den USA zurückzukommen sein.[704]

Das Ende der Rechtshängigkeit tritt ein mit formeller Rechtskraft[705] der Streitsache, oder wenn die Klage zurückgenommen oder rechtskräftig abgewiesen wird.[706] In zeitlicher Hinsicht lässt sich der Zusammenhang zwischen Rechtshängigkeit und Rechtskraft wie folgt ausdrücken: Rechtshängigkeit wird prozessual durch das Institut der Rechtskraft abgelöst.[707] Das temporäre Moment zur parallelen Einleitung zweier Prozesse ist dahingehend zu präzisieren, dass der erste Prozess noch im Zeitpunkt der letzten Tatsachenverhandlung des zweiten Verfahrens anhängig sein muss.[708] Hinsichtlich des Endes der Rechtshängigkeit ist ebenfalls zwischen den materiell-rechtlichen und den prozessualen Wirkungen zu differenzieren. Für zuerst Genannte ist das materielle Recht maßgeblich.[709]

d) Funktionen und Zweck des Rechtsinstituts der Rechtshängigkeit

Für den staatlichen Zivilprozess werden die Funktionen der Rechtshängigkeit in der Vermeidung von sich widersprechenden Entscheidungen gesehen.[710] Hierdurch soll einem drohenden Ansehensverlust der Rechtspflege entgegengewirkt werden. Zudem soll eine Doppelbeanspruchung der staatlichen Gerichtsbarkeit vermieden werden. Den Gerichten soll ein zweifacher Zeit-, Arbeits- und Kostenaufwand durch identische Prozesse erspart werden; kurz gesagt: Rechtshängigkeit im Allgemeinen und im Besonderen die Verfahrenssperre des § 261 Abs. 3 Nr. 1 ZPO dienen der Prozessökonomie.[711] Sowohl die Vermeidung des Erlasses sich widersprechender Entscheidungen als auch einer Doppelbeanspruchung der Gerichtsbarkeit werden dem Schutz öffentlicher Interessen zugeordnet.[712] Durch seine wichtigen Funktionen und den beabsichtigten Interessenschutz erfüllt das Rechtsinstitut der Rechtshängigkeit eine in vielerlei Hinsicht wichtige Aufgabe innerhalb des Zivilprozessrechts. Zudem kann ein Zusammenhang der Rechtshängigkeit mit anderen grundlegenden Einrichtungen des Zivilprozessrechts nicht bestritten werden. Insbesondere sind einige Parallelen zur Rechtskraft und einige Verknüpfungen mit dem Streitgegenstandsbegriff bereits deutlich geworden.

---

704 Hierzu unter Gliederungspunkt 2. Kapitel. D.III. 2. a).
705 BGH NJW 1995, S. 1095 (1096).
706 Rosenberg/Schwab/Gottwald, § 98, Rn. 17.
707 Vgl. MüKo-*Becker-Eberhard*, § 261, Rn. 52.
708 Stein/Jonas-*Roth*, § 261, Rn. 20.
709 MüKo-*Becker-Eberhard*, § 261, Rn. 35.
710 BGHZ 4, 314 (322); BGH NJW 2002, S. 1503 (1503).
711 Stein/Jonas-*Roth*, § 261, Rn. 1; HK/ZPO-*Saenger*, § 261, Rn. 1.
712 B/L/A/H-*Hartmann*, § 261, Rn. 24; MüKo-*Becker-Eberhard*, § 261, Rn. 5.

Darüber hinaus weist das Rechtsinstitut einige sachliche Überschneidungen mit dem allgemeinen Rechtsschutzinteresse auf.[713]

e) Zusammenhang zwischen Rechtshängigkeit und Rechtskraft

Für den staatlichen Zivilprozess sind sowohl die Rechtskraft als auch die Rechtshängigkeit dargestellt worden. Auf eine enge Verwandtschaft beider Rechtsinstitute wurde schon mehrfach hingewiesen, ohne die Argumentation zum Verhältnis beider Einrichtungen oder die Ursprünge der Funktionsverwandtschaft näher zu erläutern. Dies soll nunmehr knapp erfolgen.

aa) Zusammenhang bejahende Meinung

Beide prozessualen Einrichtungen schließen weitere Verfahren über den von ihnen erfassten Streitgegenstand aus, äußern mithin die gleichen Wirkungen.[714] Ob der Ausschluss des erneuten Verfahrens hier im Sinne der Ne-bis-in-idem-Lehre zu verstehen ist, kann jedenfalls an dieser Stelle dahinstehen.[715] Unter Berücksichtigung der teilweisen Funktionsidentität von Rechtshängigkeit und Rechtskraft wird seit jeher ein innerer Zusammenhang zwischen beiden Einrichtungen angenommen. Bereits vor Inkrafttreten der ZPO gingen die gesetzgeberischen Kräfte hiervon aus. Die Kommission zur Erstellung einer Zivilprozessordnung war davon überzeugt, dass der Umfang der Einrede der Rechtshängigkeit und die Reichweite der *exceptio rei iudicatae* einander entsprächen.[716]

Die Ansatzpunkte, um den Zusammenhang von Rechtskraft und Rechtshängigkeit zu erklären, unterscheiden sich im Detail und können nur in groben Zügen angesprochen werden.[717] Teilweise wird Rechtshängigkeit als wesensgleiche Vorstufe der Rechtskraft verstanden.[718] Diese Auffassung kann eine lange Tradition vorweisen. Noch einen Schritt weiter geht die Meinung, Rechtshängigkeit stelle

---

713 MüKo-*Becker-Eberhard*, § 261, Rn. 7.

714 Bettermann, Rechtsschutzform, S. 86 f.; Bosch, Rechtshängigkeit im Schiedsverfahren, S. 1. Ablehnend gegenüber einer Zweckgleichheit beider Institute Lippmann, AcP 65 (1882), S. 358 (440), der die Funktion widersprechende Urteile zu verhindern ausschließlich der materiellen Rechtskraft beimisst; wie Lippmann auch Rimmelspacher, Materiell-rechtlicher Anspruch, S. 313 ff.

715 Vgl. hierzu unter Gliederungspunkt 1. Kapitel. D.I. 1. b)bb)(2).

716 Protokolle der Kommission zur Erstellung einer Zivilprozessordnung der Staaten des Norddeutschen Bundes, S. 537 sowie Hahn, Materialien II/1, S. 259; Herrmann, Grundstruktur der Rechtshängigkeit, S. 6.

717 Umfassende Darstellung der Entwicklungsstufen der einzelnen Meinungen mit Hinweisen zu den jeweiligen Meinungsvertretern und unter Darstellung auch der Entwicklung in der Rechtsprechung Herrmann, Grundstruktur der Rechtshängigkeit, S. 6 ff.

718 Schollmeyer, Compensationseinrede, S. 10; ähnlich, aber mit etwas anderer Begründung Schwartz, in: FG Dernburg, S. 309 (346); kritisch Althammer, Streitgegenstand und Interesse, S. 213 ff.

eine „vorbeugende Sicherung und Wegbereitung für die vom Urteil ausgehende Rechtskraftwirkung dar."[719] Andere gehen von einem gemeinsamen Ursprung beider Rechtsinstitute aus, der im Grundsatz *„bis de eadem re ne sit actio"*, die richterliche Gewalt befasse sich nur einmal mit derselben Sache, zu finden sei.[720] Schließlich wird mit den gleichen Auswirkungen auf einen nachfolgenden Prozess und dem gemeinsamen Bezugspunkt, dem Begriff des Streitgegenstandes, als gemeinsamen objektiven Anknüpfungspunkt, argumentiert.[721]

bb) Zusammenhang verneinende Meinung

Obwohl der Zusammenhang zwischen beiden Rechtsinstituten für die meisten Zivilprozessrechtler eindeutig ist, wurde die enge Verwandtschaft beider zivilprozessualen Einrichtungen auch in Frage gestellt. Die den engen Zusammenhang von Rechtskraft und Rechtshängigkeit verneinenden oder relativierenden Stimmen sind durchweg sehr alt. Im heutigen Zivilprozess wird fast unbestritten von einer Verwandtschaft ausgegangen.[722] Die hauptsächlichen Gegenargumente sind dennoch kurz zu nennen. Teilweise wird ein gemeinsamer Ursprung beider Einrichtungen verneint.[723] Andere sehen eine Verwandtschaft beider Rechtsinstitute explizit nur bezüglich der Verfahrenssperre wegen früherer anderweitiger Rechtshängigkeit und der materiellen Rechtskraft.[724] Schließlich wird vertreten, dass der Streitgegenstandsbegriff im jeweiligen Anwendungsbereich ein anderer sei und es daher auch diesbezüglich an einem gemeinsamen Nenner fehle.[725]

cc) Folgerungen für die vorliegende Arbeit

Ob es für den Untersuchungsschwerpunkt dieser Arbeit darauf ankommt, dass zwischen dem Institut der Rechtskraft und dem der Rechtshängigkeit ein zwingender

---

719 So Bötticher, Kritische Beiträge, S. 237, der zudem auf die Gemeinsamkeit als negative Prozessvoraussetzung hinweist; zustimmend Bettermann, Rechtsschutzform, S. 86 f.

720 Planck, Mehrheit von Rechtsstreitigkeiten, S. 545 f.; vgl. auch Buschmann, Rechtshängigkeit im Ausland, S. 31 ff., der den Meinungsstand zum Verhältnis von Rechtskraft und Rechtshängigkeit in jüngerer Zeit zusammengefasst hat sowie Althammer, Streitgegenstand und Interesse, S. 206 ff.

721 Hellwig, Zivilprozessrecht, S. 363.

722 So z. B. MüKo-*Becker-Eberhard*, § 261, Rn. 6; Bettermann, Rechtsschutzform, S. 9.

723 Seuffert, in: KrVSchr. 27, S. 472 (475), der argumentativ auf das römische Recht verweist.

724 Blomeyer, Zivilprozeßrecht, S. 310, Fn. 6.

725 Vgl. Pohle, JR 1954, S. 436 (437), der L. Rosenberg zustimmt, welcher unterschiedliche Streitgegenstandsbestimmungen vorschlägt. Im Übrigen mit umfassenden Hinweisen zu den einzelnen Ansichten, inklusive der Darstellung der Rechtsprechung zur Frage des Verhältnisses von Rechtskraft und Rechtshängigkeit Herrmann, Grundstruktur der Rechtshängigkeit, S. 6 ff. Vgl. auch die Ausführungen unter Gliederungspunkt 1. Kapitel. E.I. 2. a).

Zusammenhang besteht, kann an dieser Stelle noch unbeantwortet bleiben. Dass eine gewisse Parallelität zwischen beiden prozessualen Einrichtungen besteht, kann jedenfalls nicht gänzlich bestritten werden. Für den Ertragswert der Analyse kommt es in erster Linie darauf an, dass es gelingt, für die Rechtshängigkeit eine eigenständige – vom Institut der Rechtskraft abzutrennende – Aufgabe herauszustellen. Hierbei spielt – wie gezeigt – das Verfahrensstadium bzw. der zeitliche Faktor die entscheidende Rolle. In dem Fall, in dem ein Verfahren bereits vor einem staatlichen Gericht rechtshängig im Sinne der oben gegebenen Definition ist, aber noch kein in Rechtskraft erwachsendes Urteil erlassen wurde, kann eine doppelte Inanspruchnahme gerichtlichen Rechtschutzes nur durch den Einwand anderweitiger Rechtshängigkeit nach § 261 Abs. 3 Nr.1 ZPO unterbunden werden. Insofern ist die primäre Aufgabe von Rechtshängigkeit schon in der Vermeidung doppelter Prozessführung zu sehen.[726] Unter Kostengesichtspunkten ist der Einwand anderweitiger Rechtshängigkeit somit letztlich effizienter als der Einwand anderweitiger Rechtskraft. Sekundär kann durch das Institut der Rechtshängigkeit aber auch der Erlass widersprüchlicher Entscheidungen unterbunden werden.

Eine Existenzberechtigung der Rechtshängigkeit neben der materiellen Rechtskraft kann infolgedessen trotz partieller Funktionsgleichheit beider Rechtsinstitute nicht abgesprochen werden, oder wie *Bosch* es formuliert: *„Es ist keineswegs undenkbar, dass zwei verschiedene Institute einen gleichen Zweck nebeneinander zu verwirklichen suchen; Überflüssigkeit kann nicht mit Zwecklosigkeit gleichgesetzt werden.“*[727] Für das schiedsgerichtliche Verfahren stellt sich gleichfalls die Frage nach dem Zusammenhang zwischen Rechtskraft und Rechtshängigkeit.[728] Im Unterschied zum staatlichen Zivilprozess ist im Schiedsverfahren das Rechtsinstitut der Rechtshängigkeit keine traditionelle oder gar fest etablierte Einrichtung. Vor diesem Hintergrund wird es bei den Ausführungen zum schiedsgerichtlichen Rechtsverkehr umso mehr darauf ankommen, aufzuzeigen, dass dem Institut der Rechtshängigkeit bzw. der Verfahrenssperre eine wichtige und eigenständige Funktion zukommen kann, die entweder gar nicht oder nicht gleichermaßen effektiv von anderen, bereits vorhandenen Rechtsinstituten erfüllt werden kann.

II. Rechtshängigkeit im schiedsgerichtlichen Verfahren

1. Begriffsklärung

Der gesamten Auseinandersetzung mit Rechtshängigkeit im Schiedsverfahren ist zunächst eine Klarstellung bezüglich der in dieser Arbeit verwendeten Begrifflichkeit voranzustellen: Die Thematik der Rechtshängigkeit im schiedsgerichtlichen Verfahren wird zumeist – vor allem in den gängigen Kommentierungen zur

726 Rimmelspacher, Materiell-rechtlicher Anspruch, S. 317.
727 Bosch, Rechtshängigkeit im Schiedsverfahren, S. 201.
728 Hierzu unter Gliederungspunkt 1. Kapitel. F.II. 4. f.

ZPO – unter dem Begriff der „Schiedshängigkeit“ thematisiert.[729] Dies soll hier – wie in der Gesamteinleitung bereits erläutert[730]– nicht geschehen. Vielmehr wird bewusst die gleiche Terminologie wie im staatlichen Zivilprozess aufgegriffen, um nicht von vornherein eine Minderwertigkeit der schiedsgerichtlichen Rechtshängigkeit im Vergleich zum Institut der Rechtshängigkeit im staatlichen Verfahren zu unterstellen.[731] Gerade die Tatsache, dass die zivilprozessuale Literatur einer Erörterung der Rechtshängigkeitsproblematik weitgehend ausweicht bzw. die Existenz eines gleichwertigen Instituts von vornherein durch die unterschiedliche Begrifflichkeit der Schiedshängigkeit implizit ablehnt, ist Anlass, den bisher vernachlässigten Nachweis für die Notwendigkeit der Rechtshängigkeit zu erbringen.

2. Meinungsstand zur Existenz von Rechtshängigkeit im Schiedsverfahren

Nach derzeitigem Meinungsstand wird eine dem Institut der Rechtshängigkeit im staatlichen Verfahren vollumfänglich entsprechende Einrichtung im Schiedsverfahren sowohl von der Rechtsprechung als auch von der herrschenden Literatur abgelehnt.[732] Diese Arbeit soll unter anderem eine Antwort auf die Frage geben, wie sich die großen Divergenzen zwischen staatlichem Zivilprozess und Schiedsgerichtsverfahren erklären lassen. Für den zuerst genannten Bereich stellt Rechtshängigkeit eine nicht wegzudenkende und zentrale Einrichtung dar. Im Rahmen der privaten Schiedsgerichtsbarkeit trifft die ablehnende Haltung hinsichtlich der Existenz von Rechtshängigkeit hingegen auf wenig fundierte Gegenwehr. Dementsprechend verwundert es auch nicht, dass die diesbezüglichen Begründungen denkbar knapp ausfallen und die erschienenen Veröffentlichungen zum Großteil sehr veraltet sind. Insbesondere gibt es in der Rechtsprechung des BGH nur wenige Urteile, die sich überhaupt mit Rechtshängigkeit im schiedsgerichtlichen Verfahren befassen. Sofern die Thematik erwähnt wird, handelt es sich dann nur um Feststellungen en passent (obiter dictum) oder um solche im Kontext anderer schiedsgerichtlicher Probleme.[733] So hebt der BGH im vorangehend im Zusammenhang

729 So z. B. Wieczorek/Schütze-*Schütze*, § 1044, Rn. 18 ff.

730 Hierzu unter Gliederungspunkt 1. Kapitel. A.

731 Wie hier Bosch, Rechtshängigkeit im Schiedsverfahren, S. 2, Fn. 5.

732 BGH NJW 1958, S. 950 (950); Schütze/Tscherning/Wais, Handbuch Schiedsverfahren, S. 195, Rn. 385; Schlosser, Internationale Schiedsgerichtsbarkeit, S. 468, Rn. 615; Rosenberg/Schwab/Gottwald, § 179, Rn. 41; Schwab/Walter, Schiedsgerichtsbarkeit, Kap. 16, Rn. 4; Lachmann, Schiedsgerichtspraxis, S. 204, Rn. 762.

733 So zuletzt BGH BB 2009, S. 1260 (1262 f.), im Rahmen der Beurteilung der Schiedsfähigkeit von Beschlussmängelstreitigkeiten im Recht der GmbH wird eine analoge Anwendung des § 261 Abs. 3 ZPO zugunsten des zuerst mit der Streitsache befassten Schiedsgerichts erwogen, letztlich aber abgelehnt. Interessanterweise bezieht sich die Ablehnung nicht auf allgemeine Erwägungen gegen eine Analogie von § 261 Abs. 3 Nr. 1 ZPO, sondern darauf, dass die Streitgegenstandsidentität bei Beschlussmängelstreitigkeiten in Zweifel gezogen wird. Zu diesem Urteil bereits unter Gliederungspunkt 1. Kapitel. D.II. 2. b), Fußnote 388.

mit dem Institut der Rechtskraft zitierten Urteil hervor, dass eine Klageerhebung vor einem Schiedsgericht, abgesehen von den materiell-rechtlichen Wirkungen, nicht zu einer Rechtshängigkeit im Sinne der ZPO führe und daher kein von Amts wegen zu beachtender Umstand sei. Vielmehr sei der Beklagte auf die Einrede des Schiedsvertrages verwiesen.[734] In einem späteren Verfahren wiederholt der BGH – ohne nähere Begründung – diese Feststellung erneut.[735] An einschlägiger Rechtsprechung zum neuen Schiedsverfahrensrecht mangelt es gänzlich.

In der herrschenden Literatur findet die Auffassung der Rechtsprechung nahezu kommentarlos Zustimmung.[736] Allerdings finden sich schon immer vereinzelte Gegenstimmen. Exemplarisch sind folgende Standpunkte: Eine Ansicht[737] bejaht zunächst den Eintritt der materiell-rechtlichen Wirkungen der Rechtshängigkeit (verschärfte Herausgabepflicht nach §§ 292, 818 Abs. 4, 987, 989 BGB). Ferner nimmt diese Ansicht auch die prozessualen Folgen hinsichtlich der Erstreckung der Rechtskraft gemäß § 325 ZPO oder die Folgen bei Veräußerung der streitbefangenen Sache gemäß § 265 ZPO für das schiedsgerichtliche Verfahren an. Als Konsequenz des Eintritts dieser rechtshängigkeitsabhängigen Wirkungen geht die Ansicht davon aus, dass dem vor einem weiteren Gericht Verklagten die Einrede der anderweitigen Rechtshängigkeit zustehen müsse, wobei darauf hingewiesen wird, dass sich der Einwand der anderweitigen Rechtshängigkeit von der Einrede des Schiedsvertrages unterscheide.[738] Auch eine andere Auffassung[739] redet Wort für das Institut der Rechtshängigkeit im schiedsgerichtlichen Verfahren: Hierfür wird darauf verwiesen, dass das Schiedsverfahren anderenfalls als ein „Rechtsweg minderer Qualität“ erscheine. Schließlich werde im staatlichen Verfahren eine anderweitige Rechtshängigkeit in jeder Lage des Verfahrens sogar von Amts wegen berücksichtigt.

3. *Ausgangspunkt der Untersuchung zur schiedsgerichtlichen Rechtshängigkeit*

Angesichts der veralteten Fundstellen und in Anbetracht der wachsenden Bedeutung schiedsgerichtlicher Streiterledigung sowie der Öffnung des Zivilprozesses

---

734 BGH NJW 1958, S. 950 (950).
735 BGHZ 41, 104 (107).
736 Schütze/Tscherning/Wais, Handbuch Schiedsverfahren, S. 195, Rn. 385; Glossner/Bredow/Bühler, Schiedsgericht in der Praxis, S. 57, Rn. 120; Rosenberg/Schwab/Gottwald, § 179, Rn. 41; Schwab/Walter, Schiedsgerichtsbarkeit, Kap. 16, Rn. 4; Lachmann, Schiedsgerichtspraxis, S. 204, Rn. 762; Böckstiegel/Kröll/Nacimiento-*Sachs/Lörcher*, § 1044, Rn. 13.
737 Reichel, ZZP 59 (1935), S. 188 (188).
738 An dieser Stelle soll keine kritische Auseinandersetzung mit der Meinung erfolgen. Eingehend zu den einzelnen Ansichten unter den Gliederungspunkten 1. Kapitel. F.II. 6. c)bb) ff.
739 Baur, in: FS Fasching, S. 81 (86).

für Instrumentarien außergerichtlicher Streiterledigung im Allgemeinen, kann die Intensität der rechtlichen Ausein-andersetzung mit schiedsgerichtlicher Rechtshängigkeit nicht befriedigen. Der vorherrschende Meinungsstand soll daher auf den Prüfstand gestellt werden. Hierzu werden zunächst die einzelnen materiellrechtlichen und (etwaige) prozessuale Wirkungen der Rechtshängigkeit im Schiedsverfahren erörtert.[740] Anschließend werden einzelne verfahrensrechtliche Situationen aufgezeigt, in denen der Einwand der anderweitigen Rechtshängigkeit im schiedsgerichtlichen Verfahren diskutiert wird. Hierbei werden die denkbaren Zuständigkeitskonflikte zwischen staatlichem Gericht und Schiedsgericht in gröberen Linien dargestellt, um anhand dieser Lösungsmechanismen für die Problemlösung im Fall zwei parallel anhängiger Schiedsverfahren sensibilisiert zu sein.

a) Gesetzliche Anknüpfungspunkte zur Existenz von Rechtshängigkeit im schiedsgerichtlichen Verfahren

aa) Materielles Recht

Die „stiefmütterliche" Behandlung einer Rechtshängigkeitsproblematik im deutschen Schiedsrecht findet statt, obgleich das materielle Recht z. B. in § 204 Abs. 1 Nr. 11 BGB Anhaltspunkte zunächst einmal für die generelle Existenz von Rechtshängigkeit im Schiedsverfahren bietet. Die Bestimmung des § 204 Abs. 1 Nr. 11 BGB stellt zur Verjährungshemmung auf den Beginn des schiedsgerichtlichen Verfahrens ab und verweist somit auf § 1044 Abs. 1 ZPO. Maßgebend ist damit der Zeitpunkt, in welchem der Beklagte den Antrag empfangen hat, die Streitigkeit dem Schiedsgericht vorzulegen. Individualisierung des Streitgegenstandes und die Inkenntnissetzung des Beklagten erinnern somit durchaus an die Klageerhebung im Zivilprozess. Diesbezüglich stehen die schiedsgerichtliche Geltendmachung der Streitsache und die staatsgerichtliche Klageerhebung gleich ausgestaltet nebeneinander. Im staatlichen Verfahren knüpft § 204 Abs. 1 Nr. 1 BGB als materiellrechtliche Regelung zur Hemmung der Verjährung an die Rechtshängigkeit der Streitsache an. Auch § 204 Abs. 1 Nr. 11 BGB könnte eine materiell-rechtliche Folge der *tatsächlich* und *vollumfänglich* eingetretenen Rechtshängigkeit im Schiedsverfahren sein. Vereinfacht ausgedrückt deutet die Deckungsgleichheit der materiell-rechtlichen Wirkungen des schiedsgerichtlichen Verfahrensbeginns und der Klageerhebung im Zivilprozess auf einen Zeitpunkt im Schiedsverfahren hin, der an den in §§ 261 Abs. 1, 253 ZPO bezeichneten Zeitpunkt wenigstens angenähert zu sein scheint. Trotzdem herrscht – wie eingangs erwähnt – weitgehende Einigkeit darüber, dass im Rahmen der §§ 1025 ff. ZPO zwar die Folgen, die das materielle Recht an den Eintritt der Rechtshängigkeit knüpft, eintreten, allerdings keine bzw. nicht die gleichen verfahrensrechtlichen Wirkungen der Rechtshängigkeit herbeigeführt werden.

---

740 So auch Bosch, Rechtshängigkeit im Schiedsverfahren, S. 171 ff.

bb) Rechtsvergleichender Exkurs

Um die gegenwärtige rechtliche Behandlung kritisch zu hinterfragen, bedarf es weiterer Indizien, die für eine umfassende Analyse des Rechtsinstituts im Schiedsverfahren herangezogen werden könnten. Es ist daher fraglich, ob es vom materiellen deutschen Recht unabhängige Ansatzpunkte gibt, die auf eine Existenz von Rechtshängigkeit, insbesondere auf eine Verfahrenssperre im schiedsgerichtlichen Verfahren, hindeuten. Ein nachfolgender Einblick in andere europäische Rechtsordnungen und internationale Abkommen zur Schiedsgerichtsbarkeit soll Aufschluss über den Umgang mit drohenden Verfahrenskollisionen in den ausgewählten europäischen Ländern und im Anwendungsbereich internationaler Abkommen geben.[741]

Der nachstehende Exkurs in die Regelungssystematik des Schiedsverfahrens in Österreich und der Schweiz sowie der kurze Überblick zur Koordinierung paralleler Verfahren innerhalb der Anwendungsbereiche wichtiger europäischer und internationaler Abkommen für den schiedsgerichtlichen Rechtsverkehr erheben nicht den Anspruch der Vollständigkeit. Diese Betrachtung der ausländischen Regelungswerke soll aber dazu beitragen, dass die bestehende Rechtslage zur Rechtshängigkeit im deutschen Schiedsverfahrensrecht nicht nur aus sich heraus betrachtet und isoliert bewertet wird. Vielmehr sollen die aufzuzeigenden unterschiedlichen Lösungsvarianten zum Umgang mit gleichzeitig rechtshängigen Verfahren zum selben Streitgegenstand zwischen identischen Parteien dem deutschen Gesetzgeber und Rechtsanwender denkbare Alternativmodelle an die Hand geben. Die Ausgangssituation einer Verfahrensdoppelung ist jedenfalls in jedem nachfolgenden Regelungssystem ein bekanntes Problem.

(1) Österreich

Das österreichische Zivilprozessrecht nimmt im Umgang mit einer schiedsgerichtlichen Rechtshängigkeitsproblematik einen anderen Standpunkt als das deutsche Schiedsverfahrensrecht ein.[742] Zur Veranschaulichung ist zunächst ein Blick auf die Regelungen des inzwischen veralteten österreichischen Zivilprozessrechts zu werfen: Das frühere österreichische Schiedsverfahrensrecht enthielt zwar ebenfalls keine kodifizierte Regelung einer Rechtshängigkeitssperre. Es war allerdings herrschende Ansicht, dass die Zustellung der Schiedsklage an den Gegner bezogen auf den identischen Streitgegenstand zwischen denselben Parteien im Verhältnis zu beiden Gerichtsbarkeiten auch dieselben materiell-rechtlichen und prozessualen Wirkungen (Verfahrenssperre nach § 233 Abs. 1 ÖZPO) der Rechtshängigkeit aus-

---

741 Zum alten Schiedsrecht hat auch Bosch, Rechtshängigkeit im Schiedsverfahren, S. 186 ff. ausländische Verfahrensordnungen im Hinblick auf schiedsgerichtliche Rechtshängigkeit betrachtet.

742 Ein Vergleich zwischen dem österreichischen und schweizerischen Schiedsrecht sowie dem Modellgesetz zum Schiedsverfahren findet sich bei v. Saucken, Reform Schiedsverfahrensrecht, S. 95 ff.

löste wie ein entsprechender Verfahrensbeginn vor einem staatlichen Gericht.[743] Obwohl eine positiv-rechtliche Regelung der Rechtshängigkeit fehlte, unterschied das österreichische Schiedsrecht im Gegensatz zum deutschen Recht nicht zwischen den materiell-rechtlichen und den prozessualen Wirkungen der Rechtshängigkeit.[744] Ein vor Klageeinreichung im Staatsprozess eingeleitetes Schiedsverfahren begründete eine von Amts wegen zu beachtende negative Prozessvoraussetzung für nachfolgende Verfahren zum identischen Streitgegenstand zwischen denselben Parteien.[745] Diese prozessuale Situation in Österreich wurde mit der engen Einbindung der Schiedsgerichtsbarkeit in die staatliche Zivilgerichtsbarkeit begründet.[746]

Mit Wirkung zum 1.7.2006 ist das österreichische Schiedsverfahrensrecht reformiert worden. Ebenso wie die Novellierung des deutschen Schiedsrechts folgen die Neuerungen dem Vorbild des UNCITRAL-Modellgesetzes. Eine Attraktivitätssteigerung von Österreich als Austragungsort von internationalen schiedsgerichtlichen Streitigkeiten sowie voranschreitende Entwicklungen der Schiedsgerichtsbarkeit im nationalen und internationalen Rechtsverkehr gaben auch hier den entscheidenden Impuls zur Reform.[747] Das neue Schiedsverfahrensrecht ist in den §§ 577 ff. ÖZPO geregelt. § 584 ÖZPO regelt unter anderem das Zuständigkeitsverhältnis zwischen staatlichem Verfahren und Schiedsverfahren. Die Norm sieht in Absatz 1 Satz 1 eine Regelung zu den Wirkungen der Schiedsvereinbarung vor. Nach § 584 Abs. 1 S. 1 ÖZPO begründet eine wirksame Schiedsvereinbarung eine heilbare sachliche Unzuständigkeit der ordentlichen Gerichte.[748] Dies bedeutet, dass die Schiedsvereinbarung nicht beachtet wird, wenn der Beklagte vor dem Staatsgericht zur Sache vorbringt oder mündlich verhandelt, ohne die Unzuständigkeit des staatlichen Gerichts unter Hinweis auf die Schiedsvereinbarung zu rügen. Bei rechtzeitig erhobener Rüge des Beklagten muss das Staatsgericht eine hier erhobene Klage – vorbehaltlich der Undurchführbarkeit oder der Nichtexistenz einer Schiedsvereinbarung – nach § 584 Abs. 1 S. 2 ÖZPO zurückweisen.

---

743 Vgl. zum alten Schiedsverfahrensrecht in Österreich OGH vom 24.9.1992, 6 Ob 533/92; Fasching, Schiedsgericht, S. 33 f.; Baur, in: FS Fasching, S. 81 (85); Backhausen, Schiedsgerichtsbarkeit, S. 135.

744 Bosch, Rechtshängigkeit im Schiedsverfahren, S. 186.

745 Fasching, Lehrbuch, S. 604, Rn. 1184.

746 Fasching, Schiedsgericht, S. 33; Fasching, Lehrbuch, S. 608, Rn. 1190; Baur, in: FS Fasching, S. 81 (88); kritisch hierzu v. Saucken, Reform Schiedsverfahrensrecht, S. 104.

747 Rechberger/Simotta-*Rechberger*, S. 618, Rn. 1145; Fasching/Konecny-*Hausmaninger*, Vor §§ 577 ff., Rn. 16; zur Entstehungsgeschichte des SchiedsRÄG Oberhammer, SchiedsVZ 2006, S. 57 ff.; Oberhammer, Entwurf Schiedsverfahrensrecht, S. 21 f.

748 Rechberger/Simotta-*Rechberger*, S. 620, Rn. 1149; Fasching/Konecny-*Hausmaninger*, § 584, Rn. 48.

Zudem wird in § 584 Abs. 3 ÖZPO eine explizite Regelung zur Schiedshängigkeit und deren prozessualen Auswirkungen auf parallele Verfahren statuiert.[749] Die Streitanhängigkeit eines schiedsgerichtlichen Verfahrens bildet hiernach ein von Amts wegen zu berücksichtigendes Prozesshindernis für nachfolgende Verfahren. Später eingeleitete Verfahren über denselben Streitgegenstand zwischen denselben Parteien werden durch das nachfolgend angerufene Gericht von Amts wegen als unzulässig abgewiesen. Soweit ein Schiedsverfahren streitanhängig ist, hindert bereits die faktische Streitanhängigkeit und nicht erst die vom Schiedsgericht selbst zu prüfende Frage des Vorliegens einer gültigen Schiedsvereinbarung sowohl die Einleitung eines staatlichen Verfahrens hinsichtlich desselben Streitgegenstandes als auch die Anrufung eines zweiten Schiedsgerichts in derselben Streitsache.[750] Eine trotzdem vor einem staatlichen oder einem weiteren Schiedsgericht erhobene Klage mit identischem Streitgegen-stand ist also ohne vorangehende Zuständigkeitsprüfung (des Schiedsgerichts) zurückzuweisen.[751] Das Prozesshindernis der Schiedshängigkeit gilt nicht nur für nachfolgende gerichtliche und schiedsgerichtliche Verfahren, welche die Frage der schiedsgerichtlichen Zuständigkeit betreffen, sondern auch für Verfahren zur Hauptsache.[752] Der österreichische Gesetzgeber hat damit die bereits vor der Reform herrschende Ansicht in Rechtsprechung und Lehre zur Bedeutung des schiedsgerichtlichen Verfahrensbeginns durch eine gesetzliche Vorschrift bestätigt: Es wurde davon abgesehen, der Streitanhängigkeit weniger weitreichende Wirkungen beizumessen als einer entsprechenden Klageerhebung bei der Kollision von zwei parallelen Verfahren vor staatlichen Gerichten.[753] Als Begründung wurden Gleichwertigkeitserwägungen zwischen der Staats- und Schiedsgerichtsbarkeit angeführt. Ebenso wurden prozessökonomische Gründe genannt, die in der Entlastung der staatlichen Justiz durch Stärkung der Schiedsgerichtsbarkeit gesehen wurden.[754]

Das schiedsgerichtliche Verfahren wird durch die Vorschrift des § 584 Abs. 3 ÖZPO besonders gestärkt und geschützt. Es wird gegenüber der staatlichen Justiz bevorzugt: Einem staatlichen Gericht ist nämlich nicht gestattet, in ein Verfahren

---

749 Fasching/Konecny-*Hausmaninger*, § 584, Rn. 31 ff.

750 Dolinar/Holzhammer, Zivilprozeßrecht, S. 307; Fasching/Konecny-*Hausmaninger*, § 584, Rn. 31; kritisch gegenüber einer Berücksichtigung von Amts wegen v. Saucken, Reform Schiedsverfahrensrecht, S. 105, 109.

751 Zu den existierenden Ausnahmen vgl. Fasching/Konecny-*Hausmaninger*, § 578, Rn. 29 f.

752 Riegler/Petsche/u.a.-*Fremuth-Wolf*, § 485, Rn. 9; Fasching/Konecny-*Hausmaninger*, § 584, Rn. 31; so bereits zum alten Schiedsverfahrensrecht OGH 2.10.2003, 6 Ob 41/03 b.

753 Mit dem Entwurf des österreichischen Reformgesetzgebers auf Basis des UNCITRAL-Modellgesetzes hat sich eingehend v. Saucken, Reform Schiedsverfahrensrecht auseinandergesetzt.

754 ErläutRV SchiedsRÄG 2006, S. 10; vgl. auch Fasching/Konecny-*Hausmaninger*, § 584, Rn. 33.

über eine Klage einzutreten, während ein Schiedsverfahren anhängig ist, weil es der Ansicht ist, die Schiedsvereinbarung sei nicht vorhanden oder undurchführbar. Im Gegensatz zur Regelung der Wirkungen der Schiedshängigkeit in § 584 Abs. 3 ÖZPO verhindert ein schon rechtshängiges staatliches Verfahren nicht die (rechtmäßige) Einleitung eines parallelen Schiedsverfahrens (§ 584 Abs. 1 S. 3 a. E. ÖZPO).[755] Demzufolge nimmt die österreichische Zivilprozessordnung die Möglichkeit paralleler Verfahren vor Staats- und Schiedsgerichten und somit die Gefahr kollidierender Entscheidungen bei einem nachfolgend eingeleitetem Schiedsverfahren hin.[756] Wie schon zum alten Schiedsrecht normiert die österreichische Zivilprozessordnung weiterhin weder ausdrücklich den Zeitpunkt des schiedsgerichtlichen Verfahrensbeginns noch eine zeitliche Regelung über den exakten Eintritt der Schiedshängigkeit. Es wird aber seit je her der Eintritt der Schiedshängigkeit analog zur Streitanhängigkeit im staatlichen Verfahren angenommen.[757]

Das Problem gleichzeitig anhängiger Verfahren vor unterschiedlichen (Schieds-) Gerichten hat einige Berührungspunkte mit einer weiteren oft problematisierten schiedsgerichtlichen Thematik. Angesprochen ist die Frage zu den Grundsätzen der Kompetenz-Kompetenz.[758] In Österreich ergeben sich diese aus dem Zusammenspiel der §§ 584 und 592 ÖZPO. Wie im Verlauf der Arbeit noch zu zeigen sein wird, folgt das österreichische Schiedsverfahrensrecht übereinstimmend mit den meisten kontinentaleuropäischen Schiedsverfahrensrechten, einschließlich des deutschen Schiedsrechts, dem Verständnis, dass eine Kompetenz des zuerst angerufenen Forums besteht, über die eigene Zuständigkeit (vorläufig) zu entscheiden. Den staatlichen Gerichten ist im Verhältnis zu den Schiedsgerichten hingegen die letzte Entscheidungsbefugnis in dieser Frage unabdingbar zugewiesen.[759]

---

755 Fasching/Konecny-*Hausmaninger*, § 485, Rn. 31, um etwaigen Rechtsschutzlücken entgegenzuwirken dürfe das Schiedsgericht jedoch eine summarische Prüfung vornehmen, um so grobe Mängel der Schiedsvereinbarung vorzeitig erkennen zu können. Von seinem Regelungsgehalt entspricht § 584 Abs. 1 S. 3 ÖZPO § 1032 Abs. 3 ZPO. Zu Einzelheiten des § 485 Abs. 3 ÖZPO; vgl. auch Riegler/Petsche/u.a.-*Fremuth-Wolf*, § 584, Rn. 13 ff.

756 Kritik hierzu bei v. Saucken, Reform Schiedsverfahrensrecht, S. 107 ff.

757 Auf Einzelheiten zu den exakten Zeitpunkten kann und soll hier nicht weiter eingegangen werden. Jedoch muss man sich die Bedeutsamkeit der genauen Festlegung der einzelnen Zeitpunkte vergegenwärtigen, da ab Ende der Schiedshängigkeit der Klageweg wieder offen steht. Zur großen praktischen Bedeutung von Eintritt und Beendigung im österreichischen Schiedsrecht vgl. Reiner, Österreichisches Schiedsrecht, § 584, Anm. 56. Zum Eintritt der Schiedshängigkeit OGH vom 18.3.2004, 2 Ob 53/04i; Oberhammer, Entwurf Schiedsverfahrensrecht, S. 57.

758 Ausführlicher zum Grundsatz der Kompetenz-Kompetenz unter 1. Kapitel. F.II. 6. b)bb)(2).

759 Ausführlich zum österreichischen Verständnis der Kompetenz-Kompetenz Riegler/Petsche/u.a.-*Fremuth-Wolf*, § 592, Rn. 1 ff.

(2) Schweiz

Die Auseinandersetzung mit der Schiedsgerichtsbarkeit in der Schweiz erfordert zunächst eine klare Unterscheidung zwischen nationalem und internationalem Schiedsverfahrensrecht.[760] Anders als die deutsche ZPO unterwirft der schweizerische Gesetzgeber beide Materien verschiedenen Regelungsregimen.[761] Das nationale Schiedsverfahren wurde bislang im Konkordat vom 27.3.1969 (KSG) geregelt, dem im Laufe der Zeit alle Kantone der Schweiz beigetreten sind. Seit dem 1.1.2011 ist die neue schweizerische Zivilprozessordnung (CH ZPO) in Kraft. Das Regelungswerk löst die bisherigen sechsundzwanzig kantonalen Prozessordnungen vollumfänglich ab. Die interne Schiedsgerichtsbarkeit ist jetzt im dritten Teil (Art. 353-397 CH ZPO) normiert. Für den Bereich der internationalen Schiedsgerichtsbarkeit, also für Schiedsverfahren mit Auslandsbezug, greifen die Vorschriften des zwölften Kapitels des Bundesgesetzes über das Internationale Privatrecht vom 18.12.1987 (IPRG), Art. 176-194 IPRG.[762] Die neue schweizerische Zivilprozessordnung behält die Trennung beider Systeme zur Schiedsgerichtsbarkeit weiterhin bei, so dass nur das KSG durch den dritten Teil (Art. 353 ff. CH ZPO) der neuen Zivilprozessordnung ersetzt wird.[763]

Die Zivilprozessordnung normiert in Art. 372 CH ZPO[764] die Rechtshängigkeit für das schiedsgerichtliche Verfahren. Auffällig ist, dass das Gesetz explizit von Rechtshängigkeit spricht und keine anderweitige schiedstypische Begrifflichkeit verwendet.[765] Dennoch sollen die Wirkungen der Rechtshängigkeit im Schiedsverfahren von den Rechtshängigkeitswirkungen im staatlichen Verfahren (Art. 64

760 Zum schweizerischen internationalen Schiedsverfahrensrecht im Hinblick auf eine schiedsgerichtliche Rechtshängigkeitsregelung unter Gliederungspunkt 3. Kapitel. A.III. 1. b)aa).

761 Leuenberger/Uffer-*Tobler*, CH ZPO, S. 443, Rn. 14. 4.

762 Die Anforderungen an einen Auslandsbezug des Schiedsverfahrens sind relativ gering. Art. 176 Abs. 1 IPRG bestimmt, dass die Vorschriften zur schweizerischen internationalen Schiedsgerichtsbarkeit bereits Geltung finden, „(...) *für Schiedsgerichte mit Sitz in der Schweiz, sofern beim Abschluss der Schiedsvereinbarung wenigstens eine Partei ihren Wohnsitz oder ihren gewöhnlichen Aufenthalt nicht in der Schweiz hatte*".

763 Leuenberger/Uffer-*Tobler*, CH ZPO, S. 443, Rn. 14. 4.

764 Art. 372 Abs. 1 CH ZPO: „*Das Schiedsverfahren ist rechtshängig:* a. *sobald eine Partei das in der Schiedsvereinbarung bezeichnete Schiedsgericht anruft; oder* b. *wenn die Vereinbarung kein Schiedsgericht bezeichnet: sobald eine Partei das Verfahren zur Bestellung des Schiedsgerichts oder das von den Parteien vereinbarte vorausgehende Schichtungsverfahren einleitet.*" Art. 372 Abs. 2 CH ZPO: „*Werden bei einem staatlichen Gericht und einem Schiedsgericht Klagen über denselben Streitgegenstand zwischen denselben Parteien rechtshängig gemacht, setzt das zuletzt angerufene Gericht das Verfahren aus, bis das zuerst angerufene Gericht über seine Zuständigkeit entschieden hat.*"

765 Kritisch hierzu Sutter-Somm/Hasenböhler/Leuenberger-*Müller*, CH ZPO, Art. 372 CH ZPO, Rn. 6, der die Begrifflichkeit der Schiedshängigkeit vorzieht.

CH ZPO) teilweise abweichen. Zum Beispiel wird kein Gerichtsstand fixiert und auch keine Zuständigkeit zur Erhebung der Widerklage (Art. 377 Abs. 2 CH ZPO) begründet.[766] Rechtshängigkeitsvoraussetzungen sind auch nach Art. 372 CH ZPO die Identität des Streitgegenstandes und der beteiligten Parteien in beiden Verfahren.[767] In Art. 372 Abs. 2 CH ZPO wird ausdrücklich das Zuständigkeitsverhältnis zwischen inländischen Staats- und Schiedsgerichten einer gesetzlichen Regelung unterworfen. Nach dieser Vorschrift ist die Aussetzung des später eingeleiteten Verfahrens vorgesehen bis das zuerst angerufene Gericht über seine Zuständigkeit entschieden hat. Durch dieses Prioritätsprinzip sollen Parallelverfahren zur Frage der schiedsgerichtlichen Zuständigkeit und diesbezüglich widersprüchliche Entscheidungen ausgeschlossen werden.[768] Eine explizite Regelung der Rechtshängigkeit hinsichtlich identischer Streitgegenstände im Hauptverfahren enthält das schweizerische Schiedsverfahrensrecht ebenso wenig wie das deutsche Schiedsrecht. Für das Verhältnis zwischen Schieds- und Staatsgerichten wird die Geltung einer Litispendenzregelung verneint, insbesondere eine Beachtlichkeit des laufenden Schiedsverfahrens von Amts wegen.[769] Es ist auf die Regelung der Schiedseinrede in Art. 61 CH ZPO zurückzugreifen.[770] Für ein weiteres Schiedsverfahren zwischen denselben Parteien zum identischen Streitgegenstand soll hingegen eine prozessuale Sperrwirkung gelten.[771]

Neben gesetzlichen Lösungswegen auf nationaler Ebene, vorliegend beispielhaft aufgezeigt für das schweizerische und österreichische Schiedsrecht, wird potenziellen Kollisionsfällen zweier streitgegenstandsidentischer Verfahren auch in internationalen Abkommen wie dem Europäischen Übereinkommen über die Handelsschiedsgerichtsbarkeit (EuÜ) oder dem New Yorker UN-Übereinkommen (UNÜ) über die Anerkennung und Vollstreckung ausländischer Schiedssprüche Bedeutung beigemessen.

---

766 Gasser/Rickli, Schweizerische ZPO, Art. 372 CH ZPO, Rn. 3.

767 Sutter-Somm/Hasenböhler/Leuenberger-*Müller*, CH ZPO, Art. 372 CH ZPO, Rn. 34.

768 Sutter-Somm/Hasenböhler/Leuenberger-*Müller*, CH ZPO, Art. 372 CH ZPO, Rn. 30.

769 Sutter-Somm/Hasenböhler/Leuenberger-*Müller*, CH ZPO, Art. 372 CH ZPO, Rn. 19 f.

770 Art. 61 CH ZPO: „*Haben die Parteien über eine schiedsfähige Streitsache eine Schiedsvereinbarung getroffen, so lehnt das angerufene staatliche Gericht seine Zuständigkeit ab, es sei denn: a. die beklagte Partei habe sich vorbehaltlos auf das Verfahren eingelassen,* b. *das Gericht stelle fest, dass die Schiedsvereinbarung offensichtlich ungültig oder nicht erfüllbar sei; oder* c. *das Schiedsgericht könne nicht bestellt werden aus Gründen, für welche die im Schiedsverfahren beklagte Partei einzustehen hat.*"

771 Sutter-Somm/Hasenböhler/Leuenberger-*Müller*, CH ZPO, Art. 372 CH ZPO, Rn. 22.

(3) Europäisches Übereinkommen über die internationale Handelsschiedsgerichtsbarkeit (EuÜ)

Das Europäische Übereinkommen über die internationale Handelsschiedsgerichtsbarkeit[772] sieht eine Vorschrift zur Koordinierung von parallelen Staats- und Schiedsverfahren in derselben Streitsache in Art. VI Abs. 3 EuÜ vor. Der Wortlaut der Vorschrift lautet: „*Ist ein schiedsrichterliches Verfahren vor der Anrufung eines staatlichen Gerichts eingeleitet worden, so hat das Gericht eines Vertragsstaates, das später mit einer Klage wegen derselben Streitigkeit zwischen denselben Parteien oder mit einer Klage auf Feststellung, dass die Schiedsvereinbarung nicht bestehe, nichtig oder hinfällig geworden sei, befasst wird, die Entscheidung über die Zuständigkeit des Schiedsgerichtes auszusetzen, bis der Schiedsspruch ergangen ist, es sei denn, dass ein wichtiger Grund dem entgegensteht.*“ Die Vorschrift des EuÜ setzt voraus, dass eine Partei, obwohl ein Schiedsverfahren zuvor eingeleitet wurde,[773] wegen desselben Anspruchs vor einem staatlichen Gericht Klage erhebt oder beim staatlichen Gericht auf Feststellung klagt, dass der Schiedsvertrag nicht bestehe.

Im deutschen Recht lässt § 1032 Abs. 3 ZPO in einer Bemängelungssituation parallele Verfahren von staatlichem Gericht und Schiedsgericht zu. Art. VI Abs. 3 EuÜ geht daher insofern über die Regelung im nationalen Recht – auf die noch zurückzukommen sein wird[774] – hinaus, als das staatliche Gericht sein Verfahren unabhängig von der Wirksamkeit der Schiedsvereinbarung auszusetzen hat.[775] Zudem geht die vorgesehene Aussetzung des Gerichtsverfahrens über die Deckungsgleichheit des Streitgegenstandes mit demjenigen des Schiedsverfahrens hinaus, um auf diese Weise insbesondere angesichts der unterschiedlichen Verständnisse des Streitgegenstandsbegriffs im europäischen Rechtsraum einen umfassenden und prozessökonomischen Schutz vor widersprüchlichen Entscheidungen zu gewährleisten.[776] Bei der Regelung im EuÜ kann man mit Recht von einer echten Rechtshängigkeitsregelung für das schiedsgerichtliche Verfahren im Verhältnis zu einem korrespondierenden Verfahren vor einem staatlichen Gericht sprechen.[777] Der entscheidende Punkt liegt – wie bei § 584 Abs. 3 ÖZPO – in der zeitlich früheren Einleitung des Schiedsverfahrens. Die Norm verfährt entsprechend dem

772 BGBl. 1964 II, 426, in Deutschland in Kraft getreten am 25.1.1965, BGBl 1965 II, 107.

773 Kritisch gegenüber dem Erfordernis eines bereits eingeleiteten Schiedsverfahrens Fouchard/Gaillard/Goldmann, International Commercial Arbitration, S. 403.

774 Hierzu unter Gliederungspunkt 1. Kapitel. F.II. 6. b)bb)(1).

775 Schlosser, Internationale Schiedsgerichtsbarkeit, S. 469, Rn. 618. Zu wichtigen Gründen im Sinn dieser Norm ebenfalls Schlosser, Internationale Schiedsgerichtsbarkeit, S. 470, Rn. 624.

776 Vgl. Stein/Jonas-*Schlosser*, Anhang § 1061, Rn. 189.

777 Fouchard, L' Arbitration commercial international, S. 132, Rn. 235; Stein/Jonas-*Schlosser*, Anhang § 1061, Rn. 188; Schlosser, Internationale Schiedsgerichtsbarkeit, S. 469, Rn. 618; vgl. auch Hasche, YCA XVII (1992), S. 711 (734): Hier wird Art. VI Abs. 3 EuÜ unter der Überschrift „*Lis Pendens Between Arbitral Tribunals And Courts*“ behandelt.

Prioritätsprinzip, das im kontinentaleuropäischen Rechtsverkehr üblicherweise mit einer Verfahrenssperre wegen anderweitiger Rechtshängigkeit verbunden ist.[778] Für die Einleitung des Schiedsverfahrens wird im Übrigen nicht die Konstituierung des Schiedsgerichts vorausgesetzt. Der Klagegegner hätte es ansonsten in der Hand, die Bildung des Schiedsgerichts zu vereiteln, indem er nicht an der Schiedsrichterbestellung mitwirkt, sondern stattdessen in der Streitsache das staatliche Gericht anruft.[779] Im Unterschied zur Rechtshängigkeit vor staatlichem Gericht in § 261 Abs. 3 Nr. 1 ZPO ordnet Art. VI Abs. 3 EuÜ aber nicht an, dass die nachfolgende Klage als unzulässig abgewiesen wird. Stattdessen sieht Art. VI Abs. 3 EuÜ die Aussetzung des Verfahrens vor.[780]

Der Wortlaut des Artikels lässt vermuten, dass das staatliche Gericht ausschließlich an einer Entscheidung über die schiedsgerichtliche Zuständigkeit gehindert wird, solange das Schiedsverfahren läuft. Demgegenüber wird in der Praxis mehrheitlich davon ausgegangen, dass dem Staatsgericht nicht nur das Verfahren über die schiedsgerichtliche Zuständigkeit untersagt ist, sondern auch eine Entscheidung in der Sache.[781] Im Übrigen ist Art. VI Abs. 3 EuÜ nach überwiegender Ansicht nur als Einrede ausgestaltet. Zur Begründung dieser prozessualen Ausgestaltung wird das Argument angeführt, dass es sich bei Art. VI Abs. 3 EuÜ lediglich um einen Unterfall der in Art. VI Abs. 1 EuÜ grundsätzlich normierten Einrede der Unzuständigkeit des staatlichen Gerichts handele.[782]

(4) New Yorker UN-Übereinkommen über die Anerkennung und Vollstreckung ausländischer Schiedssprüche (UNÜ)

Als eines der wichtigsten Regelungswerke zur Internationalen Schiedsgerichtsbarkeit gilt heute das UNÜ.[783] Adressat des Übereinkommens sind nicht die Schiedsgerichte, sondern die staatlichen Exequaturrichter in den Mitgliedsstaaten.[784] Seine Bedeutsamkeit schöpft das Regelungswerk besonders aus der großen Anzahl von Staaten, die das UNÜ anwenden.[785] Grundsätzlich richtet sich gemäß § 1061 Abs. 1

778 Hau, Positive Kompetenzkonflikte, S. 143.

779 Schwab/Walter, Schiedsgerichtsbarkeit, Kap. 45, Rn. 7; ähnlich Stein/Jonas-*Schlosser*, Anhang § 1061, Rn. 192; MüKo-*Adolphsen*, Art. VI EuÜ, Rn. 14.

780 Vgl. MüKo-*Adolphsen*, Art. VI EuÜ, Rn. 17.

781 MüKo-*Adolphsen*, Art. VI EuÜ, Rn. 16; Stein/Jonas-*Schlosser*, Anhang § 1061, Rn. 190.

782 Fouchard, L' Arbitration commercial international, S. 133, Rn. 236; MüKo-*Adolphsen*, Art.VI EuÜ, Rn. 15; Schlosser, Internationale Schiedsgerichtsbarkeit, S. 470, Rn. 622.

783 BGBl. II 1962, 121; Born, International civil litigation, S. 1161.

784 Schwab/Walter, Schiedsgerichtsbarkeit, Kap. 42, Rn. 1; vgl. Born, International civil litigation, S. 1161.

785 Derzeit sind 150 Staaten Mitgliedsstaaten des UNÜ. Aktueller Status abrufbar unter http://www.uncitral.org/uncitral/en/uncitral_texts/arbitration/NYConvention_status.html.

ZPO die Anerkennung und Vollstreckung ausländischer Schiedssprüche nach diesem Übereinkommen. Art. I Abs. 1 UNÜ definiert, wann ein ausländischer Schiedsspruch im Sinne des Übereinkommens vorliegt.[786] Aus deutscher Sicht ist ein ausländischer Schiedsspruch anzunehmen, wenn der Schiedsspruch nicht in Deutschland ergangen ist.[787] Der eigentliche Regelungsschwerpunkt des Übereinkommens liegt im Bereich der Anerkennung und Vollstreckung ausländischer Schiedssprüche.[788] Ausnahmsweise kommt dem Regelungswerk aber auch schon im Vorfeld des Erlasses eines endgültigen schiedsgerichtlichen Entscheidungsaktes Bedeutung zu.[789] In Art. II UNÜ ist die Anerkennung von Schiedsvereinbarungen geregelt. Diese Regelung ist erst ganz zum Schluss der Verhandlungen in das Übereinkommen integriert worden.[790] Die Verpflichtung zur Anerkennung ausländischer Schiedssprüche würde unangemessen verkürzt, wenn nicht schon im Vorfeld die Pflicht zur Anerkennung von ausländischen Schiedsvereinbarungen geschützt würde.[791] Wenn die zu erhebende Schiedsvereinbarung also zu einem ausländischen Schiedsspruch führen würde, ist Art. II Abs. 1 UNÜ anzuwenden.[792]

Für nachfolgende Überlegungen interessiert vor allem Art. II Abs. 3 UNÜ. Nach dieser Vorschrift hat ein Gericht eines Vertragsstaates, das wegen eines Streitgegenstandes angerufen wird, den die Parteien zum Inhalt einer Schiedsvereinbarung gemacht haben, auf Antrag einer Partei auf das schiedsgerichtliche Verfahren zu verweisen.[793] Ausgenommen ist der Fall, dass das Gericht feststellt, dass die Schiedsvereinbarung hinfällig, unwirksam oder nicht erfüllbar ist.[794] Der Wortlaut

786 Art. I Abs. 1 UNÜ: "*This Convention shall apply to the recognition and enforcement of arbitral awards made in the territory of a State other than the State where the recognition and enforcement of such awards are sought, and arising out of differences between persons, whether physical or legal. It shall also apply to arbitral awards not considered as domestic awards in the State where their recognition and enforcement are sought.*" Art. I Abs. 2 UNÜ: "*The term "arbitral awards" shall include not only awards made by arbitrators appointed for each case but also those made by permanent arbitral bodies to which the parties have submitted.* "

787 Das deutsche Schiedsrecht folgt insofern dem Territorialitätsprinzip, welches auch in Art. I Abs. 1 UNÜ anerkannt wird. Hierzu unter Gliederungspunkt 1. Kapitel. F.II. 6. c)gg)(3) (a).

788 Schwab/Walter, Schiedsgerichtsbarkeit, Kap. 42, Rn. 1. Hierzu unter Gliederungspunkt 3. Kapitel. B.I. 2. a)aa)ff.

789 Vgl. Stein/Jonas-*Schlosser*, Anhang § 1061, Rn. 29.

790 Van den Berg, New York Convention, S. 56.

791 Van den Berg, New York Convention, S. 9.

792 MüKo-*Adolphsen*, Art. II UNÜ, Rn. 26.

793 Art. II Abs. 3 UNÜ: „*The court of a Contracting State, when seized of an action in a matter in respect of which the parties have made an agreement within the meaning of this article, shall, at the request of one of the parties, refer the parties to arbitration, unless it finds that the said agreement is null and void, inoperative or incapable of being performed.*"

794 Ausführlich zu Art. II UNÜ Van den Berg, New York Convention, S. 122 ff.; K/N/O/P-*Schramm/Geisinger/Pinsolle*, S. 38 ff.

ist aus deutscher Sicht missverständlich, denn „Verweisung" ist nicht als *Terminus technicus* im Sinne des § 281 Abs. 1 ZPO zu verstehen, sondern orientiert sich an der üblichen Vorgehensweise des Rechts des Staates, in dem der Schiedsspruch anerkannt und vollstreckt werden soll.[795] Die *lex fori* des mit der Sache befassten Staatsgerichts ist maßgebend.[796] Die *lex fori* bestimmt auch den Zeitpunkt, zu dem die Partei sich spätestens auf das Schiedsverfahren berufen muss.[797] Für das deutsche Recht ergibt sich aus § 1032 Abs. 1 ZPO eine Abweisung der Klage vor dem ordentlichen Gericht als unzulässig. Grundsätzlich hat das Gericht im Zuge seiner Anrufung die Wirksamkeit der Schiedsvereinbarung zu überprüfen. Das staatliche Gericht darf solange keine Entscheidung in der Sache treffen, als es den Parteien noch möglich ist, ein schiedsgerichtliches Verfahren über den fraglichen Streitgegenstand durchzuführen.[798]

cc) Konsequenzen für das deutsche Schiedsverfahrensrecht

Aus dem Ländervergleich sind für das deutsche Schiedsverfahrensrecht folgende Schlüsse zu ziehen: Der österreichische Gesetzgeber hat – möglicherweise wegen der im Vergleich zu Deutschland später durchgeführten Reformierung des schiedsgerichtlichen Verfahrens – eine umfassendere Regelung in Bezug auf drohende parallele Verfahren zwischen denselben Parteien über den identischen Streitgegenstand getroffen. Teilweise hat der österreichische Reformgesetzgeber sich bewusst dazu entschieden, eine vom deutschen Schiedsverfahrensrecht abweichende Regelung zu treffen. Ausschlaggebend für divergente Vorschriften waren zumeist Praktikabilitätserwägungen.[799] Sofern das Schiedsverfahren als Erstes eingeleitet wird (Situation des § 584 Abs. 3 ÖZPO), stellt die Schiedshängigkeit ein von Amts wegen zu beachtendes Prozesshindernis für nachfolgende Verfahren jeglicher Art dar. Bei der Fragestellung, ob *lis pendens* im Verhältnis von staatlichen Gerichten und Schiedsgerichten angewandt werden sollte, unterscheidet das österreichische Schiedsverfahrensrecht nicht zwischen Parallelverfahren über die Frage der schiedsgerichtlichen Zuständigkeit und kollidierenden Verfahren zur Hauptsache.

Ob sich eine derartige „Einheitslösung" für die Auseinandersetzung mit Rechtshängigkeit im deutschen Schiedsrecht gleichermaßen anbietet, bleibt sehr fraglich,

---

795 Schwab/Walter, Schiedsgerichtsbarkeit, Kap. 45, Rn. 1; Stein/Jonas-*Schlosser*, Anhang § 1061, Rn. 30. Unterschiede im Detail ergeben sich insofern, als kontinentales Recht – wie auch das deutsche Schiedsverfahrensrecht – oftmals eine Abweisung der Klage als unzulässig anordnen wird. Das Verständnis der *Common Law*-Länder geht hingegen von einer Verfahrensaussetzung (*stay*) des Staatsverfahrens bis zum Abschluss des Schiedsverfahrens aus.

796 MüKo-*Adolphsen*, Art. II UNÜ, Rn. 34.

797 K/N/O/P-*Schramm/Geisinger/Pinsolle*, S. 103.

798 Stein/Jonas-*Schlosser*, Anhang § 1061, Rn. 30.

799 Zu den – letztlich abgelehnten – Erwägungen eine § 1032 Abs. 2 ZPO entsprechende Vorschrift ins österreichische Schiedsverfahrensrecht aufzunehmen, vgl. Oberhammer, Entwurf Schiedsverfahren, S. 57 f.

da die denkbaren Konstellationen, in denen es zu Parallelverfahren vor ordentlichen und Schiedsgerichten kommen kann, große Unterschiede aufweisen. Sofern es darum geht, ob dem Schiedsgericht überhaupt Zuständigkeit für den fraglichen Streitgegenstand zukommt, ist der Problemkreis eng mit dem Themenkomplex zu Inhalt und konkreter nationaler Ausgestaltung des schiedsgerichtlichen Grundsatzes der Kompetenz-Kompetenz verbunden. Infolgedessen darf auch im Rahmen des deutschen Schiedsverfahrensrechts der Grundsatz der Kompetenz-Kompetenz – jedenfalls in Konstellationen, in denen ein Kollisionsfall mit der Staatsgerichtsbarkeit besteht – nicht außer Betracht gelassen werden.[800]

Neben der Notwendigkeit, sich mit der schiedsgerichtlichen Kompetenz-Kompetenz auseinanderzusetzen, kann als weiteres Ergebnis dieses rechtsvergleichenden Überblicks festgehalten werden, dass mit dem Problemkreis von Parallelverfahren im Verhältnis zwischen Schiedsgerichtsbarkeit und Staatsgerichtsbarkeit mehrere Konstellationen angesprochen sind: Parallelverfahren zum Sachentscheid sowie das Nebeneinander von Verfahren, die sich mit der schiedsgerichtlichen Zuständigkeit befassen. Beide Bereiche könnten eine getrennte Untersuchung und Bewertung erfordern.

Grundsätzlich wird in Österreich die Schiedsgerichtsbarkeit durch die Regelung in § 584 Abs. 3 ÖZPO gegenüber dem staatlichen Zivilverfahren besonders gestärkt: Das nachfolgende Verfahren wird unabhängig von der tatsächlichen Zuständigkeit des angerufenen Schiedsgerichts abgewiesen. Demgegenüber verdeutlicht die Vorschrift in § 584 Abs. 1 S. 1 ÖZPO, dass Parallelverfahren nicht erschöpfend verhindert werden sollen. Die Konstellation, in der das Gesetz ein Nebeneinander von Staats- und Schiedsverfahren ausdrücklich zulässt und somit offensichtlich die Anwendbarkeit einer Litispendenzregelung ausschließt, sind allerdings besondere Konstellationen, nämlich solche, in denen dem ordentlichen Gericht eine Überprüfungskompetenz gegenüber dem Schiedsgericht zukommt. Es wurde schon erwähnt, dass die deutsche Zivilprozessordnung in Bemängelungssituationen ebenfalls eine Verfahrensdoppelung vor beiden Gerichtsbarkeiten zulässt. Somit weisen beide Schiedsverfahrensrechte diesbezüglich eine Gemeinsamkeit auf. Zudem hat für beide Schiedsgesetze das UNCITRAL-Modellgesetz als Vorlage gedient. Auch wird übereinstimmend in beiden Rechtsordnungen im Grundsatz von einer Gleichwertigkeit zwischen der klassischen Streitbeilegung vor dem Staatsrichter und der schiedsgerichtlichen Streiterledigung ausgegangen.[801] Angesichts dieser Gemeinsamkeiten muss umso genauer untersucht werden, was die Beweggründe dafür sind, dass das deutsche Recht die prozessualen Wirkungen der Klageerhebung im Verhältnis zur Staatsgerichtsbarkeit explizit ablehnt.[802]

---

800 Hierzu unter Gliederungspunkt 1. Kapitel. F.II. 6. b)bb)(2).

801 BT-Drucks. 13/5274, S. 46, li. Sp. (Deutschland); Fasching/Konecny-*Hausmaninger*, § 584, Rn. 33 (Österreich).

802 Hierzu hinsichtlich der unterschiedlichen Verfahrenskonstellationen unter Gliederungspunkt 1. Kapitel. F.II. 6. b)aa) ff.

Es ist festzustellen, dass in Österreich nicht nur der Zuständigkeitskonflikt zwischen staatlichen Gerichten und Schiedsgerichten einer gesetzlichen Regelung unterworfen ist. Ausdrücklich wird auch ein drohender Zuständigkeitskonflikt zwischen mehreren Schiedsgerichten geregelt. Besonders diese eigenständige Nennung paralleler Schiedsverfahren ist hier von großer Bedeutung. Die kodifizierte Regelung der Situation von doppelter Rechtshängigkeit im Schiedsverfahren in § 584 Abs. 3 ÖZPO ist nicht nur eine andere Lösung gegenüber den Vorschriften im Zehnten Buch der deutschen Zivilprozessordnung, sondern auch eine Abweichung von Art. 8 Abs. 1 UNCITRAL-Modellgesetz (ModG), der explizit nur Stellung zu gleichzeitigen Klagen vor Staats- und Schiedsgericht nimmt.[803]

Bereits die Themenwahl dieser Arbeit verdeutlicht, dass dem Problemkreis paralleler Schiedsverfahren für das deutsche Schiedsrecht sowohl Analysebedarf als auch Praxisrelevanz beigemessen wird. Ohne schon zuviel von der Hauptdiskussion zur rechtlichen Handhabung bei der Kollision zweier Schiedsverfahren vorwegzunehmen, sei an dieser Stelle der Hinweis gestattet, dass in Deutschland besonders der gesamte innerschiedsgerichtliche Problemkomplex noch weitereichender der alleinigen Klärung durch Rechtsprechung und Lehre überlassen worden ist, als die Diskussion um einen eigenen Anwendungsbereich einer Litispendenzregelung im Rahmen der privaten Schiedsgerichtsbarkeit im Allgemeinen. Dessen ungeachtet, kann der österreichische Lösungsweg auf einen zunehmenden Bedarf für eine stimmige (gegebenenfalls gesetzliche) Lösungssystematik – auch in Deutschland – hindeuten. Das Regelungskonzept Österreichs könnte Vorbild und Anreiz dafür sein, die deutsche Rechtslage auszudifferenzieren oder neu zugestalten.

Die nationalen Reglungen des schweizerischen Schiedsverfahrensrecht unterscheiden zwischen einem schiedsinternen Fall doppelter Rechtshängigkeit und einem Kollisionsfall paralleler Verfahren vor Staats- und Schiedsgerichten. Nur für den zuerst genannten Fall, der nicht kodifiziert wurde, soll dem identischen Streitgegenstand eine prozessuale Sperrwirkung zukommen. Im Gegensatz zum deutschen Schiedsrecht enthält die CH ZPO wenigstens in Art. 372 CH ZPO eine ausdrücklich als Rechtshängigkeitsregelung bezeichnete Vorschrift.

Die Vorschriften in den erwähnten internationalen Abkommen haben – jedenfalls für das Verhältnis zweier schiedsgerichtlicher Parallelverfahren – kaum unmittelbaren Erkenntniswert. In Bezug auf die vorangestellte Frage nach der generellen Existenz einer der Rechtshängigkeit im staatlichen Verfahren entsprechenden oder angenäherten Einrichtung im Schiedsverfahren verdeutlichen beide Abkommen indessen, dass eine schiedsgerichtliche Rechtshängigkeitssperre gegenüber einem gerichtlichen Verfahren sehr wohl in Betracht kommen kann. Im Vergleich zum UNÜ lässt das EuÜ prinzipiell eine schiedsfreundlichere Tendenz erkennen, da es Parallelverfahren im größeren Maß zu vermeiden versucht. Beide

803 Zu Art. 8 ModG allgemein Weigand, Practitioner's Handbook (1. Auflage), S. 1193, Rn. 1 ff.

Regelungswerke gehen von einem Einredeerfordernis aus, um das Verfahren der schiedsgerichtlichen Streiterledigung zuzuführen.

Durch den Einblick in die Regelungssystematik im internationalen Schiedsrechtsverkehr sind für das deutsche Schiedrecht einige Erkenntnisse gewonnen: Überlegungen zu einem Rechtsinstitut wie der Rechtshängigkeit im Allgemeinen, und insbesondere zur prozessualen Wirkung der Verfahrenssperre, laufen nicht von vornherein allgemeingültigen Grundsätzen des schiedsgerichtlichen Rechtsverkehrs zuwider. Zudem ist eine Rechtshängigkeitsregelung nicht mit dem Wesen der Schiedsgerichtsbarkeit unvereinbar. Die Tatsache, dass andere Rechtsordnungen von der Existenz der Rechtshängigkeit im schiedsgerichtlichen Verfahren ausgehen, indiziert aber nicht nur eine grundsätzliche Zulässigkeit einer Rechtshängigkeitsregelung im Schiedsverfahren. Vielmehr wird der Rechtsanwender auch veranlasst, die Gründe für die momentane Rechtslage in Deutschland eingehend zu hinterfragen.

b) Vorüberlegungen zu einem Parallelinstitut zur Rechtshängigkeit im Schiedsverfahren

Nachdem die Systematik zur Rechtshängigkeit im Zivilprozess erörtert und Rechtshängigkeitsregelungen in anderen Rechtsordnungen und Übereinkommen dargestellt wurden, können einige summarische Vorüberlegungen zu einem schiedsgerichtlichen Parallelinstitut zur Rechtshängigkeit im deutschen Recht erfolgen. Es stellt sich unter anderem die Frage, ob eine mögliche schiedsgerichtliche Rechtshängigkeitsregelung auch von einem Zustand abhängig ist, der mit dem Zustand der Klageerhebung im staatlichen Prozess vergleichbar ist.[804] Weiter ist fraglich, welche Voraussetzungen im Schiedsverfahren hierfür erfüllt sein müssen. Diesbezüglich könnten, wie schon bei der Bestimmung des schiedsrechtlichen Streitgegenstandsbe-griffs, die §§ 1044 und 1046 ZPO den gesetzlichen Ausgangspunkt bilden.

Ausweislich der Gesetzesüberschrift beinhaltet in der Zivilprozessordnung § 1044 ZPO eine Regelung über den schiedsgerichtlichen Verfahrensbeginn. Nach dieser Vorschrift bestimmt sich der Beginn des Schiedsverfahrens in erster Linie nach der Parteivereinbarung, die in der Praxis regelmäßig durch Bezugnahme auf eine institutionelle Schiedsordnung erfolgt.[805] Zu klären ist auch, ob der Eintritt der Rechtshängigkeit von einer vorherigen Konstituierung des Schiedsgerichts abhängig ist. Nach überwiegender Meinung soll für § 1044 S. 1 ZPO eine abschließende Konstituierung des Schiedsgerichts nämlich nicht erforderlich sein.[806]

---

804 Vgl. Bosch, Rechtshängigkeit im Schiedsverfahren, S. 165.

805 Schroeter, SchiedsVZ 2004, S. 288 (292); Musielak-*Voit*, § 1044, Rn. 8; Glossner/Bredow//Bühler, Schiedsgericht in der Praxis, S. 105, Rn. 269.

806 Prütting/Gehrlein-*Prütting*, § 1044, Rn. 2; Musielak-*Voit*, § 1044, Rn. 5; Schroeter, SchiedsVZ 2004, S. 288 (293).

aa) *Maßgeblicher Zeitpunkt für den Eintritt der schiedsgerichtlichen Rechtshängigkeit*

Um Anhaltspunkte für den maßgeblichen Zeitpunkt zu finden, in dem ein schiedsgerichtliches Verfahren rechtshängig wird, hat *Bosch*[807] zum alten Schiedsverfahrensrecht unter Bezugnahme auf die in den §§ 261 Abs. 3 Nr. 2, 263 und § 265 ZPO normierten prozessualen Wirkungen der Rechtshängigkeit im staatlichen Prozess zunächst untersucht, ob im schiedsgerichtlichen Verfahren ein der *perpetuatio fori* entsprechendes Institut sowie gleiche oder ähnliche Regelungen bezüglich einer Klageänderung existieren. Weiter wurden die potenziellen Auswirkungen der Rechtshängigkeit auf die Veräußerung der streitbefangenen Sache im Schiedsverfahren erforscht. Ziel dieser Herangehensweise war es, aus der rechtlichen Handhabung der einzelnen prozessualen Wirkungen Rückschlüsse auf das generelle Vorhandensein der Rechtshängigkeit im Schiedsverfahren einerseits und auf deren inhaltliche Ausgestaltung andererseits zu ziehen.

Die Konsequenz der beschriebenen Herangehensweise an die Thematik der Rechtshängigkeit im schiedsgerichtlichen Verfahren ist, dass Rechtshängigkeit bereits als ein homogenes, dem Institut im staatlichen Verfahren entsprechendes Ganzes vorausgesetzt wird. Vorliegend ist der Ausgangspunkt aber ein anderer: Ausgehend davon, dass in erster Linie nur eine der prozessualen Wirkungen den Forschungsgegenstand bildet, nämlich die Verfahrenssperre im Sinne des § 261 Abs. 3 Nr. 1 ZPO, ist nachfolgende Überlegung voranzuschicken: Rechtshängigkeit ist möglicherweise nur in modifizierter Form auf die prozessualen Gegebenheiten des Schiedsverfahrens übertragbar und hängt von anderen Voraussetzungen ab. Etwaige Modifikationen sollen dann auch nur im Hinblick auf den Einwand der anderweitigen Rechtshängigkeit gegenüber einem parallelen staatlichen Verfahren und besonders gegenüber einem nachfolgenden zweiten Schiedsverfahren erörtert werden.[808] Die übrigen prozessualen Wirkungen der Rechtshängigkeit im Schiedsverfahren bleiben außen vor. Ebenso müssen die kurzen Ausführungen zu den Auswirkungen einer rechtshängig gewordenen Streitsache im materiellen Recht genügen.[809]

Für den Eintritt der Rechtshängigkeit kann es gegebenenfalls auch von Bedeutung sein, ob es sich im Einzelfall um ein Schiedsverfahren handelt, das einer institutionellen Schiedsordnung folgt oder um ein Verfahren vor einem Ad-hoc-Schiedsgericht. Bezüglich der Rechtshängigkeitsvoraussetzungen könnte bei

---

807 Bosch, Rechtshängigkeit im Schiedsverfahren, S. 171 ff. Die weiteren prozessualen Wirkungen der Rechtshängigkeit im Schiedsverfahren untersucht auch Baur, in: FS Fasching, S. 81 (88 ff.).

808 Hierzu die Verfahrenskonstellationen unter Gliederungspunkt 1. Kapitel. F.II. 3. c) ff.

809 Der Analyse von Bosch, Rechtshängigkeit im Schiedsverfahren, S. 163 ff. kann in Bezug auf die übrigen prozessualen Wirkungen und die Auswirkungen im materiellen Recht – ausgenommen derer, die sich auf den inzwischen ersatzlos aufgehobenen § 220 BGB a. F. beziehen –, zugestimmt werden.

Verfahren vor einem institutionellen Schiedsgericht nämlich die jeweils einschlägige Schiedsordnung auch für die Rechtshängigkeit ausschlaggebend sein. Derartige Überlegungen werden jedenfalls vereinzelt angestellt.[810] Nach hier vertretener Meinung sind solche Überlegungen aber abzulehnen, da für eine so entscheidende Verfahrensfrage stets primär die Zivilprozessordnung bzw. die einschlägige *lex loci arbitri*[811] am Ort des schiedsgerichtlichen Verfahrens maßgeblich sein muss.

Im staatlichen Zivilprozess tritt Rechtshängigkeit mit ihren materiell-rechtlichen und verfahrensrechtlichen Wirkungen gem. der §§ 253, 261 ZPO durch die formell ordnungsgemäße Klageerhebung ein, welche die Zustellung der Klageschrift an den Beklagten verlangt.[812] Charakteristisch für das zivilprozessuale Institut der Rechtshängigkeit sind die exakte Festlegung des Streitgegenstandes, der Parteien sowie die Bestimmung des zur Entscheidung berufenen Gerichts.[813] Der in § 1044 ZPO geregelte Beginn des schiedsrichterlichen Verfahrens wird deshalb nicht nur näher zu betrachten sein, um für das schiedsgerichtliche Verfahren den genauen Zeitpunkt, in dem Rechtshängigkeit eintritt, festzulegen, sondern auch, um als Ausgangsbasis für die Festlegung der übrigen Voraussetzungen einer Rechtshängigkeitssperre im Schiedsverfahren zu dienen.

Angesichts gesetzlicher Unbestimmtheit bzw. Auslegungsbedürftigkeit gibt es hinsichtlich des exakten Verfahrensbeginns im Schiedsverfahren einige klärungsbedürftige Fragen. Zunächst ist deshalb der Wortlaut des § 1044 ZPO heranzuziehen. Dieser lautet: *„Haben die Parteien nichts anderes vereinbart, so beginnt das schiedsrichterliche Verfahren über eine bestimmte Streitigkeit mit dem Tag, an dem der Beklagte den Antrag, die Streitigkeit einem Schiedsgericht vorzulegen, empfangen hat. Der Antrag muss die Bezeichnung der Parteien, die Angabe des Streitgegenstandes und einen Hinweis auf die Schiedsvereinbarung enthalten.“* Bezüglich des maßgeblichen Zeitpunktes des Verfahrensbeginns lässt § 1044 S. 1 ZPO somit Freiheit für privatautonome Regelungen. Allerdings ist nur der Zeitpunkt des Verfahrensbeginns disponibel.[814] § 1044 S. 2 ZPO beinhaltet den notwendigen Antragsinhalt. Ihm kommt im Gegensatz zu Satz 1 konstitutive Wirkung zu.[815] Dessen Missachtung stellt sogar einen Aufhebungsgrund nach § 1059 Abs. 2 Nr. 1 lit. b.) und lit.d) ZPO dar.[816] In der Norm wird die Umschreibung bzw. die Festlegung des

810 So jedenfalls Baur, in: FS Fasching, S. 81 (85); so wie hier Bosch, Rechtshängigkeit im Schiedsverfahren, S. 173.

811 Unter dem lateinischen Begriff versteht man alle Normen des am Schiedsort geltenden nationalen Schiedsverfahrensrechts, vgl. Schmidt-Ahrendts/Höttler, SchiedsVZ 2011, S. 267 (268).

812 Stein/Jonas-*Roth*, § 261, Rn. 5.

813 Bosch, Rechtshängigkeit im Schiedsverfahren, S. 174.

814 MüKo-*Münch*, § 1044, Rn. 1.

815 MüKo-*Münch*, § 1044, Rn. 3.

816 HK/ZPO-*Saenger*, § 1044, Rn. 3.

schiedsgerichtlichen Streitgegenstandes gesehen und von einem Pendant zu § 253 Abs. 2 ZPO ausgegangen.[817]

Die angedeuteten Schwierigkeiten bei der Festlegung eines genauen Zeitpunktes, in dem Rechtshängigkeit und deren prozessuale Folge parallel zu § 261 Abs. 3 Nr. 1 ZPO eintreten, werden durch schiedsverfahrenstypische Besonderheiten bedingt, die sich in der Systematik der Vorschriften des Zehnten Buches widerspiegeln: Der Beginn des Schiedsverfahrens, wie er in § 1044 ZPO beschrieben ist, kann aus verschiedenen Gründen nicht ohne weiteres als maßgebender Zeitpunkt für den tatsächlichen Beginn des Verfahrens und damit als Ansatzpunkt für den Eintritt von Rechtshängigkeitswirkungen herangezogen werden. Zum einen unterliegt er der privatautonomen Gestaltungsfreiheit der Schiedsparteien. Darüber hinaus läuft der Verfahrensbeginn vor Schiedsgerichten in der Regel mehrstufig ab, untergliedert in verschiedene Verfahrensakte.[818] Einige der Teilakte wurden im Rahmen dieser Arbeit schon angedeutet.[819] Hier werden sie nunmehr im Detail betrachtet: Den ersten Schritt bildet vor Gelegenheitsschiedsgerichten die Übersendung des Vorlagebescheides an den Beklagten nach § 1044 S. 1 ZPO. Daran schließt sich die für gewöhnlich von den Parteien zu veranlassende Konstituierung des Schiedsgerichts an, d. h. die einzelnen zur Entscheidung berufenen Schiedsrichter werden ernannt und einberufen, § 1035 ZPO. Schließlich folgt die in § 1046 Abs. 1 ZPO geregelte Klageschrift.[820] Das deutsche Recht trennt folglich klar zwischen der Einleitung des Schiedsverfahrens einerseits, und der Übermittlung der Klageschrift an den Beklagten und die Schiedsrichter andererseits.[821] Erst in der Schiedsklage nach § 1046 Abs. 1 ZPO hat der Schiedskläger zusätzlich zum Anspruch die ihn begründenden Tatsachen zu nennen.[822] Eine Form ist für den Vorlageantrag gesetzlich nicht vorgesehen. Er wird aber schon zu Beweiszwecken regelmäßig in Schriftform erfolgen.[823] Für einen wirksamen Verfahrensbeginn hat der Schiedskläger im Übrigen dafür Sorge zu tragen, dass der Vorlageantrag dem Schiedsbeklagten zugeht. Mangels förmlicher Zustellungsregeln kommt hierfür z. B. ein Einschreiben gegen Rückschein in Betracht.[824] Einige institutionelle Schiedsordnungen sehen die schriftliche Abfassung der Klageschrift ausdrücklich vor, wobei Vorlageantrag und Klageschrift hier häufig äußerlich in einem Akt

817 Statt vieler MüKo-*Münch*, § 1044, Rn. 3; vgl. zudem die Ausführungen unter Gliederungspunkt 1. Kapitel. E.II. ff.

818 MüKo-*Münch*, § 1044, Rn. 4; Prütting/Gehrlein-*Prütting*, §.1044, Rn. 2.

819 Hierzu unter Gliederungspunkt 1. Kapitel. E.II. 1. f.

820 Prütting/Gehrlein-*Prütting*, § 1044, Rn. 2.

821 Stein/Jonas-*Schlosser*, § 1044, Rn. 1.

822 Stein/Jonas-*Schlosser*, § 1044, Rn. 1; B/L/A/H-*Hartmann*, § 1044, Rn. 2.

823 Vgl. BGH NJW 1959, S. 1493 (1494); HK/ZPO-*Saenger*, § 1044, Rn. 2; B/L/A/H-*Hartmann*, § 1044, Rn. 2.

824 Lionnet/Lionnet, Internationale und nationale Schiedsgerichtspraxis, S. 318; B/L/A/H-*Hartmann*, § 1044, Rn. 2.

zusammenfallen.[825] Da erst in § 1046 Abs. 1 ZPO verlangt wird, dass der Schiedskläger Anspruch sowie die ihn stützenden Tatsachen nennt, könnte man annehmen, dass (bei dessen Anerkennung) ein der Rechtshängigkeit entsprechender Zustand nicht bereits mit dem Beginn des schiedsgerichtlichen Verfahrens unter den in § 1044 S. 2 ZPO vorgeschriebenen Voraussetzungen eintreten würde, sondern erst mit Zugang der Schiedsklage beim Gegner.[826]

Andererseits wird mehrheitlich als maßgeblicher Zeitpunkt für den Eintritt der Schiedshängigkeit und der prozessualen Wirkung der Verfahrenssperre, als anerkanntes Synonym für die Rechtshängigkeitssperre im Zuständigkeitsverhältnis zweier paralleler Schiedsverfahren zueinander, der Zeitpunkt des schiedsgerichtlichen Verfahrensbeginns nach § 1044 ZPO und nicht derjenige der Klageerhebung nach § 1046 Abs. 1 ZPO angenommen.[827] Diese unterschiedlichen Zeitpunkte und Stufen der Konkretisierungen für die einzelnen Verfahrensvoraussetzungen rühren offenbar daher, dass einige Meinungsvertreter auch in diesem Punkt danach unterscheiden wollen, ob prozessuale Wirkungen gegenüber einem staatlichen Verfahren eintreten (dann Bezeichnung als „Rechtshängigkeit") oder im Verhältnis zu einem weiteren Schiedsverfahren (dann „Schiedshängigkeit").[828]

Diese bereits in Bezug auf den Eintrittszeitpunkt durchzuführende Differenzierung danach, ob ein zweites Verfahren vor einem staatlichen Gericht über denselben Streitgegenstand eingeleitet oder ein paralleles Verfahren vor einem anderen Schiedsgericht angestrebt wird, überzeugt nicht. Zum einen ist bei erstmaliger Einleitung eines schiedsgerichtlichen Verfahrens nicht absehbar, ob eine Bestimmung des exakten Zeitpunktes des Eintritts der Rechtshängigkeit notwendig sein wird, um eine entsprechende Verfahrenssperre gegenüber einem staatlichen oder einem schiedsgerichtlichen Verfahren durchzusetzen. Ferner ist nicht ersichtlich, welche Gründe eine detailliertere Klageschrift für das Rechtshängigwerden der Schiedsklage im Verhältnis zur Staatsgerichtsbarkeit erfordern sollten. Eine ausreichende Risikoabschätzung für den Beklagten über den Inhalt des eingeleiteten Schiedsverfahrens ermöglicht der Vorlageantrag nach § 1044 S. 2 ZPO. Für den Zugang des Vorlageantrags als den maßgeblichen Zeitpunkt für den Beginn von

---

825 Vor allem vorformulierte Schiedsordnungen sehen von einer Unterscheidung zwischen verfahrenseinleitendem Schriftsatz und Klageschrift ab, z. B. § 6 Abs. 1 DIS-SchO; die Verfahrenseinleitung erfolgt im Rahmen dieser Verfahrensordnung unmittelbar durch den Zugang der Klageschrift bei der Geschäftsstelle der DIS. Zum Verfahrensbeginn nach der DIS-SchO Lachmann, Schiedsgerichtspraxis, S. 772, Rn. 3368. Hinsichtlich einer Rechtshängigkeitsregelung schweigt auch die Verfahrensordnung der DIS. Zu Art. 6 Abs. 2 DIS-SchO unter Gliederungspunkt 1. Kapitel. F.II. 6. c)gg)(1).

826 Ablehnend B/L/A/H-*Hartmann*, § 1044, Rn. 3; Thomas/Putzo-*Reichold*, § 1044, Rn. 1; vgl. Lachmann, Schiedsgerichtspraxis, S. 204, Rn. 762 f. (bezüglich der Nebenfolgen, die im staatlichen Prozess mit der Rechtshängigkeit einhergehen).

827 So B/L/A/H-*Hartmann*, § 1044, Rn. 3.

828 In diese Richtung B/L/A/H-*Hartmann*, 1044, Rn. 3.

Rechtshängigkeit unabhängig davon, vor welchem Gericht ein möglicherweise kollidierendes Verfahren angestrebt wird, spricht auch die Tatsache, dass die materiell-rechtlichen Wirkungen der Rechtshängigkeit im Schiedsverfahren nahezu unstreitig durch den Zugang des Vorlageantrags beim Beklagten eintreten.[829] Anderenfalls wären nämlich die an anderer Stelle angesprochenen Vereitelungshandlungen des Beklagten bei der Bestellung des Schiedsgerichts denkbar, um für ihn ungünstige Nebenfolgen abzuwenden.[830]

Im Übrigen wird in § 1044 ZPO und eben nicht erst im Rahmen des § 1046 Abs. 1 ZPO der Streitgegenstand bestimmt[831], so dass auch diese objektiv notwendige Voraussetzung für eine Rechtshängigkeitssperre nach Maßgabe dieser Vorschrift schon erfüllt ist. Ein anderer, mit der oben angesprochenen Frage eng zusammenhängender Gesichtspunkt, betrifft das Erfordernis einer abgeschlossenen Konstituierung des Schiedsgerichts für den Eintritt der verfahrenssperrenden Wirkung des Rechtshängigkeitseinwandes. Bedarf es also eines abschließend gebildeten Schiedsgerichts, um eine Verfahrenssperre wegen anderweitiger Rechtshängigkeit auslösen zu können?[832] Hiergegen bestehen praktische Bedenken, weil die Konstituierung eines Ad-hoc-Schiedsgerichts nach dem gesetzlichen Regelfall mit drei Schiedsrichtern besetzt wird, zu deren Bestellung es Mitwirkungshandlungen beider Schiedsparteien bedarf, § 1035 ZPO. Der Schiedsbeklagte hätte es infolgedessen in der Hand, durch die Verweigerung seiner Mitwirkung an der Bestellung der Schiedsrichter den Eintritt der Verfahrenswirkungen hinauszuzögern.[833] Anstatt bei der Konstituierung des Schiedsgerichts mitzuwirken, könnte der Schiedsbeklagte seinerseits ein Schieds- oder Gerichtsverfahren anstreben, um in der Klägerrolle agieren zu können. Aus diesen Gründen ist es nicht gerechtfertigt, den Eintritt der Rechtshängigkeitswirkungen von einem Vorgang abhängig zu machen, der mitunter viel Zeit in Anspruch nehmen kann und der dem Einflussbereich des Schiedsklägers entzogen ist.[834] Dieser hat, indem er den Vorlageantrag zugesandt und den Schiedsrichter bestellt hat, das seinerseits Erforderliche getan, um das Schiedsverfahren zügig beginnen zu lassen. Teilweise[835] wird dennoch für den Eintritt der Rechtshängigkeit gegenüber einem nachfolgenden Schiedsverfahren die Konstituierung des Schiedsgerichts verlangt. Zur Begründung wird

---

829 Wieczorek/Schütze-*Schütze*, § 1044, Rn. 18 f.

830 Musielak-*Voit*, § 1044, Rn. 6; Schwab/Walter, Schiedsgerichtsbarkeit, Kap. 16, Rn. 6.

831 Hierzu unter Gliederungspunkt1. Kapitel. E.II. ff.

832 Eine Konstituierung („Bildung“) verlangt wohl Bosch, Rechtshängigkeit im Schiedsverfahren, S. 174.

833 Vgl. die entsprechende Argumentation von Schwab/Walter, Schiedsgerichtsbarkeit, Kap. 45, Rn. 7 und Stein/Jonas-*Schlosser*, Anhang § 1061, Rn. 192 im Bezug auf Art. VI Abs. 3 EuÜ, dessen Sachargument gleichfalls für das nationale deutsche Schiedsrecht gilt.

834 B/L/A/H-*Hartmann*, § 1044, Rn. 3.

835 Thomas/Putzo-*Reichold*, § 1044, Rn. 2; MüKo-*Münch*, § 1044, Rn. 30.

auf ein notwendiges Prozessrechtsverhältnis zwischen den Verfahrensbeteiligten inklusive des Schiedsgerichts verwiesen, um die fragliche prozessuale Wirkung herbeiführen zu können. Nicht nur das denkbare Verhalten eines unkooperativen Schiedsbeklagten spricht dennoch gegen das zusätzliche Erfordernis der Konstituierung als Voraussetzung für den Eintritt der Rechtshängigkeitssperre, sondern auch Gesichtspunkte der Gleichstellung des Schiedsverfahrens mit dem Staatsverfahren. Hier ist der Zeitpunkt des Verfahrensbeginns automatisch ausschlaggebend für den Eintritt der Rechtshängigkeit.[836]

Demzufolge wird für den Eintritt von schiedsgerichtlicher Rechtshängigkeit und deren materiell-rechtlichen und prozessualen Wirkungen grundsätzlich ein einheitlicher Zeitpunkt favorisiert. Die verfahrensrechtliche Situation hinsichtlich etwaiger Parallelverfahren im Einzelfall hat außer Betracht zu bleiben. Darüber hinaus würde ein späterer Zeitpunkt für den Eintritt von Rechtshängigkeit bei parallel eingeleiteten Verfahren in Deutschland und im Ausland dazu führen, dass die deutschen Schiedsgerichte überwiegend das Nachsehen hätten, weil in einigen ausländischen Rechtsordnungen der schiedsgerichtliche Verfahrensbeginn zu einem früheren Zeitpunkt festgelegt ist.[837]

Zusammengefasst ergibt sich folgendes Bild: Für den Eintritt von Rechtshängigkeit und der prozessualen Verfahrenssperre im Schiedsverfahren ist ein einheitlicher Zeitpunkt maßgeblich. Dieser ist dadurch gekennzeichnet, dass der Schiedskläger durch (schriftliche) Bekanntgabe gegenüber dem Schiedsbeklagten unmissverständlich zum Ausdruck bringt, dass er für den fraglichen Streitgegenstand die Einleitung des schiedsgerichtlichen Verfahrens alsbald beabsichtigt.[838] Dieser Zeitpunkt ist mit dem Zugang des Vorlageantrags beim Schiedsbeklagten gegeben, so dass im Schiedsverfahrensrecht nach §§ 1025 ff. ZPO der Verfahrensbeginn und der Beginn der Rechtshängigkeit ebenso wie (regelmäßig) im Zivilprozess zusammenfallen. Zur Wahrung rechtsstaatlicher Erfordernisse, insbesondere der Gewährung des rechtlichen Gehörs, müssen die Anforderungen von § 1044 S. 2 ZPO hierfür zwingend eingehalten werden. Einige Rechtshängigkeitswirkungen stellen darauf ab, dass der Beklagte Kenntnis von dem schwebenden Rechtsstreit hat, da sich seine Pflichten in bestimmten Bereichen als Folge des rechtshängig gewordenen Begehrens verstärken. Vor diesem Hintergrund wäre es mit dem Anspruch auf rechtliches Gehör unvereinbar, wenn rechtliche Folgen zu einem

---

836 In Ehesachen macht die Einreichung der Antragsschrift das Verfahren lediglich anhängig (§ 124 S. FamFG). Rechtshängigkeit tritt nach der Zustellung der Antragsschrift ein (§§ 113 Abs. 1 S. 2, 124 S. 2 FamFG). Zu diesem Argument im europäischen Kontext Geimer, in: FS Sonnenberger, S. 357 (361).

837 Vgl. hierzu Schack, IZVR, S. 316, Rn. 842. Einzelheiten hierzu unter Gliederungspunkt 2. Kapitel. D.III. 2. a) ff. (zum Verfahrensbeginn im staatlichen US-Verfahren). Dieses Argument unterstellt jedoch, dass dem zeitlichen Moment der Verfahrenseinleitung auch im Ausland entscheidende Bedeutung beigemessen wird.

838 Vgl. Schlosser, Internationale Schiedsgerichtsbarkeit, S. 471, Rn. 626.

Zeitpunkt einträten, in dem der Beklagte keinerlei Kenntnis von der Rechtsverfolgung hat.[839] Das Erfordernis der abgeschlossenen Konstituierung des Schiedsgerichts als notwendige Voraussetzung für den Eintritt von Rechtshängigkeit ist aufgrund der Missbrauchsgefahr – besonders um keinen Verschleppungstaktiken Raum zu bieten – abzulehnen.[840]

Da für Verfahren, die den Verfahrensordnungen der DIS oder der ICC folgen, für den Beginn des schiedsrichterlichen Verfahrens gegebenenfalls andere, abweichende Voraussetzungen notwendig sind als beim mehraktigen Verfahrensbeginn vor Ad-hoc-Schiedsgerichten, bedarf es an anderer Stelle noch einer ergänzenden Stellungnahme für den maßgeblichen Zeitpunkt des Beginns der Rechtshängigkeit.[841] Weiterhin ist grundsätzlich festzuhalten, dass es im schiedsgerichtlichen Verfahren mangels eindeutiger zeitlicher Regelung in Bezug auf den Eintritt der Rechtshängigkeit schwieriger ist, den für den Wirkungsbeginn maßgeblichen Zeitpunkt festzulegen. Anhand der oben gegebenen Kriterien[842] ist dies aber gut zu bewältigen. Unter den Aspekten der Praktikabilität und Rechtssicherheit bzw. Bestimmtheit ist es unbedenklich, den Eintritt der Rechtshängigkeit auf diese Weise zu bestimmen. Hilfsweise kann erneut auf das österreichische Schiedsrecht verwiesen werden. Auch hier fehlt eine gesetzliche Regelung, wann ein Begehren vor den Schiedsgerichten rechtshängig wird. Dennoch treten uneingeschränkt die prozessualen Wirkungen der Rechtshängigkeit ein. Soweit es aus dem österreichischen Schiedsrecht ersichtlich wird, sind mit dieser Praxis jedenfalls bislang keine größeren Schwierigkeiten verbunden. Für das deutsche Schiedsverfahren kann infolgedessen der maßgebliche Zeitpunkt für den Beginn von Rechtshängigkeit mit Zugang des Vorlageantrags beim Schiedsbeklagten festgelegt werden, wenn auch etwas aufwendiger als im staatlichen Zivilprozess.

bb) Voraussetzungen der Rechtshängigkeitssperre im Schiedsverfahren

Üblicherweise wird für das Vorliegen von Rechtshängigkeit die so genannte *triple-identity*[843] gefordert. Neben der Identität des Streitgegenstandes in den parallel anhängig gemachten Verfahren ist Parteiidentität und dieselbe Rechtsschutzform in beiden Verfahren zu verlangen.[844] In Kongruenz zur Rechtshängigkeitssperre des

---

839 Vgl. Bosch, Rechtshängigkeit im Schiedsverfahren, S. 172. Den Anforderungen an die obige Definition wird regelmäßig bereits mit Zugang des Vorlageantrags beim Beklagten entsprochen. In diesem Sinn auch Schütze, Schiedsgericht und Schiedsverfahren, S. 99, Rn. 318; B/L/A/H-*Hartmann*, § 1044, Rn. 3.

840 Vergleiche zu denselben Erwägungen zu Art. VI Abs. 3 EÜ bereits die Ausführungen unter Gliederungspunkt 1. Kapitel. F.II. 3. a)bb)(3).

841 Es wird hierfür auf die Ausführungen unter Gliederungspunkt 1. Kapitel. F.II. 6. c)gg)(1) und 1. Kapitel. F.II. 6. c)gg)(2) verwiesen.

842 Hierzu unter Gliederungspunkt 1. Kapitel. F.II. 3. b)aa) f.

843 Hobér, in: Cremades/Lew, Parallel Proceedings, S. 243 (245); Redondo, in: liber amicorum Cremades, S. 1131 (1138).

844 Jedenfalls nach h. M., hierzu unter Gliederungspunkt 1. Kapitel. F.I. 2. c)bb)(4) (a).

§ 261 Abs. 3 Nr. 1 ZPO beinhaltet § 1044 S. 2 ZPO die Regelung zum Streitgegenstand des Schiedsverfahrens. Den Vorschriften zum schiedsgerichtlichen Verfahren ist demzufolge eine Fixierung des Streitgegenstandes zur Bestimmung der objektive Reichweite einer Rechtshängigkeitssperre nicht fremd.[845]

Des Weiteren kann im Rahmen einer schiedsgerichtlichen Rechtshängigkeitssperre vom üblichen formellen Parteibegriff ausgegangen werden.[846] Schiedsrechtliche Besonderheiten, die eine Modifizierung erforderlich machen könnten, sind nicht ersichtlich. Schiedskläger ist demnach derjenige, der in seinem Namen den konkreten Rechtsschutz begehrt. Schiedsbeklagter ist derjenige, gegen den das angestrebte Begehren sich richtet, regelmäßig also gleichzeitig der Empfänger des Vorlageantrags. Auf die jeweilige Rolle der Schiedsparteien kommt es ebenso wenig wie im staatlichen Zivilprozess an.[847] Auf die Identität der Rechtsschutzbegehren beider Schiedsverfahren wird man übereinstimmend mit den Ansichten zum staatlichen Verfahren ebenfalls Wert legen müssen. Eine Verfahrenssperre wegen früherer anderweitiger Rechtshängigkeit folgt somit bei gleichzeitig anhängiger Leistungs- und Feststellungsklage den dargestellten Grundsätzen des streitigen Zivilprozesses.[848] Ferner sperrt eine reine Präjudizialität eines künftigen Schiedsspruchs für ein nachfolgendes Schiedsverfahren dieses nicht. Es kann aber eine Verfahrensaussetzung nach § 148 ZPO (analog) ratsam sein.[849] Außerdem entsprechen der sachliche Umfang der Rechtshängigkeitssperre und der Umfang der Schiedsvereinbarung einander.

c) Übertragbarkeit der Funktionen, Wirkungen und der geschützten Interessen der Rechtshängigkeit auf das schiedsgerichtliche Verfahren

Nachdem der entscheidende Zeitpunkt für den Eintritt von Rechtshängigkeit im schiedsgerichtlichen Verfahren herausgearbeitet und die subjektiven und objektiven Tatbestandsvoraussetzungen beschrieben wurden, können nun weitere Erwägungen zur inhaltlichen Ausgestaltung des Rechtsinstituts erfolgen. An anderer Stelle wurde es bereits abgelehnt, jede einzelne prozessuale Wirkung der Rechtshängigkeit für den Bereich der Schiedsgerichtsbarkeit zu analysieren und zu transferieren, um nachzuweisen, dass ein Bedürfnis für eine schiedsgerichtliche

845 Für Einzelheiten zum schiedsgerichtlichen Streitgegenstandsbegriff wird auf den eigenständigen Teilabschnitt unter 1. Kapitel. E.II. verwiesen.

846 So allgemein für das Schiedsverfahren MüKo-*Münch*, § 1044, Rn. 16; HK/ZPO-*Saenger*, § 1044, Rn. 3.

847 Für das US-amerikanische Zivilprozessrecht, welches den Untersuchungsgegenstand des 2. Kapitels bildet, ist es hingegen streitig, ob für die Geltung von *lis pendens* eine Übereinstimmung der Parteirollen in beiden Verfahren erforderlich ist, vgl. die Ausführungen unter Gliederungspunkt 2. Kapitel. D.III. 3. a)bb)(2).

848 Hierzu unter Gliederungspunkt 1. Kapitel. F.I. 2. c)bb)(4) (a).

849 So zum staatlichen Verfahren Musielak-*Foerste*, § 261, Rn. 12.

Rechtshängigkeitsregelung besteht. Denn es ist gar nicht notwendig, auf die Wirkungen von Rechtshängigkeit bzw. vom Einwand anderweitiger Rechtshängigkeit abzustellen, um einen Vergleich im Schiedsverfahren ziehen zu können. Als primärer Ansatzpunkt sind vielmehr die Funktionen des § 261 Abs. 3 Nr. 1 ZPO heranzuziehen. Fraglich ist somit, welche Funktionen die Verfahrenssperre im staatlichen Zivilprozess erfüllt und ob eine Funktionsgleichheit für das Schiedsverfahren angenommen werden kann.[850]

Die Gefahr der Verfahrensdoppelung sowie von Entscheidungskollisionen besteht nicht nur im Verhältnis zweier Staatsgerichte, sondern auch im Verhältnis von mehreren Schiedsgerichten untereinander sowie im Verhältnis von Schiedsgericht zu einem staatlichen Gericht. Die These ist, dass ein der Rechtshängigkeit vergleichbares Parallelinstitut im Schiedsverfahren eine Verfahrenssperre schaffen und damit eine Doppelbefassung verhindern kann.

aa) Öffentliche Interessen an einer schiedsgerichtlichen Rechtshängigkeitsregelung

Ein enger Zusammenhang besteht zwischen den einzelnen Funktionen von Rechtshängigkeit und den Interessen, zu deren Schutz das Rechtsinstitut beitragen soll. Eine eingehende Untersuchung der von der jeweiligen Funktion geschützten Interessen ermöglicht einen weitergehenden Zugang zu den unterschiedlichen Funktionen der Rechtshängigkeit. Nur unter Berücksichtigung der Wechselwirkungen zwischen Funktion bzw. Zweck und den Gründen, d. h. den Interessen, die die Zwecksetzung erst erforderlich machen, kann eine Rechtshängigkeitsregelung umfassend beurteilt werden.

Im staatlichen Zivilprozess steht heute der Schutz von öffentlichen Interessen im Vordergrund. Diese Schutzrichtung war – wie bereits erwähnt – keineswegs schon immer charakteristisch für die Rechtshängigkeitssperre. Früher wurde dem Schutz von Privatinteressen in der Praxis mehr Gewicht beigemessen als dem Schutz öffentlicher Interessen. In der Rechtsprechung hat in den dreißiger Jahren ein Meinungsumschwung eingesetzt, durch den der Focus fortan auf den Schutz der öffentlichen Interessen gelegt wurde.[851] Eine doppelte Klageerhebung wird heute als Missbrauch des Rechtsschutzes, unnötige Inanspruchnahme von öffentlichen Ressourcen, namentlich von überflüssigem Zeit- und Arbeitsaufwand der Gerichte und des Gerichtspersonals betrachtet.[852] Der Schutz privater Interessen

---

850 Zu den Funktionen der Verfahrenssperre im staatlichen Prozess unter 1. Kapitel. F.I. 2. d)

851 OLG München NJW 1964, S. 979 (980); BAG JZ 1957, S. 714 (714); vgl. auch MüKo-*Becker-Eberhard*, § 261, Rn. 4; Herrmann, Grundstruktur der Rechtshängigkeit, S. 38; Planck, Mehrheit von Rechtsstreitigkeiten, S. 13 ff.

852 MüKo-*Becker-Eberhard*, § 261, Rn. 4.

wird im Zusammenhang mit einer Rechtshängigkeitssperre inzwischen nur noch beiläufig oder gar nicht explizit erwähnt.[853]

Für das Schiedsverfahren wird aber gerade das zu schützende öffentliche Interesse mehrheitlich verneint,[854] was die Untersuchung der Rechtshängigkeit im Schiedsverfahren – angelehnt an das Rechtsinstitut des Zivilprozessrechts – zusätzlich erschwert. Den Schutzaspekt vor einer Doppelbeanspruchung der justiziellen Ressourcen verneint die überwiegende Ansicht umfassend.[855] Sofern eine Rechtshängigkeitssperre im Verhältnis zur staatlichen Gerichtsbarkeit in Betracht kommen sollte, läge nur eine einmalige Inanspruchnahme der Justiz vor.[856] Im Fall zweifacher paralleler schiedsgerichtlicher Streiterledigung in derselben Streitsache und zwischen denselben Parteien ist in konsequenter Fortführung dieser Argumentation von gar keiner Beanspruchung der ordentlichen Gerichte auszugehen, da nur private Schiedsgerichte beteiligt sind. Begründet wird die Ablehnung einer Übertragbarkeit der Rechtshängigkeitsfunktionen auf das schiedsgerichtliche Verfahren mit dem *Wesen* des Schiedsverfahrens. Argumentiert wird, dass der Ausschluss staatlicher Gerichtsbarkeit allein auf den Parteiwillen zurückzuführen sei und demnach durch die freie Wahl der Schiedsgerichtsbarkeit keine Verletzung von öffentlichen Interessen drohe. Durch die vertragliche Bindung der Parteien trete daher auch die Schutzfunktion der staatlichen Gerichte vor Rechtsmissbrauch in den Hintergrund.[857]

Ungeachtet des hier vertretenen Standpunktes zum Wesen der Schiedsgerichtsbarkeit[858] wird dieser Argumentation entgegengetreten: Obwohl die Initiative, ein schiedsgerichtliches Verfahren einzuleiten, ihren Ursprung im Parteiwillen hat, können öffentliche Interessen durch eine doppelte Inanspruchnahme zweier Gerichte betroffen sein. Hierin ist kein Widerspruch zu sehen. Wenigstens im Vollstreckungsstadium nehmen die Parteien die Ressourcen des staatlichen Gerichtsapparates für gewöhnlich doch in Anspruch.[859] Außerdem wird der Vorzug der Schiedsgerichtsbarkeit gegenüber anderen nicht staatlichen Instrumentarien der außergerichtlichen Streitbeilegung gerade in der vollumfänglichen Entscheidungsbefugnis des Schiedsrichters gesehen.[860] Die Parteien erwarten bei Wahl der Schiedsgerichtsbarkeit als streiterledigendes Forum in Form des Schiedsspruchs ein verbindliches Urteilsurrogat. Die vom Gesetzgeber selbst postulierte Gleichstellung

853 Anders hingegen Müller, Zuständigkeit, S. 107, der den Schutz des Beklagten als primären Zweck der Rechtshängigkeit bezeichnet, dies allerdings bezüglich des schweizerischen Rechts.
854 Bosch, Rechtshängigkeit im Schiedsverfahren, S. 203.
855 Bosch, Rechtshängigkeit im Schiedsverfahren, S. 203.
856 Vgl. Bosch, Rechtshängigkeit im Schiedsverfahren, S. 193, 203.
857 Bosch, Rechtshängigkeit im Schiedsverfahren, S. 203.
858 Vgl. die diesbezüglichen Ausführungen unter 1. Kapitel. C.III. 2.
859 Diesem Argument steht auch nicht entgegen, dass Schiedssprüche häufig freiwillig befolgt werden. So für das US-Recht Ware, ADR, S. 109.
860 Hierzu bereits unter 1. Kapitel. C.V. ff.

von Urteil und Schiedsspruch in § 1055 ZPO bekräftigt diese Erwartungshaltung der Parteien. Eine nur einmalige Einleitung eines Schiedsverfahrens und das Resultat, bestehend in einer verbindlichen Entscheidung eines Rechtsstreits vor einem zuständigen Schiedsgericht, entlasten deshalb auch die staatliche Justiz und die Staatskasse. Der Ausbau und die aktive Förderung der Schiedsgerichtsbarkeit liegen infolgedessen im öffentlichen Interesse.[861] Mittelbar kommt eine eindeutige Regelung zur Koordinierung von Parallelverfahren durch eine Rechtshängigkeitssperre in diesem Aspekt daher sehr wohl dem öffentlichen Interesse zugute. Obwohl privatautonome Gestaltung durch die Schiedsparteien im großzügigen Maß zulässig ist[862], hat der Staat ein mittelbares Interesse daran, dass seine Bürger sich nicht in endlosen Rechtsstreitigkeiten gegenseitig „aufreiben" oder mit immer neuen Klagen überziehen.

Der Eintritt endgültigen Rechtsfriedens durch konsequentes Unterbinden von Parallelverfahren zum selben Streitgegenstand steht somit auch unter diesem Blickwinkel im öffentlichen Interesse. Dies gilt ausdrücklich auch, wenn eines der Verfahren vor einem Schiedsgericht eingeleitet worden ist oder ausschließlich zwei Schiedsgerichte beteiligt sind, da es aus Sicht der beteiligten Parteien keinen Unterschied machen kann, ob sie sich in endlosen Prozessen vor Staatsgerichten oder Schiedsgerichten (finanziell) aufreiben. Ob die staatliche Autorität tatsächlich nicht tangiert wird, wenn zwei widersprüchliche Schiedssprüche in derselben Streitsache ergehen oder ein im Widerspruch zu einem Urteil stehender Schiedsspruch erlassen wird, wie es vielfach behauptet wird, muss ebenfalls angezweifelt werden.[863] Der allgemeinen Rechtssicherheit ist es jedenfalls nicht zuträglich, wenn widersprüchliche Schiedssprüche oder ein zu einem Urteil konträrer Schiedsspruch erlassen werden. Da der Anwendungsbereich einer Rechtshängigkeitssperre zeitlich früher eröffnet ist, ist es verfahrensökonomisch unsachgemäß, die genannten negativen Folgen nur mit dem Rechtskrafteinwand zu beseitigen. Zusammenfassend ist der überwiegenden Meinung jedoch zuzugestehen, dass die angesprochenen Gesichtspunkte allesamt nur mittelbar dem Schutz öffentlicher Interessen dienen und weitgehend durch andere Rechtsinstitute wie eben durch die materielle Rechtskraft mitgeschützt werden. Somit ist noch kein hinreichender Beweis erbracht, um die Notwendigkeit einer schiedsgerichtlichen Rechtshängigkeitsregelung über die wahrzunehmenden Funktionen des Rechtsinstituts zu rechtfertigen.

bb) Private Interessen an einer schiedsgerichtlichen Rechtshängigkeitsregelung

Entsprechend dem hohen Stellenwert, den der Parteiwille und die Privatautonomie im Schiedsverfahrensrecht einnehmen, ist auch der Schutz von Privatinteressen

861 Ebbing, Private Zivilgerichte, S. 11.

862 Hierzu Thümmel, in: FS Kaissis, S. 1027 (1030 ff.).

863 So aber Müller, Zuständigkeit, S. 108; verwiesen wird an dieser Stelle auch auf den hiermit in direkten Zusammenhang stehenden Themenkomplex unter 1. Kapitel. D.II. 3. b)bb).

eingehend zu betrachten.[864] Möglicherweise ergibt sich eine Modifizierung der Rechtshängigkeit im Vergleich zum staatlichen Verfahren daraus, dass die schiedsgerichtliche Rechtshängigkeitssperre vorrangig dazu bestimmt ist, die Parteiinteressen zu schützen.

Die potenziellen Privatinteressen sind in Interessen der beklagten und der klagenden Schiedspartei zu unterteilen. Grundsätzlich steht dem Klagerecht des Schiedsklägers ein korrespondierender Rechtsschutzanspruch des Schiedsbeklagten gegenüber.[865] Aus der eingenommenen Beteiligtenrolle im Schiedsprozess ergeben sich in der Regel gegensätzliche Interessen. Zunächst sind als bedeutsame und schützenswerte Privatinteressen die Interessen der beklagten Partei an einer Rechtshängigkeitssperre gegenüber einem zweiten identischen Verfahren in Betracht zu ziehen: Der Beklagte sollte vor einer doppelten Verteidigungslast im Sinne einer „aufgedrängten" Prozessführung geschützt werden, was bedeutet, dass der Beklagte sich bezogen auf eine bestimmte Rechtsbehauptung nur einmal erschöpfend verteidigen müssen sollte.[866] Reiner prozesstaktisch erzwungener, schikanöser Mehrfachverteidigung sollte ein Riegel vorgeschoben werden. Hinzu kommen die durch eine mehrfache Verteidigung bedingten Belastungen in Form von physischer Beanspruchung und psychischer Zermürbung des Beklagten sowie die drohenden zweifachen Verfahrenskosten.

Im Einzelfall können selbstverständlich auch weiter gefasste Kostengesichtspunkte wie Reisekosten zum Schiedsort oder Gutachterkosten im Rahmen der privaten Interessen eine Rolle spielen. Im Schiedsverfahren gibt es keine § 91 ZPO entsprechende Regelung zur Kostentragung, die der unterliegenden Partei die gesamten Kosten des Rechtsstreits auferlegt.[867] Die Frage über die Kostenentscheidung steht gem. § 1057 Abs. 1 S. 1 ZPO zur Parteidisposition. Nach dieser Vorschrift kommen primär im Schiedsvertrag getroffene Kostenvereinbarungen zum Tragen, sekundär das schiedsgerichtliche Ermessen. In der Regel läuft es jedoch auf eine § 91 ZPO entsprechende Kostentragungspflicht der unterliegenden Partei hinaus, da in Schiedsvereinbarungen regelmäßig obligatorisch auf §§ 91 ff. ZPO verwiesen wird („Unterliegensprinzip").[868] Die kostenbelastete Partei wird normalerweise der Beklagte sein, weil ein Kläger, der doppelt klagt und mit seinem Begehren von vornherein keine große Erfolgsaussicht hat, eine doppelte Prozessführung tunlichst vermeiden wird. Vermögensinteressen, also ebenfalls private Interessen,

---

864 Müller, Zuständigkeit, S. 107.

865 Vgl. Berti, Einfluss ungeschriebenen Bundesrechts, S. 54 bezüglich des schweizerischen gerichtlichen Verfahrens.

866 So zur früheren Schutzintention der Verfahrenssperre im Staatsverfahren Mittenzwei, Aussetzung, S. 70.

867 Wieczorek/Schütze-*Schütze*, § 1057, Rn. 1 (keine Kostenregelung im 10. Buch); vgl. auch MüKo-*Münch*, § 1057, Rn. 13 ff. zu den Prinzipien und Wertungen bezüglich der Kostenverteilung im Schiedsverfahren.

868 BT-Drucks. 13/5274, S. 57, re. Sp.; Schütze, Schiedsgericht und Schiedsverfahren, S. 133, Rn. 462.

sind im Sonderfall einer verarmten Schiedspartei besonders zu berücksichtigen. Gerade im Fall einer unterliegenden Partei mit wenig Vermögen kann die doppelte Prozessführung – auch wegen der fehlenden Prozesskostenhilfe im schiedsgerichtlichen Rechtsverkehr – unter Umständen eine ruinöse finanzielle Belastung des Schiedsklägers bedeuten.[869]

Es gelten folgende Grundsätze für Mittellosigkeit im Schiedsverfahren: Die Rechtsprechung[870] spricht der verarmten Partei unabhängig von deren Parteirolle unter Billigung der Literatur[871] ein Kündigungsrecht hinsichtlich der Schiedsvereinbarung zu. Der klagenden Partei kann ein Kündigungsrecht zustehen, wenn sie nach Abschluss der Schiedsvereinbarung bemerkt, dass ihre finanziellen Mittel nicht ausreichen, um die notwendige Vorschussleistung zu erbringen.[872] Auch bei Armut im Zeitpunkt des Abschlusses der Schiedsvereinbarung, unabhängig von Verschulden oder Nichtverschulden der Armut, besteht ein Kündigungsrecht.[873]

Für den aus vorliegender Sicht relevanteren Fall des verarmten Schiedsbeklagten gilt im Grundsatz Entsprechendes bezüglich der Lösungsmöglichkeiten von der Schiedsvereinbarung. Durch Übernahme der Vorschusszahlung des Schiedsbeklagten an den Schiedsrichter besteht für den Schiedskläger die Möglichkeit, das schiedsgerichtliche Verfahren zu erzwingen.[874] Der gesamten Problematik einer verarmten Schiedspartei liegt der Gedanke zu Grunde, dass niemanden die Durchsetzung seiner Rechte verwehrt werden darf.[875] Nach Wegfall der Schiedsvereinbarung steht daher in der Streitsache der Rechtsweg zu den ordentlichen Gerichten

---

869 Zur fehlenden Prozesskostenhilfe Schütze/Tscherning/Wais, Handbuch Schiedsverfahren, S. 323, Rn. 592.

870 BGHZ, 41, 104 (107 f.); BGHZ 102, 199 (202); BGH NJW 1980, S. 2136 (2136).

871 Ebbing, Private Zivilgerichte, S. 215; Stein/Jonas-*Schlosser*, § 1029, Rn. 38.

872 BGHZ 41, 104 (108).

873 KG SchiedsVZ 2003, S. 239 (239); Schütze/Tscherning/Wais, Handbuch Schiedsverfahren, S. 79, Rn. 140, der BGH hat das Kündigungsrecht bei Abschluss der Schiedsvereinbarung ursprünglich etwas restriktiver gehandhabt und auf solche Fälle beschränkt, in denen die verarmte Partei davon ausging, dass ihr zu einem späteren Zeitpunkt, nämlich im Zeitpunkt der Einleitung des schiedsgerichtlichen Verfahrens, ausreichend Mittel zur Verfügung stehen würden, BGHZ 77, 65 (65). In jüngerer Zeit wurde das Kündigungsrecht bei anfänglicher Armut aber auf Fälle ausgedehnt, in denen „ungewisse Aussichten auf ausreichend Einkünfte bestehen", BGH NJW 2000, S. 3720 (3721). Der BGH ist nicht nur hinsichtlich der Voraussetzungen, um sich von einer Schiedsvereinbarung zu lösen, großzügiger geworden, vielmehr geht er in neuen Entscheidungen davon aus, dass die Schiedsvereinbarung ipso iure, also ohne erforderliche Kündigung entfalle, BGH RPS BB-Beil. 06/2001, S. 17 (17); kritisch hierzu: Risse, RPS BB-Beil. 06/2001, S. 11 f.

874 Schütze, Schiedsgericht und Schiedsverfahren, S. 82, Rn. 247.

875 Schütze, Schiedsgericht und Schiedsverfahren, S. 81, Rn. 244; zu kollisionsrechtlichen Aspekten im Zusammenhang mit einer verarmten Schiedspartei, vgl. Schütze, in: FS Schlosser, S. 867 ff.

offen, inklusive der Möglichkeit von Prozesskostenhilfe. De facto entfällt aber der ursprünglich auf freiwilliger Basis gemeinschaftlich ausgewählte Rechtsweg zu den Schiedsgerichten. Das Risiko eines insolventen Schiedsbeklagten belastet die Interessen des Schiedsklägers dann besonders schwer, wenn erstens dessen Klage große Aussicht auf Erfolg hat und zweitens sich die Armut der Gegenpartei erst offenbart, nachdem das Schiedsverfahren eingeleitet wurde und der Spruchkörper sich konstituiert hat. Der Schiedsrichtervertrag endet automatisch mit Kündigung der Schiedsvereinbarung. Da der Schiedsrichtervertrag mit beiden Parteien zustande kommt[876] und regelmäßig bereits Verfahrenskosten, insbesondere das Honorar des Schiedsrichters, entstanden sind, haftet der liquide Schiedskläger in diesen Fall nicht nur für seinen eigenen Kostenanteil, sondern auch für den Teil des Schiedsbeklagten.[877] Im – zugegeben wenig praxisrelevanten – Sonderfall einer verarmten Schiedspartei sind somit, je nach Konstellation im Einzelfall, besondere private (Kosten-) Interessen zu berücksichtigen.

Des Weiteren sind auch schützenswerte Privatinteressen der klagenden Partei an einer Rechtshängigkeitssperre zu beachten: Sofern der vormals Beklagte seinerseits Klage erhebt, soll die ursprünglich klagende Partei nicht durch das Anstreben eines weiteren Verfahrens um die Früchte ihres bisher erfolgreichen Prozessierens gebracht werden können. Im Übrigen kann mit einer Rechtshängigkeitssperre, sobald sich ein offensichtlich erfolgreicher Verfahrensverlauf für den Schiedskläger abzeichnet, reinen Verzögerungstaktiken der beklagten Partei Vorschub geleistet werden, da einer Gegenklage vor einem weiteren Gericht die Rechtshängigkeit des ersten Verfahrens entgegenstünde.

Wegen der nicht zu unterschätzenden Bedeutung, die der Privatautonomie im Allgemeinen und dem Parteiwillen im Besonderen innerhalb der Schiedsgerichtsbarkeit zukommen, ist fraglich, ob man den Schutz der privaten Interessen aufgrund der vertraglichen Bindung beider Schiedsparteien etwas abmildern muss. Man könnte argumentieren, dass die Wahl der Schiedsgerichtsbarkeit auf den einvernehmlichen Willen beider Parteien zurückzuführen ist und diese sich deshalb auch jedweder Verfahrensgestaltung, inklusive drohenden doppelten Schiedsverfahren, geöffnet haben.[878] Richtig ist an dieser Überlegung, dass eine wirksame Wahl der Schiedsgerichtsbarkeit als Entscheidungsforum auf einem einverständlichen gemeinsamen Willen beider Schiedsparteien beruhen muss.[879] Zutreffend ist darüber hinaus das große Gewicht der Privatautonomie innerhalb des schiedsgerichtlichen Verfahrens.[880] Nach hier vertretener Meinung spiegelt sich der hohe

876 Hierzu unter Gliederungspunkt 1. Kapitel. F.II. 6. c)jj)(1).

877 Schütze, Schiedsgericht und Schiedsverfahren, S. 52, Rn. 148.

878 MüKo-*Münch*, § 1044, Rn. 10, der den Interessenschutz des Beklagten etwas abmildern möchte, weil das Schiedsverfahren auf vertragliche Bindung zurückzuführen sei. Münch will Missbräuche im Rahmen der Kostenfolge ausgleichen.

879 Zum Bindungswillen der Schiedsparteien Stein/Jonas-*Schlosser*, § 1029, Rn. 10 ff.

880 Vgl. Berger, Recht der Schiedsgerichtsbarkeit, S. 18; vgl. Lachmann, Schiedsgerichtspraxis, S. 1 Rn. 3.

Stellenwert der Privatautonomie schon in ausreichendem Maß im beschriebenen, veränderten Interessenschutz einer potenziellen Verfahrenssperre wider. Die Frage, ob schiedsrechtliche Eigenarten, insbesondere solche, die dem Parteiwillen geschuldet sind, eine generelle Restriktion des Interessenschutzes erforderlich machen, ist nicht auf dieser Ebene zu klären. Vielmehr wird hiermit die Frage nach der Art der prozessualen Berücksichtigung einer bestehenden anderweitigen Rechtshängigkeit in einem anderen Schiedsverfahren angesprochen. Zu einer stärkeren Gewichtung des Parteiwillens gelangt man in diesem Zusammenhang nämlich, wenn das nachfolgende Schiedsgericht eine bestehende Rechtshängigkeit nur auf entsprechende Parteirüge zu berücksichtigen hätte. In die gleiche Richtung weist die bereits angesprochene Meinung, die auf die große Rolle des Wesens der Schiedsgerichtsbarkeit im Zusammenhang mit den betroffenen Interessen verweist.[881]

Die in Frage kommenden Parteiinteressen müssen nicht immer gegensätzlich sein: Beide Parteien haben ein gemeinsames Interesse an einer raschen Streitentscheidung, denn der Zeitfaktor bildet oft den ausschlaggebenden Beweggrund für die Entscheidung der Parteien zugunsten der Schiedsgerichtsbarkeit.[882] Diesem Parteiinteresse mit möglichst wenig Zeitaufwand eine bindende und abschließende Streitentscheidung zu erhalten, entspricht eine auf früherer anderweitiger Rechtshängigkeit basierende Verfahrenssperre im frühstmöglichen Verfahrensstadium. Schließlich haben die Schiedsparteien durch die Wahl dieser Form der Streitbeilegung ihr Interesse an einer verbindlichen Konfliktlösung kundgetan, was nicht nur mittelbar im öffentlichen Interesse steht, sondern unmittelbar das Parteiinteresse an *einer* endgültigen Entscheidung in einem Verfahren widerspiegelt. Ein drohender Wettlauf um die erste Entscheidung in der Streitsache würde schon im Vorfeld einer Rechtskraftsperre eingedämmt. Dies kann effizient nur erreicht werden, wenn das Schiedsgericht eine Entscheidung an Stelle des staatlichen Gerichts trifft und nicht nur als Wahlalternative neben dem Staatsgericht zusätzlich einen Schiedsspruch erlässt. Bei doppelt rechtshängigen Schiedsverfahren ist das Interesse an einer verbindlichen Verfahrensentscheidung nicht weniger stark tangiert als bei der Beteiligung der staatlichen Justiz. Ein gleichgerichteter Interessenschutz der Parteien kann zudem in einem einvernehmlichen Agieren beider Schiedsparteien zu sehen sein, wenn beide Schiedsparteien Parallelverfahren wollen. Der zuletzt genannte Aspekt berührt jedoch erneut mehr den Gesichtspunkt der verfahrensrechtlichen Umsetzung einer Rechtshängigkeitssperre als den vorliegenden Problemkreis des Interessenschutzes.

881 Ausführlich hierzu unter Gliederungspunkt 1. Kapitel. F.II. 3. c)aa).

882 Vgl. Sonnauer, Kontrolle der Schiedsgerichte, S. 10; kritisch gegenüber dem zeitlichen Vorteil von schiedsrichterlichen Verfahren Wieczorek/Schütze-*Schütze*, § 1025, Rn. 16 (sehr lange Konstituierung).

d) Würdigung

Zusammengefasst kämen einer möglichen Rechtshängigkeitsregelung im Schiedsverfahren zwar die gleichen Funktionen wie im Zivilprozess zu. Diese wären aber in erster Linie dem Privatschutz zu zuordnen. Wie beschrieben, kann eine Vermeidung doppelter Prozessführung bei Beteiligung eines Schiedsgerichts mittelbar auch den öffentlichen Interessen zugute kommen. Dies gilt sowohl für Fälle, in denen ausschließlich Schiedsgerichte zueinander in Konkurrenz treten als auch für Fälle gleichzeitiger staatlicher und schiedsgerichtlicher Verfahren. Eine schiedsgerichtliche Rechtshängigkeitssperre könnte gleichermaßen wie im Staatsprozess dazu dienen, Entscheidungskollisionen zu verhindern. Allerdings ist es anerkannt, dass dieser Zweck der Rechtshängigkeit im Vergleich zur Vermeidung einer doppelten Prozessführung generell weniger stark zu gewichten ist.[883] Die Gründe ergeben sich aus dem Zusammenhang von Rechtshängigkeit und Rechtskraft.[884] Wegen der nur mittelbaren Schutzfunktion für öffentliche Interessen könnte man von einer Art „Reflexwirkung" der Rechtshängigkeitssperre sprechen. Eindeutig im Vordergrund steht im Rahmen des schiedsgerichtlichen Verfahrens hingegen der unmittelbare Schutz privater Interessen durch eine Rechtshängigkeitsregelung.

Für das Schiedsverfahren wird die Schutzintention des Instituts der Rechtshängigkeit demnach verlagert. Von einer umfassenden Kongruenz mit dem Institut der Rechtshängigkeit, insbesondere der Verfahrenssperre im Zivilprozess und im Schiedsprozess, kann also unter diesem Gesichtspunkt gegenwärtig nicht mehr ausgegangen werden. Im Weiteren stellt sich die Frage, ob noch von Rechtshängigkeit im klassischen Sinn gesprochen werden kann. Dass eine schiedsgerichtstypische Modifikation beim Interessenschutz vorliegt, kann nicht mehr bezweifelt werden und wird hier als Zwischenergebnis der Untersuchung festgestellt. Vor allem bei der Darstellung der konkreten Anwendungsfälle der schiedsrechtlichen Verfahrenssperre sowie bei der Art der prozessualen Berücksichtigung der Verfahrenssperre wird dieser Aspekt mit zu berücksichtigen sein.

4. Funktionsidentität mit der Rechtskraft im Schiedsverfahren

Die immer wieder angesprochenen Gemeinsamkeiten und Schnittstellen im Anwendungsbereich von Rechtskraft und Rechtshängigkeit sind nicht nur im staatlichen Zivilprozess vorhanden. Im Wesentlichen haben beide Rechtsinstitute im Schiedsverfahren dieselben Parallelen wie im staatlichen Zivilprozess.[885] Die potenziellen prozessualen Funktionen der schiedsrechtlichen Rechtshängigkeitssperre kommen partiell auch der materiellen Rechtskraft zu. Allgemein ist anerkannt, dass es in erster Linie Aufgabe der materiellen Rechtskraft ist, einander

883 MüKo-*Becker-Eberhard*, § 261, Rn. 6; vgl. Rimmelspacher, Materiell-rechtlicher Anspruch, S. 317 f.
884 Hierzu unter Gliederungspunkt 1. Kapitel. F.II. 5.
885 Hierzu unter den Gliederungspunkten 1. Kapitel. F.I. 2. e)ff.

widersprechende Entscheidungen zu verhindern.[886] Auch die weitere Funktion der Rechtshängigkeit, Schutz vor einer Doppelbeanspruchung der Justiz zu bieten, ist beiden Einrichtungen gemein, wobei die Verfahrenswirtschaftlichkeit bei der Rechtskraft eher eine sekundäre Rolle spielt; im Rahmen der Rechtshängigkeit jedoch dominiert.[887]

Der BGH macht sich den engen Zusammenhang zwischen der Rechtskraft des Schiedsspruchs und der Rechtshängigkeit auch in anderer Hinsicht zu Nutze. So argumentiert er in dem bereits mehrfach angesprochenen Urteil folgendermaßen: Dass die Klageerhebung im schiedsgerichtlichen Verfahren nicht zu einer in § 261 ZPO geregelten Rechtshängigkeit führe, ergebe sich auch daraus, dass sogar die Rechtskraftwirkung eines Schiedsspruchs nur auf entsprechenden Einwand und nicht von Amts wegen zu beachten sei, da das öffentliche Interesse dafür fehle.[888] Abgesehen von der im Zusammenhang mit § 1055 ZPO schon geäußerten Kritik und der vorliegend favorisierten Gegenansicht ist darauf hinzuweisen, dass die Begründung des BGH hier denkbar knapp ausfällt. Die Rechtsprechung kann nicht darüber hinwegtäuschen, dass im Grunde genommen keine echte, geschweige denn eine ernsthafte Auseinandersetzung mit einer denkbaren Rechtshängigkeit im Schiedsverfahren stattfindet. Vielmehr wird die Rechtskraftwirkung des Schiedsspruchs nur als Argumentationshilfe herangezogen, ohne konkret auf die Rechtshängigkeitsmaterie einzugehen. Die Verquickung von Rechtskraft und Rechtshängigkeit ist in dieser Undifferenziertheit abzulehnen. Tatsächlich ergeben sich nämlich einige Unterschiede zwischen Rechtskraft und Rechtshängigkeit im Schiedsverfahren. Diese resultieren zum einen daraus, dass Rechtshängigkeit innerhalb der Schiedsgerichtsbarkeit weit weniger ausführlich erforscht ist und auf keine lange Tradition zurückblicken kann wie die Ausstattung des Schiedsspruchs mit Rechtskraft entsprechend den Wirkungen eines gerichtlichen Urteils. Zum anderen wurde gerade herausgestellt, dass die Interessen, die hinter den Zwecken von Rechtshängigkeit und Rechtskraft stehen, durchaus divergieren können. Zwar werden von beiden Einrichtungen öffentliche Interessen geschützt. Es ist auch nicht ausgeschlossen, dass die materielle Rechtskraft eines Schiedsspruchs Parteiinteressen zugute kommt: So hat der Eintritt von Rechtskraft entscheidend die Funktion, den allgemeinen Rechtsfrieden und den Rechtsfrieden unter den Schiedsparteien zu sichern.[889] Dies liegt im Interesse der streitbelasteten Parteien, die Rechtsgewissheit wünschen. Allerdings tritt der Schutz privater Interessen hinter dem Schutz der öffentlichen Interessen zurück.

---

886 Generell zum Verhältnis von Rechtskraft und Rechtshängigkeit sowie der Gewichtung der einzelnen Zwecke beider Institute Rimmelspacher, Materiell-rechtlicher Anspruch, S. 311 ff.; Lippmann, AcP 65 (1882), S. 358 (440); Althammer, Streitgegenstand und Interesse, S. 214 („Sicherung des Urteilsinhaltes").

887 Herrmann, Grundstruktur der Rechtshängigkeit, S. 42.

888 BGH NJW 1958, S. 950 (950); bestätigend BGHZ 41,104 (107).

889 Lindacher, KTS 1966, S. 153 (156).

Für das Institut der Rechtshängigkeit ist die Gewichtung der zu schützenden Interessen anders zu beurteilen. Im Vordergrund stehen die Parteiinteressen. Neben dem Aufzeigen der erwähnten Unterschiede ist es eine Aufgabe dieser Arbeit, einen klaren und eindeutig von der Rechtskraft abzugrenzenden Anwendungsbereich der Rechtshängigkeit im Schiedsverfahren zu definieren, wobei es unschädlich ist, wenn sich der Anwendungsbereich von unterschiedlichen Rechtsinstituten überschneidet.[890] Eindeutig zu keiner Überschneidung der Anwendungsbereiche beider Einrichtungen kommt es bei der Frage, ob eine zweite Schiedsklage unzulässig ist, weil sie einen Streitgegenstand betrifft, der den Gegenstand des ersten Verfahrens als Vorfrage enthält. Hier ist klar, dass eine Rechtshängigkeitssperre nicht schon bei reiner Präjudizialität zur Anwendung kommt.[891]

5. *Eigenständiger Anwendungsbereich der Rechtshängigkeit im Schiedsverfahren*

Gegenüber der Rechtskraft als anerkanntem Institut muss die Rechtshängigkeit im schiedsgerichtlichen Verfahren erst eine eigenständige Aufgabe übernehmen. Eine Existenzberechtigung für das Rechtsinstitut der Rechtshängigkeit steht und fällt zwar nicht damit, dass ihm unabhängige Funktionen zugeschrieben werden. Allerdings erleichtert ein positiver Befund die ohnehin kontroverse Analyse und würde der Annahme von der Überflüssigkeit einer schiedsgerichtlichen Rechtshängigkeitssperre entgegentreten. Hier wird Rechtshängigkeit als eine funktionale, zeitlich früher ansetzende selbstständige Ergänzung zur Rechtskraft angesehen,[892] deren Schwerpunkt der Schutz von privaten Interessen und der Ressourcenschutz durch Verhinderung doppelter (schieds-)gerichtlicher Befassung bildet. Unterstützend kann die Berücksichtigung anderweitiger Rechtshängigkeit in der Hauptsache[893] auch als frühes Mittel zur Vermeidung eines potenziellen Urteilskonflikts herangezogen werden. Der Rechtshängigkeitssperre im Schiedsverfahren kommt daher ein eigenständiger Anwendungsbereich gegenüber der Rechtskraftwirkung des Schiedsspruchs als Mechanismus zur Verhinderung sich widersprechender Schiedssprüche zu. Insbesondere ist an Fälle zu denken, in denen der zweite Schiedsspruch ergeht, nachdem der erste Schiedsspruch erlassen wurde, aber noch nicht rechtskräftig geworden ist. Dieselbe Streitsache wird dann nämlich

890 Vgl. Bosch, Rechtshängigkeit im Schiedsverfahren, S. 201.

891 MüKo-*Becker-Eberhard*, § 261, Rn. 6, der darauf hinweist, dass der Anwendungsbereich der Rechtshängigkeitssperre und der materiellen Rechtskraft nur insofern deckungsgleich sei, als es um die Identität der Streitgegenstände gehe, nicht hingegen, wenn Präjudizialität in Frage stehe. Hier unterscheide sich die Reichweite der Rechtshängigkeitssperre von der der materiellen Rechtskraft.

892 Ähnlich, jedoch für das schweizerische gerichtliche Verfahren Liatowitsch, Parallelverfahren, S. 54.

893 Auf diese Trennung von der Frage der schiedsgerichtlichen Zuständigkeit ist noch zurückzukommen, vgl. hierzu Gliederungspunkt 1. Kapitel. F.II. 6. a).

zweimal – eventuell mit unterschiedlichem Ergebnis – entschieden. Vornehmlich sind solche Fälle denkbar in Verfahren vor institutionalisierten Schiedsgerichten, da die Parteien hier oftmals einen Instanzenzug vereinbart haben, so dass der Schiedsspruch erst nach Ablauf der vorgesehenen Rechtsmittelfrist bzw. des vereinbarten Instanzenzuges rechtkräftig wird.[894] Zusammengefasst erweist sich der zeitliche Faktor in allen Situationen bei Beteiligung von Schiedsverfahren, durch den ein sehr früher Koordinierungszeitpunkt ermöglicht wird, als großer Vorzug, den der Rechtshängigkeitseinwand gegenüber der Rechtskraft vorzuweisen hat.

6. *Relevante Verfahrenskonstellationen zur Anwendung einer Rechtshängigkeitssperre im Schiedsverfahren*

Nachdem im vorangehenden Abschnitt zunächst die Voraussetzungen, der Zweck und die von der schiedsgerichtlichen Rechtshängigkeitssperre geschützten Interessen erörtert wurden, wird sich der folgende Teil mit den relevanten Verfahrenskonstellationen befassen, in denen die schiedsgerichtliche Rechtshängigkeitssperre zur Anwendung kommen könnte. Um das besondere Verhältnis zwischen zwei Schiedsprozessen besser charakterisieren zu können, wird auch im Folgenden die übliche Darstellungsweise dieser Arbeit beibehalten, indem vorweg der staatliche Zivilprozess in die Untersuchung mit einbezogen wird. Als Erstes wird daher das Verhältnis von parallel anhängigen Verfahren über denselben Streitgegenstand vor staatlichen Gerichten und Schiedsgerichten untersucht.[895] Mit der Zeit hat sich dieses Verhältnis in der schiedsverfahrensrechtlichen Diskussion zu einem der hauptsächlichen Streitpunkte entwickelt. Unter nahezu jeder Rechtsordnung ist eine Fülle an Materialen und (schieds-) gerichtlichen Entscheidungen zu dieser Thematik vorhanden.[896] Vorliegend werden sich die diesbezüglichen Ausführungen hauptsächlich auf eine Beschreibung des Status quo beschränken und nur in Grundzügen wird eine Tendenz für einen eigenen Lösungsvorschlag unterbreitet.

In Situationen, in denen zeitgleich mehrere Gerichte mit Klagen in derselben Streitsache zwischen identischen Parteien angerufen werden, stellt sich stets die Frage, welches der Gerichte die Streitsache entscheiden darf und soll. Soweit sich nach der jeweiligen Zuständigkeitsordnung mehr als ein Gericht zur Entscheidung

---

894 So zum eigenständigen Anwendungsbereich der Rechtshängigkeit in der vergleichbaren Situation im Zivilprozess, Rimmelspacher, Materiell-rechtlicher Anspruch, S. 317.

895 Übereinstimmend mit der hier gewählten Herangehensweise Mansel, in: FS Kühne, S. 809 ff.

896 Aus der Literatur Bosch, Rechtshängigkeit im Schiedsverfahren, S. 180 ff.; Schlosser, in: ASA Special Series (2001), S. 15 (17 ff.); van Houtten, in: Special Series (2001), S. 35 ff.; Triebel/Coenen, IDR BB-Beil. 05/2003, S. 2 ff.; Haas, in: Festschrift Rechberger, S. 187 ff. zu dieser Problemstellung im (alten) schweizerischen Recht Liatowitsch, Parallelverfahren, S. 1 ff.; mit weiterführenden Rechtsprechungshinweisen Born, International Arbitration, S. 3794, Fn. 330.

berufen fühlt, drohen parallele Verfahren über den identischen Streitgegenstand. Als Konsequenz laufen die Parteien Gefahr, widersprüchliche Entscheidungen zu erhalten.[897] Dies ist ein Zustand, der mit den Erwartungen an eine endgültige Streitentscheidung und mit dem Streben nach Rechtssicherheit sehr schwer zu vereinbaren ist.[898] Der beschriebene Widerstreit um die Zuständigkeit verschiedener Gerichte wird, wenn beide Gerichte sich für zuständig erklären, als positiver Zuständigkeitskonflikt bezeichnet.[899] Ein solcher Zuständigkeitskonflikt ist hauptsächlich zwischen Gerichten bzw. den Gerichtsbarkeiten verschiedener Staaten zu erwarten.[900] Gegenstand dieser Arbeit sind allerdings nicht die positiven Kompetenzkonflikte zwischen unterschiedlichen Staatsgerichten, sondern nur solche Konfliktfälle, in denen mindestens ein Schiedsgericht beteiligt ist. Im staatlichen Rechtspflegesystem eines Landes werden positive Zuständigkeitskonflikte im Vorfeld durch mitunter komplexe Zuständigkeitsordnungen zu unterbinden versucht und im Zweifel durch übergeordnete Instanzen verbindlich entschieden.[901] Im Verhältnis zwischen Staats- und Schiedsgerichtsbarkeit fehlt es an einer gemeinsamen übergeordneten Instanz, die definitiv über die Zuständigkeit entscheidet[902] – eine Tatsache, die ein Manko nicht nur des deutschen Rechtssystems darstellt.

Für das laufende Staatsverfahren kommt als „Regulativ"[903] für Parallelverfahren die Rechtshängigkeitssperre des § 261 Abs. 3 Nr. 1 ZPO in Betracht. Subjektive und objektive Voraussetzungen des Rechtinstituts wurden sowohl für den Schiedsprozess als auch für das gerichtliche Verfahren dargestellt. Nunmehr geht es darum, ob, und wenn ja, wann der sachliche Anwendungsbereich der

897 Liatowitsch, Parallelverfahren, S. 2; Triebel/Coenen, IDR BB-Beil. 05/2003, S. 2 (4) sehen die Gefahr widersprüchlicher Entscheidungen auch bei paralleler Befassung mit demselben Streitgegenstand vor Staatsgerichten und Schiedsgerichten.

898 Zur Bedeutung der Rechtssicherheit als wesentlicher Bestandteil des Rechtsstaates BVerfG NJW-RR 1993, S. 232 (232 f.); B/L/A/H-*Hartmann*, Einl III, Rn. 43.

899 Hau, Positive Kompetenzkonflikte, S. 2 f., der auf die teilweise mehrdeutige und international divergierende Terminologie im Zusammenhang mit positiven Kompetenzkonflikten hinweist.

900 Liatowitsch, Parallelverfahren, S. 3.

901 Müller, Zuständigkeit, S. 150; Liatowitsch, Parallelverfahren, S. 3.

902 Müller, Zuständigkeit, S. 151 verneint hinsichtlich des (inzwischen novellierten) schweizerischen Rechts die Möglichkeit eines positiven Kompetenzkonfliktes zwischen Staats- und Schiedsgerichten gänzlich, da die Entscheidung des staatlichen Gerichts für die Schiedsgerichte verbindlich sei. Wie zu zeigen sein wird, greift diese Aussage zu kurz und spricht nur einen Teilbereich möglicher Parallelverfahren vor Schieds- und Staatsgerichten an, nämlich eine Verfahrenskollision hinsichtlich der Frage nach der schiedsgerichtlichen Zuständigkeit. Den Aspekt einer fehlenden gemeinsamen Kontrollinstanz im Verhältnis von Staats- und Schiedsgerichten spricht auch Liatowitsch, Parallelverfahren, S. 129 an und wertet ein Vorhandensein einer solchen Kontrolleinrichtung als gute Basis für die Anwendbarkeit einer Litispendenzregelung.

903 Begrifflichkeit von Bosch, Rechtshängigkeit im Schiedsverfahren, S. 209.

Rechtshängigkeitssperre auch im Verhältnis beider Gerichtsbarkeiten zueinander eröffnet sein kann. Den Ausgangspunkt bildet der eigentliche Anwendungsbereich der Verfahrenssperre in § 261 Abs. 3 Nr. 1 ZPO. Diese regelt das Problem der anderweitigen Rechtshängigkeit direkt nur für die Konkurrenzsituation zwischen zwei staatlichen Gerichtsverfahren. Die drohende Kollision wird im deutschen Recht durch die Geltung des Prioritätsgrundsatzes aufgelöst. Es wird darauf abgestellt, welche der beiden streitgegenstandsidentischen Klagen als Erstes erhoben worden ist.[904] Das zweite Gericht hat dann die nachfolgende Klage als unzulässig abzuweisen, ohne in die Sachprüfung einzusteigen.[905] Soweit im europäischen Rechtsraum gerichtliche Verfahren mit Auslandsbezug betroffen sind, befindet sich im Anwendungsbereich der EuGVVO in Art. 27 Abs. 1 EuGVVO[906] eine dem § 261 Abs. 3 Nr. 1 ZPO weitestgehend entsprechende Vorschrift.[907] Zu erwähnen ist, dass einige ausländische Rechtsordnungen und internationale Abkommen keine Abweisung der nachfolgenden Klage als unzulässig vorsehen, sondern nur eine Verfahrenssistierung.[908]

a) Parallelität von staatlichem und schiedsgerichtlichem Verfahren – Bestehender Koordinationsbedarf in Form einer Litispendenzregelung?

Zunächst scheint kein Koordinationsbedürfnis zwischen Schieds- und Staatsgerichten nach den Grundsätzen von *lis alibi pendens* zu bestehen. So scheinen parallele Verfahren vor beiden Gerichten von vornherein im Widerspruch zum Mechanismus der schiedsgerichtlichen Streiterledigung zu stehen. Denn ein Schiedsgericht soll den Rechtsstreit zwischen den Parteien gerade in den Fällen verbindlich entscheiden, in denen die Parteien die Streiterledigung durch die staatliche Gerichtsbarkeit mit dem Abschluss einer Schiedsvereinbarung explizit

---

904 Auf den so verstandenen Prioritätsgrundsatz stellen neben § 261 Abs. 3 Nr. 1 der deutschen ZPO auch der Italian Private International Law Act in Art. 7; Art. 100 des Nouveau code de procédure civile (NCCP) sowie Art. 9 des schweizerischen IPRG ab. In einigen *Common Law*-Ländern ist es hingegen üblich, nicht auf die zuerst erhobene Klage abzustellen, sondern den Prioritätsgrundsatz so zu verstehen, dass die erste endgültige Entscheidung einer zweiten Entscheidung entgegensteht, vgl. Born, International Arbitration, S. 3793.

905 Vgl. B/L/A/H-*Hartmann*, § 261, Rn. 26.

906 Verordnung (EG) Nr. 44/2001 vom 22.12.2000 über die gerichtliche Zuständigkeit und die Anerkennung und Vollstreckung von Entscheidungen in Zivil- und Handelssachen, ABl Nr. L 12/1 vom 16.1.2001. Das Schiedsverfahren wird in dieser Verordnung in Art. 1 Abs. 1 d) EuGVVO vom Anwendungsbereich ausgenommen.

907 Zur Anwendung des *lis pendens*-Grundsatzes in der Europäischen Union Geimer, in: FS Sonnenberger, S. 357 ff.

908 Eine Aussetzung sieht zum Beispiel der bereits angesprochene Art. VI Abs. 3 EuÜ vor.

ausgeschlossen haben.[909] Es ist also eher an ein Alternativverhältnis zwischen der privaten Schiedsgerichtsbarkeit und dem staatlichen Zivilprozess zu denken.[910] Folglich wird die Meinung vertreten, dass es im Verhältnis zwischen Staatsgerichten und Schiedsgerichten an einer „litispendenzrelevanten Konfliktlage“[911] fehle. Es wird davon ausgegangen, dass Litispendenz nur dann zur Anwendung kommen könne, wenn zwei Gerichte gleichermaßen entscheidungszuständig seien.[912] Im Widerstreit von Schieds- und Staatsgerichten könne, je nach Wirksamkeit der Schiedsvereinbarung, aber gerade nur eines der beiden Gerichte tatsächlich zuständig sein. Nach hier vertretener Meinung geht dieser Standpunkt von einer falschen Grundannahme aus:[913] Denkbar ist, dass *lis pendens*-Grundsätze nicht nur zur Anwendung kommen, wenn zwei konkurrierende Gerichte zur Sachentscheidung berufen sind, sondern bereits bei der zeitlich und denklogisch vorgelagerten Frage, ob das Schiedsgericht und das Staatgericht gleichzeitig über die schiedsgerichtliche Zuständigkeit in derselben Rechtssache zwischen identischen Parteien entscheiden dürfen. In vielen Streitfällen ist nämlich konkret die Frage über die Wirksamkeit[914] oder über die Reichweite einer Schiedsvereinbarung das zentrale Element eines Zuständigkeitskonfliktes zwischen Staats- und Schiedsgerichten. Dieser Zuständigkeitskonflikt führt dann zu parallel anhängigen Verfahren in derselben Streitigkeit und es drohen die dargestellten negativen Folgewirkungen für die Parteien.[915] Eine Verfahrensdoppelung könnte zudem wesentliche Gründe, die zur Wahl der schiedsgerichtlichen Streitbeilegung an Stelle des gerichtlichen Verfahrens geführt haben, geradezu konterkarieren. So sind doppelt rechtshängige Verfahren einer raschen Streiterledigung eher abträglich.[916]

Nach dem bisher Gesagten ist im Rahmen des schiedsgerichtlichen Rechtsverkehrs in Bezug auf die Anwendbarkeit von Litispendenz klar zwischen zwei Themenkomplexen zu trennen: Zum einen kann Litispendenz zur Anwendung

---

909 International Law Association (2006), S. 16, Rn. 4.3; vgl. Born, International Arbitration, S. 1275.

910 Vgl. Schäfer, in: FS Henckel, S. 723 (728).

911 Liatowitsch, Parallelverfahren, S. 117.

912 Born, International Arbitration, S. 3793 bezüglich der Anwendbarkeit von *lis pendens* in der internationalen Schiedsgerichtsbarkeit, mit weiteren Literaturhinweisen.

913 Einen echten Koordinationsbedarf bejaht mit ähnlicher Begründung wie hier auch Liatowitsch, Parallelverfahren, S. 117 hinsichtlich des schweizerischen Rechts.

914 Wieczorek/Schütze-*Schütze*, § 1032, Rn. 8 („Konkurrenzprobleme“).

915 Born, International Arbitration, S. 3795 f. zu dieser Fragestellung in der internationalen Schiedsgerichtsbarkeit.

916 Vgl. aber auch Kaufmann-Kohler/Lévy, in: Peter/Jeandin/Kilborn, Challenges of Insolvency Law Reform, S. 257 (269), die darauf hinweisen, dass eine Verfahrensaussetzung des zweiten Verfahrens gerade der Verfahrenseffizienz und Beschleunigung widerspreche.

kommen, um gleichzeitige Verfahren über die Frage der schiedsgerichtlichen Zuständigkeit zu verhindern (Parallelverfahren zum Zuständigkeitsentscheid). Zum anderen kann eine Verfahrenskoordination nach den Grundsätzen von *lis pendens* im Verhältnis zur staatlichen Gerichtsbarkeit notwendig werden, wenn es um Konkurrenzverfahren zum Sachentscheid geht (Parallelverfahren zum Sachentscheid).[917] Für das deutsche Recht entbehrt das Gesetz nicht erst für das hier in erster Linie interessierende Konkurrenzverhältnis von zwei gleichzeitig eingeleiteten Schiedsverfahren einer expliziten Regelung. Vielmehr fehlt es schon für den so eben angesprochenen und häufig vorkommenden Zuständigkeitskonflikt zwischen staatlichen und schiedsgerichtlichen Verfahren an einer gesetzlichen Rechtshängigkeitsregelung. Inhaltlich befasst sich die Vorschrift des § 1032 ZPO mit dem Verhältnis von Schiedsverfahren und staatlichem Verfahren.[918] Auf den ersten Blick deutet dann die Regelungssystematik in § 1032 Abs. 1 bis Abs. 3 ZPO darauf hin, dass parallele Verfahren vor staatlichem Gericht und Schiedsgericht in bestimmten Verfahrenssituationen von Gesetzes wegen gerade hingenommen werden sollen.[919]

Als denkbare Koordinationsmodelle mittels einer Rechtshängigkeitssperre für das Verhältnis von deutschen Schieds- und Gerichtsverfahren kommen mehrere Varianten in Frage, nämlich zum einen eine einseitige Anwendbarkeit einer Rechtshängigkeitssperre aus Sicht der Schiedsgerichte, d. h. soweit ein schiedsgerichtliches Verfahren eingeleitet worden ist, muss das Staatsverfahren aus Gründen bestehender Rechtshängigkeit abgewiesen werden. Zum anderen kommt eine beidseitige Anwendung einer Rechtshängigkeitsregelung in Betracht. Falls ein Staats- und ein Schiedsgericht gleichzeitig in derselben Rechtsstreitigkeit angerufen werden, muss das nachfolgende Verfahren in Ansehnung des früheren Verfahrens unabhängig davon, um was für ein Verfahren es sich handelt, als unzulässig abgewiesen werden. Vorliegend geht es ausdrücklich um aktive Koordinations*möglichkeiten* von gerichtlichen und schiedsgerichtlichen Verfahren in derselben Streitsache und zwischen identischen Parteien nach Litispendenzgrundsätzen. Außer Betracht bleibt die übergeordnete Fragstellung, welche Handlungs*varianten* bei Parallelverfahren überhaupt bestehen. Die Variante, dass beide Verfahren ungehindert bis zum Erlass eines Schiedsspruchs bzw. eines gerichtlichen Urteils fortgesetzt werden, gehört in diesen übergeordneten Kontext. Genau genommen handelt es sich im zuletzt genannten Fall auch um keine Handlungsvariante, sondern um ein „Nichtstun“, welches die negativen Folgen von Parallelverfahren, insbesondere den Umgang mit der Gefahr sich widersprechender Entscheidungen,

917 So wie hier Liatowitsch, Parallelverfahren, S. 117 f.; vgl. auch Born, International Arbitration, S. 3795 ff.; vgl. zur entgegenstehenden Rechtspraxis im österreichischen Recht die Ausführungen im 1. Kapitel. F.II. 3. a)bb)(1).

918 Prütting/Gehrlein-*Prütting*, § 1032, Rn. 1 (Norm sichert Ausschließlichkeitswirkung des Schiedsverfahrens gegenüber den staatlichen Gerichten).

919 So auch die Gesetzesbegründung zu § 1032 ZPO BT-Drucks. 13/5274, S. 38, re. Sp.

auf einen späteren Zeitpunkt des Verfahrens verlagert. Angesprochen ist dann nicht mehr eine Berücksichtigung des anderen Verfahrens unter *lis pendens*-Gesichtspunkten, sondern eine Berücksichtigung einer anderen Entscheidung unter *res iudicata*-Gesichtspunkten.[920]

b) Entstehung von Parallelverfahren

Ausgelöst werden können Parallelverfahren[921] vor staatlichen Gerichten und Schiedsgerichten aus Sicht der beteiligten Parteien willentlich oder unbeabsichtigt. Bewusst werden doppelte Verfahren in erster Linie dann ausgelöst, wenn für die klagende Partei große Rechtsverluste oder enorme wirtschaftliche Beeinträchtigungen drohen, die eine zeitnahe Entscheidung in der Streitsache erfordern. Infolgedessen entspricht es gängiger Praxis, dass die klagende Partei neben der Klage beim Schiedsgericht eine weitere Klage vor dem zuständigen staatlichen Gericht erhebt.[922] Im Übrigen kann auch eine umfassende und (vermeintlich) effektive Rechtsberatung die Strategie hervorbringen, dass der Anwalt die gleichzeitige Klageerhebung vor staatlichen Gerichten und Schiedsgerichten empfiehlt, um die Wahrscheinlichkeit, dass der Kläger mit seinem Begehren durchdringt, auf diese Weise zu erhöhen. Insbesondere für die beklagte Partei ist ein solches Vorgehen mit den erläuterten Belastungen und Unannehmlichkeiten verbunden.[923] Parallelverfahren können zudem auch von der beklagten Partei hervorgerufen werden, indem der Beklagte des ersten Verfahrens innerhalb der noch nicht mit der Streitsache befassten Gerichtsbarkeit seinerseits ein Verfahren einleitet, in welchem auf das Rechtsbegehren der klagenden Partei beispielsweise mittels einer negativen Feststellungsklage reagiert wird („vertauschte Parteirollen)“.[924]

Nunmehr werden in gebotener Kürze die offensichtlichsten Fallkonstellationen vorgestellt, in denen die etwaige Notwendigkeit einer *lis alibi pendens*-Regelung für das Verhältnis von gerichtlichen Verfahren und Schiedsverfahren diskutiert wird. Den Ausführungen ist dabei voranzustellen, dass es sich nach hier vertretener Ansicht nur dann um einen *echten* Zuständigkeitskonflikt zwischen staatlicher Gerichtsbarkeit und Schiedsgerichtsbarkeit handelt, wenn die fragliche Rechtsstreitigkeit auch tatsächlich unter die Schiedsvereinbarung fallen könnte. Besonders in Fallkonstellationen, in denen sich frühzeitig, nachdem das schiedsgerichtliche Verfahren eingeleitet wurde, herausstellt, dass die in Frage stehende Streitigkeit überhaupt nicht Gegenstand der Schiedsvereinbarung sein kann, kann

---

920 Zu diesem Konzept im US-amerikanischen Recht unter Gliederungspunkt 2. Kapitel. D.III. 3. f).

921 Zu Inhalt und Begriff von Parallelverfahren International Law Association (2006), S. 24, Rn. 5.6.

922 Triebel/Coenen, IDR BB-Beil. 05/2003, S. 2 (2); Hau, Positive Kompetenzkonflikte, S. 9 (Doppelte Prozessführung als Druckmittel im Staatsprozess).

923 Hierzu unter Gliederungspunkt 1. Kapitel. F.II. 3. c)bb).

924 Vgl. Beitzke, ZZP 60 (1936/1937), S. 317 (322); International Law Association (2006), S. 16, Rn. 4.2.

die parallele Einleitung eines staatlichen Verfahrens nur zu einer *vermeintlich*en Verfahrensdoppelung führen.[925] Dies ist der Fall, wenn die Schiedsvereinbarung von vornherein für jedermann offenkundig unwirksam ist oder wenn auch durch eine sehr weite Auslegung der Schiedsvereinbarung unter keinen Umständen der Streitfall erfasst werden kann. In diesen Fällen handelt es sich um reine prozessuale Verzögerungstaktik derjenigen Partei, die sich auf die Schiedsvereinbarung stützt. Anders ist die Situation hingegen, wenn der Rechtsstreit gerade darüber geht, ob die Schiedsvereinbarung konkret auch diesen Streitfall betrifft. In diesem Fall kann ein tatsächlicher Widerstreit zwischen den Gerichtsbarkeiten vorliegen.[926]

aa) Konstellation 1: Bereits schwebendes Schiedsverfahren und nachträgliche Klageerhebung vor dem staatlichen Gericht

Zunächst könnte die Anwendung von Rechtshängigkeit in Konstellationen überlegt werden, in denen bei Klageerhebung vor einem staatlichen Gericht in der Streitsache bereits ein Schiedsverfahren zwischen den Parteien schwebt. Im Hinblick auf die Wirkungen für ein später anhängig gemachtes staatliches Verfahren lehnt die überwiegende Meinung im nationalen Schiedsverfahrensrecht eine analoge Anwendung des § 261 Abs. 3 Nr. 1 ZPO allerdings ab.[927] Aufgrund befriedigender gesetzlicher Regelungsdichte wird ein Regelungsbedarf verneint.[928] Weiter beruft sich die h. M. schlicht auf die immer wieder angeführte lapidare Behauptung, dass die Klageerhebung vor dem Schiedsgericht – abgesehen von den materiell-rechtlichen Wirkungen der Rechtshängigkeit – nicht dieselben verfahrensrechtlichen Wirkungen wie die Rechtshängigkeit vor dem staatlichen Gericht hervorrufe.[929] Überdies wird erneut darauf verwiesen, dass sogar die Rechtskraft

925 Vgl. Liatowitsch, Parallelverfahren, S. 130, 153 f. („nicht einmal der Anschein einer wirksamen Schiedsvereinbarung"); Rehm, Rechtssystem, S. 116, Rn. 415, der eine Litispendenzregelung generell ablehnt.

926 Beitzke, ZZP 60 (1936/1937), S. 317 (322).

927 Weigand/Wagner, Practitioner's Handbook, (1. Auflage) S. 709, Rn. 81; MüKo-*Becker-Eberhard*, § 261, Rn. 15; Zöller-*Geimer*, § 1032, Rn. 4, 27; Böckstiegel/Kröll/Nacimiento-*Huber*, § 1032, Rn. 62; zum alten Recht Schütze/Tscherning/Wais, Handbuch Schiedsverfahren, S. 196, Rn. 385; BGH NJW 1950, S. 950 (950); eingehende Untersuchung bei Bosch, Rechtshängigkeit im Schiedsverfahren, S. 171 ff.

928 Gemeint ist hiermit der Verweis auf die Regelung der Einrede des Schiedsvertrages in § 1032 Abs. 1 ZPO; hierzu unter Gliederungspunkt 1. Kapitel. F.II. 6. b)bb) (1). Vgl. auch Wieczorek/Schütze-*Assmann*, § 261, Rn. 12 mit Hinweis auf § 1032 ZPO.

929 BGH MDR 2011, S. 1002 (1002), („Für das Verhältnis zwischen der staatlichen Gerichtsbarkeit und der Schiedsgerichtsbarkeit fehlt es dementsprechend auch an einer auf die Rechtshängigkeit – Erhebung der Klage durch Zustellung der Klageschrift (§ 261 Abs. 1, § 253 Abs. 1 ZPO) – abstellenden Regelung wie im Klageverfahren.").

eines Schiedsspruchs nur auf entsprechende Einrede zu berücksichtigen sei.[930] Unabhängig von diesen Darlegungen, denen es nach hier vertretener Meinung an stichhaltiger Überzeugung – vor allem mangels Begründung – fehlt, kann sich die herrschende Ansicht aber auf einschlägige gesetzliche Regelungen stützen:

In diesem Zusammenhang ist § 1040 Abs. 3 S. 2 ZPO zu nennen. Diese Vorschrift gestattet jeder Partei die Entscheidung des Schiedsgerichts über dessen Zuständigkeit durch das gemäß § 1062 Abs. 1 Nr. 2 ZPO für den deutschen Schiedsgerichtsort zuständige Oberlandesgericht nachprüfen zu lassen. Würde das Eingreifen einer Rechtshängigkeitssperre im Verhältnis staatliches Gericht und Schiedsgericht bejaht, wäre dieser Regelung der Boden entzogen und die Überprüfungsmöglichkeit vor dem Staatsgericht würde zerstört.[931] Diesen Bedenken könnte allerdings damit begegnet werden, dass man ausschließlich bezüglich des „Sonderverfahrens"[932] nach § 1040 Abs. 3 S. 2 ZPO, welches auf die Überprüfung des Zwischenentscheids über die Zuständigkeit des Schiedsgerichts abzielt, eine Durchbrechung des an sich geltenden Rechtshängigkeitsgrundsatzes vornimmt.[933]

Der Erhebung einer zweiten Klage über denselben Streitgegenstand und zwischen denselben Parteien vor einem staatlichen Gericht würde somit – abgesehen vom erwähnten Fall der Überprüfung des Zwischenentscheids – die Rechtshängigkeitssperre entgegenstehen.[934] Jedenfalls der Wortlaut des § 1040 Abs. 3 S. 3 ZPO spricht dafür, dass ein Fortsetzen des schiedsrichterlichen Verfahrens nur für den Zeitraum gestattet ist, in dem ein Antrag auf gerichtliche Überprüfung des schiedsgerichtlichen Zwischenentscheids anhängig ist. Für die Praxis wird schließlich davon ausgegangen, dass das Schiedsgericht im Regelfall sein Verfahren bis zur Entscheidung des staatlichen Gerichts über den Zwischenentscheid analog § 148 ZPO aussetzen wird.[935] Auch diese Vorgehensweise lässt den Schluss zu, dass das Gesetz an sich zwar in der angesprochenen Überprüfungssituation auf Parallelität von staatlicher und schiedsgerichtlicher Befassung in derselben Rechtssache angelegt ist, die beteiligten Gerichte es aber selbst in einer solchen Sondersituation vorziehen werden, zwei parallele Verfahren über denselben Streitgegenstand zu

930 Vgl. die Argumentation unter 1. Kapitel. D.II. 3. b)aa)(2) (a). Kritisch zu den Ausführungen des BGH hinsichtlich der Rechtskraft Habscheid, KTS 1958, S. 177 (178 f.), wohingegen der Autor hinsichtlich der „Schiedsrechtshängigkeit" der h. M. zustimmt.

931 So Mansel, in: FS Kühne, S. 809 (811), der mit dem erwähnten Regelungsgehalt des § 1040 Abs. 3 ZPO argumentiert; vgl. auch B/L/A/H-*Hartmann*, § 1040, Rn. 5 und MüKo-*Münch*, § 1042, Rn. 13, die die Überprüfungsmöglichkeit in § 1040 Abs. 3 S. 2 ZPO zum zwingenden Verfahrensrecht zählen.

932 Mansel, in: FS Kühne, S. 809 (811).

933 So jedenfalls die Überlegungen von Mansel, in: FS Kühne, S. 809 (811).

934 Mansel, in: FS Kühne, S. 809 (811).

935 Henn, Schiedsverfahrensrecht, S. 43, Rn. 101; B/L/A/H-*Hartmann*, § 1040, Rn. 6; MüKo-*Münch*, § 1040, Rn. 25.

vermeiden.[936] Des Weiteren spricht für die Geltung des *lis pendens*-Grundsatzes auch im Verhältnis von Schiedsgerichten und staatlichen Gerichten der Stellenwert, den das Rechtsinstitut der Rechtshängigkeit im deutschen Recht einnimmt.[937] Für das staatliche Verfahren stellt die Beachtung anderweitiger Rechtshängigkeit unbestritten einen essentiellen und zwingenden Verfahrensgrundsatz dar.[938] Nun könnte man das Rechtsinstitut ebenso im schiedsgerichtlichen Verfahren als ein allgemeingültiges Institut des Zivilprozessrechts einordnen, dass im Widerstreit zwischen staatlicher Gerichtsbarkeit und Schiedsgerichtsbarkeit Geltung beansprucht.[939]

Als Rechtsgrundlage für die Implementierung von *lis alibi pendens* in den schiedsgerichtlichen Rechtsverkehr könnte für das deutsche Schiedsverfahren § 1042 ZPO herangezogen werden.[940] In § 1042 Abs. 3 1. Alt. ZPO wird nämlich unter anderem die Geltung und Anwendung von rechtsstaatlich zwingenden Verfahrensgrundsätzen festgelegt, indem allgemeine Verfahrensregeln für das Schiedsverfahren garantiert werden.[941] Explizit werden in Absatz 1 und Absatz 2 die Gewährung rechtlichen Gehörs, das Verbot, die anwaltliche Vertretung auszuschließen und der allgemeine Gleichbehandlungsgrundsatz geregelt. Im Übrigen soll es den Schiedsparteien vorbehalten bleiben, anderweitige Parteivereinbarungen zu treffen, sofern diese nicht gegen zwingende Verfahrensgrundsätze des deutschen Zivilprozessrechts verstoßen. Damit ergibt sich der Geltungsvorrang zwingender Verfahrensgrundsätze vor anderweitigen Parteivereinbarungen (§ 1042 Abs. 3 Alt. 1 ZPO) und vor dispositivem Verfahrensrecht. Gegenüber den

936 Das Aussetzen des Schiedsverfahrens bietet sich aus verfahrensökonomischen Gründen an, weil das staatliche Gericht zu der Auffassung kommen kann, dass das Schiedsgericht nicht zuständig ist. Nach § 1059 Abs. 2 Nr. 1 lit. a.) und Nr. 1 lit. c.) ZPO wäre ein dennoch ergehender Schiedsspruch aufhebbar. Es handelt sich aber um Aufhebungsgründe, die der Parteirüge bedürfen. Daher ist auch die Präklusionsfrist des § 1059 Abs. 3 ZPO zu beachten. Auch der Gesetzgeber „spekuliert" auf das Aussetzen des schiedsgerichtlichen Verfahrens, was angesichts der ansonsten strikt ablehnenden Haltung gegenüber einer Rechtshängigkeitssperre befremdet, vgl. hierzu BT-Drucks. 13/5274, S. 38, re. Sp.

937 Der große Stellenwert folgt insbesondere aus den wichtigen Funktionen, die diesem Rechtsinstitut zukommen, hierzu bereits unter Gliederungspunkt 1. Kapitel. F.I. 2. d). Für das internationale Recht betont Gallagher, in: Pervasive Problems in International Arbitration, S. 329 (334) den Stellenwert von *lis alibi pendens.*

938 Vgl. OLG München NJW 1964, S. 979 (980); Vgl. die Ausführungen unter 1. Kapitel. F.I. 2. a).

939 Zur Einordnung der Rechtshängig- bzw. Schiedshängigkeit als allgemeines Institut des Zivilprozessrechts, das auch im Schiedsverfahren Anwendung findet Stein/Jonas-*Schlosser*, § 1042, Rn. 18 iVm. Rn. 1; siehe auch die Erörterung im 1. Kapitel. F.II. 3. a)bb)(2).

940 So auch Mansel, in: FS Kühne, S. 809 (812).

941 Ausführlich hierzu Wieczorek/Schütze-*Schütze*, § 1042, Rn. 2.

unabdingbaren Prinzipien sind nach der gesetzlichen Konzeption des § 1042 ZPO auch die Bezugnahme auf eine institutionelle Schiedsordnung (§ 1042 Abs. 3 Alt. 2 ZPO) und das schiedsrichterliche Ermessen nach § 1042 Abs. 4 S. 1 ZPO subsidiär.[942] Es ist davon auszugehen, dass die Parteien für die Konstellation einer Verfahrensdoppelung zwischen staatlichem Gericht und Schiedsgericht regelmäßig keine Vereinbarung treffen.[943] Diese Parallelität der Verfahren ist nämlich gerade das Resultat (gezielten) Parteihandelns.[944] Entweder haben in der Rechtsstreitigkeit von vornherein beide Beteiligten unterschiedliche Gerichte angerufen oder es ist eine Rüge nach § 1040 Abs. 2 ZPO bzw. nach § 1032 Abs. 1 bis Abs. 3 ZPO erhoben worden. Eine Vereinbarung würde daher im Zweifel das eigene Agieren torpedieren.

Ausgewählte institutionelle Schiedsordnungen werden im Verlauf dieser Arbeit noch näher betrachtet.[945] An dieser Stelle wird bereits darauf hingewiesen, dass keine dieser institutionellen Schiedsordnungen eine explizite oder zumindest keine abweichende Rechtshängigkeitsregelung vorsieht. Die Bezugnahme der Schiedsparteien auf eine der institutionellen Schiedsordnungen würde deshalb einer Implementierung von *lis alibi pendens* in das Schiedsverfahrensrecht über § 1042 Abs. 3 ZPO nicht entgegenstehen und keine andere Bewertung erfordern als ein Ad-hoc-Schiedsverfahren nach den §§ 1025 ff. ZPO.

Zusammenfassend ist also festzustellen, dass in Ermangelung vorrangiger abweichender Parteivereinbarungen oder gesetzlicher Regelungen keine gewichtigen Gründe oder Rechtsgüter dem vorgeschlagenen Lösungsmodell entgegenstehen. Über die Regelungssystematik in § 1042 Abs. 3 ZPO kann der *lis pendens*-Grundsatz als zwingend zu beachtender Verfahrensgrundsatz in das Schiedsverfahren implementiert werden bzw. die Litispendenzregelungen könnten sogar gegenwärtig als ungeschriebener Bestandteil der Vorschriften zum deutschen Schiedsverfahrensrecht existieren.

Gegen eine Qualifizierung von Rechtshängigkeit als allgemeiner Verfahrensgrundsatz im deutschen Schiedsverfahren spricht auch nicht zwingend die Regelung in § 1032 Abs. 3 Alt. 2 ZPO, welche vorschreibt, dass das schiedsrichterliche Verfahren trotz nachfolgender Einleitung eines identischen gerichtlichen Verfahrens *„fortgesetzt werden“* kann.[946] Zwar ist zuzugestehen, dass der Gesetzgeber auch für die mit § 1032 Abs. 3 Alt. 2 ZPO angesprochene Situation eine Koexistenz von staatlichen Verfahren und Schiedsverfahren mit Rücksicht auf andere seiner Meinung nach schützenswertere Rechtsgüter, insbesondere zugunsten der Verfahrensbeschleunigung, ausdrücklich hinnehmen möchte.[947] Hierbei könnte es

942 Zur Konzeption des § 1042 ZPO insgesamt BT-Drucks. 13/5274, S. 46 f.

943 Mansel, in: FS Kühne, S. 809 (812).

944 Vgl. Mansel, in: FS. Kühne, S. 809 (812).

945 Hierzu unter Gliederungspunkt 1. Kapitel. F.II. 6. c)gg) ff.

946 Mansel, in: FS Kühne, S. 809 (811).

947 In diesem Sinn jedenfalls die Gesetzesbegründung zu § 1032 ZPO, BT-Drucks. 13/5274, S. 38, re. Sp.

sich allerdings erneut nur um eine Ausnahme vom generell geltenden *lis pendens*-Grundsatz für das Kontrollverfahren durch das staatliche Gericht handeln.[948]

Darüber hinaus wird auch der Zweck einer Rechtshängigkeitsregelung, einander widersprechende Entscheidungen zu verhindern[949], im Verhältnis zum Schiedsgericht angesprochen.[950] Dass für den Bereich der Schiedsgerichtsbarkeit der Interessenschutz – wie gezeigt – vornehmlich im privaten Bereich besteht, ist insofern subsidiär und führt zunächst nur dazu, dass der Regelungsschwerpunkt der Rechtshängigkeitssperre verlagert wird.

Zudem wurde bereits zum alten Recht vereinzelt die Existenz einer Rechtshängigkeitssperre bei Klageerhebung vor dem Schiedsgericht gegenüber dem Gericht des staatlichen Rechtsweges bejaht.[951] Als praktische Anwendungsfälle werden hier Konstellationen genannt, in denen die Parteien ein Wahlrecht darüber vereinbart haben, welches Gericht in der Streitigkeit zuständig sein soll. In diesen Wahlrechtsfällen ist eine konkurrierende Zuständigkeit zwischen Schieds- und Staatsgerichten anzunehmen. Wenn zuvor ein schiedsgerichtliches Verfahren eingeleitet würde, solle der Klage vor dem staatlichen Gericht der Einwand der Schiedshängigkeit entgegengehalten werden können.[952] Auf die generelle Zulässigkeit von Wahlrechtsvereinbarungen über die Zuständigkeit des streitentscheidenden Gerichts wurde schon eingegangen.[953] Es kann entweder jeder Partei ein Wahlrecht zwischen den Gerichten zu stehen, nur einer Partei kann die Wahl obliegen oder es können auch nur Teile des Gesamtstreits der Wahlrechtsvereinbarung unterliegen.[954] Derartige Zuständigkeitsstreitigkeiten, die aufgrund des zwischen den Parteien geschlossenen Schiedsvertrages auftreten, lassen sich zum Großteil – zugegeben – unabhängig von der Einrede der anderweitigen Rechtshängigkeit lösen. Einerseits kann durch die Auslegung der getroffenen Vereinbarung anhand der gängigen Auslegungsmethoden untersucht werden, ob dem einen oder dem anderen Gericht ein Zuständigkeitsvorrang einzuräumen ist.[955] Möglich ist es auch

---

948 Mansel, in: FS Kühne, S. 809 (811); a. A. wohl Huber, SchiedsVZ 2003, S. 73 (74) wobei nicht zweifelsohne klar wird, ob der Autor nur hinsichtlich der in § 1032 Abs. 3 ZPO angesprochenen Situationen eine Rechtshängigkeitssperre ablehnt oder generell.

949 BGH NJW 2002, S. 1503 (1503).

950 Beitzke, ZZP 60 (1936/1937), S. 317 (318).

951 RGZ 88, 179 (183); Beitzke, ZZP 60 (1936/37), S. 317 (318).

952 Beitzke, ZZP 60 (1936/37), S. 317 (318).

953 Vgl. die Ausführungen unter 1. Kapitel. C.VIII. 2.

954 BGH NJW 1976, S. 852 (853); Schwab/Walter, Schiedsgerichtsbarkeit, Kap. 3, Rn. 22; Lachmann, Schiedsgerichtspraxis, S. 115, Rn. 407; Schütze/Tscherning/Wais, Handbuch Schiedsverfahren, S. 52, Rn. 99 (die Wahl des Staats- oder Schiedsgerichts müsse beide Parteien endgültig binden); Bosch, Rechtshängigkeit im Schiedsverfahren, S. 188.

955 Beitzke, ZZP 60 (1936/1937), S. 317 (317); Bosch, Rechtshängigkeit im Schiedsverfahren, S. 190.

in strikter Anwendung des Prioritätsgrundsatzes dem zuerst angerufenen Gericht die endgültige Zuständigkeit zuzusprechen.[956] Andere nehmen hingegen einen Verbrauch des Wahlrechts an, sobald die Klage vor dem staatlichen Gericht erhoben wurde oder das schiedsgerichtliche Verfahren entsprechend früher eingeleitet worden ist.[957] Mit Anerkennung der schiedsgerichtlichen Rechtshängigkeitssperre entfiele allerdings eine mühsame und zum Teil sehr zeitintensive Auslegung der Schiedsvereinbarung, um einen Zuständigkeitsvorrang des einen oder des anderen Gerichts entnehmen zu können. Mit der Vereinbarung eines Wahlrechts zwischen Staats- und Schiedsgerichten können neben der gegebenenfalls erforderlichen Auslegung der Wahlvereinbarung weitere Schwierigkeiten verbunden sein. Genannt werden insbesondere Fälle, in denen die wahlberechtigte Partei von ihrem Wahlrecht keinen Gebrauch macht. Die Lösungsansätze zu diesem Problemfall divergieren. Häufig wird in entsprechender Anwendung von § 264 Abs. 2 BGB nach dem fruchtlosen Ablauf einer Frist zur Ausübung des Wahlrechts der Übergang des Wahlrechts auf die andere Partei angenommen.[958]

Auch außerhalb der angesprochenen Ausnahmesituationen vom *lis alibi pendens*-Grundsatz begegnet die Anwendung von Rechtshängigkeit im Schiedsverfahren grundsätzlichen Bedenken. Praktische Bedenken werden besonders gegenüber einer amtswegigen Berücksichtigung der anderweitigen Rechtshängigkeit durch das staatliche Gericht geäußert.[959] Im Schiedsverfahren gilt der Vertraulichkeitsgrundsatz,[960] welcher beinhaltet, dass ohne Zustimmung der beteiligten Parteien keine Veröffentlichung von Schiedsprozessen stattfindet.[961] Auch während des Verfahrens ist nur Parteiöffentlichkeit zugelassen. Schiedsprozesse werden außerdem nicht aktenkundig gemacht.[962] Im Regelfall wird der staatliche

---

956 So zum alten Recht RGZ 88, 179 (182). Bedenklich ist an diesem Zuständigkeitsvorrang allerdings die Tatsache, dass so ein Wettlauf dergestalt hervorgerufen wird, das derjenige der den Gang vor ein Gericht als Erster anstrebt ein Gericht „seiner Wahl" erhält. Einer einvernehmlichen Lösung zwischen den Parteien ist somit der Boden entzogen; unter Berücksichtigung dessen auch Beitzke, ZZP 60 (1936/37), S. 317 (317). Auf den Rechtsgedanken des § 35 ZPO stellt hingegen Schäfer, in: FS Henckel, S. 723 (729) ab, indem das Wahlrecht mit seiner Ausübung erlöschen soll.

957 Schwab/Walter, Schiedsgerichtsbarkeit, Kap. 3, Rn. 23.

958 Schwab/Walter, Schiedsgerichtsbarkeit, Kap. 3, Rn. 24, zustimmend Schütze/Tscherning/Wais, Handbuch Schiedsverfahren, S. 53, Fn. 157; im Ergebnis zustimmend, aber mit dem Hinweis, dass es an einer Rechtsgrundlage für die Fristsetzung fehle Maier, Schiedsgerichtsbarkeit, S. 122, Rn. 111.

959 Hierzu allerdings für das österreichische Schiedsverfahrensrecht v. Saucken, Reform Schiedsverfahrensrecht, S. 105.

960 Glossner/Bredow/Bühler, Schiedsgericht in der Praxis, S. 110, Rn. 286. Hierzu auch die Ausführungen unter Gliederungspunkt 1. Kapitel. C.VI. 2. und Gliederungspunkt 1. Kapitel. F.II. 6. c)dd)(1) (a).

961 Wieczorek/Schütze-*Schütze*, § 1025, Rn. 18.

962 Vgl. Lionnet/Lionnet, Internationale und nationale Schiedsgerichtspraxis, S. 456.

Richter folglich keine Kenntnis von einem bereits laufenden Schiedsverfahren erhalten. Um das schwebende Schiedsverfahren berücksichtigen zu können, wäre der staatliche Richter also auf Aussagen der Parteien und den von ihnen vorgetragenen Tatsachenstoff angewiesen. Hierdurch könnte aber Parteihandeln torpediert werden, welches möglicherweise gerade den Doppelprozess herbeigeführt hat. Der Richter darf auch nicht auf seinen Verdacht hin Nachforschungen durchführen. Dies widerspricht nicht nur dem Verständnis einer Berücksichtigung von Amts wegen, die nicht mit Amtsermittlung gleichzusetzen ist,[963] sondern auch dem Grundsatz der Verfahrensbeschleunigung, dem im Schiedsverfahren großes Gewicht zukommt.[964] Die angesprochenen Bedenken sind jedoch weniger gegen eine generelle Umsetzung einer Rechtshängigkeitssperre im Verhältnis zwischen Staats- und Schiedsgerichtsbarkeit gerichtet, als gegen die konkrete Art der prozessualen Berücksichtigung im nachfolgenden Verfahren. Demzufolge wäre es denkbar, eine im Vergleich zu § 261 Abs. 3 Nr. 1 ZPO nicht kongruente Übertragbarkeit auf den Schiedsprozess anzunehmen und neben der anderen Gewichtung des Interessenschutzes eine weitere Modifikation vorzunehmen, indem keine Berücksichtigung von Amts wegen, sondern nur auf Parteirüge erfolgt. Sofern man diese weitere Modifikation befürwortet, ist zu fragen, ob eine so ausgestaltete und im Vergleich zur klassischen Rechtshängigkeitssperre des § 261 Abs. 3 Nr. 1 ZPO beschnittene Verfahrenssperre überhaupt noch einen messbaren Nutzen hat. Besonders die vorhandene Schiedseinrede gemäß § 1032 Abs. 1 ZPO verstärkt die Zweifel an der Effizienz einer derart veränderten Verfahrenssperre.[965]

Zusammengefasst bietet die Rechtshängigkeitssperre somit durchaus einen denkbaren Lösungsweg für die skizzierten Konstellationen an. Die Anwendbarkeit von *lis pendens* im Verhältnis zur Staatsgerichtsbarkeit stößt allerdings auf breite Kritik. Dass das Rechtsinstitut in der beschriebenen Anwendung notwendigerweise den einzigen gangbaren Weg darstellt, bleibt angesichts der ablehnenden Sachargumente und der bestehenden Gesetzeslage zum gegenwärtigen Untersuchungsstand noch fraglich.

bb) Konstellation 2: Zuvor eingeleitetes staatliches Verfahren und nachfolgende Einleitung eines identischen Schiedsverfahrens

Für eine weitere Fallkonstellation wird diskutiert, ob man im Verhältnis von staatlichen Gerichten und Schiedsgerichten eine Rechtshängigkeitssperre anwenden sollte. Die zweite Konstellation betrifft Fälle, in denen zuvor ein staatliches Verfahren eingeleitet wurde und im Anschluss zwischen denselben Parteien ein

963 Vgl. zur Unterscheidung zwischen Prüfung von Amts wegen und Amtsermittlungsgrundsatz die Ausführungen unter Gliederungspunkt 1. Kapitel. D.II. 3. b) aa)(2).

964 Vgl. hierzu die Ausführungen unter Gliederungspunkt 1. Kapitel. C.VI. 4.

965 Hierzu unter Gliederungspunkt 1. Kapitel. F.II. 6. b)bb)(1).

streitgegenstandsidentisches Schiedsverfahren initiiert wird.[966] Überwiegend wird auch in dieser Verfahrenskonstellation der Einwand der anderweitigen Rechtshängigkeit für nicht anwendbar gehalten.[967] Zur Begründung kann erneut auf das Regelungssystem von § 1032 ZPO verwiesen werden.[968] In dieser Konstellation ist § 1032 Abs. 3 in seiner ersten Alternative die einschlägige Norm, („*eingeleitet werden*"). Somit könnte man schon mangels planwidriger Regelungslücke eine entsprechende Anwendung vom Grundsatz der anderweitigen Rechtshängigkeit ablehnen. Hierfür spricht auch die gesetzgeberische Intention, die mit der Einführung des § 1032 Abs. 3 ZPO verfolgt wurde: Zugunsten der Verfahrensbeschleunigung soll die Parallelität von Schieds- und Gerichtsverfahren in derselben Streitsache ausdrücklich hingenommen werden.[969]

Auch bei einer solchen Verfahrenskonstellation könnte man, unter Beachtung des Wortlauts des § 1032 Abs. 3 Alt. 1 ZPO und der Systematik der Norm, abermals nur von einer Ausnahme des grundsätzlich zur Anwendung kommenden *lis alibi pendens*-Grundsatzes ausgehen. Von Gesetzes wegen könnten somit ausschließlich parallele Verfahren vor staatlichen Gericht und Schiedsgericht zulässig sein, soweit das staatliche Verfahren eine kontrollierende Funktion gegenüber der Schiedsgerichtsbarkeit übernimmt: In Betracht kommt erstens, dass das staatliche Gericht die Schiedsabrede überprüft, zweitens kann ein staatliches Verfahren darauf gerichtet sein, die Zulässigkeit oder Unzulässigkeit des schiedsgerichtlichen Verfahrens gem. § 1032 Abs. 2 ZPO festzustellen, drittens kann sich das Staatsverfahren erst mit der Wirksamkeit der Schiedseinrede im Verfahren nach § 1032 Abs. 1 ZPO befassen, viertens ist es denkbar, dass die Schiedsklage noch nicht erhoben worden ist.[970]

---

966 Vgl. BT-Drucks. 13/5274, S. 38, re. Sp., wo für beide bisher angesprochenen Konstellationen die Anwendung einer Rechtshängigkeitssperre abgelehnt wird. Auffällig ist aber, dass nicht nur die Eingangserläuterungen im Gesetzesentwurf von der prinzipiellen Gleichwertigkeit von Zivilprozess und Schiedsverfahren ausgehen, sondern auch die Gesetzesbegründung zu § 1032 ZPO die Gleichwertigkeit von schiedsgerichtlichem und staatlichem Verfahren indirekt betont, indem der Gesetzgeber festhält: „*Wenn ein staatliches Gericht nicht von Amts wegen zur Beachtung der Schiedshängigkeit verpflichtet ist, kann eine entsprechende Bindung auch für das Schiedsgericht nicht bestehen.*" Umso erstaunlicher ist es daher, dass widersprechende Entscheidungen und andere mit der Parallelität von zwei streitgegenstandsidentischen Verfahren einhergehende Folgen, zugunsten der Verhinderung von Verschleppungstaktiken hingenommen werden.

967 Vgl. z. B. Wieczorek/Schütze-*Schütze*, § 1055, Rn. 25 („Keine Einrede gegenüber einer Klage vor den ordentlichen Gerichten", wobei keine Differenzierung nach Verfahrenskonstellationen erfolgt.).

968 Vgl. auch Mansel, in: FS Kühne, S. 809 (811), der auch diese Konstellation untersucht.

969 BT-Drucks. 13/5274, S. 38 re. Sp.

970 So die Beispiele bei Mansel, in: FS Kühne, S. 809 (811 f.).

Wenn man – wie oben vorgeschlagen – den Grundsatz der Beachtlichkeit anderweitiger Rechtshängigkeit als zwingend geltenden Verfahrensgrundsatz nach § 1042 Abs. 3 ZPO einordnet, dann könnte die Einleitung eines staatlichen Verfahrens das später angerufene Schiedsgericht von Amts wegen dazu verpflichten, diese anderweitige Rechtshängigkeit zu berücksichtigen.[971]

Als weiteres Argument für die Beachtlichkeit der anderweitigen Rechtshängigkeit in einem nachfolgend eingeleiteten Schiedsverfahren kann folgende Überlegung angeführt werden: Schiedsgerichte dürfen keine überflüssigen Verfahren durchführen, die zu keinem vollstreckbarem Schiedsspruch führen.[972] Soweit man daher den *lis alibi pendens*-Grundsatz als zwingenden Verfahrensgrundsatz der gesamten deutschen Zivilprozessordnung – und damit auch für das schiedsgerichtliche Verfahren – zugrunde legen würde, wäre eine Nichtberücksichtigung des rechtshängigen staatlichen Verfahrens ein Verstoß gegen eine Bestimmung der ZPO. Bei Kausalität[973] dieses Verstoßes für den Erlass des Schiedsspruchs lägen folglich Aufhebungsgründe nach § 1059 Abs. 2 Nr. 1 lit. d.) ZPO sowie nach § 1059 Abs. 2 Nr. 2 lit. b.) ZPO vor. Ein Schiedsrichter, der das laufende staatliche Verfahren ignorieren würde, würde daher den Erlass eines ohnehin aufhebbaren Schiedsspruchs in Kauf nehmen.[974]

Die Rechtsprechung der ICC enthält ebenfalls Belege dafür, dass Schiedsgerichte dem *lis pendens*-Grundsatz verpflichtet sind: „*It is a generally accepted principle in international arbitration procedure that contradictory judgements by courts of different jurisdictions on the same dispute should be avoided. This is recognized by the theories of lis alibi pendens and res judicata. Since this Arbitral Tribunal is the private court contractually chosen by the parties, it must be guided by these principles.*"[975] Der aufgeführte Zwischenschiedsspruch bezieht sich auf das deutsche Schiedsverfahrensrecht im Rahmen eines ICC-Schiedsverfahrens. Allerdings soll nicht verschwiegen werden, dass für den internationalen Bereich der Schiedsgerichts-

---

971 An dieser Stelle kann noch offen bleiben, was die Voraussetzung „zwingend" im Einzelnen bedeutet. Ebenso steht eine detaillierte Auseinandersetzung mit dem genauen Anwendungsbereich von § 1042 Abs. 3 ZPO aus. Im Rahmen des Hauptproblemkreises dieser Arbeit unter Gliederungspunkt 1. Kapitel. F.II. 6. c)ff) ff. erfolgen diese notwendigen Untersuchungsschritte.

972 In diese Richtung ICC-Zwischenschiedsspruch, SchiedsVZ 2003, S. 45 (46); Mansel, in: FS Kühne, S. 809 (814).

973 Vgl. MüKo-*Münch*, § 1059, Rn. 31 ff. („potenzielle Kausalität reicht nicht"); Borges, ZZP 111 (1998), S. 487 (493)

974 Bei dem erwähnten Aufhebungsgrund nach § 1059 Abs. 2 Nr. 1 lit. d.) ZPO handelt es sich um einen Aufhebungsgrund, der eine entsprechende Rüge einer Partei innerhalb der Präklusionsfrist von § 1059 Abs. 3 ZPO voraussetzt, was eine zusätzliche verfahrensrechtliche Anforderung für die rügende Partei bedeutet.

975 ICC-Zwischenschiedsspruch vom 20.10.2003, No. 11339/DK, abgedruckt in SchiedsVZ 2005, S. 103 (105); ebenfalls als Beleg angeführt von Mansel, in: FS Kühne, S. 809 (812).

barkeit durchaus auch entgegengesetzte Statements der Rechtsprechung zur Anwendung des Rechtshängigkeits-Grundsatzes im Verhältnis staatlicher Gerichte zu Schiedsgerichten angeführt werden können.[976] Insbesondere ist eine im weiteren Verlauf noch näher zu betrachtende Entscheidung des schweizerischen Bundesgerichts im Fall *Fomento de Construcciones y Contratas SA v. Colon Container Terminal SA*[977] auf massive Kritik im In- und Ausland gestoßen und hat dazugeführt, dass eine breite Debatte zur Geltung des *lis alibi pendens*-Grundsatzes im Bereich der internationalen Schiedsgerichtsbarkeit geführt wurde.

Die schweizerische Entscheidung hat mit dazu beigetragen, dass sich im Jahr 2006 die *International Law Association* auf der so genannten *Toronto Conference*[978] eingehend mit der Anwendbarkeit von *lis pendens* im Rahmen der Schiedsgerichtsbarkeit auseinandergesetzt hat. Vornehmlich hatte sich die Konferenz zur Aufgabe gemacht, Schiedsrichtern einige praktische Richtlinien an die Hand zu geben, wenn sie mit Fällen möglicher Parallelverfahren konfrontiert werden. Die von der Kommission angesprochenen Konstellationen betreffen in erster Linie internationale, d. h. grenzüberschreitende Sachverhalte. Wegen dieser internationalen Ausrichtung können die ausgesprochenen Empfehlungen für den ausschließlich innerdeutschen Kollisionsfall nicht unmittelbar gelten. Die Kommission hat sich jedoch zunächst anhand von Länderberichten einen Überblick darüber verschafft wie in Ländern des *Common Law* und in Ländern des kontinentaleuropäischen Rechtsraumes *lis pendens*-relevante Kollisionsfälle gelöst werden. Da damit auch länderinterne Konstellationen betrachtet wurden, kann den praktischen Empfehlungen für den innerdeutschen Kollisionsfall jedenfalls eine Indizwirkung zukommen. Um eine internationale Harmonisierung in den aufgeworfenen Fragestellungen zu erreichen, bietet es sich ohnehin an, schon im nationalen Kontext den Blick nicht nur auf das eigene Recht zu richten.

(1) Schiedseinrede nach § 1032 Abs. 1 ZPO als ausreichende kodifizierte Regelung zur Verhinderung einer Verfahrensdoppelung?

In Anbetracht derzeitig schon bestehender Regelungen, wie der angesprochenen Schiedseinrede des § 1032 Abs. 1 ZPO, könnte die Notwendigkeit identischer Rechtshängigkeitswirkungen wie im staatlichen Verfahren ohnehin in Frage

---

976 International Law Association (2006), S. 25 f.; Rn. 5.13; Born, International Arbitration, S. 3794, Fn. 330 mit weiterführenden Rechtsprechungshinweisen.

977 BGE 127 III, S. 279 ff. Hierzu unter Gliederungspunkt 3. Kapitel. A.III. 1. b)aa).

978 Final Report on Lis Pendens and Arbitration, International Law Association (2006), Toronto Conference 2006; (zit.: International Law Association (2006)). Ebenfalls grundlegend sowohl für das nationale als auch für das internationale Verständnis von *lis pendens* ist der bereits angesprochene Bericht von Fawcett (zit.: Fawcett, General Report) zu *lis pendens* im Rahmen des Reports to the XIVth Congress of the International Academy of Comparative Law, S. 1 (27 ff.), der auch die Schiedsgerichtsbarkeit einbezieht.

gestellt werden.[979] Die Schiedseinrede des § 1032 Abs. 1 ZPO dient ihrerseits dazu, in bestimmten Verfahrenskonstellationen eine Verfahrensdoppelung vor staatlichem Gericht und Schiedsgericht zu verhindern. Gemäß dieser prozesshindernden Einrede[980] des § 1032 Abs. 1 ZPO hat das staatliche Gericht nach entsprechender Rüge des Beklagten zu prüfen, ob der Streitgegenstand, der einer Klage vor dem staatlichen Gericht zugrunde liegt, auch einer wirksamen Schiedsvereinbarung unterliegt. Sofern dies der Fall ist, muss das Gericht die Klage durch Prozessurteil als unzulässig abweisen.[981] Die Schiedseinrede greift jedoch nicht durch, wenn durch das Staatsgericht die Nichtigkeit, Unwirksamkeit oder Undurchführbarkeit der Schiedsvereinbarung festgestellt wurde.[982] Die Rechtsfolge der Klageabweisung als unzulässig ist eine deutsche Besonderheit. Art. 8 des UNCITRAL-Modellgesetzes, auf dessen Vorlage § 1032 Abs. 1 ZPO basiert, sieht eine Verweisung an die Schiedsgerichte vor, ohne die Art der Verweisung näher zu konkretisieren.[983] Im internationalen Vergleich sehen viele Schiedsgesetze hingegen eine Aussetzung vor.[984] Eine Aussetzung entsprechend der Regelung des § 148 ZPO wurde auch im Zuge der Novellierung der §§ 1025 ff. ZPO überlegt. Aus Gründen der Rechtsklarheit hat aber der heutige Lösungsweg den Vorzug erhalten.[985] Für die Geltendmachung der Schiedseinrede ist keine bestimmte Form vorgeschrieben.[986] Der Beklagte muss allerdings deutlich zum Ausdruck bringen, dass er eine Verhandlung vor dem Schiedsgericht und nicht durch das angerufene ordentliche Gericht wünscht.[987]

Der Bedarf an einer Verfahrenssperre könnte also demnach bereits an der Existenz der Schiedseinrede nach § 1032 Abs. 1 ZPO scheitern. Dies wäre jedoch nur der Fall, wenn § 1032 Abs. 1 ZPO alle Fälle möglicher Parallelbefassung von staatlichem Gericht und Schiedsgericht erfassen und für alle Verfahrensbeteiligten auch befriedigend lösen würde. Unter dieser Fragestellung wurden schon hinsichtlich

---

979 Die Regelung der Schiedseinrede ist Art. 8 Abs. 1 ModG nachempfunden; Absatz 2 ist hingegen ohne Vorbild für das nationale Schiedsverfahrensrecht neu verfasst worden, hierzu MüKo-*Becker-Eberhard*, § 261, Rn. 15, der davon ausgeht, dass die Schiedseinrede die Funktion von Rechtshängigkeit für das Schiedsverfahren übernimmt. Mit Hinweis auf § 1032 ZPO auch Wieczorek/Schütze-*Assmann*, § 261, Rn. 12.

980 BGHZ 65, 59 (61).

981 Zöller-*Geimer*, § 1032, Rn. 12; Henn, Schiedsverfahrensrecht, S. 42, Rn. 100.

982 Lörcher/Lörcher, Das Schiedsverfahren, S. 19, Rn. 63.

983 BT-Drucks. 13/5274, S. 38, li. Sp.; Wieczorek/Schütze-*Schütze*, § 1032, Rn. 2; vgl. zu Art. 8 ModG allgemein Weigand, Practitioner's Handbook (1. Auflage), S. 1193, Rn. 1 ff.

984 Hierzu Schlosser, Internationale Schiedsgerichtsbarkeit, S. 302 f., Rn. 400 ff.; Born, International Arbitration, S. 1282 ff.

985 BT-Drucks. 13/5274, S. 38, li. Sp.; zustimmend Mönnikes, Die Reform des deutschen Schiedsverfahrensrechts, S. 45; Harbst, Rolle der staatlichen Gerichte, S. 42.

986 MüKo-*Münch*, § 1032, Rn. 6.

987 BGH SchiedsVZ 2009, S. 123 (125); BGH WM 1963, S. 1189 (1190).

der inhaltlich identischen Vorgängernorm des § 1032 Abs. 1 ZPO, § 1027 a ZPO a. F. diverse Überlegungen getätigt. Gerade im Zusammenhang mit einer möglichen Rechtshängigkeitsregelung für das schiedsgerichtliche Verfahren fand eine Auseinandersetzung mit § 1027 a ZPO a. F. statt. So wurde vertreten, dass die Schiedseinrede nur bis zu Beginn des Schiedsverfahrens eingreife und danach durch den Einwand anderweitiger Rechtshängigkeit zu ersetzten sei.[988] Ähnlich war die Meinung, dass die Einrede des Schiedsvertrages nur solche Fälle betreffe, in denen noch kein Schiedsverfahren anhängig gemacht worden sei.[989] Die Schiedseinrede sollte den Ausschluss der staatlichen Gerichtsbarkeit *von vornherein* bezwecken.[990] Schon immer ist die Schiedseinrede von der rechtzeitigen Geltendmachung des Beklagten vor Beginn der mündlichen Verhandlung abhängig.[991] Die Schiedseinrede ist somit verzichtbar und außerdem „präklusionsbedroht“.[992] Auf die Rüge des Beklagten finden die §§ 282 Abs. 3, 296 Abs. 3 ZPO keine Anwendung.[993] Die Beweislast für die Geltendmachung der Einrede des Schiedsvertrages trifft den Beklagten.[994] Unbeachtlich ist die Einrede des Schiedsvertrages, wenn sie gegen den Grundsatz von Treu und Glauben verstößt. Ein solcher Verstoß ist anzunehmen, wenn der Beklagte im Schiedsverfahren die Zuständigkeit der Staatsgerichte geltend macht, um anschließend im gerichtlichen Verfahren die Schiedseinrede zu erheben (*venire contra factum proprium*).[995]

Im Vergleich zu einer in jeder Lage des Verfahrens von Amts wegen zu beachtenden anderweitigen Rechtshängigkeit stellt die Regelung des § 1032 Abs. 1 ZPO keine befriedigende Regelung für die Koordination von parallelen Verfahren vor Schieds- und Staatsgerichten dar.[996] Durch das Instrument der Schiedseinrede wird zwar der durch die Schiedsvereinbarung vereinbarte Verfahrensvorrang

---

988 Bosch, Rechtshängigkeit im Schiedsverfahren, S. 181.

989 Habscheid, KTS 1958, S. 177 (179).

990 So auch zum neuen Recht Triebel/Coenen, BB Beilage 05/2003, S. 2 (3); ebenso zum alten Recht, Bosch, Rechtshängigkeit im Schiedsverfahren, S. 181.

991 Zöller-*Geimer*, § 1032, Rn. 1.

992 MüKo-*Münch*, § 1032, Rn. 2.

993 So der BGH, der § 1032 ZPO wegen der Parallele zu § 39 ZPO als speziellere Regelung gegenüber den §§ 282, 296 ZPO betrachtet, vgl. BGHZ 147, 394 (396 f.); ebenso Lachmann, Schiedsgerichtspraxis, S. 176, Rn. 640; Musielak-*Voit*, § 1032, Rn. 7; a. A. MüKo-*Münch*, § 1032, Rn. 2.

994 BGH NJW 1986, S. 2765 (2766); einschränkend MüKo-*Münch*, § 1032, Rn. 6.

995 BGHZ 50, 191 (196). Einen Verstoß gegen den Grundsatz von Treu und Glauben bejaht der BGH auch für den Fall, das eine Partei im Staatsverfahren mit Erfolg die Schiedseinrede erhebt und im daraufhin eingeleiteten Schiedsverfahren den Antrag gem. § 1032 Abs. 2 ZPO stellt, um doch vor das Staatsgericht zu gelangen, hierzu BGH MDR 2009, S. 883 (883). Ebenfalls arglistig und somit dem Grundsatz von Treu und Glauben zuwider handelt eine Partei, die selbst das Schiedsverfahren einleitet und später im Unterliegensfall die Ungültigkeit des Schiedsverfahrens geltend macht, OLG Düsseldorf NJW 1983, S. 2149 (2150).

996 Ähnlich Triebel/Coenen, IDR BB-Beil. 05/2003, S. 2 (3).

der Schiedsgerichte bei Wirksamkeit der Schiedsvereinbarung gesichert (Vorrang beim Sachentscheid),[997] dies aber eben nur auf rechtzeitige und genügende Einrede hin. Infolgedessen erübrigt die Schiedseinrede wegen der engen zeitlichen Grenzen für ihre Geltendmachung die Debatte über eine Rechtshängigkeitssperre zwischen staatlichen Gerichten und Schiedsgerichten jedenfalls nicht.

Der Regelungs- oder zumindest Diskussionsbedarf einer schiedsgerichtlichen Rechtshängigkeitssperre lässt sich auch anders begründen. Eine weitere Ansicht[998] weist hierzu auf unterschiedliche Zielsetzungen der Einrede des Schiedsvertrages einerseits und der Einrede der Schiedshängigkeit andererseits hin. Die Einrede der Schiedsgerichtsbarkeit stelle eine Einwendung gegen die Zuständigkeit dar bzw. sei mit der Wahl des Rechtsweges vergleichbar. Einer Sachentscheidung des Staatsgerichts stünde diese Einrede jedoch nicht entgegen. Die Einrede der Schiedshängigkeit hingegen setze bereits an einem anderen Ausgangspunkt an, nämlich an der Tatsache, wann im Schiedsverfahren Klage erhoben würde. Dies geschehe ungeachtet der Frage, ob das Schiedsverfahren überhaupt zulässig sei.

(2) Kollision mit Grundsatz der Kompetenz-Kompetenz?

Wenn der *lis pendens*-Grundsatz für das schiedsgerichtliche Verfahren im Verhältnis zu den Staatsgerichten beachtet werden soll, dann dürfte die oben beschriebene Anwendung des *lis pendens*-Prinzips nicht im Widerspruch zu anderen allgemeinen Verfahrensgrundsätzen und Prinzipien des deutschen Schiedsverfahrensrechts stehen. Vorliegend könnte insbesondere der Grundsatz der Kompetenz-Kompetenz gegen die Beachtung der anderweitigen Rechtshängigkeit angeführt werden.[999] Unter dem Stichwort Kompetenz-Kompetenz wurde im Schiedsverfahrensrecht schon immer eine große Bandbreite von Fragestellungen erörtert.[1000] Eine allgemeingültige Präzisierung dessen, was mit dem Grundsatz der Kompetenz-Kompetenz angesprochen ist, wird durch inhaltliche Divergenzen im Zusammenhang mit dieser Begrifflichkeit im inner- und außereuropäischen Ausland erschwert.[1001] Im Grundsatz betrifft die Kompetenz-Kompetenz des Schiedsgerichts die Frage, ob

997 Hierzu van Houtten, in: Special Series (2001), S. 35 (39) hinsichtlich des UNÜ.

998 Schäfer, in: FS Henckel, S. 723 (726 f.).

999 Hierzu auch Mansel, in: FS Kühne, S. 809 (813, 816).

1000 Ausführlich zur Kompetenz-Kompeten in der internationalen Schiedsgerichtsbarkeit unter Einbeziehung der Regelungen einiger nationaler Schiedsrechte, Born, International Arbitration, S. 1046 ff.; zum alten deutschen Recht und zum ModG Ahrendt, Zuständigkeitsstreit, S. 5 ff.

1001 Einen guten Überblick über die unterschiedliche Schattierung des Begriffs der Kompetenz-Kompetenz geben Schlosser, Internationale Schiedsgerichtsbarkeit, S. 418 ff., Rn. 546 ff.; Samuel, Jurisdictional Problems, S. 179 ff.; etwas kurz, aber prägnant Liatowitsch, Parallelverfahren, S. 32; vgl. auch die Ausführungen unter Gliederungspunkt 3. Kapitel. A.III. 1. b)aa).

das Schiedsgericht über seine eigene Zuständigkeit entscheiden darf.[1002] Bis zur Schiedsverfahrensrechtsnovelle war diese Frage in der deutschen Rechtsordnung nicht gesetzlich geregelt.[1003] Die Frage, welche Wirkungen von der schiedsgerichtlichen Zuständigkeitsentscheidung für das staatliche Gericht ausgehen, betrifft schon nicht mehr den kleinsten gemeinsamen Nenner im Rahmen der Thematik. Im deutschen und im internationalen Schiedsverfahrensrecht hatten sich verschiedene Spielarten der Kompetenz-Kompetenz herausgebildet.[1004] Der deutsche Rechtsraum wurde durch das Prinzip der „echten“ Kompetenz-Kompetenz des Schiedsgerichts im Gegensatz zur „unechten“ Kompetenz-Kompetenz geprägt.[1005] Im Fall „echter“ Kompetenz-Kompetenz sollen die staatlichen Gerichte an die Entscheidung des Schiedsgerichts über die Zuständigkeit gebunden sein. Im Fall der „unechten“ Kompetenz-Kompetenz steht hingegen das Letztentscheidungsrecht über die Zuständigkeit dem staatlichen Gericht zu.[1006] Zum alten Schiedsverfahrensrecht eröffnete der BGH den Parteien über die Konstruktion einer zweiten, gesonderten Schiedsklausel – einer sog. Kompetenz-Kompetenz-Klausel – die Möglichkeit dem Schiedsgericht abschließende Kompetenz-Kompetenz einzuräumen.[1007] Die Parteien übertrugen durch diesen zweiten Schiedsvertrag dem Schiedsgericht die bindende Entscheidungsmacht darüber, ob der Schiedsvertrag gültig ist. Hiermit kam dem Schiedsgericht die endgültige Entscheidung in dieser Frage zu.[1008] Das staatliche Gericht war im Anschluss ausschließlich dazu befugt, über die Gültigkeit und Auslegung dieser Klausel zu entscheiden.[1009] Die Literatur stand der Vereinbarung einer solchen gesonderten Schiedsabrede weitgehend kritisch gegenüber.[1010]

1002 Berger, Wirtschaftsschiedsgerichtsbarkeit, S. 246; Redfern/Hunter, Law and Practice, S. 346, Rn. 5.99; Berger/Kellerhals, Arbitration in Switzerland, S. 175, Rn. 607.

1003 BT-Drucks. 13/4274, S. 43, re. Sp.

1004 Zur Rechtsentwicklung im Ausland Schlosser, Internationale Schiedsgerichtsbarkeit, S. 415 ff., Rn. 540 ff; speziell für das US-amerikanische Verständnis McClendon/Goodman, International Commercial Arbitration, S. 33.

1005 Zu dieser Begrifflichkeit Sonnauer, Kontrolle der Schiedsgerichts, S. 58 ff.; Triebel/Coenen, IDR BB-Beil. 05/2003, S. 2 (2).

1006 Triebel/Coenen, IDR BB-Beil. 05/2003, S. 2 (2); kritisch gegenüber der Begrifflichkeit echter und unechter Kompetenz-Kompetenz Born, International Arbitration, S. 3779, Fn. 253.

1007 BGHZ 68, 356, (366); BGH BB 1955, S. 552 (552); BGH NJW 1977, S. 1397 (1397); BGH JZ 1989, S. 201 f. mit Anm. Bosch; siehe auch Raeschke-Kessler, RPS BB-Beil. 15/1992, S. 19 (20); Henn, Schiedsverfahrensrecht, S. 44, Rn. 106 ff.

1008 Schäfer, in: FS Henckel, S. 723 (723) unter Darstellung der Rechtsprechung des BGH.

1009 BGHZ 99, 143 (149 f.); BGHZ 68, 356 (366).

1010 Schwab/Walter, Schiedsgerichtsbarkeit (5. Auflage), Kap. 6, Rn. 9; Baur, in: FS Fasching, S. 81 (87); Nagel, Durchsetzung von Vertragsansprüchen, S. 20; Kornblum, in: JPS 1989, S. 38 ff.; Henn, in: JPS 1990, S. 57 ff.

Der Gesetzgeber hat sich mit Schaffung des § 1040 Abs. 1 ZPO für eine nur noch vorläufige („unechte") Kompetenz-Kompetenz des Schiedsgerichts entschieden.[1011] Die Letztentscheidungskompetenz über die Zuständigkeit des Schiedsgerichts und mithin über die Wirksamkeit der Schiedsvereinbarung liegt nunmehr nach § 1040 Abs. 3 S. 2 ZPO – abgesehen von Präklusion und Verfristung – unabdingbar bei den staatlichen Gerichten.[1012] Zusammengefasst kommt den Schiedsgerichten eine Entscheidungsbefugnis über ihre eigene Zuständigkeit zu, den staatlichen Gerichten hingegen die maßgebliche Letztentscheidungsbefugnis.[1013] Die Kompetenz des Schiedsgerichts ist nur dann endgültig ausgeschlossen, wenn das Staatsgericht bereits die Ungültigkeit der Schiedsvereinbarung rechtskräftig festgestellt hat.[1014] Aus § 1040 Abs. 1 ZPO ergibt sich aber nicht das Recht des Schiedsgerichts über die Wirksamkeit der Schiedsvereinbarung und über die Zuständigkeit als Erstes entscheiden zu müssen, sondern ausschließlich die Befugnis, hierüber überhaupt entscheiden zu dürfen.[1015]

Nach den dargestellten Grundsätzen wird bei der Geltung einer Litispendenzregelung der Kompetenz-Kompetenz-Grundsatz nicht durchbrochen. Eine Kollision des *lis alibi pendens*-Grundsatzes mit diesem elementaren Prinzip des deutschen Schiedsverfahrensrechts kann daher ausgeschlossen werden.[1016] Die schiedsgerichtliche Kompetenz-Kompetenz ist ohnehin nur vorläufig[1017] und die dargestellten Kontrollsituationen nehmen die erörterte Sonderstellung ein.

1011 BT-Drucks. 13/5274, S. 26, re. Sp.; Wieczorek/Schütze-*Schütze*, § 1032, Rn. 17; Windthorst, SchiedsVZ 2004, S. 230 (230); Henn, Schiedsverfahrensrecht, S. 45, Rn. 108; a. A. Schütze, Schiedsgericht und Schiedsverfahren (4. Auflage), S. 75, Rn. 136; zur Abkehr von seiner früheren Rechtsprechung siehe auch BGH NJW 2005, S. 1125 ff.

1012 BGH NJW 2005, S. 1125, (1125 f.); zur Frage der Kompetenz-Kompetenz nach neuen Schiedsrecht Kröll, 20 Arb. Int.'l (2004), S. 55 ff.; Lionnet/Lionnet, Internationale und nationale Schiedsgerichtspraxis, S. 191 ff.; Habscheid, in: FS Schlosser, S. 247 ff.; Triebel/Coenen, IDR BB-Beil. 05/2003, S. 2 (2); Weigand, Practitioner's Handbook (1. Auflage), S. 705, Rn. 64; zum alten Recht Leipold, ZZP 91 (1978), S. 479 ff.; Habscheid, in: FS Baur, S. 425 ff.

1013 Schwab/Walter, Schiedsgerichtsbarkeit, Kap. 16, Rn. 10; Musielak-*Voit*, § 1040, Rn. 3; Weigand, Practitioner's Handbook (1. Auflage), S. 705, Rn. 65.

1014 Van Houtte, in: Special Series (2001), S. 35 (35).

1015 In diesem Sinn auch Stein/Jonas-*Schlosser*, § 1040, Rn. 2 iVm. § 1032, Rn. 11. Ausdrücklich auf die angesprochene Unterscheidung zwischen einer generellen Entscheidung über die Zuständigkeit und eine dem Schiedsgericht durch § 1040 Abs. 1 ZPO nicht eingeräumte Kompetenz hierüber als Erstes entscheiden, zu dürfen, weisen zudem Schwab/Walter, Schiedsgerichtsbarkeit, Kap. 6, Rn. 9 hin. Im Ausland wird die Frage, welchem Gericht das erste Wort über die schiedsgerichtliche Zuständigkeit zusteht, teilweise anders beantwortet, vgl. hierzu die Ausführungen unter Gliederungspunkt 3. Kapitel. A.III. 1. b)aa).

1016 Zum gleichen Ergebnis kommt auch Mansel, in: FS Kühne, S. 809 (813).

1017 Vgl. Wieczorek/Schütze-*Schütze*, § 1032, Rn. 17 („Entscheidung überprüfbar durch staatliche Gerichte").

cc) *Zusammenfassung und abschließende Bewertung zur Parallelität von staatlichem Verfahren und Schiedsverfahren*

Abschließend ist festzustellen, dass die Geltung von Rechtshängigkeit auch im Verhältnis zwischen Staatsgerichten und Schiedsgerichten dogmatisch über die oben angeführte Qualifizierung als zivilprozessualer Verfahrensgrundsatz begründbar wäre. Es konnte wegen einer anderen Schwerpunktsetzung unterbleiben, die Implementierung von *lis pendens* über § 1042 Abs. 3 ZPO bereits im Konkurrenzverhältnis zu Staatsgerichten im Detail zu untersuchen. Insbesondere erfordert eine umfassende Würdigung dieser Lösungsvariante noch eine gründliche Wortlautanalyse des einschlägigen § 1042 Abs. 3 ZPO. Kennzeichnend für die Auseinandersetzung mit der Anwendbarkeit des Rechtshängigkeitsgrundsatzes bei Parallelität von Schiedsverfahren und staatlichem Gerichtsverfahren ist, dass sich die h. M. als Ausgangsargument nur auf den an verschiedenen Stellen dieser Arbeit bereits kritisierten Standpunkt stützt, dass eine Klageerhebung vor dem Schiedsgericht nicht zur Rechtshängigkeit im Sinne des § 261 ZPO führe, jedenfalls nicht im Verhältnis zur staatlichen Gerichtsbarkeit. Eine grundlegende Analyse der Eigenarten des schiedsgerichtlichen Streitbeilegungssystems hat zum neuen Schiedsverfahrensrecht nicht stattgefunden. Daher wurde diese Argumentation vorliegend mehrfach abgelehnt. Außerdem beruft sich die h. M. auf den aus ihrer Sicht eindeutigen Gesetzeswortlaut des § 1032 Abs. 3 ZPO, der zweifelsohne eine Parallelität von Staats- und Schiedsverfahren in derselben Streitsache zulässt. In anderem Kontext sind es aber gerade diejenigen Vertreter, die hier auf der strikten Beachtung des Gesetzeswortlautes beharren, die die *res judicata*-Wirkung eines Schiedsspruchs nach § 1055 ZPO entgegen dem Wortlaut dieser Vorschrift nur auf entsprechende Rüge des Beklagten beachten wollen.[1018] Dieses rein formale Argument kann nur unterstützend angeführt werden; für sich genommen widerlegt es aber nicht den Standpunkt der überwiegenden Meinung.

Die Bezugnahme auf die gesetzliche Konzeption der §§ 1032 ZPO und 1040 ZPO ist hingegen einleuchtender und schwieriger in Frage zu stellen.[1019] Tatsächlich können die Vorschriften dahingehend verstanden werden, dass Rechtshängigkeit in keiner Fallkonstellation Anwendung finden soll. Auf der anderen Seite lassen sowohl der Wortlaut als auch die Systematik der genannten Paragraphen die oben erwogene Inkorporierung des *lis pendens*-Grundsatzes als zwingenden Verfahrensgrundsatz durchaus zu. Hierbei ist strikt zu trennen zwischen den unterschiedlichen Verfahrenskonstellationen, in denen eine Litispendenzregelung Geltung im Verhältnis zur staatlichen Gerichtsbarkeit beanspruchen kann. Einerseits kommen parallele Verfahren im Stadium der Kontrolle oder Überprüfung der schiedrichterlichen Zuständigkeit in Betracht, andererseits sind parallele Verfahren zum Sachentscheid möglich. Eine Unvereinbarkeit mit anderen schiedsgerichtlichen

1018 Hierzu unter 1. Kapitel. D.II. 3. b)aa)(2) (a).
1019 So auch Mansel, in: FS Kühne, S. 809 (811).

Prinzipien – insbesondere mit dem Grundsatz der Kompetenz-Kompetenz – konnte nicht festgestellt werden.

Durch das beschriebene Regel-Ausnahme-Prinzip bei der Anwendung einer Rechtshängigkeitssperre kann kein Verstoß gegen § 1032 ZPO oder § 1040 ZPO oder gegen die diesen Vorschriften zugrunde liegenden Regelungsintentionen des Gesetzgebers angenommen werden. Dass beide Vorschriften als zwingendes Recht der §§ 1025 ff. ZPO zu beachten sind, steht nicht im Widerspruch zu einem Lösungsweg über eine Litispendenzregelung im Verhältnis zur Staatsgerichtsbarkeit.[1020] Definitive Belege oder Gründe, die dafür sprechen könnten, dass der Gesetzgeber mit der derzeit bestehenden Gesetzeslage eine abschließende Regelung für das grundsätzliche Verhältnis von staatlichen und schiedsrichterlichen Parallelverfahren treffen wollte, können nicht angeführt werden – abgesehen von den auslegungsfähigen Äußerungen im Gesetzesentwurf zu § 1032 ZPO –. Die unveränderte Aktualität dieses Streitstandes belegt aber den weiterhin bestehenden Diskussionsbedarf.

Allerdings greift das für die Geltung des *lis pendens*-Grundsatzes angeführte Argument über die Verpflichtung der Schiedsgerichte, keine Verfahren anzustreben, die nicht mit einem für vollstreckbar zu erklärenden Schiedsspruch enden („überflüssige Verfahren“), nur in eingeschränkten Fallkonstellationen durch, nämlich nur dann, wenn der Ort der Vollstreckung des Schiedsspruchs innerhalb des Geltungsbereiches des deutschen Schiedsverfahrensrechts liegt.[1021] Dass die Einordnung von Rechtshängigkeit als allgemeiner Verfahrensgrundsatz ein möglicher Weg ist, um dem Rechtsinstitut doch im Verhältnis zu Schiedsgerichten zur Anwendung zu verhelfen, wurde in Grundzügen dargetan. Die mit dieser Konzeption einhergehenden Vorteile für die Parteien wurden ferner aufgezeigt. Die Rechtshängigkeitssperre würde somit als eigenständiges Regulativ neben den Schiedsvertrag selbst treten, auf den insbesondere in den Fällen von Wahlrechtsvereinbarungen von vielen Meinungsvertretern zurückgegriffen wird.

Wenn man demzufolge die These zugrunde legt, eine Verfahrensdoppelung zwischen den Gerichtsbarkeiten nur in Fällen staatlicher Kontrolle zuzulassen, dann muss in einem weiteren Analyseschritt auch gerade bei der staatlichen Kontrolle der Schiedsgerichtsbarkeit angesetzt werden. Die Vorschriften, die parallele Verfahren vor ordentlichen Gerichten und Schiedsgerichten offenbar zulassen, sind unbestritten keiner abändernden Parteivereinbarung zugänglich.[1022] Ebenso wenig kann der vorgesehene staatliche Kontrollmechanismus von den Parteien gänzlich ausgeschaltet werden.[1023] Demnach bestehen unter anderem in Form der

1020 Den zwingenden Charakter der §§ 1032 ZPO und 1040 ZPO betont MüKo-*Münch*, § 1042, Rn. 13.

1021 Mansel, in: FS Kühne, S. 809 (814); ähnlich Liatowitsch, Parallelverfahren, S. 55.

1022 MüKo-*Münch*, § 1042, Rn. 13.

1023 Henn, Schiedsverfahrensrecht, S. 164, Rn. 340.

Letztentscheidungskompetenz[1024] zur Zuständigkeit der Schiedsgerichte und in anderen essentiellen Fragen das schiedsgerichtliche Verfahren betreffend feste Befugnisse der Staatsgerichte. Solche werden zum Beispiel durch den Numerus clausus der Eingriffsbefugnisse nach § 1026 ZPO sowie durch den Ausschluss einiger von vornherein nicht schiedsfähiger Materien verkörpert, vgl. § 1030 Abs. 2 ZPO. Diese staatlichen Ermächtigungen sind Ausdruck bestehender systemimmanenter Unterschiede zwischen dem staatlichen Zivilprozess und dem schiedsgerichtlichen Verfahren im deutschen Rechtsraum. Die Zivilprozessordnung räumt den Schiedsparteien zwar eine große Flexibilität zur individuellen Verfahrensgestaltung ein, allerdings bleibt die staatliche Kontroll- und Überwachungsfunktion im Rahmen der §§ 1032 Abs. 1 bis Abs. 3, 1040 sowie im Vollstreckbarerklärungsverfahren nach den §§ 1059, 1060 Abs. 1 ZPO zwingendes Recht.[1025] Das staatliche Rechtspflegesystem wird durch die Wahl der schiedsgerichtlichen Streiterledigung zu keiner Zeit vollständig ausgeschaltet, vielmehr wird nur das Erkenntnisverfahren als ein Bestandteil der staatlichen Verfahrensordnung derogiert.[1026] In diesen aufgezeigten Grenzen bietet das Schiedsverfahren dann ein Äquivalent zum gerichtlichen Verfahren.[1027] Nach derzeitiger Rechtslage ist das Schiedsverfahren kein selbstständiger, vom staatlichen Rechtsschutzsystem unabhängiger Streitbeilegungsmechanismus, sondern ein Verfahren, das auf die dienende Funktion[1028] der staatlichen Gerichtsbarkeit angewiesen ist. Aus Sicht der Schiedsgerichtsbarkeit besteht ein einseitiges Abhängigkeitsverhältnis zum staatlichen Rechtsprechungssystem.[1029] Man könnte auch davon sprechen, dass dem staatlichen Verfahren eine Art Maßstabsfunktion hinsichtlich des Verfahrensablaufs und der rechtsstaatlichen Erfordernisse zukommt.[1030] Die rechtliche Funktionsweise der Schiedsgerichtsbarkeit erfordert die festgelegten Unterstützungsmaßnahmen der staatlichen Gerichte, wie sie die Vorschriften zum schiedsrichterlichen Verfahren in den §§ 1025 ff. ZPO vorsehen.

Obwohl die Schiedseinrede des § 1032 Abs. 1 ZPO den Vorrang der schiedsgerichtlichen Sachentscheidung nur unzureichend sichert, sprechen die derzeit faktisch vorhandenen Systemunterschiede beider Rechtsschutzsysteme gegen die

---

1024 Vgl. Zöller-*Geimer*, § 1040, Rn. 1.

1025 MüKo-*Münch*, § 1042, Rn. 13.

1026 Liatowitsch, Parallelverfahren, S. 9; vgl. auch Haas, in: FS Rechberger, S. 187 (187).

1027 Vgl. MüKo-*Münch*, Vor §§ 1025 ff., Rn. 5.

1028 Hierzu bereits unter Gliederungspunkt: 1. Kapitel. C.II.

1029 Auf die einseitige Abhängigkeit zielt auch die Beschreibung des Verhältnisses von Schiedsgerichtsbarkeit zum staatlichen Rechtspflegesystem bei Redfern/Hunter, Law and Practice, S. 440, Rn. 7.03 „*Arbitration may depend on the agreement of the parties, but it is also a system built on law and which relies upon the law to make it effective both nationally and internationally. National courts could exist without arbitration, but arbitration could not exist without the courts.*"

1030 Hoffmann-Riem, ZRP 1997, S. 190 (197); Rehm, Rechtssystem, S. 6, Rn. 24.

Geltung von Rechtshängigkeit im Verhältnis zu den staatlichen Gerichten. Solange noch keine rechtskräftige Entscheidung über die Zuständigkeitsfrage der Schiedsgerichte getroffen wurde, besteht neben der Verfahrensdoppelung im Rahmen der verschiedenen Kontroll- und Überprüfungssituationen auch eine parallele Sachentscheidungsbefugnis beider Gerichtsbarkeiten.[1031] Die Anwendbarkeit der Litispendenzregelungen als nicht zu rechtfertigende Verkürzung des Anspruchs auf Rechtsgewährung zu betrachten, wie es teilweise vertreten wird,[1032] geht aber aufgrund der modernen und ausdifferenzierten Vorschriften zum Schiedsverfahren zu weit.

Hierfür spricht insbesondere auch, dass der von einer solchen Rechtshängigkeitssperre zu erreichende Interessenschutz nur partiell mit dem Interessenschutz der typischerweise im Verhältnis von zwei staatlichen Verfahren geltenden Rechtshängigkeitssperre des § 261 Abs. 3 Nr. 1 ZPO vergleichbar wäre.[1033] Die Gefahr von einander widersprechenden Entscheidungen besteht zwar auch bei Beteiligung eines Schiedsgerichts. Von einer unmittelbaren doppelten Inanspruchnahme der Justiz kann bei parallelen Verfahren vor staatlichen Gerichten und Schiedsgerichten hingegen nicht gesprochen werden, da es nur zur Beteiligung eines staatlichen Gerichts kommt.[1034] Der nur reflexartige Schutz öffentlicher Interessen kann für die Notwendigkeit einer schiedsgerichtlichen Rechtshängigkeitssperre nicht überzeugen. Schließlich könnte das Parteiinteresse der beklagten Partei in einem gewichtigen Punkt gegen das Verbot von parallelen Verfahren vor staatlichen Gerichten und Schiedsgerichten über denselben Streitgegenstand und zwischen denselben Parteien sprechen: Wäre eine Billigung von Doppelbefassungen nur in den erörterten Kontrollsituationen zulässig, dann wäre dem Beklagten unter Umständen von vornherein die Möglichkeit genommen, ein Sachurteil des staatlichen Gerichts zu erreichen.[1035]

Ein Fallbeispiel soll dies verdeutlichen:[1036] Die klagende Partei A erhebt eine Schiedsklage – ohne dass eine wirksame Schiedsvereinbarung besteht. Der beklagten Partei B würde nunmehr nach der gesetzlichen Konzeption nur der Weg über § 1032 Abs. 1 ZPO bzw. § 1040 Abs. 2, Abs. 3 ZPO offenstehen. Hierdurch würden sich aber nur das Nichtbestehen der Schiedsvereinbarung und damit die

1031 So auch Rehm, Rechtssystem, S. 115, Rn. 413; S. 119, Rn. 427 unter Hinweis auf die verfassungsrechtliche Notwendigkeit paralleler Sachentscheidungsbefugnisse von Staats- und Schiedsgerichten.

1032 So Rehm, Rechtssystem, S. 116, Rn. 415 ff., der die Anwendbarkeit der Litispendenzregelungen im Verhältnis zwischen Schieds- und Staatsgerichten in Gänze ablehnt; vgl. auch Liatowitsch, Parallelverfahren, S. 127 ff.

1033 Vgl. die diesbezüglichen Ausführungen unter 1. Kapitel. F.II. 3. d).

1034 So Triebel/Coenen, IDR BB-Beil. 05/2003, S. 2 (5); unter dem Blickwinkel von Rechtskraftkollisionen Mönnikes, Die Reform des deutschen Schiedsverfahrensrechts, S. 49.

1035 Triebel/Coenen, IDR BB-Beil. 05/2003, S. 2 (4).

1036 Beispiel bei Triebel/Coenen, IDR BB-Beil. 05/2003, S. 2 (4).

Unzulässigkeit des schiedsgerichtlichen Verfahrens durch das staatliche Gericht feststellen lassen. Eine Sachentscheidung hätte der Beklagte durch dieses Vorgehen dagegen noch nicht herbeigeführt. Folglich muss ihm der Rechtsweg zu den ordentlichen Gerichten für das Erheben einer negativen Feststellungsklage zur Verfügung stehen und darf nicht durch die Anwendung von Rechtshängigkeitsgrundsätzen ausgeschlossen werden.

Letztlich stehen sich auf der einen Seite das staatliche Verfahren als strukturiertes und gewachsenes Rechtsschutzsystem inklusive Instanzenzug und auf der anderen Seite die deutsche Schiedsgerichtsbarkeit, aufgegliedert in Gelegenheitsschiedsgerichte und institutionalisierte Schiedsgerichten, gegenüber. Die Schiedsgerichtsbarkeit ist zwar, insbesondere im Bereich der administrierten Schiedsverfahren, alles andere als unterentwickelt. In struktureller Hinsicht könnten hier eher noch Ad-hoc-Verfahren einen Unsicherheitsfaktor darstellen, weil nicht auf vorgefertigte und erprobte Strukturen zurückgegriffen werden kann. Demgegenüber bieten die institutionellen Schiedsordnungen in der Tat ein großes Maß an Verfahrenssicherheit und Beständigkeit. Ein Instanzenzug kann sowohl in Ad-hoc-Verfahren als auch in administrierten Verfahren vereinbart werden.[1037] Dennoch vermag die fortschreitende Weiterentwicklung des Schiedsrechts derzeit die aufgezeigten strukturellen Unterschiede noch nicht auszugleichen. Diesbezügliche Lösungsansätze gingen über das Thema dieser Arbeit hinaus. Für die Beurteilung des Koordinationsbedarfs bei drohenden Parallelverfahren zum identischen Streitgegenstand vor Gerichten der ordentlichen Gerichtsbarkeit und Schiedsgerichten ist als schwerwiegender Grund, der gegen eine Anwendbarkeit des *lis pendens*-Grundsatzes in diesem Verhältnis spricht, noch anzuführen, dass es an einer gemeinsamen, übergeordneten Instanz fehlt. Eine solche könnte auf der Basis von einer einheitlichen Entscheidungsgrundlage[1038] eine interessengerechte und einheitliche Koordinierung nach den Rechtshängigkeitsregelungen treffen.

Ob es erstrebenswert wäre, die charakteristischen Divergenzen zwischen Staats- und Schiedsgerichtssystem zu beheben, ist ohnehin fraglich, da einige Unterschiede für die Parteien gerade den Ausschlag geben, den Schiedsweg und nicht den traditionellen Rechtsweg vor die ordentlichen Gerichte zu wählen.[1039]

Abschließend ist noch einmal zu betonen, dass in dieser Dissertationsschrift im Unterschied zur überwiegenden Meinung die prinzipielle Anwendbarkeit einer Rechtshängigkeitsregelung über § 1042 Abs. 3 ZPO als ein denkbarer Lösungsmechanismus erwogen wird. Für deren Geltung können gute Gründe angeführt werden. Ein Koordinationsbedarf für doppelt rechtshängige Verfahren wird insofern sehr wohl gesehen. Eine Ausdifferenzierung bzw. Weiterentwicklung des Lösungsansatzes ist denkbar und für eine endgültige Analyse und umfassende Bewertung noch erforderlich. Bereits zum gegenwärtigen Untersuchungsstand ist für

---

1037 Vgl. Schwab/Walter, Schiedsgerichtsbarkeit, Kap. 22, Rn. 1.
1038 So Liatowitsch, Parallelverfahren, S. 124.
1039 Hierzu unter den Gliederungspunkten 1. Kapitel. C.VI. ff.

die Praxis allen Verfahrensbeteiligten mangels restlos befriedigender Aufbereitung des Problemfeldes ein dosierter Umgang mit einer parallelen Verfahrenseinleitung zu raten. Insbesondere ist eine umfassende Risiko- und Interessenabwägung notwendig. Dies gilt besonders, wenn ausschließlich prozesstaktische Erwägungen den Ausschlag für diese Parallelverfahren gegeben haben sollten.

Hauptsächlich der Wegfall von charakteristischen Unterschieden zwischen den konkurrierenden Gerichtssystemen lässt für den Lösungsweg im Fall der Parallelität zweier schiedsgerichtlicher Verfahren eine andere Konzeption erwarten. Wenn man die Regelungssystematik der §§ 1032 ZPO und 1040 ZPO im Einklang mit der Gesetzesbegründung dahingehend versteht, dass es sich tatsächlich um eine umfassende gesetzliche Billigung paralleler Verfahren über denselben Streitgegenstand und zwischen denselben Parteien vor einem staatlichen Gericht und einem Schiedsgericht handelt, dann führt diese Auffassung unvermeidbar zu der Frage, was die ausschlaggebenden Gründe für eine andere Bewertung des Problems von Parallelverfahren zwischen mehreren Schiedsgerichten sind. Ein wichtiges Untersuchungskriterium für den nachstehenden Themenkomplex ist somit bereits vorgegeben.

c) Parallelität zweier schiedsgerichtlicher Verfahren: Der Einwand anderweitiger Rechtshängigkeit gegenüber einem anderen Schiedsverfahren

aa) Problembeschreibung

Die bisher erörterten Fallkonstellationen doppelter Verfahren über den identischen Streitgegenstand und unter Beteiligung derselben Parteien, weisen – trotz etwaiger Unterschiede in der Handhabung – alle eine Gemeinsamkeit auf: Die beschriebenen Kollisionsfälle treten alle im Spannungsfeld zwischen staatlicher Gerichtsbarkeit und Schiedsgerichtsbarkeit auf. Im Gegensatz hierzu wird im Weiteren die Frage nach der Berücksichtigung der anderweitigen Rechtshängigkeit in einem zweiten schiedsgerichtlichen Verfahren im Mittelpunkt stehen. Die gewonnenen Erkenntnisse hinsichtlich der rechtlichen Beurteilung in Fällen paralleler gerichtlicher und schiedsgerichtlicher Befassung mit derselben Streitsache sollen die weitere Analyse erleichtern. Ob sie darüber hinaus eine Art Richtschnur an die Hand geben, ist hingegen skeptisch zu betrachten. Insbesondere werden im Fall doppelter Rechtshängigkeit einer Streitsache bei zwei verschiedenen Schiedsgerichten diejenigen Argumente ins Leere laufen, die ihren Ursprung in der Verschiedenartigkeit der Schiedsgerichtsbarkeit und des staatlichen Zivilprozesses haben. Die nachfolgende Untersuchung ist daher umso interessanter, weil gerade diese bestehenden systemimmanenten Unterschiede zwischen staatlichem Zivilprozess und schiedsgerichtlichem Verfahren den Ausschlag dafür gegeben haben, dass die Implementierung des *lis pendens*-Grundsatzes bei Beteiligung staatlicher Gerichte zwar als ein denkbarer Lösungsansatz eingeordnet wurde, in letzter Konsequenz aber doch übereinstimmend mit der h. M. abgelehnt wurde.

Auf den ersten Blick erscheint die Problematik zweifacher schiedsgerichtlicher Befassung in derselben Streitsache von wesentlich weniger Relevanz für die heutige Rechtspraxis zu sein, als die vorangehend dargestellten Kollisionsfälle.[1040] Hierfür spricht, dass bislang weder Folgen noch Vorschläge zur Vermeidung dieser Problematik nähere Beachtung in der deutschen Rechtslehre gefunden haben. Soweit ersichtlich, sind derzeit für das ausschließlich nationale Schiedsverfahrensrecht auch noch keine (schieds-)gerichtlichen Entscheidungen ergangen, die sich mit der Doppelbefassung von zwei Schiedsgerichten in derselben Streitsache auseinandersetzen. Neben der Besonderheit, dass staatliche Gerichte unbeteiligt sind und es an Entscheidungen zu dieser Thematik fehlt, ist für die Problematik kennzeichnend, dass weder die ZPO noch die Verfahrensordnungen der führenden Schiedsgerichtsinstitutionen eine explizit festgeschriebene Regelung für den schiedsinternen Zuständigkeitskonflikt vorsehen.[1041]

§ 261 Abs. 3 Nr. 1 ZPO ist unmittelbar ausschließlich für das Verhältnis von zwei staatlichen Gerichtsverfahren einschlägig. § 1032 ZPO sieht im Zusammenspiel mit § 1040 ZPO hingegen die erörterten Grundsätze vor, soweit es um das Zuständigkeitsverhältnis zwischen einem staatlichen Gericht und einem Schiedsgericht geht. Dem ersten Anschein nach ist der für den schiedsinternen Widerstreit sachgerechte Lösungsmechanismus daher wohl unabhängig von kodifizierten Regelungen zu suchen. Möglicherweise stellt der Ansatz, Litispendenz als allgemeingültigen Verfahrensgrundsatz einzuordnen – zumindest für den schiedsinternen Bereich –, den sachgerechten Lösungsvorschlag dar. Die Überlegungen zu § 1042 Abs. 3 ZPO machen somit eine Präzisierung für den Fall doppelter Rechtshängigkeit im Schiedsverfahren erforderlich. Unabhängig von der Qualifizierung als zwingender Verfahrensgrundsatz ist in jedem Fall die strikte Beachtung weiterer allgemeiner Rechts- und Verfahrensgrundsätze des nationalen Rechts zu verlangen.[1042] Denn nur auf diese Weise kann man dem Anspruch gerecht werden, dass die Schiedsgerichtsbarkeit in Deutschland grundsätzlich einen der staatlichen Gerichtsbarkeit gleichwertigen Rechtsschutz[1043] gewähren soll.

1040 Den Problemkreis des Zuständigkeitskonfliktes zwischen mehreren Schiedsgerichten für wenig praxisrelevant halten z. B. Hau, Positive Kompetenzkonflikte, S. 10; Müller, Zuständigkeit, S. 113, Fn. 531; Liatowitsch, Parallelverfahren, S. 6 f.; Born, International Arbitration, S. 3806 ff. sowie Bosch, Rechtshängigkeit im Schiedsverfahren, S. 208.

1041 Auf die Sonderstellung des österreichischen Schiedsrechts wurde bereits eingegangen. Die Schiedsordnungen der DIS und der ICC werden weiter unten unter dem Regelungsaspekt der Rechtshängigkeit noch eingehender zu betrachten sein. Hierzu folgt die Erörterung der Einleitung des Schiedsverfahrens nach der DIS-SchO und der ICC-SchO a. F. unter 1. Kapitel. F.II. 6. c)gg)(1) und 1. Kapitel. F.II. 6. c)gg)(2).

1042 Vgl. Stein/Jonas-*Schlosser*, § 1042, Rn. 6; Ebbing, Private Zivilgerichte, S. 99.

1043 BT-Drucks. 13/5274, S. 34, li. Sp.; S. 36, li. Sp.

Es ist somit der Frage nachzugehen, ob sich der *lis pendens*-Grundsatz in die vorgegebene Systematik der wesentlichen Prinzipien eingliedern lässt. Ein unter Verletzung von zwingenden Vorschriften der Zivilprozessordnung zustande gekommener Schiedsspruch läuft Gefahr, durch einen späteren Aufhebungsantrag nach § 1059 Abs. 2 Nr. 1 lit. d.) 2. Alt. ZPO bzw. § 1059 Abs. 2 Nr. 2 lit. b.) ZPO aufgehoben zu werden. Insbesondere diese gesetzlich angeordnete Rechtsfolge lässt die Einordnung von lis alibi pendens als zwingendes Verfahrensrecht der Zivilprozessordnung interessant erscheinen.[1044]

Der aufgezeigte Exkurs über die Regelungen zur schiedsgerichtlichen Klageerhebung und den damit verbundenen prozessualen Wirkungen in der Schweiz und Österreich sowie in den ausgesuchten internationalen Abkommen zur Schiedsgerichtsbarkeit hat einige Unterschiede hervorgebracht und Regelungsmodelle zum Umgang mit Rechtshängigkeit im schiedsgerichtlichen Verfahren aufgezeigt. Obwohl sich dieses erste Kapitel der Arbeit primär mit dem deutschen Schiedsverfahrensrecht auseinandersetzt, dürfen auch in diesem Kontext Vorschriften zum Schiedsverfahren in anderen Ländern nicht gänzlich unangesprochen bleiben. Dies hat tatsächliche und rechtliche Gründe: Zum einen liegt das Hauptanwendungsfeld der Schiedsgerichtsbarkeit im internationalen Bereich, zum anderen sollten im Zeitalter der voranschreitenden Globalisierung und der Internationalisierung von Rechtsbeziehungen aus Harmonisierungs- und Praktikabilitätsgründen alternative Regelungsmodelle ausländischer Rechtsordnungen in einer umfassenden rechtlichen Untersuchung berücksichtigt werden.

Darüber hinaus beruhen nicht wenige ausländische Schiedsrechte – ebenso wie das deutsche Schiedsverfahrensrecht – auf der Vorlage des UNCITRAL-Modellgesetzes (ModG), so dass ausländischer Rechtsprechung eine gewisse Indizwirkung für das deutsche Schiedsrecht zukommen kann.[1045] Zudem sind die meisten nationalen Schiedsrechte verstärkt darauf angelegt, für Schiedsparteien anderer Nationalitäten bzw. für länderübergreifende Schiedsverfahren als maßgebliches neutrales Schiedsverfahrensrecht attraktiver zu werden. Derartige Erwägungen zur Attraktivitätssteigerung wurden jedenfalls im Hinblick auf das deutsche und österreichische Schiedsverfahrensrecht als ein Beweggrund für die Schiedsverfahrensrechtsnovellen angeführt.[1046] Für die vorliegende Thematik gilt die Bezugnahme auf Grundsätze und Prinzipien anderer nationaler Schiedsrechte sowie der internationalen Schiedsgerichtsbarkeit umso mehr, als die Frage über die Anwendbarkeit der Litispendenzregelungen nur in den angesprochenen

1044 Hierzu unter 1. Kapitel. F.II. 6. c)hh) ff.; Zur Einordnung des *lis pendens*-Verstoßes unter § 1059 Abs. 2 Nr. 1 lit. d.) 2. Alt. ZPO Mansel, in: FS Kühne, S. 809 (814).

1045 Zu Schiedsrechten, die das ModG übernommen haben BT-Drucks. 13/5274, S. 24 f., re. Sp.

1046 BT-Drucks. 13/5274, S. 28, li. Sp.; bezüglich des österreichischen Schiedsrechts Oberhammer, Entwurf, S. 21.

Nachbarländern und im internationalen Bereich etwas eingehender erörtert wird.[1047] Dass diesem Problemkreis hier mehr Aufmerksamkeit zuteil wird, mag zum einen daran liegen, dass einige Schiedsverfahrensrechte neueren Datums sind, zum anderen spielt die stetig wachsende Anzahl an internationalen Schiedsgerichtsabkommen eine Rolle. Die zunehmende Dichte an Regelungswerken erhöht folglich die Wahrscheinlichkeit von tatsächlich parallelen Schiedsverfahren in derselben Streitsache zwischen identischen Schiedsparteien.[1048] Darüber hinaus sind im Bereich der internationalen Schiedsgerichtsbarkeit – hier vor allem im Bereich „*International Commercial Arbitration*“ und im Bereich des Investitionsschutzrechtes – einige schiedsgerichtliche Entscheidungen ergangen, in denen die Anwendbarkeit von *lis pendens* für den schiedsinternen Bereich diskutiert wird.[1049] Den Überlegungen zu *lis pendens* im nationalen Schiedsverfahrensrecht werden deshalb einige Anmerkungen zu den wichtigsten Entscheidungen im Bereich der internationalen Schiedsgerichtsbarkeit folgen. Die sich ergebenden Leitlinien und Grundsätze sollen anschließend mit den gefundenen Ergebnissen zum deutschen Schiedsverfahrensrecht verglichen werden.

bb) Meinungsstand

Der Umstand, dass die Zivilprozessordnung zu den Rechtsfolgen einer anderweitigen Rechtshängigkeit bei einem anderen Schiedsgericht schweigt, mag den Zugang zu dieser Thematik zunächst erschweren. Für dasVerhältnis von Schiedsverfahren zu staatlichen Verfahren in derselben Rechtssache hat sich zwar eine höchst kontroverse Grundsatzdiskussion zur Anwendbarkeit von Rechtshängigkeit entwickelt. Für das Verhältnis von Schiedsgerichten zueinander besteht hingegen ein weitgehender Konsens über die potenzielle Anwendbarkeit von Rechtshängigkeit.[1050] Die Qualität der diesbezüglichen Meinungsansätze und die inhaltlichen Ausgangspunkte unterscheiden sich indes voneinander. Aufgabe des nächsten

---

1047 Zur Anwendbarkeit von *lis pendens* in der internationalen Schiedsgerichtsbarkeit vgl. z. B. McLachlan, Lis pendens, S. 189 ff.

1048 So Mansel, in: FS Kühne, S. 809 (809).

1049 *CME Czech Republic BV v. Czech Republic*, Partial Award (13. September 2001), 14 WTAM 288 (2002); diskutiert bei Born, International Arbitration, S. 3766 f., S. 3807; ferner nimmt Gallagher; in: Pervasive Problems in International Arbitration, S. 329 ff. zu dieser schiedsgerichtlichen Entscheidung Stellung unter dem Aspekt von lis pendens und res judicata; hierzu auch noch unter Gliederungspunkt 3. Kapitel. A.III. 4.

1050 Musielak-*Voit*, § 1044, Rn. 7; § 1042, Rn. 16; vom Eintritt der *Rechtshängigkeit* geht HK/ZPO-*Saenger*, § 1044, Rn. 4 aus; MüKo-*Münch*, § 1044, Rn. 10, 30 geht vom Eintritt der *Schiedshängigkeit* aus, allerdings erst nach der Konstituierung des Schiedsgericht und nicht schon bei Zugang des Vorlageantrags beim Schiedsbeklagten; auch vom *Schiedshängigkeits*eintritt gehen Kreindler/Schäfer/Wolff, Schiedsgerichtsbarkeit, S. 216, Rn. 734 aus; explizit für eine analoge Anwendung von § 261 Abs. 3 ZPO sprechen sich Prütting/Gehrlein-*Prütting*, § 1044, Rn. 4 und

Teilabschnitts ist es, den aktuellen Meinungsstand zum Fall des Einwandes der anderweitigen Rechtshängigkeit gegenüber einem zweiten Schiedsverfahren näher zu beleuchten. Hierbei wird unter anderem der aufgeworfenen Frage nachgegangen, welche Gründe für die konträre Sichtweise der überwiegenden Meinung gegenüber den Konstellationen bei Beteiligung staatlicher Gerichte sprechen. In einem weiteren Schritt wird der hier vertretene Lösungsvorschlag formuliert.[1051]

(1) Baur

Nach *Baur*[1052] sollen im Verhältnis zu einem zweiten Schiedsgericht die im ordentlichen Prozess geltenden Regeln für die Wirkungen der Rechtshängigkeit unmittelbar angewendet werden. Sofern ein Rechtsstreit vor einem Schiedsgericht anhängig gemacht worden sei, könne während der Dauer der Schiedshängigkeit die Streitsache von keiner Partei vor einem anderen Schiedsgericht anhängig gemacht werden, entsprechend der Regelung des § 261 Abs. 3 ZPO. Das zweite Schiedsgericht müsse die anderweitige Schiedshängigkeit von Amts wegen beachten. Die zweite Schiedsklage sei daher als unzulässig abzuweisen. Im Übrigen spricht sich *Baur* auch für die Geltung der *perpetuatio fori* im Verhältnis von zwei Schiedsgerichten zueinander aus.

Abgesehen davon, dass *Baur* die Begrifflichkeit der Schiedshängigkeit befürwortet, misst er eingeleiteten Schiedsverfahren zueinander exakt die gleichen prozessualen Wirkungen der Rechtshängigkeit wie im staatlichen Verfahren bei. Eine Auseinandersetzung findet nicht nur mit der rechtshängigkeitsbedingten Verfahrenssperre, sondern auch mit anderen prozessualen Wirkungen des Rechtsinstituts der Rechtshängigkeit statt. Bemerkenswerterweise geht *Baur* zudem von einer Berücksichtigung der anderweitigen Schiedshängigkeit von Amts wegen aus. Dies geschieht, obwohl der Autor hinsichtlich der Berücksichtigung der Rechtskraftwirkung des Schiedsspruchs der entgegengesetzten h. M. folgt. Dies ist ein Indiz, das in Übereinstimmung mit der in dieser Arbeit im Kontext der Rechtskraft favorisierten Meinung zusätzlich dafür spricht, dass die Verquickung von Rechtskraft und Rechtshängigkeit im schiedsgerichtlichen Verfahren von der h. M. in der vorgebrachten Form diskussionswürdig ist.

An anderer Stelle weist *Baur* darauf hin, dass die Schiedsgerichtsbarkeit als ein im Vergleich zur staatlichen Gerichtsbarkeit „Rechtsweg minderer Qualität"[1053] erscheine, wenn Rechtshängigkeit nicht von Amts wegen zu beachten sei bzw. dem Beklagten nur die Berufung auf die präklusionsbedrohte Schiedsvereinba-

---

B/L/A/H-*Hartmann*, § 1044, Rn. 3 aus; Rechtshängigkeit nimmt zudem Thomas/Putzo-*Reichold*, § 1044, Rn. 2 (ebenfalls nach Konstituierung) an.

1051 Aufgrund der wenigen Literatur und den teilweise ausschließlich terminologischen Unterschieden innerhalb der Meinungen werden diese anhand ihrer jeweiligen Vertreter aufgezeigt.

1052 Baur, in: FS Fasching, S. 81 (88).

1053 Baur, in: FS Fasching, S. 81 (86).

rung verbleibe.[1054] Zwar bezieht sich diese Argumentation auf die hier inzwischen abschließend betrachtete Zuständigkeitskollision mit staatlichen Verfahren, doch kann man den „Qualitätsgedanken“ erst recht in den schiedsinternen Rechtsverkehr transferieren. Eine Beachtung der anderweitigen Rechtshängigkeit von Amts wegen durch nachfolgende Schiedsgerichte hätte den Vorteil, dass unabhängig von zeitlich befristeten Rügen das als Zweites angerufene Schiedsgericht die anderweitige Rechtshängigkeit vor einem anderen Schiedsgericht in jeder Lage des Verfahrens zwingend zu beachten hätte. Mit einer von Amts wegen zu berücksichtigenden Rechtshängigkeitssperre für das nachfolgend angerufene Schiedsgericht würde somit die gleiche Rechtsklarheit geschaffen, die auch für den Zuständigkeitskonflikt zwischen zwei staatlichen Gerichten gilt. Da im deutschen Recht der Grundsatz der Rechtshängigkeit mit dem Prioritätsgrundsatz einhergeht, wäre die Berücksichtigung der anderweitigen Rechtshängigkeit von Amts wegen mit einem eindeutigen Verfahrensmodell verbunden.[1055]

Die dargestellte Meinung spricht mehrere wichtige Aspekte für die Auseinandersetzung mit einer Rechtshängigkeitssperre im schiedsinternen Bereich an. Zum einen wird die generelle Anwendbarkeit von *lis pendens* in dieser Konstellation befürwortet, zum anderen spricht *Baur* die Art der prozessualen Berücksichtigung im nachfolgend eingeleiteten Schiedsverfahren an. Ob es angezeigt ist, die zu § 261 Abs. 3 ZPO entwickelten Grundsätze, inklusive des Amtsprüfungsgrundsatzes uneingeschränkt auf das Schiedsverfahrensrecht zu übertragen, wird zu thematisieren sein.

(2) Schwab/Walter

Schwab/Walter[1056] folgen für das Verhältnis einer anhängigen Schiedsklage zu einem parallelen staatlichen Verfahren der vorherrschenden Meinung. Was die parallele Anhängigkeit zweier Schiedsklagen zwischen denselben Parteien über den identischen Streitgegenstand anbelangt, so gehen sie auch davon aus, dass die Einrede anderweitiger *Rechtshängigkeit* zum Tragen kommen müsse. Im Weiteren wird angenommen, dass die prozessuale Vorschrift des § 1044 ZPO den für den Eintritt von Schiedshängigkeit maßgeblichen Zeitpunkt festlege. Die Ausführungen könnten dahingehend verstanden werden, dass zwischen einem prozessualen Institut der Schiedshängigkeit, welches den Verfahrensbeginn im Schiedsverfahren nach § 1044 ZPO beschreibt und dem Einwand der anderweitigen Rechtshängigkeit gegenüber einem zweiten Schiedsverfahren entsprechend dem allgemeinen zivilprozessualen Rechtsinstitut differenziert wird. Diese Ansicht bringt für die nachfolgende Untersuchung zwar keine neuen zu berücksichtigenden Gesichtspunkte

1054 Baur, in: FS Fasching, S. 81 (86).
1055 Ausführlicher zum Prioritätsprinzip und zur Art der prozessualen Berücksichtigung der Verfahrenssperre im nachfolgenden Schiedsverfahren unter Gliederungspunkt 1. Kapitel. F.II. 6. c)ff)(2) (b) ff.
1056 Schwab/Walter, Schiedsgerichtsbarkeit, Kap. 16, Rn. 4.

hervor. Dennoch ist auffällig, dass die Begrifflichkeit der Rechtshängigkeit ebenso wie im staatlichen Rechtsverkehr verwandt wird. Hiermit könnte wiederum nicht nur eine begriffliche, sondern zugleich eine inhaltliche Annäherung an das Institut der Rechtshängigkeit im staatlichen Zivilprozess verbunden sein.

(3) Schlosser

Für *Schlosser*[1057] existiert eine Schiedshängigkeit im Zuständigkeitskonflikt zwischen einem staatlichen Gericht und einem Schiedsgericht nicht. Mit dieser Begrifflichkeit will er ausschließlich das Zuständigkeitsverhältnis verschiedener Schiedsgerichte zueinander benennen.[1058] Er geht davon aus, dass in den Fällen, in denen jede Partei ein anderes Schiedsgericht anrufe, nur eines dieser Schiedsgerichte auch tatsächlich zuständig sein könne. Soweit zwei Schiedssprüche erlassen würden, habe ein Schiedsgericht daher ohne Rechtsgrundlage verhandelt.[1059] *Schlosser* betont, dass sowohl das als Erstes als auch das als Zweites angerufene Schiedsgericht ohne die entsprechende Rechtsgrundlage verfahren könnte. Schließlich erwähnt *Schlosser* den seiner Meinung nach praxisrelevanten Fall, in dem die Parteien ein Wahlrecht unter verschiedenen Schiedsgerichten vereinbart hätten, mit der Vorgabe, dass der spätere Schiedskläger die Wahl habe, seine Ansprüche alternativ vor dem einen oder dem anderen Schiedsgericht geltend zu machen.[1060] Der Geltendmachung vor dem zweiten Schiedsgericht stünde dann die durch Erhebung der ersten Schiedsklage begründete Schiedshängigkeit des

---

1057 Schlosser, Internationale Schiedsgerichtsbarkeit, S. 468 f., Rn. 616.

1058 In der wesentlich später erschienenen Kommentierung des Stein/Jonas (22. Auflage) zum neuen Schiedsverfahrensrecht geht Schlosser vom *Rechtshängigkeitseintritt* gegenüber einem zweiten Schiedsverfahren mit demselben Streitgegenstand aus. Abgesehen von der Verfahrenssperre gegenüber staatlichen Gerichtsverfahren misst der Autor der Anhängigmachung eines Schiedsverfahrens exakt die gleichen Wirkungen wie der Klageerhebung vor ordentlichen Gerichten zu. Er geht sogar davon aus, dass es am Rechtsschutzbedürfnis für eine später anhängig gemachte Schiedsklage fehle, wenn mit ihr Ansprüche geltend gemacht würden, die im früheren Schiedsverfahren im Wege der Widerklage oder Klageerweiterung hätten vorgebracht werden können, vgl. hierzu Stein/Jonas-*Schlosser*, § 1044, Rn. 4. Ebenfalls das Rechtsschutzbedürfnis für weitere streitgegenstandsidentische Schiedsverfahren absprechend Böckstiegel/Kröll/Nacimiento-*Sachs/Löcher*, § 1044, Rn. 13; zum Rechtsschutzbedürfnis vgl. die Ausführungen unter Gliederungspunkt: 1. Kapitel. F.II. 6. c)kk)(2).

1059 Der Ansicht, dass eines der beiden Schiedsgerichte ohne entsprechende Rechtsgrundlage verfahren sei, schließt sich in neuerer Zeit auch Geimer, Internationales Zivilprozessrecht, S. 1311, Rn. 3841 an; allerdings bezieht sich diese Ansicht wohl auf den Bereich der internationalen Schiedsgerichtsbarkeit.

1060 Zur Zulässigkeit der Vereinbarung eines Wahlrechts unter mehreren Schiedsgerichten Musielak-*Voit*, § 1029, Rn. 21 iVm. § 1035, Rn. 2 sowie eine Entscheidung des Schiedsgerichtshofs bei der Außenhandelskammer der DDR, hierzu in YCA VIII (1983), S. 128 (131).

Anspruchs vor dem zuerst angerufenen (zuständigen) Schiedsgericht entgegen. Der Autor geht weiter davon aus, dass jeder Schiedsvertrag nach Treu und Glauben nur dahingehend ausgelegt werden könne, dass eine Partei ihre Ansprüche nur bei einem Schiedsgericht anmelden dürfe und dass ein vor einem Schiedsgericht erhobener Anspruch erst zurückzunehmen sei, bevor ein weiteres Schiedsgericht mit dem gleichen Streitgegenstand befasst werden könne.[1061] Das nachfolgend angerufene Schiedsgericht könne auch nicht annehmen, das erste Schiedsgericht sei nach dem Schiedsvertrag nicht zuständig. Bei einem den Parteien alternativ eingeräumten Wahlrecht begründe die zeitlich frühere Klageerhebung vor dem Schiedsgericht die jede weitere Klage vor einem anderen Schiedsgericht ausschließende Schiedshängigkeit.

Nach *Schlosser* steht zunächst einmal außer Frage, dass das Verhältnis zweier paralleler Schiedsverfahren einer anderen Herangehensweise bedarf als die Konkurrenzsituation im Verhältnis zu einem ordentlichen Gericht. Anderenfalls hätte er nicht explizit auf die Einführung einer anderen, schiedsadäquaten Begrifflichkeit hinweisen müssen. Schließlich benennt der Autor Anwendungsfälle, in denen der Einwand der anderweitigen Schiedshängigkeit für das schiedsinterne Konkurrenzverhältnis von Relevanz sein könnte. Angeführt werden in diesem Zusammenhang die unterschiedlichen Ausprägungen von Wahlrechtsvereinbarungen zwischen den Schiedsparteien. *Schlosser* schildert Beispiele von einseitig bestehenden Wahlrechten und von alternativ der einen oder der anderen Partei zustehenden Wahloptionen zwischen unterschiedlichen Schiedsgerichten. Diese Beispiele erinnern an die ähnlich gelagerten Fallbeispiele im Verhältnis zur staatlichen Gerichtsbarkeit. Auch hier wurde die Anwendung der *lis pendens*-Regelungen als Lösungsmöglichkeit erwogen.

Der Autor bietet indes variable Lösungsvorschläge an: Zum einen betrachtet er es als immanenten Inhalt jedes Schiedsvertrages, dass dieser nach Treu und Glauben nur so ausgelegt werden könne, dass ausschließlich ein Schiedsgericht zuständig sein könne. Für eine weitere Schiedsklage über denselben Streitgegenstand müsse daher die erste Schiedsklage zuvor zurückgenommen werden. Mit dem Verweis auf Treu und Glauben und die fehlende Rechtsgrundlage für eines der Schiedsgerichte wird nach hier vertretener Ansicht eine von der Anwendung der Litispendenzregelung unabhängige Lösungsvariante für den schiedsinternen Kollisionsfall angeboten. Unterbunden wird die doppelte schiedsgerichtliche Befassung in derselben Streitsache nämlich bereits im Wege der Auslegung der getroffenen Wahlrechtsvereinbarung als einem auslegungsfähigen Bestandteil des Schiedsvertrages.

1061 Schlosser, Internationale Schiedsgerichtsbarkeit, S. 469, Rn. 616. Zustimmend im Ergebnis auch Bosch, Rechtshängigkeit im Schiedsverfahren, S. 209, der den Hinweis auf rechtsmissbräuchliches Verhalten des Schiedsklägers anführt, wenn dieser bei vermeintlich schlechtem Verfahrensausgang noch ein zweites Schiedsverfahren anstrebt, um noch einen positiven Schiedsspruch zu erhalten.

Wegen dieser Bezugnahme auf den Grundsatz von Treu und Glauben und die Auslegung der Schiedsvereinbarung drängt sich daher die Frage auf, ob eine Rechtshängigkeitssperre gegenüber dem nachfolgend eingeleiteten schiedsgerichtlichen Verfahren überflüssig ist, weil der Schiedsvertrag hier als ausreichendes und schon etabliertes Regulativ fungiert. Zum anderen bezieht sich *Schlosser* bei seinen Ausführungen aber explizit auch auf den durch Klageerhebung begründeten Mechanismus der entgegenstehenden Schiedshängigkeit für das später eingeleitete Schiedsverfahren. Somit wird von ihm offenbar keinesfalls von einem überflüssigen Rechtsinstrument für das schiedsgerichtliche Verfahren ausgegangen. Vielmehr wird ein eigenständiger Anwendungsbereich in Betracht gezogen. Ausdrücklich wird auf das Prinzip der entgegenstehenden Schiedshängigkeit des ersten ordnungsgemäßen schiedsgerichtlichen Verfahrens gegenüber dem nachfolgenden streitgegenstandsidentischen Schiedsverfahren in Fällen des alternativ dem Schiedskläger oder Schiedsbeklagten zustehenden Wahlrechts zurückgegriffen. Im Rahmen seiner Ausführungen bleibt allerdings offen, welcher Partei die Beweislast für das Vorliegen der anderweitigen Schiedshängigkeit zukommt bzw. ob es sich um einen von Amts wegen zu beachtenden Umstand handelt. Ob eine Verfahrenssperre dieselben objektiven und subjektiven Voraussetzungen erfordert, wie die entsprechende Regelung in § 261 Abs. 3 Nr. 1 ZPO, wird ebenfalls nicht eigens erklärt. Mangels gegenteiliger Ausführungen kann an dieser Stelle für die aufgeworfenen Fragen auf die in dieser Arbeit bereits entwickelten Voraussetzungen[1062] einer Verfahrenssperre im Schiedsverfahren zurückgegriffen werden. Infolgedessen ist von einer weitgehenden Deckungsgleichheit mit der Rechtshängigkeitssperre im Rahmen des § 261 Abs. 3 Nr. 1 ZPO auszugehen.

(4) Bosch

Bosch[1063] geht davon aus, dass eine Konkurrenzsituation mehrerer Schiedsgerichte die Ausnahme sei. Er begründet dies damit, dass die Parteien – jedenfalls im Rahmen von Ad-hoc-Verfahren – im Vorfeld die Konstituierung eines weiteren Schiedsgerichts unterbinden könnten und somit der Einwand anderweitiger Rechtshängigkeit von vornherein überflüssig würde. Tendenziell steht *Bosch* dem Einwand der anderweitigen Rechtshängigkeit innerhalb der Schiedsgerichtsbarkeit skeptisch gegenüber. Um diese Sichtweise zu manifestieren, schildert der Autor Konstellationen, in denen der Einwand der anderweitigen Rechtshängigkeit eher zu einem unbefriedigenden als zu einem sachgerechten und verfahrensökonomischen Ergebnis führen würde. Es wird der Fall beschrieben, in dem zunächst ein nach dem maßgeblichen Schiedsvertrag unzuständiges Schiedsgericht in der Streitsache angerufen wird. Sofern der Schiedsbeklagte des ersten Verfahrens sich vor dem zweiten zuständigen Schiedsgericht mit einer negativen Feststellungsklage gegen die erste Schiedsklage wehren wollte, wäre ihm bei Anwendung des Grundsatzes

1062 1. Kapitel. F.II. 3. b)bb) ff.
1063 Bosch, Rechtshängigkeit im Schiedsverfahren, S. 207 ff.

der anderweitigen Rechtshängigkeit dieser Weg genommen. Es sei demzufolge unsachgemäß, ein zweites Schiedsverfahren, in dem eine negative Feststellungsklage hinsichtlich des Streitgegenstandes des zuerst eingeleiteten Schiedsverfahrens erhoben würde, über die Regel der Litispendenz zu blockieren. *Bosch* weist auch auf den großen Zeitverlust hin, den die Blockade des zweiten Schiedsverfahrens wegen anderweitiger Rechtshängigkeit zur Folge hätte. Darüber hinaus wäre ein ergehender Schiedsspruch des unzuständigen Schiedsgerichts ohnehin nach § 1041 Abs. 1 Nr. 1 ZPO a. F.[1064] aufhebbar. Wenn trotz Geltung der Rechtshängigkeitssperre sowohl das erste Schiedsverfahren vor dem unzuständigen Schiedsgericht als auch das zweite, mit der negativen Feststellungsklage befasste Schiedsgericht ihre Verfahren zu Ende führen würden, würden zwei aufhebbare Schiedssprüche erlassen werden: Ein Schiedsspruch, der gegen das Verfahrenshindernis der anderweitigen Rechtshängigkeit verstoße, und ein zweiter Schiedsspruch, der von einem unzuständigen Schiedsgericht erlassen worden wäre.[1065] Weiter sei auch der Schutzzweck der Rechtshängigkeitssperre im Verhältnis von zwei Schiedsgerichten nicht einschlägig. Es bestünde weder die Gefahr, dass „das Funktionieren der Schiedsgerichtsbarkeit“[1066] durch eine Verfahrensdoppelung beeinträchtigt würde, noch sei die Vermeidung von widersprüchlichen Entscheidungen notwendig, um öffentliche Interessen zu schützen. Allenfalls käme hier der Schutz von Parteiinteressen in Betracht.[1067]

Bosch setzt sich zudem mit der Auffassung *Schlossers* auseinander und stimmt weitgehend mit dessen Ansicht überein.[1068] Hierbei verneint der Autor die Notwendigkeit des Instituts der anderweitigen Rechtshängigkeit auch für die angesprochenen Wahlrechtsfälle. Es sei ein Verbrauch des Wahlrechts mit dessen Ausübung anzunehmen. Im Übrigen sei der Schiedsvereinbarung in der Regel ein Vorrang des einen oder des anderen Schiedsgerichts zu entnehmen. Zudem sei ein Rechtsmissbrauch des Schiedsklägers gegeben, wenn dieser – ohne vorweg die erste Schiedsklage vor dem unzuständigen Schiedsgericht zurückzunehmen – eine weitere Schiedsklage in derselben Streitsache anstrebe. In jedem Fall könne mit dem Einwand der anderweitigen Rechtshängigkeit nicht mehr bewirkt werden als im

---

1064 Dieser Regelung entspricht § 1059 Abs. 2 Nr. 1 lit. d.) ZPO n. F.

1065 Bosch, Rechtshängigkeit im Schiedsverfahren, S. 210. Die Annahme einer Aufhebung des Schiedsspruchs „wegen unzulässigen Verfahrens“ ist in dieser Konstellation nicht abwegig, da die Unzuständigkeit des ersten Schiedsgerichts geltend gemacht wurde und somit nicht von einer Zuständigkeit des Schiedsgerichts durch rügelose Einlassung ausgegangen werden kann.

1066 Bosch, Rechtshängigkeit im Schiedsverfahren, S. 209.

1067 Bosch, Rechtshängigkeit im Schiedsverfahren, S. 209. Die weiteren Erwägungen von Bosch zu § 1037 ZPO a. F. sind für die aktuelle Auseinandersetzung irrelevant, da diese Vorschrift keine entsprechende Regelung im neuen Schiedsverfahrensrecht erfahren hat.

1068 Bosch, Rechtshängigkeit im Schiedsverfahren, S. 209 f.

Aufhebungsverfahren ohnehin erreicht werden könnte, wenn ein Schiedsspruch von einem unzuständigen Schiedsgericht erlassen würde.[1069]

Wie *Baur* erwägt auch *Bosch* eine eigenständige Bedeutung von Rechtshängigkeit im Schiedsverfahren, wenn diese als Prozesshindernis von Amts wegen durch ein nachfolgendes Schiedsgericht zu beachten wäre. Allerdings sieht der Autor auch dann keinen praktischen Vorteil gegenüber bestehenden Instrumentarien. Somit verneint *Bosch* auch hier den Mehrwert des Prozesshindernisses der anderweitigen Rechtshängigkeit für ein nachfolgendes Schiedsverfahren, weil bereits der gültige Schiedsvertrag das Schiedsgericht von sich aus ermächtige, die eigene Zuständigkeit zu prüfen. Eine Prüfung der anderweitigen Rechtshängigkeit sei von dieser Zuständigkeitsprüfung umfasst.[1070]

Der Argumentation *Boschs* ist entgegenzuhalten, dass er als Ausgangspunkt eine zumindest von einer Partei bewusst veranlasste Konkurrenz der Schiedsgerichte unterstellt. Zwar ist es gängiges Mittel des Schiedsklägers, parallel mehrere Verfahren einzuleiten, um die Erfolgschancen wenigstens in einem der beiden Verfahren zu steigern. Jedoch sind darüber hinaus Konkurrenzfälle zweier Schiedsgerichte denkbar, die nicht auf die ausdrückliche Initiative einer Schiedspartei zurückzuführen sind. Exemplarisch hierfür sind Fälle, in denen die Reichweite oder der Inhalt einer Schiedsvereinbarung unklar sind, und sich erst im Laufe des Verfahrens herausstellt, dass sich die Streitgegenstände zweier Verfahren überschneiden und somit auch die Gefahr widersprüchlicher Sachentscheidungen gegeben ist. Sobald sich der Umfang der Identität der Streitgegenstände beider Verfahren herausstellt, müsste das zweite Schiedsgericht – den Amtsprüfungsgrundsatz unterstellt – wegen des Grundsatzes der anderweitigen Rechtshängigkeit die nachfolgende Klage im Umfang der Identität als unzulässig abweisen. Dieses Vorgehen läge gewiss im Interesse der Rechtsklarheit und im Interesse der Parteien an einer zeitnahen Entscheidung.

Bezüglich der Kritik *Boschs* am Einwand der anderweitigen Rechtshängigkeit, hinsichtlich des von ihm angeführten Beispiels, in dem die klagende Partei als Erstes ein unzuständiges Schiedsgericht in der Streitigkeit anruft und bei Anwendung der *lis pendens*-Regelungen dem Schiedsbeklagten die auf Unzuständigkeit des ersten Schiedsgerichts gerichtete negative Feststellungsklage beim zuständigen zweiten Schiedsgericht genommen wäre, gilt Folgendes: Einerseits ist *Bosch* zuzustimmen, dass im Beispielsfall eine Blockade des zweiten Schiedsverfahrens vor dem nunmehr nach dem Schiedsvertrag zuständigen Schiedsgericht aus verfahrensökonomischen Gründen abzulehnen ist, insbesondere wegen drohender Zeitverluste und steigender Verfahrenskosten durch mehrfache Gerichtskosten. Andererseits ist der Schiedsbeklagte nicht auf den „Umweg" über ein zweites Schiedsverfahren angewiesen, um sich gegen das erste Schiedsverfahren erfolgreich zur Wehr zu setzen. Vielmehr bietet das Gesetz die Möglichkeit, die Unzuständigkeit des mit

1069 Bosch, Rechtshängigkeit im Schiedsverfahren, S. 210.
1070 Bosch, Rechtshängigkeit im Schiedsverfahren, S. 211.

der Streitsache befassten Schiedsgerichts unmittelbar vor diesem zu rügen. Denn § 1040 Abs. 1 S. 1 ZPO sieht die Befugnis des Schiedsgerichts, über die eigene Zuständigkeit zu entscheiden, ausdrücklich vor.[1071] Teilweise wird sogar angenommen, dass das Schiedsgericht von sich aus nach abgeschlossener Konstituierung, gleich zu Beginn des Verfahrens seine eigene Zuständigkeit von Amts wegen zu überprüfen hat.[1072] Wenn das erste Schiedsgericht sich für unzuständig hält, muss es die Klage durch Prozessschiedsspruch als unzulässig abweisen.[1073] Diesem Prozessschiedsspruch wird mehrheitlich Rechtskraft im Sinne des § 1055 ZPO zugesprochen. Im Übrigen kann er als Basis einer Kostenverteilung fungieren.[1074] Wegen dieser rechtskräftigen Unzuständigkeitserklärung des Schiedsgerichts stellt sich in der Folge die Frage, ob der Schiedskläger durch die Anrufung des unzuständigen Schiedsgerichts seine schiedsgerichtlichen Möglichkeiten hinsichtlich dieser Streitsache verloren hat. Die Rechtskraft des Prozessschiedsspruchs könnte nämlich einer Entscheidung der Schiedsstreitigkeit entgegenstehen. Der Prozessschiedsspruch hat aber keine Entscheidung zum streitigen Streitgegenstand getroffen, sondern lediglich die Unzuständigkeit des ersten Schiedsgerichts festgestellt und somit über einen anderen Streitgegenstand entschieden. Durch den Prozessschiedsspruch wird die Unzuständigkeit des angerufenen Schiedsgerichts und damit die Unzulässigkeit einer Sachentscheidung festgestellt. Der Durchführung eines zweiten Schiedsverfahrens zur Sache vor einem zuständigen Schiedsgericht steht der Prozessschiedsspruch nicht entgegen. Die Anwendung des Rechtshängigkeitseinwandes für parallele Schiedsverfahren in derselben Streitsache und zwischen identischen Parteien führt in der geschilderten Konstellation also nicht zu einer Benachteiligung des Schiedsklägers. Dieser kann weiterhin einen Sachentscheid eines zuständigen Schiedsgerichts erreichen. Die Blockade über den Einwand der anderweitigen Rechtshängigkeit bewirkt aber eine Konzentration der Streitsache beim ersten angerufenen Schiedsgericht, welches (schiedsintern) verbindlich über die Zuständigkeit in der konkreten Streitsache entscheidet.[1075] Dem Begehren des Schiedsbeklagten, eine endgültige Entscheidung zur Zuständigkeit

1071 Vgl. hierzu auch schon die Ausführungen unter 1. Kapitel. F.II. 6. b)bb)(2)

1072 B/L/A/H-*Hartmann*, § 1040, Rn. 2; Spohnheimer, in: FS Käfer, S. 357 (371); Henn, Schiedsverfahrensrecht, S. 127 f., Rn. 313; Thomas/Putzo-*Reichold*, § 1040, Rn. 2; a. A. Lachmann, Schiedsgerichtspraxis, S. 189, Rn. 695, der darauf hinweist, dass der Gesetzgeber, wenn er eine Zuständigkeitsprüfung des Schiedsgerichts von Amts wegen gewollt hätte, dies ausdrücklich hätte normieren können.

1073 So BGH NJW 2002, S. 3031 (3031); MüKo-*Münch*, § 1040, Rn. 29; Thiel/Pörnbacher, SchiedsVZ 2007, S. 296 (298). Statthaftes Rechtsmittel gegen den Prozessschiedsspruch ist ein Aufhebungsantrag nach § 1059 ZPO, vgl. BT-Drucks. 13/5274, S. 44, li. Sp.; B/L/A/H-*Hartmann*, § 1040, Rn. 5.

1074 BGH NJW 2002, S. 3031 (3032); Lachmann, Schiedsgerichtspraxis, S. 195, Rn. 719.

1075 Zur Bindungswirkung der Zuständigkeitsentscheidung gegenüber Staatsgerichten, vgl. die Ausführungen unter Gliederungspunkt 1. Kapitel. F.II. 6. b)bb)(2).

des Schiedsgerichts zu bekommen, wird infolgedessen ebenfalls im ausreichenden Maß entsprochen.

Nach dem Gesagten kann auch *Bosch*s Kritikpunkt „hoher Zeitverlust“[1076] nicht pauschal zugestimmt werden. Es bleibt zu bezweifeln, ob eine negative Feststellungsklage vor einem zweiten Schiedsgericht, dessen Konstituierung unter Umständen noch zusätzlich Zeit kostet, schneller die Unzuständigkeit des ersten Gerichts feststellen könnte, zumal aus Sicht des ersten Schiedsgerichts keine Gründe ersichtlich sind, warum es zu Unrecht auf seiner Zuständigkeit beharren sollte. Die Konkurrenzsituation besteht hier zwischen zwei Gerichten des gleichen Streitbeilegungsmechanismus. Selbstverständlich können Honorarvereinbarungen einen Schiedsrichter dazu verleiten, ein Verfahren vor *seinem* Schiedsgericht entscheiden zu wollen. Der entscheidende Gesichtspunkt, die schiedsgerichtliche Zuständigkeit gegenüber der staatlichen Gerichtsbarkeit behaupten zu wollen, fällt hier hingegen weg.

Bosch bezieht sich nur auf den Fall, in dem der Schiedsbeklagte die Unzuständigkeit des ersten Schiedsgerichts bemängelt. Darüber hinausgehend ist festzustellen, dass auch in Fällen, in denen der Beklagte (eine bestehende) Unzuständigkeit des Schiedsgerichts nicht rügt, keine Gefahr besteht, dass ein Schiedsspruch von einem unzuständigen Schiedsgericht erlassen wird. Die Regelungen der ZPO sehen auch hierfür eine angemessene Lösung vor: Sofern der Schiedsbeklagte keine Rüge der Unzuständigkeit des Schiedsgerichts erhebt, wird die Zuständigkeit des Schiedsgerichts durch rügelose Einlassung des Schiedsbeklagten begründet.[1077] Der Verzicht auf die Rüge der Unzuständigkeit – spätestens mit der Klagebeantwortung – führt dann zum Verlust des Rügerechts. Erzielt wird dieser Rügeverlust durch die zeitliche Präklusion gem. § 1040 Abs. 2 S. 1 ZPO.[1078] Welche genauen Anforderungen an eine Einlassung des Schiedsbeklagten zu stellen sind, damit von einer zuständigkeitsbegründenden Einlassung die Rede sein kann, lässt das Gesetz indes offen. Die Parallelen zu § 39 ZPO sind jedoch offensichtlich, so dass auf die Grundsätze im Zusammenhang mit dieser Vorschrift hingewiesen werden kann.[1079]

Zusammengefasst ergeben sich die Nachteile der Anrufung eines unzuständigen Schiedsgerichts bei erfolgreicher Rüge der Unzuständigkeit – entgegen *Bosch* – nicht für den Schiedsbeklagten, sondern eher für den Schiedskläger, weil dieser in der Regel die Kosten des ersten Schiedsverfahrens zu tragen hat und erst mit Zeitverlust zu einem Schiedsspruch in der Sache gelangen wird. Dies ist besonders dann ärgerlich, wenn die Schiedsklage an sich Erfolg versprechend ist und er somit länger auf einen positiven Schiedsspruch warten muss. Umso mehr empfiehlt es

1076 Bosch, Rechtshängigkeit im Schiedsverfahren, S. 209.

1077 MüKo-*Münch*, § 1040, Rn. 33.

1078 § 1040 Abs. 2 S. 1 ZPO ist in diesem Fall *lex specialis* gegenüber § 1027 ZPO, welcher ansonsten die Präklusionsvorschrift innerhalb der schiedsgerichtlichen Vorschriften statuiert, BT-Drucks. 13/5274, S. 43, re. Sp.

1079 Vgl. hierzu BT-Drucks. 13/5274, S. 38, li. Sp.

sich daher, vor Anrufung eines Schiedsgerichts dessen Zuständigkeit summarisch zu prüfen. Die meisten Verfahrensbeteiligten sind ohnehin anwaltlich beraten, so dass sich hieraus keine allzu großen zusätzlichen Schwierigkeiten ergeben.

Nachteile für den Schiedsbeklagten drohen aber, wenn das erste Schiedsgericht – was sehr selten vorkommen dürfte – die gerügte Unzuständigkeit nicht beachtet und stattdessen mit seinem Verfahren fortfährt. In diesem Fall würde aus der ehemals ausschließlich schiedsgerichtlichen Kollisionsproblematik eine Situation, die den Weg über die Kontrollbefugnisse der staatlichen Gerichtsbarkeit notwendig machte, sofern die Parteien keine einvernehmliche Lösung fänden. Es kommt der Weg über § 1040 Abs. 3 S. 2 ZPO zur gerichtlichen Überprüfung des schiedsgerichtlichen Zwischenentscheids über die Zuständigkeit innerhalb einer Monatsfrist in Betracht.[1080] Falls die Fristen des § 1040 Abs. 3 ZPO versäumt werden, steht in letzter Konsequenz der Weg über § 1059 Abs. 2 Nr. 1 lit. d.) ZPO offen. Zuzugeben ist, dass die Annahme einer Verfahrenssperre in der zuletzt genannten Situation mit einem großen Zeitverlust verbunden wäre. Dieser hohe Zeitverlust widerspräche der Intention des Gesetzgebers, eine rasche Verfahrenserledigung im Schiedsverfahren zu gewährleisten,[1081] sowie den Interessen der Parteien an einer zügigen Klärung der Rechtslage. Da es sich hier aber um einen absoluten Ausnahmefall handelt, sind die zeitlichen Nachteile von den Beteiligten hinzunehmen.

Der Zeitfaktor, den *Bosch* in seiner Arbeit mehrfach betont, spricht gerade auch gegen sein favorisiertes Lösungsmodell für Konstellationen, in denen die Parteien ein Wahlrecht unter mehreren Schiedsgerichten vereinbart haben. Er befürwortet eine sorgfältige Auslegung der Schiedsvereinbarung, um herauszufinden, welches von mehreren potenziellen Schiedsgerichten tatsächlich zuständig sein soll.[1082] Eine separate Auslegung der Schiedsvereinbarung ist sehr zeitintensiv. Im Übrigen muss sie im Zweifelsfall ohnehin bei der Prüfung der schiedsgerichtlichen Zuständigkeit erfolgen.

Was die Verneinung des Schutzzwecks der Rechtshängigkeitssperre im Schiedsverfahren betrifft, wurde bereits darauf hingewiesen, dass es nicht den Kern der Diskussion trifft, schützenswerte Interessen undifferenziert abzulehnen. Der Autor nimmt bei seiner Begründung von vornherein nur die öffentlichen Interessen an einer Verfahrenssperre genauer in seinen Focus. Dies entspricht zwar dem heutigen Standpunkt zur Rechtshängigkeit im Zivilprozess, entbehrt aber einer Auseinandersetzung mit den speziellen Gegebenheiten des Schiedsverfahrens und den zusätzlichen Besonderheiten im schiedsinternen Kollisionsfall. Dass private Interessen die Anwendung der schiedsgerichtlichen Rechtshängigkeitssperre rechtfertigen könnten, klingt bei *Bosch* nur an. An dieser Stelle hätte – entsprechend den obigen Überlegungen – eine Weiterentwicklung der Problematik stattfinden können. Die Fortentwicklung der Meinungen in Rechtslehre und Rechtsprechung

---

1080 Ausführlich hierzu Wieczorek/Schütze-*Schütze*, § 1040, Rn. 18 ff.

1081 Vgl. BT-Drucks. 13/5274, S. 38, re. Sp.

1082 Bosch, Rechtshängigkeit im Schiedsverfahren, S. 210.

hat gezeigt, dass das Rechtsinstitut gem. § 261 Abs. 3 Nr. 1 ZPO sogar in seinem eigentlichen Anwendungsbereich einen Wandel durchlaufen hat: Vom ursprünglich primär privaten zum nunmehr öffentlichen Interessenschutz.[1083] Den Schutz von Parteiinteressen zu betonen, ist infolgedessen nicht atypisch für die Auseinandersetzung mit einer auf anderweitiger Rechtshängigkeit beruhenden Verfahrenssperre. Für das Schiedsverfahren ist diese Auseinandersetzung sogar geboten.[1084] Im Übrigen liegen klare Regelungen zur Handhabung bei parallelen Schiedsverfahren durch eine Verfahrenssperre nach dem Prioritätsgrundsatz auch im öffentlichen Interesse.[1085] Die Ressourcen des staatlichen Rechtspflegesystems würden geschont, wenn eine eindeutige Verfahrenssystematik bestünde, die die Verfahrensdoppelung endgültig und ausschließlich im schiedsinternen Bereich auflösen könnte.

(5) Münch

Münch[1086] führt die Bezeichnung „schiedsinternes Analogon"[1087] ein. Hierunter versteht er die Schiedshängigkeit. Für deren Eintritt hält er bei Ad-hoc-Schiedsgerichten die abgeschlossene Konstituierung für erforderlich.[1088] Darüber hinaus müsse zwischen den beteiligten Parteien, inklusive des Schiedsgerichts, ein Prozessrechtsverhältnis bestehen. Im Verhältnis zu anderen Schiedsgerichten betrachtet *Münch* die Schiedshängigkeit – entsprechend der Rechtshängigkeit im Zivilprozess – als negative Prozessvoraussetzung, die von *Amts wegen* zu beachten sei. Eine zweite Schiedsklage mit identischem Streitgegenstand sei folglich als unzulässig abzuweisen.

Neu ist die Bezeichnung der Problematik. Indem *Münch* die prozessuale Bedeutung und die Wirkung der Schiedshängigkeit als „internes schiedsprozessuales Analogon" bezeichnet, wählt er vermutlich nicht nur eine prägnante, sondern – wie zu zeigen sein wird – auch die entscheidende Charakterisierung. Das Vorbild des Analogons ist die zivilprozessuale Rechtshängigkeitssperre des § 261 Abs. 3 Nr. 1 ZPO. Insofern werden dem Analogon dann auch die identischen prozessualen Wirkungen für nachfolgende Schiedsprozesse zugeschrieben. Dies gilt inklusive der Berücksichtigung von Amts wegen. Auch andere Autoren, namentlich *Bosch*, hatten angedeutet, dass es im Rahmen der doppelten Schiedshängigkeit bzw. Rechtshängigkeit einer Differenzierung zwischen der Situation mehrerer

---

1083 Dieser Wandel zeigt sich anhand der bereits angesprochenen Tatsache, dass die Rechtshängigkeitssperre ursprünglich nur auf Einrede hin berücksichtigt wurde, und nunmehr im Staatsverfahren mit dem Amtsprüfungsgrundsatz einhergeht. Vgl. hierzu unter Gliederungspunkt 1. Kapitel. F.I. 2. c)bb)(4) (a).

1084 Vgl. hierzu die bisherigen Untersuchungsergebnisse unter 1. Kapitel. F.II. 3. c)bb).

1085 Vgl. die diesbezüglichen Ausführungen unter 1. Kapitel. F.II. 3. c)aa).

1086 MüKo-*Münch*, § 1044, Rn. 10, 30.

1087 MüKo-*Münch*, § 1044, Rn. 30.

1088 Dies also abweichend von der vorliegend vertretenen Ansicht, vgl. hierzu die Erläuterungen unter 1. Kapitel. F.II. 3. b)aa).

Ad-hoc-Schiedsverfahren und mehrerer Schiedsverfahren im Bereich der institutionellen Schiedsgerichtsbarkeit bedürfe. Dieser Unterscheidung schließt sich *Münch* an. Bisher bleibt bei allen Meinungsvertretern offen, warum eine Differenzierung vorzunehmen sein sollte. Im Rahmen einer eigenen Stellungnahme ist diesem Gesichtspunkt nachzugehen.[1089] Einziger Anhaltspunkt könnte die Häufigkeit von parallelen Schiedsverfahren sein, die bei administrierten Schiedsverfahren höher sein wird als bei Ad-hoc-Verfahren.[1090]

(6) Wais

Nach *Wais*[1091] könne eine „Art" Rechtshängigkeit[1092] in Frage kommen, wenn die Rechtssache von einer der beteiligten Parteien bei einem anderen Schiedsgericht geltend gemacht wird. Eine Begründung ist dieser Ansicht nicht zu entnehmen – wie es symptomatisch für diesen Problemkreis ist –. Ausgehend von der gewählten vagen Formulierung ist jedoch anzunehmen, dass trotz der Begrifflichkeit „Rechtshängigkeit" nur von einem minderwertigen Rechtsinstitut im Vergleich zum staatlichen Zivilprozess ausgegangen wird. Dies ist insbesondere deshalb nahe liegend, weil der zitierte Autor im Übrigen den Eintritt von Rechtshängigkeit durch die Erhebung der Schiedsklage ablehnt. Durch die offene Formulierung „Art Rechtshängigkeit" lässt *Wais* viel Interpretationsraum, was genau mit einer solchen Einrichtung für den schiedsinternen Rechtsverkehr geregelt werden soll.

(7) Wagner

Da *Wagner*[1093] zur Thematik einen anderen Standpunkt einnimmt als alle bisher dargestellten Ansatzpunkte, ist auch diese Ansicht zu erwähnen: *„The pendency of a claim before an arbitral tribunal does not effect the inadmissibility of a subsequent proceeding concerning the same dispute, either in courts of law or before other arbitral tribunals."* Demzufolge wird sowohl im Verhältnis zu staatlichen Gerichten als auch im Verhältnis zu einem nachfolgenden Schiedsgerichtsverfahren der Eintritt von Rechtshängigkeit ausgeschlossen. Zur Begründung werden allerdings jene

---

1089 Vgl. die Ausführungen unter Gliederungspunkt 1. Kapitel. F.II. 6. c)cc).

1090 Unter 1. Kapitel. F.II. 6. c)gg) folgt eine Erörterung der schiedsgerichtlichen Rechtshängigkeitssperre für Schiedsverfahren, die einer institutionellen Schiedsordnung unterworfen sind.

1091 Schütze/Tscherning/Wais, Handbuch Schiedsverfahren, S. 195 f., Rn. 385.

1092 Schütze/Tscherning/Wais, Hansbuch Schiedsverfahren, S. 195, Rn. 385.

1093 Weigand, Practitioner's Handbook (1. Auflage), S. 709, Rn. 81. Die im Jahr 2009 erschienene Neuauflage wird nicht mehr von Wagner kommentiert. Nunmehr wird in Weigand, Practitioner's Handbook, S. 498, Rn. 7.81 nur noch auf die materiell-rechtlichen Wirkungen (Verjährungsunterbrechung) der Einleitung des schiedsgerichtlichen Verfahrens Bezug genommen. Insofern kann eine weiterhin ablehnende Haltung wohl angenommen werden. Zumindest wird die Thematik der *lis alibi pendens* aber als so unbedeutend eingestuft, dass der ansonsten gut aufgestellte Länderbericht diesen Problemkreis nicht mehr erwähnt.

BGH-Urteile angeführt, die bereits mehrfach Gegenstand in dieser Dissertationsschrift waren und sich eindeutig nicht auf den Zuständigkeitskonflikt zwischen zwei Schiedsgerichten beziehen, sondern auf das Verhältnis zwischen Staats- und Schiedsgerichtsbarkeit.[1094] Im Vergleich zu den bislang dargestellten Ansichten hat die zuletzt erwähnte Meinung den geringsten Erkenntniswert. Nicht nur fehlt es an einer Begründung, sondern darüber hinaus sind auch die angeführten Belegstellen unzutreffend.[1095] Eine nähere Auseinandersetzung erübrigt sich daher.

(8) Mansel

Der Standpunkt *Mansels*[1096] stimmt mit dem Lösungskonzept dieser Arbeit überein: Einer sachgerechten und umfassenden Erläuterung des schiedsinternen Kollisionsfalls sollte auch seiner Meinung nach in einem ersten Schritt eine Darstellung des Problemkreises der Parallelität von staatlichen Verfahren und Schiedsverfahren in derselben Rechtssache vorangehen, um im Anschluss bestehende Unterschiede aufzeigen zu können. Für *Mansel* müsse bei Anwendung des deutschen Schiedsverfahrensrechts, als maßgebliche *lex loci arbitri*, der § 261 Abs. 3 Nr. 1 ZPO zugrunde liegende Rechtsgedanke auch bei doppelter Anhängigkeit zweier Schiedsverfahren in derselben Streitsache und zwischen identischen Parteien zur Geltung kommen. Als Begründung wird auf die Vergleichbarkeit der genannten Situation mit der Parallelität zweier staatlicher Gerichtsverfahren in derselben Rechtssache hingewiesen. Zudem sei die Ratio der Rechtshängigkeitssperre hier ebenso angesprochen, wie bei parallelen Gerichtsverfahren.[1097] Widersprüchliche Entscheidungen müssten im Hinblick auf wünschenswerte Rechtssicherheit unterbunden werden. Schließlich spricht *Mansel* die schützenswerten Parteiinteressen, insbesondere das Kosteninteresse, sowie die Last einer mehrfachen Rechtsverteidigung für die beklagte Schiedspartei an. Als Ergebnis betrachtet der Autor den *lis alibi pendens*-Grundsatz als einen zwingenden Verfahrensgrundsatz im Sinne des § 1042 Abs. 3 ZPO. Hierfür sprächen zum einen ein Vergleich mit Art. 186 (lbis) IPRG,[1098] der gerade keine Entsprechung im deutschen Schiedsverfahrensrecht habe. Zum anderen trete die Einstufung des *lis alibi pendens*-Grundsatzes als zwingender Verfahrensgrundsatz des deutschen Schiedsverfahrensrecht nicht in Widerspruch zu anderen Verfahrensgrundsätzen, namentlich nicht zum Grundsatz der Kompetenz-Kompetenz.

Mansel beschränkt sich nicht darauf einen Lösungsweg für Ad-hoc-Schiedsverfahren zu entwickeln, die unter Anwendung des deutschen Schiedsverfahrensrechts als *lex loci arbitri* ablaufen. Vielmehr tätigt der Autor auch Überlegungen zu ICC-Schiedsverfahren, die unter Geltung der deutschen *lex*

1094 BGH NJW 1958, S. 950 (950); BGHZ 41, 104 (107).
1095 Diese Kritik übt auch Mansel, in: FS Kühne, S. 809 (816).
1096 Mansel, in: FS Kühne, S. 809 ff.
1097 Mansel, in: FS Kühne, S. 809 (815 f.).
1098 Näheres zu § 186 (lbis) IPRG unter Gliederungspunkt 3. Kapitel. A.III. 1. b)aa).

loci arbitri ausgetragen werden. Für diese Verfahren könnten mangels expliziter und gegenteiliger Regelung keine anderen Grundsätze gelten als bei Ad-hoc-Schiedsverfahren nach den §§ 1025 ff. ZPO. *Lis pendens* stelle auch in diesem Kontext einen allgemeinen Verfahrensgrundsatz dar. Der Autor stuft es als gleichwertig zu vertretende Lösungsvarianten ein, ob man *lis pendens* über § 1042 Abs. 3 ZPO zur Anwendung bringe oder den *lis pendens*-Grundsatz als Bestandteil der nationalen und international *public policy* betrachte.[1099]

Für Verfahren, die der ICC-Verfahrensordnung folgen, führt *Mansel* zusätzlich Art. 35 S. 2 ICC-SchO a. F. an.[1100] Diese Vorschrift normiert eine allgemeine Bestimmung, durch welche die Vollstreckbarkeit des Schiedsspruchs umfassend abgesichert werden soll, indem den Schiedsrichtern die Verpflichtung obliegt „mit allen Mitteln die Vollstreckbarkeit des Schiedsspruchs zu sichern".[1101] Sofern daher *lis pendens* nicht beachtet würde, und der Vollstreckungsstaat des Schiedsspruchs *lis pendens* als allgemein zwingenden Verfahrensgrundsatz ansähe, würde das Verfahren nicht ordnungsgemäß durchgeführt und die Vollstreckbarkeit des Schiedsspruchs wäre nicht gewährleistet. Das zuletzt genannte Argument des Autors im Hinblick auf Art. 35 ICC-SchO a. F. überzeugt für sich genommen jedoch nicht. Es kann nur als Ergänzung zur Qualifizierung von *lis pendens* als zwingender Verfahrensgrundsatz des deutschen Zivilprozessrechts, inklusive der §§ 1025 ff. ZPO angesehen werden. Denn soweit *lis pendens* nicht als zwingender Verfahrensgrundsatz anzusehen ist, wäre ein Schiedsspruch, der trotz früherer Rechtshängigkeit in derselben Rechtssache erlassen würde, aus einem ordnungsgemäßen Schiedsverfahren hervorgegangen, mithin also nicht aufhebbar und die Vollstreckung des Schiedsspruchs trotz paralleler Schiedsverfahren gesichert.

Mit der Annahme, dass eine anderweitige Schiedshängigkeit für nachfolgende streitgegenstandsidentische Schiedsverfahren dieselben prozessualen Auswirkungen habe, wie kollidierende gerichtliche Verfahren untereinander, bezieht der Autor auch den Amtsprüfungsgrundsatz mit ein.[1102]

Mansel befürwortet, ebenso wie die h. M., die Anwendbarkeit der Rechtshängigkeitsgrundsätze bei parallel anhängigen Schiedsverfahren in derselben Streitsache. Er zeigt anhand einer systematischen Analyse auf, warum *lis pendens* im schiedsinternen Kollisionsfall angewendet werden sollte. Wie dargestellt, verweist er hierzu auf die Vergleichbarkeit der Situationen doppelter Schiedsverfahren und doppelt rechtshängiger Staatsverfahren. Für den Lösungsweg dieser Arbeit ist die Vergleichbarkeit beider Kollisionsfälle ebenfalls einer der entscheidenden Gesichtspunkte. Die Umstände, dass zwei *wesensgleiche* Verfahren miteinander konkurrieren und dass systemimmanente Unterschiede wegfallen, sind besonders zu gewichten. Für den schiedsinternen Kollisionsfall bedeutet dies, dass sich eine

---

1099 Mansel, in: FS Kühne, S. 809 (817).

1100 Die Ausführungen beziehen sich auf die ICC-SchO in der Fassung vom 1.1.1998.

1101 Hierzu noch unter Gliederungspunkt 1. Kapitel. F.II. 6. c)gg)(3) (b).

1102 Mansel, in: FS Kühne, S. 809 (816), Fn. 33.

Lösung der schiedsgerichtlichen Rechtshängigkeitsproblematik auf die Eigenarten und Prinzipien des Schiedsverfahrens konzentrieren kann.

cc) Stellungnahme

Zusammenfassend ist festzuhalten, dass die skizzierten Ansichten – abgesehen von den genannten Ausnahmen – Gemeinsamkeiten aufweisen: Sie haben sich weitgehend schon zum alten Schiedsverfahrensrecht vor der Gesetzesnovelle von 1998 herausgebildet. Dies hat zunächst keinen Einfluss auf die Problemstellung, da sich die einschlägigen Regelungen inhaltlich nicht verändert haben und zum neuen Schiedsverfahrensrecht keine Entscheidungen zur Thematik der doppelten Rechtshängigkeit im Schiedsverfahren ergangen sind. Die Argumentationslinien der Autoren können somit auch heute noch angeführt werden. In den aktuellen Kommentierungen wird unverändert auf die Materialien zum alten Schiedsverfahrensrecht zurückgegriffen. Durch die alten Quellen wird auch deutlich, dass man sich in der wissenschaftlichen Diskussion nicht mit dem Problem doppelt rechtshängiger Schiedsverfahren auseinandergesetzt hat. Möglicherweise sind die Argumentationsmuster daher veraltet, und moderne Rechtsentwicklungen und Tendenzen innerhalb der deutschen Schiedsgerichtsbarkeit sind bisher nicht berücksichtigt worden. Als Grund für den ausgebliebenen Diskurs könnte die Einschätzung der Problematik als wenig praxisrelevant angeführt werden.[1103]

Die Terminologie zu diesem Problemkreis ist uneinheitlich. Die Bezeichnung als Schiedshängigkeit wurde eingangs abgelehnt, um keine abwertende Vorentscheidung für das Schiedsverfahren zu treffen. Ob die jeweiligen Autoren für den ausschließlich schiedsinternen Bereich tatsächlich von einem Minus zur Rechtshängigkeit im staatlichen Zivilprozess ausgehen oder durch die unterschiedliche Begrifflichkeit nicht nur den speziellen Anwendungsbereich kennzeichnen wollen, wurde nicht bei jeder Meinung klar ersichtlich.

Allen genannten Ansichten ist gemeinsam, dass die Beachtlichkeit früherer anderweitiger Rechtshängigkeit in einem später eingeleiteten Schiedsverfahren befürwortet wird.[1104] Mit der dogmatischen Begründung einer schiedsgerichtlichen Litispendenzregelung setzen sich die Meinungen nur zum Teil auseinander. Eine detaillierte und damit restlos überzeugende Begründung bietet keiner der Ansatzpunkte.[1105]

Zielsetzung dieser Arbeit ist es, nicht nur die einzelnen Ansätze zu hinterfragen und gegebenenfalls zu widerlegen, vielmehr soll darüber hinaus ein Vorschlag

1103 Zu dieser vertetenen Einschätzung unter Gliederungspunkt 1. Kapitel. F.II. 6. c) aa), Fußnote 1040.

1104 Auf die ablehnende, aber mit unkorrekten Belegstellen unterfütterte Meinung von *Wagner* wurde bereits ablehnend eingegangen; vgl. 1. Kapitel. F.II. 6. c)bb)(7).

1105 Im Anschluss an die referierten Standpunkte wurden die augenscheinlichsten Kritikpunkte bzw. Auffälligkeiten bereits diskutiert. Vgl. insbesondere 1. Kapitel. F.II. 6. c)bb)(1) ff.

für eine dogmatisch überzeugende Begründung zur Geltung von *lis pendens* im deutschen Schiedsverfahrensrecht bei mehreren zeitgleich eingeleiteten Schiedsverfahren gegeben werden. Einen gewichtigen Gesichtspunkt bilden hierbei die Überlegungen zur Qualifizierung von Rechtshängigkeit als zwingendem Verfahrensgrundsatz im schiedsgerichtlichen Verfahren.[1106]

Die grundsätzliche Zulässigkeit schiedsgerichtlicher Streitbeilegung soll in den untersuchten Fällen unterstellt werden, so dass Konstellationen, in denen eine offensichtlich unwirksame Schiedsvereinbarung vorliegt, von vornherein nicht mit einzubeziehen sind. Es ist zu erwarten, dass die Geltung von *lis pendens* im schiedsinternen Verhältnis unter anderem wegen des Ausschlusses[1107] gerichtlicher Befugnisse auf weniger Gegenwehr stößt als im Widerstreit mit Staatsgerichten.

Dass das entscheidende Charakteristikum für die Problematik die Definition von Schiedshängigkeit als ein internes schiedsprozessuales Rechtsinstitut sein soll, erscheint nach den bisherigen Ausführungen sachgerecht und konsequent. Allerdings wird die Schiedsgerichtsbarkeit aufgrund dieser Charakterisierung als ein von der staatlichen Rechtsprechung komplett losgelöstes Instrument der Streiterledigung – mit eigenen Regeln – beschrieben. Dass die Schiedsgerichtsbarkeit nicht vollständig von der Staatsgerichtsbarkeit abgekoppelt ist, wurde bereits aufgezeigt und das Verhältnis zur staatlichen Gerichtsbarkeit aus Sicht der privaten Schiedsgerichtsbarkeit charakterisiert.[1108] Die schiedsgerichtliche Streitbeilegung ist in vielerlei Hinsicht der staatlichen Kontrolle zugänglich, in bestimmten Situationen auf staatliche Hilfsbefugnisse angewiesen und somit kein in sich geschlossenes, unabhängiges Rechtssystem. Sogar in Fällen, in denen keine der Schiedsparteien von einer der gesetzlichen Rügeoptionen (§§ 1032 Abs. 1, 1040 Abs. 2, Abs. 3 ZPO) Gebrauch macht, kommt die staatliche Gerichtsbarkeit spätestens im Vollstreckungsstadium zum Zug, sofern das Schiedsverfahren nicht einverständlich, zum Beispiel durch Vergleichsschluss, abgewickelt oder der Schiedsspruch freiwillig erfüllt wird.[1109]

Im alten österreichischen Schiedsverfahrensrecht wurde für die Anerkennung der prozessualen Wirkungen von Rechtshängigkeit im Übrigen genau umgekehrt argumentiert: Wegen der engen Einbindung des Schiedswesens in den Gesamtbereich der staatlichen Zivilgerichtsbarkeit wurden der schiedsgerichtlichen Verfahrenseinleitung die gleichen prozessualen Wirkungen wie im staatlichen Prozess

1106 Vgl. hierzu die Ausführungen unter 1. Kapitel. F.II. 6. c)ff) ff.

1107 Hierbei ist der „Ausschluss" nicht im wörtlichen Sinn zu verstehen ist. Dass den Parteien die vollständige Derogation der gerichtlichen Eingriffs- und Überprüfungsmechanismen gerade nicht gestattet ist, wurde bereits dargelegt. Vielmehr wird im vorliegenden Kontext hierunter verstanden, dass ein Einschalten der ordentlichen Gerichte gar nicht erst notwendig wird.

1108 Vgl. die Ausführungen unter Gliederungspunkt1. Kapitel. F.II. 6. b)cc).

1109 Zu den Möglichkeiten einer gütlichen Einigung im Schiedsverfahren Lachmann, Schiedsgerichtspraxis, S. 442 ff., Rn. 1799 ff.

beigemessen.[1110] Auch heute handhabt der österreichische Gesetzgeber alle Konstellationen gleich und macht somit die Geltung von Rechtshängigkeit nicht davon abhängig, ob zwei wesensgleiche bzw. gleichartige Verfahren eingeleitet worden sind. Zudem ist das deutsche Schiedsverfahrensrecht – zumindest äußerlich – ebenfalls in den allgemeinen Zivilprozess eingebunden. Bei der Novellierung des deutschen Schiedsverfahrensrechts hat man sich nämlich dazu entschlossen, die ursprüngliche Konzeption des Schiedsverfahrensrechts beizubehalten und somit sowohl das nationale als auch das internationale Schiedsverfahren weiterhin in einem einheitlichen Gesetz zu regeln.[1111] Beide Bereiche schiedsgerichtlicher Verfahren sind weiterhin in das Zehnte Buch der ZPO integriert.[1112] Dass der deutsche Weg keine Selbstverständlichkeit ist, zeigt beispielsweise das schweizerische Schiedsverfahrensrecht.[1113] Jedenfalls kann man, ausschließlich vom äußeren Erscheinungsbild betrachtet, davon ausgehen, dass das nationale Schiedsverfahren sich doch nicht so gravierend vom ordentlichen Zivilverfahren unterscheidet wie die obige Bewertung zur Kollision staatlicher Verfahren und Schiedsverfahren zunächst vermuten lässt. Es ist vielmehr festzustellen, dass das Schiedsverfahrensrecht einige Strukturen aufweist, die an diejenigen des staatlichen Verfahrens angelehnt bzw. diesen nachempfunden sind. Insbesondere ähnelt der Aufbau des Zehnten Buches der Regelungssystematik der ersten Bücher der Zivilprozessordnung. Obendrein hat das schiedsgerichtliche Verfahren rechtsstaatlichen Anforderungen und zwingenden Verfahrensgrundsätzen[1114] zu entsprechen, die vergleichbar mit denjenigen des staatlichen Verfahrens sind, bzw. diesen in weiten Teilen sogar entsprechen.

Die herausgestellten Divergenzen rechtfertigen eine Ungleichbehandlung von kollidierenden laufenden Verfahren abweichend von der (entsprechenden) Anwendung des § 261 Abs. 3 Nr. 1 ZPO deshalb nur dann, wenn Schiedsverfahren mit streitgegenstandsidentischen staatlichen Verfahren konkurrieren. Sobald allerdings zwei Schiedsverfahren gleichzeitig in derselben Streitigkeit von identischen Parteien eingeleitet werden, ist eine andere Handhabung dieser Verfahrenskollision als es die allgemeinen Grundsätze des Zivilprozessrechts vorsehen, nur dann zu zugestehen, wenn das Schiedsrecht von seinem Wesen oder seiner Funktionsweise abhängende, eigenständige und systemspezifische Regelungen vorweisen kann oder schiedsrechtliche Modifikationen unvermeidbar sind. Mangels kodifizierter

1110 Fasching, Schiedsgericht, S. 33; vgl. hierzu auch 1. Kapitel. F.II. 3. a)bb)(1).

1111 Zu den Gründen des Gesetzgebers BT-Drucks. 13/5274, S. 25, li. Sp.

1112 In der Literatur gab es durchaus einige Stimmen, die eine getrennte Kodifizierung der nationalen und der internationalen Schiedsgerichtsbarkeit befürwortet haben. Man war der Ansicht, dass das UNCITRAL-Modellgesetz nur seinem internationalen Anwendungsbereich entsprechend bei der Novellierung der §§ 1025 ff. ZPO übernommen werden sollte. So Lörcher, ZRP 1987, S. 230 (232). Vgl. auch Nöcker, RIW 1990, S. 28 (29); Berger, Wirtschaftsschiedsgerichtsbarkeit, S. 528 f. (534).

1113 Leuenberger/Uffer-Tobler, CH ZPO, S. 11, Rn. 1.34.

1114 Hierzu unter 1. Kapitel. F.II. 6. c)ff) ff.; Wieczorek/Schütze-*Schütze*, § 1025, Rn. 17.

Rechtshängigkeitsvorschriften oder anderweitiger Mechanismen, die eine sach- und interessengerechte Lösung unterbreiten, offeriert das Schiedsverfahrensrecht – nach bisherigem Kenntnisstand – jedenfalls keine besonderen Regelungen im Fall paralleler Schiedsverfahren.

Das Schweigen der Zivilprozessordnung zur Anwendbarkeit einer Litispendenzregelung ist allen denkbaren Varianten von Parallelverfahren unter Beteiligung eines oder mehrerer Schiedsgerichte zum identischen Streitgegenstand gemein. Im Verhältnis zur Staatsgerichtsbarkeit war der Gesetzgeber sich der Kollision von Zivilprozess und Schiedsprozess bewusst. Dementsprechend ist die Vorschrift des § 1032 Abs. 1 ZPO in das Gesetz aufgenommen worden, um das drohende Konfliktpotential von zeitgleichen Verfahren bei entsprechender Rüge eindämmen zu können.[1115] Dem Gesetzgeber ein fehlendes Interesse oder sogar nicht vorhandenes Problembewusstsein für den Fall doppelt rechtshängiger Schiedsverfahren zu unterstellen, ginge indes zu weit, zumal die – wenn auch – verhaltene Diskussion zum alten Schiedsrecht verdeutlicht, dass den Verfassern der Zivilprozessordnung diese Problematik schon damals bekannt war, sie diese aber nicht durch eine gesetzlich festgeschriebene Regelung lösen wollten. Vielmehr wurde und wird die Konkretisierung der schiedsgerichtlichen Rechtshängigkeitsproblematik Rechtsprechung und Literatur überlassen. Eine derart offene Gestaltung durch den Gesetzgeber ist keinesfalls unüblich, sondern ein bekanntes Phänomen richterlicher Rechtsfortbildung. Solange der Richter nicht zum generellen Ersatzmann der Legislative gemacht wird, ist dies auch unbedenklich.[1116] Die fehlende Kodifizierung spricht auch nicht pauschal für eine geringe Bedeutung der Problematik. Wie der Überblick über das Meinungsspektrum verdeutlicht, hat die Wissenschaft den Auftrag, eigene Regelungen für die Konstellation aufzustellen, aufgegriffen und befürwortet, in Abkehr zu den Kollisionsfällen mit Gerichtsverfahren, die Anwendung der Verfahrenssperre wegen früherer anderweitiger Rechtshängigkeit. Leider bleiben die Stellungnahmen im Kern bei dieser Grundaussage zur Thematik stehen. Eine systematische Aufarbeitung der schiedsgerichtlichen Verfahrenssperre ist hingegen bis heute nicht erfolgt. In dieser Arbeit konnten bereits die objektiven und subjektiven Voraussetzungen einer schiedsgerichtlichen Rechtshängigkeitssperre herausgearbeitet werden, einschließlich des entscheidenden Zeitpunkts für den Beginn der schiedsrechtlichen Rechtshängigkeit. Insofern sind die tatbestandlichen Voraussetzungen schon herausgestellt worden.

Als ein weiteres Untersuchungsergebnis ist festzustellen, dass bei einer schiedsgerichtlichen Rechtshängigkeitssperre der Interessenschutz verlagert wird. Die in Betracht kommenden Privatinteressen wurden erörtert.[1117] Interessanterweise hat *Mansel* den Aspekt des Privatschutzes in seiner Auseinandersetzung mit der Geltung von *lis pendens* im schiedsinternen Kollisionsfall ebenfalls angesprochen.

1115 Vgl. BT-Drucks. 13/5274, S. 38, re. Sp.
1116 Vgl. Dütz, ZZP 87 (1974), S. 361 (403 f.).
1117 Vgl. die Ausführungen unter Gliederungspunkt 1. Kapitel. F.II. 3. c)bb).

In seiner gesamten Argumentation wird deutlich, dass er automatisch von der Geltung einer schiedsgerichtlichen Verfahrenssperre ausgeht, die mit dem Rechtsinstitut des Zivilprozesses vollkommen kongruent ist. Etwaige schiedsrechtlich erforderliche Modifikationen erwägt dieser Autor nicht. Damit beantwortet er die eingangs aufgeworfene Frage,[1118] ob im Schiedsverfahren noch von Rechtshängigkeit im ursprünglichen Sinn ausgegangen werden kann, klar positiv. Dieser Bewertung kann vorliegend nur eingeschränkt zugestimmt werden, weil bereits eine eindeutige, schiedstypische Modifikation angenommen wird. Die wesentliche Fragestellung lautet vielmehr, ob sich die Verlagerung des Interessenschutzes noch im üblichen Rahmen hält, so dass weiterhin vom Institut der Rechtshängigkeit im eigentlichen Sinn ausgegangen werden kann. Oder ist die Modifikation der zivilprozessualen Verfahrenssperre schon so gravierend, dass eine schiedsrechtliche Neuschöpfung notwendig wird?

Bei der Untersuchung der praktischen Anwendungsfälle der schiedsgerichtlichen Rechtshängigkeitssperre ist einerseits zwischen den möglichen Ursachen von Parallelverfahren und andererseits zwischen einer schiedsadäquaten prozessualen Umsetzung einer Verfahrenssperre zu unterscheiden.[1119] Als einen Entstehungsgrund für parallele Schiedsverfahren haben die dargestellten Meinungen auf praxisübliche Wahlrechtsvereinbarungen zwischen den Schiedsparteien hingewiesen. Im Unterschied zu den Ansichten von *Bosch* und *Schlosser* wird vorliegend die Vereinbarung eines Wahlrechts nicht nur als potenzielle Ursache für doppelte Schiedsverfahren angesehen, sondern es wird auch davon ausgegangen, dass einer Wahlrechtsvereinbarung nicht immer ein eindeutiger Vorrang des einen oder des anderen Schiedsgerichts entnommen werden kann. Wenn die Parteien durch Vereinbarung entweder ein einseitiges Wahlrecht einräumen oder alternativ dem Schiedskläger oder dem Schiedsbeklagten die Wahl des zuständiges Schiedsgerichts überlassen, entspricht es nach hier vertretener Ansicht eher der Realität, dass alle in Betracht kommenden Schiedsgerichte bis zur Ausübung des Wahlrechts zugunsten eines bestimmten Schiedsgerichts gleichermaßen zuständig sein können. Dies ist anzunehmen, weil bei Abschluss der Wahlvereinbarung die Schiedsparteien alle benannten Schiedsgerichte für gleich geeignet gehalten haben, um einen potenziellen Rechtsstreit zwischen ihnen endgültig und vollumfänglich beizulegen. Der Grund für den Abschluss einer Wahlvereinbarung besteht gerade darin, dass die Parteien sich zum Zeitpunkt, in dem sie die Vereinbarung abgeschlossen haben, noch auf kein Schiedsgericht endgültig festlegen wollten. Sie wollten sich für den Fall, dass die Wahlvereinbarung tatsächlich relevant wird, Optionen bewahren, welches Schiedsgericht konkret den Streitfall erledigen soll. Wenn jeder Wahlvereinbarung immer ein eindeutiger Vorrang eines Schiedsgerichts zu entnehmen wäre, würde eine solche Vereinbarung gar keinen Sinn machen.

1118 Hierzu unter Gliederungspunkt 1. Kapitel. F.II. 3. d).

1119 Hierzu wird unter 1. Kapitel. F.II. 6. c)ff)(2) (b) ff. Stellung genommen.

Die Parteien vereinbaren die Schiedsvereinbarung und das Wahlrecht oft sehr lange Zeit bevor es überhaupt zu einer rechtlichen Auseinandersetzung zwischen den Parteien kommt. Es ist deshalb sachgerecht, von einer gleichrangigen Zuständigkeit auszugehen. Entwicklungen der rechtlichen und tatsächlichen Verhältnisse, die im Laufe der Zeit dazu führen, dass beispielsweise der wahlberechtigte Schiedskläger, der ursprünglich eher Schiedsgericht A angerufen hätte, in der Zwischenzeit vielleicht umgezogen ist und nun Schiedsgericht B den Vorzug geben würde, können so besser berücksichtigt werden. Durch diese prinzipiell gleichrangige Zuständigkeit der unterschiedlichen Schiedsgerichte wird aber keine Mehrfachzuständigkeit im eigentlichen Sinn begründet. Eine solche Mehrfachzuständigkeit wäre auch nur schwer mit dem für die Schiedsvereinbarung geltenden Bestimmtheitsgrundsatz zu vereinbaren.[1120] Wenn die Vereinbarung optional eine genau festgelegte Anzahl an Schiedsgerichten vorgibt, dann ist das spätere Entscheidungsgremium ausreichend bestimmbar. Dies steht auch im Einklang mit dem Erfordernis der Klarheit und Bestimmtheit der Schiedsvereinbarung.[1121] Letztlich ist davon auszugehen, dass das Wahlrecht, sobald es ausgeübt worden ist, erlischt, und gleichzeitig eine Rechtshängigkeitssperre für nachfolgende Schiedsverfahren zwischen denselben Parteien über den identischen Streitgegenstand eintreten kann.[1122] Der Zeitpunkt der Anhängigmachung ist folglich nach dem Prioritätsgrundsatz ausschlaggebend. Das Erlöschen des Wahlrechts durch Verbrauch geht gleichsam einher mit dem potenziellen Einsetzen einer Verfahrenssperre. Die Wahlrechtsfälle könnten zwar ohne das zusätzliche Eingreifen der Verfahrenssperre ebenfalls dahingehend gelöst werden, dass nur ein Schiedsgericht zur Streitsache entscheidet; allerdings ist es keineswegs schädlich eine doppelte Sperrkonstruktion für nachfolgende streitgegenstandsidentische Schiedsverfahren aufzustellen.[1123]

1120 Müller, Zuständigkeit, S. 114; S. 17 ff.

1121 Die Bestimmbarkeit des zur Entscheidung berufenen Schiedsgerichts halten auch Schwab/Walter, Schiedsgerichtsbarkeit, Kap. 3, Rn. 1a und Zöller-*Geimer*, § 1029, Rn. 37 für ausreichend.

1122 Für das Erlöschen des Wahlrechts, sobald es ausgeübt wird, ist auch Müller, Zuständigkeit, S. 114. Ebenfalls zustimmend Schwab/Walter/Baumbach, Kap. 3, Rn. 23 (für das Verhältnis von Staats- zu Schiedsgerichten); Bosch, Rechtshängigkeit im Schiedsverfahren, S. 210.

1123 Vgl. hierzu Bosch, Rechtshängigkeit im Schiedsverfahren, S. 210, der annimmt, dass der Einwand der anderweitigen Rechtshängigkeit nicht „*mehr*" erreichen könne, als auch mit dem Erlöschen eines Wahlrechts durch dessen Ausübung verfahrensrechtlich eintritt. Dies trifft aber nur im Ergebnis zu, da es in beiden Fälle nicht zu Parallelverfahren kommt. Der Rechtshängigkeitseinwand könnte aber in jeder Lage des Verfahrens von Amts wegen zu berücksichtigen sein und wäre dementsprechend effektiver.

Neben den Wahlrechtsfällen[1124] sind als weitere mögliche Ursache für parallel rechtshängige Schiedsverfahren zwischen denselben Parteien unklar formulierte Schiedsvereinbarungen anzuführen. Sofern keine Einigkeit über die objektive Reichweite einer Schiedsvereinbarung besteht, kann es unter Umständen zu mehreren Schiedsverfahrens kommen, die zumindest in Teilen denselben Streitgegenstand betreffen. Die drohende Beeinträchtigung der Rechtssicherheit durch die Gefahr von widersprüchlichen Entscheidungen ist auch hier evident, ein Koordinationsbedarf beider Schiedsverfahren also vorhanden.

Mehrfach wurde bereits angedeutet, dass möglicherweise im Fall von drohenden Parallelverfahren im Schiedsverfahren zu unterscheiden ist zwischen Ad-hoc-Schiedsverfahren und Schiedsverfahren, die einer institutionellen Schiedsgerichtsordnung folgen. Einige Vertreter gehen davon aus, dass kollidierende Schiedsverfahren hauptsächlich relevant werden bei Verfahren, die unter einer Verfahrensordnung einer Schiedsgerichtsinstitution ausgetragen werden.[1125] Eine denkbare Ursache für die höhere Wahrscheinlichkeit von doppelt rechtshängigen Schiedsverfahren im Bereich von institutionalisierten Schiedsverfahren könnte darin zu sehen sein, dass das zweite Schiedsgericht aufgrund derselben Schiedsvereinbarung wie das erste Schiedsgericht mit der Streitsache befasst wird. Die parallelen Schiedsverfahren können zum Beispiel vor einer abweichenden Besetzung des zweiten Schiedsgerichts, d. h. vor unterschiedlichen Spruchkörpern, stattfinden.[1126]

Für das Schiedsverfahren kann eine Unterscheidung zwischen den grundsätzlichen Fällen, in denen *lis pendens* zur Anwendung kommen kann, nicht nach dem gleichen Trennungsprinzip vorgenommen werden, wie bei parallel eingeleiteten Verfahren vor staatlichen Gerichten und Schiedsgerichten. Hier wurde einerseits erwogen, *lis pendens* bei Verfahren anzuwenden, die sich mit der schiedsgerichtlichen Zuständigkeit oder mit der Wirksamkeit der Schiedsvereinbarung befassen. Andererseits wurde die Anwendbarkeit von *lis pendens* diskutiert, um doppelte Verfahren zum Sachentscheid zu verhindern.[1127] Sofern zwei Schiedsgerichte miteinander in Widerstreit treten, geht es immer um die Frage der Zuständigkeit der beiden Schiedsgerichte. An diese Frage ist dann auch die Befugnis zur Sachentscheidung gekoppelt.[1128] Die Entscheidung über die eigene Zuständigkeit des Schiedsgerichts ist dann im Folgenden für jegliche weiteren Schiedsverfahren zwischen den betreffenden Parteien zum Gegenstand der Schiedsvereinbarung

---

1124 Zum Wahlrecht des Klägers bei zwei nebeneinander existierenden Schiedsklauseln vgl. Handelskammer Hamburg SchiedsVZ 2007, S. 55 f.

1125 So Bosch, Rechtshängigkeit im Schiedsverfahren, S. 208; zustimmend Müller, Zuständigkeit, S. 113, Fn. 531.

1126 International Law Association (2006), S. 4, Rn. 1.11.

1127 Hierzu unter 1. Kapitel. F.II. 6. b)aa) f.

1128 Vgl. Schütze/Tscherning/Wais, Handbuch Schiedsverfahren, S. 180, Rn. 349 mit dem Hinweis, dass Zuständigkeit im Schiedsverfahren Entscheidungsbefugnis bedeute.

bindend. Diese Bindungswirkung der Zuständigkeitsentscheidung des Schiedsgerichts für andere Schiedsgerichte ergibt sich aus einem Umkehrschluss aus den maßgeblichen Stellungnahmen in der schiedsgerichtlichen Fachliteratur. Denn diese Stellungnahmen verneinen stets ausdrücklich nur die Bindungswirkung der Zuständigkeitsentscheidung für staatliche Gerichte.[1129] Eine entsprechende Bindung bzw. ein Konzentrationseffekt wird letztlich auch mit einer schiedsgerichtlichen Verfahrenssperre wegen früherer anderweitiger Rechtshängigkeit erreicht.

Im weiteren Verlauf der Darstellung wird auch zu klären sein, ob es andere Koordinierungsmechanismen gibt, die unabhängig vom Institut der Rechtshängigkeit eine schiedsinterne Verfahrenskollision sach- und interessengerecht auflösen können. Denkbar sind sowohl schiedstypische Instrumentarien – beispielsweise die Schiedsvereinbarung selbst – als auch allgemeine, zivilprozessuale Mechanismen wie eine Verfahrensaussetzung entsprechend § 148 ZPO oder eine Klageabweisung, weil das allgemeine Rechtsschutzinteresse für die nachfolgende Klage verneint wird.[1130]

dd) Kritikpunkte an schiedsgerichtlicher Rechtshängigkeitssperre

Eine umfassende und erschöpfende Auseinandersetzung mit der Rechtshängigkeitsthematik erfordert auch eine Berücksichtigung von Argumenten, die gegen die Anwendbarkeit des Rechtshängigkeitseinwandes im Verhältnis von unterschiedlichen Schiedsgerichten zueinander angeführt werden könnten. Da die Thematik grundsätzlich wenig Beachtung in Rechtsprechung und Wissenschaft erfährt, sind auch entsprechend wenige Gegenargumente bekannt.

(1) Kritikpunkt Amtsprüfungsgrundsatz

Neben dem Argument, dass gar kein Regelungsbedarf[1131] bestehe, welchem hier aus unterschiedlichen Gründen widersprochen wird, sind praktische Gegenargumente zu erwägen: Mit der klassischen Rechtshängigkeitssperre, entsprechend der Regelung in § 261 Abs. 3 Nr. 1 ZPO, ist eine Prüfung der Voraussetzungen der Verfahrenssperre durch das nachfolgend angerufene (Schieds-)Gericht von Amts wegen verbunden. Gerade diese amtswegige Wahrnehmung der anderweitigen Rechtshängigkeit durch ein Schiedsgericht könnte aber auf praktische Schwierigkeiten stoßen.

(a) Kollision mit Geheimhaltungspflichten im Schiedsverfahren

Namentlich sind in diesem Zusammenhang Gesichtspunkte zu nennen, die mit der schiedsrichterlichen Vertraulichkeit und mit Verschwiegenheitspflichten

1129 So z. B. Schwab/Walter, Schiedsgerichtsbarkeit, Kap. 16, Rn. 10.

1130 Einzelheiten hierzu folgen unter 1. Kapitel. F.II. 6. c)kk).

1131 Vgl. Lachmann, Schiedsgerichtspraxis, S. 204, Rn. 762 (nur Einrede der Schiedsvereinbarung).

zusammenhängen.[1132] Die Nichtöffentlichkeit des Schiedsverfahrens sowie vorgesehene Verschwiegenheitspflichten des Schiedsrichters machen es schon sehr schwer, verlässliche Zahlenangaben über tatsächlich durchgeführte Schiedsverfahren zu treffen. Laufende Schiedsverfahren werden nicht aktenkundig gemacht.[1133] Dementsprechend werden auch die vorliegend relevanten Problemfälle selten bekannt. Ebenso wenig wie der staatliche Richter Kenntnis von einem anderweitig eingeleiteten Schiedsverfahren zwischen den Parteien erlangt, wird der Schiedsrichter aus allgemein zugänglichen Quellen Informationen über ein bereits anhängiges Schiedsverfahren erhalten.[1134] Der Schiedsrichter steht aber vor der Aufgabe, die Voraussetzungen der schiedsgerichtlichen Rechtshängigkeitssperre prüfen zu müssen, um gegebenenfalls die zweite Schiedsklage als unzulässig abzuweisen. Infolgedessen ist der Schiedsrichter in besonderem Maß auf Informationen der Parteien angewiesen[1135], um die Rechtshängigkeitssperre effektiv durchsetzen zu können. Da Amtsprüfung nicht Amtsermittlung bedeutet[1136], kann das Angewiesensein auf Parteiinformationen für den entscheidenden Schiedsrichter deshalb ein großes Dilemma bedeuten. Bei seiner Mandatsausübung ist er gleichermaßen dem Interessenschutz und dem Willen beider Schiedsparteien verpflichtet.[1137] Je nach Entstehungsgrund der doppelten Schiedsverfahren verstößt eine Berücksichtigung eines bereits schwebenden Schiedsverfahrens durch das Schiedsgericht aber regelmäßig gegen die Interessen von zumindest einer Schiedspartei – nämlich derjenigen, welche das zweite Schiedsverfahren willentlich initiiert hat.

Das Zehnte Buch der Zivilprozessordnung normiert weder die Nichtöffentlichkeit des schiedsrichterlichen Verfahrens, noch spezielle Verschwiegenheits- oder Geheimhaltungspflichten der Verfahrensbeteiligten.[1138] Dennoch ist man sich einig, dass die Nichtöffentlichkeit dem Schiedsverfahren immanent anhaftet.[1139] Hinsichtlich der Verschwiegenheitspflichten ergibt sich ein anderes Bild. Insbesondere sind Geheimhaltungspflichten der Schiedsparteien nicht der Regelfall und ebenso wenig fester Bestandteil des schiedsgerichtlichen Verfahrens.[1140] Die Aufklärung

---

1132 Auf Grundzüge zur Vertraulichkeit im Schiedsverfahren wurde im 1. Kapitel. C.VI. 2. eingegangen.

1133 Lionnet/Lionnet, Internationale und nationale Schiedsgerichtspraxis, S. 456.

1134 Vgl. v. Saucken, Schiedsverfahrensrecht, S. 105, der auf diese praktischen Bedenken für das österreichische Schiedsrecht hinweist.

1135 Vgl. v. Saucken, Schiedsverfahrensrecht, S. 105.

1136 BGH NJW 2004, S. 2523 (2524); hierzu bereits unter Gliederungspunkt 1. Kapitel. D.II. 3. b)aa)(2).

1137 Vgl. Hobér, in: Cremades/Lew, Parallel Proceedings, S. 243 (250 f.).

1138 Hierzu bereits unter Gliederungspunkt 1. Kapitel. C.VI. 2.

1139 Schütze, Schiedsgericht und Schiedsverfahren, S. 121, Rn. 411; Prütting, in: liber amicorum Böckstiegel, S. 629 (632); Lionnet/Lionnet, Internationale und nationale Schiedsgerichtspraxis, S. 455.

1140 So Prütting, in: liber amicorum Böckstiegel, S. 629 (635); Lionnet/Lionnet, Internationale und nationale Schiedsgerichtspraxis, S. 458; a. A. Schütze, Schiedsgericht

des Spruchkörpers über andere laufende Schiedsverfahren zwischen den beteiligten Schiedsparteien zum identischen Streitgegenstand läuft daher keinem Gebot der Geheimhaltung zuwider, es sei denn, die Schiedsparteien haben eine ausdrückliche Vereinbarung[1141] zur absoluten Geheimhaltung aller Informationen über die Durchführung des Schiedsverfahrens getroffen. In Ad-hoc-Verfahren, die sich an den gesetzlichen Vorschriften des Zehnten Buches der Zivilprozessordnung orientieren, können aus Gründen der Verschwiegenheit keine praktischen Bedenken gegen eine prozessuale Umsetzung einer schiedsgerichtlichen Rechtshängigkeitssperre, verbunden mit dem Amtsprüfungsgrundsatz, bestätigt werden.

Abweichend von den bisherigen Überlegungen könnte sich die Rechtslage dort darstellen, wo eine Schiedsordnung, der sich die Parteien unterworfen haben, eine Verpflichtung zur Vertraulichkeit enthält. Im Bereich der institutionalisierten Schiedsgerichtsbarkeit sehen viele Verfahrensordnungen Regelungen zur Absicherung der Vertraulichkeit vor.[1142] Für Verfahren, die der DIS-SchO unterliegen, normiert § 43 Abs. 1 DIS-SchO eine ausdrückliche und umfassende Verschwiegenheitspflicht über die Durchführung des schiedsgerichtlichen Verfahrens für Parteien, Schiedsrichter sowie für die DIS-Geschäftsstelle gegenüber jedermann.[1143] Dem Wortlaut der Vorschrift nach unterbindet § 43 Abs. 1 DIS-SchO auch alle Hinweise der Schiedsparteien über bereits laufende Schiedsverfahren zum identischen Streitgegenstand.[1144] Bei Schiedsverfahren im Rahmen der DIS-SchO sind also tatsächlich praktische Schwierigkeiten bei der prozessualen Umsetzung einer schiedsgerichtlichen Rechtshängigkeitssperre zu befürchten, die mit dem Amtsprüfungsgrundsatz einhergehen. Allerdings formuliert die Vorschrift keine Sanktion für den Fall der Zuwiderhandlung. Insofern ist die Verschwiegenheitspflicht ein „zahnloser Tiger". Im Übrigen wird die Pflicht als zu umfassend eingestuft und eine Lockerung bei berechtigten Interessen an Informationen über laufende Schiedsverfahren befürwortet.[1145] Die intendierten Zwecke einer schiedsgerichtlichen Verfahrenssperre – insbesondere die Prozesswirtschaftlichkeit – könnten als berechtigte Interessen in diesem Sinne zu betrachten sein. Infolgedessen könnte

---

und Schiedsverfahren, S. 121, Rn. 411, der eine umfassende Parteipflicht zur Geheimhaltung über laufende Schiedsverfahren befürwortet.

1141 Prütting, in: liber amicorum Böckstiegel, S. 629 (635).

1142 Vertraulichkeitsaspekte regeln zum Beispiel: Art. 43 der Internationalen Schiedsordnung der Schweizerischen Handelskammern (Swiss Rules); Art. 30 LCIA-Rules; Art. 34 AAA-Rules; Art. 34 IRA.

1143 § 43 Abs. 1 DIS-SchO: "*Die Parteien, die Schiedsrichter und die in der DIS-Geschäftsstelle mit einem schiedsrichterlichen Verfahren befassten Personen haben über die Durchführung eines schiedsrichterlichen Verfahrens, und insbesondere über die beteiligten Parteien, Zeugen, Sachverständigen und sonstige Beweismittel Verschwiegenheit gegenüber jedermann zu bewahren. Von den Beteiligten im Verfahren hinzugezogene Personen sind zur Verschwiegenheit zu verpflichten.*"

1144 In diesem Sinn Schütze-*Theune*, § 43 DIS-SchO, Rn. 1.

1145 So Lachmann, Schiedsgerichtspraxis, S. 793, Rn. 3507.

ein zu einer Ausnahme von § 43 Abs. 1 DIS-SchO führendes berechtigtes Interesse des mit der Streitsache als Zweites befassten Schiedsrichters bestehen, über bereits rechtshängige Schiedsverfahren zwischen denselben Schiedsparteien entweder von den Parteien selbst oder durch den ersten Schiedsrichter unterrichtet zu werden. Die Informationen sind für das nachfolgende Schiedsgericht zwingend notwendig, um eine Entscheidung darüber treffen zu können, ob das eigene Verfahren fortgeführt oder als unzulässig abgewiesen wird.

Die Schiedsordnung der Internationalen Handelskammer enthält ebenfalls Vorschriften zum Schutz der Vertraulichkeit. Allerdings verfolgt diese Verfahrensordnung ein anderes Konzept als die DIS-SchO. Im Rahmen der ICC-SchO in der Fassung vom 1.1 1998 wird keine umfassende Verpflichtung zur Geheimhaltung festgeschrieben. Nach Art. 20 Abs. 7 ICC-SchO a. F. kann das Schiedsgericht jedoch Maßnahmen zum Schutz von Geschäftsgeheimnissen und vertraulichen Informationen ergreifen.[1146] Somit bezieht sich der festgelegte Vertrauensschutz dieser Verfahrensordnung nur auf bestimmte Teilbereiche.[1147] Eine Legaldefinition dessen, welche Informationen vertraulich im Sinne der Vorschrift sind, enthält die ICC-SchO a. F. nicht.[1148] Flankiert wird der Schutz der Vertraulichkeit durch Art. 21 Abs. 3 ICC-SchO a. F., der die Teilnahme von anderen als am Schiedsverfahren beteiligten Personen nur bei Zustimmung durch das Schiedsgericht und die Parteien zulässt. Im Übrigen sieht Art. 1 Abs. 2 der Geschäftsordnung des Gerichtshofs[1149] eine Verschwiegenheitspflicht für den internen Arbeitsbereich des Gerichtshofs vor.

Aus der Struktur des Vertraulichkeitsschutzes im Bereich der administrierten Schiedsverfahren unter der ICC-SchO a. F. sind für die Anwendbarkeit und Umsetzung einer Litispendenzregelung nachstehende Folgerungen zu ziehen: Parteiauskünfte gegenüber dem Schiedsgericht über ein bereits in derselben Streitigkeit laufendes Schiedsverfahren sind nicht mit den in der Verfahrensordnung angesprochenen zu schützenden Informationen vergleichbar. Art. 20 Abs. 7 ICC-SchO a. F. zielt vornehmlich darauf ab, sensible geschäftliche Daten oder ökonomisch wertvolle Informationen z. B. über Patente vor der Kenntnisnahme durch Konkurrenten im Wettbewerb zu schützen.[1150] Parteihinweise über anderweitig rechtshängige Schiedsverfahren sind deshalb nicht vom Anwendungsbereich des Art. 20 Abs. 7 ICC-SchO a. F. erfasst. Da Schiedsverfahren auch unter der Verfahrensordnung der ICC in aller Regel nur parteiöffentlich sind[1151], ist die Gefahr, die aus der Kenntnis

1146 Ausführlich zu Art. 20 Abs. 7 ICC-SchO a. F. z. B. Bühler/Webster, ICC Arbitration, S. 308 ff., Rn. 20-83 ff.; Weigand, Practitioner's Handbook, S. 1298 f.; Rn. 15. 820 ff.

1147 In diese Richtung Schütze-*Reiner/Jahnel*, Art. 20 ICC-SchO, Rn. 14.

1148 Derains/Schwartz, Guide ICC, S. 264; Bühler/Webster, ICC Arbitration, S. 308, Rn. 20-83.

1149 Abgedruckt in Bühler/Webster, ICC Arbitration (1. Auflage), S. 490 ff.

1150 Bühler/Webster, ICC Arbitration, S. 311, Rn. 20-92 ff. stellen auf den Schutz von Geschäftsgeheimnissen ab.

1151 Lachmann, Schiedsgerichtspraxis, S. 738, Rn. 3162.

von mehreren Verfahren und von der Preisgabe der Parteinamen ausgeht, als vergleichsweise gering einzustufen. Die Informationen würden den Einflussbereich der Verfahrensbeteiligten beider Schiedsverfahren nicht verlassen. Ferner wird bei Verfahren unter der Verfahrensordnung der ICC das Sekretariat über alle Schritte des Schiedsverfahrens informiert,[1152] so dass es in tatsächlicher Hinsicht auch nicht unmöglich wäre, Informationen über bereits anhängige Schiedsverfahren zu erhalten, ohne auf Auskünfte der Schiedsparteien angewiesen zu sein. Die beteiligten Schiedsrichter könnten – sofern gewisse Anzeichen für doppelte Verfahren bestünden – „über den internen, kleinen Dienstweg" durch Rücksprache mit Schiedsrichterkollegen nähere Informationen über laufende Schiedsverfahren und deren Inhalt erfahren. Die Organisationsstrukturen des ICC-Verfahrens könnten sich für diesen beschriebenen Weg zur Informationsgewinnung in gewisser Weise sogar anbieten. Eine derartige Interpretation von Geheimhaltungsverpflichtungen liefe jedoch Gefahr, die Grenzen zwischen Amtsermittlung und Amtsprüfungsgrundsatz zu verwischen. Auch wenn es im Einzelfall schwierig sein kann, eine klare Trennungslinie zu ziehen, ist das beschriebene Verständnis von Geheimhaltung abzulehnen.

Zusammengefasst sind auf eine Unvereinbarkeit mit Geheimhaltungspflichten abzielende Vorbehalte gegen eine amtswegige Berücksichtigung einer Rechtshängigkeitssperre für Ad-hoc-Schiedsverfahren nicht uneingeschränkt berechtigt. Anderes ist nur anzunehmen, wenn die Parteien strikte Geheimhaltung vereinbart haben. Die Verfahrensordnungen der DIS und der ICC regeln zwar unterschiedlich strenge Pflichten zur Geheimhaltung des Schiedsverfahrens. Insgesamt sind diese Verpflichtungen aber normativ mit wenig Durchsetzungskraft ausgestattet. Im Übrigen ist davon auszugehen, dass die in Frage stehenden Parteiinformationen nicht vom Regelungsgehalt der einschlägigen Vorschriften erfasst werden sollen. Die amtswegige Wahrnehmung einer schiedsgerichtlichen Rechtshängigkeitssperre entspricht indes nicht dem einzig gangbaren Weg, um eine Verfahrensdoppelung zu verhindern. Diskussionswürdig ist in gleicher Weise eine Berücksichtigung des laufenden Schiedsverfahrens auf entsprechende Rüge des Beklagten.[1153] Infolgedessen sind Bedenken gegen die praktische Handhabung einer Rechtshängigkeitssperre im Schiedsverfahren im beschriebenen Umfang zwar zutreffend, sie führen jedoch keineswegs dazu, dass eine schiedsrechtliche Rechtshängigkeitssperre insgesamt nicht und unter keinen Umständen in Betracht kommt.

(b) Unflexibilität der klassischen Rechtshängigkeitssperre

Auf der Ebene der prozessualen Umsetzung können weitere Bedenken gegen eine Anwendung der Rechtshängigkeitssperre im Verhältnis von mehreren Schiedsgerichten angeführt werden. Es können dieselben Vorbehalte geltend gemacht werden, die auch im ausschließlich staatlichen Kollisionsfall als Kritikpunkte

1152 Lachmann, Schiedsgerichtspraxis, S. 717, Rn. 3076. Zur Rolle des Sekretariats Schütze-*Reiner/Jahnel*, Art. 1 ICC-SchO, Rn. 14 ff.; Art. 3 ICC-SchO, Rn. 1 ff.

1153 Hierzu unter Gliederungspunkt 1. Kapitel. F.II. 6. c)ff)(2) (b) f.

vorgebracht werden: Als allgemeiner Vorbehalt spricht gegen die Verfahrenskoordination nach der deutschen Litispendenzregelung, dass sich dieses Modell als unflexibel und starr erweist, indem es ausschließlich auf den zeitlichen Faktor abstellt, wann ein Verfahren rechtshängig geworden ist.[1154] Durch den Prioritätsgrundsatz werde *forum running*, also der Wettlauf um das beste Forum zur Streiterledigung, nicht nur ermöglicht, sondern sogar noch hervorgerufen.[1155] Im internationalen Verhältnis erweist es sich zusätzlich als problematisch, dass der maßgebliche Zeitpunkt, zu dem ein Schiedsverfahren rechtshängig geworden ist, mitunter unterschiedlich bestimmt wird[1156] bzw. dem maßgeblichen Zeitpunkt des Rechtshängigkeitseintritts im Ausland nicht dasselbe Gewicht zukommt wie im deutschen Recht.[1157] In anderen Ländern werden deshalb andere Koordinationsmodelle bevorzugt. Beispielhaft zu nennen ist die *forum non conveniens*-Lehre, nach der ein Gericht nach seinem Ermessen die Entscheidung zur Sache einem anderen Forum überlassen kann, wenn der erörterte Sachverhalt nach rechtlicher Würdigung mit dem anderen Forum enger verknüpft ist.[1158] Die zeitliche Reihenfolge, in der die Klagen vor den betreffenden Gerichten rechtshängig geworden sind, ist nur ein Faktor, den das Gericht im Rahmen seiner Entscheidung, ob es sich für zuständig erklärt, mit berücksichtigt.[1159] Der Koordinierung von Parallelverfahren nach dem *forum non conveniens*-Modell ist zwar der Vorteil einer größeren Flexibilität zuzugestehen. Gleichzeitig begegnet diese Lösung aber Bedenken im Hinblick auf die Rechtssicherheit, weil eine Koordination weniger vorhersehbar ist.[1160] Alternativ besteht die Möglichkeit, eine Fall-zu-Fall-Entscheidung über die Berücksichtigung von *lis pendens* zu fällen, welche in das Ermessen des entscheidenden Gerichts gestellt wird.[1161]

Im nationalen Recht können Problemfälle entstehen, wenn Ad-hoc-Schiedsverfahren und Verfahren vor einem ständigen Schiedsgericht miteinander konkurrieren, da auch hier der maßgebliche Zeitpunkt variieren kann. Schließlich wird teilweise mit der weit weniger ausgereiften Verfahrens- und Organisationsstruktur

---

1154 Zur Kritik am Prioritätsgrundsatz Hau, Positive Kompetenzkonflikte, S. 63; Liatowitsch, Parallelverfahren, S. 123; Fawcett, General Report, S. 1 (34 f.).

1155 Vgl. Elias, Judicial Remedies, S. 139; Fawcett, General Report, S. 1 (35).

1156 Zum Parallelproblem unterschiedlicher Rechtshängigkeitszeitpunkte im internationalen Zivilverfahrensrecht bezüglich der EuGVVO, vgl. Schütze, Rechtsverfolgung im Ausland, S. 192, Rn. 418 ff.

1157 Vgl. hierzu z. B. die Ausführung unter Gliederungspunkten 2. Kapitel. D.III. 2. a) und 2. Kapitel. D.III. 3. b)cc), zum US-amerikanischen Zivilprozessrecht.

1158 Buschmann, Rechtshängigkeit im Ausland, S. 77; Fawcett, General Report, S. 1 (29 ff.). Ausführlicher zur *forum non conveniens*-Lehre unter Gliederungspunkt 2. Kapitel. D.III. 3. b) ff.

1159 International Law Association (2006), S. 3, Rn. 1.5. Zum Faktorenkatalog im Rahmen der *forum non conveniens*-Lehre unter Gliederungspunkt 2. Kapitel. D.III. 3. b)cc).

1160 Schack, RabelsZ 58 (1994), S. 40 (45); Liatowitsch, Parallelverfahren, S. 60.

1161 Born, International Arbitration, S. 3798.

der Schiedsgerichtsbarkeit im Vergleich zum gewachsenen staatlichen Rechtspflegesystem, inklusive des Instanzenzuges, argumentiert.[1162] Es erweist sich als problematisch, dass im Schiedsverfahrensrecht nicht automatisch eine übergeordnete Instanz besteht, die im Streitfall eine verbindliche Entscheidung über die schiedsgerichtliche Zuständigkeit trifft und somit positive Kompetenzkonflikte auf diesem Weg unterbindet.[1163] Der zuletzt genannte Aspekt ist zwar de facto kein originärer Kritikpunkt an einer schiedsrechtlichen Rechtshängigkeitssperre. Er verdeutlicht dennoch einen vorhandenen Strukturmangel der geltenden Schiedsverfahrensvorschriften in Bezug auf die Koordinierung von Parallelverfahren. Da im schiedsinternen Kollisionsfall zwei gleichartige Gerichte zueinander in Widerstreit treten, würde sich eine Lösungsvariante anbieten, wie sie der staatliche Zivilprozess bereitstellt. Hierzu besteht indes die Möglichkeit, da die privatautonome Vereinbarung eines Oberschiedsgerichts[1164] den Parteien grundsätzlich offen steht. Den Parteien ist es also unbenommen, im Vorfeld als einen Regelungspunkt in der Schiedsvereinbarung die Anrufung eines Oberschiedsgerichts zu vereinbaren. Dieses würde im Fall von in derselben Rechtsstreitigkeit zeitgleich eingeleiteten Schiedsverfahren verbindlich über die Zuständigkeit des einen oder des anderen Schiedsgerichts entscheiden.

Zu nennen ist auch das immer wieder vorgetragene Argument, dass der Beschleunigungsgrundsatz im Schiedsverfahren einen sehr hohen Stellenwert einnehme und eine Verfahrensaussetzung nur in absoluten Ausnahmefällen stattfinden sollte.[1165] Dieses Argument verkennt jedoch, dass eine Verfahrenssperre wegen anderweitiger Rechtshängigkeit – wie sie hier favorisiert wird – nicht zu einer Unterbrechung des nachfolgend eingeleiteten Schiedsverfahrens führen würde, sondern schlichtweg zu einer Abweisung der zweiten Schiedsklage als unzulässig. Damit würde das erste Schiedsverfahren ungehindert weiterlaufen und das nachfolgende Schiedsgericht würde direkt nach seiner Anrufung die Voraussetzungen der Verfahrenssperre prüfen und die zweite Schiedsklage als unzulässig abweisen.[1166]

Abschließend ist noch einmal auf den an anderer Stelle bereits angesprochenen Bericht der *International Law Association* zurückzukommen. Die Kommission hat Empfehlungen für die Praxis bezüglich des interessengerechten Umgangs mit einer Litispendenzproblematik bei Beteiligung von Schiedsgerichten ausgesprochen.[1167]

1162 Vgl. Vicuña, in: Cremades/Lew, Parallel Proceedings, S. 207 (210 ff.), der allgemein darauf hinweist, dass weniger gut strukturierte Rechtssysteme für eine Anwendbarkeit eines formalisierten Instruments wie der lis alibi pendens Probleme aufwerfen können.

1163 In diese Richtung Gallagher, in: Pervasive Problems in International Arbitration, S. 329 (332 f.)

1164 Glossner/Bredow/Bühler, Schiedsgericht in der Praxis, S. 164, Rn. 390.

1165 Kaufmann-Kohler/Lévy, in: Peter/Jeandin/Kilborn, Challenges of Insolvency Law Reform, S. 257 (269); Born, International Arbitration, S. 3794 f.

1166 Kritik wegen einer potenziellen Verfahrensverzögerung aufgrund einer Rechtshängigkeitssperre übt Müller, Zuständigkeit, S. 114 f.

1167 International Law Association (2006), S. 1 ff.

Gegenstand der Untersuchung waren drei Grundkonstellationen: (a) *lis pendens* im Verhältnis zwischen staatlicher Gerichtsbarkeit und Schiedsgerichtsbarkeit; (b) *lis pendens* im schiedsinternen Bereich sowie (c) *lis pendens* im Verhältnis von Schiedsverfahren zu supra-nationalen Verfahren – und hier vornehmlich im Bereich von Investitionsschutzabkommen –. Dieser Untersuchungsbericht wird im internationalen Kapitel 3 dieser Arbeit näher zu berücksichtigen sein.[1168]

An dieser Stelle ist bereits darauf hinzuweisen, dass der Bericht speziell für den schiedsinternen Kollisionsfall ein Koordinationsbedürfnis unter Gesichtspunkten von *lis pendens* ausdrücklich befürwortet, um die negativen Folgen einer Verfahrensdoppelung, insbesondere den Erlass widersprüchlicher Entscheidungen in derselben Streitsache zu vermeiden.[1169] Was schon im länderübergreifenden Verhältnis notwendig erscheint, hat nach in dieser Arbeit vertretener Meinung erst recht für den innerdeutschen Fall von parallel eingeleiteten Schiedsverfahren zu gelten.

Allerdings schlagen die Empfehlungen der Kommission keine strenge Anwendung des Prioritätsprinzips vor. Vielmehr wird eine flexible Reaktionsmöglichkeit des nachfolgenden Schiedsgerichts bevorzugt, welches nach seinem Ermessen im Einzelfall eine Entscheidung über eine (vorübergehende) Verfahrensaussetzung treffen können soll.[1170] Eine solche Empfehlung ist mit dem internationalen Kontext dieses Abschlussberichts zu erklären. Es mussten aus Harmonisierungsgründen zwischen den einzelnen Rechtstraditionen auch alternative Koordinationsmöglichkeiten für gleichzeitige Verfahren einbezogen werden. Insbesondere sind auch Aspekte der *forum non conveniens*-Lehre berücksichtigt worden.

Zudem raten die Mitglieder des Komitees davon ab, eine anderweitige Rechtshängigkeit vor einem anderen Schiedsgericht von Amts wegen zu beachten. Hierfür wird ebenfalls auf die nicht automatisch vorhandenen Informationen des nachfolgenden Schiedsgerichts über bereits laufende Schiedsverfahren sowie auf die betroffenen privaten Interessen verwiesen, welche im Widerstreit vornehmlich auf dem Spiel stünden.[1171] Im zuletzt angeführten Punkt steht der Bericht im Einklang mit der vorangehend angeführten Kritik an einer schiedsrechtlichen Rechtshängigkeitssperre. Diesbezüglich ist abermals ausdrücklich zu erwähnen, dass nur eine Facette der schiedsgerichtlichen Rechtshängigkeit den aufgezeigten Bedenken ausgesetzt ist und nicht das Rechtsinstitut in seiner Gesamtheit. Als weiterer Kritikpunkt kann angeführt werden, dass durch eine Prüfung von Amts wegen der gegnerischen Partei die Chance abgeschnitten wird, sich rügelos auf das andere Schiedsverfahren einzulassen.[1172]

1168 Vgl. die Ausführungen unter Gliederungspunkt 3. Kapitel. A.III.

1169 International Law Association (2006), S. 23, Rn. 4.48; S. 25, Rn. 5.10.

1170 International Law Association (2006), S. 25, Rn. 5.10.

1171 International Law Association (2006), S. 25, Rn. 5.12.

1172 So BSK IPRG-*Berti/Droese*, Art. 7, Rn. 6. Dieses Argument bezieht sich zwar auf das schweizerische Recht und zudem auf das Zuständigkeitsverhältnis zwischen Staats- und Schiedsgerichten, der Rechtsgedanke lässt sich aber dennoch auf das schiedsinterne Verhältnis transferieren.

(2) Zwischenergebnis
Die bisherige Untersuchung hat gezeigt, dass es unterschiedliche Ursachen für das Entstehen von doppelt rechtshängigen Schiedsverfahren gibt. Zusammengefasst ergibt sich folgendes Bild über die häufigsten Ursachen von Parallelverfahren: (a) Wahlrechtsvereinbarungen; (b) bestehende Unklarheit über die Reichweite einer Schiedsvereinbarung; (c) prozesstaktisches Verhalten auf Seiten des Schiedsklägers oder des Schiedsbeklagten sowie (d) nachträgliche Abänderungen einer Schiedsvereinbarung können zum Entstehen von Parallelverfahren zwischen identischen Schiedsparteien in derselben Streitigkeit führen.

Einerseits gibt es gute Argumente gegen die Geltung von Rechtshängigkeit im Schiedsverfahren. Besonders die praktischen Erwägungen können nicht endgültig entkräftet werden. Dennoch überwiegen – losgelöst von der praktischen Umsetzung einer schiedsgerichtlichen Verfahrenssperre betrachtet – deren prozessuale Vorteile. Insbesondere rechtfertigen der Interessenschutz und Erwägungen zur Rechtssicherheit die Skepsis gegenüber einer schiedsgerichtlichen Litispendenzregelung hintenanzustellen. Herauszustellen ist weiterhin, dass die schiedsinterne Rechtshängigkeitsproblematik weniger mit der Parallelität von Staats- und Schiedsverfahren vergleichbar ist, sondern eine große Nähe zur Situation von zwei gleichzeitig laufenden gerichtlichen Verfahren gegeben ist. Diese Tatsache spiegelt sich auch in der geübten Kritik wider, wenn beispielsweise das Fehlen einer gemeinsamen, übergeordneten Entscheidungsinstanz über die Zuständigkeit angesprochen wird. Des Weiteren verlangt die Vergleichbarkeit beider Kollisionssituationen zwischen den gleichartigen Gerichten, dass weder die Ratio der Rechtshängigkeit noch der große Stellenwert des Instituts im Zivilprozess[1173] innerhalb der Darstellung des schiedsgerichtlichen Verkehrs unangesprochen bleiben kann.

ee) Ratio der lis alibi pendens
Ein ausschlaggebender Aspekt für die Geltung von *lis alibi pendens* ist in der Ratio des Rechtshängigkeitsgrundsatzes zu sehen.[1174] Die Wahrung von Rechtssicherheit ist auch im Rahmen des Schiedsgerichtsverfahrens ein sehr wichtiger und essentieller Gesichtspunkt. Hiermit sind der Erlass widersprüchlicher Schiedssprüche in derselben Streitsache und darüber hinaus auch schon eine Doppeltverhandlung in zwei Schiedsverfahren schwer zu vereinbaren. Auch die Existenz von zwei gleichlautenden Schiedssprüchen kann ein nicht zu unterschätzendes Risiko für die Schiedsparteien bedeuten.[1175] Hierdurch besteht nämlich ebenfalls die Gefahr, dass der Schiedsbeklagte zweimal verurteilt wird, so dass eine mehrfache Vollstreckung gegen ihn droht. Ebenso wie das gerichtliche Verfahren dient das Schiedsverfahren

1173 Vgl. OLG München NJW 1964, S. 979 (980).
1174 Diesen Gesichtspunkt einer schiedsgerichtlichen Rechtshängigkeitssperre spricht auch der bereits mehrfach angesprochene Beitrag von Mansel, in: FS Kühne, S. 809 (816) an.
1175 Mansel, in: FS Kühne, S. 809 (816).

dazu, das materielle Recht durchzusetzen. Hierfür brauchen die Schiedsgerichte aber nur einmal zur Verfügung zu stehen, um die Streitsache einer gerichtlichen Würdigung zu unterziehen. Und der Beklagte braucht sich auch nur einmal um eine umfassende Verteidigung zu bemühen.[1176]

Wenn es den Parteien gestattet wird, ihr Rechtsbegehren in uneingeschränkt vielen Schiedsverfahren geltend zu machen, dann droht das Schiedsverfahren zu einer nicht mehr im Grundsatz gleichwertigen Alternative zur Staatsgerichtsbarkeit[1177] entwertet zu werden.[1178] Das schiedsgerichtliche Verfahren würde unangemessen in Anspruch genommen. Diese Gefahr kann auch nicht durch die Tatsache gelindert werden, dass die Schiedsparteien die Kosten des Verfahrens selber tragen und somit eine Belastung der Staatskasse zunächst ausbleibt.[1179] Im Übrigen kann auf die bereits dargestellten privaten Interessen abgestellt werden, die eine Verfahrenskoordination erforderlich machen.

ff) Lis pendens als zwingender Verfahrensgrundsatz nach § 1042 Abs. 3 ZPO

Die Überlegung, *lis pendens* als zwingenden Verfahrensgrundsatz des deutschen Schiedsverfahrensrechts zu qualifizieren, findet ihren gesetzlichen Ausgangspunkt in § 1042 ZPO. Dieser Paragraph bildet die zentrale Grundnorm im fünften Abschnitt des Zehnten Buches mit dem Titel *„Durchführung des schiedsrichterlichen Verfahrens"*. Für die schiedsrechtliche Verfahrensgestaltung stellt die Vorschrift allgemeine Verfahrensregelungen zur Verfügung und regelt im Weiteren durch Festlegung einer Normhierarchie,[1180] welcher verfahrensrechtlichen Vorschrift oder parteiautonom gewählten Verfahrensgestaltung im Einzelfall der Vorrang zukommt. Absatz 2 nimmt dabei eine Sonderstellung ein. Hier wird ein Anwaltsvertretungsrecht statuiert, welches vorsieht, dass die anwaltliche Vertretung der Parteien zwingend nicht ausgeschlossen werden kann.[1181] Erforderlich ist diese Garantie anwaltlicher Vertretung besonders in internationalen Schiedsverfahren, um hier den Schutz unerfahrener Schiedsparteien zu gewährleisten.[1182] Jedoch ist § 1042 Abs. 1 ZPO nicht als Anwaltszwang zu verstehen. Dieser ist im schiedsgerichtlichen Verfahren ausdrücklich nicht vorgesehen.[1183] Wie bereits an anderer

---

1176 So zur Rechtshängigkeitssperre im gerichtlichen Verfahren Rimmelspacher, Materiell-rechtlicher Anspruch, S. 318.

1177 BT-Drucks. 13/5274, S. 34, li. Sp.

1178 Vgl. Gaul, in: FS Sandrock, S. 285 (324) (bzgl. Rechtskraft des Schiedsspruchs).

1179 Zur Kostentragung der Parteien im Schiedsverfahren Henn, Schiedsverfahrensrecht, S. 194, Rn. 463.

1180 BT-Drucks. 13/5274, S. 46 f.; MüKo-*Münch*, § 1042, Rn. 7.

1181 Hierzu Stein/Jonas-*Schlosser*, § 1042, Rn. 16 sowie Stein/Jonas-*Schlosser*, Anhang § 1061, Rn. 87 f.

1182 Mönnikes, Die Reform des deutschen Schiedsverfahrensrechts, S. 119.

1183 Zöller-*Geimer*, § 1042, Rn. 21; Glossner/Bredow/Bühler, Schiedsgericht in der Praxis, S. 111, Rn. 289.

Stelle erwähnt,[1184] werden in Absatz 1 als zwingende rechtsstaatliche Prinzipien im Schiedsverfahrensrecht nur die Gewährung rechtlichen Gehörs und der Gleichbehandlungsgrundsatz eigens benannt. Ausweislich des Entwurfs des Gesetzes zur Neuregelung des Schiedsverfahrensrechts hält der Gesetzgeber beide genannten Prinzipien für die *„bedeutsamsten Verfahrensprinzipien"* des Schiedsverfahrens, die für die gesamte Dauer des laufenden Verfahrens unabdingbar zu beachten seien und deren Außerachtlassen Aufhebungsgründe im Sinne des § 1059 Abs. 2 Nr. 1 lit. a.), lit. d.) und Nr. 2 lit. b.) ZPO darstellen würde.[1185]

Den entscheidenden Ansatzpunkt zur Implementierung von *lis alibi pendens* in das deutsche Schiedsverfahrensrecht bietet indes § 1042 Abs. 3 ZPO. Die angesprochene Normhierarchie findet hier ihre Grundlage. Absatz 3 formuliert dies folgendermaßen: *„Im Übrigen können die Parteien vorbehaltlich der zwingenden Vorschriften dieses Buches das Verfahren selbst oder durch Bezugnahme auf eine schiedsrichterliche Verfahrensordnung regeln."* Absatz 3 fungiert damit als eine Art Auffangnorm für alle in den vorangehenden Absätzen der Vorschrift nicht ausdrücklich geregelten Verfahrensfragen.[1186] In erster Linie stellt § 1042 Abs. 3 ZPO ein Bekenntnis zur Privatautonomie als eine der elementaren Säulen des Schiedsverfahrens dar.[1187] Parteivereinbarungen zu Verfahrensfragen können im weitreichenden Umfang getroffen werden.[1188] Diese verdrängen ausdrücklich das dispositive Recht des Zehnten Buches sowie das subsidiär eingreifende schiedsrichterliche Ermessen (Absatz 4). Der Gesetzeswortlaut ist offen gestaltet. Ihm ist ein Auslegungsbedürfnis zu entnehmen (*„Im Übrigen"*).

Mit dem zusätzlichen Hinweis auf den Geltungsvorrang zwingender Vorschriften des Schiedsverfahrensrechts (*„dieses Buches"*) neben dem aufgezählten Grundsatz des Anspruchs auf Gewährung rechtlichen Gehörs und dem Gleichbehandlungsgrundsatz wird deutlich, dass der Gesetzgeber nicht nur diese explizit aufgeführten Prinzipien als zwingend ansieht. Es wird vielmehr stillschweigend vorausgesetzt, dass den Beteiligten hinreichend bekannt ist, welche Vorschriften und Grundsätze über die kodifizierten Prinzipien hinaus in den Geltungsbereich der Vorschrift einzuordnen sind. Die Gründe, warum der Gesetzgeber davon abgesehen hat, jegliche Verfahrensprinzipien für das schiedsgerichtliche Verfahren im Gesetz festzuschreiben, lassen sich indirekt dem Entwurf zum neuen Schiedsverfahrensrecht entnehmen: Aus Praktikabilitätsgründen, aus Gründen der

1184 Vgl. die Ausführungen unter Gliederungspunkt 1. Kapitel. F.II. 6. b)aa).

1185 BT-Drucks. 13/5274, S. 46, li. Sp.; Wieczorek/Schütze-*Schütze*, § 1042, Rn. 3 ff.; Smid, in: DZWir 1995, S. 441 (446); Mönnikes, Die Reform des deutschen Schiedsverfahrensrechts, S. 118 bezeichnet den Gleichbehandlungsgrundsatz und den Grundsatz des rechtlichen Gehörs als die *„zentralen Eckpfeiler"* eines Schiedsverfahrens. Ebenso BGHZ 3, 215 (218); BGHZ 85, 288 (291).

1186 BT-Drucks. 13/5274, S. 46, re. Sp.

1187 Vgl. MüKo-*Münch*, § 1042, Rn. 6; ähnlich Mönnikes, Die Reform des deutschen Schiedsverfahrensrechts, S. 120.

1188 BGHZ 98, 70 (74).

Harmonisierung mit der Staatsgerichtsbarkeit und um den Parteien den schiedsrechtstypischen Gestaltungsfreiraum zu gewähren, hat sich der Gesetzgeber dazu entschlossen, möglichst wenige zwingende Verfahrensvorschriften festzulegen.[1189] Die vergleichsweise geringe Kodifizierung von zwingenden prozessrechtlichen Verfahrensgrundsätzen steht somit im Einklang mit dem oft für die Wahl der schiedsgerichtlichen Streiterledigung ausschlaggebenden Bedürfnis nach flexibler und individueller Verfahrensgestaltung.[1190] Ein hiervon zu trennender Aspekt ist die Tatsache, dass die §§ 1025 ff. ZPO im Gegensatz zum alten Schiedsverfahrensrecht im Allgemeinen eine detailliertere Verfahrensgestaltung anbieten.[1191]

(1) Begriff des Verfahrensgrundsatzes im Zivilprozessrecht

Im Zivilprozessrecht wird der Begriff des Verfahrensgrundsatzes in unterschiedlichem Sinn verstanden und gebraucht. Häufig wird die Begrifflichkeit der Prozessmaxime als Synonym verwandt. Mal wird ein enges Verständnis eines Verfahrensgrundsatzes vertreten, mal ein weiter Begriff hiermit verbunden.[1192] Zudem erfolgt oftmals eine Kategorisierung danach, ob der spezielle Verfahrensgrundsatz Verfassungsrang hat oder nicht.[1193] Mit anderen Worten: besonderes Gewicht kommt stets den verfassungsrechtlichen Vorgaben zu, vor allem den Verfahrensgrundrechten.[1194] Dass dies gleicher Maßen für das schiedsgerichtliche Verfahren gilt, gebietet der vom Gesetzgeber postulierte Anspruch, durch das Schiedsverfahren einen dem Staatsverfahren im Grundsatz gleichwertigen Rechtsschutz gewähren zu wollen.[1195] Er wird weiter durch die ausdrückliche Erwähnung des Anspruchs auf rechtliches Gehör und des Gleichbehandlungsgrundsatzes im Schiedsverfahrensrecht unterstrichen. Beide Prinzipien haben Verfassungsrang.[1196] Über einen feststehenden Kernbereich der bedeutsamsten Verfahrensgrundsätze des Zivilprozessrechts, wie die Dispositionsmaxime, den Unmittelbarkeitsgrundsatz und den Mündlichkeitsgrundsatz sowie die Verhandlungsmaxime besteht ein allgemeiner Konsens.[1197] Die Diskussion um ein eher enges oder ein weites Verständnis von Verfahrensgrundsätzen entzündet sich in der zivilprozessualen

---

1189 Vgl. BT-Drucks. 13/5274, S. 46 f.; vgl. B/L/A/H-*Hartmann*, § 1042, Rn. 1; Weigand, Practitioner's Handbook (1. Auflage), S. 33, Rn. 73; vgl. Kreindler/Schäfer/Wolff, Schiedsgerichtsbarkeit, S. 206, Rn. 696 f.; S. 208, Rn. 705.

1190 Vgl. Ebbing, Private Zivilgerichte, S. 62; vgl. Lachmann, Schiedsgerichtspraxis, S. 40, Rn. 140.

1191 BT-Drucks. 13/5274, S. 46, li. Sp.

1192 Stein/Jonas-*Leipold*, Vor § 128, Rn. 3; MüKo-*Rauscher*, Einl., Rn. 287 ff.

1193 Musielak-*Musielak*, Einl., Rn. 26 f.

1194 Stein/Jonas-*Leipold*, Vor § 128, Rn. 3 iVm. Stein/Jonas-*Brehm*, Vor § 1, Rn. 275 ff.

1195 BT-Drucks. 13/5274, S. 46, li. Sp.

1196 Zum Anspruch auf rechtliches Gehör BVerfGE 55, 1 (6); B/L/A/H-*Hartmann*, Grdz § 128, Rn. 41.

1197 Stein/Jonas-*Leipold*, Vor § 128, Rn. 3.

Literatur an anderen Prinzipien, wie zum Beispiel der Wahrheitspflicht der Parteien oder dem Beschleunigungsgrundsatz.[1198]

Vorliegend wird ein tendenziell weiterer Sinn eines Verfahrensgrundsatzes angenommen. Demnach werden hierunter *„alle Rechtsgrundsätze verstanden, die den äußeren Ablauf eines Zivilprozesses und das Verhalten von Gericht und Parteien bestimmen."*[1199]

(2) Verfahrensgrundsatz im schiedsgerichtlichen Verfahren

Für die Qualifizierung eines Verfahrensgrundsatzes im schiedsgerichtlichen Verfahren kommt es infolgedessen darauf an, ob ein Rechtssatz dazu geeignet ist, den schiedsrechtlichen Verfahrensablauf entscheidend zu prägen und darauf, ob diese Einflussnahme auf das Schiedsverfahren auch sachlich gerechtfertigt ist, weil diese Vorgabe einem ordnungsgemäßen Verfahrensablauf geschuldet ist. Zur Geltung allgemeiner Prozessrechtsgrundsätze im Schiedsverfahren findet sich überwiegend die Ansicht, dass, sofern das Schiedsverfahrensrecht in den §§ 1025 ff. ZPO – oder bei Bezugnahme auf eine Verfahrensordnung einer Schiedsgerichtsinstitution diese Verfahrensordnung – keine Sonderregelung vorsieht, die allgemeinen zivilprozessualen Grundsätze und Regeln zur Anwendung kommen sollen.[1200] Andere

1198 Für eine Qualifizierung als selbstständige Prozessmaxime MüKo-*Lüke*, Einl.; Rn. 212 (2. Auflage); dagegen Stein/Jonas-*Leipold*, Vor § 128, Rn. 8.

1199 Ebenso Musielak-*Musielak*, Einl., Rn. 26 und MüKo-*Rauscher*, Einl., Rn. 287.

1200 So Rosenberg/Schwab/Gottwald, § 179, Rn. 35 sowie 41 ff.; Ebbing, Private Zivilgerichte, S. 62; ähnlich Glossner/Bredow/Bühler, Schiedsgericht in der Praxis, S. 106, Rn. 272. Die Einordnung der Rechts- bzw. Schiedshängigkeit im Rahmen verschiedener Kommentierungen zu § 1042 ZPO als Allgemeines Institut des Zivilprozessrechts im Schiedsverfahren stützt die hier vertretene Ansicht zusätzlich; vgl. hierzu Stein/Jonas-*Schlosser*, § 1042, Rn. 18; Schwab/Walter, Schiedsgerichtsbarkeit, Kap. 16, Vor. Rn. 1, 4, die darauf hinweisen, dass im schiedsgerichtlichen Verfahren neben den ausdrücklich festgeschriebenen Grundsätzen auch die allgemeinen prozessrechtlichen Grundsätze zu beachten seien, es sei denn, es würden den Eigenarten des Schiedsverfahrens geschuldete Modifikationen notwendig. Als schiedsverfahrensrechtliche Modifikation kann man im Hinblick auf ein zur selben Streitsache zwischen den gleichen Parteien laufendes gerichtliches Verfahren die Einrede der Schiedsvereinbarung nach § 1032 Abs. 1 ZPO betrachten. Sie ist eine Sonderregelung für das Nebeneinander von Staats- und Schiedsverfahren. Im Übrigen sind Parallelverfahren hinzunehmen. Für den schiedsinternen Widerstreit zwischen mehreren mit derselben Streitsache befassten Schiedsgerichten, enthält die Zivilprozessordnung hingegen keine dem Wesen der Schiedsgerichtsbarkeit angepasste oder geschuldete Sonderregelungen. Insofern findet sich auch in den Kommentaren zur ZPO, die – wie unter 1. Kapitel. F.II. 6. c)bb) dargestellt – ohnehin weitgehend von der Anwendung der lis alibi pendens ausgehen, eine Tendenz, Rechtshängigkeit auch im ausschließlich schiedsgerichtlichen Rechtsverkehr als Verfahrensgrundsatz zu qualifizieren.

Stimmen betonen hingegen die Andersartigkeit und Eigenständigkeit der Schiedsgerichtsbarkeit im Verhältnis zur Staatsgerichtsbarkeit und weisen ausdrücklich darauf hin, dass Vorschriften der übrigen Bücher der Zivilprozessordnung keine analoge Anwendung im schiedsrichterlichen Verfahren fänden.[1201] Zu einem grundsätzlich anderen Ergebnis kommen diese Sichtweisen dennoch nicht, weil der Rückgriff auf wesentliche (Verfahrens-) Grundsätze des ordentlichen Zivilverfahrens übereinstimmend befürwortet wird.[1202]

Rechtshängigkeit gilt als elementares Verfahrensprinzip des Zivilprozessrechts.[1203] Ein bestehendes Regelungsbedürfnis auch im Fall doppelter Rechtshängigkeit im Schiedsverfahren ist nunmehr eingehend beleuchtet worden. Für die weitere Analyse ergibt sich daraus folgende Herangehensweise: Erstens muss herausgestellt werden, wann grundsätzlich von einem allgemeinen und zwingenden Verfahrensgrundsatz im Schiedsverfahren auszugehen ist. Zweitens ist zu erarbeiten, ob *lis pendens* die spezifizierten Voraussetzungen für einen schiedsrechtlichen zwingenden Verfahrensgrundsatz erfüllt.

In der schiedsrechtlichen Kommentarliteratur und den Fachzeitschriften findet sich wenig Material darüber, wann von einem zwingenden Verfahrensgrundsatz im Schiedsverfahrensrecht ausgegangen werden muss. Zunächst erscheint die Auffassung am überzeugendsten, dann einen zwingenden Verfahrensgrundsatz anzunehmen, wenn die Vorschrift ihrem Wortlaut nach nicht erkennbar unter dem Vorbehalt einer abweichenden Parteivereinbarung oder dem schiedsrichterlichen Ermessen steht.[1204] Diese Sichtweise macht insofern Sinn, als die §§ 1025 ff. ZPO einige Normen enthalten, die erkennbar unter dem Vorbehalt einer abändernden Parteivereinbarung stehen.[1205] Zu nennen sind beispielsweise die §§ 1048 Abs. 4 S. 2, 1044 S. 1, 1039 Abs. 2 ZPO.

Sich am Wortlaut der jeweiligen Norm zu orientieren kann aber nur eine Richtschnur sein. Oft kommt es entscheidend auf eine wertende Betrachtung und eine

---

1201 Kreindler/Schäfer/Wolff, Schiedsgerichtsbarkeit, S. 206 f., Rn. 701; Lachmann, Schiedsgerichtspraxis, S. 318, Rn. 1277; Lionnet/Lionnet, Internationale und nationale Schiedsgerichtspraxis, S. 136.

1202 Lachmann, Schiedsgerichtspraxis, S. 318, Rn. 1279.

1203 Hobér, in: Cremades/Lew Parallel Proceedings, S. 242 (253); OLG München NJW 1964, S. 979 (980).

1204 In diesem Sinn zur allgemeinen Qualifizierung von schiedsgerichtlichen *ius cogens* Aden, Handelsschiedsgerichtsbarkeit, S. 245 f., Rn. 24; Thomas/Putzo-*Reichold*, § 1042, Rn. 5; Stein/Jonas-*Schlosser*, § 1042, Rn. 3.

1205 Die Gesetzestechnik die nicht zwingenden Vorschriften im Gesetzestext unter den Vorbehalt einer abändernden Parteivereinbarung zu stellen und somit das nicht zwingende Recht explizit zu kennzeichnen, entspricht auch dem Konzept des dem deutschen Schiedsrecht als Vorlage dienenden UNCITRAL-Modellgesetzes. Vgl. hierzu die Begründung im Gesetzesentwurf BT-Drucks. 13/6274, S. 28, li. Sp.; wobei klargestellt wird, dass nicht alle Vorschriften, die unter keinem Parteivorbehalt stehen automatisch zwingendes Recht darstellen.

Zusammenschau der Umstände im Einzelfall an.[1206] Der Gesetzgeber selbst hat sich zur Festlegung von schiedsrichterlichem *ius cogens*[1207] dahingehend geäußert, dass es darauf ankomme, ob die Bestimmung weder ausdrücklich noch ihrem Sinn und Zweck nach unter dem Vorbehalt anderweitiger Parteivereinbarungen stünde.[1208] In jedem Fall sind deshalb diejenigen schiedsrechtlichen Vorschriften zwingendes Recht, die die Existenz der Schiedsgerichtsbarkeit sichern bzw. deren Grundlagen bereitstellen,[1209] insbesondere die §§ 1025, 1029, 1040 Abs. 1 und Abs. 2 ZPO. Ferner sind Regelungen, welche die staatlichen Kontroll- und Unterstützungsbefugnisse enthalten, keiner abändernden Parteivereinbarung zugänglich.[1210] In diesem Zusammenhang sind unter anderem die §§ 1026, 1032, 1059, 1060 bis 1062 ZPO aufzuzählen. Zuletzt genannte Vorschriften sind ohnehin eher an die staatlichen Rechtspflegeorgane adressiert als an die schiedsgerichtlichen Akteure.[1211]

Es bietet sich also eine wertende Betrachtung[1212] und eine Abwägung dessen an, was mit der jeweiligen Norm geregelt werden soll und wie dieser Regelungsgehalt zum Wesen der Schiedsgerichtsbarkeit und zu deren ungestörten Funktionsweise steht. Sofern eine Vorschrift dazu dient, die Arbeitsweise von Schiedsgerichten abzusichern und vor Missbrauch zu schützen, ist schiedsrechtliches *ius cogens* anzunehmen. Würde man sich ausschließlich am Wortlaut der einzelnen Paragraphen orientieren, wäre die logische Konsequenz, dass alle Vorschriften, denen ein Hinweis auf deren Disponibilität fehlt, automatisch zwingendes Recht verkörpern würden.[1213] Dies kann schon deshalb nicht gelten, weil anderenfalls die besondere Hervorhebung der Allgemeinen Verfahrensgrundsätze in § 1042 Abs. 1 bzw. Abs. 3 ZPO überflüssig wäre.[1214] Nur mit einer über den Wortlaut der betreffenden Norm hinausgehenden Wertung unter Berücksichtigung von Sinn und Zweck der Vorschrift sowie der Systematik des Gesetzes lassen sich auch zusätzlich ungeschriebene, aber dennoch zwingend zu berücksichtigende Prinzipien in die Gesetzessystematik der schiedsgerichtlichen Verfahrensvorschriften integrieren.[1215] Insbesondere obliegt es dem Schiedsrichter, über die einzelnen Ausprägungen

1206 MüKo-*Münch*, § 1042, Rn. 15.
1207 Unter *ius cogens* versteht man den lateinischen Ausdruck für zwingendes Recht.
1208 BT-Drucks. 13/5274, S. 46, re. Sp.; zustimmend Bredow, RPS BB-Beil. 02/1998, S. 2 ff.
1209 MüKo-*Münch*, § 1042, Rn. 13.
1210 MüKo-*Münch*, § 1042, Rn. 13.
1211 Vgl. MüKo-*Münch*, § 1042, Rn. 13.
1212 So MüKo-*Münch*, § 1042, Rn. 15.
1213 So Berger, Recht der Schiedsgerichtsbarkeit, S. 18 ff.; B/L/A/H-*Hartmann*, § 1042, Rn. 7.
1214 So MüKo-*Münch*, § 1042, Rn. 15.
1215 Zur Integration ungeschrieben zwingenden Rechts in § 1042 Abs. 3 ZPO MüKo-*Münch*, § 1042, Rn. 17; zur Berücksichtigung der Systematik über den Wortlaut einer Norm hinaus, vgl. die Ausführungen unter Gliederungspunkt 1. Kapitel. F.II. 6. c)ff)(2) (b)(cc).

des Gleichbehandlungsgebotes und des Anspruchs auf rechtliches Gehör hinausgehend für einen reibungslosen und fairen Verfahrensablauf zu sorgen.[1216] Alle Verfahrensbeteiligte, inklusive des Schiedsgerichts, sind weiteren allgemeinen zivilprozessualen Grundsätzen zwingend verpflichtet,[1217] insbesondere dem Grundsatz von Treu und Glauben, der Aufrechterhaltung der öffentlichen Ordnung und den guten Sitten,[1218] welche allesamt nicht in den §§ 1025 ff. ZPO explizit normiert wurden.[1219]

Konform mit dieser Sichtweise kann als eine dieser ungeschriebenen Grenzen für alle Verfahrensbeteiligte auch der *lis pendens*-Grundsatz angesehen werden. Er formuliert eine von eindeutigen Voraussetzungen abhängige, klare verfahrensrechtliche Vorgabe: Das als Zweites mit einer bereits bei einem anderen Schiedsgericht anhängigen Streitsache befasste Schiedsgericht muss nach Prüfung der sachlichen Voraussetzungen der Verfahrenssperre, d. h. bei Identität des Streitgegenstandes beider Verfahren und denselben beteiligten Parteien sein Verfahren als unzulässig abweisen.[1220] Der *lis pendens*-Grundsatz gibt einen Rechtssatz vor, der den äußeren Verfahrensablauf systematisiert und eine für jedermann vorhersehbare Regelung aufstellt.[1221]

Eine Litispendenzregelung lässt sich auch von ihrer Ratio in die Systematik des § 1042 Abs. 3 ZPO integrieren und sichert ebenso wie der Anspruch auf rechtliches Gehör und der allgemeine Gleichbehandlungsgrundsatz einen rechtsstaatlich ordnungsgemäßen Verfahrensablauf ab.[1222] Zudem garantiert ein schiedsrechtlicher Rechtshängigkeitsgrundsatz im beachtlichen Umfang den Schutz von Parteiinteressen. Im Übrigen ist *lis pendens* Ausdruck verfahrensrechtlicher Fairness und deshalb in den meisten Zivilprozessordnungen ein fest verankerter Grundsatz.[1223] Die Sach- und Verfahrensfragen, die sich im Verlauf eines Schiedsverfahrens stellen, sind prinzipiell vergleichbar mit denjenigen im staatlichen Verfahren. Somit

---

1216 Vgl. Wieczorek/Schütze-*Schütze*, § 1042, Rn. 24, 30.

1217 RGZ 119, 29 (32); BGH KTS 1966, S. 240 (240).

1218 Schütze/Tscherning/Wais, Handbuch Schiedsverfahrens, S. 176 f., Rn. 337 f.

1219 MüKo-*Münch*, § 1042, Rn. 17. Allerdings ist insbesondere ein Verstoß gegen die öffentliche Ordnung in § 1059 Abs. 2 Nr. 2 lit. b.) ZPO als Aufhebungsgrund normiert worden.

1220 Ob die Abweisung des zweiten Schiedsverfahrens von Amts wegen erfolgt oder auf entsprechende Rüge, wird unter dem Gliederungspunkt 1. Kapitel. F.II. 6. c)ff) (2) (b)f. erörtert.

1221 Die verfahrensrechtliche Voraussehbarkeit wird als gewichtiger Punkt innerhalb der Erwartungshaltung der Parteien von einem ordnungsgemäßen Schiedsverfahren teilweise eigens betont. So Lionnet/Lionnet, Internationale und nationale Schiedsgerichtsbarkeit, S. 42; vgl. auch Glossner/Bredow/Bühler, S. 106, Rn. 272.

1222 Bzgl. des Gleichbehandlungsgrundsatzes und des rechtlichen Gehörs Wieczorek/Schütze-*Schütze*, § 1042, Rn. 3.

1223 Hobér, in: Cremades/Lew Parallel Proceedings, S. 242 (253); vgl. auch Born, International Arbitration, S. 3808.

ist eine den §§ 253, 261 Abs. 3 ZPO entsprechende Verfahrensfrage auch gleich zu bewerten und aufzulösen.[1224]

Der in § 261 Abs. 3 Nr. 1 ZPO verkörperte Rechtsgedanke ist zudem gleichermaßen im Kollisionsfall von zwei Schiedsverfahren angesprochen wie bei der Parallelität von zwei gerichtlichen Verfahren.[1225] Wenn der Staat eine Delegation der Entscheidungsgewalt an Schiedsgerichte von Gesetzes wegen zulässt, dann muss er auch dafür Sorge tragen, dass durch die Wahl der Schiedsgerichtsbarkeit im gleichen Umfang die rechtsstaatlich gebotenen Verfahrensprinzipien eingehalten werden.[1226] Der *lis pendens*-Grundsatz trägt dazu bei, den Eintritt von Rechtsfrieden zu sichern, indem dem Beklagten eine endlose Verteidigung erspart bleibt.[1227] Weiter wird die Effektivität des Rechtsschutzes garantiert, wenn ein Schiedsspruch in angemessener Zeit erlassen werden kann.[1228]

(a) Voraussetzungen eines zwingenden Verfahrensgrundsatzes nach § 1042 Abs. 3 ZPO

Neben diesen allgemeinen Anforderungen an einen schiedsrechtlichen Verfahrensgrundsatz verlangt der Wortlaut des § 1042 Abs. 3 ZPO das Vorliegen spezieller Voraussetzungen, damit ein Verfahrensgrundsatz unter den Anwendungsbereich dieser zentralen verfahrensrechtlichen Norm des Schiedsverfahrenrechts zu subsumieren ist. Einerseits muss es sich um schiedsrechtliches *ius cogens* handeln.[1229] Des Weiteren bezieht sich der Gesetzeswortlaut ausdrücklich nur auf zwingende Vorschriften *„dieses Buches"*, also des Zehnten Buches der ZPO. Es stellt sich infolgedessen die Frage, wie die Konzeption, *lis pendens* als ungeschriebenen, allgemeinen und zwingenden Verfahrensgrundsatz zu qualifizieren, mit dem Wortlaut des § 1042 Abs. 3 ZPO zu vereinbaren ist. Der Umstand, dass im Zehnten Buch einige – in den vorangehenden Büchern der ZPO schon normierte Vorschriften – ein weiteres Mal explizit wiederholt werden, wie etwa der Anspruch auf rechtliches Gehör, macht diese Prinzipien auf diese Weise zweifelsohne zu Grundsätzen des Zehnten Buches. Im Fall von *lis pendens* spricht infolgedessen zunächst einiges für einen Verstoß des vorgeschlagenen Lösungsweges gegen den Wortlaut der maßgeblichen Vorschrift des Schiedsverfahrensrechts. Andererseits sind die in § 1042 Abs. 2 ZPO benannten Verfahrensgrundsätze nachweislich wegen deren hohen Stellenwerte noch einmal extra normiert worden.[1230] Dass § 1042 Abs. 3 ZPO nicht

---

1224 So Musielak-*Voit*, § 1042, Rn. 8.

1225 Mansel, in: FS Kühne, S. 809 (815).

1226 Vgl. Stein/Jonas-*Schlosser*, § 1042, Rn. 6; MüKo-*Münch*, § 1042, Rn. 1 (funktionale Äquivalenz zur staatlichen Rechtsprechung); vgl. auch Loritz, ZZP 105 (1992), S. 1 (8 f.).

1227 Musielak-*Foerste*, § 261, Rn. 9.

1228 Zum Aspekt der Rechtssicherheit bezogen auf § 261 ZPO Abs. 1 bis 3 im Staatsverfahren B/L/A/H-*Hartmann*, § 261, Rn. 3.

1229 Vgl. hierzu die Ausführungen unter 1. Kapitel. F.II. 6. c)ff) ff.

1230 Vgl. BT-Drucks. 13/5274, S. 46, li. Sp.

nur geschriebene Verfahrensgrundsätze, sondern gleichermaßen ungeschriebene Regelungen einbezieht, verdeutlicht zudem der angesprochene gesetzgeberische Wille zur minimalistischen Kodifizierung von schiedsrechtlichem *ius cogens*. Der Passus „*dieses Buches*“ im Wortlaut des § 1042 Abs. 3 ZPO ist nach dem bisher Gesagten also nicht im strengen Wortsinn zu verstehen. Vielmehr bezieht die Vorschrift ungeschriebenes Recht mit in den Anwendungsbereich des Zehnten Buches ein.[1231] Es bestehen unter diesem Gesichtspunkt keine Bedenken gegen die Qualifizierung von *lis pendens* als zwingendes Verfahrensrecht innerhalb der §§ 1025 ff. ZPO.

Abschließenden Aufschluss über das inhaltliche Verständnis der Bezugnahme auf Vorschriften des Zehnten Buches kann die Gesetzessystematik der Vorschriften zum Schiedsverfahren geben. Weitere Vorschriften, namentlich § 1027 S. 1 ZPO („*Bestimmung dieses Buches*“) und § 1059 Abs. 2 Nr. 1. lit. d.) ZPO („*Bestimmung dieses Buches*“), weisen einen ähnlichen Wortlaut wie § 1042 Abs. 3 ZPO auf.[1232] Fraglich ist daher, wie der besagte Passus in diesen Normen zu verstehen ist. Für den Anwendungsbereich des § 1059 Abs. 2 Nr. 1 lit. d.) ZPO wird darauf hingewiesen, dass es des ausdrücklichen Bezugs auf die Bestimmungen des Zehnten Buches bedürfe, da ausschließlich nationale Schiedssprüche mit Hilfe des Aufhebungsantrages des § 1059 Abs. 2 Nr. 1 lit. d.) ZPO aufhebbar sein sollen.[1233] Teilweise beziehen die Verweise innerhalb der Kommentarliteratur aber auch eine § 261 Abs. 3 Nr. 1 ZPO entsprechende Regelung für den schiedsinternen Kollisionsfall als Verfahrensgrundsatz in das Zehnte Buch mit ein, so dass auch im Rahmen von § 1059 Abs. 2 Nr. 1 lit. d.) ZPO von einem weitem Verständnis des Passus „dieses Buches“ ausgegangen werden kann, inklusive ungeschriebenen Rechts.[1234] Die Vorschrift des § 1027 ZPO wird nachfolgend noch unter einer anderen Fragestellung näher untersucht werden.[1235] Es besteht jedenfalls ein enger sachlicher Zusammenhang zwischen dieser Vorschrift und § 1042 Abs. 3 ZPO, der sich durch die wechselseitige Bezugnahme innerhalb der Kommentierungen zu beiden Vorschriften widerspiegelt, so dass auch diesbezüglich das gleiche Verständnis anzunehmen ist, welches zwingendes, ungeschriebenes Verfahrensrecht einschließt.

Zusammengefasst ist der schiedsrichterlichen Fachliteratur zum gegenwärtigen Zeitpunkt nicht eindeutig zu entnehmen, ob der fragliche Passus im strengen Wortsinn zu verstehen ist und damit ausschließlich festgeschriebene Vorschriften der §§ 1025 ff. ZPO erfasst werden, oder ob im Rahmen jeder der erwähnten Regelungen auch ungeschriebene Grundsätze in den Anwendungsbereich einbezogen

---

1231 MüKo-*Münch*, § 1042, Rn. 17.

1232 Die genannten Vorschriften stehen ohnehin im engen Zusammenhang miteinander, was der nachfolgenden Ausführung unter Gliederungspunkt 1. Kapitel. F.II. 6. c)ff)(2) (b)(bb) zu entnehmen ist.

1233 MüKo-*Münch*, § 1059, Rn. 31.

1234 In dem beschriebenen Sinn ist die Verweisung von Musielak-*Voit*, § 1059, Rn. 17 iVm. § 1042, Rn. 16 zu verstehen.

1235 Vgl. 1. Kapitel. F.II. 6. c)ff)(2) (b)(bb).

sind. Jedenfalls gibt es – soweit ersichtlich – keine Ansicht, die ausdrücklich nur geschriebenes Verfahrensrecht zum Verfahrensrecht des Zehnten Buches zählt.[1236]

(b) Lis pendens im Schiedsverfahren: Amtsprüfung oder Einredeerfordernis?

Diese Untersuchung hat sich bislang darauf konzentriert, einen Rahmen für eine Anwendung von *lis pendens* im schiedsinternen Anwendungsfall aufzuzeigen und das Rechtsinstitut – wenn notwendig – angepasst an die schiedsrechtlichen Gegebenheiten zu entwickeln und gesetzlich zu verankern. Hierzu wurden die tatbestandlichen Voraussetzungen der Verfahrenssperre erarbeitet und die häufigsten Ursachen für Parallelverfahren aufgezeigt. Für die praktische Umsetzung einer Verfahrenssperre ist deutlich geworden, dass dem Schiedsverfahren zum Teil wesensbedingt andere Strukturen anhaften, welche eine schiedsadäquate Modifizierung beim Interessenschutz erfordern.[1237] Ein wichtiger Kritikpunkt am aktuellen Meinungsstand zur Rechtshängigkeitssperre im Schiedsverfahren betrifft die generell wenig ausgereifte Aufarbeitung dieser schiedsspezifischen Kollisionsthematik. Die wenigen Stellungnahmen beschränken sich im Wesentlichen darauf, die Geltung der Litispendenzregelungen im Verhältnis mehrerer Schiedsgerichte zueinander zu bejahen.

Wie die prozessuale Umsetzung des *lis pendens*-Grundsatzes im Detail ausgestaltet sein soll, ist hingegen keiner Ansicht umfassend zu entnehmen. Als gemeinsamer Ausgangspunkt wird eine Herangehensweise entsprechend der Regelung in § 261 Abs. 3 Nr. 1 ZPO für das staatliche Verfahren angenommen. Größtenteils wird auch die wichtige Frage angesprochen, wie eine frühere anderweitige Rechtshängigkeit im später eingeleiteten Schiedsverfahren prozessual beachtet werden sollte. Sofern die prozessuale Berücksichtigung erwähnt wird, wird von einer Rechtshängigkeitssperre verbunden mit dem Amtsprüfungsgrundsatz ausgegangen.[1238] Dass dieser Ansatz nicht unbesehen für das Schiedsverfahren übernommen werden kann, verdeutlicht zum einen die Tatsache, dass die befürwortete Berücksichtigung von Amts wegen nicht näher begründet wird. Zum anderen kann dem Amtsprüfungsgrundsatz im Rahmen einer schiedsrechtlichen Rechtshängigkeitssperre nicht unreflektiert zugestimmt werden. Denn die Bedenken gegen eine schiedsrichterliche Litispendenzregelung richten sich in erster Linie nicht gegen die prozessuale Einrichtung der Rechtshängigkeit als solche, sondern gerade gegen

---

1236 Vgl. in diesem Zusammenhang die Ansicht von Mönnikes, Die Reform des deutschen Schiedsverfahrensrechts, S. 119, der darauf hinweist, dass das Gesetz keine explizite Aufzählung zwingenden Rechts vorsehe und deshalb mit diesbezüglichen Auseinadersetzungen zu rechnen sei.

1237 Hierzu unter Gliederungspunkt 1. Kapitel. F.II. 3. c)bb) f.

1238 Für eine Berücksichtigung der bestehenden Rechtshängigkeit von Amts wegen sind Baur, in: FS Fasching, S. 81 (88); Mansel, in: FS Kühne, S. 809 (816), Fn. 33; MüKo-*Münch*, § 1044, Rn. 30; Kreindler/Schäfer/Wolff, Schiedsgerichtsbarkeit, S. 216, Rn. 734 (wobei die beiden letzten Ansichten die Begrifflichkeit der „Schiedshängigkeit“ verwenden).

eine Berücksichtigung der bestehenden Rechtshängigkeit von Amts wegen.[1239] Das vorzufindende Argumentationsmuster zur Frage, ob anderweitige Rechtshängigkeit von Amts wegen im nachfolgenden Schiedsverfahren Berücksichtigung finden sollte, ergibt ein ähnliches Bild wie dasjenige zur Rechtskraftberücksichtigung im Rahmen des § 1055 ZPO: die Verpflichtung, anderweitige Rechtshängigkeit von Amts wegen zu prüfen, wird im Erst-Recht-Schluss mangels hieran bestehender öffentlicher Interessen bestritten.[1240]

Es überrascht sehr, dass zwar Kritik am Amtsprüfungsgrundsatz geäußert wird, aber dennoch keine Auseinandersetzung mit der daraus logischerweise resultierenden Alternative einer von einer Rüge des Beklagten abhängigen Verfahrenssperre für den schiedsinternen Bereich stattfindet.[1241] Für diese Abhandlung drängt sich die zuletzt genannte Möglichkeit besonders wegen der bisherigen Untersuchungsergebnisse auf. Argumentativ spricht für ein Rügeerfordernis neben den im schiedsgerichtlichen Verfahren dominierenden Privatinteressen, dem Parteiwillen sowie der Gesetzessystematik auch die Einzelfallgerechtigkeit einer solchen prozessualen Umsetzung.

Der Parteiwille ist bei der schiedsspezifischen Verfahrensdoppelung besonders zu berücksichtigen, da Parallelverfahren in der Regel die Folge gezielten Parteihandelns sind.[1242] Die Vorteile einer Rechtshängigkeitseinrede durch die verstärkte Gewichtung des Parteiwillens sollen anhand eines Beispiels verdeutlicht werden: Erhebt eine der Schiedsparteien eine weitere Klage vor einem zweiten Schiedsgericht und verhandelt die gegnerische Schiedspartei auch vor diesem Schiedsgericht zur Hauptsache, ohne die Unzuständigkeit des zweiten Gerichts wegen bestehender Rechtshängigkeit zu rügen, ist dies entweder als eine konkludente Aufhebung der Schiedsvereinbarung (des ersten Verfahrens) zu werten oder aber als Einverständnis beider Schiedsparteien beide Verfahren aktiv fortzuführen.[1243] Nur mit der Einrede des Beklagten, die im Beispiel nicht erhoben worden ist, können also vom Grundsatz her doppelt rechtshängige Schiedsverfahren konsequent vermieden werden. Im Einzelfall, beim Vorliegen besonderer Gründe – hier dem rügelosen Einlassen der beklagten Schiedspartei – können Parallelverfahren aber dennoch zugelassen werden.

1239 Vgl. die Ausführungen unter Gliederungspunkt 1. Kapitel. F.II. 6. c)dd)(1) ff.

1240 BGH NJW 1958, S. 950 (950); grundsätzlich auch gegen eine Wahrnehmung von Amts wegen International Law Association (2006), S. 25, Rn. 5.12.

1241 Anders v. Saucken, Reform Schiedsverfahrensrecht, S. 105 der im Hinblick auf den damaligen Entwurf zum nunmehr kodifizierten österreichischen Schiedsverfahrensrecht – entgegen der Regelung im Entwurf und nunmehr im Gesetz – eine Einrede der Schiedshängigkeit vorgeschlagen hat.

1242 Mansel, in: FS Kühne, S. 809 (812) (bezüglich des Verhältnisses zur Staatsgerichtsbarkeit).

1243 Vgl. Kornblum, in: JPS 1987, S. 34 (40), dessen Beispiel bezieht sich zwar auf das Verhältnis zwischen Schieds- und Staatsgerichten, jedoch ist der Beispielsfall auf den schiedsinternen Widerstreit zu transferieren.

Ein Rügeerfordernis entspricht ohnehin eher dem Wesen und der Systematik der Vorschriften zum schiedsrichterlichen Verfahren. Insbesondere werden in den §§ 1032 Abs. 1, 2 ZPO und 1040 Abs. 1, Abs. 3 ZPO bestimmte verfahrensrechtliche Konstellationen, die das Fortfahren des Schiedsverfahrens betreffen, von einem Rügeerfordernis des Beklagten abhängig gemacht. Eine Verpflichtung des Schiedsgerichts zur amtswegigen Prüfung bestimmter Voraussetzungen ist dem Schiedsverfahrensrecht hingegen vergleichsweise fremd. Auf die nach hier vertretener Ansicht begründete Ausnahme im Rahmen des § 1055 ZPO wurde bereits gesondert eingegangen.[1244]

(aa) Vereinbarkeit einer Rechtshängigkeitseinrede mit der Qualifizierung von lis pendens als ius cogens?

Ungeachtet der Vorteile einer Rechtshängigkeitseinrede muss vorweg erörtert werden, ob eine Litispendenzregelung, die auf entsprechende Parteirüge im nachfolgenden Schiedsverfahren berücksichtigt werden soll, überhaupt mit der Einordnung von *lis pendens* als zwingender Verfahrensgrundsatz zu vereinbaren ist. Auf den ersten Blick ist es eher nahe liegend, die Einhaltung von *ius cogens* prozessual an den Amtsprüfungsgrundsatz zu koppeln. Nach der weiter oben gegebenen Definition sind zwingendes schiedsrichterliches Verfahrensrecht *„Bestimmungen, die weder ausdrücklich noch ihrem Sinn und Zweck nach unter dem Vorbehalt anderweitiger Parteivereinbarung stehen."*[1245] Der Sinn und Zweck einer Litispendenzregelung innerhalb der §§ 1025 ff. ZPO ist in erster Linie der vielfältige Interessenschutz der beteiligten Schiedsparteien – besonders des Schiedsbeklagten – und nachrangig der mittelbare Schutz öffentlicher Interessen.

Zwingend bedeutet im Zusammenhang mit der schiedsrechtlichen Rechtshängigkeitsregelung die generelle Unabdingbarkeit dieses Verfahrensgrundsatzes als fester, ungeschriebener Bestandteil der §§ 1025 ff. ZPO. Derogationsfest ist aber nur die Einrichtung der Verfahrenssperre insgesamt, nicht hingegen die Art und Weise ihrer verfahrensrechtlichen Berücksichtigung im Rahmen anderer Schiedsverfahren. Nach diesem hier zugrunde gelegten Verständnis können die Schiedsparteien deshalb auch nicht wirksam von vornherein, d. h. durch vorweg abgeschlossene Parteivereinbarung, den Verzicht der beklagten Partei auf die Geltendmachung des Rechtshängigkeitseinwandes vereinbaren.[1246]

Ein solches Verständnis zwingenden Rechts könnte kritisch zu sehen sein. Es drängt sich die Frage auf, worin nach der obigen Definition zwingenden Rechts noch der Unterschied zum dispositiven Recht besteht. Beide rechtliche Begrifflichkeiten scheinen sich miteinander zu vermengen. Bei aller Nähe bestehen inhaltliche Abweichungen. Es macht einen Unterschied, ob die Parteien von vornherein

---

1244 Hierzu unter Gliederungspunkt 1. Kapitel. D.II. 3. b)aa)(2) (c).

1245 BT-Drucks. 13/5274, S. 46, re. Sp.

1246 So zum Begriff des zwingenden Verfahrensrechts auch Aden, Handelsschiedsgerichtsbarkeit, S. 246, Rn. 24.

über eine gesetzliche Vorschrift in vollem Umfang disponieren können oder ob die Parteien nur im konkreten Fall, d. h. nur wenn eine Verfahrensfrage akut wird, über deren prozessuale Geltendmachung im Einzelfall eine Entscheidung treffen dürfen. Können die Parteien über eine gesetzliche Vorschrift in vollem Umfang disponieren, kann nämlich auch ein umfassender Verzicht auf die betreffende Vorschrift vereinbart werden oder es können nur inhaltliche Modifikationen z. B. in Form von einer Bedingung getroffen werden.

Bei der ersten Variante handelt es sich um eine typische Vereinbarung über dispositives Recht. Wie in der zweiten Variante verhält es sich hingegen hinsichtlich der schiedsgerichtlichen Rechtshängigkeitssperre. Die beklagte Schiedspartei kann nur in dem Moment, in dem ihr das anderweitig rechtshängige Schiedsverfahren bekannt wird, entscheiden, ob sie die Einrede der Rechtshängigkeit erhebt oder ob sie – aus welchen Gründen auch immer – in diesem konkreten Fall darauf verzichtet, von ihrem grundsätzlich bestehenden Recht Gebrauch zu machen. Eine solche Konstruktion ist dem Recht nicht fremd. Im materiellen Recht gibt es ebenfalls ähnliche Rechtskonstruktionen (vgl. z. B. § 309 Nr. 2 lit. b. BGB). Nach dem Gesagten kollidiert ein Einredeerfordernis also nicht mit der Rechtsnatur von *lis pendens* als schiedsrechtliches *ius cogens.*

(bb) Rügeerfordernis entsprechend § 1027 S. 1 ZPO?

Eine Berücksichtigung der früheren anderweitigen Rechtshängigkeit nach entsprechender Parteirüge erfordert klare Strukturvorgaben: es müssen der maßgebliche Zeitpunkt für das Erheben der Rüge, die zur Rüge berechtigte Partei sowie die Rechtsfolgen einer rechtzeitig sowie einer nicht rechtzeitig erhobenen Rüge bestimmt werden. Im Schiedsverfahrensrecht bildet § 1027 ZPO die zentrale Norm im Zusammenhang mit prozessualen Rügeerfordernissen bei Verfahrensfehlern.[1247] § 1027 ZPO kodifiziert hierzu den Verlust des Rügerechts. Damit wird die allgemeine Präklusion für verspätet vorgebrachte Verfahrensrügen der Schiedsparteien als grundsätzliche Rechtsfolge festgeschrieben.[1248] Die Vorschrift bestimmt dies folgendermaßen: *„Ist einer Bestimmung dieses Buches, von der die Parteien abweichen können, oder einem vereinbarten Erfordernis des schiedsrichterlichen Verfahrens nicht entsprochen worden, so kann eine Partei, die den Mangel nicht unverzüglich oder innerhalb einer dafür vorgesehenen Frist rügt, diesen später nicht mehr geltend machen. Dies gilt nicht, wenn der Partei der Mangel nicht bekannt war.“* Die Präklusion bezieht sich auch auf das nachfolgende gerichtliche Vollstreckbarerklärungsverfahren

1247 Ausführlich zu § 1027 ZPO Wieczorek/Schütze-*Schütze*, § 1027, Rn. 2 ff., der auch auf Art. 4 ModG Bezug nimmt.

1248 BT-Drucks. 13/5274, S. 32, re. Sp.; § 1027 ZPO ist aber ausdrücklich nicht als allgemeine Präklusionsvorschrift für das verspätete Vorbringen von gesetzlich normierten Rechtsbehelfen ausgestaltet, vgl. Zöller-*Geimer*, § 1027, Rn. 1; ebenso B/L/A/H-*Hartmann*, § 1027, Rn. 7.

oder ein potenzielles Aufhebungsverfahren vor Staatsgerichten.[1249] Mit der Präklusion tritt eine *ex tunc* Heilung des Verfahrensfehlers ein.[1250]

Die angesprochene Regelung bildet zwar den Dreh- und Angelpunkt für Rügeerfordernisse im schiedsgerichtlichen Rechtsverkehr und fungiert als *lex specialis* zum zivilprozessualen Pendant in § 295 ZPO.[1251] Allerdings steht der Wortlaut der Norm offenbar im Widerspruch zum Lösungskonzept dieser Arbeit. Die Regelung in § 1027 ZPO bezieht sich explizit nur auf Vorschriften, von denen *„die Parteien abweichen können"*. *Lis pendens* stellt nach hier vertretener Ansicht aber einen zwingenden Verfahrensgrundsatz dar. Der Wortlaut des § 1027 ZPO ist eindeutig als umfassende Bezugnahme auf dispositives Verfahrensrecht aufzufassen und beinhaltet keine Differenzierung danach, ob eine Vorschrift zwar ihrem Rechtscharakter nach zwingendes Recht darstellt, hinsichtlich der prozessualen Durchsetzung aber dennoch von einem Rügeerfordernis abhängig gemacht werden kann, wie es im Fall der schiedsgerichtlichen Litispendenzregelung befürwortet wird.[1252] Dass § 1027 ZPO ausschließlich den Verlust des Rügerechts hinsichtlich gesetzlicher, dispositiver Verfahrensvorschriften und solcher Verfahrensvorschriften, die kraft Parteivereinbarung Geltung beanspruchen, regeln kann, ergibt sich zwangsläufig aus einer Berücksichtigung aller schiedsverfahrensrechtlicher Normen des Zehnten Buches. Der Gesetzgeber würde nämlich seine eigene gesetzliche Konzeption nicht ernst nehmen, wenn er über § 1027 ZPO indirekt doch eine pauschale Verzichtbarkeit auf zwingendes Recht zuließe.[1253] In direkter Anwendung ist § 1027 ZPO damit für den vorliegenden Fall nicht einschlägig, so dass die Rüge eines Verstoßes gegen die schiedsrechtliche Verfahrenssperre nicht nach den Voraussetzungen dieser Vorschrift geltend zu machen ist.

In Verfahren vor ordentlichen Gerichten dürfen Parteien auf die Beachtung von prozessualen Vorschriften verzichten, wenn diese nicht in erster Linie „öffentliche Interessen an einer Absicherung der Gleichförmigkeit des Verfahrens"[1254] bewahren sollen. Das Recht, auf das Einhalten einer Verfahrensregel zu verzichten, steht derjenigen Partei zu, die von der Schutzintention der jeweiligen Vorschrift

1249 B/L/A/H-*Hartmann*, § 1027, Rn. 5; Musielak-*Voit*, § 1027, Rn. 1.

1250 Thomas/Putzo-*Reichold*, § 1027, Rn. 7.

1251 Vgl. MüKo-*Münch*, § 1027, Rn 2. Zum alten Schiedsverfahrensrecht wurde im Übrigen von einer sinngemäßen Anwendung des § 295 ZPO auch im schiedsrichterlichen Verfahren ausgegangen, vgl. Schütze/Tscherning/Wais, Handbuch Schiedsverfahren, S. 180, Rn. 348; Maier, Schiedsgerichtsbarkeit, S. 209, Rn. 226.

1252 Die in der jeweiligen Kommentierung zu § 1027 ZPO angeführten Beispiele für dispositives und zwingendes Recht entsprechen im Übrigen denjenigen Vorschriften, die auch im Rahmen von § 1042 ZPO angeführt werden. Insofern besteht zwischen § 1027 ZPO und § 1042 ZPO der bereits angesprochene enge Zusammenhang. Jede der Normen unterscheidet zwischen dispositivem, zwingendem und durch Parteivereinbarung geltendem Verfahrensrecht.

1253 BT-Drucks. 13/5274, S. 32, re. Sp.

1254 MüKo-*Münch*, § 1027, Rn. 5.

betroffen ist.[1255] Ein Transfer dieses Gedankens auf das Schiedsverfahren impliziert, dass es derjenigen Schiedspartei, der die Einrede der anderweitigen Rechtshängigkeit zusteht, unbenommen bleibt, auf deren Geltendmachung trotz Kenntnis eines streitgegenstandsidentischen Schiedsverfahrens zu verzichten. Der schiedsrichterliche *lis pendens*-Grundsatz dient in erster Linie dem Schutz des Beklagten vor einer doppelten Verteidigungslast. Mit diesem Zweck ist es zu vereinbaren, wenn eine Partei freiwillig auf die rechtzeitige Rüge im nachfolgenden Schiedsverfahren verzichtet. Die Rechtshängigkeitseinrede steht immer derjenigen Partei zu, auf deren aktives Handeln die Existenz von mehreren parallelen Schiedsverfahren nicht zurückzuführen ist, also der im nachfolgenden Verfahren beklagten Schiedspartei. Deren Interessenschutz verdient den Vorrang vor den mitunter bestehenden Interessen der gegnerischen Schiedspartei an der Einleitung eines weiteren Schiedsverfahrens zum identischen Streitgegenstand. Die beklagte Partei trifft die objektive Beweislast für das Vorliegen der Tatbestandsvoraussetzungen der schiedsrichterlichen Verfahrenssperre.[1256] Dies entspricht der üblichen zivilprozessualen Beweislastverteilung, dass die Partei, die sich auf einen Umstand beruft, dessen Eintritt und dessen weitere Voraussetzungen zu beweisen hat.[1257]

Darüber hinaus bietet die vorliegende Konstruktion eine umfassende und ausgeglichene Verfahrensgerechtigkeit in jedem Einzelfall. Doppelt rechtshängige Schiedsverfahren sind nämlich nicht nur als Folgen einseitigen Parteihandelns möglich. Vielmehr können sie – wie bereits erwähnt – auch übereinstimmend gewollt sein. Im Gegensatz zum weiter oben dargestellten Fall[1258] sind nunmehr Fälle exemplarisch, in denen sich die übereinstimmende Tolerierung von zwei Parallelverfahren zwischen den Parteien nicht durch den Rügeverzicht der beklagten Schiedspartei im laufenden Verfahren herausstellt, sondern die Parteien durch die Einleitung des nachfolgenden Schiedsverfahrens zu erkennen geben, dass sie beide diese doppelten Schiedsverfahren befürworten. Musterhaft sind Fälle, in denen beide Schiedsparteien mit der Besetzung des ersten Schiedsgerichts nicht mehr einverstanden sind, zum Beispiel weil ein Mitglied oder mehrere Mitglieder des Spruchkörpers nicht mehr den Wünschen der Parteien entsprechen. Hierzu kann es durch den Tod eines Schiedsrichters im Erstverfahren kommen, wenn die Parteien anschließend mit dem infolge des Todes eingesetzten Ersatzschiedsrichter nicht zufrieden sind und keine Vorkehrungen in ihrer Schiedsvereinbarung bezüglich des Ausscheidens eines beteiligten Schiedsrichters getroffen haben.[1259] Grundsätzlich regelt § 1039 ZPO die Bestellung eines Ersatzschiedsrichters für den Fall,

---

1255 Zöller-*Greger*, § 295, Rn. 1.

1256 So auch Mansel, in: FS Kühne, S. 809 (816).

1257 So zur Beweislast im Rahmen des § 261 Abs. 3 ZPO Stein/Jonas-*Roth*, § 261, Rn. 22.

1258 Vgl. die Ausführungen unter Gliederungspunkt 1. Kapitel. F.II. 6. c)ff)(2) (b)(aa).

1259 Glossner/Bredow/Bühler, Schiedsgericht in der Praxis, S. 23, Rn. 12 weisen darauf hin, dass eine Regelung zur Ersatzbenennung Bestandteil einer Schiedsvereinbarung sein sollte.

dass ein Schiedsrichter seinem Schiedsrichteramt vor Abschluss des Verfahrens nicht mehr nachkommt. Das in diesem Zusammenhang geltende Prozedere gilt für das Ausscheiden eines Schiedsrichters im Todesfall entsprechend.[1260] Der Ersatzschiedsrichter kann entweder drittbestimmt werden, zum Beispiel durch eine Schiedsgerichtsinstitution,[1261] oder durch Benennung der anderen zwei Schiedsrichter. In der Praxis sehen Schiedsvereinbarungen regelmäßig Vorkehrungen für eine Ersatzbestellung im Todesfall eines Schiedsrichters oder bei einem anderweitigen Wechsel der Zusammensetzung des Spruchkörpers vor.[1262] Es ist aber auch denkbar, dass die Parteien im Laufe des Verfahrens schlichtweg nicht mehr mit dem vorsitzenden Schiedsrichter oder einem anderen Schiedsrichter einverstanden sind und durch ein weiteres Verfahren dem ursprünglichen Schiedsverfahren aus dem Weg gehen wollen.[1263]

Nach § 1034 S. 2 ZPO tagen Schiedsgerichte regelmäßig (soweit die Parteien nichts Abweichendes vereinbart haben) in der Besetzung von drei Schiedsrichtern. Jede Partei benennt einen Schiedsrichter. Diese parteibenannten Schiedsrichter ernennen dann den dritten Schiedsrichter, der als Vorsitzender tätig wird.[1264] Es ist aber auch praxisüblich, dass die Parteien das Recht zur Ernennung der Schiedsrichter auf einen Dritten übertragen.[1265] Sofern keine Ablehnungsgründe (§ 1036 ZPO) zur Neuformierung des Schiedsgerichts berechtigen, sind die Möglichkeiten der Parteien, von dem laufenden Schiedsverfahren Abstand zu nehmen, eingeschränkt. Zwar können sie die Schiedsvereinbarung jederzeit einverständlich aufheben;[1266] zu einer schnellen Streitentscheidung in der Sache gelangen sie so aber nicht. Eine Alternative liegt darin, ein zweites streitgegenstandsidentisches Schiedsverfahren einzuleiten und in diesem Verfahren die Rechtssache zu verhandeln. Durch die beidseitig gewollten doppelt rechtshängigen Schiedsverfahren umgehen die Schiedsparteien das erste Schiedsverfahren dauerhaft aber nur, wenn dieses Verfahren nicht als erstes zu einem rechtskräftigen Schiedsspruch führt.[1267] Der Beispielsfall zeigt die Flexibilität der Rechtshängigkeitseinrede als einen weiteren Vorteil dieser Art der prozessualen Berücksichtigung auf. In

1260 Stein/Jonas-*Schlosser*, § 1039 Rn. 4.

1261 Schwab/Walter, Schiedsgerichtsbarkeit, Kap. 10, Rn. 5.; Schütze, Schiedsgericht und Schiedsverfahren, S. 35, Rn. 85.

1262 Vgl. zum alten Recht Schütze/Tscherning/Wais, Handbuch Schiedsverfahren, S. 142 f., Rn. 266 ff.; Schlosser, Internationale Schiedsgerichtsbarkeit, S. 372, Rn. 483.

1263 Zur Unzufriedenheit mit der Besetzung des ersten Schiedsgerichts als Grund für die parallele Einleitung eines weiteren Schiedsverfahrens, vgl. International Association, S. 22, Rn. 4.47 allerdings für den Fall der einseitigen Unzufriedenheit.

1264 BGHZ 54, 392 (396 f.); Henn, Schiedsverfahrensrecht, S. 116, Rn. 290.

1265 Ebbing, Private Zivilgerichte, S. 209; Schlosser, Internationale Schiedsgerichtsbarkeit, S. 368, Rn. 479.

1266 Schlosser, Internationale Schiedsgerichtsbarkeit, S. 371, Rn. 482.

1267 Vgl. hierzu die Ausführungen unter 1. Kapitel. D.II. 3. b)bb)(4).

Fällen, in denen beide Schiedsparteien einvernehmlich die Einleitung von zwei identischen Verfahren befürworten, liefe eine starre Klageabweisung des zweiten Schiedsverfahrens von Amts wegen als unzulässig nämlich nicht nur dem ausdrücklichen Parteiwillen, sondern auch den Interessen beider Parteien zuwider. Letztlich widerspräche es auch in gewisser Weise dem Mandat des Schiedsrichters, der bei der Verfahrensleitung primär dem in der Schiedsvereinbarung zum Ausdruck kommenden und dem geäußerten Parteiwillen verpflichtet ist.[1268] Jedoch ist der Schiedsrichter dennoch kein Parteivertreter.[1269] In den Grenzen des zwingenden Verfahrensrechts entscheiden alleine die Parteien, auf welche Weise das schiedsrichterliche Verfahren durchzuführen ist.[1270] Insofern fügt sich der *lis pendens*-Grundsatz unter den entwickelten Voraussetzungen homogen in das Schiedsverfahrensrecht ein.

(cc) Maßgeblicher Zeitpunkt für das Erheben der Rechtshängigkeitseinrede

Die Möglichkeit, den Verfahrensverstoß auf rechtzeitige Parteirüge zu berücksichtigen, trägt schließlich zu einem raschen Ablauf des Schiedsverfahrens (Verfahrenseffizienz)[1271] bei. Denn die Rechtshängigkeitseinrede kann im nachfolgenden Schiedsverfahren nicht jeder Zeit erhoben werden, sondern lediglich zu einem hierfür extra vorgesehenen – nachfolgend zu bestimmenden – Zeitpunkt.

Entsprechend den üblichen Interessengegensätzen bei der Geltendmachung von Rügen sowohl im staatlichen Zivilprozess als auch im Schiedsverfahrensrecht, kommt es für das rechtzeitige Geltendmachen von prozessualen Rügeerfordernissen aus Sicht des Rügenden darauf an, dass für ihn eine faire Möglichkeit zur Kenntnisnahme der entscheidenden Umstände besteht, hier also Kenntnis der doppelt rechtshängigen Schiedsverfahren. Aus Sicht der gegnerischen Partei kommt es darauf an, dass das Rügerecht ausschließlich zu einem eindeutig zu bestimmenden Zeitpunkt wirksam geltend gemacht werden kann, damit Rechtssicherheit[1272] gewährleistet wird.

Im staatlichen Zivilprozess sieht das Gesetz einen einheitlichen Zeitpunkt vor, bis zu dem die beklagte Partei die Verletzung einer Verfahrensvorschrift wirksam geltend machen kann. Nach § 295 Abs. 1 ZPO ist eine Rüge wirksam, wenn sie in der nächsten mündlichen Verhandlung erhoben wird oder in einer unmittelbar an den Verfahrensfehler anschließenden Verhandlung zur Hauptsache.[1273] Im schriftlichen Verfahren ist eine Rüge rechtzeitig erhoben, wenn der Verfahrensfehler im

1268 Vgl. Hobér, in: Cremades/Lew, Parallel Proceedings, S. 243 (250); Wieczorek/Schütze-*Schütze*, § 1042, Rn. 26.

1269 MüKo-*Münch*, Vor §§ 1034 ff., Rn. 3.

1270 Wieczorek/Schütze-*Schütze*, § 1042, Rn. 23 f.

1271 Hinsichtlich des Rügeerfordernisses des § 1027 ZPO spricht BT-Drucks. 13/5274, S. 32, re. Sp. den verfahrensbeschleunigenden Vorteil an. Der Gedanke der Verfahrenseffizienz ist auf die Rechtshängigkeitssperre zu übertragen.

1272 Zu diesem Aspekt im Hinblick auf § 295 ZPO B/L/A/H-*Hartmann*, § 295, Rn. 2.

1273 BGH NJW 1994, S. 801 (802).

nächsten Schriftsatz gerügt wird.[1274] Im Schiedsverfahrensrecht ist die mit § 295 ZPO vergleichbare Vorschrift der erwähnte § 1027 ZPO, dessen Tatbestandsvoraussetzungen im Fall der schiedsrechtlichen Verfahrenssperre nicht passend sind. Diese Regelung trifft aber auch eine Aussage über den richtigen Zeitpunkt zur Geltendmachung von Verfahrensverstößen. An diesem Zeitpunkt könnte sich auch der maßgebliche Zeitpunkt für eine rechtzeitige Rüge der anderweitigen Rechtshängigkeit orientieren.

Nach § 1027 ZPO muss die Partei entweder unverzüglich, also ohne schuldhaftes Zögern,[1275] oder innerhalb einer vereinbarten Frist den Verfahrensverstoß rügen. Da eine mündliche Verhandlung im Schiedsverfahren nicht obligatorisch ist, kann nicht automatisch auf den Rügezeitpunkt in der mündlichen Verhandlung abgestellt werden.[1276] Für eine unverzügliche Rüge ist das Vorbringen in einem sofortigen Schriftsatz in jedem Fall ausreichend.[1277]

Innerhalb der §§ 1025 ff. ZPO enthält ferner § 1032 Abs. 1 ZPO eine exakte Zeitangabe für das rechtzeitige Erheben einer prozessualen Einrede. Die Einrede des Schiedsvertrages kann bis zum Beginn der mündlichen Verhandlung zur Hauptsache erhoben werden. Im Unterschied zum Fall doppelt rechtshängiger Schiedsverfahren wird die Schiedseinrede des § 1032 Abs. 1 ZPO aber im Staatsverfahren und nicht in einem weiteren Schiedsverfahren geltend gemacht.

Angelehnt an die bisher aufgezeigten zeitlichen Grenzen für eine wirksame Rüge von Verfahrensverstößen bietet sich für den maßgeblichen Zeitpunkt, zu dem der Beklagte die Einrede der anderweitigen Rechtshängigkeit erheben muss, in jedem Fall ein Zeitpunkt in einem sehr frühen Verfahrensstadium des zweiten Schiedsverfahrens an. Sofort nach der Konstituierung prüft das Schiedsgericht seine eigene Zuständigkeit, da diese zwingende Prozessvoraussetzung für das Schiedsverfahren ist.[1278] Als Bestandteil einer umfassenden Zuständigkeitsprüfung muss das Schiedsgericht vorgebrachte zuständigkeitsausschließende Einreden prüfen. Durch den Vorlageantrag (§ 1044 S. 1 ZPO) des Schiedsklägers wurde der Streitgegenstand bereits hinreichend kenntlich gemacht, so dass das Schiedsgericht über die Identität zwischen seinem und dem zuvor eingeleiteten Schiedsverfahren aufgrund des Vortrags der rügenden Partei angemessen entscheiden kann. Die Einrede der anderweitigen Rechtshängigkeit hat der Beklagte unverzüglich zu

1274 Bischof, NJW 1985, S. 1143 (1144); Zöller-*Greger*, § 295, Rn. 8.

1275 Vgl. die Legaldefinition des Terminus „unverzüglich“ in § 121 S. 1 BGB, der auch im Verfahrensrecht Geltung beansprucht. Für das Verständnis von „unverzüglich“ wie im Rahmen von § 121 S. 1 BGB Musielak-*Voit*, § 1027, Rn. 3; gegen ein solches Verständnis MüKo-*Münch*, § 1027, Rn. 10, der den zeitlichen Maßstab etwas großzügiger bemessen möchte.

1276 BT-Drucks. 13/5274, S. 32, re. Sp.

1277 Vgl. BT-Drucks. 13/5274, S. 32, re. Sp. (hinsichtlich § 1027 ZPO).

1278 MüKo-*Münch*, § 1040, Rn. 1, 4. Vgl. zum Umfang der Zuständigkeitsprüfung die auch zum neuen Schiedsrecht geltenden Ausführungen von Schütze/Tscherning/Wais, Handbuch Schiedsverfahren, S. 180, Rn. 349.

erheben, sobald er Kenntnis von dem zweiten Schiedsverfahren erlangt. Regelmäßig ist dies ab Erhalt des Vorlageantrags des zweiten Verfahrens der Fall. Dieser frühe Zeitpunkt ist auch aus dem Sinn und Zweck der Verfahrenssperre zu folgern, weil anderenfalls der Schutz des Beklagten leer liefe.

Es könnten Kostengesichtspunkte gegen die erforderliche Konstituierung des Schiedsgerichts beim Nachprüfen der Tatbestandsvoraussetzungen der Verfahrenssperre sprechen. Es werden nämlich regelmäßig bereits (anteilige) Honoraransprüche der Schiedsrichter bestehen, die – trotz der alsbald nachfolgenden Klageabweisung des Schiedsverfahrens als unzulässig – entstanden und fällig sind.[1279] Die Situation des mit der Rechtshängigkeitsrüge befassten Schiedsgerichts ist mit der Konstellation des mit der Zuständigkeitsprüfung im Rahmen des § 1040 Abs. 2 ZPO befassten Schiedsgerichts vergleichbar. Wenn hier die Zuständigkeit des angerufenen Schiedsgerichts nicht gegeben ist, verneint das Schiedsgericht seine Zuständigkeit für die Entscheidung über die Sache und erlässt einen Prozessschiedsspruch.[1280] Im Zuge dessen trifft das Schiedsgericht dann auch eine Kostenentscheidung, die zu Lasten des Schiedsklägers geht.[1281]

Bei bestehender Rechtshängigkeit in einem anderen Schiedsverfahren erklärt das zweite Schiedsgericht, nachdem der Beklagte dieses Verfahrens die Einrede der anderweitigen Rechtshängigkeit erhoben hat, sich ebenfalls für unzuständig und weist die Schiedsklage durch einen Prozessschiedsspruch als unzulässig ab. Da sich die klagende Partei des Parallelverfahrens des anderen laufenden Verfahrens bewusst ist, ist auch die Kostenregelung zu ihren Lasten gerechtfertigt. Dies gilt unabhängig davon, ob sich die Parteirollen im zweiten Verfahren verkehrt haben und sich der Beklagte des ersten Verfahrens durch das zweite Verfahren gegen die ursprüngliche Prozessführung zur Wehr setzen möchte, indem er z. B. negative Feststellungsklage erhebt. Als grundsätzliches Gegenargument ist anzuführen, dass der Beklagte bereits seine Mitwirkung an der Konstituierung des zweiten Schiedsgerichts versagen könne und so im Vorhinein das zweite Schiedsverfahren verhindern könnte.[1282] Hier ist auf § 1035 Abs. 3 S. 3 ZPO hinzuweisen, der die Schiedsrichterbestellung durch das staatliche Gericht

---

1279 Zur Frage des Entstehens und der Fälligkeit des Schiedsrichterhonorars, wenn das Schiedsverfahren nicht mit einem Schiedsspruch in der Sache beendet wird, sondern auf andere Weise vorzeitig beendet wird, äußert sich Lachmann, Schiedsgerichtspraxis, S. 901, Rn. 4177. Die bei Lachmann erwähnten Fälle der vorzeitigen Beendigung des Schiedsverfahrens unterscheiden sich zwar von der Klageabweisung durch Prozessschiedsspruch wegen anderweitiger Rechtshängigkeit, jedoch erscheint zumindest ein Aufwendungsersatzanspruch der Schiedsrichter durchaus angemessen.

1280 Kröll, NJW 2003, S. 791 (793); Thiel/Pörnbacher, SchiedsVZ 2007, S. 295 (298); MüKo-*Münch*, § 1040, Rn. 29.

1281 Lachmann, Schiedsgerichtspraxis, S. 195, Rn. 719; Zöller-*Geimer*, § 1040, Rn. 10.

1282 Bosch, Rechtshängigkeit im Schiedsverfahren, S. 208.

vorsieht, wenn sich eine Partei weigert, an der Konstituierung eines Schiedsgerichts mitzuwirken.[1283]

Die Rechtshängigkeitseinrede zusätzlich mit der Systematik der Vorschriften des Schiedsverfahrensrechts und mit dem Wesen der Schiedsgerichtsbarkeit legitimieren zu wollen, wirft die Frage auf, ob sich das Rügeerfordernis nicht in Widerspruch zur vorliegend vertretenen Meinung im Zusammenhang mit der Berücksichtigung eines rechtskräftigen Schiedsspruchs setzt. Diesbezüglich wird der Amtsprüfungsgrundsatz entgegen der herrschenden Ansicht favorisiert.[1284] Sowohl die Rechtskraftwirkung als auch eine Rechtshängigkeitssperre mit dem Amtsprüfungsgrundsatz zu kombinieren, hätte den Vorteil eines einheitlichen Lösungskonzepts. Hierfür spricht die unbestrittene Ähnlichkeit beider zivilprozessualen Einrichtungen, die auch im Rahmen der Schiedsgerichtsbarkeit vorhanden ist. Die sachlich bestehenden Unterschiede zwischen beiden Rechtsinstituten rechtfertigen aber dennoch divergierende Ansätze bezüglich der prozessualen Berücksichtigung in einem nachfolgenden Schiedsverfahren zwischen denselben Schiedsparteien und über den identischen Streitgegenstand.

Die Rechtshängigkeitseinrede ist eben nur – aber immer hin – eine erste Möglichkeit, um das Entstehen von doppelten Verfahren und deren negativen Folgen ressourcensparend zu unterbinden. Hierbei stellt der Rechtshängigkeitseinwand im Vergleich zur Rechtskraft des Schiedsspruchs temporär die vorgelagerte Möglichkeit dar. Die negativen Folgen, die sich aus der Kollision von zwei gleichzeitig rechtshängigen Schiedsverfahren ergeben, sind bei zulässigem Verzicht auf die Rechtshängigkeitseinrede über die zur Rechtskraft des Schiedsspruchs geltenden Grundsätze zu lösen.[1285] Eine Rechtskraftkollision von Schiedssprüchen wird dann regelmäßig erst im Rahmen des Vollstreckbarerklärungsverfahrens relevant.

Besonders die Interessen der im zweiten Verfahren beklagten Schiedspartei und das zeitliche Moment rechtfertigen eine nach rechtzeitiger Rüge zu berücksichtigende Rechtshängigkeitssperre im deutschen Schiedsverfahrensrecht, obwohl der praktische Ertragswert, d. h. der Anwendungsbereich, gegenüber einer vom nachfolgenden Schiedsgericht von Amts wegen zu berücksichtigenden Verfahrenssperre eingeschränkt ist.

(3) Vereinbarkeit mit anderen tragenden Verfahrensprinzipien des Schiedsverfahrensrechts

Im Hinblick auf die Ziele des schiedsgerichtlichen Verfahrens kommt den Verfahrensgrundsätzen ein verwirklichender Charakter zu. Sie sind die Instrumentarien des Schiedsverfahrensrechts, um dessen Zwecke und Ziele möglichst umfassend zu realisieren. Ein harmonisches Einfügen des *lis pendens*-Grundsatzes in die gesetzliche Konzeption der §§ 1025 ff. ZPO erfordert nicht nur, dass dieses ungeschriebene

1283 Lörcher/Lörcher, Das Schiedsverfahren, S. 15, Rn. 54; S. 32, Rn. 104.
1284 Hierzu unter 1. Kapitel. D.II. 3. b)aa)(2) (c).
1285 Hierzu unter Gliederungspunkt 1. Kapitel. D.II. 3. b)bb)(4).

Verfahrensprinzip grundsätzlich anerkannt wird. Darüber hinaus muss sich der Lösungsansatz insgesamt widerspruchslos in das Verständnis von Schiedsgerichtsbarkeit in Deutschland integrieren lassen. Hiermit wird insbesondere die Fragestellung aufgeworfen, ob eine angemessene Berücksichtigung anderer, fundamentaler schiedsgerichtlicher Prinzipien gewährleistet wird.[1286]

(a) Privatautonomie

Mögliche Unvereinbarkeiten des *lis-pendens*-Grundsatzes mit anderen schiedsgerichtlichen Grundsätzen sind bisher vor allem anhand der dargestellten Kritikpunkte an einer schiedsrechtlichen Rechtshängigkeitssperre thematisiert worden. Widersprüche zur Privatautonomie sind deshalb denkbar, weil Parallelverfahren gerade auf das aktive Handeln – häufig nur einer Partei – zurückzuführen sind. Jede Art der prozessualen Berücksichtigung von bereits bestehender Rechtshängigkeit vor einem anderen Schiedsgericht bedeutet ein Übergehen des Parteiwillens und der Parteiinteressen einer der beiden Schiedsparteien – abgesehen von den wenigen Ausnahmen übereinstimmend gewollter Parallelverfahren. Die Situation vor Schiedsgerichten stellt sich in dieser Hinsicht nicht anders dar als eine vergleichbare Kollisionskonstellation vor staatlichen Gerichten. Rechtsstreitigkeiten ist es immanent, dass Interessenskonflikte bestehen. Praktisch läuft es darauf hinaus, die tangierten Interessen gegeneinander abzuwägen und miteinander in Einklang zu bringen. Von einer Rechtshängigkeitseinrede auszugehen, ist sogar im gesteigerten Maß mit der Privatautonomie vereinbar, weil durch einen möglichen Rügeverzicht ein größerer verfahrenstechnischer Spielraum besteht, und auf diese Weise für den Schiedskläger wenigstens eine Anfangswahrscheinlichkeit für die potenzielle Durchführbarkeit des zweiten Schiedsverfahrens gegeben ist. Ihre berechtigte Grenze findet die Privatautonomie entsprechend der ausdrücklichen gesetzlichen Formulierung in § 1042 Abs. 3 ZPO im zwingenden Verfahrensrecht des Schiedsverfahrens, wozu der Grundsatz der *lis alibi pendens* zu zählen ist.

(b) Schiedsgerichtliche Kompetenz-Kompetenz

Jedem Schiedsgericht steht nach § 1040 Abs. 1 ZPO das Recht zu, selbstständig über die eigene Zuständigkeit und in diesem Zusammenhang über Gültigkeit und Bestehen der Schiedsvereinbarung zu entscheiden. Eine rechtzeitig erhobene Rechtshängigkeitsrüge im schiedsrichterlichen Verfahren führt zu einer Klageabweisung des nachfolgend eingeleiteten Schiedsverfahrens. Wenn das nachfolgende Schiedsgericht die Sperrwirkung bestehender Rechtshängigkeit somit zwingend beachten muss, könnte hierin eine Inkompatibilität des *lis pendens*-Grundsatzes mit dem schiedsgerichtlichen Grundsatz der Kompetenz-Kompetenz zu sehen sein. Wird dieser Grundsatz durch die Qualifizierung von *lis pendens* als zwingender ungeschriebener Verfahrensgrundsatz im Rahmen von § 1042 Abs. 3 ZPO also unangemessen beschnitten? Diese Bedenken sind zu entkräften, weil nach

1286 Hobér, in: Cremades/Lew, Parallel Proceedings, S. 243 (244).

der vorgeschlagenen Konzeption das zweite Schiedsgericht die objektiven und subjektiven Voraussetzungen der schiedsrichterlichen Rechtshängigkeitssperre zu prüfen hat.[1287] Diesem Schiedsgericht obliegt also die Verpflichtung der ordnungsgemäßen Umsetzung des Verfahrensgrundsatzes. Die Prüfung der einzelnen Voraussetzungen der Verfahrenssperre erfolgt gleichzeitig mit der Prüfung der eigenen Zuständigkeit des zweiten Schiedsgerichts, weil zu einer umfassenden Zuständigkeitsprüfung auch das Berücksichtigen von eventuell bestehenden Einwendungen gegen die eigene Zuständigkeit gehört (vgl. § 1040 Abs. 1 ZPO).

(c) Beschleunigungsgrundsatz

Konfliktpotenzial eines schiedsgerichtlichen *lis pendens*-Grundsatzes wird auch im Hinblick auf das Gebot einer raschen Verfahrenserledigung gesehen.[1288] Auf diesen Gesichtspunkt ist besonders wegen des gesetzgeberischen Willens einzugehen, für einen zügigen Verfahrensablauf vor Schiedsgerichten zu sorgen. Der Gesetzgeber hat auf das Interesse an einem zügigen Verfahrensablauf in den Gesetzgebungsmaterialien mehrfach hingewiesen. Er nimmt zugunsten der Verfahrensbeschleunigung sogar die Parallelität von gerichtlichem Verfahren und schiedsgerichtlichem Verfahren in Kauf.[1289] Im Übrigen werden Einschränkungen des rechtlichen Gehörs mit dem Ziel einer Verfahrensbeschleunigung in bestimmten Fällen ausdrücklich geduldet, um auf diese Weise zu einem effektiven Rechtsschutz vor Schiedsgerichten zu gelangen.[1290] Diese Beschränkungen des rechtlichen Gehörs zugunsten des Prinzips der Verfahrensbeschleunigung beziehen sich alle auf Präklusionsvorschriften (§ 1027 ZPO und § 1040 Abs. 1, Abs. 2 ZPO). In Anbetracht dessen, dass sich die schiedsgerichtliche Verfahrenssperre bezüglich ihrer verfahrensrechtlichen Berücksichtigung konzeptionell an § 1027 ZPO orientiert, sind auch Bedenken entkräftet, die auf eine Verzögerung des Schiedsverfahrens abzielen.

(d) Zwischenergebnis

Die vorangehenden Überlegungen haben gezeigt, dass sich eine schiedsgerichtliche Rechtshängigkeitseinrede harmonisch in das Gesamtgefüge der schiedsgerichtlichen Verfahrensgrundsätze einbinden lässt. Insgesamt ergibt sich ein ausgewogenes Zusammenspiel zwischen einer Koordination von Parallelverfahren und weiteren Grundprinzipien des Schiedsverfahrensrechts. Ein bestehendes Spannungsverhältnis zwischen den einzelnen Verfahrensmaximen ist – wie

1287 Von einer Vereinbarkeit einer schiedsgerichtlichen Rechtshängigkeitssperre mit dem Grundsatz der Kompetenz-Kompetenz geht auch Mansel, in: FS Kühne, S. 809 (816) aus. Allerdings ist Mansels Begründung nicht speziell auf den schiedsinternen Fall zugeschnitten.

1288 Kaufmann-Kohler/Lévy, in: Peter/Jeandin/Kilborn, Challenges of Insolvency Law Reform, S. 257 (269); dem zustimmend Born, International Arbitration, S. 3807.

1289 BT-Drucks. 13/5274, S. 38, re. Sp.

1290 BT-Drucks. 13/5274, S. 46, li. Sp.

allgemein üblich – durch eine wechselseitige Einschränkung der Verfahrensmaximen und durch eine sachgerechte Berücksichtigung bestehender Interessen im Einzelfall aufzulösen.[1291]

gg) Lis pendens-Grundsatz im Rahmen von institutionellen Schiedsverfahren

Bisher wurde die Anwendung von Rechtshängigkeit in erster Linie für den in der ZPO vorgesehenen Regelfall von Ad-hoc-Schiedsverfahren diskutiert. Die Erörterung erfolgte unter der Voraussetzung, dass keine die gesetzlichen Verfahrensregelungen der §§ 1025 ff. ZPO abändernden Parteivereinbarungen vorliegen. In der Praxis spielen gleichermaßen Schiedsverfahren nach einer institutionellen Verfahrensordnung eine große Rolle. In großen Wirtschaftsstreitigkeiten ist die Vereinbarung eines ständigen Schiedsgerichts sogar der Regelfall.[1292] Die wichtigsten Schiedsgerichtsinstitutionen für das deutsche Recht wurden bereits kurz vorgestellt.[1293]

Nach dem derzeitigen Erkenntnisstand enthält die Zivilprozessordnung keine eigenständig normierte Vorschrift einer schiedsgerichtlichen Rechtshängigkeitssperre. Allerdings ist *lis pendens* den Regelungen zum deutschen Schiedsverfahren als zwingender ungeschriebener Verfahrensgrundsatz immanent. Dogmatisch kommt die Implementierung des Rechtsinstituts über § 1042 Abs. 3 ZPO in Betracht.

In dieser Vorschrift stellt die Zivilprozessordnung den Parteien des Weiteren die Bezugnahme auf eine schiedsrichterliche Verfahrensordnung frei und bietet die Wahl einer institutionellen Verfahrensordnung als gleichwertige Alternative zu Ad-hoc-Schiedsverfahren nach der gesetzlichen Konzeption der §§ 1025 ff. ZPO an.[1294] Infolgedessen ist zu untersuchen, ob institutionelle Verfahrensordnungen das Problem von gleichzeitigen und streitgegenstandsidentischen Schiedsverfahren einer ausdrücklich festgeschriebenen verfahrensrechtlichen Regelung unterworfen haben. Wenn dies der Fall sein sollte, ist zu erforschen, ob ein vom bislang vorgeschlagenen Lösungsmodell abweichender Mechanismus vorgesehen ist. Vorliegend werden wegen ihrer Bedeutsamkeit für das deutsche Schiedsverfahrensrecht die Schiedsgerichtsordnungen der DIS und diejenige der ICC in ihrer Fassung vom 1.1.1998 auf eine Rechtshängigkeitsregelung hin untersucht. Den Ausgangspunkt der Untersuchung bilden in beiden Verfahrensordnungen diejenigen Normen, die den Verfahrensbeginn regeln.

(1) Beginn des schiedsgerichtlichen Verfahrens nach § 6 DIS-SchO

Für Verfahren, die der Schiedsgerichtsordnung der DIS folgen, erfolgt die Einleitung des schiedsgerichtlichen Verfahrens nach § 6 Abs. 1 DIS-SchO mit Zugang der

---

1291 Zu den allgemeinen Verfahrensgrundsätzen innerhalb des schiedsgerichtlichen Verfahrens Schlosser, Internationale Schiedsgerichtsbarkeit, S. 472 ff., Rn. 629 ff.

1292 Vgl. Aden, Handelsschiedsgerichtsbarkeit, S. 14, Rn. 12.

1293 Vgl. die Ausführungen unter den Gliederungspunkten 1. Kapitel. C.VII. 2. ff.

1294 Vgl. BT-Drucks. 13/5274, S. 47, li. Sp.

Schiedsklage bei einer DIS-Geschäftsstelle.[1295] Die Klage wird im Anschluss durch die DIS-Geschäftsstelle nach § 8 S. 1 DIS-SchO unverzüglich an den Beklagten übersendet. Im Gegensatz zu Ad-hoc-Verfahren nach der ZPO beginnt das Schiedsverfahren somit nicht mit dem Vorlageantrag, sondern sogleich mit der Klageeinreichung.[1296] Dem Verfahrensbeginn werden dieselben materiell-rechtlichen Wirkungen zugesprochen wie der Verfahrenseinleitung nach § 1044 S. 1 ZPO.[1297] § 6 Abs. 2 DIS-SchO legt einen zwingenden Mindestinhalt für die Schiedsklage fest: die Parteien, der Streitgegenstand und das Klageziel sind zu bezeichnen. Außerdem sind eine Wiedergabe der Schiedsvereinbarung sowie bei Schiedsgerichten mit mehr als einem Schiedsrichter deren Benennung notwendig. Eine § 261 Abs. 3 Nr. 1 ZPO entsprechende Regelung ist in der Verfahrensordnung der DIS nicht explizit festgeschrieben. Durch die erforderlichen obligatorischen Angaben zu Streitgegenstand und Parteien in der Schiedsklage sind jedoch zugleich die erarbeiteten subjektiven und objektiven Voraussetzungen für eine schiedsgerichtliche Rechtshängigkeitssperre erfüllt.[1298]

Verfahrensrechtliche Wirkungen der Klageeinreichung nach der DIS-SchO werden nicht kategorisch ausgeschlossen, auf der anderen Seite aber auch nur selten näher thematisiert.[1299] Die Ansicht, dass die Klageerhebung gem. § 6 Abs. 1 DIS-SchO in Anwendung des *lis pendens*-Grundsatzes ein nachfolgendes Verfahren zwischen denselben Parteien und über denselben Streitgegenstand unzulässig macht, wird zumindest auch vertreten.[1300] Diesen Ausführungen ist jedoch nicht zu entnehmen, ob eine Verfahrenssperre nach den Grundsätzen von *lis pendens* nur für nachfolgende Schiedsverfahren oder gleichermaßen für parallel eingeleitete staatliche Verfahren gelten soll. Sofern eine umfassende Rechtshängigkeitssperre angesprochen ist, ist zu klären, ob die Parteien ohne Bedenken durch eine Bezugnahme auf die schiedsrichterliche Verfahrensordnung dem Verfahrensbeginn uneingeschränkt die verfahrensrechtlichen Wirkungen entsprechend § 261 Abs. 3 Nr. 1 ZPO beimessen dürfen, obwohl für Ad-hoc-Verfahren nach den §§ 1025 ff. ZPO eine Rechtshängigkeitswirkung im Verhältnis zu Staatsgerichten schlussendlich zu verneinen ist.[1301] Da die erwähnte Ansicht keine präzisen Angaben über den Anwendungsbereich einer Litispendenzregelung trifft, kann die aufgeworfene Fragestellung wegen einer anderen Schwerpunktsetzung hier dahinstehen.

1295 Hierzu bereits unter Gliederungspunkt 1. Kapitel. F.II. 3. b)aa).

1296 Zum Vergleich der Verfahrenseinleitung nach den Verfahrensordnungen der DIS, der ICC a. F. und der AAA Wilke, RIW 2007, S. 189 ff.

1297 Böckstiegel/Kröll/Nacimiento-*Elsing*, § 6 Dis-SchO, Rn. 3; Schütze-*Theune*, § 6 DIS-SchO, Rn. 3.

1298 § 6 Abs. 2 DIS-SchO entspricht § 253 Abs. 2 ZPO, so jedenfalls Aden, Handelsschiedsgerichtsbarkeit, S. 435, Rn. 3 ff.

1299 Schütze-*Theune*, § 6 DIS-SchO, Rn. 1.

1300 Böckstiegel/Kröll/Nacimiento-*Elsing*, § 6 Dis-SchO, Rn. 3.

1301 Hierzu unter Gliederungspunkt 1. Kapitel. F.II. 6. b)cc).

Als Zwischenergebnis ist festzuhalten, dass die Vorschrift zum schiedsgerichtlichen Verfahrensbeginn keinen Aufschluss über prozessuale Wirkungen gibt und zudem keinerlei Anhaltspunkte über das grundsätzliche Verhältnis der DIS-SchO gegenüber einer Litispendenzregelung bestehen.

Innerhalb der DIS-SchO könnten andere Regelungen – jenseits einer expliziten Rechtshängigkeitssperre – möglicherweise eine Aussage über die Handhabung von Parallelverfahren im Schiedsprozess treffen. Eine § 1032 ZPO nachempfundene Regelung oder eine spezielle Vorschrift zur Verfahrensaussetzung sind nicht vorgesehen. Allerdings sind nach § 24 Abs. 1 DIS-SchO die zwingenden Vorschriften des Schiedsverfahrensrechts am Ort des schiedsgerichtlichen Verfahrens für das DIS-Schiedsverfahren maßgebend. Nachrangig gelten die Verfahrensordnung der DIS sowie die Vereinbarungen der Schiedsparteien. Ergänzend wird das schiedsrichterliche Verfahren durch das schiedsrichterliche Ermessen bestimmt. Realistischerweise ist anzunehmen, dass die Parteien keine autonomen Vereinbarungen über die Situation von doppelt rechtshängigen Schiedsverfahren treffen werden.[1302] Für diese Annahme genügt ein erneuter Hinweis auf die hauptsächlichen Ursachen von parallelen Schiedsverfahren, die sich im Rahmen von Ad-hoc-Verfahren und administrierter Schiedsgerichtsbarkeit nicht unterscheiden.[1303]

Durch die Bezugnahme auf die zwingenden Vorschriften des Schiedsverfahrensrechts am Ort des schiedsrichterlichen Verfahrens ergibt sich aus dem direkten Zusammenwirken der §§ 1042 Abs. 3 ZPO und § 24 Abs. 1 DIS-SchO, dass *lis pendens* in administrierten Verfahren der DIS-SchO, deren Schiedsort in Deutschland liegt, nach den aufgezeigten Grundsätzen anzuwenden ist. Auf diese Weise entsteht ein harmonisches Gesamtkonzept für alle Verfahren, die dem deutschen Schiedsverfahrensrecht als maßgebende *lex arbitri*[1304] unterworfen sind. In weiten Teilen entspricht die Verfahrensordnung der DIS ohnehin den aktuellen Vorschriften im Zehnten Buch der ZPO.[1305] Es verwundert somit nicht, dass Inhalt und Aufbau des § 24 Abs. 1 DIS-SchO an die in § 1042 Abs. 3 ZPO verkörperte Normhierarchie erinnern.[1306]

(2) Beginn des schiedsgerichtlichen Verfahrens nach Art. 4 ICC-SchO a. F.

Der Verfahrensbeginn bei einem administrierten Verfahren nach der ICC-SchO ähnelt sehr demjenigen der DIS-SchO. Die Einleitung des schiedsgerichtlichen

---

1302 Vgl. Kreindler/Schäfer/Wolff, Schiedsgerichtsbarkeit, S. 213, Rn. 722 mit dem Hinweis, dass die Schiedsparteien generell in den seltensten Fällen alle Feinheiten in der Schiedsvereinbarung regeln.

1303 Hierzu unter Gliederungspunkt 1. Kapitel. F.II. 6. c)dd)(2).

1304 Zur Begrifflichkeit "*lex arbitri*" Redfern/Hunter, Law and Practice, S. 174, Rn. 3. 35: „*the law of the place or seat of the arbitration*".

1305 Vgl. Lachmann, Schiedsgerichtspraxis, S. 771, Rn. 3360.

1306 So auch Schütze-*Theune*, § 24 DIS-SchO, Rn. 1, Fn. 233.

Verfahrens erfolgt gem. Art. 4 Abs. 1 ICC-SchO a. F. durch Einreichung der Schiedsklage („*request*") beim Sekretariat. Das Sekretariat informiert anschließend den Beklagten und den Kläger über den Eingang der Klage, Art. 4 Abs. 5 ICC-SchO a. F. Die Vorschrift nennt wie auch § 1044 ZPO und § 6 Abs. 2 DIS-SchO Angaben, die zur ordnungsgemäßen Klageeinreichung zwingend notwendig sind oder fakultativ beigefügt werden können. Art. 4 Abs. 3 lit. b.) ICC-SchO a. F. erfordert die notwendigen Angaben zum Streitgegenstand des Schiedsverfahrens und gilt als Pendant zu § 253 Abs. 2 ZPO.[1307]

Zu prozessualen und materiell-rechtlichen Folgen des schiedsgerichtlichen Verfahrensbeginns schweigt auch die ICC-SchO. Nach Art. 4 Abs. 2 ICC-SchO a. F. gilt der Tag, an dem die Schiedsklage beim Sekretariat eingeht, in jedem Fall („*for all purposes*") als Beginn des Schiedsverfahrens. Infolgedessen geht das Schrifttum zur ICC-SchO einhellig davon aus, dass dieser Zeitpunkt maßgeblich für den Eintritt derselben materiell-rechtlichen Wirkungen wie bei der Klageerhebung nach den §§ 253, 261 ZPO ist.[1308] Die Verjährung wird unabhängig von der Zustellung der Schiedsklage an den Beklagten unterbrochen.[1309] Zum Teil wird der Eintritt von Rechtshängigkeitswirkungen mit Verfahrensbeginn kritisch bewertet, weil der Schiedsbeklagte zu diesem Zeitpunkt in der Regel keinerlei Kenntnis von der Verfahrenseinleitung gegen ihn habe.[1310]

Für den zentralen Untersuchungsgegenstand ist hingegen eine andere Stellungnahme aufschlussreicher: Eine Kommentierung[1311] unterscheidet zwischen der Anhängigkeit des Schiedsverfahrens und dem vollen Eintritt der Rechtshängigkeit.

1307 Aden, Handelsschiedsgerichtsbarkeit, S. 128, Rn. 12.

1308 Mit Hinweis auf die rechtliche Bedeutung des Verfahrensbeginns für die Verjährungsunterbrechung, Schütze-*Reiner/Jahnel*, Art. 4 ICC-SchO, Rn. 2, 14; Aden, Handelsschiedsgerichtsbarkeit, S. 126, Rn. 7; vgl. aber auch Bühler/Webster, ICC Arbitration, S. 48; Rn. 4-12 ff.; Derains/Schwartz, Guide ICC, S. 50.

1309 Schütze-*Reiner/Jahnel*, Art. 4 ICC-SchO, Rn. 2; vgl. auch Lionnet/Lionnet, Internationale und nationale Schiedsgerichtsbarkeit, S. 324 mit dem Hinweis, dass es des Verzichts auf die Zustellung des *request* vor allem in internationalen Fällen bedürfe, um dem Risiko eines verzögerten Zugangs vorzubeugen.

1310 Vgl. Lachmann, Schiedsgerichtspraxis, S. 717, Rn. 3078, der auf diesbezüglich kritische Stimmen hinweist. Dies jedoch ohne die jeweiligen Meinungsvertreter zu benennen. Zudem erfolgt keine Spezifizierung, welche Rechtshängigkeitswirkungen konkret angesprochen sind. Lachmann selber weist den Kritikpunkt mit dem Hinweis auf eine regelmäßig zeitnahe Benachrichtigung des Schiedsbeklagten über die Verfahrenseinleitung zurück. Unabhängig davon, ob das Gefahrpotenzial für den Beklagten durch das Konzept des Verfahrensbeginns im Rahmen der ICC-SchO hoch oder als hinnehmbar zu bewerten ist, steht die Frage nach Erkenntnissen zum Institut der Rechtshängigkeit im Vordergrund. Diese sind ebenso vage wie die Quellenangabe zur genannten Kritik. Immerhin deuten die Ausführungen darauf hin, dass unter der ICC-SchO a. F. Rechtshängigkeitswirkungen überhaupt thematisiert werden.

1311 Aden, Handelsschiedsgerichtsbarkeit, S. 126, Rn. 6 iVm. S. 135, Rn. 32.

Diese Differenzierung soll sich inhaltlich an den Begrifflichkeiten zum staatlichen Zivilprozess orientieren. Anhängigkeit der Schiedsklage trete mit dem Tag ein, an dem der Kläger die Schiedsklage beim Sekretariat einreiche (Art. 4 Abs. 2 ICC-SchO a. F.), Rechtshängigkeit dagegen erst ab dem späteren Zeitpunkt, zu dem dem Beklagten die Klage zugesandt werde (Art. 4 Abs. 5 ICC-SchO a. F.). Interessanterweise spricht diese Meinung eine schiedsrichterliche Verfahrenssperre explizit an. Der *„Eintritt einer Einrede der Schiedshängigkeit gegenüber einer in derselben Sache anderorts erhobenen Schiedsklage"* wird sodann mit Eintritt der Anhängigkeit des schiedsrichterlichen Verfahrens angenommen.[1312] An anderer Stelle fordert derselbe Autor schließlich präzise Angaben zum Streitgegenstand des Schiedsverfahrens im Rahmen des Art. 4 Abs. 3 lit. b.) ICC-SchO a. F., um gegebenenfalls in *„sachlich verwandten Verfahren"* die *„Einrede der Rechts-/ Schiedshängigkeit"* geltend machen zu können.[1313]

Im Unterschied zu den übrigen Kommentatoren zur ICC-SchO thematisiert die zuletzt genannte Auffassung ausdrücklich eine „Einrede der Schiedshängigkeit" im schiedsinternen Widerstreit. Hierbei wird offenbar zwischen einer Einrede der Schiedshängigkeit und einer Einrede der Rechtshängigkeit differenziert. Dies deutet darauf hin, dass eine Verfahrenssperre sowohl im Verhältnis von Staatsverfahren und einem parallelen Schiedsverfahren als auch in der Situation von zwei gleichzeitig eingeleiteten Schiedsverfahren befürwortet wird. Die Einrede der Schiedshängigkeit und die Einrede der Rechtshängigkeit sollen sich offenbar voneinander unterscheiden. Dass diese Stellungnahme sich nur auf keine Begrifflichkeit eindeutig festlegen wollte, ist unwahrscheinlich, da auch im Weiteren für den maßgeblichen Zeitpunkt innerhalb des Verfahrens zwischen dem Eintritt der Schiedshängigkeit und der Rechtshängigkeit unterschieden wird. Eine Identität des Streitgegenstandes wird in beiden möglichen Kollisionsfällen für die Anwendbarkeit einer Verfahrenssperre vorausgesetzt. Da darüber hinaus explizit von einer *Einrede* der Schiedshängigkeit gesprochen wird, ist gleichzeitig die prozessuale Art der Berücksichtigung im parallelen Schiedsverfahren angedeutet. Freilich ergibt sich auch anhand dieser Stellungnahme kein umfassendes Bild zur doppelten Rechtshängigkeit im schiedsrichterlichen Verfahren, jedoch werden wesentliche Gesichtspunkte zumindest angesprochen, so dass anhand dieser Aspekte eine Grundlage für die weitere Problemanalyse geschaffen ist.

Insgesamt fallen die Äußerungen in den Kommentierungen zu ICC-SchO a. F. zum hauptsächlichen Problemkreis dieser Arbeit knapp aus. Überwiegend werden die üblichen Differenzierungen zwischen den prozessualen Wirkungen der Einleitung des Schiedsverfahrens und dem allgemeinen Institut der Rechtshängigkeit gemacht.[1314] Sähe man dennoch ein schiedsrechtliches Pendant zum Institut der Rechtshängigkeit in Art. 4 ICC-SchO a. F. verkörpert, spricht hierfür zumindest die Tatsache, dass durch die notwendigen Angaben zu Parteien und Streitgegenstand

1312 Aden, Handelsschiedsgerichtsbarkeit, S. 126, Rn. 7.
1313 Aden, Handelsschiedsgerichtsbarkeit, S. 128, Rn. 12 f.
1314 Berger, Wirtschaftsschiedsgerichtsbarkeit, S. 264.

der Umfang einer schiedsrechtlichen Rechtshängigkeitssperre eindeutig bestimmbar ist.[1315]

Es ist nach derzeitigem Erkenntnisstand aber nahe liegender, dass die ICC-SchO a. F. keine festgeschriebene Regelung zur Rechtshängigkeit enthält. Der Kommentarliteratur ist diesbezüglich nur eine fragmentäre Tendenz zu entnehmen. Für eindeutige und weiterführende Erkenntnisse müssen zusätzliche Untersuchungsschritte folgen. Hierzu wird zum einen die Sonderregelung in Art. 4 Abs. 6 ICC-SchO a. F. untersucht.[1316] Zum anderen wird anhand eines exemplarischen Zwischenschiedsspruchs erörtert, ob die Konzeption, *lis pendens* als zwingenden Verfahrensgrundsatz bei Geltung deutschen Schiedsrechts als *lex loci arbitri* einzuordnen, durch die Rechtsprechung zu ICC-Schiedsverfahren belegt werden kann.[1317] Bisher kann aus den dargestellten Ansichten zur ICC-SchO a. F. zweierlei festgehalten werden: Erstens beinhaltet die Verfahrensordnung keine explizit normierte Lösungsvariante der *lis pendens*-Thematik, zweitens ist damit auch kein Widerspruch zu den bisherigen Untersuchungsergebnissen dieser Arbeit gegeben.

(3) Verfahrensverbindung (Consolidation of Claims) als Koordinationsmechanismus verwandter Schiedsverfahren

Art. 4 Abs. 6 ICC-SchO a. F. stellt eine Besonderheit gegenüber den schiedsverfahrensrechtlichen Regelungen der Zivilprozessordnung dar. Die Vorschrift regelt die Verfahrensverbindung („*consolidation of claims*") von Schiedsverfahren zwischen identischen Parteien, die auf demselben Rechtsgrund („*same legal relationship*") beruhen.[1318] Der Regelungszweck der Norm ist ebenso wie bei einer Litispendenzregelung in einer ressourcensparenden Koordinierung verwandter Verfahren zu sehen. Art. 4 Abs. 6 ICC-SchO a. F. dient deshalb gleichfalls der Prozesswirtschaftlichkeit und der Effektivität des Schiedsverfahrens.[1319] Dass die ICC-SchO a. F. eine separate Vorschrift zur Verfahrensverbindung von Schiedsverfahren zwischen denselben Parteien, die auf demselben Rechtsgrund beruhen, vorsieht, könnte ein Anhaltspunkt zur grundsätzlichen Konzeption der ICC-SchO a. F. in Bezug auf verwandte Schiedsklagen sein. Einer Rechtshängigkeitsregelung und der Verfahrenszusammenlegung liegen nicht nur ähnliche Zwecke zugrunde, darüber hinaus ähneln sich – was nachfolgend aufgezeigt wird – auch die einschlägigen Voraussetzungen beider verfahrensrechtlichen Regelungen.

1315 In diese Richtung Aden, Handelsschiedsgerichtsbarkeit, S. 128, Rn. 13.

1316 Hierzu unter Gliederungspunkt 1. Kapitel. F.II. 6. c)gg)(3).

1317 Hierzu unter Gliederungspunkt 1. Kapitel. F.II. 6. c)gg)(3) (a).

1318 Die deutsche Übersetzung des englischen Originalwortlauts „*same legal relationship*" ist nicht einheitlich. Teilweise wird von rechtlicher Beziehung, so Schütze-*Reiner/Jahnel*, Art. 4 ICC-SchO, Rn. 19, teilweise von rechtlichem Zusammenhang, so Aden, Handelsschiedsgerichtsbarkeit, S. 136, Rn. 35, oder vom selben Rechtsgrund gesprochen.

1319 Weigand, Practitioner's Handbook (1. Auflage), S. 149, Rn. 49; Derains/Schwartz, Guide ICC, S. 62; Weigand, Practitioner's Handbook, S. 1186, Rn. 15.271.

Die Verfahrensverbindung nach Art. 4 Abs. 6 ICC-SchO a. F. wird von folgenden Voraussetzungen abhängig gemacht: Es können ausschließlich Schiedsverfahren, die beide der ICC-SchO unterworfen sind, miteinander verbunden werden[1320], und es müssen in beiden Schiedsverfahren dieselben Parteien beteiligt sein.[1321] Die Verfahrenszusammenlegung erfolgt nur auf Parteiantrag. Über dessen Zulässigkeit entscheidet der Gerichtshof.[1322] In zeitlicher Hinsicht müssen sich beide Verfahren noch im Stadium vor der Unterzeichnung des Schiedsauftrages („*the Terms of Reference have not yet been signed*") befinden.[1323] Wie die weitere Voraussetzung der gleichen rechtlichen Beziehung zu verstehen ist, wird offenbar unterschiedlich beurteilt. Einerseits wird ein weites Verständnis, orientiert an prozesswirtschaftlichen Erwägungen, befürwortet.[1324] Andererseits soll der Gerichtshof in der Vergangenheit eine Verfahrensverbindung abgelehnt haben, weil der Schiedsort in beiden Verfahren ein anderer gewesen sei, obwohl ansonsten die Voraussetzungen des Art. 4 Abs. 6 ICC-SchO a. F. vorgelegen hätten.[1325] Einigkeit besteht hingegen darüber, dass beide Schiedsklagen nicht auf demselben Vertrag beruhen müssen.[1326]

Das Zusammenspiel der übrigen Voraussetzungen einer Verfahrensverbindung nach Art. 4 Abs. 6 ICC-SchO a. F., insbesondere die Parteiidentität in beiden Schiedsverfahren sowie die enge zeitliche Spanne, in der diese Vorschrift eine Verbindung mehrerer Schiedsverfahren ermöglicht, spricht für einen ohnehin eher eingeschränkten Anwendungsbereich der Norm.[1327] Auf ein exaktes Verständnis des rechtlichen Zusammenhangs bzw. der rechtlichen Beziehung kommt es zunächst nicht an. Vorliegend kann schon jetzt ein hinreichend konkreter Vergleich zu den Voraussetzungen einer schiedsrechtlichen Rechtshängigkeitssperre gezogen werden. Hierbei ist davon auszugehen, dass an die Identität des Streitgegenstandes in beiden beteiligten

1320 Bühler/Webster, ICC Arbitration, S. 62, Rn. 4-71.

1321 Ein sehr enges Verständnis vertreten diesbezüglich Derains/Schwartz, Guide ICC, S. 74, Fn. 115, die für eine Parteiidentität auch eine Gruppenidentität verlangen, die dann nicht erfüllt sein soll, wenn in einem Verfahren A gegen B und C klagt und in dem anderen Verfahren B der Kläger gegen A und C ist. Ebenfalls absolute Identität verlangen Webster/Bühler, ICC Arbitration, S. 66, Rn. 4-67; a. A. Schütze-*Reiner/Jahnel*, Art. 4 ICC-SchO, Rn. 19.

1322 Schütze-*Reiner/Jahnel*, Art. 4 ICC-SchO, Rn. 17; Derains/Schwartz, Guide ICC, S. 63.

1323 Bühler/Webster, ICC Arbitration, S. 63, Rn. 4-73.

1324 So Schütze-*Reiner/Jahnel*, Art. 4 ICC-SchO, Rn. 19; ähnlich Aden, Handelsschiedsgerichtsbarkeit, S. 136, Rn. 35.

1325 Hinweis bei Bühler/Webster, ICC Arbitration, S. 63, Rn. 4-74, allerdings ohne konkrete Angabe der einschlägigen Entscheidung.

1326 Derains/Schwartz, Guide ICC, S. 65; Aden, Handelsschiedsgerichtsbarkeit, S. 136, Rn. 35; Schütze-*Reiner/Jahnel*, Art. 4 ICC-SchO, Rn. 19.

1327 Auf einen eingeschränkten Anwendungsbereich der Norm weisen auch Webster/Bühler, ICC Arbitration (1. Auflage), S. 67, Rn. 4-70 und Derains/Schwartz, Guide ICC, S. 63 hin. Allerdings bezieht sich der Hinweis nicht auf die konkrete Interpretation des *legal relationship*.

Verfahren im Anwendungsbereich der schiedsrechtlichen Rechtshängigkeitssperre strengere Anforderungen zu stellen sind als das Erfordernis der rechtlichen Beziehung zwischen beiden Schiedsklagen in Art. 4 Abs. 6 ICC-SchO a. F. verlangt.

Durch Art. 4 Abs. 6 ICC-SchO a. F. wird eine Verfahrenskonzentration bei nur einem zuständigen Schiedsgericht erreicht, um dadurch unter anderem der Gefahr widersprüchlicher Entscheidungen über miteinander im Zusammenhang stehende Streitgegenstände vorzubeugen.[1328] Mit gleicher Intention erreicht die Anwendung von *lis pendens* nach rechtzeitiger Parteirüge, dass zu einem bestimmten Streitgegenstand zwischen denselben Parteien von vornherein nur ein einziges Mal verhandelt und verbindlich entschieden wird. Das Interesse[1329] der Schiedsparteien an nur einem durchzuführenden Schiedsverfahren ist der Verfahrensverbindung und einer Verfahrenssperre wegen anderweitiger Rechtshängigkeit ebenfalls gemein.

Zusammengefasst sprechen einige Parallelen bei Voraussetzungen und Intention des *lis pendens*-Grundsatzes und des Art. 4 Abs. 6 ICC-SchO a. F. dafür, dass prinzipiell im Rahmen der ICC-SchO verwandte bzw. identische Schiedsverfahren unerwünscht sind und deshalb miteinander koordiniert werden sollten. Möglicherweise spricht außerdem der unmittelbare gesetzessystematische Zusammenhang der Verfahrenszusammenlegung nach Art. 4 Abs. 6 ICC-SchO a. F. mit dem schiedsgerichtlichen Verfahrensbeginn nach Art. 4 Abs. 2 ICC-SchO a. F. für eine insgesamt ablehnende Grundhaltung der Verfahrensordnung gegenüber parallelen Schiedsverfahren zwischen denselben Parteien über sachlich verwandte bzw. identische Streitsachen. Mehr als eine Indizwirkung bzw. ein unterstützendes Argument kann dem angeführten Vergleich allerdings nicht entnommen werden. In jedem Fall sind beide prozessualen Einrichtungen Instrumentarien einer prozesswirtschaftlichen Verfahrensgestaltung. Dem steht das Gebühreninteresse des Gerichtshofs der Internationalen Handelskammer gegenüber. Denn mehrere Schiedsverfahren verursachen höhere Verfahrensgebühren.[1330]

(a) *Schiedsrechtsprechung zur Geltung von lis pendens innerhalb von ICC-Verfahren*

Eine Betrachtung der Schiedsrechtsprechung zu Verfahren unter der ICC-SchO soll abschließende Klarheit über die Berücksichtigung der Sperrwirkung anderweitiger Rechtshängigkeit für ein nachfolgend eingeleitetes Schiedsverfahren bringen. Insbesondere ist anhand der bisherigen Ergebnisse nicht klar, wie die Geltung einer schiedsrechtlichen Rechtshängigkeitssperre dogmatisch zu begründen wäre. Zudem bleibt offen, ob es sich um eine von Amts wegen zu beachtende negative

1328 Vgl. Derains/Schwartz, Guide ICC, S. 62.

1329 Aden, Handelsschiedsgerichtsbarkeit, S. 136 f., Rn. 36 hinsichtlich der Kosteninteressen der Parteien an einer Verfahrensverbindung.

1330 Aden, Handelsschiedsgerichtsbarkeit, S. 137, Rn. 36. Zur Verfahrenszusammenlegung vgl. auch die Ausführungen unter Gliederungspunkt 1. Kapitel. F.II. 6. c)gg)(3).

Prozessvoraussetzung oder um einen auf Rüge einer Partei zu berücksichtigenden Umstand handelt.

Rechtsprechungsmaterialien, die sich explizit mit der Konkurrenzsituation von zwei Schiedsverfahren zwischen denselben Parteien und in derselben Streitsache befassen, können auch in diesem Kontext nicht angeführt werden. Allerdings gibt es Entscheidungen, die sich zur Geltung von *res judicata* und *lis pendens* im schiedsgerichtlichen Verfahren äußern.[1331] Exemplarisch wird nachfolgend ein Zwischenschiedsspruch des internationalen Schiedsgerichtshofs der ICC besprochen. Der Streitfall dieses Zwischenschiedsspruchs bewegt sich im Spannungsfeld zwischen staatlicher Gerichtsbarkeit und Schiedsgerichtsbarkeit. Dennoch lässt der Zwischenschiedsspruch eine klare Tendenz der Schiedsrechtsprechung bezogen auf die ICC-SchO a. F. zur Berücksichtigung anderweitiger Rechtshängigkeit erkennen. Hierdurch werden auch Rückschlüsse auf den schiedsinternen Kollisionsfall ermöglicht. Primär äußert sich der Zwischenschiedsspruch zur Geltung von *res judicata.* Es wird aber durchgehend auf das Parallelproblem der anderweitigen Rechtshängigkeit hingewiesen.

Die Relevanz des angesprochenen Zwischenschiedsspruchs[1332] für das deutsche Schiedsverfahrensrecht ergibt sich aus der Wahl Münchens als des vereinbarten Schiedsorts. Das Schiedsverfahrensrecht der §§ 1025 ff. ZPO folgt dem Prinzip der strikten Territorialität, so dass die Vorschriften der ZPO (zwingend) zur Anwendung kommen, wenn der vereinbarte Schiedsort in Deutschland liegt.[1333] Gemäß den §§ 1025 Abs. 1, 1043 S. 1 ZPO bestimmt sich also nach dem Ort des schiedsgerichtlichen Verfahrens auch das anzuwendende zwingende Verfahrensrecht.[1334] Regelmäßig kommt das deutsche Schiedsverfahrensrecht zur Anwendung, wenn die Schiedsparteien deutsche Staatsangehörige mit Wohn- bzw. Firmensitz innerhalb Deutschlands sind und durch die Wahl eines deutschen Schiedsortes keine weiten Anfahrtswege in Kauf genommen werden sollen.[1335] Die Verfahrensregelungen der deutschen *lex loci arbitri* sind darüber hinaus maßgeblich, wenn unabhängig von der Nationalität der Schiedsparteien Deutschland durch Rechtswahl als neutraler Ort des schiedsgerichtlichen Verfahrens festgelegt worden ist.[1336]

1331 Vgl. hierzu Born, International Arbitration, S. 3794, Fn. 330, der auf weiterführende Rechtsprechung und Literatur hinweist.

1332 ICC-Zwischenschiedsspruch vom 20.10.2003, No. 11339/DK, abgedruckt in SchiedsVZ 2005, S. 103 ff.; ebenfalls als Argumentationshilfe herangezogen von Mansel, in: FS Kühne, S. 809 (812, Fn. 17).

1333 Vgl. die Begründung zur Einführung des Territorialprinzips in das deutsche Schiedsrecht BT-Drucks. 13/5274, S. 31, li. Sp.; Lionnet/Lionnet, Internationale und nationale Schiedsgerichtspraxis, S. 123 ff.; kritisch hierzu Solomon, Verbindlichkeit, S. 432 ff., 700.

1334 Zöller-*Geimer*, § 1043, Rn. 1; 3.

1335 Allerdings müssen Schiedsort und tatsächlicher Tätigkeitsort des Schiedsgerichts nicht zwingend übereinstimmen, so B/A/L/H-*Hartmann*, § 1043, Rn. 4.

1336 Stein/Jonas-*Schlosser*, § 1025, Rn. 3.

Der angesprochenen schiedsrichterlichen Entscheidung lag nachstehend skizzierter Sachverhalt zugrunde: Die Parteien aus unterschiedlichen Heimatländern waren in einen Streit über den Kauf zweier Flugzeuge geraten. Die Schiedsklägerin machte vor dem Münchner Schiedsgericht geltend, dass zwischen ihr und der Beklagten ein wirksamer Kaufvertrag über die Flugzeuge zustande gekommen sei. Dessen Erfüllung habe die Beklagte jedoch verweigert. Die Schiedsbeklagte bestritt hingegen bereits das Zustandekommen eines wirksamen Kaufvertrages und darüber hinaus den Abschluss einer wirksamen Schiedsvereinbarung. Infolgedessen beteiligte sich die Schiedsbeklagte nicht am deutschen Schiedsverfahren und rügte die fehlende Zuständigkeit des Schiedsgerichts vor einem Staatsgericht ihres Heimatlandes. Die Schiedsrichterernennung erfolgte mangels Mitwirkung der Schiedsbeklagten nach Art. 9 Abs. 6 ICC-SchO a. F. in Verbindung mit Art. 18 Abs. 3 ICC-SchO a. F. Die Beklagte verwies auf die parallel zum Schiedsverfahren ergangene Entscheidung des obersten Gerichts ihres Heimatlandes. In dieser Entscheidung stellte das Staatsgericht die Unwirksamkeit der Schiedsvereinbarung, mithin auch die Unzuständigkeit des Schiedsgerichts rechtskräftig fest.

Eine beantragte Aussetzung des staatlichen Gerichtsverfahrens wegen des anhängigen Schiedsverfahrens lehnte das staatliche Gericht ab. Vielmehr hätte das Schiedsgericht die entgegenstehende, rechtskräftige Entscheidung des staatlichen Gerichts gemäß der Grundsätze von *res judicata* bzw. *lis pendens* berücksichtigen müssen.[1337] Dessen ungeachtet, bejahte das deutsche Schiedsgericht durch den Zwischenschiedsspruch seine Zuständigkeit aufgrund einer wirksamen Schiedsvereinbarung zwischen den Parteien.

Im Streitfall war hauptsächlich fraglich, ob wegen der ergangenen Entscheidung im Heimatland der Beklagten die Grundsätze von *res judicata* und *lis pendens* das deutsche Schiedsgericht an einer Entscheidung über die eigene Zuständigkeit hindern konnten. Dem Zwischenschiedsspruch zufolge sei es ein anerkanntes Prinzip im internationalen Zivilprozessrecht, dass der Erlass von sich widersprechenden Entscheidungen zur gleichen Streitsache vermieden werden sollte. Dieser Grundsatz werde durch die Beachtung von *res judicata* und *lis pendens* verwirklicht, dem auch Schiedsgerichte verpflichtet seien.[1338] Bei der Entscheidung, ob das Schiedsgericht wegen der ergangenen Entscheidung des Gerichts im Heimatland der Beklagten durch entgegenstehende Wirkungen von *res judicata* oder *lis alibi pendens* an einer Entscheidung über die eigene Zuständigkeit gehindert werde, habe das Schiedsgericht aufgrund seiner eigenen Vorschriften zum internationalen Zivilverfahrensrecht zu entscheiden.[1339] Das Schiedsgericht hatte daher das maßgebliche Verfahrensrecht zu bestimmen. In der getroffenen Schiedsvereinbarung wurde München zwar als Schiedsort und die Anwendung deutschen materiellen Rechts zur Auslegung der Schiedsvereinbarung festgelegt, aber keine weitere

1337 ICC-Zwischenschiedsspruch, SchiedsVZ 2005, S. 103 (104).
1338 ICC-Zwischenschiedsspruch, SchiedsVZ 2005, S. 103 (105).
1339 ICC-Zwischenschiedsspruch, SchiedsVZ 2005, S. 103 (105).

Vereinbarung über die deutsche *lex fori* als anzuwendendes Verfahrensrecht getroffen.[1340] Die Schiedsvereinbarung verwies für das anwendbare Verfahrensrecht allerdings auf die Verfahrensordnung der ICC.

In den Vorschriften der ICC-SchO trifft wiederum Art 15 ICC-SchO a. F. eine Aussage über Verfahrensregeln.[1341] Die deutsche Übersetzung lautet: „(1) *Auf das Verfahren vor dem Schiedsgericht ist diese Schiedsgerichtsordnung anzuwenden und, soweit diese keine Regeln enthält, diejenigen Regeln, die von den Parteien oder, falls diese es unterlassen haben, vom Schiedsgericht festgelegt werden, unabhängig davon, ob dabei auf eine auf das Schiedsverfahren anzuwendende nationale Prozessordnung Bezug genommen wird.* (2) *In jedem Fall handelt das Schiedsgericht fair und unparteiisch und stellt sicher, dass jede Partei ausreichend Gelegenheit erhält, ihre Sache darzulegen.*“[1342]

Die ICC-SchO a. F. enthält keine festgeschriebenen Regelungen zur Rechtskraft bzw. zur Rechtshängigkeit, und die Parteien des Streitfalls waren über das anzuwendende Verfahrensrecht gerade uneinig, so dass nach schiedsrichterlichem Ermessen hierüber zu entscheiden war. Aufgrund des vereinbarten deutschen Schiedsortes wurde auf die deutsche Zivilprozessordnung als einschlägiges Verfahrensrecht verwiesen.[1343] Das deutsche Verfahrensrecht hatte dann über die Frage zu entscheiden, ob eine schiedsgerichtliche Entscheidung über die eigene Zuständigkeit aus Gründen der Rechtskraft oder wegen anderweitiger Rechtshängigkeit gesperrt war.

Diesbezüglich nimmt der Zwischenschiedsspruch an, dass die Zivilprozessordnung keine *lis pendens*-Regelung enthält. Der Zwischenschiedsspruch geht zudem von keiner eindeutigen Rechtskraftregelung aus.[1344] Weiterhin wurde festgestellt, dass das deutsche Schiedsgericht nicht an einer Entscheidung über seine Zuständigkeit durch die vorangehende Entscheidung im Heimatland der Beklagten gehindert sei. Hierzu wurde auf die fehlende Anerkennungsfähigkeit der ausländischen gerichtlichen Entscheidung in Deutschland verwiesen. Denn die Geltung beider prozessualen Prinzipien (*res judicata* und *lis alibi pendens*) im Verhältnis zu deutschen (Schieds-) Gerichten setze die Anerkennungsfähigkeit der ausländischen Entscheidung in Deutschland voraus.[1345] Mangels anderweitiger Abkommen zwischen Deutschland und dem Ursprungsland der gerichtlichen Entscheidung richte sich die Anerkennung nach § 328 ZPO. Das erlassende Gericht hätte nach

1340 ICC-Zwischenschiedsspruch, SchiedsVZ 2005, S. 103 (106).

1341 Umfassend zu den Verfahrensregeln eines internationalen Schiedsgerichts Sandrock, in: FS Glossner, S. 281 ff.

1342 In englischer Originalfassung abgedruckt bei, Lachmann, Schiedsgerichtspraxis, S. 1099.

1343 Vgl. zu § 1043 ZPO Wieczorek/Schütze-*Schütze*, § 1043, Rn. 16, der darauf hinweist, dass die Schiedsrichter bei der Wahl des Schiedsortes Parteiinteressen berücksichtigen sollten. Vgl. auch Prütting/Gehrlein-*Prütting*, § 1043, Rn. 1.

1344 ICC-Zwischenschiedsspruch, SchiedsVZ 2005, S. 103 (106).

1345 ICC-Zwischenschiedsspruch, SchiedsVZ 2005, S. 103 (106). Eingehend zur Berücksichtigung der ausländischen Rechtshängigkeit im 3. Kapitel dieser Arbeit unter Gliederungspunkt 3. Kapitel. B.I. 2. ff.

dem für das deutsche Recht geltenden Spiegelbildprinzip internationale Zuständigkeit haben müssen. Nach diesem Prinzip spricht das deutsche Recht ausländischen Staaten exakt den gleichen Jurisdiktionsbereich zu, den es für inländische Gerichte in Anspruch nimmt.[1346]

Im vorliegenden Fall verneinte das deutsche Schiedsgericht die internationale Zuständigkeit des Gerichts des fremden Staates, weil eine internationale Zuständigkeit, basierend auf dem Gerichtsstand des „*doing business*"[1347] des Beklagten, den maßgeblichen deutschen Vorschriften der §§ 12 bis 40 ZPO unbekannt sei.[1348] In der fehlenden internationalen Zuständigkeit des Heimatlandes der Schiedsbeklagten und dem Erlass einer nach der ausländischen Rechtsordnung rechtskräftigen Entscheidung liege ein Entzug des gesetzlichen Richters (Art. 101 Abs. 1 S. 2 GG). Zudem missachte das ausländische Gericht auch das Recht des Schiedsgerichts, nach § 1040 Abs. 1 ZPO als Erstes[1349] über seine Zuständigkeit zu entscheiden. Dies sei zugleich ein Verstoß gegen § 1040 Abs. 3 ZPO, der dem staatlichen Gericht am Schiedsort die Letztentscheidungskompetenz über die Zuständigkeit des Schiedsgerichts einräume. Wegen der aufgezählten Verletzungen deutschen Zivilverfahrensrechts sei die Entscheidung des ausländischen obersten Gerichts gemäß § 328 Abs. 1 Nr. 1 und Nr. 4 ZPO (*ordre public*) nicht anzuerkennen. Die Grundsätze von *res judicata* und *lis pendens* stünden wegen der fehlenden Anerkennungsfähigkeit der Entscheidung keiner schiedsgerichtlichen Entscheidung entgegen.[1350]

(b) Folgerungen aus der Schiedsrechtsprechung zur lis alibi pendens-Problematik unter Einbeziehung von Art. 15 ICC-SchO a. F.

Für die Thematik dieser Arbeit ist aufgrund der Schiedsrechtsprechung Folgendes auszuführen: Grundsätzlich sind die im internationalen Zivilprozessrecht anerkannten Prinzipien von *res judicata* und *lis alibi pendens* auch bei Beteiligung von Schiedsgerichten anzuwenden. Dies gilt im Anwendungsbereich der ICC-SchO a. F. ebenso im Verhältnis von staatlichen Gerichtsverfahren zu Schiedsgerichtsverfahren.[1351] Der besprochene Zwischenschiedsspruch geht diesbezüglich über

1346 Zum Spiegelbildprinzip BGHZ 120, 334 (337); Schack, IZVR, S. 343, Rn. 922; Kern, ZZP 120 (2007), S. 31 ff.; Geimer, Internationales Zivilprozessrecht, S. 1010, Rn. 2896.

1347 Ausführlich hierzu Müller, Die Gerichtspflichtigkeit wegen „*doing business*", S. 7 ff.

1348 ICC-Zwischenschiedsspruch, SchiedsVZ 2005, S. 103 (106).

1349 Abweichend insofern die herrschende Meinung und auch die hier vertretene Ansicht, die dem Schiedsgericht nur eine Kompetenz zuspricht, über die eigene Zuständigkeit überhaupt zu entscheiden, nicht hingegen wird eine Erstentscheidungskompetenz bejaht. Vgl. hierzu die Ausführungen unter Gliederungspunkt 1. Kapitel. F.II. 6. b)bb)(2).

1350 ICC-Zwischenschiedsspruch, SchiedsVZ 2005, S. 103 (107).

1351 Die gegenteilige Meinung nimmt auch zu Art. 4 ICC-SchO a. F. Weigand, Practitioner's Handbook (1. Auflage), S. 709, Rn. 81 ein.

die Analyse dieser Arbeit hinaus, da es vorliegend abgelehnt wurde, *lis pendens* im Verhältnis zur staatlichen Gerichtsbarkeit anzuwenden.[1352] Die bisherigen Untersuchungsergebnisse weichen nicht nur in diesem Punkt von den Feststellungen des besprochenen ICC-Schiedsspruchs ab. Vielmehr kann auch den Äußerungen zur Regelung von *lis pendens* innerhalb der §§ 1025 ff. ZPO sowie der Aussage über die Rechtskraft von Schiedssprüchen nicht uneingeschränkt zugestimmt werden.

Einvernehmen besteht nur dahingehend, dass die ZPO keine geschriebene Regelung zum schiedsrechtlichen Institut der Rechtshängigkeit enthält. Hinsichtlich der Rechtskraftwirkung von Schiedssprüchen unter deutschem Schiedsverfahrensrecht ist auf die vorhandene Regelung in § 1055 ZPO und die diesbezüglichen Ausführungen an anderer Stelle hinzuweisen.[1353] Speziell für die Geltung von Rechtshängigkeit gegenüber einem zweiten Schiedsverfahren kann aus dem Zwischenschiedsspruch im Wege eines Erst-Recht-Schlusses auf die Anwendbarkeit im schiedsinternen Kollisionsfall geschlossen werden.[1354]

Fraglich ist allerdings, ob in der Schiedsrechtsprechung die Qualifizierung von *lis pendens* als zwingender Verfahrensgrundsatz bei Geltung der deutschen *lex loci arbitri* bestätigt wird. In diesem Zusammenhang ist der in dem Zwischenschiedsspruch angesprochene Art. 15 ICC-SchO a. F. genauer zu untersuchen. Wie bereits dargelegt, trifft die Vorschrift eine Aussage über anzuwendende Verfahrensregeln in ICC-Schiedsverfahren. Nach allgemeiner Meinung enthält Art. 15 ICC-SchO a. F. eine Hierarchie der anzuwendenden Verfahrensvorschriften.[1355] In erster Linie ist auf normierte Regelungen innerhalb der Verfahrensordnung selbst abzustellen. Nachfolgend sind Parteivereinbarungen zu beachten. Sofern weder die Verfahrensordnung noch privatautonome Vereinbarungen zu einer Verfahrensfrage Stellung nehmen, steht die Verfahrensgestaltung im Ermessen des Schiedsgerichts.[1356] Von einer ausdrücklich festgeschriebenen Litispendenzregelung im Rahmen der ICC-SchO ist nicht auszugehen. An dieser Sichtweise ändert auch die weiter oben angeführte Ansicht nichts,[1357] welche Bezug auf das Eingreifen der Einrede der Schiedshängigkeit mit Verfahrensbeginn nimmt. Zu einer Vereinbarung der Parteien über die prozessuale Vorgehensweise bei zwei gleichzeitig laufenden Schiedsverfahren kommt es in der absoluten Mehrzahl der relevanten Fälle ebenso wenig.

1352 Hierzu unter Gliederungspunkt 1. Kapitel. F.II. 6. b)cc).

1353 Vgl. die Erläuterungen unter Gliederungspunkt 1. Kapitel. D.II. ff.

1354 Auch die an anderer Stelle besprochene Meinung Mansels, in: FS Kühne, S. 809 (817) geht von diesem Erst-Recht-Schluss aus.

1355 Schütze-*Reiner/Jahnel*, Art. 15 ICC-SchO, Rn. 2; Derains/Schwartz, Guide ICC, S. 209; Weigand, Practitioner's Handbook (1. Auflage), S. 210, vor Rn. 3.

1356 Differenziert zum Verhältnis der Parteivereinbarungen zu den Vorschriften der Verfahrensordnung Aden, Handelsschiedsgerichtsbarkeit, S. 238 f., Rn. 5 f.

1357 Hierzu unter Gliederungspunkt 1. Kapitel. F.II. 6. c)gg)(2).

In der schiedsrichterlichen Praxis der ICC ist die Bezugnahme auf nationale Prozessordnungen in den vergangenen Jahren seltener geworden.[1358] Hintergrund hierfür sind unter anderem die von den Schiedsrichtern innerhalb des Verfahrens gleichermaßen zu berücksichtigenden, häufig unterschiedlichen Verständnisse vom Verfahrensrecht sowie divergierende prozessuale Traditionen der Schiedsparteien aus unterschiedlichen Herkunftsländern.[1359] Wenn aber die Bezugnahme auf ein nationales Verfahrensrecht nach dem Gesagten nicht mehr dem Regelfall entspricht, stellt sich die Frage, wie die Geltung von *lis pendens* bei der Gültigkeit deutschen Prozessrechts als *lex loci arbitri* in Übereinstimmung mit den bisherigen Untersuchungsergebnissen dieser Arbeit begründet werden kann.

Schon mit der Zuordnung von *lis pendens* in den Bereich der zwingenden Verfahrensvorschriften der §§ 1025 ff. ZPO ist eine bindende Vorentscheidung für alle administrierten Schiedsverfahren innerhalb Deutschlands getroffen worden. Der Wortlaut des § 1042 Abs. 3 ZPO stellt die Bezugnahme auf eine schiedsrichterliche Verfahrensordnung unter den einschränkenden Vorbehalt, dass zwingendes Recht stets Geltungsvorrang genießt. Unabhängig von der Normhierarchie des Art. 15 ICC-SchO a. F. muss das Schiedsgericht inklusive aller Verfahrensbeteiligten das zwingende Verfahrensrecht der einschlägigen *lex fori ipso iure* beachten.[1360] Der im Schiedsverfahren international geltende Grundsatz der freien Verfahrenswahl,[1361] welcher zugleich Ausdruck der dominierenden Privatautonomie der Schiedsparteien ist, ist dahingehend einzuschränken, dass keine Entscheidungen getroffen werden dürfen, die mit zwingendem Recht der *lex fori* unvereinbar sind.[1362] *Lis pendens* wurde als ein zwingender Grundsatz deutschen Schiedsverfahrensrechts qualifiziert. Die Verpflichtung der in Deutschland belegenden ICC-Schiedsgerichte, das zwingende Recht der *lex loci arbitri* uneingeschränkt zu beachten, hat Weltrechtsatzcharakter.[1363] Dem hat sich ebenso wie im Rahmen des § 24 Abs. 1 DIS-SchO die Normhierarchie des Art. 15 ICC-SchO a. F. unterzuordnen. Es ist hierbei unbeachtlich, dass Art. 15 ICC-SchO nicht eigens auf die Anwendbarkeit zwingenden Rechts hinweist.

Zusammengefasst ergibt sich ein einheitliches Gesamtkonzept zur Anwendbarkeit von *lis pendens* für administrierte Schiedsverfahren und für Ad-hoc-Verfahren

1358 Schütze-*Reiner/Jahnel*, Art. 15 ICC-SchO, Rn. 3. Unter der Vorgängernorm von Art. 15 ICC-SchO in der Fassung vom 1.1.1998, Art. 11 ICC-SchO a. F. war der Verweis auf nationales Verfahrensrecht hingegen der Regelfall. Vgl. hierzu die zahlreichen Hinweise bei Derains/Schwartz, Guide ICC, S. 211, Fn. 437.

1359 Vgl. Derains/Schwartz, Guide ICC, S. 211. Zum unterschiedlichen Prozessrechtsverständnis auch Schütze- *Reiner/Jahnel*, Art. 15 ICC-SchO, Rn. 5.

1360 Aden, Handelsschiedsgerichtsbarkeit, S. 238, Rn. 3 f.; S. 245, Rn. 23; Derains/Schwartz, Guide ICC, S. 212; BT-Drucks. 13/5274, S. 47, li. Sp.

1361 Aden, Handelsschiedsgerichtsbarkeit, S. 237, Rn. 1.

1362 Vgl. Ebbing, Private Zivilgerichte, S. 290.

1363 So die Bezeichnung als „weltrechtlicher Vorbehalt" bei Aden, Handelsschiedsgerichtsbarkeit, S. 238, Rn. 4.

mit einem deutschen Schiedsort, denn die Verfahrensregeln der ICC-SchO a. F. und der DIS-SchO sind kongruent zum Regelungsgehalt des § 1042 Abs. 3 ZPO.

Primäre Aufgabe der vorangehenden Ausführungen war es, die beiden untersuchten Verfahrensordnungen zum einen auf potenzielle Widersprüche zur vorgenommenen Qualifizierung von *lis pendens* als zwingenden Verfahrensgrundsatz hin zu untersuchen. Zum anderen war aufzuzeigen, wie die institutionellen Verfahrensordnungen das zwingende Recht der *lex loci arbitri* einbeziehen und umsetzen. Der Rückgriff auf eine Normhierarchie hat sich hierzu als bewährtes Mittel herausgestellt.

Die einschlägige *lex fori* ist für Schiedsgerichte anhand des Sitzes des konstituierten Schiedsgerichts zu bestimmen. Diesbezüglich ist auch auf die Ausführungen zum geltenden strikten Territorialitätsprinzip innerhalb des deutschen Schiedsrechts hinzuweisen. Aus diesem Prinzip folgt, dass die Anwendung der Verfahrensvorschriften am Ort des schiedsgerichtlichen Verfahrens obligatorisch ist, soweit es sich um *ius cogens* des Prozessrechts handelt.[1364]

Für eine Beachtlichkeit anderweitiger Rechtshängigkeit innerhalb des schiedsinternen Bereichs spricht für Schiedsverfahren, die der ICC-SchO unterliegen, ergänzend die allgemeine Bestimmung des Art. 35 ICC-SchO a. F.:[1365]*„In allen nicht ausdrücklich in dieser Schiedsgerichtsordnung vorgesehenen Fällen verfahren der Gerichtshof und das Schiedsgericht nach Sinn und Zweck der Schiedsgerichtsordnung. Sie wirken mit allen Mitteln darauf hin, dass die Vollstreckbarkeit des Schiedsspruchs gesichert ist.*“Regelungsintention dieser Vorschrift ist es, eine umfassende Vollstreckbarkeit des Schiedsspruchs zu gewährleisten.[1366] Zur Verwirklichung des Normzwecks werden unter anderem Gründe der Verfahrenseffizienz, die Berücksichtigung der Privatautonomie sowie die eingeschränkten Interventionsmöglichkeiten durch staatliche Gerichte genannt.[1367] Die Vollstreckbarkeit eines Schiedsspruchs ist nur dann umfassend gesichert, wenn im Vollstreckungsstaat keine Gründe vorliegen, die einer Vollstreckbarkeit entgegenstehen. Die Missachtung (zwingenden) Verfahrensrechts, wozu der *lis pendens*-Grundsatz bei Geltung der deutschen *lex loci arbitri* zu zählen ist, stellt einen Aufhebungsgrund nach § 1059 ZPO dar.[1368] Sofern die Vollstreckung eines Schiedsspruchs also in Deutschland oder einem anderen Land, dem gleiche Prinzipien bekannt sind, vollstreckt werden soll, gehört es zu den Pflichten eines Schiedsgerichts, die anderweitige Rechtshängigkeit vor einem

---

1364 Zöller-*Geimer*, § 1025, Rn. 1, 3; Lionnet/Lionnet, Internationale und nationale Schiedsgerichtspraxis, S. 123; Böckstiegel/Kröll/Nacimiento-*Wagner*, § 1025, Rn. 26.

1365 Auf Art. 35 ICC-SchO stützt auch Mansel, in: FS Kühne, S. 809 (817) seine Argumentation zur Geltung von Rechtshängigkeit im ICC-Verfahren.

1366 So ausdrücklich Art. 35 S. 2 ICC-SchO a. F., vgl. auch Schütze-*Reiner/Jahnel*, Art. 35 ICC-SchO, Rn. 3.

1367 Weigand, Practitioner’s Handbook (1. Auflage), S. 313, Rn. 5.

1368 Hierzu unter dem nachfolgenden Gliederungsabschnitt 1. Kapitel. F.II. 6. c)hh) ff.

anderen Schiedsgericht zu beachten.[1369] Da die Thematik doppelt rechtshängiger Schiedsverfahren *„kein ausdrücklich in der ICC-SchO vorgesehener Fall“* im Sinne des § 35 ICC-SchO a. F. ist, ist die zusätzliche Argumentation mit Art. 35 ICC-SchO a. F. auch mit dem Wortlaut der Vorschrift zu vereinbaren. Schließlich könnte man auf die Pflicht zur Beachtung von *lis pendens* als Teil der *public policy*[1370] oder auf deren Geltung als Teil des Gewohnheitsrechts abstellen.[1371]

hh) Rechtsfolgen eines Verstoßes gegen den lis pendens-Verfahrensgrundsatz

Bisher sind unter anderem die sachlichen Voraussetzungen, die dogmatische Herleitung sowie die Art der prozessualen Berücksichtigung einer schiedsgerichtlichen Rechtshängigkeitssperre festgelegt worden. Es steht noch aus, die Rechtsfolgen eines Verstoßes gegen den *lis pendens*-Grundsatz trotz rechtzeitig erhobener Rüge zu erörtern. Ein Schiedsverfahren, das unter Missachtung der Sperrwirkung eines anderen Schiedsverfahrens fortgesetzt wird, ist nach dem entwickelten Lösungsansatz fehlerhaft. Wenn das fehlerhafte Schiedsverfahren dennoch zu einem Verfahrensabschluss durch einen Schiedsspruch führt, sieht die Zivilprozessordnung in § 1059 ZPO als Rechtsbehelf[1372] gegen diesen Schiedsspruch einen Aufhebungsantrag an das staatliche Gericht vor.[1373] Aus der gesetzlichen Konzeption in § 1059 ZPO geht hervor, dass ein Schiedsspruch beim Vorliegen der sachlichen Voraussetzungen einer der in Absatz 2 aufgezählten Aufhebungsgründe nicht *ipso iure* rechtsunwirksam wird, sondern der Aufhebung durch fristgerechten Aufhebungsantrag bedarf.[1374] Der Antrag ist gem. § 1062 Abs. 1 Nr. 4, Abs. 5 ZPO an das zuständige OLG zu stellen. Bei einem erfolgreichen Aufhebungsantrag wird der Schiedsspruch mit ex-tunc-Wirkung aufgehoben.[1375] Die Schiedsvereinbarung wird gem. § 1059 Abs. 5 ZPO nicht automatisch beseitigt.[1376] Solange der

1369 Mansel, in: FS Kühne, S. 809 (817).

1370 *Public policy* wird gemeinhin mit dem *ordre public* d. h. mit dem Begriff der öffentlichen Ordnung synonym verwendet. Wie im Rahmen des UNÜ (Gliederungspunkt 3. Kapitel. B.I. 2. a)bb)(3) (b)(gg)) zu zeigen sein wird, ist diese Gleichsetzung nicht immer zutreffend. *Common Law*-Länder verwenden den Begriff *public policy* in einem engeren Sinn, Van den Berg, New York Convention, S. 359.

1371 Für eine Einordnung als „Teil der schiedsrechtlichen *public policy*“ Mansel, in: FS Kühne S. 809 (817); gegen die Einordnung von lis pendens als Teil der *public policy* hat sich die International Law Association ausgesprochen, International Law Association (2006), S. 25, Rn. 5.12.

1372 MüKo-*Münch*, § 1059, Rn. 1.

1373 Hierzu Lionnet/Lionnet, Internationale und nationale Schiedsgerichtsbarkeit, S. 220 f.

1374 Stein/Jonas-*Schlosser*, § 1059, Rn. 1.

1375 Borges, ZZP 111 (1998), S. 487 (488); Lionnet/Lionnet, Internationale und nationale Schiedsgerichtsbarkeit, S. 413.

1376 Zu Regelungsmöglichkeiten nach § 1059 Abs. 5 ZPO n. F. im Gegensatz zur alten Rechtslage Schütze, Schiedsgericht und Schiedsverfahren, S. 192, Rn. 621.

Aufhebungsantrag nicht erfolgreich durchgeführt wird, existiert der infolge eines fehlerbehafteten Verfahrens zustande gekommene und somit aufhebbare Schiedsspruch mit all seinen Wirkungen.[1377] Insbesondere ist seine Rechtskraft von Amts wegen zu berücksichtigen.[1378] Inhaltlich muss der Aufhebungsantrag einen Tatsachenvortrag enthalten, der die Grundlage für die Aufhebung darstellt und diese begründen kann.[1379] Den Antragsteller treffen grundsätzlich die Beweis- und die Behauptungslast.[1380] Antragsteller ist grundsätzlich derjenige, der durch den Erlass des Schiedsspruchs beschwert wird.[1381]

(1) Aufhebungsgrund nach § 1059 Abs. 2 Nr. 1 lit. d.) 2. HS 2. Alt. ZPO

Für die Missachtung der anderweitigen Rechtshängigkeit kommt ein Aufhebungsgrund nach § 1059 Abs. 2 Nr. 1 lit. d.) 2. HS 2. Alt. ZPO in Betracht. In dieser Regelung wird ein Aufhebungsgrund normiert, der eingreift, wenn das schiedsrichterliche Verfahren einer Bestimmung dieses Buches (d. h. des Zehnten Buches der ZPO) nicht entsprochen hat. Das Gesetz unterscheidet in § 1059 Abs. 2 Nr. 1 lit. d.) ZPO zwischen Fehlern bei der Bildung des Schiedsgerichts (1. Alt.) und Fehlern im Verfahren selbst, den so genannten Prozessablaufmängeln (2. Alt.).[1382] Gesetzestechnisch wird des Weiteren differenziert zwischen Aufhebungsgründen, die auf Rüge zu berücksichtigen sind (§ 1059 Abs. 2 Nr. 1 ZPO), und solchen, die von Amts wegen (§ 1059 Abs. 2 Nr. 2 ZPO) beachtet werden müssen. Bedeutung hat diese Unterscheidung vor allem hinsichtlich ihrer zeitlichen Geltendmachung: Die von Amts wegen zu berücksichtigenden Gründe unterliegen nicht der Verfristung gem. § 1059 Abs. 3 ZPO und können auch erstmals im Rechtsbeschwerdeverfahren berücksichtigt werden.[1383] Weiterhin können die Aufhebungsgründe des Absatzes 2 Nr. 2 nach § 1060 Abs. 2 S. 1 ZPO der Vollsteckbarerklärung des Schiedsspruchs entgegengehalten werden.

Der vorliegend in Betracht kommende Aufhebungsgrund des Verfahrensfehlers im schiedsrichterlichen Verfahren wegen Verstoßes gegen *„eine Bestimmung dieses*

1377 Zöller-*Geimer*, § 1055, Rn. 14.

1378 Schwab/Walter, Schiedsgerichtsbarkeit, Kap. 25, Rn. 1.

1379 Zu den Einzelheiten, insbesondere zum Streitgegenstand des Aufhebungsverfahrens, der nicht identisch ist mit demjenigen eines Vollstreckbarerklärungsverfahrens Zöller-*Geimer*, § 1059, Rn. 4, 20, der ausdrücklich darauf hinweist, dass sich die Ziele beider Verfahren nicht entsprechen, weshalb die Einrede der anderweitigen Rechtshängigkeit im Verhältnis beider Verfahren zueinander nicht durchgreife.

1380 BGH WM 1979, S. 1006 (1007); differenzierend Lachmann, Schiedsgerichtspraxis, S. 569, Rn. 2381.

1381 Schwab/Walter, Schiedsgerichtsbarkeit, Kap. 24, Rn. 2. Das Erfordernis einer Beschwer entspricht der h. L.; so insbesondere Zöller-*Geimer*, § 1059, Rn. 3, MüKo-*Münch*, § 1059, Rn. 55; a. A. B/L/A/H-*Hartmann*, § 1059, Rn. 4; Thomas/Putzo-*Reichold*, § 1059, Rn. 4; Musielak-*Voit*, § 1059, Rn. 32.

1382 MüKo-*Münch*, § 1059, Rn. 37 (mit zahlreichen weiterführenden Hinweisen).

1383 BGHZ 142, 204 (206 f.); Böckstiegel/Kröll/Nacimiento-*Kröll/Kraft*, § 1059, Rn. 41.

Buches“ zählt zu den durch Rüge zu berücksichtigenden Aufhebungsgründen und entspricht im Wesentlichen einem Aufhebungsgrund der Fallgruppe des unzulässigen Verfahrens nach § 1041 Abs. 1 Nr. 1 2. Alt. ZPO a. F.[1384] An anderer Stelle hat sich schon herausgestellt, dass die Bezugnahme auf Bestimmungen „*dieses Buches*“ ungeschriebene zwingende Verfahrensgrundsätze einbezieht.[1385] Eine Missachtung der rechtzeitig erhobenen Rechtshängigkeitseinrede könnte infolgedessen unter diesem Gesichtspunkt unproblematisch unter den angesprochenen Aufhebungsgrund gefasst werden. Grundsätzlich ist der Katalog der Aufhebungsgründe in § 1059 ZPO abschließend.[1386] Dies spricht aber nicht dagegen, einen Verstoß gegen einen zwingenden, ungeschriebenen Verfahrensgrundsatz unter den Wortlaut des § 1059 Abs. 2 Nr. 1 lit. d.) 2. Alt. ZPO zu fassen. Anderenfalls würde die Integration ungeschriebenen Rechts im Rahmen des § 1042 Abs. 3 ZPO keinerlei Sinn machen, weil dessen Verletzung auch in schweren Fällen unsanktioniert bliebe. Der dürftigen Auseinandersetzung mit der schiedsrechtlichen Rechtshängigkeitsproblematik ist es geschuldet, dass es kein Material zur Einordnung eines Verstoßes gegen die schiedsgerichtliche Rechtshängigkeitssperre unter die Aufhebungsgründe in § 1059 ZPO gibt. Es lassen sich aber zumindest Belege für die Möglichkeit anführen, bei Verstößen gegen zwingendes Recht nach dem fraglichen Aufhebungsgrund vorzugehen.[1387]

Ein zusätzliches Erfordernis der Aufhebbarkeit des Schiedsspruchs nach § 1059 Abs. 2 Nr. 1 lit. d.) 2. Alt ZPO ist die Kausalität des Verfahrensverstoßes für den Erlass des Schiedsspruchs.[1388] Teilweise wird vorgeschlagen, nur solche Verfahrensverstöße zu erfassen, die die Verletzung einer wesentlichen Vorschrift betreffen.[1389] Andere kritisieren, dass es für eine derartige Beschränkung auf wesentliche Verfahrensverstöße keine gesetzlichen Anhaltspunkte gebe.[1390] Nach hier vertretener Ansicht bietet das ohnehin bestehende Kausalitätserfordernis einen ausreichenden Filter, da sich Verstöße gegen unwesentliche Verfahrensvorschriften kaum auf den Erlass des Schiedsspruchs auswirken werden.[1391] Für den Kausalitätsnachweis ist

---

1384 BT-Drucks. 13/5274, S. 59, li. Sp.; MüKo-*Münch*, § 1059, Rn. 30.

1385 Hierzu unter Gliederungspunkt 1. Kapitel. F.II. 6. c)ff)(2) (a).

1386 BT-Drucks. 13/5274, S. 58, re. Sp.

1387 B/L/A/H-*Hartmann*, § 1059, Rn. 9; Stein/Jonas-*Schlosser*, § 1059, Rn. 20. Zum Aufhebungsgrund des unzulässigen Verfahrens nach § 1041 Nr. 1 ZPO a. F. BGH NJW 1986, S. 1436 (1437).

1388 Hierzu Borges, ZZP 111 (1998), S. 487 (492 f.); Wieczorek/Schütze-*Schütze*, § 1059, Rn. 45 (mit Rechtsprechungshinweisen).

1389 So Schwab/Walter, Schiedsgerichtsbarkeit, Kap. 24, Rn. 21. Die Beschränkung auf wesentliche Verfahrensverstöße entsprach nach alter Rechtslage der überwiegenden Meinung. Vgl. hierfür BGH KTS 1956, S. 141 (141); Wieczorek/Schütze-*Schütze* (3. Auflage), § 1041, Rn. 18 f.; Schütze/Tscherning/Wais, Handbuch Schiedsverfahren, S. 278, Rn. 541.

1390 Musielak-*Voit*, § 1059, Rn. 17; MüKo-*Münch*, § 1059, Rn. 30; Borges, ZZP 111 (1998), S. 487 (493), der jeglichen Verfahrensverstoß berücksichtigen möchte.

1391 So auch Lachmann, Schiedsgerichtspraxis, S. 541, Rn. 2260.

es jedoch nicht ausreichend, wenn nur die Möglichkeit besteht, dass die schiedsgerichtliche Entscheidung ohne den Verfahrensverstoß anders ausgefallen wäre.[1392]

Im konkreten Fall einer Missachtung der anderweitigen Rechtshängigkeit eines anderen Schiedsverfahrens wird das gesetzliche Kausalitätserfordernis immer erfüllt, weil das zeitlich nachfolgende Verfahren bei pflichtgemäßer Berücksichtigung des *lis pendens*-Grundsatzes gar nicht hätte fortgeführt und dementsprechend auch kein Schiedsspruch hätte erlassen werden dürfen. In der hier vorgebrachten Form impliziert die Fragestellung nach den Rechtsfolgen eines *lis pendens*-Verstoßes, dass eine rechtzeitige Verfahrensrüge des Schiedsbeklagten im nachfolgenden Schiedsverfahren erfolgt ist. Der Beklagte hat somit sein Recht auf Aufhebung nicht verwirkt bzw. die Berufung auf den Verfahrensfehler ist nicht schon deshalb präkludiert, weil der Beklagte im Schiedsverfahren selbst gegen den Verfahrensfehler hätte vorgehen müssen.[1393] Mit dem Erfordernis, bereits im Schiedsverfahren selbst alle rechtlichen Möglichkeiten geltend zu machen, um gegen den Verfahrensverstoß vorzugehen, zielt der Gesetzgeber auf die Präklusionsvorschrift in §1027 ZPO ab.[1394] Diese Vorschrift ist zwar – wie erörtert – für die rechtzeitige Rüge des Verstoßes gegen die schiedsrechtliche Rechtshängigkeitssperre nicht einschlägig, weil es sich hierbei um einen zwingenden Grundsatz handelt. Indes wurde ein fester Zeitpunkt für die rechtzeitige Rechtshängigkeitseinrede herausgearbeitet.[1395] Darüber hinaus würde sich der Beklagte auch in Widerspruch zu seinem vorherigen Verhalten (*venire contra factum proprium*) setzen, wenn er sich erst mit einem Aufhebungsantrag gegen die doppelt rechtshängigen Schiedsverfahren zur Wehr setzen würde.[1396]

Letztlich bedeutet die Einordnung eines Verstoßes gegen die anderweitig bestehende Rechtshängigkeit unter einen der auf Rüge zu berücksichtigenden Aufhebungsgründe die konsequente Fortführung der prozessualen Geltendmachung des *lis pendens*-Grundsatzes. Darüber hinaus trägt diese Sichtweise dem Willen des Gesetzgebers Rechnung, der an verschiedenen Stellen innerhalb der §§ 1025 ff. ZPO zum Ausdruck bringt, dass eine Verfahrensbeschleunigung gewünscht ist, insbesondere durch die zentrale Vorschrift des § 1027 ZPO.[1397]

1392 So auch BGH SchiedsVZ 2008, S. 40 (42); Zöller-*Geimer*, § 1059, Rn. 44; B/L/A/H-*Hartmann*, § 1059, Rn. 9.

1393 Vgl. Lachmann, Schiedsgerichtspraxis, S. 541, Rn. 2260; Zöller-*Geimer*, § 1059, Rn. 47.

1394 Prütting/Gehrlein-*Raeschke/Kessler*, § 1059, Rn. 46.

1395 Vgl. hierzu unter Gliederungspunkt 1. Kapitel. F.II. 6. c)ff)(2) (b)(cc).

1396 Lachmann, Schiedsgerichtspraxis, S. 512, Rn. 2115 nimmt eine Präklusion für die Rüge von Verfahrensfehler (am Beispiel der Verletzung des rechtlichen Gehörs) auch dann an, wenn die Verfahrensverstöße unter den *ordre public* zu subsumieren sind. In diese Richtung auch B/L/A/H-*Hartmann*, § 1059, Rn. 16.

1397 BT-Drucks. 13/5274, S. 46, li. Sp.

(2) Aufhebungsgrund nach § 1059 Abs. 2 Nr. 2 lit. b.) ZPO

Ein Verstoß gegen den *lis pendens*-Grundsatz könnte zudem als Verstoß gegen den *ordre public* („öffentliche Ordnung“) gemäß § 1059 Abs. 2 Nr. 2 lit. b.) ZPO zu werten sein. Dann würde ein Verstoß gegen den *lis pendens*-Grundsatz auch zu den von Amts wegen zu berücksichtigenden Aufhebungsgründen gehören. Sanktionen bei einem Verstoß gegen den *ordre public* sind nicht nur als Aufhebungsgrund in § 1059 ZPO kodifiziert. Vielmehr enthält für das staatliche Verfahren § 328 Abs. 1 Nr. 4 ZPO („*mit wesentlichen Grundsätzen des deutschen Rechts offensichtlich unvereinbar*“) einen *ordre public*-Vorbehalt als Anerkennungsversagungsgrund. Im Anwendungsbereich dieser Norm geht es um die Anerkennungsfähigkeit einer ausländischen Entscheidung in Deutschland.[1398] Der schiedsgerichtliche *ordre public* entspricht strukturell diesem anerkennungsrechtlichen *ordre public*.[1399] Sofern das schiedsgerichtliche Verfahren keine wesensbedingten Modifikationen verlangt, kann zusätzlich auf die geltenden Grundsätze zu § 328 Abs. 1 Nr. 4 ZPO zurückgegriffen werden.[1400] Für den Bereich der internationalen Schiedsgerichtsbarkeit ist der *ordre public*-Vorbehalt ebenfalls ein bewährtes Mittel bzw. ultima ratio, um gegebenenfalls im Rahmen der Anerkennung und Vollstreckung von ausländischen Schiedssprüchen einem Schiedsspruch die Geltung im Inland zu versagen.[1401] Innerhalb aller erwähnten Regelungswerke gelten die Grundsätze einer restriktiven Handhabung[1402] des *ordre public*-Vorbehalts und das Verbot der *révision au fond*[1403], d. h. Fehlentscheidungen von Schiedsgerichten sind in Kauf zu nehmen wie auch Fehlentscheidungen ausländischer Staatsgerichte.[1404]

Eine feste Definition dessen, wann ein Verstoß gegen den schiedsrechtlichen *ordre public* vorliegt, welche Rechtspositionen und Vorschriften also inhaltlich unter

1398 Hierzu eingehend Schack, IZVR, S. 353 ff.; Rn. 950 ff.; vgl. außerdem die Ausführungen unter Gliederungspunkt 3. Kapitel. B.I. 2. a)aa)(d)(dd).

1399 Zöller-*Geimer*, § 1059, Rn. 47, der Abweichungen für das Schiedsverfahren hinsichtlich des Schutzes von privaten Interessen anspricht.

1400 So Schwab/Walter, Schiedsgerichtsbarkeit, Kap. 24, Rn. 39; vgl. auch Zöller- *Geimer*, § 1059, Rn. 70; a. A. Kornblum, KTS 1968, S. 143 (151 ff.).

1401 So Art. V Abs. 2 lit. b) UNÜ, der den *ordre public*-Verstoß als Anerkennungsversagungsgrund für ausländische Schiedssprüche festschreibt. Auf Art. V UNÜ wird eingehender unter Gliederungspunkt 3. Kapitel. B.I. 2. a)bb)(3) (b)(gg) zurückzukommen sein. An dieser Stelle ist zu bemerken, dass die Aufhebungsgründe in § 1059 ZPO weitgehend den Anerkennungsversagungsgründen des UNÜ entsprechen.

1402 Zöller-*Geimer*, § 1059, Rn. 47 („*Extreme Ausnahmefälle*“); Schack, IZVR, S. 354, Rn. 951 hinsichtlich § 328 Abs. 1 Nr. 4 ZPO.

1403 Hierunter versteht man, dass die Richtigkeit einer ausländischen Entscheidung grundsätzlich nicht inhaltlich überprüft werden darf. Hierzu BGH NJW 1992, S. 3100 ff. sowie BGH SchiedsVZ 2014, S. 98 (98).

1404 Vgl. BT-Drucks. 13/5274, S. 58/59; Lionnet/Lionnet, Internationale und nationale Schiedsgerichtspraxis, S. 412 f.; Zöller-*Geimer*, § 1059, Rn. 47 und Zöller-*Geimer*, § 328, Rn. 208.

diese Begrifflichkeit zu fassen sind, gibt es nicht.[1405] In jüngerer Zeit hat der BGH die Aufhebung eines Schiedsspruchs wegen eines *ordre public*-Verstoßes folgendermaßen geschildert:„ (….) *die Aufhebung eines Schiedsspruchs (setzt) voraus, dass die Entscheidung zu einem Ergebnis führt, das mit wesentlichen Grundsätzen des deutschen Rechts offensichtlich unvereinbar ist, das heißt, wenn der Schiedsspruch eine Norm verletzt, die die Grundlagen des staatlichen oder wirtschaftlichen Lebens regelt, oder wenn er zu deutschen Gerechtigkeitsvorstellungen in einem untragbaren Widerspruch steht; der Schiedsspruch muss mithin die elementaren Grundlagen der Rechtsordnung verletzen.*“[1406] Ähnlicher oder gleicher Formulierungen bediente sich die Rechtsprechung schon zum alten Schiedsverfahrensrecht.[1407] Deshalb ist es einhellige Meinung innerhalb der obergerichtlichen Rechtsprechung[1408] und Literatur,[1409] dass die Neuregelung des Schiedsverfahrensrechts im Jahr 1998 zu keiner sachlichen Veränderung hinsichtlich der Maßstäbe geführt hat, die an einen Verstoß gegen den *ordre public* zu stellen sind.[1410]

Anhand der obigen Beschreibung steht fest, dass zum *ordre public* jedenfalls wesentliche Rechtsgrundsätze zählen. Solche Verstöße gegen wesentliche Rechtsgrundsätze können im materiellen Recht und im Verfahrensrecht vorkommen.[1411] „*Typologisch*“[1412] unterscheidet man deshalb zwischen einem materiell-rechtlichen *ordre public* und einem verfahrensrechtlichen *ordre public.*[1413]

Die schiedsgerichtliche Rechtshängigkeitssperre könnte als schiedsrechtliches *ius cogens* Bestandteil des verfahrensrechtlichen *ordre public* im Rahmen des

---

1405 Vgl. Wieczorek/Schütze-*Schütze*, § 1059, Rn. 58 (Rechtsprechung ist unentschlossen im Hinblick auf eine Definition des deutschen *ordre public*). Zur inhaltlichen Bestimmung v. Heymann, Ordre public, S. 178.

1406 BGH NJW 2009, S. 1215 (1215 f.); BGH SchiedsVZ 2014, S. 98 (98).

1407 BGH NJW 1990, S. 3210 (3211).

1408 OLG Saarbrücken OLG-Report 2007, S. 426 (427); OLG Karlsruhe OLG-Report 2002, S. 94 (95); OLG Dresden SchiedsVZ 2005, S. 210 (211).

1409 Böckstiegel/Kröll/Nacimiento-*Kröll/Kraft*, § 1059, Rn. 78; Lachmann, Schiedsgerichtspraxis, S. 508, Rn. 2096.

1410 Vgl. hierzu auch BGH SchiedsVZ 2014, S. 98 (99). Der BGH weist in dieser Entscheidung ausdrücklich darauf hin, dass § 1059 Abs. 2 Nr. 2 lit. b) ZPO im Gegensatz zur alten Regelung das Offensichtlichkeitskriterium nicht mehr explizit enthalte, dennoch soll das Kriterium weiterhin gelten.

1411 Nagel/Gottwald, IZVR, S. 905, Rn. 218 (bzgl. des UNÜ). Ebenfalls denkbare kollisionsrechtliche Verstöße sollen hier außer Betracht bleiben. Zu einigen Grundfragen des verfahrensrechtlichen *ordre public* im staatlichen Verfahren vgl. Baur, in: FS Guldener, S. 1 ff.

1412 MüKo-*Münch*, § 1059, Rn. 44.

1413 Schack, IZVR, S. 354, Rn. 952. Zum Begriff allgemein vgl. auch v. Hoffmann, IPR, S. 114, Rn. 166; S. 272, Rn. 145. Speziell zum *ordre public* im Rahmen der Schiedsgerichtsbarkeit, v. Heymann, Ordre public, S. 21 ff., S. 178, der hinsichtlich der materiell-rechtlichen Normen noch zwischen öffentlich-rechtlichen und privatrechtlichen Normen unterscheidet,

§ 1059 Abs. 2 Nr. 2 lit. d.) 2. Alt. ZPO sein. Unumstritten dient der *ordre public* zwar der Durchsetzbarkeit von *ius cogens*, allerdings ist nicht automatisch das gesamte zwingende Recht auch Bestandteil des *ordre public*. Nicht jede Missachtung zwingenden Rechts führt somit zugleich zu einem Verstoß gegen die öffentliche Ordnung.[1414] Schwierigkeiten bereitet die Grenzziehung zwischen den zum *ordre public* gehörenden zwingenden Vorschriften und den übrigen zwingenden Vorschriften.[1415] Feste Kriterien bestehen auch hierzu nicht. Das obige Zitat zur Charakterisierung des schiedsrechtlichen *ordre public* spricht indes dafür, dass nur das zwingende Recht zum *ordre public* zählt, welches für „*Mindeststandards an Verfahrensgerechtigkeit*“[1416] sorgt, „*elementare Gerechtigkeitsvorstellungen*“[1417] verkörpert, oder schlichtweg „*fundamentales Recht*“[1418] darstellt. Von der öffentlichen Ordnung sind insbesondere die Grundrechte erfasst.[1419] Es ist auch auf Inhalt und Bedeutung der verletzten Vorschrift abzustellen, um bewerten zu können, ob tatsächlich ein Verstoß gegen die öffentliche Ordnung vorliegt.[1420]

Es sind erneut keine Entscheidungen vorhanden, die als Beleg für die richtige Qualifizierung einer Missachtung des *lis pendens*-Grundsatzes unter die Aufhebungsgründe des § 1059 ZPO dienen könnten. Wegen der mehrfach herausgestellten Parallelen zwischen dem Institut der Rechtskraft und dem Institut der Rechtshängigkeit könnte es eine gewisse Indizwirkung haben, dass teilweise ein Verstoß gegen die Rechtskraft eines in derselben Streitsache vormals erlassenen Schiedsspruchs als eine Verletzung des verfahrensrechtlichen *ordre public* eingeordnet wird.[1421] Die Vergleichbarkeit der Rechtshängigkeit mit der Rechtskraft und die Qualifizierung von *lis pendens* als schiedsrechtliches *ius cogens* kann keinen endgültigen Aufschluss über die *ordre public*-Zugehörigkeit des Verfahrensgrundsatzes geben. Allerdings ist bei der Herleitung als zwingender Verfahrensgrundsatz zusätzlich auf den großen Stellenwert von Rechtshängigkeit im Zivilprozessrecht

1414 Schwab/Walter, Schiedsgerichtsbarkeit, Kap. 24, Rn. 33, 38; Zöller-*Geimer*, § 1059, Rn. 74; Böckstiegel/Kröll/Nacimiento-*Kröll/Kraft*, § 1059, Rn. 78; a. A. v. Heymann, Ordre public, S. 183.

1415 Zöller-*Geimer*, § 1059, Rn. 55.

1416 BGH NJW 1991, S. 1211 (1213); Lachmann, Schiedsgerichtspraxis, S. 550, Rn. 2304.

1417 BGHZ 54, 123 (132); BGH NJW-RR 1991, S. 1211 (1213).

1418 Thüringer OLG SchiedsVZ 2008, S. 44 (45); Zöller-*Geimer*, § 1059, Rn. 56.

1419 BT-Drucks. 13/5274, S. 59 re. Sp.; OLG Frankfurt a. M. SchiedsVZ 2006, S. 219 (223).

1420 Schütze/Tscherning/Wais, Handbuch Schiedsverfahren, S. 280, Rn. 542.

1421 Gaul, in: FS Sandrock, S. 285 (315); Schwab/Walter, Schiedsgerichtsbarkeit, Kap. 24, Rn. 52; Musielak-*Voit*, § 1059, Rn. 26; Wieczorek/Schütze-*Schütze*, § 1059, Rn. 61; MüKo-*Münch* (3. Auflage), § 1059, Rn. 45; einschränkend nunmehr die Neuauflage MüKo-*Münch*, § 1059, Rn. 45; a. A. Zöller-*Geimer*, § 1059, Rn. 61; zustimmend zum alten Schiedsrecht Wieczorek/Schütze-*Schütze* (3. Auflage), § 1041, Rn. 24; KG Berlin JW 1932, S. 185 (185); wohl auch Schlosser, Internationale Schiedsgerichtsbarkeit, S. 638, Rn. 880.

und auf den entsprechend großen prozessualen Nutzen des Rechtsinstituts für das Schiedsverfahren eingegangen worden. Diese beiden Gesichtspunkte und die Ratio des Rechtshängigkeitseinwandes können für die Annahme eines *ordre public*-Verstoßes angeführt werden. Zudem wird an dieser Stelle die teilweise vorgebrachte Ansicht relevant, die *lis pendens* als Teil der *public policy* im Bereich der internationalen Schiedsgerichtsbarkeit einordnet.[1422]

Schwierigkeiten bei der Einordnung eines Verstoßes gegen den *lis pendens*-Grundsatz unter den Aufhebungsgrund des § 1059 Abs. 2 Nr. 2 lit. b.) ZPO bereitet jedoch die Schutzintention dieses Aufhebungsgrundes. In erster Linie dient der *ordre public* dem Schutz staatlicher, also öffentlicher Interessen, indem vornehmlich solche Vorschriften zur öffentlichen Ordnung zu zählen sind, die primär der „*Machterhaltung*" des Staates und der Durchsetzbarkeit öffentlicher Interessen dienen.[1423] Neben dieser Funktion erfüllt der *ordre public* zudem die Aufgabe, die Parteien vor dem „*Missbrauch der Schiedsgerichtsbarkeit zu schützen*".[1424] Somit beinhaltet die öffentliche Ordnung auch Teilbereiche, die primär dem Schutz der Parteien und deren Interessen zugute kommen.[1425]

Der Anwendungsbereich der Aufhebungsgründe ist auf der Ebene des Erkenntnisverfahrens die letzte Stufe, in der sich das für den Themenschwerpunkt dieser Arbeit fundamental zugrunde liegende Spannungsverhältnis zwischen öffentlichen Interessen und privaten Interessen widerspiegelt. Der Staat wird bei Vorschriften, die ausschließlich dem Schutz der Partei- bzw. Privatinteressen dienen, nicht vorschnell eine Missachtung des *ordre public* bejahen; vielmehr muss ein „*eklatanter Verstoß*" gegen zwingendes Recht vorliegen.[1426] Teilweise wird vorgeschlagen, im schiedsgerichtlichen Verfahren bei der Bejahung eines *ordre public*-Verstoßes einen restriktiveren Beurteilungsmaßstab anzulegen. Begründet wird dieser Vorschlag mit der freiwilligen Unterwerfung der Parteien unter die Entscheidungsgewalt der Schiedsgerichte.[1427] Da ohnehin nur schwerwiegende Verstöße gegen zwingendes Recht eine Verletzung des *ordre public* nach sich ziehen und dieser Aufhebungsgrund – wie eingangs erwähnt – von vornherein eng zu handhaben ist, ist es nach hier vertretener Ansicht unangemessen, diese zusätzliche Restriktion vorzunehmen.

Des Weiteren schließt der *ordre public* nicht nur die „*Entscheidungsfindung*", sondern auch das schiedsgerichtliche Verfahren selbst mit ein.[1428] Für den vorliegenden Fall bedeutet dies, dass es jedenfalls grundsätzlich möglich ist, dass ein unter § 1059 Abs. 2 Nr. 1 lit. d.) 2. Alt. ZPO fallender Verfahrensverstoß gleichzeitig

---

1422 Hobér, in: Cremades/Lew, Parallel Proceedings, S. 243 (253).
1423 Vgl. Kegel, in: FS Lewald, S. 259 (277 f.); Zöller-*Geimer*, § 1059, Rn. 58 ff.
1424 Zöller-*Geimer*, § 1059, Rn. 62.
1425 Schlosser, Internationale Schiedsgerichtsbarkeit, S. 627, Rn. 865; Zöller-*Geimer*, § 1059, Rn. 62.
1426 OLG Dresden SchiedsVZ, 2005, S. 210 (213).
1427 So Zöller-*Geimer*, § 1059, Rn. 70 f.; dagegen MüKo-*Münch*, § 1059, Rn. 42.
1428 Zöller-*Geimer*, § 1059, Rn. 47.

den verfahrensrechtlichen *ordre public* berührt.[1429] Die beiden in Frage kommenden Aufhebungsgründe stehen in keinem Exklusivitätsverhältnis zueinander. Teilweise[1430] wird es als Gefahr betrachtet, dass die Möglichkeit bestehe, einen Verfahrensverstoß sowohl unter § 1059 Abs. 2 Nr. 1 lit. d.) 2. Alt. ZPO geltend machen zu können als auch unter § 1059 Abs. 2 Nr. 2 lit. b.) ZPO. Es sei nahe liegend, dass die Schiedspartei sich vornehmlich auf den *ordre public* als Anerkennungsversagungsgrund stütze, weil in internationalen Abkommen oftmals nur dieser Vorbehalt enthalten sei. Dieser Kritikpunkt ist offensichtlich auf internationale Fallgestaltungen zugeschnitten. Für das nationale Schiedsverfahrensrecht besteht aber eine vergleichbare Gefahrenlage, weil es nur für einen Verstoß gegen die öffentliche Ordnung unerheblich ist, ob der Antragsteller schon im laufenden schiedsgerichtlichen Verfahren auf diesen Verfahrensfehler hingewiesen hat.[1431] Es könnten sich insofern Widersprüche zu den bisherigen Untersuchungsergebnissen ergeben, wenn einerseits die Einordnung unter einen rügeabhängigen Aufhebungsgrund unter Hinweis auf einen Gleichlauf mit der prozessualen Geltendmachung von *lis pendens* befürwortet wird, andererseits aber auch eine Einordnung als Verstoß unter den von Amts wegen zu berücksichtigenden Aufhebungsgrund des § 1059 Abs. 2 Nr. 2 lit. b.) 2. Alt. ZPO in Betracht gezogen wird.

Um diese Divergenzen zu vermeiden, sind zwei Konstellationen zu unterscheiden: Erstens diejenigen Fälle, in denen der Schiedsbeklagte im nachfolgend eingeleiteten Schiedsverfahren rechtzeitig den Rechtshängigkeitseinwand erhebt; das gegen die bestehende Rechtshängigkeit verstoßende Schiedsverfahren aber dennoch zum Erlass eines Schiedsspruchs führt. Zweitens diejenigen Fälle, in denen der Antragsteller erst seinen Aufhebungsantrag auf diesen Verfahrensverstoß stützt. Die zuerst genannte Fallgruppe ist unproblematisch, weil der Antragsteller alle Erfordernisse für die Geltendmachung beider möglichen Aufhebungsgründe eingehalten hat und es dementsprechend nicht auf die Befreiung von der Antragsfrist nach § 1059 Abs. 3 ZPO für die von Amts wegen zu berücksichtigenden Aufhebungsgründe ankommt. Die unterschiedlichen Kategorien der Aufhebungsgründe spielen in diesem Fall nur eine untergeordnete Rolle. Im Ergebnis mag es deshalb nicht entscheidend sein, welcher der beiden Aufhebungsgründe letztlich zur Aufhebung des Schiedsspruchs führt. Herauszustellen ist dennoch, dass das zweite Schiedsverfahren in Kenntnis des Verfahrensfehlers durchgeführt wurde. Dieser gravierende Verstoß gegen zwingendes Verfahrensrecht rechtfertigt es – trotz der tendenziell restriktiven Handhabung des Aufhebungsgrundes nach § 1059 Abs. 2 Nr. 2 lit. b.) 2. Alt. ZPO – einen *ordre public*-Verstoß zu bejahen.

1429 BGH NJW-RR 2006, S. 995 (996); BGH NJW 2001, S. 373 (373); MüKo-*Münch*, § 1059, Rn. 29.

1430 Vgl. Stein/Jonas-*Schlosser*, § 1059, Rn. 25 dessen Argumentation letztlich auch auf eine restriktive Handhabung abzielt und vornehmlich Verstöße gegen unmittelbare Staatsinteressen sanktionieren möchte.

1431 BGH NJW 1972, S. 2180 (2181); MüKo-*Münch*, § 1059, Rn. 39.

Es wird entsprechend der weiter oben dargestellten Erfordernisse ein „*eklatanter Verstoß*" gegen zwingendes Verfahrensrecht angenommen, so dass die hauptsächlich private Schutzintention von *lis pendens* im schiedsgerichtlichen Verfahren im Beispielsfall wegen des schwerwiegenden Verfahrensfehlers in den Hintergrund gerät. Anderenfalls würde einem Schiedsverfahren, welches unter einem gravierenden und gerügten Verfahrensfehler leidet, zur Geltung verholfen.

Die weitere Fallgruppe erweist sich als problematischer. Obwohl ein von Amts wegen zu berücksichtigender Aufhebungsgrund in Frage kommt, scheint es sachgerecht, einen ergehenden Schiedsspruch nicht wegen Verstoßes gegen den verfahrensrechtlichen *ordre public* aufzuheben. Hierfür spricht der generell restriktive Umgang mit diesem Aufhebungsgrund. Prozessablaufmängel sind nur dann *ordre public*-relevant, wenn es sich um schwerwiegende Verstöße innerhalb des schiedsgerichtlichen Verfahrens handelt.[1432] Da der Berechtigte in der aufgezeigten Konstellation die Rechtshängigkeitseinrede im Schiedsverfahren nicht rechtzeitig erhoben hat, hat er in zulässiger Weise auf die prozessuale Durchsetzung des *lis pendens*-Grundsatzes verzichtet. Es liegt ein Fall übereinstimmend gebilligter Parallelverfahren vor. Eine andere Bewertung würde die Voraussetzungen der prozessualen Umsetzung der schiedsgerichtlichen Rechtshängigkeitssperre bei der Frage der Vollstreckbarerklärung bzw. im Rahmen des Aufhebungsantrages in der Tat konterkarieren.

Problembehaftet ist die Konstellation, in der das zweite Schiedsverfahren die Rechtshängigkeit des ersten Schiedsverfahrens – trotz Rüge – missachtet und im Weiteren Verlauf als Erstes zu einem rechtskräftigen Schiedsspruch führt. Nach den dargestellten Grundsätzen zur Rechtskraftkollision[1433] müsste das andere Schiedsverfahren, welches eigentlich das ordnungsgemäß als Erstes eingeleitete Schiedsverfahren ist, die Rechtskraft des eigentlich unter Verstoß gegen die eigene bestehende Rechtshängigkeit eingeleiteten Verfahrens beachten. Anhand dieser Fälle stellt sich deshalb abermals die Frage, ob es des schiedsrechtlichen Rechtshängigkeitseinwandes überhaupt bedarf, weil es letztlich doch auf Konstellationen hinausläuft, in denen die *res judicata*-Grundsätze an Bedeutung gewinnen und eben nicht der *lis pendens*-Grundsatz. Diese Bedenken werden aber schnell ausgeräumt, denn gerade das vorliegende Beispiel verdeutlicht, dass die Missachtung der bestehenden und auch gerügten Rechtshängigkeit eine unnötige Belastung der Schiedsgerichte und der staatlichen Gerichte im Aufhebungsverfahren nach § 1059 ZPO bedeutet. Auch der beklagten Schiedspartei wird eine doppelte Verteidigungslast aufgebürdet. All diese Belastungen wären aber vermieden worden, wenn bereits die frühere Rechtshängigkeit im nachfolgend eingeleiteten Schiedsverfahren beachtet worden wäre. Erst der temporär nachfolgenden Gefahr von widersprüchlichen Schiedssprüchen wird durch die *res judicata*-Wirkung und durch die in diesem Zusammenhang dargestellten Grundsätze zur Kollision von

---

1432 Zöller-*Geimer*, § 1059, Rn. 48.
1433 Hierzu unter Gliederungspunkt 1. Kapitel. D.II. 3. b)bb)(4).

Schiedssprüchen begegnet. Die schiedsrechtliche Rechtshängigkeitssperre kann hingegen bereits einander widersprechenden Prozessverläufen vorbeugen. Es ist deshalb strikt zwischen Verstößen gegen den *lis pendens*-Grundsatz und der Missachtung der Rechtskraftwirkung eines früheren Schiedsspruchs zu unterscheiden.

Zusammengefasst ist *lis pendens* nicht nur als ungeschriebener zwingender Verfahrensgrundsatz über den diesbezüglich offenen Wortlaut des § 1042 Abs. 3 ZPO als fest verankerter Bestandteil der grundlegenden schiedsrechtlichen Verfahrensregelungen zu berücksichtigen; vielmehr bietet das bestehende Rechtsbehelfssystem des § 1059 ZPO auch den notwendigen Rahmen, um Schiedsverfahren, die unter einem auf die Verletzung von *lis pendens* beruhenden Verfahrensfehler leiden, unter den vorgesehenen Voraussetzungen aufzuheben. Sofern ein eklatanter Verfahrensverstoß gem. § 1059 Abs. 2 Nr. 2 lit. b.) 2. Alt. ZPO angenommen wird, ist gem. § 1060 Abs. 2 ZPO der Antrag auf Vollstreckbarerklärung abzulehnen.

ii) § 1055 ZPO als kodifizierte Regelung der schiedsgerichtlichen Rechtshängigkeit?

Zusätzlich zum Untersuchungsergebnis, *lis pendens* über § 1042 Abs. 3 ZPO als ungeschriebenen Verfahrensgrundsatz der nationalen schiedsgerichtlichen Vorschriften einzuordnen, ist abschließend noch einmal der Blick auf die kodifizierten Vorschriften der §§ 1025 ff. ZPO zu richten. Neben dem Rückgriff auf den Rechtsgedanken des § 261 Abs. 3 Nr. 1 ZPO und der hiermit verbundenen teilweise modifizierten Übertragung der Voraussetzungen einer zivilprozessualen Rechtshängigkeitssperre auf die Gegebenheiten des schiedsgerichtlichen Verfahrens, ist zu überlegen, ob die Vorschriften zum Schiedsverfahrensrecht tatsächlich keine bereits vorhandene Rechtshängigkeitsregelung enthalten. Immerhin regelt § 1055 ZPO die Rechtskraftwirkungen des Schiedsspruchs. Wie mehrfach erörtert, besteht ein enges Zusammenspiel zwischen den prozessualen Einrichtungen der Rechtskraft und der Rechtshängigkeit. Zudem hat sich gezeigt, dass § 1055 ZPO durch Rechtsprechung und Lehre einige an Hand des Gesetzeswortlautes nicht erkennbare Wirkungen beigemessen werden.[1434] Daher könnte die offenbar bestehende Auslegungsfähigkeit der Vorschrift auch eine Aussage über das Institut der Rechtshängigkeit im Schiedsverfahren beinhalten. Auf der anderen Seite sind Rechtskraft einerseits und Rechtshängigkeit andererseits nicht nur im staatlichen Zivilprozess, sondern auch im Schiedsverfahren streng voneinander zu trennende verfahrensrechtliche Institute. Es ist deshalb nicht nur eine inhaltliche Trennung zu fordern, sondern auch eine, durch die gesetzliche Stellung in Erscheinung tretende Differenzierung zwischen dem *lis pendens*-Grundsatz und der Rechtskraftwirkung eines Schiedsspruchs. Im Gesetz ist diese Unterscheidung angelegt: § 1055 ZPO steht gesetzessystematisch in Abschnitt 6 des Zehnten Buches. Hier befinden sich Regelungen zum Schiedsspruch und zur Beendigung des Verfahrens. Die Vorschriften zur Durchführung des schiedsrichterlichen Verfahrens, in deren Geltungsbereich

---

1434 Hierzu die Ausführungen unter Gliederungspunkt 1. Kapitel. D.II. 3. b)aa) ff.

eine Rechtshängigkeitsregelung richtigerweise gehört, sind in den §§ 1042 bis 1050 ZPO des Abschnitts 5 normiert. Insofern passt die Einordnung von *lis pendens* unter den Regelungsgehalt von § 1042 Abs. 3 ZPO wesentlich besser, als der Versuch, das Rechtsinstitut in § 1055 ZPO zu verankern. Zusammengefasst gestattet der Wortlaut des § 1055 ZPO zwar diverse prozessuale Interpretationen, für eine gesetzliche Verortung einer schiedsgerichtlichen Rechtshängigkeitsregelung fehlt es aber eindeutig an Anhaltspunkten.

jj) Möglichkeiten und Herausforderungen des Schiedsrichters zur Verhinderung verwandter Schiedsverfahren

Bislang haben sich die Überlegungen zur Anwendbarkeit einer schiedsrechtlichen Rechtshängigkeitssperre darauf konzentriert, den Interessenschutz der beteiligten Schiedsparteien und die bei Parallelverfahren möglicherweise sekundär tangierten öffentlichen Interessen aufzuzeigen. Neben dem Verhältnis der Parteien untereinander und den öffentlichen Belangen besteht zudem ein Beziehungsgeflecht zwischen den Parteien und dem Schiedsgericht bzw. den bestellten Schiedsrichtern. Aufgabe des nachfolgenden Abschnitts ist es, zunächst das Rechtsverhältnis zwischen Schiedsrichtern und Schiedsparteien zu skizzieren, wobei sich hier möglicherweise Unterschiede zwischen ad hoc eingeleiteten Schiedsverfahren und Schiedsverfahren vor ständigen Schiedsgerichten ergeben können. In einem nächsten Schritt sind dann die Handlungsmöglichkeiten des Schiedsrichters näher zu beleuchten, wenn dieser mit parallelen Schiedsverfahren konfrontiert wird. Vor dem Hintergrund des Beziehungsgefüges zwischen Schiedsrichtern und Schiedsparteien ergeben sich gegebenenfalls bisher außer Betracht gelassene, verfahrensrechtliche Koordinationsmöglichkeiten gleichzeitig eingeleiteter Schiedsverfahren.

Um die schiedsgerichtliche Rechtshängigkeitssperre anwenden zu können, müssen deren subjektive und objektive Voraussetzungen vorliegen.[1435] Aufgrund dieser strikten Voraussetzungen ergibt sich ein relativ enger eigenständiger Anwendungsbereich des Rechtsinstituts. Sofern der Schiedsbeklagte im nachfolgenden Schiedsverfahren rechtzeitig den Rechtshängigkeits-einwand erhebt, sind die Handlungsmöglichkeiten des Schiedsrichters auf die für diesen Fall vorgesehene Rechtsfolge beschränkt. Die nachfolgend erhobene Schiedsklage wird als unzulässig abgewiesen. Ebenso wie bei parallelen Verfahren im staatlichen Prozess können die Überschneidungen zweier Schiedsverfahren im tatsächlichen und im rechtlichen Bereich stark oder weniger weitreichend ausgeprägt sein. Die Fragestellung der nachfolgenden Ausführungen lautet daher, ob neben dem klassischen Anwendungsfall einer schiedsgerichtlichen Rechtshängigkeitssperre weitere Fallkonstellationen auftreten können, in denen ein Koordinationsbedarf besteht. Zu denken ist an mehrere gleichzeitig eingeleitete Schiedsverfahren, in denen zum Beispiel keine strikte Parteiidentität vorliegt oder nur eine Vorfrage eines nachfolgenden Verfahrens in einem früheren Schiedsverfahren bereits zum Streitgegenstand

---

1435 Hierzu unter Gliederungspunkt 1. Kapitel. F.II. 3. b)bb).

gehörte. Auch in diesen Konstellationen sollte der evidenten Gefahr von widersprüchlichen Schiedssprüchen entgegengewirkt werden können. Nachfolgend werden deshalb Schiedsverfahren in den Focus gestellt, deren zeitgleicher Ablauf unter dem Aspekt der Rechtssicherheit und Prozesswirtschaftlichkeit ebenso wenig wünschenswert ist, wie das Auftreten doppelt rechtshängiger Schiedsverfahren im engeren Sinn.

(1) Rechtsverhältnis zwischen Schiedsrichtern und Schiedsparteien
In der ZPO finden sich Vorschriften zur Bildung des Schiedsgerichts und zur Bestellung der Schiedsrichter in den §§ 1034, 1035 ZPO. Sofern die Schiedsparteien gemäß § 1034 Abs. 1 S. 1 ZPO keine abweichende Parteivereinbarung getroffen haben, geht das Gesetz vom Regelfall eines mit drei Schiedsrichtern besetzten Schiedsgerichts aus. Vorbehaltlich abweichender Parteivereinbarung, erfolgen Ernennung und Bestellung der Schiedsrichter nach dem in § 1035 Abs. 2 - Abs. 4 ZPO normierten Prozedere.[1436]

Der Schiedsrichtervertrag ist in der ZPO hingegen nicht ausdrücklich geregelt.[1437] Über sein Zustandekommen und über seine Rechtsnatur gehen die Meinungen auseinander. Der Schiedsrichtervertrag stellt einen Vertrag zwischen den beiden Parteien und dem Schiedsrichter dar.[1438] Dies ergibt sich aus der Tatsache, dass der Schiedsrichter für beide beteiligten Parteien tätig wird.[1439] Mithin ergeben sich aus dem Schiedsrichtervertrag die Rechtsbeziehungen des Schiedsrichters zu jeder beteiligten Schiedspartei. Beim Bestellungsverfahren wird mehrheitlich ein Zustandekommen des Schiedsrichtervertrages angenommen, sobald der nicht benennenden Partei die Mitteilung über die Bestellung zugegangen ist und auch der Schiedsrichter seiner Bestellung zugestimmt hat (Arg. § 1035 Abs. 2 ZPO).[1440] Das Angebot zum Abschluss eines Schiedsrichtervertrages stellt somit die Ernennung durch die Partei dar. Die Annahme dieses Angebotes ist in der Bestätigung des Schiedsrichteramtes durch den Schiedsrichter zu sehen.[1441] Vor dem Zugang der Mitteilung von der Bestellung wird daher ein Vertragsschluss nur zwischen der ernennenden Partei und dem Schiedsrichter angenommen. Mit dem Empfang der Bestellungsanzeige wird man schließlich ein Zustandekommen des Vertrages auch

1436 Hierzu bereits die z. B. Ausführungen unter Gliederungspunkt 1. Kapitel. F.II. 6. c)ff)(2) (b)(cc).
1437 Schütze, Schiedsgericht und Schiedsverfahren, S. 43, Rn. 112; Schütze/Tscherning/Wais, Handbuch Schiedsverfahren, S. 101, Rn. 186.
1438 RGZ 94, 210 (211), a. A. Calavros, in: FS Habscheid, S. 65 (68 ff.).
1439 Schwab/Walter, Schiedsgerichtsbarkeit, Kap. 11, Rn. 1.
1440 Schwab/Walter, Schiedsgerichtsbarkeit, Kap. 11, Rn. 2; Glossner/Bredow/Bühler, Schiedsgericht in der Praxis, S. 94, Rn. 242.
1441 So auch Schütze, Schiedsgericht und Schiedsverfahren, S. 43, Rn. 113; Schütze/Tscherning/Wais, Handbuch Schiedsverfahren, S. 101, Rn. 187.

mit der nicht ernennenden Partei kraft Gesetzes bejahen können.[1442] Im Bereich der institutionalisierten Schiedsgerichtsbarkeit tritt neben den Schiedsrichtervertrag noch ein Schiedsorganisationsvertrag.[1443] Oftmals kommt es in diesem Bereich der Schiedsgerichtsbarkeit zu vertraglichen Beziehungen nur zwischen der Schiedsgerichtsinstitution und den Schiedsrichtern. Die Schiedsparteien bleiben hier außen vor. Es entsteht ein Dreiecksverhältnis.[1444]

Überwiegend wird der Schiedsrichtervertrag als materiell-rechtlicher Vertrag[1445] eingeordnet. Dessen Zustandekommen, Beendigung und seine Wirkungen sind deshalb nach den Vorschriften des Bürgerlichen Gesetzbuches zu beurteilen. Vereinzelt[1446] wird hinsichtlich der Rechtsnatur des Schiedsrichtervertrages wegen des prozessualen Amtes des Schiedsrichters ein Prozessvertrag mit materiellrechtlichen Elementen befürwortet. Trotz der mehrheitlichen Qualifizierung als grundsätzlich materiell-rechtlicher Vertrag gehen die Meinungen über den hierbei anzunehmenden Vertragstypus auseinander: Bei Entgeltlichkeit wird ein Dienstvertrag und bei Unentgeltlichkeit ein Auftrag angenommen.[1447] Eine andere Ansicht zieht einen Vertragstyp eigener Art vor.[1448]

Zu unterscheiden ist der Schiedsrichtervertrag von der in § 1029 ZPO geregelten Schiedsvereinbarung. Diese fungiert als Grundlage des schiedsgerichtlichen Verfahrens insgesamt.[1449] Die Entscheidungsbefugnis des Schiedsgerichts als Entscheidungskörper ergibt sich aus der getroffenen Schiedsvereinbarung. Dementsprechend wird auch die verfahrensrechtliche Stellung des Schiedsrichters

---

1442 So wie hier (Bekanntgabe an nicht benennende Partei erforderlich) B/L/A/H-*Hartmann*, Anh § 1035, Rn. 3; Schwab/Walter, Schiedsgerichtsbarkeit, Kap. 11, Rn. 2 ff.; Glossner/Bredow/Bühler, Schiedsgericht in der Praxis, S. 94, Rn. 242 f.; a. A. Calavros, in: FS Habscheid, S. 65 (72).

1443 Wolf, Die institutionelle Handeslsschiedsgerichtsbarkeit, S. 70 ff., 228 ff.

1444 Zum Schiedsorganisationsvertrag MüKo-*Münch*, Vor §§ 1034 ff., Rn. 69 ff. und Stein/Jonas-*Schlosser*, Vor § 1025, Rn. 7 ff.; Wolf, Die institutionelle Handelsschiedsgerichtsbarkeit, S. 70 ff.; kritisch zur Konstruktion eines Vertrages zu Gunsten Dritter Schütze, Schiedsgericht und Schiedsverfahren, S. 44, Rn. 117 f.; Wieczorek/Schütze-*Schütze*, § 1035, Rn. 77.

1445 BGH NJW 1986, S. 3077 (3077); Schütze, Schiedsgericht und Schiedsverfahren, S. 43, Rn. 114; Wieczorek/Schütze-*Schütze* (3. Auflage), § 1028, Rn. 15; Musielak-*Voit*, § 1035, Rn. 20; Zöller-*Geimer*, § 1035, Rn. 23; MüKo-*Münch*, Vor §§ 1034 ff., Rn. 4.

1446 Schwab/Walter, Schiedsgerichtsbarkeit, Kap. 11, Rn. 9; Schwab, in: FS Schiedermair, S. 499 (512 f.).

1447 B/L/A/H-*Hartmann*, Anh. § 1035, Rn. 1; Götz, SchiedsVZ 2012, S. 311 (311). Schütze/Tscherning/Wais, Handbuch Schiedsverfahren, S. 118, Rn. 219.

1448 RGZ 59, 247 (248 f.); Gal, Die Haftung des Schiedsrichters, S. 97; MüKo-*Münch*, Vor §§ 1034 ff., Rn. 5.

1449 Wieczorek/Schütze-*Schütze*, § 1029, Rn. 1; Calavros, in: FS Habscheid, S. 65 (72 ff.). Hierzu unter Gliederungspunkt 1. Kapitel. C.VIII. ff.

maßgeblich vom Willen der Schiedsparteien geprägt.[1450] Hieraus ergeben sich einerseits im Vergleich zur Stellung des staatlichen Richters in dessen Funktion als Hoheitsträger besondere Freiheiten, was sich in einem gewissen Maß an verfahrensrechtlicher Flexibilität widerspiegelt.[1451] Zudem sind in diesem Zusammenhang auch die vergleichsweise wenigen zwingenden Vorschriften innerhalb der §§ 1025 ff. ZPO zu nennen. Andererseits ist der Schiedsrichter durch die enge Bindung an die Parteien in besonderem Maß deren Interessen und Wünschen verpflichtet, ohne, dass der Schiedsrichter hierbei die Rolle eines Parteivertreters einnehmen darf.[1452] Im Gegenteil, es bestehen auch in der Schiedsgerichtsbarkeit die Verpflichtungen zur Unabhängigkeit und Überparteilichkeit.[1453]

Aus den skizzierten besonderen Beziehungen des Schiedsrichters zu den Schiedsparteien ergeben sich schiedseigene Herausforderungen, deren Bewältigung mitunter eine gesteigerte Professionalität und große fachliche Erfahrung des jeweiligen Schiedsrichters erfordern.[1454] Der BGH hat die Position von Schiedsrichtern folgendermaßen umschrieben: Den Schiedsrichter trifft *„die Verpflichtung alles ihm Zumutbare zu tun, um einerseits die Wirksamkeit und den Bestand des Schiedsspruchs zu sichern, andererseits auch die Parteien vor Nachteilen zu bewahren, die ihnen aus dem prozessordnungswidrig zustande gekommenen Schiedsspruch erwachsen können“*.[1455]

Die Tatsache, dass der Schiedsrichter seinen Entscheidungs- und Handlungsauftrag auf die durch den Parteiwillen geprägte Schiedsvereinbarung stützt, bedeutet für Fälle von doppelt rechtshängigen Schiedsverfahren eine Limitierung seiner Handlungsvarianten. Da der Schiedsrichter dem Parteiwillen verpflichtet ist, kann und unter Umständen muss er sogar Entscheidungen treffen, die aus objektiver Sicht wenig nachvollziehbar sind.[1456] Andererseits finden die Handlungsmodalitäten des Schiedsrichters ihre äußere Grenze in fundamentalen Prinzipien und allgemeinen zwingenden Verfahrensgrundsätzen der maßgebenden Rechtsordnung, d. h. des Schiedsverfahrensrechts am Ort des schiedsgerichtlichen Verfahrens.[1457]

1450 MüKo-*Münch*, Vor §§ 1034 ff., Rn. 3.

1451 MüKo-*Münch*, Vor §§ 1034 ff., Rn. 3.

1452 Vgl. MüKo-*Münch*, Vor § 1034, Rn. 3.

1453 BGHZ 98, 70 (72 f.); Schütze, Schiedsgericht und Schiedsverfahren, S. 71, Rn. 209 ff.; Kornblum, Schiedsrichterliche Unabhängigkeit, S. 1 ff.; Ebbing, Private Zivilgerichte, S. 66 f.; Henn, RPS BB-Beil. 17/1993, S. 13 ff.; unter Berücksichtigung des US-amerikanischen Schiedsrechts Walter, Die schiedsrichterliche Unabhängigkeit, S. 1 ff. Zur Unparteilichkeit des Schiedsrichters auch noch unter Gliederungspunkt 3. Kapitel. B.I. 2. a)bb)(3) (b)(gg).

1454 Zur Professionalität der Schiedsrichter vgl. Hobér, in: Cremades/Lew, Parallel Proceedings, S. 243 (251).

1455 BGH NJW 1986, S. 3077 (3078).

1456 Hobér, in: Cremades/Lew, Parallel Proceedings, S. 243 (250).

1457 Hobér, in: Cremades/Lew, Parallel Proceedings, S. 243 (250). Zur staatlichen Kontrolle der Einhaltung gesetzlicher Verfahrensregeln durch das Schiedsgericht Ebbing, Private Zivilgerichte, S. 305 ff.

Die Beachtlichkeit zwingenden Rechts kann auch nicht durch abweichende Parteiabsprachen umgangen werden.[1458] Zum zwingenden Schiedsverfahrensrecht zählt – nach hier vertretener Ansicht – auch die Berücksichtigung anderweitiger schiedsgerichtlicher Rechtshängigkeit.

Für Schiedsverfahren, die nur miteinander verwandt sind, aber nicht die strengen Voraussetz-ungen der Partei- oder Streitgegenstandsidentität erfüllen, besteht eine vergleichbare Verpflichtung zur Rücksichtnahme hingegen nicht.

(2) Handlungsmöglichkeiten des Schiedsrichters

Die Klageabweisung wegen anderweitiger Rechtshängigkeit ist für ein Schiedsgericht die einschneidenste Möglichkeit, um eine Verfahrensdoppelung zu verhindern.[1459] Für Schiedsverfahren, die der Verfahrensordnung der ICC unterliegen, wurde mit der Verfahrensverbindung gem. Art. 4 Abs. 6 ICC-SchO a. F. eine andere Möglichkeit zur Koordination verwandter Schiedsverfahren vorgestellt. Die Handlungsmöglichkeiten des Schiedsrichters sind auch bei einer *consolidation* vom Willen der Schiedsparteien abhängig. Denn ohne entsprechenden Parteiantrag kann keine Verfahrensverbindung erfolgen.[1460] Im Gegensatz zur ICC-SchO a. F. sieht das Zehnte Buch der Zivilprozessordnung keine Regelung zur Verfahrensverbindung vor.[1461] Da zudem die schiedsgerichtliche Rechtshängigkeitssperre nicht explizit in einer Vorschrift geregelt wurde, ist davon auszugehen, dass der Gesetzgeber einem Schiedsrichter von vornherein weniger Handlungsmöglichkeiten zur Verfahrenskoordination im weiteren Sinn offeriert als einem Richter im staatlichen Zivilprozess.[1462] Mit der herrschenden Ansicht wäre ja sogar ein bereits ergangener Schiedsspruch in derselben Rechtssache nur bei entsprechender Parteirüge zu beachten.[1463]

Ein Instrument der Verfahrensgestaltung sind Verfahrensverfügungen des Schiedsrichters. Diese Möglichkeit ist Ausdruck des schiedsgerichtlichen Ermessens.[1464] Der Schiedsrichter muss in solchen Fällen unter Umständen über viel Einfühlungsvermögen und taktisches Geschick verfügen, weil der vorgeschlagene Lösungsweg regelmäßig nicht die Interessen beider Parteien in gleichem Maß berücksichtigen kann, denn insbesondere für den Schiedskläger kann es unter Umständen sogar von Vorteil sein, zwei parallele Verfahren anzustreben. Deshalb

1458 BT-Drucks. 13/5274, S. 46, re. Sp.

1459 Vgl. Hobér, in: Cremades/Lew, Parallel proceedings, S. 243 (251) (*"to decline jurisdiction"*).

1460 Hierzu unter Gliederungspunkt 1. Kapitel. F.II. 6. c)gg)(3).

1461 Für das alte Schiedsrecht lehnen Glossner/Bredow/Bühler, Schiedsgericht in der Praxis, S. 144, Rn. 414 die Möglichkeit der Verfahrenszusammenlegung ab.

1462 Vgl. Hobér, in: Cremades/Lew, Parallel Proceedings, S. 243 (244) zu den Handlungsmöglichkeiten von Schiedsrichtern im Bereich der internationalen Handelsschiedsgerichtsbarkeit.

1463 BGH NJW 1958, S. 950 (950). Hierzu unter Gliederungspunkt 1. Kapitel. D.II. 3. b) aa)(2) (a).

1464 Kreindler/Schäfer/Wolff, Schiedsgerichtsbarkeit, S. 214, Rn. 728.

wird ein Schiedsrichter, bevor er eine Verfahrensverfügung erlässt, versuchen, mit beiden Schiedsparteien diesbezüglich zu kooperieren. Das vorrangige Ziel sind stets einvernehmliche Lösungen zwischen den beteiligten Schiedsparteien.[1465]

kk) Anderweitige Möglichkeiten zur Verhinderung doppelt rechtshängiger Schiedsverfahren

Im Gegensatz zu den vorangehenden Handlungsmöglichkeiten des Schiedsrichters, die vornehmlich verwandte Schiedsverfahren erfassen sollten, sind nachfolgend anderweitige Möglichkeiten zur Verhinderung doppelt rechtshängiger Schiedsverfahren im engeren Sinn zu untersuchen.

(1) Verfahrensaussetzung nach § 148 ZPO analog?

Zunächst kommt eine Verfahrensaussetzung nach § 148 ZPO in Betracht. Nach dieser Vorschrift kann das Gericht, „*wenn die Entscheidung des Rechtsstreits ganz oder zum Teil von dem Bestehen oder dem Nichtbestehen eines Rechtsverhältnisses abhängt, das den Gegenstand eines anderen anhängigen Rechtsstreits bildet* (....), *anordnen, dass die Verhandlung bis zur Erledigung des anderen Rechtsstreits* (....) *auszusetzen sei.*" Da diese Regelung in direkter Anwendung nur auf Situationen im ausschließlich staatlichen Verfahren zugeschnitten ist, ist eine analoge Anwendung des § 148 ZPO im Verhältnis von zwei Schiedsverfahren zueinander zu diskutieren.[1466] Im Zusammenhang mit dem staatlichen Kontrollverfahren im Rahmen des § 1032 Abs. 3 ZPO bei gleichzeitiger Rechtshängigkeit eines Schiedsverfahrens und eines Staatsverfahrens wurde bereits auf die Möglichkeit der Verfahrensaussetzung nach § 148 ZPO hingewiesen.[1467] Eine Verfahrensaussetzung im Verhältnis von Staats- und Schiedsgerichten zueinander ist demnach grundsätzlich möglich.[1468] Erst recht könnte somit auch eine analoge Anwendung des § 148 ZPO im schiedsinternen Verhältnis zulässig sein.

Tatbestandlich setzt § 148 ZPO voraus, dass die Entscheidung des auszusetzenden laufenden Verfahrens von jener Entscheidung abhängig ist, die in einem anderen Verfahren zu treffen ist.[1469] Für die Anwendbarkeit des § 148 ZPO genügt

1465 Kreindler/Schäfer/Wolff, Schiedsgerichtsbarkeit, S. 214, Rn. 728; Hobér, in: Cremades/Lew, Parallel Proceedings, S. 243 (251).

1466 Zur grundsätzlichen Analogiefähigkeit dieser Vorschrift Stein/Jonas-*Roth*, § 148, Rn. 14. Ein Hauptanwendungsfall des § 148 ZPO analog ist die Rechtshängigkeit eines ausländischen Verfahrens. Hierzu unter Gliederungspunkt 3. Kapitel. B.I. 2. a)aa) ff. In diesem Bereich befürwortet z. B. Dohm, Einrede Rechtshängigkeit, S. 275 ff. die analoge Anwendung des § 148 ZPO.

1467 Vgl. die Ausführungen unter Gliederungspunkt 1. Kapitel. F.II. 6. b)aa) sowie BT-Drucks. 13/5274, S. 38 re. Sp.

1468 OLG Koblenz, AcP 150 (1949), S. 456 (459); Mittenzwei, Aussetzung, S. 154; Stein/Jonas-*Roth*, § 148, Rn. 55.

1469 Zöller-*Greger*, § 148, Rn. 5.

die Vorgreiflichkeit der ergehenden Entscheidung für diejenige im auszusetzenden Verfahren.[1470] Auf die Identität des Streitgegenstandes in beiden Verfahren kommt es insofern nicht an.[1471] In den Fällen des § 148 ZPO möchte das aussetzende Gericht die Entscheidung eines anderen Gerichts abwarten, um diese Entscheidung im eigenen Verfahren berücksichtigen zu können. § 148 ZPO in analoger Anwendung könnte für gleichzeitig eingeleitete Schiedsverfahren insofern Sinn machen, weil nach hier vertretener Ansicht eine positive Zuständigkeitsentscheidung des als Erstes angerufenen Schiedsgerichts für nachfolgende Schiedsgerichte bindend ist. In diesem Sinn läge eine Berücksichtigung der Entscheidung des fortgesetzten Schiedsverfahrens für das ausgesetzte Schiedsverfahren vor.

Zwischen der Rechtshängigkeitssperre nach § 261 Abs. 3 Nr. 1 ZPO und einer Verfahrensaussetzung nach § 148 ZPO bestehen aber nicht nur auf der Tatbestandsseite die geschilderten Unterschiede bei der Frage nach der Streitgegenstandsidentität beider Verfahren. Vielmehr sind auch auf der Rechtsfolgenseite wesentliche Unterschiede vorhanden. Eine Verfahrensaussetzung ist im Vergleich zu einer Rechtshängigkeitssperre der weniger einschneidende und schwächere Regelungsmechanismus für parallele Verfahren, weil die Sistierung des Verfahrens nach § 148 ZPO im Ermessen des Gerichts steht.[1472] Die Gefahr widersprüchlicher Entscheidungen in derselben Streitsache wird daher nur zeitlich nach hinten verlagert bzw. den Grundsätzen zur Berücksichtigung vorangehender Rechtskraft überantwortet.[1473] Eine Verfahrensaussetzung bietet nämlich nur eine zeitliche Unterbrechung des zweiten Verfahrens und keine absolute Sperrung.

Dem Gesetzgeber sind bei der Novellierung des Schiedsverfahrensrechts die Nachteile einer Verfahrensaussetzung durchaus bekannt gewesen. Weil der Gesetzgeber die nicht endgültig geklärte Rechtslage im Fall einer Verfahrensaussetzung umgehen wollte, hat er sich bei der Neuregelung der Schiedseinrede in § 1032 Abs. 1 ZPO für die Rechtsfolge der Klageabweisung als unzulässig und nicht für die Lösungsvariante der Verfahrensaussetzung in entsprechender Anwendung des § 148 ZPO entschieden.[1474] Demzufolge könnte man unabhängig von den ohnehin bestehenden tatbestandlichen Unterschieden zwischen einer Rechtshängigkeitssperre und der Verfahrensaussetzung letztere als für das schiedsgerichtliche Verfahren von vornherein unpassend ansehen. Hierfür spricht zusätzlich, dass es zu den Pflichten eines Schiedsrichters gehört, das schiedsgerichtliche Verfahren möglichst zügig durchzuführen, um rasch zu einem Verfahrensabschluss zu gelangen. Eine Aussetzung des Verfahrens stünde somit im Widerspruch zu den

---

1470 OLG Jena NJW-RR 2001, S. 503 (503).

1471 Stein/Jonas-*Roth*, § 148, Rn. 23; vgl. auch Musielak-*Stadler*, § 148, Rn. 6 (hinsichtlich der nicht erforderlichen Parteiidentität); Wieczorek/Schütze-*Smid*, § 148, Rn. 41, 43.

1472 Hau, Positive Kompetenzkonflikte, S. 116.

1473 Zu dieser Reaktionsmöglichkeit im US-amerikanischen Recht unter Gliederungspunkt 2. Kapitel. D.III. 3. f).

1474 BT-Drucks. 13/5274, S. 38, li. Sp.

berechtigten Interessen der Parteien an einem beschleunigten Verfahrensabschluss sowie zu dem berechtigten Interesse an einer eindeutigen und klaren Rechtslage. Eine Verfahrensaussetzung kann nämlich unter Umständen zu einer unangemessenen Verfahrensverzögerung führen.[1475]

Im Zusammenhang mit der Implementierung von *lis pendens* als zwingender ungeschriebener Verfahrensgrundsatz wurde schon darauf hingewiesen, dass eine analoge Anwendung der Vorschriften der übrigen Bücher der ZPO für das schiedsgerichtliche Verfahren grundsätzlich nicht automatisch in Frage kommt.[1476] Im Gegensatz zur Verfahrenssperre wegen anderweitiger Rechtshängigkeit, deren Rechtsgedanke auch im schiedsinternen Widerstreit Geltung beansprucht, handelt es sich bei der Möglichkeit einer Verfahrensaussetzung in entsprechender Anwendung des § 148 ZPO nicht um einen im schiedsgerichtlichen Verfahren zwingend zu beachtenden Verfahrensgrundsatz. Unter Berücksichtigung der bestehenden Unterschiede auf Tatbestands- und Rechtsfolgenseite wird für das Problem doppelt rechtshängiger Schiedsverfahren eine analoge Anwendung des § 148 ZPO als Alternative zur schiedsgerichtlichen Rechtshängigkeitssperre abgelehnt. Im Hinblick auf das gemeinsame Regelungsziel beider Lösungsvarianten für Entscheidungsharmonie[1477] und prozesswirtschaftliches Prozessieren[1478] zu sorgen, erfolgt der ausdrückliche Hinweis, dass § 148 ZPO für die Koordination von verwandten Schiedsverfahren nicht in Gänze uninteressant ist. Vielmehr ergänzen sich der *lis pendens*-Grundsatz und eine Verfahrensaussetzung nach § 148 ZPO.[1479] Sofern es an dem tatbestandlichen Erfordernis der strikten Identität des Streitgegenstandes fehlt, widersprüchliche Schiedssprüche aber dennoch drohen und unerwünscht sind, kann § 148 ZPO analog eine Auffangfunktion zukommen.[1480] Gegen diese Überlegungen spricht jedoch, dass eine analoge Anwendung des § 148 ZPO aus rein prozesswirtschaftlichen Erwägungen und um der Gefahr von widersprüchlichen Entscheidungen vorzubeugen, abgelehnt wird.[1481]

(2) Fehlendes allgemeines Rechtsschutzinteresse

Ebenso wie die Rechtshängigkeit Parallelen in Funktion und Zweck zur materiellen Rechtskraft aufweist, steht diese prozessuale Einrichtung im sachlichen Zusammenhang mit dem allgemeinen Rechtsschutzinteresse. Wie die Rechtsinstitute der

---

1475 Stein/Jonas-*Roth*, § 148, Rn. 4.; Wieczorek/Schütze-*Smid*, § 148, Rn. 2.

1476 Lachmann, Schiedsgerichtspraxis, S. 318, Rn. 1277; Stein/Jonas-*Schlosser*, § 1042, Rn. 1; vgl. auch die Ausführungen unter Gliederungspunkt: 1. Kapitel. F.II. 6. c)ff)(2).

1477 Zöller-*Greger*, § 148, Rn. 1.

1478 B/L/A/H-*Hartmann*, Einf §§ 148-155, Rn. 2; Stein/Jonas-*Roth*, § 148, Rn. 3.

1479 Vgl. Althammer, Streitgegenstand und Interesse, S. 232, der für den staatlichen Zivilprozess vorschlägt, die Anwendungsbereiche beider Vorschriften aufeinander abzustimmen.

1480 So Dohm, Einrede Rechtshängigkeit, S. 274 zur Anwendbarkeit des § 148 ZPO analog bei anderweitiger ausländischer Rechtshängigkeit.

1481 OLG Jena NJW-RR 2001, S. 503 (503); OLG Köln NJW 1958, S. 106 (106).

Rechtskraft und der Rechtshängigkeit knüpft das allgemeine Rechtsschutzbedürfnis an den Begriff des Streitgegenstandes an.[1482] Bei fehlendem Rechtsschutzinteresse ergeht ein die Klage als unzulässig abweisendes Prozessurteil.[1483] Somit entspricht die Rechtsfolge im Fall des fehlenden Rechtsschutzinteresses derjenigen im Fall anderweitiger Rechtshängigkeit. Verallgemeinert gesagt, soll auch das Rechtsschutzinteresse eine ausgewogene Prozessökonomie sichern und schützen.[1484] Zudem kommen dem Rechtsschutzinteresse die Funktionen zu, Rechtsfrieden zu wahren und die Bewährung des Rechts zu sichern.[1485] Für das Staatsverfahren wird das Rechtsschutzbedürfnis größtenteils zu den allgemeinen Prozessvoraussetzungen gezählt.[1486] Für das Schiedsverfahren wird das Erfordernis des Rechtsschutzbedürfnisses als Prozessvoraussetzung nicht im gleichen Maß verlangt wie im staatlichen Zivilprozess.[1487] Begründet wird diese unterschiedliche Beurteilung mit der Schutzfunktion des Rechtsschutzbedürfnisses. In der staatlichen Gerichtsbarkeit soll das Rechtsschutzinteresse vor einer unnötigen Inanspruchnahme der Justiz schützen. Im Schiedsverfahren sei diese Schutzfunktion hingegen nicht einschlägig.[1488] Dessen ungeachtet wird anerkannt, dass es trotz der Verfahrenseinleitung auf Parteiinitiative keine unzähligen Schiedsverfahren geben dürfe.[1489] Der Feststellung, dass der ressourcenschützenden Funktion des Rechtsschutzinteresses weniger Gewicht im Schiedsprozess zukommt, ist zuzustimmen. Ohnehin ist bereits herausgestellt worden, dass es für das schiedsgerichtliche Institut der Rechtshängigkeit ebenfalls nicht primär auf diese Funktion ankommt, sondern, dass es vorrangig um den Schutz des Beklagten vor einer doppelten Verteidigungslast geht.

Für die Frage, ob parallele Verfahren zum gleichen Streitgegenstand zwischen denselben Parteien alternativ auch über das Instrumentarium des allgemeinen Rechtsschutzinteresses gelöst werden können, kommt es auf das Verhältnis zwischen diesem Institut und der schiedsgerichtlichen Rechtshängigkeitssperre an. In der zivilprozessualen Literatur entspricht es der überwiegenden Ansicht, dass die Rechtshängigkeitssperre in ihrem Anwendungsbereich die speziellere Regelung ist und daher ein Rückgriff auf das allgemeine Rechtsschutzbedürfnis ausgeschlossen

---

1482 Stein/Jonas-*Roth*, vor § 253, Rn. 133.

1483 BGH NJW 1987, S. 3138 (3139); zustimmend B/L/A/H-*Hartmann*, Grundz § 253, Rn. 35.

1484 B/L/A/H-*Hartmann*, Grundz § 253, Rn. 34; kritisch zum vermehrten Rückgriff von Rechtsprechung und Lehre auf das Rechtsschutzinteresse aus prozessökonomischen Gründen Stein/Jonas-*Roth*, vor § 253, Rn. 134. Einschränkend bezüglich der Gemeinsamkeiten der Rechtshängigkeitseinrede, der Rechtskraft und der Aussetzung nach § 148 ZPO Bettermann, Rechtschutzform, S. 34.

1485 So Schönke, AcP 150 (1949), S. 216 (216).

1486 Zöller-*Greger*, Vor § 253, Rn. 18; Schönke, AcP 150 (1949), S. 216 (219).

1487 Schütze/Tscherning/Wais, Handbuch Schiedsverfahren, S. 192, Rn. 377.

1488 Schwab/Walter, Schiedsgerichtsbarkeit, Kap. 16, Rn. 1; a. A. Henn, Schiedsverfahrensrecht, S. 137, Rn. 329.

1489 Schwab/Walter, Schiedsgerichtsbarkeit, Kap. 16, Rn. 2.

ist.[1490] Für das schiedsgerichtliche Verfahren sind keine Gründe ersichtlich, weshalb von diesem charakteristischen Grundsatz der Spezialität für das Verhältnis von Rechtsschutzinteresse zum Institut der Rechtshängigkeit abgewichen werden sollte. Der *lis pendens*-Grundsatz bietet demzufolge einen adäquaten Lösungsweg, dem bisher keine überwiegenden Vorteile einer anderen Lösungsmöglichkeit entgegengehalten werden können.

(3) Schiedsgerichtseigene Instrumentarien

Das deutsche Schiedsverfahrensrecht bietet seinerseits durch die weitgehend den Parteien zugestandene Freiheit zur Verfahrensgestaltung diverse Möglichkeiten, um unabhängig von der Anwendung des *lis alibi pendens*-Grundsatzes, die Kollision zweier paralleler Schiedsverfahren zu verhindern. Durch § 1029 ZPO wird es den Schiedsparteien ermöglicht nicht nur die gesamte Rechtsstreitigkeit einer Schiedsvereinbarung zu unterwerfen, sondern auch nur Teile eines Gesamtkomplexes zur Streitbeilegung vor ein Schiedsgericht zu bringen. Durch eine von vornherein enge Limitierung der Schiedsvereinbarung, wäre es daher möglich, das Gefahrenpotenzial einer Verfahrensdoppelung bereits weitgehend zu minimieren.[1491] Eine derartige Begrenzung des Anwendungsbereichs der Schiedsvereinbarung und damit der schiedsrichterlichen Entscheidungsgewalt ist aber nicht unkritisch zu betrachten. Einerseits steht diese Möglichkeit im Widerspruch zum ansonsten geltenden Grundsatz, eine Schiedsvereinbarung tendenziell eher weit auszulegen[1492], andererseits bietet die gegenständliche Limitierung der Schiedsvereinbarung keine praktikable Lösung für jede schiedsgerichtliche Streitigkeit. In der Praxis würde eine solche Herangehensweise zudem auf Schwierigkeiten stoßen, da es nicht selten vorkommt, dass sich Gesichtspunkte im Laufe einer Rechtsstreitigkeit verändern oder erweitern.

G. Zusammenfassung und Würdigung der Ergebnisse zum nationalen Schiedsverfahrensrecht

Die Analyse unterschiedlicher Verfahrenskonstellationen zur Anwendbarkeit der schiedsrechtlichen Litispendenzregelung hat für das deutsche Schiedsverfahrensrecht in einem ersten Schritt die h. M. dahingehend bestätigt, dass die besseren

1490 Stein/Jonas-*Roth*, vor § 253, Rn. 141; MüKo-*Becker-Eberhard*, § 261, Rn. 7. Vgl. auch Bettermann, Rechtsschutzform, S. 44 (Zulässigkeit mehrerer zeitgleicher Prozesse in derselben Rechtssache als Problem der Rechtshängigkeit und nicht als Problem des Rechtsschutzinteresses); Liatowitsch, Parallelverfahren, S. 54; Wittibschlager, Internationale Verhältnisse, S. 16 f.

1491 Hobér, in: Cremades/Lew, Parallel Proceedings, S. 243 (251). Zur Schiedsvereinbarung als Instrument der Verfahrensgestaltung Kreindler/Schäfer/Wolff, Schiedsgerichtsbarkeit, S. 213, Rn. 721 f.

1492 OLG München NJW-RR 1991, S. 602 (603).

Gründe dafür sprechen, den Einwand der anderweitigen Rechtshängigkeit im Verhältnis der privaten Schiedsgerichtsbarkeit zur staatlichen Gerichtsbarkeit nicht anzuwenden. Die ausschlaggebenden sachlichen Gründe für diesen Standpunkt sind durch die Verschiedenartigkeit beider Rechtsprechungssysteme begründet. Es soll aber keinesfalls unangesprochen bleiben, dass durch die Qualifizierung von Rechtshängigkeit als zwingender Verfahrensgrundsatz des deutschen Zivilprozessrechts inklusive der Vorschriften über das schiedsrichterliche Verfahren für die Kollision von gleichzeitigen Staatsverfahren und Schiedsverfahren der Rechtshängigkeitseinwand einen potenziellen Lösungsweg darstellen könnte. Dies ist zumindest für parallele Verfahren zur Hauptsache denkbar.

Den gesetzlichen Ansatzpunkt hierfür bietet § 1042 Abs. 3 ZPO. *Lis pendens* käme in einem Regel-Ausnahme-Prinzip im Verhältnis zwischen Staats- und Schiedsgerichtsbarkeit zum Tragen. In der Regel sind Parallelverfahren in derselben Rechtssache zwischen denselben Streitparteien unzulässig und zu vermeiden. Ausnahmsweise sind doppelt rechtshängige Verfahren aber von Gesetzes wegen doch zulässig. Dies gilt für parallele Staatsverfahren, welche im Rahmen der §§ 1032 Abs. 3, 1040 Abs. 3 S. 3 ZPO eine kontrollierende Funktion gegenüber dem gleichzeitig eingeleiteten Schiedsverfahren einnehmen.

Für den Schwerpunkt dieser Arbeit stellt sich das Ergebnis anders dar: Im Zuständigkeitskonflikt zweier Schiedsgerichte sollte der *lis pendens*-Grundsatz generell zur Anwendung kommen. Grund hierfür ist, dass der Rechtsgedanke des § 261 Abs. 3 Nr. 1 ZPO im schiedsinternen Verhältnis ebenso angesprochen ist wie bei zwei parallelen Verfahren im Staatsprozess. Es gilt zu beachten, dass auch bei parallelen Verfahren vor unterschiedlichen Schiedsgerichten diese Verfahren nicht isoliert und in Gänze unabhängig von der staatlichen Gerichtsbarkeit und deren Hilfsfunktionen für das Schiedsverfahren zu betrachten sind. Spätestens im Rahmen der zwangsweisen Durchsetzung bei der Frage der Vollstreckbarerklärung, sind auch in dieser Verfahrenskonstellation die Befugnisse der ordentlichen Gerichte gefragt.

Des Weiteren hat die vorangehende Untersuchung gezeigt, dass eine andere Bezeichnung für Rechtshängigkeit im schiedsgerichtlichen Verfahren, namentlich der Begriff der Schiedshängigkeit – entgegen der eingangs hier geäußerten Vermutung – nicht zwingend eine Minderwertigkeit des Rechtsinstituts implizieren muss. Es kann im Kernbereich von dem klassischen Rechtsinstitut der Rechtshängigkeit ausgegangen werden, ausgestattet mit den typischerweise im gerichtlichen Verfahren auftretenden materiell-rechtlichen Verfahrenswirkungen. Ebenso kann im Grundsatz die prozessuale Wirkung einer Verfahrenssperre bejaht werden. Die objektiven und subjektiven Tatbestandsvoraussetzungen der schiedsgerichtlichen Verfahrenssperre entsprechen weitgehend denjenigen des staatlichen Verfahrens.

Als Untersuchungsergebnis dieser Arbeit kann dennoch aus zweierlei Gründen nur von einer weitgehenden Kongruenz der schiedsrechtlichen Ausgestaltung einer Rechtshängigkeitssperre mit der klassischen Rechtshängigkeit des Zivilprozessrechts ausgegangen werden. Einerseits wurde das Rechtsinstitut nicht umfassend hinsichtlich aller materiell-rechtlichen und prozessualen Wirkungen untersucht, andererseits sind für die schiedsrechtliche Verfahrenssperre verschiedene

Modifikationen herausgearbeitet worden. Als erste Modifikation kann eine Verfahrenssperre im Schiedsverfahrensrecht nicht unmittelbar im öffentlichen Interesse geboten sein. Vielmehr kommt es hier zu einer den Eigenarten des schiedsgerichtlichen Verfahrens geschuldeten Verschiebung des Interessenschutzes hin zu einem Instrument, das primär die privaten Interessen schützt. Im Mittelpunkt steht hier der Interessenschutz der beteiligten Parteien, während im Zivilprozess auch maßgeblich rechtliche und wirtschaftliche Positionen geschützt werden, die im öffentlichen Interesse liegen. Insbesondere ist im Gerichtsverfahren ein prozessökonomischer Umgang mit den staatlichen Ressourcen einzuhalten. Dem Schutz öffentlicher Interessen kommt im schiedsinternen Kollisionsfall nur mittelbare Funktion zu. In diesem Zusammenhang kann von einer „Reflexwirkung" gesprochen werden. Allerdings besteht auch ohne die Beteiligung der staatlichen Gerichtsbarkeit ein öffentliches Interesse an Rechtssicherheit. Einander widersprechende Schiedssprüche sind daher auch in der schiedsinternen Konstellation zu verhindern. Wenn der Staat seinen Bürgern – abgesehen von den nicht schiedsfähigen Streitgegenständen – die Wahl zwischen Verfahren vor seinen Gerichten und Verfahren vor Schiedsgerichten einräumt, dann hat er auch ein Interesse daran, dass das Resultat des durchgeführten Verfahrens zu endgültiger Rechtssicherheit führt. Das Schiedsverfahren darf deshalb nicht ad absurdum geführt werden, was der Fall wäre, wenn es beliebig viele streitgegenstandsidentische Schiedsverfahren geben könnte.

Einer zweiten Modifizierung bedarf es bei der Form der prozessualen Berücksichtigung der schiedsgerichtlichen Rechtshängigkeit im nachfolgenden Schiedsverfahren. Hier gebieten private Interessen und die Strukturen des schiedsgerichtlichen Verfahrens ein Rügeerfordernis. Dieser Art der prozessualen Berücksichtigung liegt der Gedanke zugrunde, dass die beklagte Schiedspartei frei darüber disponieren kann, ob sie sich auf das zweite Schiedsverfahren rügelos einlassen will oder lieber als „Abwehrmaßnahme" die Einrede der anderweitigen Rechtshängigkeit erhebt.

Lis pendens ist allerdings, entgegen der lange Zeit in dieser Arbeit mitschwingenden Vermutung, kein unkodifizierter Grundsatz, sondern liegt auch dem schiedsrichterlichen Verfahren als ungeschriebener Verfahrensgrundsatz gemäß § 1042 Abs. 3 ZPO zwingend zugrunde. Bei all den bestehenden Gemeinsamkeiten zwischen dem Rechtsinstitut der Rechtskraft im schiedsgerichtlichen Verfahren und der schiedsgerichtlichen Rechtshängigkeit sind auch Unterschiede, vor allem in temporärer Hinsicht, deutlich geworden.

Ebenfalls entgegen der eingangs mehrfach geäußerten Erwartung spielt die grundsätzliche Qualifizierung der Rechtsnatur der privaten Schiedsgerichtsbarkeit für die Ausgestaltung und dogmatische Herleitung der schiedsrechtlichen Rechtshängigkeitsregelung keine dominierende Rolle. Es kann somit bei den dargestellten Hinweisen auf mögliche Zusammenhänge mit der Rechtsnatur der Schiedsgerichtsbarkeit verbleiben. Im Übrigen hat das Wesen der Schiedsgerichtsbarkeit, welches in verschiedener Hinsicht stark durch die Privatautonomie geprägt wird, bei der vorgeschlagenen Lösung im Fall doppelt rechtshängiger Schiedsverfahren ausreichende Berücksichtigung gefunden.

2. Kapitel. US-Amerikanischer Teil

A. Problemaufriss

Abgesehen von einigen zu Argumentations- und Vergleichszwecken angeführten Exkursen in ausländische Rechtsordnungen hat sich das 1. Kapitel dieser Arbeit sowohl bei der Konkurrenz von staatlichem Verfahren und schiedsgerichtlichem Verfahren als auch für den schiedsinternen Kollisionsfall auf das deutsche nationale Recht beschränkt. In den folgenden zwei Kapiteln erfolgt eine ausländische (2. Kapitel) bzw. eine internationale Betrachtung (3. Kapitel) der Fragestellung, wie doppelt rechtshängige Schiedsverfahren zu handhaben sind. Das vorliegende 2. Kapitel wird in einem ersten Schritt spiegelbildlich zur Darstellung des Untersuchungsgegenstandes im nationalen deutschen Recht den Umgang mit Parallelverfahren im staatlichen US-amerikanischen Zivilprozess aufzeigen. Für beide nachfolgenden Kapitel gilt, dass die Problematik von Parallelverfahren nur auf die wesentlichen Grundsätze reduziert dargestellt wird. Die beiden letzten Kapitel sollen die Funktion einer Bestandsaufnahme erfüllen und haben nicht den Anspruch, eine abschließende Problemanalyse darzustellen.

Es sind unterschiedliche Fallkonstellationen von *parallel proceedings*[1493] anzusprechen. Einen Problemkreis nehmen gleichzeitige Verfahren im *intra*bundesstaat-

1493 Zur Klarstellung ist bereits an dieser Stelle auf vom deutschen Recht divergierende Bezeichnungen für eine Rechtshängigkeitsproblematik im US-amerikanischen Recht hinzuweisen. Den *Common Law*-Ländern, insbesondere dem US-amerikanischen Recht, ist eine *lis pendens*-Doktrin nicht unbekannt (vgl. z. B. für die Verwendung dieser Begrifflichkeit: Born, International civil litigation, S. 547 ff.; Hay, Law of the United States, S. 71, Rn. 147; Born, International Arbitration, S. 3791 ff.; International Law Association (2006), S. 5, Rn. 2.2 ff. sowie 1 C.J.S., Abatement and Revival, § 23). Allerdings wird nicht durchgängig von einer *lis pendens*-Problematik gesprochen, wenn nach deutschem Rechtsverständnis von der Kollision zweier Verfahren die Rede ist, die Partei- und Streitgegenstandsidentität aufweisen. Auf den vom deutschen Recht abweichenden Sinngehalt des Begriffs *lis pendens* weisen z. B. Schulte, Anderweitige Rechtshängigkeit, S. 96, Fn. 98 und Habscheid, in: FS Zweigert, S. 109 (116) hin. Vgl. auch 54 C.J.S., Lis pendens, § 1 ff. In den angesprochenen Quellen werden unter dem Begriff *lis pendens* die rechtlichen Wirkungen einer anhängigen Klage auf Rechte an der im Streit befangenen Sache verstanden, wenn die Sache während des anhängigen Rechtsstreits veräußert und von einem Dritten erworben wird. Es sind also mit § 265 ZPO vergleichbare Wirkungen angesprochen.
Häufiger findet sich im US-amerikanischen Recht für den hier interessierenden Problemkreis die Begrifflichkeit von *parallel (pending) proceedings* (so z. B. die Bezeichnung in den Entscheidungen *Black & Decker Corp. v. Sanyei America Corporation*, 650 F.Supp. 406, 408 (N.D. Ill 1986); *Laker Airways v. Sabena, Belgian World Airlines*, 731 F.2d 909, 926 f. (D.C. Cir. 1984). Hauptsächlich wird der Einwand anderweitiger Rechtshängigkeit im US-amerikanischen Recht unter

lichen Verhältnis ein. Einen zweiten Problemkreis stellen dann parallele Verfahren im *inter*bundesstaatlichen Kollisionsfall dar.[1494] Das Spezialproblem der schiedsrechtlichen Rechtshängigkeit kann nur nachvollziehbar und Erfolg versprechend erörtert werden, wenn man einige strukturelle Merkmale und Besonderheiten des US-amerikanischen Zivilprozessrechts kennt.[1495] Parallel zu den grundlegenden Ausführungen zum staatlichen Zivilprozess in den USA erfolgen deshalb vorweg auch einige einführende Erörterungen zur US-amerikanischen Schiedsgerichtsbarkeit und deren Rechtsgrundlagen.

B. Einführung in das US-amerikanische Zivilprozessrecht im Allgemeinen

I. Rechtsquellen

Das US-amerikanische Recht ist Teil der Rechtsfamilie[1496] des *Common law.* Bis heute besteht ein Einfluss des englischen Rechts, auf welches das amerikanische Recht zurückgeht. Besonders hinsichtlich des allgemeinen Rechtsgefühls und bei einigen grundlegenden Strukturen ist der englische Ursprung des amerikanischen Rechts noch verstärkt spürbar.[1497] Regelungen zum Zivilverfahrensrecht finden sich in einer Vielzahl von Rechtsquellen. Schon bei der Verwendung des Begriffs Zivilverfahrensrecht ist Vorsicht geboten. Der durch das deutsche Zivilprozessrecht geprägte Rechtsanwender muss stets vor Augen haben, dass es in den Vereinigten Staaten von Amerika nicht das eine und schon gar kein einheitliches Zivilprozessrecht gibt, welches vergleichbar mit der deutschen ZPO ist.[1498] Vielmehr werden das materielle Recht und das US-amerikanische Zivilverfahrensrecht

---

dem Stichwort „*pendency of another action*" thematisiert (in deutscher Sprache: Krause-Ablass/Bastuck, in: FS Stiefel, S. 445 (455 ff.)). Auf inhaltliche Abweichungen des Instituts der *pendency of another action* vom deutschen Verständnis des Einwandes anderweitiger Rechtshängigkeit wird unter Gliederungspunkt 2. Kapitel. D.III. 3. a) ff. zurückzukommen sein.

1494 In dieser Arbeit wird mit *intra*bundesstaatlich der Kollisionsfall innerhalb eines einzelnen Bundesstaates der USA bezeichnet. Als *inter*bundesstaatlich wird hingegen der Kollisionsfall von zwei gleichzeitig rechtshängigen Verfahren in unterschiedlichen Bundesstaaten bezeichnet.

1495 So Schulte, Anderweitige Rechtshängigkeit, S. 82. Zu den Unterschieden gegenüber dem deutschen Verfahrensverständnis Maxeiner, RIW 1990, S. 440 ff.

1496 Siehe hierzu Zweigert/Kötz, Rechtsvergleichung, S. 233 ff.

1497 Hay, Law of the United States, S. 1 ff., Rn. 1 ff.

1498 Auf das Verfahren in Familiensachen und Angelegenheiten der Freiwilligen Gerichtsbarkeit, geregelt im FamFG, welches auch in Deutschland teilweise eigenständiges Verfahrensrecht enthält, wird hiermit hingewiesen. Die besonderen Regelungsmaterien des FamFG ändern jedoch nichts daran, dass es in der Bundesrepublik Deutschland trotz ihrer föderalen Struktur eine einheitliche Zivilprozessordnung gibt.

durch die Koexistenz von *statutory law* (Gesetzesrecht)[1499] und *common law*[1500] bzw. *case law* (Fallrecht) geprägt. Dieses Nebeneinander gilt sowohl für Verfahren vor den Gerichten der einzelnen Staaten als auch für Verfahren vor Bundesgerichten.

1. Codes, Acts and Rules

Die *Federal Rules of Civil Procedure* (FRCP)[1501] gelten im Regelfall für bundesgerichtliche Verfahren. Am 16. September 1938 traten die FRCP in Kraft. Sie resultierten aus dem vom *Supreme Court* erlassenen *Rules Enabling Act* (1934).[1502] Andere grundlegende Fragen, wie solche zur Zuständigkeit, werden im *United States Code* (U.S.C.) geregelt.[1503] Neben diese Regelungen auf Bundesebene treten die vielfältigen einzelstaatlichen Regelungswerke. Die meisten Bundesstaaten verfügen über eine eigene Zivilprozessordnung, oft als *Code of Civil Procedure* bezeichnet.[1504] Andere Einzelstaaten haben *statutes* oder *rules* verabschiedet.[1505] In dieser Arbeit soll das Schiedsverfahrensrecht der Einzelstaaten New York und Kalifornien exemplarisch herangezogen werden.[1506] Als etwaige Vergleichs- und Bezugspunkte interessieren deshalb bereits deren Regelungswerke zum staatlichen Zivilprozessrecht.[1507] In New York ist das Zivilprozessrecht in den *Civil Practice Law and Rules* (CPLR)[1508] geregelt. In Kalifornien ist das Zivilprozessrecht im *California Code of Civil Procedure*

1499 Vgl. Blumenwitz, Einführung in das anglo-amerikanische Recht, S. 63.

1500 An dieser Stelle wird der Begriff des *common law* nicht in der Bedeutung verwandt, um das Gegensatzpaar *common law – civil law* zu beschreiben. Vielmehr wird der Begriff hier als Synonym zum Begriff *case law* verwandt, um das Gegensatzpaar *case law* bzw. *common law* (Fallrecht) und *statutory law* (Gesetzesrecht) gegeneinanderzustellen. Im Verlauf der Arbeit sollte die Verwendung der gleichen Begrifflichkeiten für unterschiedliche Sachverhalte keine Probleme aufwerfen, da der jeweilige Kontext stets eine eindeutige Zuordnung des Begriffs ermöglichen wird.

1501 Abgedruckt sind die FRCP im Title 28 U.S.C.

1502 Heute 28 U.S.C. § 2072; hierzu Junker, ZZP 101 (1988), S. 241 (254).

1503 Der *United States Code* trat im Jahr 1948 in Kraft. Hierzu die Kommentierung im U.S.C.A; Schulte, Anderweitige Rechtshängigkeit, S. 83 f.

1504 Zusammenstellung der Bezeichnung in den einzelnen Staaten bei Schulte, Anderweitige Rechtshängigkeit, S. 84, Fn. 9.

1505 Zur Begrifflichkeit Junker, ZZP 101 (1988), S. 241 (250, 266 f.), der darauf hinweist, dass die unterschiedlichen Bezeichnungen von den verschiedenen Normgebern herrührten, *codes* stünden für ein „Gesetzgebungswerk"; *rules* hingegen für Akte der Judikative.

1506 Hierzu unter Gliederungspunkt 2. Kapitel. C.II. 2. ff.

1507 Da beiden Staaten große Vorbildfunktion für das Recht anderer Bundesstaaten zukommt, wurden diese Staaten hier bewusst ausgewählt. Bezüglich der Vorbildfunktion des Rechts des Staates New York, vgl. Junker, ZZP 101 (1988), S. 241 (245).

1508 Insgesamt zu den CPLR Mckinney´s Consolidated Laws of New York Annotated Currentness, Civil Practice Law and Rules (Ref & Annos).

(CCP) verankert.[1509] Eine gewisse Vereinheitlichung der einzelstaatlichen Zivilprozessordnungen ergibt sich daraus, dass viele Bundesstaaten die *Federal Rules of Civil Procedure* in ihr eigenes Recht implementiert haben oder zwar eigene Regelungen kodifiziert haben, deren Inhalt sich aber an den Vorschriften der FRCP orientiert.[1510]

2. Common Law und Restatements

Neben das kodifizierte Recht tritt – wie gesagt – das *common law*. Dieses Fallrecht[1511] setzt sich aus Rechtsgrundsätzen zusammen, die sich aufgrund einer Vielzahl von Fällen und Entscheidungen herauskristallisiert haben. Für nachfolgende Fälle können die auf diese Weise gewonnenen Erkenntnisse und Rechtsgrundsätze bei bestehender Vergleichbarkeit – insbesondere der Sachverhalte – zu Präzedenzfällen werden.[1512] Neben dem Fallrecht selbst sollen *Restatements,*[1513] welche unter anderem vom *American Law Institute* (ALI),[1514] einer privaten Organisation, herausgegeben und veröffentlicht werden, zu einer Vereinheitlichung des US-amerikanischen Rechts führen.[1515] Bei den *Restatements* handelt es sich nicht um Gesetze im eigentlichen Sinn, sondern um Werke, die das gemeinamerikanische Recht darstellen, auswerten und systematisch zusammenfassen.[1516] Zu nahezu jedem Rechtsgebiet sind *Restatements* vorhanden.[1517] Deshalb verwundert es auch nicht, dass zum Problem von parallelen Verfahren in den unterschiedlichen Varianten, wie sie im Verlauf der Arbeit noch zu skizzieren sind, Materialien in verschiedenen Bänden des *Restatement of the Law* enthalten sind. Zu bindender Wirkung können *Restatements* gelangen, wenn sich die Rechtsprechung deren Regelungen zu Eigen macht.[1518]

II. Bundesstaatliche Ordnung

1. Dualismus im Gerichtssystem: Überblick über das US-amerikanische Gerichtssystem

Die Hintergründe der Regelungsmechanismen zur Rechtshängigkeitsproblematik lassen sich nur mit Kenntnissen über das US-amerikanische Gerichtssystem

1509 Kurz zur Historie des *California Code of Civil Procedure*, Junker, ZZP 101 (1988), S. 241 (288).
1510 Junker, ZZP 101 (1988), S. 241, (258 ff., 291 f.).
1511 Auf die unterschiedlichen Bedeutungen dieses Terminus wurde schon hingewiesen.
1512 Schurtman/Walter, Amerikanischer Zivilprozess, S. 14.
1513 Von Gewicht ist das Restatement (Second), Conflict of the Laws.
1514 Einzelheiten auf der Homepage des Instituts unter www.ali.org.; vgl. Schindler, ZEuP 1998, S. 277 ff.
1515 Hay, Law of the United States, S. 14, Rn. 31 f.
1516 Hay, Law of the United States, S. 14, Rn. 31 f.
1517 Hay, Law of the United States, S. 14, Rn. 32.
1518 Kötz/Zweigert, Rechtsvergleichung, S. 247.

erklären. Insbesondere muss das Verhältnis von *federal courts* und *state courts* zueinander bekannt sein. Jeder der insgesamt 50 Bundesstaaten der USA hat ein eigenes Gerichtssystem.[1519] Neben dem Gerichtssystem der Einzelstaaten besteht das unabhängige Bundesgerichtssystem, welches in Article III Section 1 der Bundesverfassung explizit festgeschrieben ist: „*The judical Power of the United States, shall be vested in one Supreme Court, and in such inferior courts as the Congress may from time to time ordain and establish.*"[1520] Es besteht somit auch hier ein Dualismus, der speziell in Fällen von bestehenden konkurrierenden Zuständigkeiten (*concurrent jurisdiction*) einige Probleme bereiten kann.[1521] Allgemeingültige Feststellungen über das Gerichtssystem der Einzelstaaten lassen sich kaum treffen, da hier die Einzelstaaten teilweise erheblich voneinander abweichen.[1522] Vorliegend wird nur auf den Regelfall hingewiesen und aus den angesprochenen Gründen auf die Gerichtssysteme in den Staaten New York und Kalifornien Bezug genommen, soweit diese vom Grundmodell abweichen.

a) Federal Courts

Das Bundesgerichtssystem folgt im Regelfall einem dreigliedrigen Aufbau.[1523] In erster Instanz sind die *District Courts* zuständig. Jeder der Bundesstaaten verfügt über mindestens einen *District Court.*[1524] Die *District Courts* sind den so genannten *Circuit Courts of Appeals* zugeordnet.[1525] Diese sind die allgemeine Rechtsmittelinstanz.[1526] Das Bundesgebiet der Vereinigten Staaten ist in insgesamt zwölf *circuits* (Regionen) aufgegliedert, aus deren territorialer Lage sich die Zuordnung der *District Courts* zu dem jeweils zuständigen *Court of Appeals* ergibt.[1527] Vor den *Circuit Courts of Appeals* werden Berufungen gegen Entscheidungen der *District Courts* verhandelt.[1528] Für besondere Sachmaterien, unter anderem für Patentsachen und das Warenzeichenrecht, besteht ein weiterer spezieller *Court of Appeals.*[1529] Für das

---

1519 Friedenthal/Kane/Miller, Civil Procedure, S. 4; Hay, Einführung in das amerikanische Recht, S. 48.

1520 Vgl. für den Text der US-Verfassung den Abdruck bei Barron/Dienes, Constitutional Law, S. LXXVII ff.

1521 Schurtman/Walter, Amerikanischer Zivilprozess, S. 13.

1522 Vgl. Junker, ZZP 101 (1988), S. 241 ff.

1523 Ausführlich hierzu Surrency, Federal Courts, S. 19 ff.

1524 Vgl. Wright, Federal Courts, S. 8 f.; Hay, US-amerikanisches Recht, S. 45, Rn. 106; Schack, Einführung Zivilprozessrecht, S. 2, wobei darauf hinzuweisen ist, dass größere Bundesstaaten – wie New York und Kalifornien – über zwei oder drei *District Courts* verfügen.

1525 28 U.S.C. § 41.

1526 28 U.S.C. § 1921; Ausnahmen sind in 28 U.S.C. § 1992 (c), (d) festgeschrieben.

1527 Farnsworth, Legal System of the United States, S. 39; Hay, US-amerikanisches Recht, S. 45, Rn. 107.

1528 Wright, Federal Courts, S. 10. Berufungen in den USA sind jedoch nicht mit der deutschen Berufung vergleichbar.

1529 Hazard/Taruffo, American Civil Procedure, S. 45.

Bundesgerichtssystem ist der *United States Supreme Court* in Washington, D. C. das Revisionsgericht.[1530]

b) State Courts

Einige Einzelstaaten haben ein nur zwei Instanzen umfassendes Gerichtssystem.[1531] Den Regelfall bildet jedoch auch auf der einzelstaatlichen Ebene das dreistufige Gerichtsmodell.[1532] Der Gerichtsaufbau Kaliforniens entspricht diesem grundlegenden Modell: In erster Instanz gibt es ein Gericht von allgemeiner Zuständigkeit, üblicherweise als *District Court, Peace Court, Superior Court, Circuit Court* oder *Court of Common Pleas* bezeichnet.[1533] Der Staat New York weicht von der üblichen Bezeichnungsweise ab. Die erste Instanz wird hier *Supreme Court* genannt, die oberste Instanz heisst *Court of Appeals*.[1534]

2. Zuständigkeit

Durch das Nebeneinander von zwei unabhängigen Gerichtssystemen kann mit der Frage der Zuständigkeit eine Reihe von Problemen verbunden sein.[1535] Auch das Problem von Parallelverfahren wird bei konkurrierender Zuständigkeit zwischen Bundesgerichten und Staatsgerichten für dieselbe Streitigkeit relevant. Nachfolgend sind deshalb die wichtigsten Grundzüge zu Fragen der Zuständigkeit kurz zu erörtern.

a) Subject matter jurisdiction

Für die Großzahl der Fälle sind die Gerichte der Einzelstaaten sachlich zuständig (*subject matter jurisdiction*).[1536] Die sachliche erstinstanzliche Zuständigkeit der Bundesgerichte ergibt sich aus dem Enumerationsprinzip des Article III Section 2 der Bundesverfassung.[1537] Eine ausschließliche Zuständigkeit (*exclusive jurisdiction*) kommt den Bundesgerichten nach dem U.S.C. nur in Angelegenheiten der Staatsangehörigkeit, des gewerblichen Rechtsschutzes, für das Konkursrecht, für Fälle, in denen die US-Regierung Prozesspartei ist, für den Handelsverkehr zwischen den

---

1530 Hay, US-amerikanisches Recht, S. 46, Rn. 109. Grundsätzlich zum *Supreme Court* Kroll, JuS 1987, S. 944 ff.

1531 Vgl. Blumenwitz, Einführung in das anglo-amerikanische Recht, S. 46.

1532 Friedenthal/Kane/Miller, Civil Procedure, S. 5; Blumenwitz, Einführung in das anglo-amerikanische Recht, S. 46.

1533 Farnsworth, Legal System of the United States, S. 38; Schack, Einführung Zivilprozessrecht, S. 3.

1534 Carter/Fellas, Arbitration in New York, S. 38; Friedenthal/Kane/Miller, Civil Procedure, S. 5.

1535 Schack, Einführung Zivilprozessrecht, S. 17.

1536 Hay, US-amerikanisches Recht, S. 48.

1537 Vgl. Barron/Dienes, Constitutional Law, S. LXXVIII.

Einzelstaaten sowie mit dem Ausland und schließlich für das Seerecht zu.[1538] Durch *supplemental jurisdiction* gem. 28 U.S.C. § 1367 (a)[1539] kann die sachliche Zuständigkeit der Bundesgerichte ergänzt werden.[1540] Die hier vor allem interessierende konkurrierende Zuständigkeit zwischen bundes- und einzelstaatlichen Gerichten besteht beispielsweise in *diversity of citizenship*-Fällen.[1541] Mit der Bezeichnung *diversity of citizenship* sind Fälle angesprochen, die dadurch gekennzeichnet werden, dass es erstens zu Konflikten zwischen Staatsbürgern unterschiedlicher Staaten kommt und zweitens der Streitwert eine Summe von $ 75.000[1542] überschreitet.[1543] Es gelten ebenso Bürger anderer Bundesstaaten als auch Nichtamerikaner als *aliens* (Ausländer).[1544] Die *diversity jurisdiction* ist einer der häufigsten Fälle bundesgerichtlicher *subject matter jurisdiction*. Kodifiziert ist die Zuständigkeit in 28 U.S.C. § 1332.[1545] Der Anlass für die Normierung dieser Bundeszuständigkeit war, dass eine Voreingenommenheit und Benachteiligung gegenüber nicht aus dem betreffenden Forumstaat stammenden Parteien von vornherein unterbunden werden sollte.[1546]

Fragen im Zusammenhang mit der *diversity jurisdiction* stellen sich nach dem Gesagten also auch, wenn eine deutsche Partei eine Klage in den USA anstrebt. Kenner des US-amerikanischen Zivilprozesses raten einer ausländischen Partei zu einer sehr sorgfältigen Auswahl des anzurufenden Gerichts, weil die richtige Auswahl des entscheidenden Gerichts in vielerlei Hinsicht Einfluss auf die Erfolgsaussichten der Klage einer nichtamerikanischen Partei haben kann. Bundesgerichten sagt man im Vergleich mit Gerichten der Einzelstaaten im Allgemeinen nicht nur weniger Unvoreingenommenheit nach, sondern auch mehr Erfahrung im Umgang

---

1538 28 U.S.C. § 1333; 28 U.S.C. § 1338.

1539 28 U.S.C. § 1367 (a): „*Except as provided in subsections* (b) *and* (c) *or as expressly provided otherwise by Federal statute, in any action of which the district courts have original jurisdiction, the districts courts shall have supplemental jurisdiction over all other claims that are so related to claims in the action within such original jurisdiction that they form part of the same case or controversy under Article III of the United States Constitution. Such supplemental jurisdiction shall include claims that involve the joinder or intervention of additional parties.*" zitiert nach Hay, US-amerikanisches Recht, S. 61, Fn. 88.

1540 Ausführlich zur *supplemental jurisdiction* unter Bezugnahme auf entsprechende Rechtsprechungsmaterialien, Wright, Federal Courts, S. 33 ff.; z. B. *Verlinden BV v. Central Bank of Nigeria*, 461 U.S. 480, 103 S.Ct. 1962, 76 L.Ed.2d 81 (1983); *United Mine Workers v. Gibbs*, 383 U.S. 715, 86 S.Ct. 1130, 16 L.Ed.2d 218 (1966).

1541 Hay, Law of the United States, S. 57, Rn. 110.

1542 Vgl. *Zahn v. International Paper Co.*, 414 U.S. 291, 294, 94 S.Ct. 505, 508, 38 L.Ed.2d 511, 515 (1973).

1543 Zweigert/Kötz, Rechtsvergleichung, S. 249 ff.

1544 Hay, US-amerikanisches Recht, S. 46, Rn. 111.

1545 28 U.S.C. § 1332.

1546 Wright, Federal Courts, S. 142.

mit Rechtsfällen mit ausländischem Bezug.[1547] Es besteht des Weiteren die Möglichkeit, durch einen Zuständigkeitswechsel (*removal*) einen vor einem einzelstaatlichen Gericht anhängigen Rechtsstreit vor ein Bundesgericht zu bringen.[1548] Neben den genannten Fällen spielen *federal question cases,* also Fälle, deren Fragen sich aus Bundesrecht ergeben, eine wichtige Rolle im Rahmen der Bundeszuständigkeit.[1549] Allerdings reicht kein schwacher Bezug zum Bundesrecht aus, um eine *federal question jurisdiction* zu begründen. Vielmehr muss das Bundesrecht einen wesentlichen Bestandteil der Klage ausmachen.[1550]

b) Venue

Die örtliche Zuständigkeit bezeichnet man im US-amerikanischen Recht als *venue.*[1551] Es muss sichergestellt werden, dass ein Verfahren auch am richtigen Ort verhandelt wird.[1552] In erster Linie ist hierfür der Wohnort des Beklagten maßgeblich. Einzelstaatliche Regelungen sehen aber darüber hinaus verschiedene zuständigkeitsbegründende Faktoren vor.[1553]

3. Gerichtsgewalt

Neben der sachlichen Zuständigkeit, welche die Abgrenzung von bundes- und einzelstaatlicher Gerichtsbarkeit betrifft, muss als weitere Prozessvoraussetzung ein zuständiges Gericht innerhalb des entsprechenden Gerichtssystems vorhanden sein, dessen Entscheidungen die Parteien bindet.[1554] Das US-amerikanische Recht unterscheidet zwischen verschiedenen Arten von Gerichtsgewalt (*jurisdiction to adjucate*).[1555] Zu nennen sind die Gerichtsgewalt über Personen (*jurisdiction in personam*) sowie die Gerichtsgewalt über Sachen (*jurisdiction in rem)* und die

---

1547 Vgl. Lange/Black, Zivilprozeß, S. 35 ff. mit dem Hinweis, dass sich besonders New Yorker und kalifornische Gerichte im Umgang mit internationalen Streitfällen aus Sicht ausländischer Parteien bewährt hätten.

1548 Hay, US-amerikanisches Recht, S. 49, Rn. 122. Für Bundesgerichte untereinander gilt die Verweisungsregelung des *Federal Transfer* nach 28 U.S.C. § 1404 (a). Hierzu z. B. die Entscheidung in Sachen *Ferens v. John Deere Co.*, 494 U.S. 516, 110 S.Ct. 1274, 108 L.Ed.2d 443 (1990).

1549 28 U.S.C. § 1331; Farnsworth, Legal System of the United States, S. 40.

1550 Schack, Einführung Zivilprozessrecht, S. 18. Speziell zur *federal question jurisdiction* Pushaw, 95 Cal. L. Rev. (2007), S. 1515 ff.

1551 28 U.S.C. § 1391.

1552 Heidinger, Geklagt in den USA, S. 34.

1553 Hay, Law of the United States, S. 68, Rn. 140 f.

1554 Hay, Law of the United States, S. 62, Rn. 125.

1555 Friedenthal/Kane/Miller, Civil Procedure, S. 100. Vgl. auch Restatement of the Law (Third), The Foreign Relations Law of the United States, § 421 (1987) zur Abgrenzung der *jurisdiction to adjucate* von der *jurisdiction to prescribe.*

mit der Gerichtsgewalt über Sachen verwandte *jurisdiction quasi in rem.*[1556] Die Unterscheidung nach der Art der bestehenden Gerichtsgewalt ist hier zu erwähnen, weil es für die Koordinationsmöglichkeiten paralleler Verfahren offenbar auf diese grundsätzliche Unterscheidung ankommt. Die einschlägigen Materialien und die gerichtlichen Entscheidungen differenzieren jedenfalls nach der Art der bestehenden Gerichtsgewalt hinsichtlich der richtigen Herangehensweise bei Parallelverfahren.[1557]

Zuständigkeitsrügen müssen im Übrigen entweder in der Klageerwiderung oder in einem Klageabweisungsantrag vorgebracht werden.[1558] Nicht erhobene Rügen gelten als Verzicht (*waiver*) auf diese Einrede.[1559]

a) Gerichtsgewalt über eine Person (*in personam jurisdiction*)

Mit bestehender *personal jurisdiction* wird einem Gericht die Befugnis eröffnet, eine verbindliche Entscheidung über Rechte und Verpflichtungen einer Person zu treffen.[1560] Im Vergleich zum deutschen Recht nehmen die US-Amerikaner eine sehr weite Zuständigkeitserstreckung der eigenen Gerichtsgewalt vor. Deshalb wurde die Gerichtsgewalt über eine Person ursprünglich bereits bejaht, wenn eine natürliche Person körperlich im Staat anwesend war (*physical presence*).[1561] Mit der Entscheidung *International Shoe Co. v. Washington*[1562] sind aus rechtsstaatlicher Sicht die Grenzen für die *jurisdiction in personam* neu gefasst worden. Besonders zu berücksichtigen ist das Verfassungsgebot des *due process.*[1563] Dieses ist infolge dieser Entscheidung grundsätzlich nur noch dann erfüllt, wenn der Beklagte über die persönliche Anwesenheit hinausgehende *minimum contacts* zum Forumstaat besitzt.[1564] Durch eine Bezugnahme auf den bundesverfassungsrechtlichen Standard

---

1556 Umfassend in deutscher Sprache Engelmann-Pilger, Grenzen der Rechtskraft, S. 128 ff.

1557 International Law Association (2006), S. 6, Rn. 2.4; Restatement of the Law (Second), Conflict of the Laws, § 86 (1971); vgl. die weiteren Ausführungen unter Gliederungspunkt 2. Kapitel. D.III. 4. d)aa).

1558 28 U.S.C. Rule 12 (b) (2).

1559 28 U.S.C. Rule 12 (h) (1); siehe auch Heidinger, Geklagt in den USA, S. 33.

1560 Friedenthal/Kane/Miller, Civil Procedure, S. 9; Schulte, Anderweitige Rechtshängigkeit, S. 92.

1561 So z. B. in der Entscheidung *Pennoyer v. Neff, 95 U.S. (5 Otto)* 714, 24 L.Ed 565 (1877).

1562 *International Shoe Co. v. Washington,* 326 U.S. 310, 66 S.Ct. 154, 90 L.Ed. 95 (1945).

1563 Das *due process*-Gebot erfordert die Einhaltung der Grundsätze eines rechtsstaatlichen Verfahrens, Hay, US-amerikanisches Recht, S. 44. Zum Inhalt des *due process*-Gebotes und speziell zu der Entwicklung anhand der genannten Entscheidungen Schack, Einführung Zivilprozessrecht, S. 30.

1564 *International Shoe Co. v. Washington,* 326 U.S. 310, 316, 66 S.Ct. 154, 166, 90 L.Ed. 95, 101 f. (1945): "*Historically the jurisdiction of courts to render judgment in personam is grounded on their de facto power over the defendant's person. Hence his presence within the territorial jurisdiction of a court was prerequisite to its rendition of a judgment personally binding him. But now that the capias ad respondendum*

des *due process*-Gebotes wird in den meisten einzelstaatlichen Regelungen, insbesondere in Kalifornien,[1565] zugleich die äußerste Grenze der einzelstaatlichen Zuständigkeit vorgegeben.

b) Gerichtsgewalt über Sachen (*in rem jurisdiction*)

Neben der *jurisdiction in personam* kennt das US-amerikanische Recht die *jurisdiction in rem*. Diese Zuständigkeit knüpft an die Belegenheit eines bestimmten Vermögensgegenstandes an. Bei Klagen *in rem* handelt es sich um dingliche Klagen, bei denen um die dingliche Berechtigung an einem Gegenstand gestritten wird.[1566] Klagen *in rem* betreffen die Sache selbst.[1567] Mit der *in rem jurisdiction* ist die *jurisdiction quasi in rem* verwandt. Diese ist vergleichbar mit dem deutschen Vermögensgerichtsstand in § 23 ZPO.[1568] Durch diese Zuständigkeitsregel konnten ursprünglich auch persönliche Klagen durchgesetzt werden, obwohl der Beklagte im Forumstaat nicht anwesend war. Hierfür wurde über im Forumstaat belegene Gegenstände auf den beklagten Eigentümer oder den Besitzer des Gegenstandes „durchgegriffen".[1569] Die Gerichtsgewalt war jedoch auf den Wert der Sache limitiert.[1570] Seit der Grundsatzentscheidung des *Supreme Court* in Sachen *Shaffer v. Heitner*[1571] gelten auch für die beiden zuletzt genannten Arten der *jurisdiction* die aus dem XIV. Amendment der amerikanischen Verfassung folgenden *due process*-Vorgaben.[1572]

---

has given way to personal service of sommons or other form of notice, due process requires only that in order to subject a defendant to a judgment in personam, if he be not present within the territory of the forum, he have certain minimum contacts with it such that the maintenance of the suit does not offend "traditional notions of fair play and substantial justice." In *World Wide Volkswagen Corp. v. Woodson*, 444 U.S., 286, 291 f., 100 S.Ct. 559, 564 f., 62 L.Ed.2d 490, 498 (1980) stellte der *Supreme Court* die Funktionen der *minimum contacts* heraus, ohne jedoch eine allzu präzise Charakterisierung derselben abzugeben. Die Entwicklung des Erfordernisses zeigt knapp, aber gut verständlich Schack, Einführung Zivilprozessrecht, S. 26 ff. auf. Vgl. auch Junker, IPRax 1986, S. 197 (199 ff.).

1565 Vgl. die gesetzlichen Regelungen der Staaten New York: § 302 CPLR und Kalifornien: § 410.10 CCP: *„A court of this state may excercise jurisdiction on any basis not inconsistent with the Constitution of this state or of the United States."*

1566 Erläuternd und unter Einbezug der historischen Entwicklung aller drei Arten der Gerichtsgewalt: Friedenthal/Kane/Miller, Civil Procedure, S. 100 ff.; Restatement of the Law (Second), Judgments, § 6 (1982).

1567 Friedenthal/Kane/Miller, Civil Procedure, S. 101.

1568 Schack, Einführung Zivilprozessrecht, S. 26.

1569 Schulte, Anderweitige Rechtshängigkeit, S. 93.

1570 *Freeman v. Alderson*, 119 U.S. 185, 185 ff. 7 S.Ct. 165, 165 ff. 30 L.Ed. 372, 372 ff. (1886); Schack, Einführung Zivilprozessrecht, S. 26.

1571 *Shaffer v. Heitner*, 433 U.S. 186, 97 S.Ct. 2569, 53 L.Ed.2d 683 (1977).

1572 *Shaffer v. Heitner*, 433 U.S. 186, 212, 97 S.Ct. 2569, 2584, 53 L.Ed.2d 683, 703 (1977).

C. US-amerikanisches Schiedsverfahrensrecht

I. Begriff und historische Entwicklung der Schiedsgerichtsbarkeit im US-amerikanischen Recht

Heute ist die Schiedsgerichtsbarkeit ein in weiten Teilen der amerikanischen Geschäftswelt und der Gesellschaft fest etablierter und sich weiterentwickelnder Streitbeilegungsmechanismus.[1573] Doch eine schiedsfreundliche Haltung der US-amerikanischen Gerichte bestand bei Weitem nicht immer. Historisch betrachtet war die Wertschätzung der Schiedsgerichtsbarkeit sehr gering. Die staatlichen Gerichte nahmen sogar eine betont schiedsfeindliche Haltung ein. Denn staatliche Richter sahen in der Schiedsgerichtsbarkeit eine Bedrohung der eigenen Rechtsprechungstätigkeit.[1574] Man wollte diese deshalb nach der so genannten *ousting doctrine* verdrängen.[1575] Hierzu sollte die Verbreitung der Schiedsgerichtsbarkeit unterbunden werden, indem die Durchsetzbarkeit von Schiedsvereinbarungen staatlicherseits nicht unterstützt wurde. Es war möglich und sogar üblich, dass die Schiedsvereinbarung bis zum Erlass eines Schiedsspruchs wieder aufgehoben werden konnte, so genannte *rule of revocability*.[1576] Im Gegensatz zur ablehnenden Haltung der Staatsgerichtsbarkeit genoss die Schiedsgerichtsbarkeit unter Kaufleuten traditionell schon immer ein hohes Ansehen.[1577] Den entscheidenden Einschnitt im Umgang mit der schiedsgerichtlichen Streitbeilegung stellte dann der Erlass des *Federal Arbitration Act* (FAA) durch den Kongress als Bundesgesetzgeber im Jahr 1925 dar.[1578] Dieser ebnete den Weg zu einer heute bestehenden „*national policy favoring arbitration*“.[1579]

1573 Vgl. Weigand/Wagner, Practitioner's Handbook (1. Auflage), S. 1087, Rn. 2. Insgesamt zur Verankerung alternativer Streitbeilegung in den USA Duve, RPS BB-Beil. 09/1998, S. 15 ff.

1574 Joelson, 24 J. Int'l Arb. (2007), S. 379 (379 f.).

1575 Oehmke, Commercial Arbitration, § 2: 3, S. 19; Born, International Arbitration, S. 638; Kronenburg, Vollstreckung, S. 20.

1576 Vgl. *Red Cross Line v. Atlantic Fruit Co.*, 264 U.S. 109, 121 f., 44 S.Ct. 274, 276 f., 68 L.Ed. 582, 585 (1924); *Home Insurance. Company of New York v. Morse*, 87 U.S. 445, 451, 22 L.Ed. 365, 368 (1874); Hirshman, 71. Vir. L. Rev., S. 1305, 1309 (1985); Bennett, Essential Concepts, S. 10.

1577 Vgl. Born, International Arbitration, S. 41 („*Arbitration was widely used to resolve commercial (and other) disputes* (...).“).

1578 Federal Arbitration Act (FAA), 9. U.S.C. §§ 1- 15, vgl. auch *Collins Aikman Products Co. v. Building Systems*, 58 F.3d 16, 19 (2d Cir. 1995).

1579 So z. B. *Buckeye Check Cashing, Inc., v. Cardegna*, 546 U.S. 440, 443, 126 S.Ct. 1204, 1207 (2006).

II. Rechtsgrundlagen des amerikanischen Schiedsverfahrensrechts

Parallel zur Koexistenz von *state law* und *federal law* im staatlichen Zivilprozessrecht gibt es auch im Schiedsverfahrensrecht einen „Rechtsquellenpluralismus“.[1580] Eine ausschließliche Zuständigkeit besteht für das Recht der Schiedsgerichtsbarkeit nicht. Maßgeblich sind bundes- und einzelstaatliche Schiedsgesetze. Hinzu treten internationale Konventionen sowie die Regelwerke von Schiedsgerichtsorganisationen.[1581]

1. *Federal Arbitration Act (FAA)*

Auf bundesstaatlicher Ebene regelt der FAA als „zentrales Regelungsinstrument“[1582] schiedsrechtliche Fallgestaltungen und Sachverhalte. Der FAA ist in drei Kapitel (*chapters*) unterteilt: Chapter 1 (§§ 1 bis 16) enthält die ursprünglichen Normen des Gesetzes von 1925 und beinhaltet das nationale Schiedsrecht. Chapter 2 (§§ 201 bis 210) beinhaltet die Implementierung des UNÜ ins nationale Recht. Regelungsgegenstand von Chapter 3 ist die Umsetzung der *Inter-American Convention on International Commercial Arbitration*[1583] (§§ 301 bis 308) ins nationale Recht.

Der FAA stellt kein umfassendes Regelungswerk für das schiedsrichterliche Verfahren dar.[1584] Seine wesentliche Zielsetzung besteht in der Durchsetzung von schriftlichen Schiedsklauseln nach den Vorgaben in § 2 FAA.[1585] Diese Vorschrift gilt als Kernstück des Regelungswerkes.[1586] Der *Supreme Court* geht davon aus, dass der Congress den FAA erlassen hat, um eine schiedsfreundliche Politik durchzusetzen. Das Gericht formuliert: „ (...) *replace judicial indisposition to arbitration with a national policy favoring arbitration and plac[ing] arbitration agreements on equal footing with all other contracts.*”[1587] Zugleich begrenzt die Vorschrift in § 2

1580 Steinbrück, Unterstützung ausländischer Schiedsverfahren, S. 161.

1581 Besson, 11 Am. Rev. Int'l Arb. (2000), S. 211 (212); Kronenburg, Vollstreckung, S. 27.

1582 Carbonneau, Law and Practice, S. 57.

1583 Häufig auch als *Panama Convention* bezeichnet; Kronenburg, Vollstreckung, S. 27, Fn. 50.

1584 Kolkey, 1 Am. Rev. Int‘l Arb. (1990), S. 491 (500)*; Volt Information Sciences, Inc., v. Board of Trustees of Leland Stanford Junior University*, 489 U.S. 468, 477, 109 S.Ct. 1248, 1255, 103 L.Ed.2d 488, 499 (1989).

1585 *Volt Information Sciences, Inc., v. Board of Trustees of Leland Stanford Junior University*, 489 U.S. 468, 478, 109 S.Ct. 1248, 1255, 103 L.Ed.2d, 488, 499 (1989); bezugnehmend auf *Dean Witter Reynolds v. Byrd*, 470 U.S. 213, 221, 105 S.Ct. 1238, 1241 f, 84 L.Ed.2d, 158, 165 (1985).

1586 Carter/Fellas, Arbitration in New York, S. 5.

1587 *Hall Street Assocs. L.L.C. v. Mattel*, 552 U.S., 576, 581, 128 S. Ct. 1396, 1402 (2008); bezugnehmend auf *Buckeye Check Cashing, Inc., v. Cardegna*, 546 U.S. 440, 443, 126 S.Ct. 1204, 1207 (2006).

FAA den Anwendungsbereich des FAA auf seerechtliche Streitigkeiten (*maritime transactions*) und kommerzielle Verträge (*transaction involving commerce*).[1588] Die Regelung in § 1 FAA verdeutlicht, dass sowohl der grenzüberschreitende Handel zwischen US-amerikanischen Bundesstaaten als auch der Handel mit ausländischen Staaten erfasst wird.[1589] Wenn weder der Handel zwischen den Einzelstaaten betroffen ist, noch ein Außen- oder Seehandelsfall vorliegt, kommt einzelstaatliches Schiedsverfahrensrecht zur Anwendung und nicht der FAA.[1590]

Für diese Arbeit relevante Fragen wie z. B. die der schiedsgerichtlichen Kompetenz-Kompetenz sind nicht im FAA geregelt.[1591] Bestehende Lücken versucht das *common law* zu schließen.[1592] Ebenso wenig sind die Rechtskraftwirkung von Schiedssprüchen[1593] oder spezielle Regelungen zum Umgang mit anderen zeitgleichen gerichtlichen oder schiedsgerichtlichen Verfahren zur identischen Streitsache sowie zwischen denselben beteiligten Parteien im FAA einer ausdrücklichen Regelung unterworfen.[1594] Insgesamt gibt es kaum Vorschriften zum Verfahrensablauf.[1595] Das Regelungssystem des FAA wird durch eine einfache Lektüre des Wortlauts der einzelnen Regelungen nicht annähernd ersichtlich. Vielmehr müssen die unzähligen Gerichtsentscheidungen zum Inhalt der Vorschriften im Zusammenhang betrachtet werden. Denn erst deren Interpretation gibt dem FAA seinen tatsächlichen Inhalt.[1596] Auch die oben herausgestellte schiedsfreundliche Haltung des *Supreme Court* ergibt sich nicht aus dem FAA selbst.

2. *Einzelstaaten und Schiedsverfahrensrecht*

Nahezu jeder Einzelstaat verfügt über ein eigenes Schiedsverfahrensrecht. Voranzuschicken ist, dass den einzelstaatlichen Schiedsgesetzen weitaus weniger

1588 9 U.S.C. § 2 FAA: „*A written provision in any maritime transaction or a contract evidencing a transaction involving commerce to settle by arbitration a controversy thereafter arising out of such contract or transaction, or the refusal to perform the whole or any part thereof, or an agreement in writing to submit to arbitration an existing controversy arising out of such a contract, transaction, or refusal, shall be valid, irrevocable, and enforceable, save upon such grounds as exist at law or in equity for the revocation of any contract.*"

1589 Hierzu Ware, ADR, S. 26, der in Fn. 43 den Begriff *commerce* definiert.

1590 Gessner, Anerkennung und Vollstreckung, S. 37; Born, International Arbitration, S. 162 f.

1591 So Born, International Arbitration, S. 155. Vgl. auch *Volt Information Sciences, Inc., v. Board of Trustees of Leland Stanford Junior University*, 489 U.S. 468, 109 S.Ct. 1248, 103 L.Ed.2d, 488 (1989).

1592 Carbonneau, Arbitration, S. 69.

1593 Born, International Arbitration, S. 3747.

1594 Zu § 3 FAA vgl. die Ausführungen unter Gliederungspunkt 2. Kapitel. D.IV. 2. a)aa).

1595 Carter/Fellas, Arbitration in New York, S. 4, Fn. 18.

1596 Vgl. Carter/Fellas, Arbitration in New York, S. 4, Fn. 18; Weigand, Practitioner's Handbook (1. Auflage), S. 1088, Rn. 5.

Bedeutung zukommt als dem *federal arbitration law* im FAA.[1597] Auf der einzelstaatlichen Ebene ist der *Uniform Arbitration Act* (UAA) von 1956 sehr verbreitet.[1598] Einige Einzelstaaten haben eigenständige Schiedsgesetze (*arbitration statutes*) erlassen, die vom UAA abweichen. Auch der FAA[1599] und das UNCITRAL-Modellgesetz[1600] dienen als Vorlage einzelner *arbitration statutes.*

a) New York

Der Kehrtwende hin zu einer schiedsfreundlichen Haltung durch den Erlass des FAA ging im Jahr 1920 die Verabschiedung des *New Yorker Arbitration Law* voraus.[1601] Hier wurden erst-malig Schiedsabreden, durch die zukünftige Streitigkeiten von Schiedsgerichten erledigt werden sollten, für vollstreckbar und unwiderruflich erklärt.[1602] Das aktuelle *New York State arbitration statute* ist in Article 75, Chapter 8, Arbitration der *New York Civil Practice Law & Rules* kodifiziert.[1603] Dieses Schiedsrecht räumt den Staatsgerichten weitere Zuständigkeiten ein, als es der FAA vorsieht. Sofern aber das *state law* die *„policy favoring arbitration"* beschneidet, wird es vom FAA verdrängt.[1604]

b) Kalifornien

Der Staat Kalifornien hat ebenfalls ein eigenes Schiedsrecht erlassen. Dieses ist in Title 9 des *California Code of Civil Procedure*, §§ 1280 ff. geregelt. Wie New York verfügt Kalifornien als einer von insgesamt zwölf Bundesstaaten zudem über ein eigenes internationales Schiedsverfahrensgesetz (*international arbitration statutes*).[1605]

c) Verhältnis federal law und state law im Schiedsrecht: Die Preemption Doctrine

Das Verhältnis zwischen *federal law* und *state law* ist eines der am meisten umstrittenen und häufig thematisierten Probleme im Schiedsverfahrensrecht der USA.[1606] Auch für die hier interessierende Frage, welchem Verfahren der Vorrang einzuräumen ist, wenn ein Staatsverfahren und ein Schiedsverfahren oder mehrere Schiedsverfahren in derselben Streitigkeit zwischen identischen Parteien in

1597 Ware, ADR, S. 23.

1598 Carbonneau, Law and Practice, S. 113; Born, International Arbitration, S. 163.

1599 Bennett, Essential Concepts, S. 29.

1600 Kuner, RIW 1994, S. 368 (368); Vetter, RIW 1993, S. 191 (192).

1601 Hierzu Carter/Fellas, Arbitration in New York, S. 4.

1602 Kronenburg, Vollstreckung, S. 20.

1603 Abgedruckt als Appendix 4 bei Carter/Fellas, Arbitration in New York, S. 463 ff.

1604 Carter/Fellas, Arbitration in New York, S. 13 ff. mit Beispielen zur *preemption doctrine* bezüglich des New Yorker *state arbitration law.* Zur *preemption doctrine* unter Gliederungspunkt 2. Kapitel. C.II. 2. c).

1605 Weitere Staaten sind: Colorado, Connecticut, Florida, Georgia, Hawaii, Illinois, Maryland, North Carolina, Ohio, Oregon, Texas. Hierzu Carter/Fellas, Arbitration in New York, S. 2, Fn. 2.

1606 Ware, ADR, S. 29.

unterschiedlichen *jurisdictions* anhängig sind, kommt es auf das Verhältnis zwischen dem *FAA* und den einzelstaatlichen *arbitration statutes* an.

Um das Verhältnis zwischen dem FAA und dem einzelstaatlichen Schiedsverfahrensrecht nachvollziehen zu können, ist zunächst das grundsätzliche Verhältnis zwischen Bundesrecht und dem Recht der Einzelstaaten zu klären. Den gesetzlichen Ausgangspunkt hierfür bildet der *Supremacy Clause* des Art. VI Section 2 der US-amerikanischen Bundesverfassung.[1607] *Federal law* verdrängt hiernach (widersprüchliches) *state law*. Hierbei ist aber zu beachten, dass nur materielles Bundesrecht entgegenstehendes *state law* verdrängt.[1608] Die FRCP verdängen hingegen nicht entgegenstehendes Verfahrensrecht der Einzelstaaten. Diese Unterschiede sind damit zu erklären, dass es zu einem Konflikt zwischen den FRCP des Bundes und dem einzelstaatlichen Prozessrecht gar nicht kommt, weil die FRCP nur in bundesgerichtlichen Verfahren anzuwenden sind, und das einzelstaatliche Prozessrecht hingegen nur in Verfahren vor den jeweiligen einzelstaatlichen Gerichten gilt.[1609]

Vor Erlass des FAA galt der gerade dargestellte Grundsatz auch für das Verhältnis von bundes- und einzelstaatlichem Schiedsverfahrensrecht.[1610] Nach Erlass des FAA war man sich nicht einig, ob durch das neue Bundesrecht fortan auch neue Grundsätze für das Verhältnis des schiedsrechtlichen Bundesrechts zum Schiedsrecht der Einzelstaaten gelten sollten. Insbesondere war fraglich, ob der FAA nur vor Bundesgerichten oder auch vor *state courts* angewandt werden sollte.[1611] Eine Reihe von *Supreme Court*-Entscheidungen hat sich mit der Stellung des Schiedsrechts im föderativen Kontext auseinandergesetzt.[1612]

1607 U.S. Constitution Art. VI, § 2; Ware, ADR, S. 29; Joelson, 24 J. Int'l Arb. (2007), S. 379 (383 ff.).

1608 Vgl. auch Born, International Arbitration, S. 161 („*In principle, a U.S. federal statute will override, or preempt, inconsistent U.S. state substantive rules adressing the same subjects.*").

1609 Ware, ADR, S. 29.

1610 Ware, ADR, S. 29; zur *preemption doctrine* Domke, Arbitration, § 7:7; Born, International Arbitration, S. 161 f.; Carter/Fellas, Arbitration in New York, S. 3 f.

1611 Hierzu Drahozal, 78 Notre Dame L. Rev. (2002), S. 101 ff. (*state courts* and *federal courts*).

1612 Z. B. *Bernhardt v. Polygraphic Co. of America*, 350 U.S. 198, 76 S.Ct. 273, 100 L.Ed. 199 (1956); *Prima Paint Corp. v. Flood & Conklin Mfg. Co.*, 388 U.S. 395, 87 S.Ct. 1801, 18 L.Ed.2d 1270 (1967); *Moses H. Cone Memorial Hospital v. Mercury Construction Corporation*, 460, U.S. 1, 103 S.Ct. 927, 74 L.Ed.2d 765 (1983); *Southland Keating Corp. v. Keating* 465 U.S. 1, 104 S.Ct. 852, 79 L.Ed.2d 1 (1984); *Perry v. Thomas*, 482 U.S. 483, 107 S.Ct. 2520, 96 L.Ed.2d 426 (1987); *Volt Information Sciences, Inc., v. Board of Trustees of Leland Stanford Junior University*, 489 U.S. 468, 109 S.Ct. 1248, 103 L.Ed.2d, 488 (1989); *Allied-Bruce Terminix Cop. v. Dobson*, 513 U.S. 265, 115 S.Ct. 834, L.Ed.2d 130, 753 (1995).

Voranzuschicken ist, dass das Bundesgesetz nach der ihm zugrunde liegenden gesetzgeberischen Intention[1613] keine umfassende Regelung des Schiedsverfahrensrechts darstellt.[1614] Sein Regelungsgehalt beschränkt sich nur auf die notwendigen Grundlagen des Schiedsverfahrensrechts.[1615] In der Folgezeit führte die beschränkte Regelungsdichte zu einer Föderalisierung des US-amerikanischen Schiedsverfahrensrechts. Die Gerichte kreierten ein *federal common law*.[1616] Nach diesem *federal common law* zum FAA ist für das Regelungswerk charakteristisch, dass es widersprüchliches einzelstaatliches Schiedsrecht, vor allem solches, welches Schiedsvereinbarungen ihre Wirksamkeit abspricht, verdrängt.[1617]

Den Grundsätzen zum Verhältnis zwischen *federal law* und *state law* entsprechend machen die Gerichte eine Verdrängung des einzelstaatlichen Schiedsrechts durch den FAA von dessen Rechtsnatur abhängig. Ob *state law* im Wege der *preemption doctrine* verdrängt wird, hängt also mit der Rechtsnatur des in Frage stehenden Rechts zusammen: Materielles (*substantive*) *federal law* verdrängt widersprüchliches *state law*, unabhängig davon, vor welchem Gericht der Fall verhandelt wird.[1618] Die Rechtsprechung äußerte sich mehrfach zur rechtlichen

1613 *Buckeye Check Cashing, Inc., v. Cardegna*, 546 U.S. 440, 442, 126 S.Ct. 1204, 1207 (2006); *Volt Information Sciences, Inc., v. Board of Trustees of Leland Stanford Junior University*, 489 U.S. 468, 477, 109 S.Ct. 1248, 1255, 103 L.Ed.2d, 488, 499 (1989).

1614 *„The FAA contains no express pre-emptive provision, nor does it reflect a congressional intent to occupy the entire field of arbitration"*, *Volt Information Sciences, Inc., v. Board of Trustees of Leland Stanford Junior University*, 489 U.S. 468, 477, 109 S.Ct. 1248, 1255, 103 L.Ed.2d 488, 499 (1989); mit Bezug auf *Bernhardt v. Polygraphic Co.*, 350 U.S. 198, 76 S.Ct. 273, 100 L.Ed. 199 (1956).

1615 Kronenburg, Vollstreckung, S. 37.

1616 *Prima Paint Corp. v. Flood & Conklin Mfg. Co.*, 388 U.S. 395, 87 S.Ct. 1801, 18 L.Ed.2d, 1270 (1967); *Moses H. Cone Memorial Hospital v. Mercury Construction Corporation*, 460, U.S. 1, 103 S.Ct. 927, 74 L.Ed.2d 765 (1983); *Southland Keating Corp. v. Keating* 465 U.S. 1, 104 S.Ct. 852, 79 L.Ed.2d 1 (1984); *Buckeye Check Cashing, Inc. v. Cardegna*, 546 U.S. 440, 26 S.Ct. 1204, 163 L.Ed.2d 1038 (2006); *Allied-Bruce Terminix Cos. v. Dobson*, 513 U.S. 265, 283, 115 S.Ct. 834, 844, 130 L.Ed.2d 753, 770 (1995): " (...) *over the past decade, the Court has abandoned all pretense of ascertaining congressional intent with respect to the Federal Arbitration Act, building instead, case by case, an edifice of its own creation.*"; Weigand, Practitioner's Handbook (1. Auflage), S. 1088, Rn. 6 mit weiteren Rechtsprechungshinweisen. Zu den Entwicklungsstufen der Föderalisierung des Schiedsrechts und dem Spannungsverhältnis zwischen *federal* und *state arbitration law* insgesamt Carbonneau, Arbitration, S. 91 ff.

1617 *Volt Information Sciences, Inc., v. Board of Trustees of Leland Stanford Junior University*, 489 U.S. 468, 477, 109 S.Ct. 1248, 1255, 103 L.Ed.2d, 488, 499 (1989); *Allied-Bruce Terminix Cos. v. Dobson*, 513 U.S. 265, 281, 115 S.Ct. 834, 843, 130 L.Ed.2d 753, 769 (1995).

1618 Ware, ADR, S. 29.

Qualifizierung des FAA: In einigen Entscheidungen[1619] qualifizierte der *Supreme Court* den FAA als *federal substantive law* und traf somit auch eine Aussage über das Spannungsverhältnis von *federal* und *state arbitration law.*[1620] In *Southland Corp. v. Keating* stellte der *Supreme Court* gleichzeitig klar, dass trotz der Qualifizierung des FAA als *federal substantive law* für den Bund kein selbstständiger Kompetenztitel geschaffen wurde.[1621] Einige Gerichte widersprachen diesen Feststellungen des *Supreme Court* und nahmen eine *federal jurisdiction* aufgrund unterschiedlicher Ansatzpunkte an.[1622] Bis heute hat sich der *Supreme Court* – soweit ersichtlich – nicht umfassend, d. h. zu jeder einzelnen Vorschrift des Regelungswerkes, geäußert.[1623]

1619 *Southland Corp. v. Keating*, 465 U.S. 1, 11, 104 S.Ct. 852, 858, 79 L.Ed.2d, 1, 12 (1984), mit Hinweis darauf, dass der Bund seine verfassungsrechtliche Gesetzgebungskompetenz zum Erlass des FAA aus dessen Recht zum Erlass von materiellem Recht unter dem *commerce clause* (U.S. Constitution, Art IV, § 2) nehme; die materiell-rechtliche Einordnung bestätigend *Allied-Bruce Terminix Cop. v. Dobson*, 513 U.S. 265, 281, 115 S.Ct. 834, 843, 130 L.Ed.2d, 753, 769 (1995); diesen Entscheidungen waren bereits die Entscheidung *Bernhardt v. Polygraphic Co. of America*, 350 U.S. 198, 202 f., 76 S.Ct. 273, 275 ff., 100 L.Ed. 199, 204 f. (1956) sowie eine Entscheidung des *Second Circuit Robert, Lawrence Co., Inc. v. Devonshire Fabrics, Inc.*, 271 F.2d 402, 407 (2d Cir. 1959) vorausgegangen, in denen der FAA schon im Jahr 1956 bzw. 1959 als materiell-rechtlich qualifiziert und somit für gleichermaßen anwendbar in *state* und *federal courts* erklärt wurde.

1620 Siehe hierzu auch Carbonneau, Arbitration, S. 93; zum Ganzen in deutscher Sprache Kronenberg, Vollstreckung, S. 40 ff.

1621 *Southland Corp. v. Keating*, 465 U.S. 1, 15, Fn. 9, 104 S.Ct. 852, 861, 79 L.Ed.2d 1, 15 (1984): "*While the Federal Arbitration Act creates federal substantive law requiring the parties to honar arbitration agreements, it does not create any independent federal question jurisdiction under 28 USC § 1331* (...) *or otherwise*, bezugnehmend auf *Moses H. Cone Memorial Hospital v. Mercury Construction Corporation*, 460, U.S. 1, 25, Fn. 32, 103 S.Ct. 927, 942, 74 L.Ed.2d 765, 786 (1983); vgl. auch schon *Prima Paint Corp. v. Flood & Conklin Mfg.Co.*, 388 U.S. 395, 420, Fn. 24, 87 S.Ct. 1801, 1814, 18 L.Ed.2d 1270, 1286 (1967): "*This seems implicit in § 3's provision for a stay by a "court in which such suit is pending" and in § 4's provision that enforcement may be ordered by "any United States district court which, save for such agreement, would have jurisdiction under Title 28, in a civil action or in admiralty of the subject matter of a suit arising out of the controversy between the parties.*"

1622 *Discover Bank v. Vaden*, 396 F.3d 366, 367 (4 th Cir. 2005); *Westmoreland Capital Corp. v. Findlay*, 100 F.3d 263, 264 (2d Cir. 1996).

1623 Einzelne Vorschriften des FAA wurden explizit als materielles Recht eingestuft, so § 2 FAA in *Robert, Lawrence Co., Inc. v. Devonshire Fabrics, Inc.*, 271 F.2d 402, 407 (2d Cir. 1959); bestätigt durch *Southland Corp. v. Keating*, 465 U.S. 1, 12, 104 S.Ct. 852, 869, 79 L.Ed.2d 1, 13 (1984); in derselben Entscheidung ließ der *Supreme Court* jedoch offen, ob auch §§ 3, 4 FAA für einzelstaatliche Gerichte gelten soll.

III. Praxis schiedsgerichtlicher Streitbeilegung in den USA

Die schiedsgerichtliche Praxis in den USA kennt ebenso wie das deutsche Schiedsrecht Ad-hoc-Schiedsverfahren und schiedsgerichtliche Verfahren, die den Verfahrensregelungen einer Schiedsgerichtsinstitution folgen. Die einflussreichste und größte amerikanische Schiedsgerichtsinstitution ist die *American Arbitration Association* (AAA).[1624] Diese ist als amerikanisches Pendant zur europäischen ICC zu verstehen. Kurz nach Erlass des FAA, im Jahr 1926, wurde die Institution gegründet.[1625] Schwerpunktmäßig betreut die AAA inneramerikanische Schiedsverfahren.[1626] Wie die ICC bietet die AAA unterschiedliche Verfahrensordnungen an.[1627] Nationale Handelsstreitigkeiten folgen den *AAA Commercial Arbitration Rules.*[1628] Schiedsverfahren mit internationalem Bezug unterliegen den *International Arbitration Rules* (IAR).[1629] Diese orientieren sich in Struktur und Inhalt an den UNCITRAL-Rules.[1630] Die Verfahrensregelungen sind deshalb gerade auch für Parteien interessant, die im amerikanischen Rechtssystem und innerhalb der Rechtskultur der Amerikaner nicht zu Hause sind.[1631] Genau genommen stellt nicht direkt die AAA die IAR zur Verfügung, sondern eine eigens für die Koordinierung von internationalen Schiedsverfahren gegründete Untereinheit der AAA, das *International Centre for Dispute Resolution* in New York.[1632] In administrierten Schiedsverfahren mit US-amerikanischem Schiedsort, die von der AAA durchgeführt werden, sind neben den Regelungen der Verfahrensordnung selbst auch Vorschriften des FAA sowie die Rechtsprechung des *Supreme Court* zu beachten.[1633]

IV. Schiedsfähigkeit (Arbitrability)

Die zunehmend schiedsfreundliche Haltung der US-amerikanischen Gerichte führte auch dazu, dass immer mehr Materien schiedsfähig wurden. Ursprünglich hatten die US-Gerichte einigen Rechtsmaterien die Schiedsfähigkeit abgesprochen.[1634]

1624 Aktuelles zur AAA abrufbar unter www.adr.org; Vetter, RIW 1993, S. 191 ff.

1625 Lionnet/Lionnet, Internationale und nationale Schiedsgerichtsbarkeit, S. 516.

1626 Schütze-*Thümmel*, Vor. Art. 1 IAR, Rn. 2.

1627 Born, International Arbitration, S. 182; Holtzmann/Donovan, National Report (United States), in: ICCA International Handbook on Commercial Arbitration, S. 1 (11).

1628 Schütze-*Thümmel*, Vor. Art. 1 IAR, Rn. 2; Domke, Arbitration, § 4:2.

1629 Gesetzestext abgedruckt bei Lachmann, Schiedsgerichtspraxis, S. 1121 ff.; Rn. 4767 ff.

1630 Born, International Arbitration, S. 183; Schwab/Walter, Schiedsgerichtsbarkeit, Kap. 41, Rn. 14.

1631 Schütze-*Thümmel*, Vor. Art. 1 IAR, Rn. 2.

1632 Schütze-*Thümmel*, Vor. Art. 1 IAR, Rn. 3.

1633 Schütze-*Thümmel*, Vor. Art. 1 IAR, Rn. 5.

1634 Vgl. *Alexander v. Gardner-Denver Co.*, 415 U.S. 36, 94 S.Ct. 1011, 39 L.Ed.2d 147 (1974). Hinsichtlich der Rassendiskriminierungsgesetzgebung; *Hanes Corp. v.*

Eine Abkehr von dieser restriktiven Rechtsprechung deutete sich mit der Entscheidung in Sachen *Scherk v. Alberto Culver*[1635] an. Der *Supreme Court* erweiterte in der Entscheidung *Mitsubishi Motors Corp. v. Soler Chrysler-Plymoutth, Inc.*[1636] die Schiedsfähigkeit auf private Ansprüche aus dem US-amerikanischen Antitrustrecht in Fällen mit Auslandsbezug. Heutzutage sind fast alle „*civil disputes*" schiedsfähig.[1637] Wie in Deutschland gibt es einige wenige Materien, in denen sich die USA ein staatliches Rechtsprechungsmonopol vorbehalten.[1638]

Sofern im US-amerikanischen Recht von *arbitrability* die Rede ist, ist Vorsicht geboten, denn deutsche und kontinentaleuropäische Juristen verstehen unter dieser Begrifflichkeit ausschließlich die objektive Schiedsfähigkeit und neigen dazu, dieses Verständnis auf das US-amerikanische Recht zu übertragen.[1639] Allerdings verbirgt sich für US-amerikanische Gerichte hierunter zusätzlich die Frage, ob ein bestimmter Rechtsstreit unter die jeweilige Schiedsvereinbarung zu subsumieren ist und demnach schiedsgerichtliche Zuständigkeit besteht.[1640] Ebenfalls umfasst vom Begriff der *arbitrability* sind die Fragen der Wirksamkeit und des Umfangs der Schiedsvereinbarung.[1641]

Millard 531 F.2d 585 (D.C. Cir. 1976), hinsichtlich patentrechtlicher Klagen; *American Safety Equipment v. J. P. Maguire* 391 F.2d 821 (2d Cir. 1968) hinsichtlich der Kartellgesetzgebung.

1635 *Scherk v. Alberto-Culver Co.*, 417 U.S. 506, 516 f., 94 S.Ct. 2449, 255 ff., 41 L.Ed.2d 270, 279 ff. (1974).

1636 *Mitsubishi Motors Corp. v. Soler Chrysler-Plymouth, Inc.*, 473 U.S. 614, 105 S.Ct. 3346, 87 L.Ed.2d, 444 (1985).

1637 Carbonneau, Arbitration, S. 1. Zur Entwicklung der Rechtsprechung bezüglich *arbitrability* Born, International Arbitration, S. 964 ff.

1638 Beschränkungen werden vorgenommen, wenn diese im Hinblick auf die *public policy* notwendig sind, hierzu: *Computrol, Inc., v. Newtrend L.P.*, 203 F.3d 1064, 1070 (8th Cir. 2000); *Harbor Court Assocs. v. Leo A. Daly Co.*, 179 F.3d. 147, 150 (4th Cir. 1999). Zur Schiedsfähigkeit scheidungsrechtlicher Fragen Gilfrich, Schiedsverfahren im Scheidungsrecht, S. 1 ff.

1639 Zur objektiven Schiedsfähigkeit unter deutschem Schiedsrecht unter Gliederungspunkt 1. Kapitel. C.IX. 1.

1640 Schlosser, in: FS Fasching, S. 405 (415); Born, International Arbitration, S. 1132, Fn. 454, mit dem Hinweis, dass der *Supreme Court* insbesondere in dem an anderer Stelle noch näher zu betrachtenden Urteil in Sachen *First Options of Chicago, Inc. v. Kaplan*, 514 U.S. 938, 115 S.Ct. 1920, 131 L.Ed.2d 985 (1995) die Begrifflichkeit in einem international missverständlichen Sinn gebrauche.

1641 Ablehnend gegenüber der umfassenden Bezeichnung als *arbitrability*, Carter/Fellas, Arbitration in New York, S. 137. Alle aufgeworfenen Fragen betreffen Aspekte, die US-Amerikaner im Kontext mit der schiedsgerichtlichen Kompetenz-Kompetenz klären und die im Zusammenhang mit der Kompetenzverteilung zwischen Schieds- und Staatsgerichten stehen. Hierzu unter Gliederungspunkt 2. Kapitel. D.IV. 2. a)bb).

V. Arbitration Agreements and Law applicable

Die Basis für die schiedsgerichtliche Streitbeilegung bildet die Schiedsvereinbarung.[1642] Es wird angenommen, dass eine Partei durch den Abschluss einer Schiedsvereinbarung rechtswirksam auf ihr Recht auf ein bundesgerichtliches Verfahren im *Jury-Trial* verzichtet, welches in gewissem Umfang von Verfassungs wegen[1643] garantiert ist.[1644] Das amerikanische Recht unterscheidet zwischen Schiedsvereinbarungen über bereits entstandene Streitigkeiten (*submission agreements*) und Schiedsvereinbarungen zur Lösung künftiger Konflikte (*arbitral clause*).[1645]

Ebenso wie im deutschen Recht kann die Schiedsvereinbarung Bestandteil eines Hauptvertrages sein oder separat hiervon abgeschlossen werden.[1646] In jedem Fall muss sie schriftlich verfasst sein.[1647] Das Schriftformerfordernis wird weit verstanden, so dass auch ein Fax oder Telegramm ausreichend ist.[1648] Typischerweise wird eine Schiedsvereinbarung weit formuliert, um Streitigkeiten aus einem Rechtsverhältnis möglichst umfassend zu erfassen.[1649] Den Umfang der Schiedsvereinbarung bestimmen die Schiedsparteien.[1650] Hinsichtlich des auf die Schiedsvereinbarung anwendbaren Rechts gilt die Grundregel, dass *federal law* für die Auslegung heranzuziehen ist, es sei denn, die Schiedsparteien haben bestimmt, dass *state law* angewandt werden soll.[1651] In diesem Fall muss das *state law* im Einklang mit der *federal*

1642 Carbonneau, Arbitration, S. 11.

1643 „*In Suits at common law, where the value in contoversy shall exceed twenty dollars, the right of trial by jury shall be preserved, and no fact tried by a jury, shall be otherwise reexamined in any Court of the United States, than according to the rules oft the common law.*"

1644 *American Heritage Life Ins. Co. v. Orr*, 294 F.3d 702, 711 (5th Cir. 2005), bezugnehmend auf *Cremin v. Merrill Lynch, Pierce, Fenner & Smith, Inc.*, 957 F.Supp. 1460, 1471 (N.D.Ill.1997).

1645 Carbonneau, Arbitration, S. 11. So die Unterscheidung generell im Bereich von International Arbitration Redfern/Hunter, Law and Practice, S. 86, Rn. 2.02.

1646 Carbonneau, Arbitration, S. 12.

1647 Vgl. § 2 FAA: „*written provision*" bzw. "*agreement in writing*".

1648 Bennett, Essential Concepts, S. 19.

1649 Ware, ADR, S. 21; *Moses H. Cone Memorial Hospital v. Mercury Construction Corporation*, 460 U.S. 1, 24 f., 103 S.Ct. 927, 941 f., 74 L.Ed.2d 765, 758 (1983). Vgl. auch schon Gliederungspunkt 1. Kapitel. C.VIII. 5. zu den Risiken einer weiten Formulierung der Schiedsvereinbarung.

1650 6 C.J.S, Arbitration, § 43.

1651 Weigand, Practitioner's Handbook, S. 885, Rn. 13.28. Zu *choice-of-law-clauses* die Entscheidungen *Mastrobuono v. Shearson Lehman Hutton, Inc.*, 514 U.S. 52, 115 S.Ct. 1212, 131 L.Ed. 76 (1995); *Preston v. Ferrer*, 552 U.S. 346, 128 S.Ct. 978, 169 L.Ed.2d 917 (2008).

policy favoring arbitration stehen.[1652] Über Auslegungsfragen, die den Hauptvertrag betreffen, entscheidet der Schiedsrichter, nicht der staatliche Richter.[1653]

VI. Doctrine of Separability

Im direkten Zusammenhang mit der Schiedsvereinbarung ist die *doctrine of separability* zu sehen.[1654] Diese ist vergleichbar mit dem in § 1040 Abs. 1 S. 2 ZPO verankerten Trennungsprinzip des deutschen Schiedsrechts.[1655] Zudem entspricht sie einem internationalen Prinzip im Schiedsverfahrensrecht.[1656] Die *doctrine of separability* steht in engem Zusammenhang mit dem Grundsatz der Kompetenz-Kompetenz.[1657] Dies wird – ungeachtet inhaltlicher Überschneidungen – auch daran deutlich, dass die Kompetenz-Kompetenz und die *doctrine of separability* in einigen Regelungswerken in derselben Vorschrift normiert sind.[1658] Inhaltlich bedeutet sie, dass die Schiedsvereinbarung als ein vom Hauptvertrag unabhängiges Rechtsgeschäft zu betrachten ist.[1659] Aufgrund der Trennung von Hauptvertrag und Schiedsvereinbarung sind beide auch in ihrem Bestand voneinander unabhängig.[1660] In der Entscheidung *Prima Paint*[1661] hat der *US Supreme Court* diese Doktrin ausdrücklich anerkannt.

1652 Vgl. Weigand, Practitioner's Handbook, S. 885, Rn. 13.28 f.

1653 *Green Tree Financial Corp. v. Bazzle*, 539 U.S. 444, 451 f, 123 S.Ct. 2402, 2407 (2003).

1654 Hierzu 6 C.J.S., Arbitration, § 11.

1655 Hierzu unter Gliederungspunkt 1. Kapitel. C.VIII. 1.

1656 Craig/Park/Paulsson, ICC Arbitration, § 28.07, S. 515; Lachmann, Schiedsgerichtspraxis, S. 150, Rn. 532; Berger/Kellerhals, Arbitration in Switzerland, S. 174, Rn. 605.

1657 Fouchard/Gaillard/Goldmann, International Commercial Arbitration, S. 395 ff.; Umfassend zur Kompetenz-Kompetenz, Born, International Arbitration, S. 1046 ff., der darauf hinweist, dass eine klare Unterscheidung zwischen der Kompetenz-Kompetenz und der *doctrine of separability* zu treffen sei. Erstere betreffe das Recht des Schiedsgerichts, über *jurisdictional issues* zu entscheiden, letztere habe hingegen die materielle Wirksamkeit der Schiedsvereinbarung zum Gegenstand, Born, International Arbitration, S. 1072 f. Ebenso Park, 9 Arb. Disp. Res. L. J. 19 (2000), S. 27 ff.; Zur Kompetenz-Kompetenz im US-amerikanischen Recht unter Gliederungspunkt 2. Kapitel. D.IV. 2. a)bb).

1658 Art. 16 Abs. 1 ModG; § 1040 Abs. 1 ZPO; Art. 6 ICC-SchO; Art. 23 LCIA; Art. 5 EuÜ.

1659 Carter/Fellas, Arbitration in New York, S. 15; Carbonneau, Arbitration, S. 12.

1660 Weigand, Practitioner's Handbook (1. Auflage), S. 1097, Rn. 31.

1661 "(...) *arbitration clauses as a matter of federal law are "separable" from the contracts in which they are imbedded, and that where no claim is made that fraud was directed to the arbitration clause itself, a broad arbitration clause will be held to encompass of the claim that the contract itself was induced by fraud."*, *Prima Paint Corp. v. Flood & Conklin Mfg. Co.*, 388 U.S. 395, 402, 87 S.Ct. 1801, 1805, 18 L.Ed.2d 1270, 1276 f. (1967).

Der Wortlaut des § 2 FAA „(...) *shall be valid, irrevocable, and enforceable, save upon such grounds as exist at law or in equity for the revocation of any contract*“[1662] und die Rechtsprechung des *Supreme Court* verdeutlichen, dass Schiedsvereinbarungen auf die gleiche Stufe mit anderen Verträgen gestellt werden sollen.[1663] Deren Vollstreckung soll entsprechend den Vereinbarungen in der Schiedsvereinbarung umfassend gewährleistet werden.[1664] Ein klarer Anwendungsfall der weiter oben besprochenen *preemption doctrine*[1665] ist deshalb gegeben, wenn ein einzelstaatliches Recht das Schiedsrecht beschränkt oder die Vollstreckung einer Schiedsvereinbarung verhindert.[1666]

Es gibt Gerichtsentscheidungen, die der *doctrine of separability* skeptisch gegenüberstehen.[1667] Begründet wird diese Skepsis unter anderem damit, dass sich die *Prima Paint*-Entscheidung auf die Vorschriften der §§ 3, 4 FAA stütze, welche der *Supreme Court* selber nur in *federal courts* für anwendbar halte. Dennoch hat das oberste Gericht in jüngerer Zeit die Grundsätze von *Prima Paint* bestätigt.[1668] In der Praxis wird dieser Grundsatz zum Beispiel dann relevant, wenn die Gültigkeit des Hauptvertrages zu verneinen ist, die Schiedsvereinbarung als solche hingegen nicht zu beanstanden ist. Die Schiedsvereinbarungen ist denselben Einwendungen ausgesetzt, wie jeder andere Vertrag auch.[1669] Fraglich ist, welches Gericht, Schieds- oder Staatsgericht über die Wirksamkeit der Schiedsvereinbarung entscheidet. Hierzu führt der *Supreme Court* aus, dass Einwendungen hinsichtlich des gesamten

1662 Vollständiger Gesetzestext unter Gliederungspunkt 2. Kapitel. C.II. 1.

1663 *Volt Information Sciences, Inc., v. Board of Trustees of Leland Stanford Junior University*, 489 U.S. 468, 475, 109 S.Ct. 1248, 1254, 103 L.Ed.2d 488, 498 (1989). Vgl. auch die Entscheidung *Perry v. Thomas*, 482 U.S. 483, 492, Fn. 9, 107 S.Ct. 2520, 2527; 96 L.Ed.2d 426, 437 (1987), welche festlegt, dass das allgemeine Vertragsrecht der Staaten nicht aufgehoben wird, wenn dieses einen Schiedsvertrag genauso wie jeden anderen Vertrag behandelt.

1664 *Mastrobuono v. Shearson Lehman Hutton, Inc.*, 514 U.S. 52, 57, 115 S.Ct. 1212, 1216, 131 L.Ed.2d 76, 81 (1995); bezugnehmend auf *Volt Information Sciences, Inc., v. Board of Trustees of Leland Stanford Junior University*, 489 U.S. 468, 479, 109 S.Ct. 1248, 1256, 103 L.Ed.2d 488, 500 (1989).

1665 Hierzu unter Gliederungspunkt 2. Kapitel. C.II. 2. c).

1666 „ (...) *national policy favoring arbitration*“, *Southland Corp. v. Keating*, 465 U.S. 1, 10, Fn. 6, 104 S.Ct. 852 858, 79 L.Ed.2d 1, 12 (1984); vgl. auch *Allied-Bruce Terminix Cos. v. Dobson*, 513 U.S. 265, 281, 115 S.Ct. 834, 84; 130 L.Ed.2d 753, 769 (1995); Holtzmann/Donovan, National Report (United States), in: ICCA International Handbook on Commercial Arbitration, S. 1 (28).

1667 Z. B. *Atcas v. Credit Clearing Corporation of America*, 197 N.W.2d 448 ff. (Minn. 1972).

1668 *Buckeye Check Cashing, Inc. v. Cardegna*, 546 U.S. 440, 126 S.Ct. 1204, 163 L.Ed.2d 1038 (2006); *Howsam v. Dean Witter Reynolds, Inc.*, 537 U.S. 79, 123 S.Ct. 588, 154 L.Ed.2d 491 (2002).

1669 Vgl. *Buckeye Check Cashing, Inc. v. Cardegna*, 546 U.S. 440, 447, 126 S.Ct. 1204, 1209, 163 L.Ed.2d 1038 (2006).

Vertrages grundsätzlich vom Schiedsrichter zu entscheiden seien; Einwendungen, die die Schiedsvereinbarung selbst beträfen, hingegen vom staatlichen Richter.[1670]

VII. Abgrenzung zu anderen Formen alternativer Streitbeilegung

Wie im deutschen Recht ist die schiedsgerichtliche Streitbeilegung von weiteren Alternativen zur konventionellen Streiterledigung durch gerichtliches Urteil abzugrenzen.[1671] In Abgrenzung von *mediation* und *concilation* stellt auch im US-amerikanischen Recht die endgültige Streiterledigung durch den Schiedsrichter das maßgebliche Unterscheidungskriterium gegenüber diesen Formen schiedsähnlicher alternativer Streiterledigung dar.[1672]

D. Rechtskraft

I. Rechtskraft im staatlichen Verfahren

Das prozessrechtliche Institut der Rechtskraft nimmt im deutschen Zivilprozessrecht einen großen Stellenwert ein. Einige grundsätzliche prozessuale Fragestellungen stehen mit der Einrichtung der Rechtskraft im Zusammenhang. Wie im 1. Kapitel dargestellt, bestehen zwischen Rechtskraft und Rechtshängigkeit unterschiedlich gelagerte Verquickungen. Dem US-amerikanischen Zivilprozessrecht sind gleichfalls verschiedene *„principles of preclusion"*[1673] bekannt. *Preclusion* ist hierbei als Oberbegriff für verschiedene Prinzipien zu verstehen, welchen eine Ausschlusswirkung (Präklusionswirkung) für nachfolgende Verfahren in derselben Streitsache zukommt.[1674] *Res judicata* ist hiervon eine Variante. Abzugrenzen ist die Rechtskrafterstreckung von der *stare decisis doctrine*.[1675] Gesetzlich ist eine Rechtskraftwirkung für US-amerikanische Urteile nicht festgeschrieben.[1676] Anstelle kodifizierter Regelungen wird auf im Laufe der Zeit richterlich geschaffene

---

1670 *Buckeye Check Cashing, Inc. v. Cardegna*, 546 U.S. 440, 440, 126 S.Ct. 1204, 1206 (2006), bezugnehmend auf *Prima Paint Corp.v. Flood & Conklin Mfg. Co.*, 388 U.S. 395, 87 S.Ct. 1801, 18 L.Ed.2d 1270 (1967). Ausführlicher hierzu unter Gliederungspunkt 2. Kapitel. D.IV. 2. a)bb).

1671 Umfassend, Domke, Arbitration, § 1:3; Carbonneau, Arbitration, S. 10.

1672 Oehmke, Commercial Arbitration, § 2:2, S. 16; Carbonneau, Arbitration, S. 10.

1673 Hierzu Restatement of the Law (Second), Judgments, §§ 1 ff. (1982); vgl. auch Born, International Arbitration, S. 3732 ff.

1674 Carter/Fellas, Arbitration in New York, S. 154 f.; Zur Verwendung der Begrifflichkeit *„preclusive effects"* Born, International Arbitration, S. 3732 ff.

1675 Unter der Lehre der *stare decisis* verstehen die US-Amerikaner die Bindung von Untergerichten an die Rechtsgrundsätze früherer Entscheidungen (*precedents*) der Obergerichte, Hay, US-amerikanisches Recht, S. 8; generell hierzu Catlett, 21 Wash. L. Rev. (1946), S. 158 ff.

1676 Krause, Urteilswirkungen, S. 25.

Grundsätze zurückgegriffen.[1677] Als weiterer Unterschied zum deutschen Recht stützen die US-Amerikaner ihr Rechtskraftverständnis nicht auf so enge Begrifflichkeiten, wie man es aus der deutschen Dogmatik gewöhnt ist. Dieses weniger an festen Strukturen orientierte US-amerikanische Konzept wird für die Rechtskraft von Urteilen nachfolgend skizziert und zeigt sich im weiteren Verlauf noch deutlicher beim Umgang mit doppelt rechtshängigen (Schieds-)Verfahren.[1678]

1. *Res judicata*

Vergleichbar mit der deutschen Rechtsfigur des Einwandes anderweitiger Rechtskraft ist die *res judicata*-Wirkung eines gerichtlichen Urteils. Durch die *res judicata*-Wirkung wird unter bestimmten Voraussetzungen ein erneutes Verfahren nach Erlass eines Urteils unterbunden.[1679] Voraussetzung für die *res judicata*-Wirkung oder auch *claim preclusion* ist die Identität des Anspruchs in einem Rechtsstreit mit dem Anspruch in einem bereits früher durch (Sach-)Urteil entschiedenen Rechtsstreit.[1680] Hierbei ist von keinem festumschriebenen Streitgegenstandsbegriff auszugehen. Ähnlich wie im deutschen Recht die Festlegung des Streitgegenstandes bereitet die Bestimmung der erforderlichen Identität der Streitsache (*same cause of action*) Schwierigkeiten.[1681] Mit den Ausführungen des *Restatement of The Law* kann darauf abgestellt werden, ob den beiden Ansprüchen ein gemeinsamer Tatsachenkern zugrunde liegt.[1682] Nicht der Antrag des Klägers, sondern die Einheitlichkeit

---

1677 47 Am. Jur.2d, Judgments, § 463 (allerdings mit abweichender Terminologie).

1678 Hierzu unter Gliederungspunkt 2. Kapitel. D.III. 3. ff.

1679 Es besteht keine einheitliche Terminologie: Teilweise werden die Begrifflichkeiten *res adjudicata* oder in jüngerer Zeit *claim preclusion* gleichbedeutend verwandt, Friedenthal/Kane/Miller, S. 646, Fn. 1. Teilweise wird *res judicata* auch als Oberbegriff für die Ausschlusswirkung früherer Urteile („*topic of former adjudication*") verwandt und so dann zwischen *claim preclusion* und *issue preclusion* unterschieden, so Restatement of the Law, (Second), Judgments, §§ 13 ff. (1982); 47 Am. Jur.2d, Judgments, § 464. Insgesamt zur Terminologie 50 C.J.S., Judgments, § 927. Vorliegend wird *res judicata* nicht als Oberbegriff verstanden, sondern als Synonym für *claim preclusion* als die oben beschriebene Präklusionswirkung für weitere Urteile, so auch *New Hampshire v. Maine*, 532 U.S. 742, 121 S.Ct. 1808, 149 L.Ed.2d 968 (2001). *Issue preclusion* wird begrifflich mit *collateral estoppel* gleichgesetzt, dessen Inhalt unter Gliederungspunkt 2. Kapitel. D.I. 2. skizziert wird; so z. B. auch *Test Masters Educational Services, Inc. v. Singh*, 428 F.3d 559 (5th Cir. 2005).

1680 Hay, Law of the United States, S. 91, Rn. 203; *Monahan v. N.Y. City Dep.'t of Cor.*, 214 F.3d 275, 284 (2d Cir. 2000).

1681 Engelmann-Pilger, Grenzen der Rechtskraft, S. 44 ff.; Hay, Law of the United States, S. 91 f., Rn. 203 ff.; Krause, Urteilswirkungen, S. 34 ff.

1682 „ (...) *the claim extinguished includes all rights of the plaintiff to remedies against the defendant with respect to all or any part of the transaction, or series of connected transactions, out of which the action arose.*", Restatement of the Law (Second),

des zu beurteilenden Lebenssachverhaltes ist entscheidend.[1683] Auch im US-amerikanischen Recht wirkt *res judicata* grundsätzlich nur im Verhältnis zwischen den Parteien.[1684] Entsprechend den deutschen Vorstellungen ist Parteiidentität[1685] in beiden Verfahren eine weitere Voraussetzung der *res judicata*-Doktrin. Es gilt im Grundsatz der formelle Parteibegriff.[1686] Konsens darüber, wie eng das Erfordernis der Parteiidentität zu fassen ist, besteht nicht. Eine nahezu bestehende Identität[1687] der Parteien wird wohl als ausreichend erachtet. Dies schließt Personen mit ein, die *in privity* zu den Parteien stehen.[1688] Im Übrigen können überhaupt nur endgültige (*final*) und gültige (*valid*) Sachurteile (*on the merits*)[1689] in Rechtskraft erwachsen. Ein Urteil ist bereits mit Abschluss der ersten Instanz endgültig.[1690] Gültig ist es, wenn das entscheidende Gericht *subject matter*- und *personal jurisdiction* besessen hat.[1691]

Wie ein Urteil sich auf eine erneute Geltendmachung desselben Anspruchs auswirkt, lässt sich aus der Sicht der beteiligten Parteien bestimmen: ein Anspruch geht in einem klagestattgebenden Urteil auf (*merger*).[1692] Für ein weiteres Verfahren fehlt bereits ein Anspruch. Ein klageabweisendes Urteil bildet hingegen eine

---

Judgments, § 24 (1982); Hay, Einführung in das amerikanische Recht, S. 73; vgl. auch Habscheid, in: FS Zweigert, S. 109 (118).

1683 Krause, Urteilswirkungen, S. 36 f.

1684 Hay, US-amerikanisches Rechts, S. 76; Engelmann-Pilger, Grenzen der Rechtskraft, S. 99.

1685 *Washington v. New York State Office of Children and Family Services*, 55 A.D.3d 1117, 1118, 867 N.Y.S. 2d 213, 215 (3d Dep't 2008); 50 C.J.S., Judgments, § 1095; Restatement of the Law (Second), Judgments, § 34 (1982).

1686 Restatement of the Law (Second), Judgments, § 34 (1982).

1687 *Sunshine Anthracite Coal Co. v. Adkins*, 310 U.S., 381, 400 f., 60 S.Ct. 907, 916, 84 L.Ed. 1263, 1274 f. (1940).

1688 Zum Begriff in *privity* und der Parteiidentität Restatement of the Law, (Second), Judgments, § 39 (1982); *Monahan v. N.Y. City Dep.'t of Cor.*, 214 F.3d 275, 284 ff. (2d Cir. 2000); Morris, 56 Cal. L. Rev. (1968), S. 1098 (1101 ff.); Engelmann-Pilger, Grenzen der Rechtskraft, S. 103; Ablehnend gegenüber dieser Begrifflichkeit Krause, Urteilswirkungen, S. 15.

1689 *Cromwell v. County of Sac.*, 94 U.S., 351, 352, 24 L.Ed. 195, 197 (1877); *Lawlor v. National Screen Service Corp.* 349 U.S. 322, 326, 99 L.Ed. 1122, 1126 (1955); Friedenthal/Kane/Miller, Civil Procedure, S. 679; Restatement of the Law (Second), Judgments, § 19 (1982).

1690 *Catlin v. United States*, 324 U.S. 229, 233, 65 S.Ct 631, 633, 89 L.Ed. 911, 916 (1945); Krause, Urteilswirkungen, S. 33.

1691 47 Am. Jur.2d, Judgments, §§ 464, 473. Insgesamt zur *validitiy of judgments* Restatement of the Law (Second), Judgments, §§ 1 ff. (1982). In deutscher Sprache zur Frage, wann im US-Recht ein nichtiges (*void*) Urteil vorliegt, Engelmann-Pilger, Grenzen der Rechtskraft, S. 39 ff.

1692 Hierzu 47 Am. Jur.2d, Judgments, § 467 mit Hinweis auf *U.S. v. Ryan*, 810 F.2d 650, 22 Fed. R. Evid. Serv. 627 (7th Cir. 1987).

Sperre (*bar*)[1693] für eine weitere Geltendmachung. Im Gegensatz zum deutschen Recht wird die Rechtskraft eines erlassenen Urteils in einem nachfolgenden Verfahren nicht von Amts wegen beachtet, sondern nur auf Einrede einer Partei.[1694] Anders als die heutige deutsche Meinung zur Rechtskraft von Urteilen fassen die US-Amerikaner die Rechtskraftwirkung materiell-rechtlich auf.[1695]

2. *Collateral estoppel*

Als *collateral estoppel* oder auch *issue preclusion*[1696] wird die Beilegung eines Streits um Vorfragen verstanden.[1697] In einem späteren Prozess muss die Entscheidung über solche Fragen, die Gegenstand des ersten Prozesses gewesen sind, als feststehend zugrunde gelegt werden. Es erwachsen nur Entscheidungen über diejenigen Vorfragen, über die tatsächlich verhandelt wurde, in Rechtskraft.[1698] Im Gegensatz hierzu wird von der Präklusionswirkung der *claim preclusion* auch solcher Prozessstoff erfasst, der in einem vorangehenden Verfahren hätte verhandelt werden können.[1699] Zudem ist die *issue preclusion* auf für das erste Verfahren entscheidungserhebliche Fragen beschränkt.[1700] Es gilt die Grundsatzregel, dass den Parteien eine faire Möglichkeit zum Unterbreiten des Prozessstoffs vor Gericht geboten werden muss.[1701] Zwischen *in personam*-Urteilen und Urteilen *in rem* ist zu

1693 Friedenthal/Kane/Miller, Civil Procedure, S. 646.

1694 Vgl. hierzu 28 U.S.C. Rule 8 (c), hier sind *claim preclusion* und *issue preclusion* als *affirmative defense* im Sinne der Norm festgeschrieben. Zur Rechtskraftkollision Restatement of the Law (Second), Judgments, § 15 (1982).

1695 Engelmann-Pilger, Grenzen der Rechtskraft, S. 31 ff., (33).

1696 Restatement of the Law (Second), Judgments, § 27 (1982); *Bank of New York v. First Millennium, Inc.*, 607 F.3d 905, 918 (2d Cir. 2010); Born, International Arbitration, S. 3736, 3755 ff. mit weiteren Literaturhinweisen. Zur ausnahmsweisen Bindung Dritter, vgl. Restatement of the Law (Second), Judgments, § 29 (1982).

1697 Z. B. *Cromwell v. County of Sac.*, 94 U.S., 351, 353, 24 L.Ed. 195, 198 (1876):„ *In all cases, therefore, where it is sought to apply the estoppel of a judgment rendered upon one cause of action to matters arising in a suit upon a different cause of action, the inquiry must always be as to the point or question already litigated and determined in the original action, not what might have been thus litigated and determinded.*" Anders als bei der *claim preclusion* ist somit für die *issue preclusion* keine identische *cause of action* erforderlich.

1698 47 Am. Jur.2d, Judgments, § 493 mit Hinweis auf *Bickel v. Subway Development of Chicagoland, Inc.*, 354 Ill. App. 3d 1090, 290 Ill. Dec. 884, 822, N.E.2d 469 (5th Dist. 2004).

1699 Z. B. *Clarke v. Redeker*, 406 F.2d 883, 885 (8th Cir. 1969); *Harper Plastics, Inc. v. Amoco Chemicals Corp.*, 657 F.2d, 939, 945 (7th Cir. 1981).

1700 *Montana v. United States*, 440 U.S. 147, 153, 99 S.Ct. 970, 973, 59 L.Ed.2d, 210, 216 (1979).

1701 Restatement of the Law (Second), Judgments, § 28 (1982); *Ball v. A.O. Smith Corp.*, 451 F.3d 66, 69 (2d Cir. 2006); *Purdy v. Zeldes*, 337 F.3d 253, 258 (2d Cir. 2003).

unterscheiden.[1702] Zuletzt genannte Urteile wirken *inter omnes*, indem sie unmittelbar auf die dingliche Rechtslage einwirken.[1703] Die Bindungswirkung über Tatsachenfeststellungen kann als Ausnahme von der Regel, dass diese nur zwischen den in beiden Verfahren beteiligten Parteien eintritt, auch in bestimmten Situationen gegenüber Dritten, nicht am ersten Prozess beteiligten Personen, eintreten.[1704]

3. Zusammenfassung und Vergleich zum deutschen Zivilprozessrecht

Insgesamt geht das Rechtskraftverständnis der US-Amerikaner weit über das deutsche Verständnis hinaus.[1705] Obwohl die Rechtskraftwirkung im US-amerikanischen Recht nicht kodifiziert wurde, sind die Funktionen[1706] und geschützten Interessen[1707] der *res judicata*-Wirkung und dem Einwand anderweitiger Rechtskraft in beiden Rechtsordnungen sehr ähnlich. Im US-amerikanischen Recht ist eine Unterscheidung zwischen formeller und materieller Rechtskraft nicht vorgesehen.[1708] Erstere bildet demnach auch nicht die Voraussetzung für den Eintritt der materiellen Rechtskraft. Nicht nur dem deutschen Recht, sondern auch den übrigen *Civil Law Jurisdictions* ist eine *doctrine of collateral estoppel* unbekannt.[1709] Im Rahmen des Themenkomplexes paralleler Verfahren kommt der *res judicata*-Wirkung im US-Recht eine nicht unbedeutende Rolle zu. Es entspricht nämlich einer gängigen Herangehensweise, mehrere (identische) Verfahren zunächst unbehelligt nebeneinander laufen zu lassen, um eine Koordination erst nach Urteilserlass durch die *res judicata*-Grundsätze vorzunehmen.[1710]

1702 Zum Inhalt der Begrifflichkeiten und deren Unterscheidung beim Problem paralleler Verfahren vgl. die Ausführungen unter Gliederungspunkt 2. Kapitel. D.III. 4. d)aa).

1703 Engelmann-Pilger, Grenzen der Rechtskraft, S. 131 ff.

1704 Hierzu *Parklane Hosiery Co. v. Shore*, 439 U.S. 322, 99 S.Ct. 645, 58 L.Ed.2d, 522 (1979).

1705 Hierzu Stürner, in: Stürner/Kawano, Topics on International Litigation, S. 239 (253); Krause-Ablass/Bastuck, in: FS Stiefel, S. 445 (464).

1706 1. Prozessökonomie; 2. Endgültige Streiterledigung; 3. Vermeidung doppelter Verfahren; 4. Verhinderung widersprüchlicher Entscheidungen; 5. Rechtssicherheit vgl. hierzu insgesamt 47 Am. Jur.2d, Judgments, § 465, mit Rechtsprechungshinweisen, z. B. *Bickel v. Subway Development of Chicagoland, Inc.*, 354 Ill. App. 3d 1090, 290 Ill. Dec. 884, 822, N.E.2d 469 (5th Dist. 2004); *Van Den Biggelaar v. Wagner*, 978 F.Supp. 848, 856 (N.D. Ind. 1997); *Riemers v. Peters-Riemers*, 684 N.W.2d 619 (N.D. 2004); *FleetBoston Fin. Corp. v. ALT*, 638 F.3d 70, 79 (1st Cir. 2011).

1707 Für das US-amerikanische Recht Friedenthal/Kane/Miller, Civil Procedure, S. 653; für das deutsche Recht vgl. die Ausführungen unter Gliederungspunkt1. Kapitel. D.I. 2.

1708 Schopflocher, Wis. L. Rev. (1940), S. 234 (257 ff.); Engelmann-Pilger, Grenzen der Rechtskraft, S. 29, 31.

1709 Söderlund, 22 J. Int'l Arb. (2005), S. 301 (302 f.).

1710 So z. B. in *Laker Airways v. Sabena*, 731 F.2d 909, 928 (D.C. Cir. 1984). Hierzu unter Gliederungspunkt 2. Kapitel. D.III. 3. f).

II. Rechtskraft im schiedsgerichtlichen Verfahren

1. *Res judicata und Collateral Estoppel*

Ebenso wenig wie das *statutory law* im Staatsverfahren enthält der FAA eine ausdrückliche Regelung zur Rechtskraftwirkung eines Schiedsspruchs.[1711] Dennoch geht man in den USA mehrheitlich davon aus, dass Schiedssprüchen *res judicata*-Wirkung zukommt.[1712] Die für das staatliche Verfahren entwickelten Ausschlusswirkungen können im Grundsatz auf das schiedsgerichtliche Verfahren übertragen werden. Um den Anforderungen an einen effektiven Streiterledigungsmechanismus gerecht zu werden, ist die Anwendbarkeit der Prinzipien sogar notwendig.[1713] Im Grundsatz kommt einem Schiedsspruch deshalb dieselbe *res judicata*-Wirkung zu wie einem gerichtlichen Urteil.[1714] Wie für gerichtliche Urteile unterscheidet man bei den Wirkungen des Schiedsspruchs zwischen *claim preclusion*[1715] und *issue preclusion.*[1716] Es gelten zudem dieselben Voraussetzungen bezüglich der Parteiidentität;[1717] dem Erfordernis der Endgültigkeit[1718] sowie der Identität der *cause of action.*[1719] Auch die Ausnahmen von einer *res judicata-*

1711 Schlosser, in: Special Series (2001), S. 15 (21); Born, International Arbitration, S. 3735, 3747.

1712 *FleetBoston Fin. Corp. v. ALT,* 638 F.3d 70, 79 (1st Cir. 2011); *Hunter v. Proser* 298 NY 828, 84 N.E.2d 143 (1949); *Burkybile v. Board of Education,* 411 F.3d 306, 310 (2d Cir. 2005).

1713 Vgl. Born, International Arbitration, S. 3733; ähnlich Restatement of the Law (Second), Judgments, § 84 (1982).

1714 Restatement of the Law (Second), Judgments, § 84 (1) (1982): "(....) *a valid and final award by arbitration has the same effects under the rules of res judicata, subject to the same exceptions and qualifications, as a judgment of a court.*" Siehe auch Restatement of the Law (Second), Judgments, § 84 (3) (1982) (bzgl. *issue preclusion*); so auch *MACTEC Inc. v. Gorelick,* 427 F.3d. 821, 824 ff. (10th Cir. 2005).

1715 *Myer v. Americo Life, Inc.,* 469 F.3d 731, 733 (8th Cir. 2006); *IDS Life Ins. Co. v. Royal Alliance Assocs., Inc.,* 266 F.3d 645, 651 ff. (7th Cir. 2001).

1716 *Postlewaite v. McGraw-Hill, Inc.* 333 F.3d 42, 48 (2d Cir. 2003); *Coffey v. Dean Witter Reynolds, Inc.,* 961 F.2d 922, 925 (10th Cir. 1992). Besonders hinsichtlich der *issue preclusion* werden bei Schiedssprüchen einige Modifikationen im Vergleich zu gerichtlichen Urteilen vorgenommen; hierzu *Dean Witter Reynolds, Inc. v. Byrd,* 470 U.S. 213, 222, 84, 105 S.Ct. 1238, 1243, 84 L.Ed.2d, 158, 166 (1985); teilweise bestimmen Schiedsrechte der Einzelstaaten, dass einem Schiedsspruch nur bei diesbezüglich ausdrücklicher Parteivereinbarung *issue preclusive-effects* zukommen, hierzu *Buckner v. Kennard,* 99 P. 3d 842, 846 ff.(Utah 2004); *Vandenberg v. Superior Court,* 982 P. 2d 229, 239 ff. (Cal. 1999); vgl. auch Lowenfeld, in: Special Series (2001), S. 55 ff.; Restatement of the Law, (Second), Judgments, § 84 (1982).

1717 Hierzu *RSM Prod. Corp. v. Freshfields Bruckhaus Deringer U.S. LLP,* 800 F.Supp. 2d 182, 193 (D.D.C. 2011); Born, International Arbitration, S. 3752.

1718 Ware, ADR, S. 110 (mit dem Hinweis auf bestehende Ausnahmen).

1719 Vgl. *Apparel Art Intern. v. Amertex Enterprises,* 48 F.3d 576, 583 ff. (1st Cir. 1995).

Wirkung entsprechen denjenigen bei gerichtlichen Urteilen.[1720] Die *International Law Association* hat sich parallel zum bereits vorgestellten *„Final Report on Lis pendens and Arbitration"* mit dem Themenkomplex von *„Res judicata and Arbitration"* auseinandergesetzt. Dieser Zwischenbericht[1721] und der nachfolgende Abschlussbericht[1722] bieten einen guten Überblick zur schiedsgerichtlichen Rechtskraftwirkung im US-amerikanischen Schiedsverfahrensrecht unter Einbeziehung der wesentlichen Problemfelder.[1723]

Ein Schiedsspruch sperrt nach *res judicata*-Grundsätzen ein nachfolgendes gerichtliches Verfahren.[1724] Ob einem vorangehenden Schiedsspruch Ausschlusswirkung gegenüber einem nachfolgenden staatlichen Verfahren zukommt, wird nach überwiegender Ansicht vom Schiedsgericht entschieden.[1725] Eher als im Verhältnis zur Staatsgerichtsbarkeit gehen US-Gerichte von einer Sperrwirkung einer schiedsgerichtlichen Entscheidung für ein nachfolgendes Schiedsverfahren in derselben Streitsache aus.[1726]

2. *Confirmation of the arbitral award*

Man unterscheidet in den USA zwischen staatlich bestätigten Schiedssprüchen und solchen, die nicht in einer gerichtlichen Entscheidung bestätigt (*confirmed*) wurden.[1727] Nach § 9 FAA kann jede Partei innerhalb eines Jahres nach Erlass des

1720 Born, International Arbitration, S. 3751 ff.; Restatement of the Law (Second), Judgments, § 84 (2)-(4) (1982).

1721 International Law Association, Berlin Conference (2004), Interim Report: "*Res judicata*" *and Arbitration*, S. 11 ff., (zit.: International Law Association (2004)).

1722 International Law Association (2006), S. 28 ff.

1723 International Law Association (2004), S. 11 ff.; Born, International Arbitration, S. 3747 ff.; Restatement of the Law (Second), Judgments, § 84 (1982); siehe zudem Lowenfeld, in: Special Series (2001), S. 55 ff.

1724 *Lewis v. Circuit City Stores, Inc.*, 500 F.3d 1140 ff., 1147 (10th Cir. 2007); *Nicor Int'l Corp. v. El Paso Corp.*, 292 F.Supp. 2d 1357, 1366 (S.D. Fla. 2003); vgl. auch *Jacobson v. Fireman's Fund Ins. Co.*, 111 F.3d 261, 267 (2d Cir. 1997).

1725 *National Union Fire Ins. Co. of Pittsburgh v. Belco Petroleum Corp.*, 88 F.3d 129, 135 (2d Cir. 1996); vgl. aber auch *FleetBoston Fin. Corp. v. ALT*, 638 F.3d 70, 79 ff. (1st Cir. 2011); hinsichtlich der Ausschlusswirkung gegenüber einem weiteren Schiedsverfahren: *Consolidation Coal Co. v. United Mine Workers of America, Dist. 12, Local Union* 1545, 213 F.3d 404, 407 ff. (7th Cir. 2000).

1726 Hierzu *John Hancock Mut. Life. Ins. Co. v. Olick*, 151 F.3d 132 ff. (3d Cir. 1998); *Fire Ins. Co. v. National Gypsum Co.*, 101 F.3d 813 ff. (2d Cir, 1996); *Trailways Lines, Inc. v. Trailways, Inc. Joint Council*, 807 F.2d 1416, 1425 f. (8th Cir. 1987); ebenso Lowenfeld, in: Special Series (2001), S. 55 (56); mit der Frage, welches Gericht, Staats- oder Schiedsgericht über den *preclusive effect* eines Schiedsspruch entscheidet, setzt sich die Entscheidung *United Mine Workers of Am. v. Inland Steel Coal Co.*, 876 F.2d 1288 ff. (7th Cir. 1989) auseinander.

1727 Vgl. hierzu Born, International Arbitration, S. 3747 f.

Schiedsspruchs dessen gerichtliche Bestätigung beim zuständigen Staatsgericht beantragen.[1728] Durch die gerichtliche Bestätigung wird der Schiedsspruch in ein gerichtliches Urteil umgewandelt.[1729] Sofern ein *state court* einen Schiedsspruch gerichtlich bestätigt hat, kommen diesem Urteil dieselben Wirkungen zu wie jedem anderen gerichtlichen Urteil.[1730] Das Gerichtsurteil ist ein Vollstreckungstitel und unter dem *Federal Full Faith and Credit Statute* des 28 U.S.C. § 1738[1731] anzuerkennen.[1732] In diesem Zusammenhang ist streitig, ob die Anwendbarkeit der *res judicata* – und *collateral*-Grundsätze von der vorherigen staatlichen Bestätigung des Schiedsspruchs abhängen.[1733] Mehrheitlich wird angenommen, dass es für *preclusive effects* des Schiedsspruchs, namentlich für die *res judicata*-Wirkung und die *issue preclusion*, nicht darauf ankommen könne, ob der endgültige Schiedsspruch durch ein Staatsgericht bestätigt worden sei.[1734] Häufig erfüllt die unterlegene Partei ohnehin freiwillig den Schiedsspruch.[1735]

1728 9 U.S.C. § 9 FAA: „ *If the Parties in their agreement have agreed that a judgment of the court shall be entered upon the award made pursuant to the arbitration, and shall specify the court, then at any time within one year after the award is made any party to the arbitration may apply to the court so specified for an order confirming the award, and thereupon the court must grant such an order unless the award is vacated, modified, or corrected as prescribed in sections 10 and 11 of this title* (...)". Hierzu auch Holtzmann/Donovan, National Report (United States), in: ICCA International Handbook on Commercial Arbitration, S. 1 (58 ff.).

1729 Holtzmann/Donovan, National Report (United States), in: ICCA International Handbook on Commercial Arbitration, S. 1 (59).

1730 *G.C. & K.B. Investments, Inc. v. Wilson*, 326 F.3d 1096, 1106 ff. (9th Cir. 2003); *Doctor's Associates Inc. v. Stuart,* 11 F.Supp. 2d 221, 225 (D. Conn. 1998); Born, International Arbitration, S. 3748.

1731 28 U.S.C. § 1738: „ *Such Acts, records and judicial proceedings or copies thereof, so authenticated, shall have the same full faith and credit in every court within the United States and its Territories and Possessions as they have by law or usage in the courts of such State, Territory or Possession from with they are taken.*" Nicht gerichtlich bestätigte Schiedssprüche folgen nicht den gerade genannten Grundsätzen, sondern durch *common law* entwickelten Standards hierzu *McDonald v. City of West Branch,* 466 U.S. 284, 104 S.Ct. 1799, 80 L.Ed.2d 303 (1984).

1732 Born, International Arbitration, S. 3748.

1733 Schlosser, in: Special Series (2001), S. 15 (21); vgl. *Asahi Glass Co. v. Toledo Eng'g Co.*, 505 F.Supp. 2d 423, 431 (N.D. Ohio 2007).

1734 *Val-U Const. Co. v. Rosebud Sioux Tribe*, 146 F.3d 573, 581 (8th Cir. 1998); *Jacobson v. Fireman's Fund Ins. Co.*, 111 F.3d 261, 267 f. (2d Cir. 1997); mit abweichenden Rechtsprechungshinweisen Born, International Arbitration, S. 3748. Ausnahmen bestehen im arbeitsrechtlichen Schiedsverfahren, hierzu Ware, ADR, S. 110 f.

1735 Ware, ADR, S. 109.

III. Rechtshängigkeit im staatlichen Verfahren

1. Einführung und Grundlagen

Die bereits angesprochene Variation an Begrifflichkeiten, mit denen US-Amerikaner den Problemkreis von doppelt rechtshängigen Verfahren betiteln, hat schon anklingen lassen, dass das US-Recht ein weniger an festen Begriffen orientiertes Koordinationsmodell zur Verhinderung von doppelt rechtshängigen Verfahren bereithalten wird, als es das deutsche Zivilprozessrecht mit der von engen Tatbestandsvoraussetzungen abhängigen Rechtshängigkeitssperre des § 261 Abs. 3 Nr. 1 ZPO vorsieht. In einigen *Common Law*-Ländern, vornehmlich in Israel, Australien, England sowie in Teilen von Kanada und in Neuseeland, werden Überlegungen zu *lis pendens* nur als ein Gesichtspunkt im Rahmen der weiter reichenden *forum non conveniens*-Lehre mitberücksichtigt.[1736] Hierbei wird *lis pendens* als ein Faktor von mehreren innerhalb einer Ermessensentscheidung des Gerichts mitberücksichtigt, um das am besten geeignete Forum für ein Verfahren festzulegen. Zu einer strikten Anwendung einer Litispendenzregelung, einhergehend mit dem Prioritätsprinzip, wie es im kontinentaleuropäischen Rechtsraum verbreitet ist, kommt es nicht. Im Unterschied zu den gerade angesprochenen *Common Law*-Ländern kennt das US-amerikanische Zivilprozessrecht *lis pendens* als eigenständige Doktrin.[1737] Auf den ersten Blick besteht somit eine Gemeinsamkeit mit dem deutschen Zivilprozessrecht. Trotz der formal bestehenden Selbstständigkeit der *lis pendens*-Doktrin gegenüber der *forum non conveniens*-Lehre sind *lis pendens*-Überlegungen im Rahmen dieser Lehre nur ein Faktor unter vielen, der bei einer gerichtlichen Ermessensentscheidung über eine Klageabweisung berücksichtigt wird.[1738]

Wegen der Vielfalt an Koordinationsmöglichkeiten für parallele Verfahren kann hier trotz des eigentlichen Themenschwerpunktes im Schiedsverfahrensrecht nicht darauf verzichtet werden, die wichtigsten zivilprozessualen Instrumentarien darzustellen, mit deren Hilfe die US-Amerikaner die negativen Folgen von Parallelverfahren verhindern möchten. Vorbehaltlich etwaiger schiedsverfahrensrechtlicher Modifikationen fungieren das staatliche Verfahren und dessen Verfahrensgrundsätze ebenso wie im deutschen Recht als Vorbild und Vergleichsmaßstab für das schiedsgerichtliche Lösungskonzept des Problems doppelt rechtshängiger Schiedsverfahren.

Dass Parallelverfahren in den USA überhaupt als Problem eingestuft werden, an dessen sachgerechter Auflösung ein grundlegendes Interesse besteht, zeigen diverse Modellprojekte, sowohl für das rein nationale als auch für das internationale Zivilverfahrensrecht. Allem voran ist auf die Bemühungen des *American Law Institute* hinzuweisen, welches sich auf mehreren Konferenzen mit dieser Thematik befasst hat.[1739]

1736 International Law Association (2006), S. 5, Rn. 2.2; Fawcett, General Report, S. 1 (29).

1737 International Law Association (2006), S. 5, Rn. 2.3.

1738 Hierzu unter Gliederungspunkt 2. Kapitel. D.III. 3. b)cc).

1739 Hinweise zu den einzelnen Bemühungen gibt International Law Association (2006), S. 6, Rn. 2.10, Fn. 19.

2. Rechtsgrundlagen

Das US-amerikanische Recht verfügt über keine gesetzliche Regelung, die vergleichbar mit § 261 Abs. 3 Nr. 1 ZPO eine Rechtshängigkeitssperre ausdrücklich kodifiziert. Ein gesetzlicher Bezugspunkt für eine *lis pendens*-Untersuchung scheint deshalb nicht vorhanden zu sein. Dies gilt gleichermaßen für Verfahren vor Bundesgerichten als auch für Verfahren vor den Gerichten der meisten Bundesstaaten.[1740] Allerdings verfügen sowohl die FRCP als auch die Zivilprozessordnungen der Bundesstaaten New York und Kalifornien über Vorschriften, welche die Klageerhebung (*commencement of an action*) regeln. Ausgehend vom deutschen Verständnis, dass die Klageerhebung eine Streitsache rechtshängig werden lässt, ist nachfolgend zu überlegen, ob den jeweiligen US-amerikanischen Vorschriften ebenfalls eine Aussage über prozessuale Wirkungen der Verfahrenseinleitung im Hinblick auf anderweitige Klagen zu entnehmen ist. Entsprechend dem Nebeneinander von *federal law* und *state law* werden beide Rechtsmaterien diesbezüglich separat voneinander betrachtet.

a) Bundesstaatliche Regelung zum Verfahrensbeginn

Für Verfahren vor Bundesgerichten enthält Rule 3 FRCP eine Vorschrift zum Verfahrensbeginn: *"A civil action is commenced by filing a complaint with the court."*[1741] Der Gesetzestext ist unter Rechtshängigkeitsgesichtspunkten wenig aussagekräftig. Der Kommentarliteratur zu dieser Vorschrift ist aber zu entnehmen, dass es für verschiedene Zwecke auf den exakten Zeitpunkt der Klageerhebung ankommt.[1742] Beispielhaft genannt werden Zuständigkeitsfragen und Verjährungsfragen. Insbesondere wird darauf hingewiesen, dass es in Fällen konkurrierender Zuständigkeiten darauf ankommen könne, den exakten Zeitpunkt der Klageerhebung festzulegen,[1743] um gegebenenfalls ein vor einem zweiten Gericht nachfolgend eingeleitetes Verfahren zwischen denselben Parteien und zur selben Streitsache (*issue*) abzuweisen (to *dismiss*) oder um auf die Ausübung der eigenen Zuständigkeit zu verzichten (*abstain from exercising jurisdiction*).[1744] Für eine Klageerhebung ist anders als im deutschen Zivilprozessrecht zunächst keine Zustellung (*service of complaint*) an den Beklagten erforderlich. Eine US-amerikanische Klage vor Bundesgerichten wird somit sehr früh rechtshängig, nämlich dann, wenn die Streitigkeit nach deutschem Verständnis erst anhängig gemacht wurde. Allerdings müssen nach Rule 4 (m) FRCP dem Beklagten Klage und Vorladung (*summons*) auch tatsächlich innerhalb

1740 Lange/Black, Zivilprozeß, S. 56, Fn. 136.

1741 28 U.S.C. Rule 3 FRCP. Eingehend zur Klageerhebung nach den Federal Rules of Civil Procedure, Reinhard, Klageerhebung und Beklagtenschutz, S. 31 ff.

1742 Hierzu Baicker-McKee, Federal Civil Rules, S. 172 f.

1743 Deutsche Veröffentlichungen sprechen im Zusammenhang mit Rule 3 FRCP vom Eintritt der Rechtshängigkeit, vgl. z. B. Schulte, Anderweitige Rechtshängigkeit, S. 98.

1744 Baicker-McKee, Federal Civil Rules, S. 173.

von 120 Tagen zugestellt werden.[1745] Grundsätzlich gilt, dass an eine Klageerhebung vor US-amerikanischen Gerichten weniger strenge Voraussetzungen zu stellen sind als an eine Klageerhebung vor deutschen Gerichten, da im US-Recht ein grobes Skizzieren der anspruchsbegründenden Tatsachen zunächst ausreicht.[1746]

Die kurze Betrachtung der Rule 3 FRCP bestätigt, dass es an einer ausdrücklichen Rechtshängigkeitssperre fehlt. Zumindest deutet die Kommentarliteratur aber darauf hin, dass es entsprechend der deutschen Rechtshängigkeitssperre auf den Gesichtspunkt der zeitlichen Reihenfolge der Klageerhebung ankommen kann, wenn zwei Verfahren zwischen denselben Parteien und zur selben Streitsache vor unterschiedlichen Gerichten zur Verhandlung gebracht werden und deren Koordinierung in Frage steht.[1747]

b) Einzelstaatliche Regelungen zum Verfahrensbeginn

Die Zivilprozessordnungen von New York und Kalifornien verfügen gleichfalls über Vorschriften zum Verfahrensbeginn.

aa) New York: Civil Practice Law and Rules (CPLR)

Im Bundesstaat New York sehen die *Civil Practice Law and Rules* in § 304 (CPLR) folgende Regelung zum Verfahrensbeginn vor: "An *action is commenced by filing a summons and complaint or summons with notice in accordance with rule twenty-one hundred two of this chapter. A special proceeding is commenced by filing a petition in accordance with rule twenty-one hundred two of this chapter.*" Wie bei einem bundesgerichtlichen Verfahren wird ein gerichtliches Verfahren vor einem New Yorker *state court* ohne Zustellung der Klageschrift rechtshängig. Ein Hinweis speziell zu einer Rechtshängigkeitssperre ist auch dieser Vorschrift nicht zu entnehmen. Die *Civil Practice Law and Rules* von New York enthalten aber in Rule 3211 eine

---

1745 28 U.S.C. Rule 4 (m): "*If a defendant is not served within 120 days after the complaint is filed, the court – on motion or on its own after notice to the plaintiff – must dismiss the action without prejudice against that defendant or order that service be made within a specified time. But if the plaintiff shows good cause for the failure, the court must extend the time for service for an appropriate period. This subdivision (m) does not apply to service in a foreign country under Rule (f) or 4 (j) (1)*". Vom Zustellungszeitpunkt hängt es ab, ob *personal jurisdiction* über den Beklagten und sachliche Zuständigkeit des Gerichts vorliegen.

1746 *Swierkiewicz v. Sorema, N.A.* 534 U.S. 506, 512 f., 122 S.Ct. 992, 998 f., 152 L.Ed.2d 1 (2002); Lange/Black, Zivilprozeß, S. 13; Reinhard, Klageerhebung und Beklagtenschutz, S. 28.

1747 Die FRCP enthalten eine Vorschrift zur *consolidation* mehrerer Verfahren in Rule 42 (a):„ *If actions before the court involve a common question of law or fact, the court may:* (2) *consolidate the actions.*" An anderer Stelle wurde aufgezeigt, dass eine *consolidation of claims* in bestimmten Konstellationen ebenfalls ein probates Mittel zur Koordination von zumindest verwandten Verfahren sein kann. Hierzu unter Gliederungspunkt 1. Kapitel. F.II. 6. c)gg)(3).

Regelung, die sich auf die Koordination von identischen Klagen zwischen denselben Parteien im *intra*bundesstaatlichen Verhältnis bezieht. Der Wortlaut der Rule 3211 lautet: Motion to dismiss (a) (....) 4. *there is another action pending between the same parties for the same cause of action in a court of any state or the United States; the court need not dismiss upon this ground but make such order as justice requires;* (...).[1748]

Laut Gesetzestext entsprechen die erforderlichen Voraussetzungen zur Klageabweisung denjenigen der deutschen Rechtshängigkeitssperre. In beiden Verfahren müssen identische Parteien (*same parties*) sowie derselbe Streitgegenstand (*same cause of action*) gegeben sein.[1749] Aus dem Wortlaut der New Yorker Regelung ergibt sich nicht eindeutig, welche Konstellationen von Parallelverfahren vom Anwendungsbereich der Vorschrift erfasst werden sollen. Darüber hinaus wird nicht deutlich, ob es auf eine zeitliche Priorität hinsichtlich der beiden Verfahren ankommt.[1750] Da das *statutory law* schweigt, ist, der im US-Recht üblichen Verfahrensweise entsprechend, das *case law* auf einschlägige Fälle hin zu untersuchen.[1751] Für das New Yorker *state law* folgt aus dem wenig vorhandenen *case law* die Möglichkeit einer Klageabweisung des zeitlich nachfolgenden Verfahrens wegen eines bereits früher in derselben Streitsache eingeleiteten Verfahrens innerhalb dieses Bundesstaates.[1752]

bb) Kalifornien: Code of Civil Procedure (CCP)

In der kalifornischen Zivilprozessordnung ist der Verfahrensbeginn in § 411.10 CCP[1753] geregelt. Hierfür wird auf die Klageerhebung abgestellt. Zur Problematik paralleler Klagen nimmt eine andere Vorschrift Stellung. Diesbezüglich sieht § 430.10 CCP folgendes vor: *Grounds for demurrer or defense to complaint or cross-complaint*: "*A party against whom a complaint or cross-complaint has been filed may object, by demurrer or answer as provided in Section 430.30, to the pleading on any one or more of the following grounds*: (...) (c) *There is another action pending between the same parties on the same cause of action.*"

cc) Zwischenergebnis

Die Kurzbetrachtung der Vorschriften zum Verfahrensbeginn führt zu folgendem Zwischenergebnis: Einerseits ergibt die Rechtshängigkeitsanalyse für das

---

1748 Zu Rule 2311 CPLR McKinney's, Consolidated Laws of New York Annotated Currentness, Chapter 8, Art. 32, Rule 2311.

1749 Einzelheiten zu beiden Voraussetzungen noch unter den Gliederungspunkten 2. Kapitel. D.III. 3. a)bb)(1) und 2. Kapitel. D.III. 3. a)bb)(2).

1750 So Schulte, Anderweitige Rechtshängigkeit, S. 110.

1751 *Barringer v. Zgoda*, 458 N.Y.S. 2d 42, 43 (1982) hatte ein vor einem Bundesgericht anhängiges Verfahren zum Gegenstand und billigte die Möglichkeit eines *dismissal.* Die Entscheidung nimmt Bezug auf *Bradford v. Brooklyn Trust Co.*, 269 App. Div. 549, 56 N.Y.S. 2d 379 (1945).

1752 *W. E. Hedger Transp. Corp. v. Bushey*, 67 N.Y.S. 2d 664 (1946); vgl. auch *Corio v. Stebo, Inc.*, 444 N.Y.S. 2d 74, 75 (1981), demnach ist ein „*stay discretionary*", sogar wenn ein Verfahren in einem anderen Bundesstaat eingeleitet worden ist.

1753 § 411.10 CCP: "*A civil action is commenced by filing a complaint with the Court.*"

staatliche US-amerikanische Zivilprozessrecht, dass es erstens keine explizite Rechtshängigkeitssperre für Verfahren vor Bundesgerichten gibt. Andererseits ist eine Verfahrensdoppelung als unerwünschtes Vorkommnis zumindest aufgrund der New Yorker und Kalifornischen Vorschriften bekannt. Die zeitliche Reihenfolge der Verfahrenseinleitung kann für die Problemlösung eine Rolle spielen.[1754] Gemein ist dem bundesgerichtlichen und dem einzelstaatlichen Verfahren zudem, dass *lis alibi pendens* prinzipiell eine allgemeine *common law rule* darstellt und als solche auch ohne festgeschriebene gesetzliche Regelung Geltung beanspruchen kann.[1755]

3. *US-amerikanische Mechanismen zur Koordinierung doppelt rechtshängiger Verfahren*

Das US-amerikanische Recht unterscheidet sich vom deutschen Zivilprozessrecht nicht nur durch die Begrifflichkeiten, unter denen das Problem gleichzeitig rechtshängiger Verfahren über den identischen Streitgegenstand behandelt wird. Den US-amerikanischen Gerichten stehen zudem gleich mehrere Instrumentarien zur Verfügung, derer sie sich für die sachgerechte Handhabung von Parallelverfahren bedienen können. Die wichtigsten Möglichkeiten der US-Gerichte werden nachfolgend kurz dargestellt. Im Anschluss an diese allgemeine Beschreibung folgt dann – ähnlich der Darstellung zur Anwendbarkeit von *lis pendens*-Grundsätzen im deutschen Recht – eine fallbezogene Erörterung der einzelnen Regelungsmechanismen anhand verschiedener Verfahrenskonstellationen.[1756]

a) Pendency of another action

Unter dem Stichwort *pendency of another action* wird das Problem doppelt rechtshängiger Verfahren sehr oft behandelt. Dies entspricht dem Befund der kodifizierten Regelungen in Rule 3211 CPLR sowie § 430.10 CCP. Nicht nur die Staaten New York und Kalifornien haben einzelstaatliche Regelungen zur *pendency of another action* getroffen.[1757] Sofern in Bundesstaaten keine wie auch immer ausgestaltete Regelung existiert, entspricht die Beachtlichkeit der *pendency of another action* für das *intra*bundesstaatliche Verhältnis einer allgemeinen *common law rule*.[1758] Inhalt dieser Doktrin ist es, dass ein nachfolgend angerufenes Gericht das eigene anhängige Verfahren aussetzt, wenn zwischen denselben Parteien in derselben Rechtssache bereits vor einem anderen Gericht desselben Staates ein

---

1754 Bereits an dieser Stelle kann darauf hingewiesen werden, dass dem zeitlichen Faktor der Klageerhebung im US-Recht nicht derselbe große Stellenwert beigemessen wird, wie es dem Prioritätsprinzip des nationalen deutschen Rechts entspricht. Zum zeitlichen Faktor vgl. z. B. die weiteren Ausführungen unter Gliederungspunkt 2. Kapitel. D.III. 3. b)cc).

1755 Hierzu 19 A.L.R.2d (1951), 301 (305).

1756 Hierzu unter den Gliederungspunkten 2. Kapitel. D.III. 4. ff.

1757 Hierzu Schulte, Anderweitige Rechtshängigkeit, S. 109 ff.

1758 56 A.L.R.2d (1957), 335 ff.

Verfahren läuft.[1759] Die nachfolgenden Grundsätze zur *pendency of another action* waren ursprünglich nur für den Kollisionsfall in der *intra*bundesstaatlichen Konstellation vorgesehen.[1760] Heute wird auch für internationale Fallgestaltungen auf diese Grundsätze zurückgegriffen.[1761]

aa) Entstehung von Parallelverfahren

Die Strukturen des US-amerikanischen Gerichtssystems, insbesondere das Nebeneinander des bundesgerichtlichen und einzelstaatlichen Gerichtssystems und das weitreichende Zuständigkeitsrecht, erhöhen die Möglichkeit verschiedener konkurrierender Verfahren zwischen denselben Beteiligten. Ansonsten ist auf die bereits dargestellten Motive der beteiligten Parteien zu verweisen.[1762]

bb) Voraussetzungen paralleler Verfahren

Nach deutschem Verständnis einer Rechtshängigkeitssperre sind die notwendigen Grundvoraussetzungen die Identität des Streitgegenstandes und der beteiligten Parteien in beiden Verfahren. Bislang wurde dies für das US-amerikanische Zivilprozessrecht stillschweigend unterstellt. Die Vorschriften in New York und Kalifornien haben dies nicht widerlegt. Wie anhand der nächsten zwei Gliederungspunkte aufgezeigt wird, ist das US-amerikanische Zivilprozessrecht auch bezüglich der sachlichen Voraussetzungen der *pendency of another action* im Vergleich zum deutschen Recht weniger strikten Begrifflichkeiten des Streitgegenstandes sowie des Parteienbegriffs verschrieben.

(1) Identity of Causes of action and Relief

"*One of the requisites of the plea or defense of another action pending is that the two suits be based on the same, or substantially the same cause of action.*"[1763] Mit diesem Zitat lassen sich die objektiven Voraussetzungen zur *pendency of another action* in einem Satz beschreiben. Es ist in der Tat parallel zum deutschen Recht eine Deckungsgleichheit der Streitsache und der beteiligten Parteien erforderlich. Die *cause of action* lässt sich jedoch nicht automatisch mit dem deutschen Streitgegenstandsbegriff gleichsetzen. Auch in diesem Zusammenhang ist von keiner starren, feststehenden Begrifflichkeit auszugehen.[1764] Am ehesten lässt sich eine (annähernde)

1759 Ausführlich mit zahlreichen Rechtsprechungshinweisen: 1 Am. Jur. 2d, Abatement, Survival, and Revival, §§ 6 ff.

1760 Vgl. Schulte, Anderweitige Rechtshängigkeit, S. 101.

1761 *Continental Time Corp. v. Swiss Credit Bank*, 543 F.Supp. 408 (S.D.N.Y. 1982). Hierzu unter Gliederungspunkt 3. Kapitel. B.I. 2. b)bb)(5).

1762 Hierzu unter Gliederungspunkt 1. Kapitel. F.II. 6. b).

1763 1 Am. Jur. 2d, Abatement, Survival, and Revival, § 28 mit weiterführenden Literaturhinweisen.

1764 Habscheid, in: FS Zweigert, S. 109 (117); 1A C.J.S., Actions, § 54 ("*the term cause of action is used in different senses, depending upon the subject to which it is applied or the object which it is to subserve*").

Identität der *cause of action* in mehreren Verfahren mit der Identität des Lebenssachverhaltes als Klagegrund und der begehrten Rechtsfolge in beiden Verfahren übersetzen.[1765] Entsprechend der generell wesentlich weniger strengen Dogmatik im US-amerikanischen Zivilprozessrecht ist schon eine nur annähernde Identität der Streitsache in den parallelen Verfahren ausreichend für eine Klageabweisung. Die (annähernde) Identität der Streitsache ist mit Hilfe eines „Fragetests"(„*Tests for determining identitiy of causes*")[1766] zu bestimmen: Maßgebliche Kriterien sind unter anderem die Frage, ob der Kläger im ersten Verfahren umfassenden Rechtsschutz erreichen kann, auch wenn das zweite Verfahren abgewiesen wird.[1767] Weiter wird berücksichtigt, ob die Entscheidung des ersten Verfahrens nach *res judicata*-Grundsätzen die Entscheidung des zweiten Verfahrens unterbinden kann.[1768]

(2) Identity of parties

Neben der substanziellen Identität des Streitgegenstandes beider Verfahren fordert das *common law* als weitere Voraussetzung der *pendency of another action* die Identität (*same parties*)[1769] der in beiden Verfahren beteiligten Parteien oder deren wesentliche Identität (*substantially same parties*).[1770] Anders als im deutschen Recht kann es im US-amerikanischen Zivilprozessrecht nicht als allgemeine Regel angesehen werden, dass es für eine Parteiidentität nicht auf die Parteirolle im jeweiligen Verfahren ankommt.[1771] Die Einzelstaaten beurteilen dies nicht einheitlich.[1772]

1765 So Habscheid, in: FS Zweigert, S. 109 (118) mit Hinweis auf die unterschiedliche Verwendung dieser Begrifflichkeit. *Relief* wird hier – übereinstimmend mit Habscheid als begehrte Rechtsfolge, also als Klageziel verstanden.

1766 Zum Ganzen: 1 Am. Jur. 2d, Abatement, Survival, and Revival, § 29.

1767 So z. B. *Overnite Transp. Co. v. International Broth. Of Teamsters, Chauffeurs, Warehousemen and Helpers of America, AFLCIO,* 332 Ill.App. 3d 69, 265 Ill. Dec. 664, 773 N.E.2d 26 (1st Dist.2002); *Murchison National Bank v. Broadhurst,* 148 S.E. 452, 455; *Tebbs v. Union Realty Corp.*, 286 F. 1011 (App. D.C. 1923).

1768 *Acadian Gas Pipeline System v. Bourgeois,* 890 So. 2d, 634, 638 (La. Ct. App. 5th Cir. 2004); *Baker v. Eilers' Music Co.*, 166 P. 1006, 175 Cal. 675 (Cal. 1917); *McLeod v. McLeod,* 161 S.E.2d 635, 636 (N.C.Ct. App. 1986), vgl. auch *Apparel Art Intern. v. Amertex Enterprises,* 48 F.3d 576, 583 f. (1st Cir. 1995).

1769 *Clark v. Craven Regional Medical Authority,* 387 S.E.2d 168, 171 (N.C. 1990); *Watson v. Jones,* 80 U.S. 679, 20 L.Ed 666 (1871).

1770 *State ex rel. Meade v. Marshall Superior Court II,* 644 N.E.2d 87, 89 (Ind. 1994); *Morris v. Leggat,* 877 S.W.2d 899, 900 ff. (Tex. App. 1994); 1 C.J.S., Abatement and Revival, § 49; 1 Am.Jur.2d, Abatement, Survival, and Revival, §§ 22 ff. Zum Ganzen mit weiterführenden Rechtsprechungshinweisen 1 Am. Jur.2d, Abatement, Survival, and Revival, § 22 ff.

1771 1 C.J.S., Abatement and Revival, § 50; 56 A.L.R.2d (1957), 335 (343); 1. Am. Jur.2d, Abatement, Survival, and Revival, § 25; *Schoonmaker v. Lawrence Brunoli, Inc.*, 265 Conn. 210, 828 A.2d 64 (2003) (unterschiedlicher Kläger).

1772 Mit weiteren Hinweisen auf einzelstaatliche Entscheidungen 1 C.J.S., Abatement and Revival, § 50.

cc) Prozessuale Berücksichtigung eines anderen (identischen) Verfahrens

Ebenso wenig wie die Bindungswirkung einer früheren Entscheidung nach *res judicata*-Grundsätzen durch ein zweites Gericht von Amts wegen berücksichtigt wird,[1773] wird ein Parallelverfahren auf Initiative des Gerichts berücksichtigt. Zur prozessualen Berücksichtigung bedarf es eines Parteivortrages in der Form eines *plea in abatement.*[1774] Hierbei handelt es sich um eine prozesshindernde Einrede, welche als prozessuales „Verteidigungsmittel" der beklagten Partei dient.[1775] Die Beweislast hinsichtlich der *pendency of another action* trifft, entsprechend deutschen Beweislastgrundsätzen, diejenige Partei, welche die Einrede erhebt.[1776] Ferner entspricht es dem Regelfall, dass die zweite Klage in derselben Streitigkeit abgewiesen wird, sofern im ersten Verfahren für die klagende Partei umfassender Rechtsschutz gewährleistet ist.[1777] Allerdings gilt die zeitliche Priorität der Verfahrenseinleitung nicht zwingend als Voraussetzung dafür, dass das zweite

---

1773 Hierzu bereits unter Gliederungspunkt 2. Kapitel. D.I. 1.

1774 Zur Begrifflichkeit des *abatement* im *common law*, vgl. 1 Am. Jur.2d, Abatement, Survival, and Revival, § 1. Oftmals wird der Begriff eines *abatement*, was ins Deutsche übersetzt so viel wie Prozesseinstellung bzw. Abweisung/Niederschlagung eines Verfahrens bedeutet, im US-amerikanischen Recht als Synonym für einen *dismissal* verwandt. Zu unterscheiden ist ein *abatement* von einem *stay* des Verfahrens. Letzterer ist nur eine im gerichtlichen Ermessen stehende temporäre Verfahrensaussetzung bzw. Unterbrechung, wohingegen durch ein *abatement* ein Verfahren in Gänze eingestellt wird, vgl. hierzu *Culbertson v. Midwest Uranium Co*, 132 F.Supp. 678 (D. Utah 1955); *Solarana v. Industrial Electronics, Inc.*, 428 P. 2d 411 (Haw. 1967); 1 Am. Jur.2d, Abatement, Revival, and Survival, § 3; 19 A.L.R.2d (1951), 301 (305). Grundsätzlich ist aber darauf hinzuweisen, dass die Gerichte nicht immer streng zwischen den einzelnen Begrifflichkeiten unterscheiden, diese vielmehr nebeneinander angewandt werden und sich daher bisweilen nur aus dem Kontext des Einzelfalls entnehmen lässt, welche prozessuale Vorgehensweise gemeint ist. Zudem wird in den Einzelstaaten keine einheitliche Verwendung der prozessualen Begrifflichkeiten praktiziert, vgl. Krause-Ablass/Bastuck, in: FS Stiefel, S. 445 (456) mit weiterführenden Hinweisen. Diese uneinheitliche Verwendung von Begriffen, spiegelt erneut die wenig dogmatische Herangehensweise der US-Amerikaner wider.

1775 1 C.J.S, Abatement and Revival, § 19; 1 Am. Jur.2d, Abatement, Survival, and Revival, § 6.

1776 *Jones Motor Co. v. Anderson*, 258 Ga. App. 161, 573 S.E.2d 429, 431 (2002).

1777 19 A.L.R.2d (1951), 301 (305 f.), (323 f.); 1 Am. Jur. 2d, Abatement, Survival, and Revival, § 6. Wenn beide Verfahren zeitgleich eingeleitet werden, was wegen der unterschiedlichen Anforderungen an den Verfahrensbeginn von Einzelstaat zu Einzelstaat vorkommen kann, besteht entweder die Möglichkeit, dass dem Kläger ein Wahlrecht zukommt, welches Verfahren betrieben werden soll, oder dem Gericht wird ein entsprechendes Ermessen eingeräumt, hierzu 1 Am.Jur.2d, Abatement, Survival, and Revival, § 9 unter Hinweis auf *Moore v. Lamar*, 182 Ga. App. 708, 356 S.E.2d 742 (1987) (Wahlrecht); *A.E. Staley Mfg. Co.v. Swift & Co.*, 84 Ill. 2d 245, 50 Ill.Dec. 156 (1981).

Verfahren abgewiesen wird. In begründeten Ausnahmefällen kann auch dem zweiten Verfahren der Vorrang eingeräumt werden.[1778] Das Verhindern einer schikanösen Mehrfachverteidigung[1779] der beklagten Partei gegen denselben Kläger, die generelle Vermeidung von Mehrfachverfahren, die Verhinderung von Urteilskollisionen sowie der Schutz gerichtlicher Ressourcen[1780] sind auch im US-amerikanischen Zivilprozessrecht die wichtigsten Gründe, die für die Berücksichtigung eines bereits laufenden Verfahrens nach Grundsätzen der *pendency of another action* anzuführen sind.

b) Forum non conveniens

Wenn es um Koordinationsmöglichkeiten für das Nebeneinander von zwei gleichen Verfahren zwischen denselben Parteien geht, ist die Lehre vom *forum non conveniens*[1781] für den kontinentaleuropäischen Rechtsanwender wohl der bekannteste Regelungsmechanismus aus dem *Common Law*-Rechtskreis.[1782] Auch in dieser Arbeit wurden im ersten Kapitel im Rahmen der möglichen Kritikpunkte an einer schiedsrechtlichen Rechtshängigkeitssperre nach deutschem Recht bereits *forum non conveniens*-Gesichtspunkte kurz angesprochen.[1783] Diese Lehre gestattet einem US-amerikanischen Gericht von der Ausübung der eigenen Gerichtsgewalt abzusehen.[1784] Angewandt wird die Doktrin vor Bundesgerichten und vor einzelstaatlichen Gerichten,[1785] gleichfalls bei internationalen[1786] oder inneramerikanischen Streitfällen.[1787] Dennoch gibt es eine klare Unterscheidung zwischen

---

1778 6 A.L.R.3d (1966), 468 ff.; 1 Am. Jur. 2d, Abatement, Survival, and Revival, § 8 bezugnehmend auf *Honolulu Roofing Co. v. Felix*, 49 Haw. 578, 426 P. 2d 298 (1967).

1779 *California Union Ins. Co. v. Trinity River Land Co.*, 105 Cal. App. 3d 104, 163 Cal. Rptr. 802 (3d Dist. 1980).

1780 *Schnitzer v. O'Connor*, 274 Ill. App. 3d 314, 210 Ill. Dec. 630, 653 N.E.2d (1st Dist. 1995); 1 C.J.S., Abatement and Revival, § 19.

1781 Grundlegend zur Doktrin des *forum non conveniens* Barrett, 35 Cal. L. Rev. (1947), S. 380 ff.

1782 Überwiegend wird die Lehre vom f*orum non conveniens* im kontinentaleuropäischen Rechtsraum abgelehnt. Zu deutschen Bedenken gegenüber dem Institut des *forum non conveniens* Schack, RabelsZ 58 (1994), S. 40 ff.; Schack, IZVR, S. 217, Rn. 565 ff.; vgl. auch Born, International civil litigation, S. 391.

1783 Vgl. die Ausführungen unter Gliederungspunkt 1. Kapitel. F.II. 6. c)dd)(1) (b).

1784 Dorsel, Forum non conveniens, S. 36.

1785 In der Entscheidung *Broderick v. Rosner*, 294 U.S. 629, 643, 55 S.Ct. 589, 592, 79 L.Ed. 1100, 1107 (1935) wies der *Supreme Court* darauf hin, dass ein *state cour*t in geeigneten Fällen von der Doktrin des *forum non conveniens* Gebrauch machen könne.

1786 *Contact Lumber Co. v. P.T. Moges Shipping Co.*, 918 F.2d 1446 (9th Cir. 1990); Born, International civil litigation, S. 365 ff.; Hierzu noch unter Gliederungspunkt 3. Kapitel. B.I. 2. b)cc).

1787 Schulte, Anderweitige Rechtshängigkeit, S. 102; Lange/Black, Zivilprozeß, S. 45 ff.

inneramerikanischen und internationalen Fällen, in denen die Lehre vom *forum non conveniens* zur Anwendung kommt.[1788]

Der historische Ursprung der *forum non conveniens*-Lehre wird zumeist im schottischen Recht gesehen.[1789] Für das US-amerikanische Recht gilt die Entscheidung *Gulf Oil Corporation v. Gilbert*[1790] als grundlegend. Dieser Fall betraf einen inneramerikanischen Sachverhalt, in dem der *Supreme Court* auf *forum non conveniens*-Überlegungen zurückgriff, wie sie weitgehend der Ausgestaltung durch heutiges Recht entsprechen. Weitere wichtige Entscheidungen, in denen sich der *Supreme Court* dieses Instrumentariums in früherer Zeit ausdrücklich bediente und die Lehre weiterentwickelte, sind die Entscheidungen *Koster v. Lumbermens Mutual Casualty Co.*[1791] sowie *Piper Aircraft Co. v. Reyno.*[1792] In diesen Entscheidungen wurde die Doktrin zum allgemeinen Prinzip des bundesgerichtlichen Verfahrensrechts erhoben.[1793] Im Wesentlichen gilt eine Klageabweisung (*dismissal*) wegen *forum non conveniens* als ein Institut des *common law.*[1794] Heute gibt es für bundesgerichtliche Verfahren (nur für den *inter*bundesstaatlichen Kollisionsfall)[1795] eine Rechtsgrundlage der *forum non conveniens*-Doktrin.[1796] Die

---

1788 Fawcett, General Report, S. 1 (16).

1789 *Piper Aircraft Co. v. Reyon*, 454 U.S. 235, 248 (Fn. 13), 102 S.Ct. 252, 262, 70 L.Ed.2d 419, 431 (1981); International Law Association (2000), S. 8; Blair, 29 Col. L. Rev. (1929), S. 1 (20 ff.); Blum, Forum non conveniens, S. 39 ff.; Dicey/Morris/Collins, The Conflict of Laws, S. 538, Rn. 12-007.

1790 *Gulf Oil Corporation v. Gilbert*, 330 U.S. 501, 67 S.Ct. 839, 91 L.Ed.2d 1055 (1947).

1791 *Koster v. Lumbemens Mutual Casualty Co.*, 330, U.S. 518, 67 S.Ct. 828, 91 L.Ed 2d 1067 (1947).

1792 *Piper Aircraft Co. v. Reyno*, 454 U.S. 235, 102 S.Ct. 252, 70 L.Ed.2d 419 (1981).

1793 Blum, Forum non conveniens, S. 53.

1794 Hierzu Blum, Forum non conveniens, S. 57 ff.

1795 Schulte, Anderweitige Rechtshängigkeit, S. 102; Blum, Forum non conveniens, S. 59.

1796 28 U.S.C. § 1404 (a). Ausführlich hierzu 28 U.S.C.A. § 1404 (a). Allerdings ist zu beachten, dass die Regelung im *Judicial Code* keine exakte Kodifizierung der bisher besprochenen *forum non conveniens*-Doktrin ist. Vielmehr sieht 28 U.S.C. § 1404 (a) einen *transfer* (Verweisung) von einem *federal district court* an einen anderen, zweckmäßigeren *federal district court* vor und nicht den ansonsten üblichen *dismissal*: „ (a) *for the convenience of parties and witnesses, in the interest of justice, a district court may transfer any civil action to any other district or division where it might have been brought.*" Sofern ein *transfer* von einem *federal court* zu einem anderen in Frage kommt, verdrängt die Regelung in 28 U.S.C. § 1404 (a) die Lehre des *forum non conveniens*, vgl. hierzu *Norwood v. Kirkpatrick*, 349 U.S. 29, 75 S.Ct. 544, 99 L.Ed. 789 (1955); 28 U.S.C.A. § 1404 (a), Note 2. Jedenfalls in internationalen Fallgestaltungen und in Fällen, in denen das zweite Forum kein anderes Bundesgericht ist, verbleibt der *forum non conveniens*-Lehre als Bestandteil des *common law* aber ein eigenständiger Anwendungsbereich, Hay, Law of the United States, S. 70, Rn. 143. Der Gerichtswahl eines US-amerikanischen Gerichts von einem ausländischen Kläger wird weniger Gewicht beigemessen, als der von einem amerikanischen Staatsangehörigen, weshalb in Fällen mit Nichtamerikanern ein

meisten Bundesstaaten[1797] haben ebenfalls entweder eine gesetzliche Regelung in unterschiedlicher Ausgestaltung getroffen oder folgen *forum non conveniens*-Überlegungen aufgrund der vorgestellten *common law*-Grundsätze.[1798] Die Doktrin ist unter anderem als prozessuales „Gegenmittel“ zu der sehr weiten Jurisdiktionslehre in den USA gedacht.[1799]

aa) Voraussetzungen der Klageabweisung wegen forum non conveniens

Eine Klageabweisung wegen *forum non conveniens* hängt von bestimmten Voraussetzungen ab: Als erste Voraussetzung muss (internationale) Zuständigkeit des angerufenen Gerichts bestehen.[1800] Das nachfolgend seine Geeignetheit verneinende Gericht muss daher zunächst prüfen, ob es überhaupt zuständig ist. Denn nur bei grundsätzlich gegebener Zuständigkeit darf auf die *forum non conveniens*-Lehre zurückgegriffen werden. Als zweite Grundvoraussetzung muss das angerufene Gericht zur Klärung des Rechtsstreits ungeeignet sein. Drittens muss ein alternativer Gerichtsstand gegeben sein, der sich besser eignet den Prozess zu führen als das ursprünglich angerufene Gericht.[1801]

bb) Ermessensentscheidung des Gerichts

Die Entscheidung, ob ein besser geeignetes Gericht für den konkreten Fall gegeben ist, obliegt dem Ermessen des Gerichts.[1802] In den weiter oben angesprochenen Entscheidungen hat der *Supreme Court* einige Faktoren benannt, mit deren

---

dismissal wegen *forum non conveniens* wahrscheinlicher ist, vgl. *Piper Aircraft Co. v. Reyno,* 454 U.S. 235, 251 f., 256, 102 S.Ct. 252, 266, 70 L.Ed.2d 419, 433, 436 (1981); *Iragorri v. United Technologies Corp.*, 274 F.3d 65, 71 ff. (2d Cir. 2001).

1797 In New York gilt Rule 327 CPLR; in Kalifornien gilt § 410.10 CCP. bzw. § 410.30 CCP. Beide einzelstaatlichen Regelungen sind hinsichtlich der angeordneten Rechtsfolgen Ausnahmen vom Regelfall, da die Vorschriften nur einen *stay* anordnen.

1798 Born, International civil litigation, S. 372. In anderen Einzelstaaten, z. B. in Montana, wurde die *forum non conveniens*-Doktrin ausdrücklich abgelehnt *Rule v. Burlington Norther and Santa Fe Ry. Co.*, 106 P. 3d 533, 536 (Mont. 2005); Texas lehnte das Institut in *Dow Chemical Co. v. Alfaro*, 786 S.W.2d 674 (Tex. 1990) ebenfalls ab.

1799 Fawcett, General Report, S. 1 (19); vgl. Schack, IZVR, S. 215, Rn. 561; International Law Association (2000), S. 8; Hay, Law of the United States, S. 69, Rn. 142.

1800 Blair, 29 Col. L. Rev. (1929), S. 1 (1); Blum, Forum non conveniens, S. 67.

1801 Ausführlich zu allen erforderlichen Voraussetzungen Blum, Forum non conveniens, S. 67 ff. Viele Veröffentlichungen unterteilen nicht in drei Voraussetzungen, sondern bewerten nur die Ungeeignetheit des einen Gerichts und die bessere Eignung eines anderen Gerichts als eigenständige Faktoren. Die (internationale) Zuständigkeit wird inzident geprüft; so wie hier Dorsel, Forum non conveniens, S. 57 ff.

1802 Restatement of the Law (Second), Conflict of Laws, § 84 (1971).

Hilfe bestimmt werden kann, ob ein besser geeignetes Gericht vorhanden ist.[1803] Es wurde aber ausdrücklich abgelehnt, einen starren Faktorenkatalog festzuschreiben.[1804] Die Faktoren setzen sich aus Parteiinteressen („*the private interest of the litigants*") und Faktoren des öffentlichen Interesses („*factors of public interest*") zusammen.[1805] Im Rahmen der richterlichen Ermessensentscheidung wird dann unter Abwägung der möglichen Faktoren über die Eignung des alternativen Gerichts entschieden. Das alternative Forum muss hierbei wesentlich besser zur Verhandlung des Rechtsstreits geeignet sein, denn das fundamentale Recht der klagenden Partei, den Gerichtsstand frei wählen zu können, darf nicht unverhältnismäßig eingeschränkt werden.[1806]

cc) Mögliche Faktoren

Als mögliche Faktoren werden zunächst die privaten Interessen der prozessführenden Parteien genannt. Diese seien unter anderem: Zugang zu Beweismitteln und Zeugen; das Bestehen verpflichtender Verfahrensregeln zur Ladung von unwilligen Zeugen; die Höhe von Zeugengeldern; die Erforderlichkeit, Räumlichkeiten oder Objekte in Augenschein zu nehmen; alle weiteren Umstände, die eine Verhandlung eines Falls einfach, schnell und kosteneffektiv machen sowie die Möglichkeit zur Vollstreckung der Entscheidung.[1807] Als Faktoren des öffentlichen Interesses wurden u. a. genannt: sich aus der Überlastung der Gerichte ergebende Schwierigkeiten; lokale Interessen, die eine örtliche Lösung des Konflikts gebieten sowie die Vertrautheit des Gerichts mit dem anzuwendenden Recht.[1808] *Lis alibi pendens*

1803 *Gulf Oil Corporation v. Gilbert*, 330 U.S. 501, 508, 67 S.Ct. 839, 843, 91 L.Ed.2d 1055, 1062 (1947).

1804 *Gulf Oil Corporation v. Gilbert*, 330 U.S. 501, 508, 67 S.Ct. 839, 91 L.Ed.2d 1055, 1062 (1947). Gut dargestellt ist die Entscheidung bei Born, International civil litigation, S. 369 ff.

1805 *Gulf Oil Corporation v. Gilbert*, 330 U.S. 501, 508, 67 S.Ct. 839, 843, 91 L.Ed.2d 1055, 1062 (1947).

1806 *Gulf Oil Corporation v. Gilbert*, 330 U.S. 501, 508, 67 S.Ct. 839, 91 L.Ed.2d 1055, 1062 (1947); bestätigend *Piper Airkraft Co. v. Reyno*, 454 U.S. 235, 241, 102 S.Ct. 252, 258, 70 L.Ed.2d 419, 426 (1981); Restatement of the Law (Second), Conflict of the laws, § 84 (1971). Vgl. auch Blum, Forum non conveniens, S. 73; Schack, IZVR, S. 216, Rn. 562.

1807 Diese Faktoren finden sich in der Entscheidung *Piper Airkraft Co. v. Reyno*, 454 U.S. 235, 241 (Fn. 6), 102 S.Ct. 252, 258, 70 L.Ed.2d 419, 426 (1981); weitere Faktoren benannte der *Supreme Court* bereits in der Sache *Gulf Oil Corporation v. Gilbert*, 330 U.S. 501, 508, 67 S.Ct. 839, 843, 91 L.Ed.2d 1055, 1062 (1947). Zu berücksichtigen können zudem der Wohnsitz der Parteien, getroffene Gerichtsstandsvereinbarungen sowie die Staatsangehörigkeit der Parteien sein, vgl. Blum, Forum non conveniens, S. 76 ff. mit zahlreichen anderen Faktoren unter Darstellung der US-amerikanischen Rechtsprechung.

1808 *Gulf Oil Corporation v. Gilbert*, 330 U.S. 501, 508 f., 67 S.Ct. 839, 843, 91 L.Ed.2d 1055, 1062 f. (1947) mit weiteren ggf. zu berücksichtigenden Faktoren.

kann ebenfalls ein zu beachtender Faktor im Rahmen der Ermessensentscheidung des Gerichts sein.[1809] Die Gewichtung der einzelnen Faktoren steht wiederum im Ermessen des Gerichts. Hierbei ist keiner der Faktoren bestimmend.[1810]

c) Comity

Im Zusammenhang mit gleichzeitig laufenden Verfahren wird auch auf den Gesichtspunkt von *comity* abgestellt. Hinter dieser Begrifflichkeit verbirgt sich die Rücksichtnahme souveräner Staaten aufeinander sowie die gegenseitige Achtung von Hoheitsinteressen.[1811] Auf *comity*-Erwägungen wird häufig dann zurückgegriffen, wenn kein speziellerer Regelungsmechanismus vorhanden ist.[1812] In manchen Entscheidungen, die sich mit der Frage einer *pendency of another action* auseinandergesetzt haben, wurde auch auf *comity* Bezug genommen.[1813]

Dennoch ist der Stellenwert dieses Instrumentariums für den vorliegenden nationalen Bereich zutreffend beschrieben, wenn man davon ausgeht, dass *comity* in der Lehre von der Berücksichtigung der *pendency of another action* aufgeht. Allen Aussagen über *comity* im Zusammenhang mit Parallelverfahren zur selben Streitsache vor unterschiedlichen Gerichten ist gemein, dass sie sehr vage und allgemein formuliert sind. Dies bestätigt zusätzlich den Eindruck, dass es sich bei diesem Instrumentarium nur um einen Auffangmechanismus für das Problem von Parallelverfahren handelt. Im Rahmen internationaler Fallgestaltungen gewinnen *comity*–Erwägungen hingegen stark an Gewicht.[1814] Im Bereich internationaler Verhältnisse ist der wesentliche Anwendungsbereich der *international comity*[1815] (Internationales Entgegenkommen) anzusiedeln.[1816]

1809 So jedenfalls Blum, Forum non conveniens, S. 109 ff. unter Hinweis auf verschiedene Entscheidungen; vgl. z. B. *Oakland Truck Sales v. United States*, 149 F.Supp. 902 ff. (1957); ebenfalls auf *lis pendens* als Faktor der forum non conveniens-Lehre stellt Delaume, Transnational Contracts, S. 171 ab.

1810 *Gulf Oil Corporation v. Gilbert*, 330 U.S. 501, 508 ff., 67 S.Ct. 839, 843, 91 L.Ed.2d 1055, 1062 f. (1947).

1811 Als Ursprung gilt die Lehre von der *comitas gentium*, im 17. Jahrhundert besonders geprägt durch die Holländer Paul und Johannes Voet sowie Ulrich Huber, hierzu Schack, IZVR, S. 63, Rn. 150; Späth, IPRax 2006, S. 184 (184 f.).

1812 So Schulte, Anderweitige Rechtshängigkeit, S. 104.

1813 *Younger v. Harris*, 401 U.S. 37, 44, 91 S.Ct. 746, 750 f.; 27 L.Ed.2d 669 (1971); vgl. auch 1 C.J.S., Abatement and Revival, § 19 *comity* wird hier als ein Grund für die Verhinderung eines zweiten Verfahrens genannt.

1814 Ausführlich Späth, IPRax 2006, S. 184 ff.; 36 C.J.S., Federal Courts, § 86.

1815 Besonders die Entscheidung *Hilton v. Guyot*, 159 U.S. 113, 164, 16 S.Ct. 139, 143, 40 L.Ed. 95 (1895) hat die *comity*-Lehre im Bereich der Anerkennung ausländischer Urteile geprägt.

1816 Hierzu unter Gliederungspunkt 3. Kapitel. B.I. 2. b)cc).

d) Abuse of process

Auch unter dem Stichwort „*abuse of process*" (Prozessmissbrauch) wird gelegentlich eine Koordination zwischen mehreren Verfahren vorgenommen.[1817] Allerdings sind diese Fälle sehr selten und an die Beweislast des Beklagten werden hohe Anforderungen gestellt.[1818] Ähnlich wie bei den *comity*-Erwägungen fehlen konkrete Vorgaben, wann *parallel proceedings* vornehmlich einen *abuse of process* darstellen. Auf Erwägungen des *abuse of process* stützt sich eine Partei, wenn sie allgemeine Bedenken gegen die Verfahrenssituation hat.[1819]

e) Abstention doctrine

Mit der *abstention doctrine* ist eine weitere Form der Nichtausübung bestehender Gerichtsgewalt angesprochen.[1820] Grundsätzlich wird zwischen verschiedenen Kategorien der *abstention doctrine* unterschieden. Wenigstens vier sind anerkannt.[1821] Im Vergleich zu den zwei vorangehenden Instrumentarien ist die *abstention doctrine* – zumindest die *Colorado-type abstention doctrine* – eigens auf den Problemkreis von *parallel proceedings* zugeschnitten. Ursprünglich wurde diese prozessuale Reaktionsmöglichkeit auf parallele Verfahren nur von Bundesgerichten

---

1817 International Law Association (2006), S. 6, Rn. 2.11; hauptsächlich findet man Ausführungen zum *abuse of process* im Deliktsrecht, hierzu Restatement oft the Law (Second), Torts, § 674 (1977). Zum englischen Gebrauch des *abuse of process*, Dicey/Morris/Collins, The Conflict of Laws, S. 540, Rn. 12-012; Born, International Arbitration, S. 3736, Fn. 22 mit weiterführenden Rechtsprechungshinweisen.

1818 International Law Association (2006), S. 6, Rn. 2.11; Hay, US-amerikanisches Recht, S. 144, Rn. 406; Dicey/Morris/Collins, The Conflict of Laws, S. 540 f., Rn. 12-012 (bzgl. des englischen Rechts).

1819 Hierzu noch unter Gliederungspunkt 3. Kapitel. A.III. 4. In der dort hauptsächlich besprochenen Entscheidung im Bereich des *Investment Treaty Arbitration* hat sich die beklagte Partei in der Situation von zwei parallelen Schiedsverfahren neben den Einwänden von *lis pendens* und *res judicata* auf das Argument des *abuse of process* gestützt. Vgl. auch *Arizona v. California*, 460 U.S. 605, 619, 103 S.Ct. 1382, 1391, 75 L.Ed.2d 318 (1983): „*To preclude parties from contesting matters that they have had a full and fair opportunity to litigate protects their adversaries from the expense and vexation attending multiple lawsuits, conserves judicial resources, and fosters reliance on judicial action by minimizing the possibility of inconsistent decisions.*"

1820 Schulte, Anderweitige Rechtshängigkeit, S. 104.

1821 Hierzu 36 C.J.S., Federal Courts, § 51 ff. unter Nennung und Beschreibung der vier Arten einer *abstention doctrine*: Pullman-type: *Railroad Commission of Tex. v. Pullman Co.*, 312 U.S. 496, 62 S.Ct. 643, 85 L. Ed. 971 (1941); Burford-type: *Burford v. Sun Oil Co.*, 319 U.S. 315, 63 S. Ct. 1098, 87 L.Ed. 1424 (1943); Younger-type: *Younger v. Harris*, 401 U.S. 37, 91 S.Ct. 746, 27 L.Ed.2d 669 (1971) und der hier noch näher zu betrachtenden Colorado-type abstention doctrine: *Colorado River Water Conversation Dist. v. United States*, 424 U.S. 800, 96 S.Ct. 1236, 47 L.Ed.2d 483 (1976), rehearing denied 426 U.S. 912, 96 S.Ct. 2239, 48 L.Ed.2d 839 (1976).

im Hinblick auf gleichzeitig laufende einzelstaatliche Verfahren angewandt.[1822] Inzwischen wird der Verzicht auf bestehende Gerichtsgewalt auch auf internationale Sachverhalte angewandt.[1823]

f) Keine „aktive" Koordinierung von Parallelverfahren

Vorangehend wurden ausschließlich „aktive" Regelungsmöglichkeiten im Fall von Parallelverfahren angesprochen. Es entspricht aber durchaus amerikanischer Tradition, beide Verfahren bis zum Erlass einer Entscheidung ungehindert durch das andere laufende Verfahren fortzuführen.[1824] Die Rechtskraft des ersten Urteils sperrt dann die weitere Verhandlung in der Streitigkeit.[1825] In einigen Entscheidungen wurde diese Variante von den jeweiligen Richtern sogar als der sachgerechteste Umgang mit parallelen Verfahren angesehen.[1826]

g) Antisuit injunctions

Im vorstehenden Zusammenhang ist zusätzlich noch auf *antisuit injunctions* hinzuweisen. Diese ermöglichen einer Partei die Exklusivität des angerufenen Gerichtsstandes aufrecht zu erhalten.[1827] Der gegnerischen Partei wird es untersagt, ein weiteres Gericht anzurufen.[1828] Der Gebrauch von *anti suit injuctions*, welcher in *Common Law-Ländern* allgemein anerkannt ist, hat international zu Spannungen geführt. Insbesondere deutsche Gerichte lehnen diese ab.[1829]

h) Würdigung

Die angesprochenen zivilprozessualen Instrumentarien geben einen nur annähernden Aufschluss über die Variationsvielfalt US-amerikanischer Gerichte,

---

1822 Entscheidungen, die der *Colorado*-Entscheidung folgen *Enfission, Inc. v. Leaver*, 408 F.Supp. 2d 1093 ff. (W.D. Wash. 2005); vgl. aber auch *New York, City of v. Milhelm Attea & Bros., Inc.*, 550 F.Supp. 2d 332, 44 A.L.R. Fed.2d 729 (E.D. N.Y. 2008); *Medema v. Medema Builders, Inc.* 854 F.2d, 210 (7th Cir. 1988). Ausführlich zur *Colorado-type abstention doctrine* unter Gliederungspunkt 2. Kapitel. D.III. 4. b)aa) ff.

1823 Vgl. Born, International civil litigation, S. 548 ff.

1824 Born, International civil litigation, S. 548; Restatement of the Law (Second), Conflict of the Laws, § 86 (1971).

1825 Restatement of the Law (Second), Conflict of the Laws, § 86 (1971).

1826 So Richter Wilkey in der Entscheidung *Laker Airways v. Sabena, Belgian World Airways*, 731 F.2d 909, 926 f.; Zu dieser Entscheidung noch unter Gliederungspunkt 3. Kapitel. B.I. 2. b)bb)(3).

1827 Hay, US-amerikanisches Recht, S. 58, Rn. 148. Ausführlich zu *antisuit injunctions*, vornehmlich im internationalen Verhältnis, Born, International civil litigation, S. 540 ff.

1828 Zum Gebrauch von *antisuit injunctions*, vornehmlich im internationalen Verhältnis, Born, International civil litigation, S. 567 ff.; Restatement of the Law (Second), Conflict of Laws, § 53 (1971).

1829 McLachlan, Lis pendens, S. 15.

um mit einem Nebeneinander von zwei gleichen oder nur ähnlichen Verfahren umzugehen. Die Doktrin des *forum non conveniens* als ein mögliches Koordinationsmodell wurde vergleichsweise ausführlich erläutert. Grund hierfür ist eine enge Verbindung zwischen dieser Doktrin und den *lis pendens*-Grundsätzen, die im US-amerikanischen Recht oft betont wird.[1830] Häufig wird deshalb die Eigenständigkeit von *lis pendens* im US-Recht – im Unterschied zur Sichtweise dieser Arbeit – bestritten und *lis pendens* als ein Bestandteil der *Forum non conveniens*-Doktrin gewertet.[1831] Der Vorteil der *forum non conveniens*-Lehre gegenüber einer Koordination paralleler Verfahren unter *lis pendens*-Gesichtspunkten im Sinne des deutschen Verständnisses (strikte Partei- und Streitgegenstandsidentität) wird in deren größeren Flexibilität gesehen.[1832] Die trotz des entwickelten Faktorenkatalogs weiterhin bestehende Rechtsunsicherheit mangels ausreichender Vorhersehbarkeit und präziser Vorgaben gilt hingegen als ein ständiger Kritikpunkt gegenüber dieser Herangehensweise. Vor allem *Civil Law*-Länder betonen diesen Gesichtspunkt.[1833] Die Regelungsintention der Lehre vom *forum non conveniens* ist in erster Linie darin zu sehen, eine Rechtsstreitigkeit in nur einem angemessenen Forum zu verhandeln. Im Unterschied zum Regelungsinstrument der *pendencey of another action*, welches nach dem derzeitigem Untersuchungsstand mit dem deutschen Rechtsinstitut der Rechtshängigkeit am ehesten vergleichbar ist, sind im Rahmen der Lehre vom *forum non conveniens* zwei tatsächlich bereits laufende Verfahren keine notwendige Tatbestandsvoraussetzung. Vielmehr kann schon im Vorfeld der Verfahrenseinleitung absehbar sein, dass ein anderer Gerichtsstand für ein konkretes Verfahren vorzugswürdiger erscheint.[1834]

Für das inneramerikanische Recht sind *comity*-Erwägungen und *abuse-of-process*-Erwägungen eher Randerscheinungen im Problemkreis von *parallel proceedings*. Das Hauptaugenmerk der US-Amerikaner liegt auf den Möglichkeiten, nach der Lehre vom *forum non conveniens*, der *abstention doctrine* oder der *pendency of another action* vorzugehen. Der US *Supreme Court* hat zudem wiederholt betont, dass eine Verfahrensaussetzung zu den stets bereitstehenden Möglichkeiten jedes Gerichts gehöre.[1835] Wie zu zeigen sein wird, hängt es von der jeweiligen Konstellation im Einzelfall ab, mit welcher der vorgestellten Doktrinen Parallelverfahren koordiniert werden.

1830 Born, International civil litigation, S. 548; Blum, Forum non conveniens, S. 109 f.

1831 In diesem Sinn Restatement of the Law (Second), Conflict of the law, § 84 comment e (1971); bereits die Ausführungen unter Gliederungspunkt 2. Kapitel. D.III. 3. b)cc).

1832 Vgl. bereits die Ausführungen unter Gliederungspunkt 1. Kapitel. F.II. 6. c)dd)(1) (b).

1833 Delaume, Transnational contracts, S. 165.

1834 Krause-Ablass/Bastuck, in: FS Stiefel, S. 445 (459).

1835 *Landis v. North American Co.*, 299 U.S. 248, 254, 57 S.Ct. 163, 166, 81 L.Ed. 153, 158 (1936).

4. *Relevante Verfahrenskonstellationen zur Anwendbarkeit der Koordinationsmodelle*

Es obliegt dem praktischen Charakter der Thematik und entspricht dem bewährten Prinzip dieser Arbeit, dass sich die unterschiedlichen Lösungsmechanismen am besten anhand von konkreten Anwendungsfällen erörtern lassen.

a) Konstellation 1: Parallelität von zwei gerichtlichen Verfahren innerhalb desselben Bundesstaates (intrabundesstaatlicher Kollisionsfall)

Es wird als eine anerkannte *common law rule* für Bundesgerichte und die Gerichte der meisten Bundesstaaten angesehen, dass sie ihr Verfahren mit Rücksicht auf ein anderes Verfahren zwischen denselben Parteien in der Streitsache aussetzen.[1836] In einigen Bundesstaaten sind sogar kodifizierte Regelungen zur Verfahrensaussetzung vorhanden. Wie gezeigt, zählen hierzu die Bundesstaaten New York und Kalifornien.[1837] Ähnlich der Regelung im Staat New York, besteht in Kalifornien die Möglichkeit, als „Verteidigungsmöglichkeit" die anderweitige Rechtshängigkeit vor einem *state court* innerhalb desselben Staates geltend zu machen.[1838]

b) Konstellation 2: Parallelität zweier gerichtlicher Verfahren vor State Courts und Federal Courts

Die zweite Konstellation betrifft das Nebeneinander eines Staatsverfahrens und eines bundesgerichtlichen Verfahrens. Dieser Kollisionsfall kommt sehr häufig vor. Dies liegt abermals an den sich überschneidenden Gerichtsgewalten von *federal courts* und *state courts*. Die kodifizierten Vorschriften in New York und Kalifornien geben keinen Aufschluss darüber, ob eine Aussetzung oder eine Klageabweisung auch im Fall eines Parallelverfahrens vor einem *federal court* in Betracht kommt. Nach dem veröffentlichten *common law* beider Staaten kann auf die Zulässigkeit eines Rückgriffs auf die gesetzlichen Regelungen geschlossen werden.[1839] Ein

---

1836 *Landis v. North American Co.*, 299 U.S. 248, 254, 57 S.Ct. 163, 166, 81 L.Ed. 153, 158 (1936): "(....) *the power to stay proceedings is incidental to the power inherent in every court to control the disposition of the causes on its docket with economy of time and effort for itself, for counsel, and for litigants.*"; 1 C.J.S., Abatement and Revival, § 19; *Harrison County Development Com'n v. Daniels Real Estate, Inc.* 880 So.2d 272 (Miss. 2004).

1837 Vgl. hierzu die Ausführungen unter den Gliederungspunkten 2. Kapitel. D.III. 2. b)aa) und 2. Kapitel. D.III. 2. b)bb). Für einen Überblick der Regelungen weiterer Einzelstaaten, vgl. Schulte, Anderweitige Rechtshängigkeit, S. 108 ff.

1838 Schulte, Anderweitige Rechtshängigkeit, S. 111.

1839 Für New York *Delli v. Luckenbach S.S. Inc.*, 154 N.Y.S. 2d 137 (1949); *Barringer v. Zgoda*, 458 N.Y.S. 2d, 42, 43 (1982). In beiden Fällen wurden auch bundesgerichtliche Verfahren bei bestehender Identität von Parteien und Streitsache in *federal* und *state court*-Verfahren unter den Anwendungsbereich von Rule 3211 CPLR

Koordinationsbedarf für Verfahren vor *federal courts* und *state courts* besteht nur unter bestimmten Voraussetzungen: „(...) *state and federal proceedings are parallel if substantially the same parties litigate substantially the same issues in different forums.*“[1840]

Die Situation konkurrierender Verfahren vor einzelstaatlichen Gerichten und Bundesgerichten kann sich in verschiedenen Varianten stellen. Zum einen gibt es die Konstellation, in der ein *federal court*-Verfahren und ein *state court*-Verfahren desselben Bundesstaates gleichzeitig rechtshängig sind.[1841] Zum anderen gibt es die Konstellation, in der die beteiligten Gerichte in unterschiedlichen Bundesstaaten ihren Sitz haben. Zuletzt genannte Konstellation wird hier außer Acht gelassen; ein Koordinationsbedarf ist ohnehin sehr fraglich. Bei der Parallelität von Verfahren eines einzelstaatlichen Gerichts und eines Bundesgerichts, welche in demselben Bundesstaat ihren Sitz haben, muss des Weiteren eine genaue Unterscheidung danach getroffen werden, vor welchem der beiden Gerichte das Verfahren als Erstes eingeleitet worden ist. Aus der Sicht eines *federal court*-Verfahrens, welches mit einem parallelen *state court*-Verfahren in derselben Streitsache konfrontiert wird, ergibt sich der Anwendungsfall der für vorliegende Zwecke wichtigsten Variante der *abstention doctrine*, der nachfolgend näher zu betrachtenden Colorado-Type *abstention doctrine.*

aa) Colorado River

Anhand der Entscheidung *Colorado River Water Conservation District v. United States* Colorado[1842] entwickelte der *US Supreme Court* einen speziellen Typus des schon vorgestellten prozessualen Instrumentariums der *abstention doctrine.* Mit deren Hilfe möchte das Gericht zu einer prozesswirtschaftlichen Harmonisierung[1843] von parallelen Verfahren zwischen (nahezu) identischen Parteien in (nahezu) derselben Streitsache gelangen. Rechtsprechungsmaterialien belegen, dass es schon vor der *Colorado River*-Entscheidung für ein Bundesgericht unter bestimmten Vorausset-

---

gefasst. Für Kalifornien ist z. B. die Entscheidung *Conrad v. West* 98 Cal.App. 2d 116, 219 P. 2d 477, 478 (1950) zu nennen.

1840 36 C.J.S., Federal Courts, § 72 mit Hinweis auf *Scott v. Home Choice, Inc.*, 252 F.Supp. 2d 1129 (D. Kan. 2003). Als weitere Voraussetzung dafür, dass die nachfolgend darzustellenden Grundsätze zwischen staats- und bundesgerichtlichen Verfahren zur Anwendung kommen, wird in einigen Entscheidungen verlangt, dass das staatsgerichtliche Verfahren mit hoher Wahrscheinlichkeit über alle im bundesgerichtlichen Verfahren präsentierte Streitpunkte entscheidet, *Lumen Constr., Inc. v. Brant Constr. Co.*, (CA7 Ind.) 780 F.2d 691, 695. (1985); 1 Am. Jur.2d, Abatement, Survival, and Revival, § 25 bzgl. Parteiidentität.

1841 Hierzu ausführlich mit zahlreichen Rechtsprechungshinweisen 35 A.L.R.2d, 335 ff.; vgl. auch Schulte, Anderweitige Rechtshängigkeit, S. 123 f.

1842 *Colorado River Water Conservation District v. United States*, 424 U.S. 800, 96 S.Ct. 1236, 47 L.Ed.2d 483 (1976).

1843 36 C.J.S., Federal Courts, § 73.

zungen möglich war, das eigene Verfahren im Hinblick auf ein paralleles einzelstaatliches Verfahren auszusetzen.[1844]

In der *Colorado*-Entscheidung ging es streitgegenständlich um Wasserrechte im Staat Colorado. Fraglich war, ob das bundesgerichtliche Verfahren, welches zeitlich vor dem einzelstaatlichen Verfahren eingeleitet worden war, mit Rücksicht auf das einzelstaatliche Verfahren auszusetzen war. Der *U.S. Supreme Court* kam zu dem Ergebnis, dass in diesem Fall nur das Verfahren vor dem einzelstaatlichen Gericht fortzuführen sei. Zunächst bestätigte das Gericht aber bisher geltende Grundsätze, nach denen grundsätzlich bei bestehender Zuständigkeit sowohl Verfahren vor *state courts* als auch vor *federal courts* fortzuführen seien.[1845] Bei der Parallelität von zwei *federal court*-Verfahren sei eine doppelte Verhandlung hingegen zu vermeiden.[1846] Der Grundsatz für das zulässige Nebeneinander von staatsgerichtlichem und bundesgerichtlichem Verfahren ergebe sich aus der Verpflichtung der *federal courts*, von ihrer bestehenden Gerichtsgewalt auch Gebrauch zu machen.[1847] Dass dieser Grundsatz nicht ohne Ausnahmen gelten kann, zeigte das Gericht im Weiteren auf. Hierbei wies der *Supreme Court* darauf hin, dass eine Nichtausübung der Gerichtsgewalt durch einen *federal court* wegen eines laufenden einzelstaatlichen Verfahrens nur in „*exceptional circumstances*" in Betracht kommen könne.[1848] Diese Ausnahme von der grundsätzlichen Verpflichtung, die bundesgerichtliche

1844 Beispiele aus der unteren bundesgerichtlichen Rechtsprechung sind die Entscheidungen *Hayes Industries, Inc. v. Carribean Sales Associates, Inc.* 387 F.2d 498, 501 (1968); *Roecker v. United States*, 379 F.2d 400 (1967), *Mottolese v. Kaufman*, 176 F.2d 301 (1949).

1845 "*Generally as between state and federal courts, the rule is 'the pendency of an action in the state court is no bar to proceedings concerning the same matter in the Federal court having jurisdiction'(...).*", *Colorado River Water Conservation District v. United States*, 424 U.S. 800, 817; 96 S.Ct. 1236, 1246, 47 L.Ed.2d 483, 498 (1976); mit Bezug auf *McClellan v. Carland*, 217 U.S. 268, 283, 30 S.Ct. 501, 505, 54 L.Ed. 762, 767 (1910); *Donovan v. City of Dallas*, 377 U.S. 408, 84 S.Ct. 1579, 12 L.Ed.2d 409 (1964); 1 Am. Jur.2d, Abatement, Survival, and Revival, § 19.

1846 *Colorado River Water Conservation District v. United States*, 424 U.S. 800, 817, 96 S.Ct. 1236, 1246, 47 L.Ed.2d 483, 498 (1976); unter Hinweis auf *Landis v. North American Co.* 299 U.S. 248, 254, 57 S.Ct. 163, 165, 81 L.Ed. 153, 158 (1936) sowie *Steelman v. All Continent Corp.*, 301 U.S. 278, 57 S.Ct. 705, 81 L.Ed. 1085 (1937); Vgl. auch die Ausführungen unter Gliederungspunkt 2. Kapitel. D.III. 4. c).

1847 *Colorado River Water Conservation District v. United States*, 424 U.S. 800, 817, 96 S.Ct. 1236, 1246, 47 L. Ed.2d 483, 498 (1976): "(...) *virtually unflagging obligation of the federal courts to exercise the jurisdiction given them.*" Bezugnehmend auf u. a. *England v. Louisiana State Bd. of Medical Examiners*, 375 U.S. 411, 415, 84 S.Ct. 461, 464, 11 L.Ed.2d 440, 445 (1964); *McClellan v. Carland*, 217 U.S. 268, 281, 30 S.Ct. 501, 504, 54 L.Ed 762, 766 (1910).

1848 *Colorado River Water Conservation District v. United States*, 424 U.S. 800, 818, 96 S.Ct. 1236, 1246, 47 L. Ed.2d 483, 498 (1976).

Gerichtsgewalt auszuüben, sei im Hinblick auf eine funktionierende Rechtspflege möglich.[1849]

(1) Insbesondere Entwicklung eines Faktorenkatalogs

Im Rahmen der *Colorado River*-Entscheidung hat das Gericht einen Faktorenkatalog aufgestellt, anhand dessen die *exceptional circumstances* bestimmt werden können, die zu einem Verzicht auf die Ausübung der Gerichtsgewalt des Bundesgerichts führen können. Als maßgebliche Faktoren benannte das Gericht zunächst vier wesentliche Gesichtspunkte: 1. Die Frage, welches Gericht zuerst Gerichtsgewalt über eine in Streit befindliche Sache erlangt hat;[1850] 2. die zeitliche Reihenfolge der Klageerhebung („(....) *order in with jurisdiction was obtained by the concurrent forums.*“);[1851] 3. die Verhinderung von Splitterverfahren („*piecemeal litigation*“);[1852] 4. die Unangemessenheit des bundesgerichtlichen Forums.[1853] Die genannten Faktoren sollen eine Hilfestellung bieten, um festzulegen, ob die „*exceptional circumstances*“ im jeweiligen Einzelfall vorliegen. Es habe eine sorgfältige Abwägung stattzufinden zwischen der grundsätzlichen Verpflichtung der *federal courts*, ihre bestehende Gerichtsgewalt auszuüben, und den Faktoren, die für eine Nichtausübung sprächen. Die Liste der erwogenen Faktoren sei nicht abschließend und keiner der Faktoren bestimmend.[1854] Nur bei einem eindeutigen Überwiegen der Faktoren, die für ein Nichtausüben der Gerichtsgewalt sprächen, sei ein *dismissal* gerechtfertigt.[1855] Es sei

---

1849 *Colorado River Water Conservation District v. United States*, 424 U.S. 800, 817; 96 S.Ct. 1236, 1246, 47 L.Ed.2d 483, 498 (1976), unter Bezug auf die Entscheidung *Kerotest Mfg. Co. v. C-O-Two Fire Equipment Co.*, 342 U.S. 180, 183, 72 S.Ct. 219, 221, 96 L.Ed. 200, 203 (1952).

1850 *Colorado River Water Conservation District v. United States*, 424 U.S. 800, 818; 96 S.Ct. 1236, 1246, 47 L.Ed.2d 483, 498 (1976); mit Verweis u. a. auf *United States v. Bank of New York & Trust Co.*, 296 U.S. 463, 477, 6 S.Ct. 343, 347, 80 L.Ed. 331, 338 (1936); allerdings kam diesem Faktor in der *Colorado*-Entscheidung selbst keine Bedeutung zu.

1851 *Colorado River Water Conservation District v. United States*, 424 U.S. 800, 818; 96 S.Ct. 1236, 1247, 47 L.Ed.2d 483, 499 (1976); *Pacific Live Stock Co. v. Oregon Water Bd.*, 241 U.S. 440, 447, 36 S. Ct. 637, 640, 60 L.Ed. 1084, 1096 (1916); *Microsoft Computer Systems, Inc. v. Ontel Corporation*, 686 F.2d 531, 538 (1982).

1852 *Colorado River Water Conservation District v. United States*, 424 U.S. 800, 818; 96 S.Ct. 1236, 1247, 47 L.Ed.2d 483, 499 (1976); mit Verweis auf *Brillhart v. Excess Ins. Co.*, 316 U.S. 491, 495, 62 S.Ct. 1173, 1175, 86 L.Ed. 1620, 1625 (1942).

1853 *Colorado River Water Conservation District v. United States*, 424 U.S. 800, 818; 96 S.Ct. 1236, 1247, 47 L.Ed.2d 483, 499 (1976).

1854 *Colorado River Water Conservation District v. United States*, 424 U.S. 800, 818; 96 S.Ct. 1236, 1247, 47 L.Ed.2d 483, 499 (1976); *Britton v. Britton*, 223 F.Supp. 2d 276 (D. Me. 2002)

1855 *Colorado River Water Conservation District v. United States*, 424 U.S. 800, 819; 96 S.Ct. 1236, 1247, 47 L.Ed.2d 483, 499 (1976), unter Hinweis auf *Landis v. North American Co.* 299 U.S. 248, 254 f., 57 S.Ct. 163, 165 f., 81 L.Ed. 153, 158 (1936).

zudem keine strikte und starre Anwendung der „Faktorenliste" angezeigt. Vielmehr sei eine ausgewogene Abwägung in jedem Einzelfall geboten.[1856] Der Grund, doppelte Verfahren mit potenziell widersprüchlichen Entscheidungen zu verhindern, reiche ausdrücklich nicht aus, um als Basis für die Nichtausübung der bundesgerichtlichen Gerichtsgewalt zu dienen.[1857]

Im Hinblick auf *lis pendens* gilt *Colorado River zwar* als Paradeentscheidung.[1858] Allerdings wurde in dieser Entscheidung nicht die für das US-amerikanische Recht übliche Rechtsfolge in Fällen anderweitig laufender Verfahren gewählt, denn in *Colorado River* wurde eine Verfahrensabweisung angenommen und das andere Verfahren wurde nicht nur ausgesetzt.[1859] Üblicherweise bevorzugen die Gerichte jedoch eine Verfahrensaussetzung gegenüber einer Verfahrensabweisung, weil erstere für die Parteien die vergleichsweise weniger einschneidende Lösungsvariante bedeutet. Es verbleibt u. a. die Möglichkeit, zu einem Verfahren vor dem Bundesgericht zurückzukehren.[1860]

(2) Würdigung des Entscheidungsansatzes in Colorado River

Die *Colorado River*-Entscheidung bildet die Grundlage für diesen Typ der *abstention doctrine*. Bis heute wird sie als wichtige Grundsatzentscheidung für den Umgang mit Parallelverfahren vor *federal* courts und *state courts* angeführt. Die herausgestellten Faktoren dienten als Basis in nachfolgenden Gerichtsentscheidungen, welche den Faktorenkatalog erweiterten. Auffällig ist bereits zum gegenwärtigen Untersuchungszeitpunkt, dass der *Supreme Court* zwar um Vorgaben zur Systematisierung beim Problem doppelter Verfahren bemüht ist, die aufgestellten Faktoren aber keine Patentlösung darstellen. Insbesondere fehlt es an obergerichtlichen Vorgaben zur Auslegung z. B. des Faktors „Splitterverfahren".[1861] Des Weiteren zeigt sich anhand weiterer Faktoren, wie der Unangemessenheit des

1856 In diesem Sinn der *colorado-type abstention doctrine Flint v. A. P. Desanno & Sons,* 234 F.Supp. 2d 506, 511 (E. D. Pa. 2002).

1857 *Colorado River Water Conservation District v. United States* 424 U.S. 800, 816, 96 S.Ct. 1236, 1245, 47 L.Ed.2d 483, 497 (1976).

1858 Born, International civil litigation, S. 550, Fn. 17.

1859 *Colorado River Water Conservation District v. United States* 424 U.S. 800, 821, 96 S.Ct. 1236, 1248, 47 L.Ed.2d 483, 500 (1976). In der späteren Entscheidung in Sachen *Moses H. Cone Memorial Hospital v. Mercury Construction Corporation*, 460, U.S. 1, 27 f., 103 S.Ct. 927, 943, 74 L.Ed.2d 765, 787 (1983) hält der *Supreme Court* ausdrücklich auch eine Verfahrensabweisung in Anwendung der *Colorado-type abstention doctrine* für möglich.

1860 *Pence v. Lightning Rod Mut. Ins. Co.*, 203 F.Supp. 2d 1025, 1027 (S.D. Ind. 2002); 36 C.J.S., Federal Courts, § 75.

1861 Hierzu Schulte, Anderweitige Rechtshängigkeit, S. 140 mit Hinweisen auf untergerichtliche Entscheidungen, welche sich einer näheren Charakterisierung dieses Faktors angenommen haben.

bundesgerichtlichen Verfahrens und der zeitlichen Reihenfolge der Verfahrenseinleitung, dass die *abstention doctrine* mit Kriterien der *forum non conveniens*-Lehre verschwimmt.[1862]

bb) Moses H. Cone

Die Entscheidung in Sachen *Moses H. Cone Memorial Hospital v. Mercury Construction*[1863] folgt der *Colorado River*-Entscheidung. Es ging auch hier um das Nebeneinander eines *state court*-Verfahrens und eines *federal court*-Verfahrens und um die Frage, ob das bundesgerichtliche Verfahren mit Rücksicht auf das einzelstaatliche Verfahren auszusetzen war. Das Gericht bestätigte in dieser Entscheidung den entwickelten Ansatz der *Colorado River*-Entscheidung, indem es weiterhin ablehnte, eine allgemeingültige Regelung aufzustellen, nach der eine Verfahrensabweisung zu erfolgen habe.[1864] Stattdessen nahm das Gericht auf den in der *Colorado River*-Entscheidung entwickelten Faktorenkatalog Bezug. Weitere Faktoren wurden hinzugefügt. So wurde auf die Fortgeschrittenheit (in der Verhandlung über die Streitsache selbst) des einzelstaatlichen Verfahrens abgestellt.[1865] Zudem sollte es eine Rolle spielen, ob der Fall nach bundesstaatlichem oder einzelstaatlichem materiellen Recht zu beurteilen war.[1866] Schließlich wurde nach der Angemessenheit

1862 Hierzu bereits unter Gliederungspunkt 2. Kapitel. D.III. 3. b)cc).

1863 *Moses H. Cone Memorial Hospital v. Mercury Construction Corporation*, 460 U.S. 1, 103 S.Ct. 927, 74 L.Ed.2d 765 (1983).

1864 "*We declined to prescribe a hard-and-fast rule for dismissals of this type, but instead described some of the factors relevant to the decision.*", *Moses H. Cone Memorial Hospital v. Mercury Construction Corporation*, 460 U.S. 1, 14, 103 S.Ct. 927, 939 f., 74 L.Ed.2d 765, 779 (1983).

1865 *Moses H. Cone Memorial Hospital v. Mercury Construction Corporation*, 460 U.S. 1, 21 f., 103 S.Ct. 927, 939 f., 74 L.Ed.2d 765, 783 (1983). In dieser Entscheidung wird klar, dass der Verfahrensbeginn nur einen (nicht so gewichtigen) Faktor in der Ermessensentscheidung des Gerichts bildet. Im vorliegenden Fall war das eigentlich zuerst begonnene *state court*-Verfahren weniger weit fortgeschritten als das zeitlich später eingeleitete *federal court*-Verfahren. Der *Supreme Court* sprach der sachlichen Fortgeschrittenheit des Prozesses mehr Gewicht zu, als dem Zeitpunkt der Verfahrenseinleitung. Gleichzeitig wies das oberste Gericht darauf hin, dass es nicht auf eine mechanische Abhandlung der einzelnen Faktoren ankomme, sondern immer auf die Gegebenheiten des Einzelfalls, *Moses H. Cone Memorial Hospital v. Mercury Construction* 460, U.S. 1, 16, 103 S.Ct 927, 937, 74 L.Ed.2d 765, 780 (1983). Unter prozesswirtschaftlichen Gesichtspunkten macht die Gewichtung der einzelnen Faktoren durch den *Supreme Court* durchaus Sinn; für deutsche Zivilprozessrechtler verwundert die wenige Gewichtung der zeitlichen Priorität des Verfahrensbeginns indes.

1866 *Moses H. Cone Memorial Hospital v. Mercury Construction Corporation*, 460 U.S. 1, 23 ff., 103 S.Ct. 927, 941 f., 74 L.Ed.2d 765, 784 f.(1983).

des einzelstaatlichen Verfahrens und der Möglichkeit, die Rechte des Beklagten im einzelstaatlichen Verfahren zu schützen, gefragt.[1867]

In *Colorado River* wurde das bundesgerichtliche Verfahren bekanntermaßen abgewiesen. In *Moses H. Cone Memorial Hospital v. Mercury Construction* wies das oberste Gericht jetzt ausdrücklich auf die Möglichkeiten sowohl einer Verfahrensabweisung als auch einer Verfahrensaussetzung hin.[1868] Nicht nur der *Supreme Court* selbst, sondern auch einige andere Bundesgerichte haben in Anlehnung an die *Colorado River*-Entscheidung weitere Faktoren aufgestellt, die in die richterliche Ermessensentscheidung zur Beurteilung, ob das bundesgerichtliche Verfahren auszusetzen bzw. abzuweisen ist, einfließen können.[1869] Zu nennen ist die Effektivität des gewährten Rechtsschutzes, die nur dann gegeben sein soll, wenn im einzelstaatlichen Verfahren über alle dem Gericht unterbreiteten Gesichtspunkte auch entschieden wird.[1870] Vereinzelt wurde der Gesichtpunkt des *forum shopping*[1871] angeführt.

cc) Quackenbush

In einer jüngeren Entscheidung[1872] bestätigte der *Supreme Court* die Grundsätze von *Colorado River* ausdrücklich. Insbesondere wurde die praktisch uneingeschränkte Verpflichtung („*unflagging obligation*") zur Ausübung der den Bundesgerichten zukommenden Zuständigkeit erneut betont.[1873] Die Möglichkeit der Bundesgerichte, ein Verfahren abzuweisen, wurde auch hier auf bestimmte Fälle beschränkt.[1874]

1867 *Moses H. Cone Memorial Hospital v. Mercury Construction Corporation*, 460 U.S. 1, 26, 103 S.Ct. 927, 942, 74 L.Ed.2d 765, 786 (1983); ebenso *Kuhn v. Oehme Carrier Corp.*, 255 F.Supp. 2d 458, 464 ff. (E. D. Pa. 2003); *West Side Transport, Inc. v. Apac Mississipi, Inc.*, 237 F.Supp. 2d 707, 716 (S. D. Miss. 2002).

1868 *Moses H. Cone Memorial Hospital v. Mercury Construction Corporation*, 460 U.S. 1, 27 f., 103 S.Ct. 927, 943, 74 L.Ed 2d 765, 787 f. (1983).

1869 Gute Übersicht zu den wichtigsten Faktoren mit Rechtsprechungshinweisen 1 Am. Jur.2d, Abatement, Survival, and Revival, § 19.

1870 *Parvin E. Day v. Union Mines Inc.*, 862 F.2d 652, 656 (7th Cir. 1988) bezugnehmend auf *Lumen Construction, Inc. v. Brant Construction Co., Inc.*, 780 F.2d 691, 695 (7th Cir. 1985).

1871 *American International Underwriters, Inc. v. The Continental Insurance Company*, 843 F.2d 1253, 1255, 1259 (1988).

1872 *Quackenbush v. Allstate Insurance Company*, 517 U.S. 706, 116 S.Ct. 1712, 135 L.Ed.2d 1 (1996).

1873 *Quackenbush* v. *Allstate Insurance Company*, 517 U.S. 706, 716, 116 S.Ct. 1712, 1720, 135 L.Ed.2d 1 (1996).

1874 *Quackenbush* v. *Allstate Insurance Company* 517 U.S. 706, 707, 116 S.Ct. 1712, 1716, 135 L.Ed.2d 1 (1996): "(...) *based on abstention principles only where the relief sought is equitable or otherwise discretionary.*"

c) Konstellation 3: Parallelität zweier bundesgerichtlicher Verfahren in verschiedenen Staaten

Die dritte Kollisionskonstellation befasst sich mit dem Verhältnis von zwei parallelen Verfahren vor unterschiedlichen *federal courts.* Bundesgerichte gehören „im untechnischen Sinn" gemeint zu einer Gerichtsgewalt.[1875] In dieser Konstellation entspricht es der Grundregel, dass doppelte Verfahren vor unterschiedlichen Bundesgerichten zu vermeiden sind.[1876] Von diesem Grundsatz geht auch die *Colorado River*-Entscheidung aus.[1877] Der Ausgangspunkt der Konstellation ist somit schon ein anderer als im Verhältnis von *state courts* zu *federal courts.* Es soll im vernünftigen richterlichen Ermessen stehen, ob eine Verfahrensabweisung erfolgt.[1878] Bei der Frage, welches *federal court*-Verfahren auszusetzen ist, gilt in der Regel die *first-to-file-rule.*[1879] Ausnahmenfälle, welche die Aussetzung des ersten Verfahrens erforderlich machen, sind denkbar.[1880]

Als wichtige Entscheidung des *Supreme Court* im Verhältnis von zwei *federal court*-Verfahren zueinander gilt die mehrfach erwähnte Entscheidung *Landis v. North American Co.*[1881] Eine Verfahrensaussetzung mit Rücksicht auf das andere bundesgerichtliche Verfahren wird befürwortet. In Kontrast zur *Colorado River*-Entscheidung knüpft das Gericht die Verfahrensaussetzung aber nicht an das Vorliegen von *exceptional circumstances.* Das Gericht stellt die Entscheidung, das Verfahren auszusetzen, in das Ermessen des *federal courts.*[1882] Die *Landis*-Entscheidung wird auch im internationalen Verhältnis relevant.[1883]

1875 Schulte, Anderweitige Rechtshängigkeit, S. 120.

1876 Vgl. *Crowley Cutlery Co. v. U.S.,* 849 F.2d 273 ff. (7th Cir. 1988); *White v. Williams,* 179 F.Supp. 2d 405 ff. (D.N.J. 2002).

1877 *Colorado River Water Conservation District v. United States,* 424 U.S. 800, 817; 96 S.Ct. 1236, 1246, 47 L.Ed.2d 483, 498 (1976), unter Bezug auf die Entscheidung *Kerotest Mfg. Co. v. C-O-Two Fire Equipment Co.,* 342 U.S. 180, 183, 72 S.Ct. 219, 221, 96 L.Ed 200, 203(1952). Ebenso für eine Vermeidung zweier *federal court*-Verfahren zwischen denselben Parteien in derselben Streitsache *Crowley Cutlery Co. v. U.S.,* 849 F.2d 273 (7th Cir. 1988).

1878 *White v. Williams,* 179 F.Supp. 2d 405 ff. (D.N.J. 2002); vgl. auch 1 Am. Jur.2d, Abatement, Survival, and Revival, § 21 mit dem Hinweis, dass auch ein *stay* oder ein *transfer* möglich seien, bezugnehmend auf *New England Machinery, Inc. v. Conagra Pet Products Co.* 827 F.Supp. 732 (M.D.Fla 1993).

1879 *New England Machinery, Inc., v. Conagra Pet Products Co.* 827 F.Supp. 732, 733 (M.D. Fla. 1993); 1 Am. Jur.2d, Abatement, Survival, and Revival, § 21.

1880 *Stack v. Whitney Nat. Bank,* 789 F.Supp. 753, 754 f. (S.D. Miss. 1991); *Corp. v. Bolingbrook Police Pension Fund,* 741 F.Supp. 1290, 1292 (S.D.Tex. 1990).

1881 *Landis v. North American Co.,* 299 U.S. 248, 57 S.Ct. 163, 81 L.Ed. 153 (1936); vgl. auch 1 Am. Jur.2d, Abatement, Survival, and Revival, § 21.

1882 *Landis v. North American Co.,* 299 U.S. 248, 57 S.Ct. 163, 81 L.Ed. 153 (1936).

1883 Born, International civil litigation, S. 526, S. 551. Hierzu unter Gliederungspunkt 3. Kapitel. B.I. 2. b)bb)(2)

d) Konstellation 4: Parallelität zweier gerichtlicher Verfahren vor State Courts unterschiedlicher Bundesstaaten

Es wurde bereits festgestellt, dass die Bundesstaaten New York und Kalifornien über Regelungen zur Berücksichtigung anderweitiger Rechtshängigkeit – jedenfalls für das *intra*bundesstaatliche Verhältnis – verfügen. Dem Wortlaut beider Regelungen ist nicht zu entnehmen, ob auch *state court*-Verfahren in einem anderen Bundesstaat vom Anwendungsbereich erfasst werden sollen. Aussagen zur Konstellation von Parallelverfahren vor *state courts* unterschiedlicher Bundesstaaten lassen sich dem *common law* entnehmen. Das *Restatement Second*[1884] und der *Corpus Juris Secundum*[1885] äußern sich zu dieser Thematik. Als Grundregel hält das *common law* fest, dass eine Abweisung eines Verfahrens mit Rücksicht auf ein anderes Verfahren zur gleichen Streitsache zwischen denselben Parteien nicht in Betracht komme.[1886] Die Begründung hierfür ist darin zusehen, dass die Einzelstaaten im Verhältnis zueinander als „Ausland" („*separate sovereignties*") zu betrachten sind, ausgestattet mit eigener Souveränität.[1887] Einer doppelten Inanspruchnahme der beklagten Partei soll durch die Anwendung der Grundsätze von *res judicata* entgegengewirkt werden.[1888] Es obliegt des Weiteren einer richterlichen Ermessensentscheidung, ob das anderweitige Verfahren berücksichtigt wird.

aa) Grundsätzliche Unterscheidung zwischen in rem actions und in personam actions

Ob eine Koordination von Verfahren vor unterschiedlichen Gerichten erfolgt, hängt auch davon ab, welche Art der Gerichtsgewalt in Frage steht. Die generelle Unterscheidung zwischen Klagen *in rem* und *in personam*[1889] setzt sich in diesem Zusammenhang fort.[1890] Es gilt, dass bei einer Klage *in rem* durch das erste Gericht, welches die Gerichtsgewalt über eine Sache begründet, eine ausschließliche Gerichtsgewalt besteht. Für die Dauer der zuerst begründeten Gerichtsgewalt

1884 Restatement of the law (Second), Conflict of the Laws, § 86 (1971).

1885 1 C.J.S., Abatement and Revival, § 59; ebenso 19 A.L.R.2d (1951), 300 (305).

1886 1 C.J.S., Abatement and Revival, § 59; Restatement of the Law (Second), Conflict of the Laws, § 86 (1971): "*A state may entertain an action even though an action on the same claim is pending in another state.*" Es wird keine Unterscheidung darüber getroffen, ob zwei *federal court*-Verfahren, zwei *state court*-Verfahren oder ein *state court*-Verfahren und ein *federal court*-Verfahren parallel laufen.

1887 15A C.J.S, Conflict of the Laws, § 22. Weil das Verhältnis der Einzelstaaten zueinander vergleichbar ist mit dem Verhältnis der USA zum Ausland, entsprechen die anhand der 3. Konstellation beschriebenen Grundsätze denjenigen, die im Verhältnis eines US-amerikanischen Verfahrens zu einem ausländischen Verfahren angewandt werden. Vgl. Schulte, Anderweitige Rechtshängigkeit, S. 150.

1888 Restatement of the law (Second), Conflict of the Laws, § 86 (1971).

1889 Hierzu bereits unter Gliederungspunkt 2. Kapitel. B.II. 3. ff.

1890 Ausführlich 1 Am. Jur.2d, Abatement, Survival, and Revival, § 18.

über die Sache ist jedes weitere diesbezügliche Verfahren ausgeschlossen.[1891] Bei *personal actions* wird im Grundsatz davon ausgegangen, dass ein Grund für ein *abatement* des parallelen Verfahrens nicht vorliege, es sei denn, heranzuziehende Faktoren ergäben, dass es im Einzelfall angemessen ist, die beiden Verfahren zu koordinieren.[1892] Die gerade dargestellten Grundsätze gelten auch für ein im Ausland parallel laufendes Verfahren.[1893]

bb) Zusammenfassung und Bewertung

Eine abschließende Zusammenfassung und Bewertung bestätigt die eingangs angeklungenen Vermutungen, dass das Problem paralleler Verfahren im US-amerikanischen Recht schwer zu erfassen ist. Der Einwand eines bereits anderweitig laufenden Verfahrens zwischen (nahezu) identischen Parteien über die (nahezu) identische Streitsache kann im US-amerikanischen Recht über verschiedene Instrumentarien geltend gemacht werden. Aspekte, die nach deutschem Recht ausschließlich unter der Einrichtung von *lis pendens* behandelt werden, werden im US-Recht als Faktoren innerhalb unterschiedlicher Regelungsmechanismen relevant. Eine gesamtsystematische Darstellung aller unterschiedlichen Koordinationsmöglichkeiten und deren hauptsächliche Anwendungsfälle ist kaum möglich.

Verbleibende Unsicherheiten bestehen auch innerhalb der einzelnen Regelungsmechanismen selbst: Beispielsweise werden im Rahmen der *abstention doctrine* keine festen Maßstäbe zur Gewichtung der einzelnen Faktoren an die Hand gegeben. Der hier relevante Gesichtspunkt der Unangemessenheit des Forums ist schon aus der Entscheidung *Gulf Oil Corp. v. Gilbert*, bekannt, welche die Grundlage für die Entwicklung eines Faktorenkataloges der *forum non conveniens*-Doktrin bildet.[1894]

Für den deutschen Rechtsanwender – und für diese Arbeit – ist entscheidend, dass in den USA überhaupt versucht wird, doppelte Verfahren zu unterbinden. Insbesondere der Ausnahmecharakter der *abstention doctrine* hat eindeutig gezeigt,

---

1891 *Kline v. Burke Const. Co.* 260 U.S. 226, 43 S.Ct. 79, 67 L.Ed. 226 (1922); *Farmers' Loan & Trust Co. v. Lake St. Elevated R. Co.*, 177 U.S. 51, 20 S.Ct. 564, 44 L.Ed. 444 (1942); vgl. auch Habscheid, in: FS Zweigert, S. 109 (119) mit dem Hinweis, dass eine Klage *in rem* und eine gleichzeitige Klage *in personam* einander nicht ausschließen könnten, da nach deutschem Verständnis ihre Streitgegenstände unterschiedlich seien.

1892 1 Am. Jur.2d, Abatement, Survival, and Revival, § 11. unter Hinweis auf die Faktoren 1. *comity*, 2. *the prevention of multiplicity, vexation, and harassment*, 3. *the likelihood of obtaining complete relief in the foreign jurisdiction*, 4. *the res judicata effect of a foreign judgment in the local forum.* Zu parallelen in personam actions *Sutcliffe Storage & Warehouse Co. v. United States*, 162 F.2d 849 (1st Cir. 1947); Commerce *Oil Refining Corp. v. Miner*, 303 F.2d 125 (1st Cir. 1962).

1893 Restatement of the law, (Second), Conflict of the Laws § 86 comment b. (1971); 1 Am. Jur.2d, Abatement, Survival, and Revival, § 11, § 35.

1894 *Gulf Oil Corporation v. Gilbert*, 330 U.S. 501, 67 S.Ct. 839, 91 L.Ed.2d 1055 (1947).

dass die Regelungsintention hier wesentlich weniger streng verfolgt wird als in Deutschland. Das am Einzelfall orientierte und flexible US-amerikanische Konzept steht einem an strikte Voraussetzungen gekoppelten und dogmatisch geprägten deutschen Konzept gegenüber.[1895]

Zusammengefasst ist neben der Tatsache, dass überhaupt eine Koordination erfolgt und dass hierfür mehrere Instrumentarien zur Verfügung stehen, als Leitlinie festzuhalten, dass es generell darauf ankommt, ob parallele Verfahren innerhalb derselben oder einer anderen *jurisdiction* in Frage stehen. Ein anderweitig laufendes Verfahren innerhalb derselben *jurisdiction* ist hierbei grundsätzlich zu berücksichtigen und führt bei entsprechendem Einwand des Beklagten zu einer Klageabweisung. Parallele Verfahren in verschiedenen *jurisdictions*, d. h. Verfahren vor *federal courts* und *state courts*, vor *federal courts* unterschiedlicher Bundesstaaten oder auch *state court*-Verfahren in Schwesterstaaten, werden im Regelfall nicht berücksichtigt. Sie können aber zu einer Verfahrensaussetzung führen, welche im gerichtlichen Ermessen steht.[1896]

IV. Rechtshängigkeit im schiedsgerichtlichen Verfahren

1. Grundlagen zur Existenz von Rechtshängigkeit im Schiedsverfahren

In vielerlei Hinsicht dient das staatliche Recht der schiedsgerichtlichen Praxis als Vorbild. Unterschiedliche Begrifflichkeiten, um das Problem gleichzeitig eingeleiteter Verfahren zu umschreiben, sind auch im schiedsgerichtlichen Rechtsverkehr vorzufinden.

a) Bundesstaatliche Regelung

Der FAA als einschlägiges Regelungswerk für das Schiedsverfahrensrecht auf Bundesebene enthält keine explizite Rechtshängigkeitsregelung. Der in erster Linie interessierende Kollisionsfall zweier gleichzeitiger Schiedsverfahren vor unterschiedlichen Schiedsgerichten ist demnach auch nicht gesetzlich geregelt. Entsprechend der *lis pendens*-relevanten Konstellation im deutschen Recht ist nicht nur der schiedsinterne Kollisionsfall mehrerer Verfahren denkbar, sondern auch der häufigere Fall von gleichzeitigen Verfahren zwischen identischen Parteien zur selben Streitsache vor Staats- und Schiedsgerichten.

Das Verhältnis zwischen einem Staats- und einem Schiedsverfahren spricht § 3 FAA an: „*If any suit or proceeding be brought in any of the courts of the United States upon any issue referable to arbitration under an agreement in writing for such arbitration, the court in which such suit is pending, upon being satisfied that the issue involved in such suit or proceeding is referable to arbitration under such an*

1895 Krause-Ablass/Bastuck, in: FS Stiefel, S. 445 (458).

1896 19 A.L.R.2d (1951), 300 (304), Fn. 1. Zur Parallelität der zuletzt genannten Kollisionskonstellation mit der anderweitigen Rechtshängigkeit im Ausland unter Gliederungspunkt 3. Kapitel. B.I. 2. b) ff.

agreement, shall on application of one of the parties stay the trial of the action until such arbitration has been had in accordance with the terms of the agreement, providing the applicant for the stay is not in default in proceeding with such arbitration."[1897]

Diese Regelung ist mit gewissen Einschränkungen vergleichbar mit der Schiedseinrede des § 1032 Abs. 1 ZPO. Durch eine gültige Schiedsvereinbarung wird den Schiedsgerichten die ausschließliche Zuständigkeit in der Sache übertragen.[1898] Die Verfahrensaussetzung des staatlichen Verfahrens ist nicht von Amts wegen zu berücksichtigen, sondern vom Parteiantrag abhängig.[1899] Das Gesetz verlangt, dass die Partei, die sich auf die Schiedsvereinbarung beruft, nicht „*in default*" hinsichtlich des Schiedsverfahrens sein darf. Hiermit ist gemeint, dass eine Partei ihre Verpflichtungen aus der Schiedsvereinbarung rechtzeitig erfüllt und diese nicht verletzt haben darf.[1900] Die Partei muss sich deshalb auch rechtzeitig auf das schiedsrichterliche Verfahren berufen. Anderenfalls gibt sie ihr Recht aus der Schiedsvereinbarung auf.[1901] Dies ist insbesondere der Fall, wenn das staatliche Verfahren schon in der Sache weit fortgeschritten ist[1902] oder die einwendende Partei selbst am Staatsverfahren aktiv teilnimmt.[1903]

Der Wortlaut des Gesetzes scheint als Rechtsfolge eindeutig einen *stay* des staatlichen Verfahrens zu erfordern.[1904] In der Praxis ziehen einige Gerichte jedoch einen *dismissal* vor. Dies soll unter anderem gelten, wenn alle Streitfragen des Staatsverfahrens auch von der Schiedsvereinbarung erfasst sind.[1905]

Positiv-rechtlich weist der FAA in den §§ 3, 4 FAA den staatlichen Gerichten auch die Kompetenz zu, über bestimmte Einwände gegen die schiedsgerichtliche Zuständigkeit zu entscheiden.[1906] Voraussetzung der Verfahrensaussetzung nach § 3 FAA ist eine Schiedsvereinbarung, die gemäß § 2 FAA „*valid, irrevocable,* and

---

1897 9 U.S.C. § 3 FAA.

1898 Weigand, Practitioner's Handbook (1. Auflage), S. 1101, Rn. 48; Born, International Arbitration, S. 1275 („*One of the fundamental purposes of international arbitration agreements is to centralize the parties' disputes in a single forum for final resolution.*").

1899 Hierzu Bennett, Essential Concepts, S. 20 f.

1900 6 C.J.S., Arbitration, § 57.

1901 Weigand, Practitioner's Handbook (1. Auflage), S. 1100, Rn. 42.

1902 *Khan v. Parsons Global Services Ltd.*, 521 F.3d 421, 425 ff. (US Ct of Apps (D.C. Cir. 2008)); *National Foundation for Cancer Research v. A.G. Edwards & Sons Inc.*, 821 F.2d 772, 774 (US Ct of Apps (D.C. Cir. 1987)).

1903 Bennett, Essential Concepts, S. 21; *Cornell & Company, Inc. v. Barber & Ross Company,* 360 F.2d 512, 513 (D.C. Cir. 1966); *Khan v. Parsons Global Services Ltd.*, 521 F.3d 421, 425 ff. (US Ct of Apps (D.C. Cir. 2008)).

1904 So auch *Lloyd v. Hovensa, LLC.*, 369 F.3d 263, 269 (3d Cir. 2004); *Adair Bus Sales, Inc. v. Blue Bird Corp.*, 25 F.3d 953, 955 (10th Cir. 1994).

1905 *Choice Hotels Intern., Inc. v. BSR Tropicana Resort, Inc.*, 252 F.3d 707, 709 f. (4th Cir. 2001); *Green v. Ameritech Corp.*, 200 F.3d 967, 973 (6th Cir. 2000); *Alford v. Dean Witter Reynolds, Inc.*, 975 F.2d 1161, 1164 (5th Cir. 1992).

1906 Born, International Arbitration, S. 1127.

enforceable" ist. Dies hat das Staatsgericht vorweg zu prüfen.[1907] Bekanntermaßen werden unter dem Oberbegriff „*arbitrability questions*" unterschiedliche Aspekte behandelt.[1908] Insbesondere fasst die Rechtsprechung des *Supreme Court*, worauf noch zurückzukommen ist, hierunter die Frage, welches Gericht, Schieds- oder Staatsgericht, wann über Einwendungen gegen die Wirksamkeit einer Schiedsvereinbarung entscheiden darf.

Wenn sich eine der Schiedsparteien weigert, das schiedsgerichtliche Verfahren zu betreiben, kann die andere Partei vor dem staatlichen Gericht eine gerichtliche Anordnung (*order to compel arbitration*) erwirken. Diese *order* ist in § 4 FAA[1909] festgeschrieben. Hierdurch wird die Partei – gemäß der ursprünglich abgeschlossenen Schiedsvereinbarung – auf den Schiedsweg verwiesen.[1910] Ein Verstoß gegen die gerichtliche Anordnung des schiedsgerichtlichen Verfahrens kann mit finanziellen Sanktionen bestraft werden.[1911] Im Staat New York gilt neben § 4 FAA auch § 7503 CPLR, um ein Schiedsverfahren zu erzwingen.[1912]

b) Einzelstaaten

Das Schiedsverfahrensrecht des Staates New York sieht in § 7503 CPLR auch eine § 3 FAA nachempfundene Vorschrift vor. Ebenso beinhaltet das kalifornische

1907 Carbonneau, Arbitration, S. 68 f.

1908 Hierzu unter den Gliederungspunkten 2. Kapitel. C.IV. und 2. Kapitel. D.IV. 2. a)bb).

1909 Gesamter Gesetzestext abgedruckt in 9 U.S.C.A. § 4 FAA.

1910 Streitig ist, welches Gericht, das Staatsgericht oder das Schiedsgericht, darüber befinden soll, ob eine Schiedspartei z. B. durch aktive Teilnahme im Staatsverfahren ihr Recht, das Schiedsverfahren zu erzwingen, verwirkt hat. Hierzu *Marie v. Allied Home Mortgage Corp.*, 402 F.3d 1 ff. (1st Cir. 2005); *Bellevue Drug Co. v. Advance PCS*, 333 F.Supp. 2d 318, 324 (E.D. Pa. 2004) bezugnehmend auf *Howsam v. Dean Witter Reynolds, Inc.*, 537 U.S. 79, 84, 123 S.Ct. 588, 592, 154 L.Ed.2d 491 (2002).

1911 Ware, ADR, S. 25.

1912 § 7503 CPLR: "Application to compel or stay arbitration. *A party aggrieved by the failure of another to arbitrate may apply for an order compelling arbitration. Where there is no substantial question whether a valid agreement was made or complied with, and the claim sought to be arbitrated is not barred by limitation under subdivision (b) of section 7502, the court shall direct the parties to arbitrate. Where any such question is raised, it shall be tried forthwith in said court. If an issue claimed to be artbitrable is involved in an action pending in a court having jurisdiction to hear a motion to compel arbitration, the application shall be made by motion in that action. If the application is granted, the order shall operate to a stay a pending or subsequent action, or so much of it as is referable to arbitration.* Zur Frage, ob ein *federal court*-Verfahren, gerichtet auf die Anordnung des schiedsgerichtlichen Verfahrens sein Verfahren aussetzen oder abweisen muss mit Rücksicht auf ein früher eingeleitetes *state court*-Verfahren *Luckie v. Smith Barney, Harris Upham & Co., Inc.*, 766 F.Supp. 1116, 1117 ff. (M.D.Fla.1991).

Schiedsrecht in § 1281.4 CCP[1913] eine entsprechende Vorschrift über die Verfahrensaussetzung eines Verfahrens vor den Staatsgerichten Kaliforniens, wenn ein schiedsgerichtliches Verfahren läuft.

2. Relevante Verfahrenskonstellationen zur Anwendbarkeit einer Rechtshängigkeitssperre im Schiedsverfahren

a) Parallelität von staatlichen Verfahren und schiedsgerichtlichen Verfahren

aa) Parallele Verfahren zum Sachentscheid
Die Existenz von § 3 FAA hat bereits verdeutlicht, dass in bestimmten Fällen gleichzeitige Verfahren vor Staats- und Schiedsgerichten unterbunden werden können, wobei zu berücksichtigen ist, dass ein schiedsgerichtliches Verfahren noch gar nicht begonnen haben muss, wenn eine Partei sich im gerichtlichen Verfahren auf die Schiedsvereinbarung beruft.[1914] Die Praxis einiger Gerichte – entgegen des Wortlautes des § 3 FAA – eine Klageabweisung des gerichtlichen Verfahrens anstelle einer Verfahrensaussetzung zu befürworten, soweit auch im schiedsgerichtlichen Verfahren über alle Streitpunkte des staatlichen Verfahrens entschieden wird, kann als Indiz gewertet werden, doppelte Verfahren zum identischen Streitstoff restriktiver vermeiden zu wollen. Zumal eine Klageabweisung gegenüber einer Aussetzung die schärfere Rechtsfolge darstellt, weil das Staatsverfahren nicht nur temporär mit dem aktuellen Verfahrens- und Sachstand ausgesetzt wird.

Um im definitorischen Sinn von einem schiedsgerichtlichen Parallelverfahren zum Staatsverfahren sprechen zu können, ist für die Anwendungsfälle des § 3 FAA Parteiidentität und die Identität der Streitsache in beiden Verfahren zu verlangen.

1913 § 1281.4 CCP: „*If a court of competent jurisdiction, whether in this State or not, has ordered arbitration of a controversy which is an issue involved in an action or proceeding pending before a court of this State, the court in which such action or proceeding is pending shall, upon motion of a party to such action or proceeding, stay the action or proceeding until an arbitration is had in accordance with the order to arbitrate or until such earlier time as the court specifies. If an application has been made to a court of competent jurisdiction, whether in this State or not, for an order to arbitrate a controversy which is an issue involved in an action or proceeding pending before a court of this State and such application is undetermined, the court in which such action or proceeding is pending shall, upon motion of a party to such action or proceeding, stay the action or proceeding until the application for an order to arbitrate is determined and, if arbitration of such controversy is ordered, until an arbitration is had in accordance with the order to arbitrate or until such earlier time as the court specifies. If the issue which is the controversy subject to arbitration is severable, the stay may be with respect to that issue only.*"

1914 *Sims v. Montell Chrysler, Inc.*, 317 F.Supp. 2d 838, 841 (N.D. Ill. 2004); Carbonneau, Arbitration, S. 72.

Allerdings gelten diesbezüglich die im Vergleich zum deutschen Zivilprozessrecht weniger strikten Anforderungen des US-Rechts.[1915]

§ 3 FAA und die dieser Vorschrift nachempfundenen Regelungen der einzelstaatlichen Schiedsverfahrensrechte betreffen die Konstellation, in der parallele Verfahren zum Sachentscheid drohen. Durch das Erfordernis des rechtzeitigen Parteiantrages kann § 3 FAA übereinstimmend mit der deutschen Regelung in § 1032 Abs. 1 ZPO parallele Verfahren vor Staats- und Schiedsgerichten jedoch nicht umfassend unterbinden.

bb) Parallele Verfahren über Fragen der jurisdictional competence und der Grundsatz der Kompetenz-Kompetenz

Als Voraussetzung einer Verfahrensaussetzung oder Verfahrensabweisung des gerichtlichen Verfahrens nach § 3 FAA muss eine wirksame Schiedsvereinbarung gegeben sein. Fraglich ist deshalb, welches Gericht, Staats- oder Schiedsgericht über die Wirksamkeit der Schiedsvereinbarung entscheidet. Sofern beide Gerichte in dieser Frage gleichermaßen zuständig sind, drohen parallele Verfahren hierzu. Es liegt dann eine *lis pendens*-relevante Verfahrenssituation vor. Diese erfordert bekanntermaßen unter anderem die gleichwertige Kompetenz von unterschiedlichen Gerichten zur selben Streitsache.[1916] An anderer Stelle[1917] wurde bereits angemerkt, dass Fragen bezüglich der Wirksamkeit der Schiedsvereinbarung einen Teilaspekt betreffen, den US-Amerikaner unter dem Oberbegriff *„arbitrability questions"* thematisieren. Das Problem von *lis pendens* überschneidet sich mit Fragen des Grundsatzes der schiedsgerichtlichen Kompetenz-Kompetenz sowie der allgemeinen Zuständigkeitsverteilung zwischen Staats- und Schiedsgerichten.[1918] Für die Frage, ob *lis pendens* im Verhältnis zwischen US-Gerichten und Schiedsgerichten angewendet werden kann, kommt es deshalb entscheidend auf den Inhalt der Kompetenz-Kompetenz im US-amerikanischen Recht an. Nur wenn eine Berücksichtigung eines anderweitig laufenden Verfahrens zur selben Streitsache diesen Grundsatz nicht unangemessen begrenzt, ist sinnvollerweise überhaupt erst über die Geltung von *lis pendens* bzw. die entsprechenden US-amerikanischen Regelungsmechanismen zur Koordination paralleler Verfahren nachzudenken.

Zunächst ist auf eine unterschiedliche Terminologie im Vergleich zum deutschen Recht hinzuweisen.[1919] Die deutsche Begrifflichkeit „Kompetenz-Kompetenz"

1915 Vgl. *Chelsea Family Pharmacy, PLLC v. Medco Health Solutions, Inc.*, 567 F.3d 1191 (10th Cir. 2009); *C.B. Fleet Co., Inc. v. Aspen Ins. UK Ltd.*, 743 F.Supp. 2d 575 (W.D.Va. 2010).

1916 Born, International Arbitration, S. 3793.

1917 Hierzu unter Gliederungspunkt 2. Kapitel. C.IV.

1918 Born, International Arbitration, S. 3796.

1919 Vgl. Carter/Fellas, Arbitration in New York, S. 137.

hat sich nicht durchgesetzt.[1920] Zumeist wird die Frage als „*who decides question*“ bezeichnet.[1921] Inhaltlich betreffen beide Begrifflichkeiten übereinstimmend das Recht eines Schiedsgerichts, über die eigene Zuständigkeit zu entscheiden.[1922] Abgesehen von diesem gemeinsamen Grundverständnis geht die US-amerikanische Sichtweise zum Teil sehr weit über den Inhalt des Grundsatzes der Kompetenz-Kompetenz im heutigen deutschen Schiedsrecht hinaus.[1923]

Ebenso wenig wie die *doctrine of separability* in gesetzliche Form gegossen wurde, ist der mit ihr in Zusammenhang stehende Grundsatz der Kompetenz-Kompetenz kodifiziert worden.[1924] Wie im US-amerikanischen Recht üblich, ist aufgrund des fehlenden Gesetzesrechts ein reichhaltiges *case law* zu diesem Problemkreis entwickelt worden.[1925] Als Grundsatzentscheidung zur schiedsgerichtlichen Kompetenz-Kompetenz gilt die *Supreme Court*-Entscheidung in Sachen *First Options of Chicago, Inc. v. Kaplan.*[1926] Anhand dieser Entscheidung wird die Vielfalt der Fragestellungen deutlich, die US-Gerichte im Zusammenhang mit der Frage nach der Entscheidungsbefugnis eines Schiedsgerichts, über die eigene Zuständigkeit entscheiden zu dürfen, thematisieren.

Der *Supreme Court* legte in der *First Options*-Entscheidung fest, dass, und unter welchen Voraussetzungen die Schiedsgerichte über ihre eigene Zuständigkeit (endgültig) entscheiden können. Es komme diesbezüglich entscheidend auf den Inhalt der Parteivereinbarung an: „*We believe the answer to the „who“question (i.e. the standard-of-review question) is fairly simple. Just as the arbitrability of the merits of a dispute depends upon whether the parties agreed to arbitrate that dispute (...) so the question “who has the primary power to decide arbitrability”*[1927] *turns upon what the parties agreed about that matter. Did the parties agree to submit the arbitrability*

1920 Inhaltlich lag dieser Begrifflichkeit im alten deutschen Schiedsrecht die ursprüngliche Auffassung zugrunde, dass das Schiedsgericht nicht nur über die eigene Zuständigkeit entscheiden kann, sondern darüber hinaus sollte diese Entscheidung auch endgültig, und für die Staatsgerichte bindend sein; hierzu unter Gliederungspunkt 1. Kapitel. F.II. 6. b)bb)(2).

1921 So z. B. *First Options of Chicago, Inc. v. Kaplan*, 514 U.S. 938, 115 S.Ct. 1920, 131 L.Ed.2d 985 (1995).

1922 Born, International Arbitration, S. 1061.

1923 Ausführlich Park, 12 Arb. Int'l (1996), S. 137 ff.

1924 Born, International Arbitration, S. 155, 1125; Weigand, Practitioner's Handbook (1. Auflage), S. 1098, Rn. 35; Weigand, Practitioner's Handbook, S. 891, Rn. 13.56.

1925 Born, International Arbitration, S. 1125. Vgl. z. B. Buckeye Check Cashing, Inc. v. Cardegna, 546 U.S. 440, 126 S.Ct. 1204, 163 L.Ed.2d 1038 (2006).

1926 *First Options of Chicago, Inc. v. Kaplan*, 514 U.S. 938, 115 S.Ct. 1920, 131 L.Ed.2d 985 (1995).

1927 Auf das abweichende Verständnis des *Supreme Court* von „*arbitrability*“ wurde schon hingewiesen 2. Kapitel. C.IV.; vgl. hierzu auch Born, International Arbitration, S. 1132, Fn. 454.

question itself to arbitration?[1928] Wenn die Parteien hingegen nicht eindeutig vereinbart hätten *"arbitrability questions"* von einem Schiedsgericht entscheiden zu lassen, hätten die Staatsgerichte über diese Frage selbstständig zu entscheiden.[1929] Soweit die Parteien die *„arbitrability questions„* ihrer Schiedsvereinbarung und demnach der Entscheidung durch ein Schiedsgericht zugewiesen hätten, unterliege eine getroffene schiedsgerichtliche Entscheidung in dieser Frage der allgemeinen gerichtlichen Kontrolle.[1930]

Des Weiteren stellte das Gericht Voraussetzungen auf, unter denen eine Schiedsvereinbarung auch *"arbitrability questions"* erfassen darf: Die Parteivereinbarung muss unmissverständlich und eindeutig auch diese Fragen betreffen.[1931] Zudem seien Schiedsvereinbarungen weit und schiedsfreundlich zu interpretieren.[1932] Der *Supreme Court* entschied auch, dass die Frage, ob eine Rechtsstreitigkeit überhaupt

---

1928 *First Options of Chicago, Inc. v. Kaplan*, 514 U.S. 938, 943, 115 S.Ct. 1920, 1923, 131 L.Ed.2d 985, 993 (1995); bezugnehmend auf *AT & T Technologies, Inc. v. Communications Workers*, 475 U.S. 643, 649, 106 S.Ct. 1415, 1418, 89 L.Ed.2d 648, 656 (1986) und *Mastrobuono v. Shearson Lehman Hutton, Inc.*, 514 U.S. 52, 57, 115 S.Ct. 1212, 1216, 131 L.Ed.2d 76 (1995) kritisch zur *First Options*-Entscheidung Smit, 6 Am. Rev. Int'l Arb. (1995), S. 395 (396).

1929 *First Options of Chicago, Inc. v. Kaplan*, 514 U.S. 938, 943, 115 S.Ct. 1920, 1924, 131 L.Ed.2d 985, 993 (1995); bezugnehmend auf *AT & T Technologies, Inc. v. Communications Workers*, 475 U.S. 643, 649, 106 S.Ct. 1415, 1418, 89 L.Ed.2d 648, 656 (1986). Vgl. auch die Entscheidung *Amway Global v. Woodward*, 744 F.Supp. 2d, 657, 663 (E.D. Mich. 2010).

1930 *First Options of Chicago, Inc. v. Kaplan*, 514 U.S. 938, 943, 115 S.Ct. 1920, 1923, 131 L.Ed.2d 985, 993 (1995). Die meisten Gerichtsentscheidungen gehen für den Fall, dass keine Parteivereinbarung im Sinn der *First Options*-Entscheidung vorliegt, von einer vollen gerichtlichen Kontrolle aus, so z. B. *Czarina ex rel Halvanon Ins. v. W.F. Poe Syndicate*, 358 F.3d, 1286, 1293 (11th Cir. 2004); *Sarhank Group v. Oracle Corp.*, 404 F.3d 657, 661 ff. (2d Cir. 2005).

1931 *First Options of Chicago, Inc. v. Kaplan*, 514 U.S. 938, 945, 115 S.Ct. 1920, 1924, 131 L.Ed.2d 985, 994 (1995): *"Courts should not assume that the parties agreed to arbitrate arbitrability unless there is "clea[r] and unmistakabl[e] evidence that they did so. In this manner the law treats silence or ambiguity about the question* "who *(primarily) should decide arbitrability" differently from the way it treats silence or ambiguity about the question "whether a particular merits-related dispute is arbitrable because it is within the scope of a valid arbitration agreement" – for in respect to this latter question the law reverses the presumption."*; bezugnehmend u. a. auf *Moses H. Cone Memorial Hospital v. Mercury Construction Corporation*, 460, U.S. 1, 24 f., 103 S.Ct. 927, 941, 74 L.Ed.2d 765, 785 (1983). Die *First Options*-Entscheidung ist kritisch zu sehen, weil sie nicht festlegt, wann eine unmissverständliche Parteivereinbarung vorliegt. Vgl. für eine kritische Analyse Born, International Arbitration, S. 1204 ff.

1932 *First Options of Chicago, Inc. v. Kaplan*, 514 U.S. 938, 945, 115 S.Ct. 1920, 1924, 131 L.Ed.2d 985, 994 (1995); *Mitsubishi Motors Corp. v. Soler Chrysler-Plymouth, Inc.*, 473 U.S. 614, 626, 105 S.Ct. 3346, 3353, 87 L.Ed.2d, 444, 455 (1985).

einer Schiedsvereinbarung unterworfen worden ist, grundsätzlich von den Staatsgerichten zu entscheiden sei,[1933] es sei denn, die Parteien hätten auch diesbezüglich eine eindeutige Vereinbarung getroffen, in der sie diese Fragen ausdrücklich dem Schiedsgericht zugewiesen hätten.[1934] Die Bezugnahme auf eine Verfahrensordnung der Schiedsgerichtsinstitutionen soll diese Anforderungen erfüllen.[1935]

Der eingeschlagenen Rechtsprechungslinie in der *First Options*-Entscheidung folgten Entscheidungen, in denen unter anderem die Voraussetzungen konkretisiert wurden, unter welchen ein Schiedsgericht die endgültige Entscheidung über die eigene Zuständigkeit zugewiesen bekommen soll und über welche Einwände gegen die Zuständigkeit das Schiedsgericht selbst zu entscheiden hat.[1936] Die aufgestellten Grundsätze sollen gleichermaßen in nationalen und internationalen Fällen gelten.[1937]

Insgesamt erinnern die US-amerikanischen Grundsätze, insbesondere die Möglichkeit, durch Parteivereinbarung den Schiedsgerichten die Letztentscheidung in Zuständigkeitsfragen zu zuweisen, an das deutsche Schiedsverfahrensrecht vor dessen Novellierung im Jahr 1998.[1938]

Für das Problem doppelter Verfahren zwischen denselben Parteien vor Staats- und Schiedsgerichten, die sich beide beispielsweise mit der Wirksamkeit der Schiedsvereinbarung befassen, kommt es nach den Grundsätzen von *First Options* und den

---

1933 Dem folgend *China Minmetals Materials Imp. & Eyp. Co. v. Chi Mei Corp.*, 334 F.3d 274, 285 ff. (3d Cir. 2003); *George v. Lebeau*, 455 F.3d 92, 93 f. (2d Cir. 2006).

1934 *AT & T Technologies, Inc. v. Communications Workers*, 475 U.S. 643, 649, 106 S.Ct. 1415, 1418, 89 L.Ed.2d 648, 656 (1986); *First Options of Chicago, Inc. v. Kaplan*, 514 U.S. 938, 944, 115 S.Ct. 1920, 1924, 131 L.Ed.2d 985, 993 (1995).

1935 Weigand, Practitioner's Handbook, S. 892 Rn. 13.56; *Qualcomm, Inc. v. Nokia Corp.*, 466 F.3d 1366, 1374 (Fed. Cir. 2006); *Shaw Group Inc. v. Triplefine Int'l Corp.*, 322 F.3d 115, 118, 125 (2d Cir. 2003); vgl. z. B. Art. 15 Abs. 1 AAA-Rules.

1936 *Howsam v. Dean Witter Reynolds, Inc.*, 537 U.S. 79, 82 f., 123 S.Ct. 588, 591, 154 L.Ed.2d 491 (2002), ("*gateway questions*"); *Green Tree Financial Corp. v. Bazzle*, 539 U.S. 444, 456, 123 S.Ct. 2402, 2409, 156 L.Ed.2d 414 (2003): "[*T*]*he decision of what to submit to the arbitrator is a matter of contractual agreement by the parties, and the interpretation of that contract is for the court, not for the arbitrator.*"; *Pacificare Health Sys., Inc. v. Book*, 538 U.S. 401, 407, 123 S.Ct. 1531, 1536, 155 L.Ed.2d 578 (2003); *Alliance Bernstein Inv. Research and Mgt, Inc. v. Schaffran*, 445 F.3d 121, 125 (2d Cir. 2006): "*Arbitration is simply a matter of contract between the parties; it is a way to resolve those disputes – but only those disptes –* the *parties have agreed to submit to arbitration.*"; *Nat'l Cas. Co. v. First State Ins. Group*, 430 F.3d 492, 499 f. (1st. Cir. 2005):"*The default rule, in the absence of express contractual terms to the contrary, is that it is for the court to decide the validity and scope of an arbitration clause, and for the arbitrator to decide all matters within the scope of a valid clause (...) When a substantive question falls within the scope of an arbitration clause, procedural questions ancillary to the substantive one are by default for the arbitrator to decide.*"

1937 Born, International Arbitration, S. 1125, 1061.

1938 Park, in: International Arbitration 2006, S. 56, (126). Hierzu unter Gliederungspunkt 1. Kapitel. F.II. 6. b)bb)(2).

anschließenden Entscheidungen in erster Linie darauf an, ob die Parteien eine bestimmte Streitfrage ausdrücklich der Entscheidungsbefugnis der Schiedsgerichte unterstellt haben. Wenn dies der Fall ist, müssen dessen ungeachtet in dieser Streitsache angerufene Staatsgerichte die Parteien auf den Schiedsweg verweisen. Zu gleichzeitigen Verfahren und anschließend zu widersprüchlichen Entscheidungen kann es dann nicht kommen. Eine zusätzliche Koordination unter *lis pendens*-Gesichtspunkten, etwa danach, welches der beiden Gerichte als Erstes angerufen worden ist, ist obsolet.

Anders könnte die Situation zu beurteilen sein, wenn keine Parteivereinbarung besteht, nach der *arbitrability questions* vor den Schiedsgerichten entschieden werden sollen. Hier gilt der Grundsatz, dass, abhängig von der Art der Einwendung gegen die schiedsgerichtliche Zuständigkeit, eine gleichzeitige gerichtliche Entscheidung zulässig ist.[1939] Zu unterscheiden sind Einwendungen bezüglich des materiellen Vertrages und Einwendungen gegen die Schiedsvereinbarungen selbst.[1940] Für letztere steht den Gerichten nach dem FAA eine Entscheidungskompetenz zu.[1941] Eine Vorschrift, die es den Parteien untersagt, ein gleichzeitiges Schiedsverfahren zur selben Einwendung einzuleiten, gibt es nicht. Hier könnte daher ein potenzieller Anwendungsbereich für eine Rechtshängigkeitssperre gegeben sein. Allerdings steht es – auch ohne entsprechende Parteivereinbarung – immer im Ermessen der staatlichen Gerichte aus Gründen der Verfahrenseffizienz und der Fairness, ihr eigenes Verfahren mit Rücksicht auf ein laufendes Schiedsverfahren zu unterbrechen.[1942] Bei der Ermessensentscheidung über eine Verfahrensaussetzung sind Faktoren zu berücksichtigen, die auch schon im Rahmen der *pendency of another action*-Lehre und der *forum non conveniens*-Doktrin im staatlichen Verfahren eine Rolle gespielt haben. Unter anderem können die Fortgeschrittenheit des schiedsgerichtlichen Verfahrens oder die besondere Rechtskenntnis des Schiedsrichters (bessere Eignung) im Vergleich zum staatlichen Richter zu berücksichtigende Gesichtspunkte sein.[1943]

Zusammengefasst verdeutlicht die vorherrschende Praxis der US-amerikanischen Gerichte einen pragmatischen und flexiblen Umgang mit möglichen Parallelverfahren vor Staats- und Schiedsgerichten, der sich vor allem bei der vorzunehmenden

---

1939 Vgl. Born, International Arbitration (1. Aufl.), S. 952 f.

1940 Dies ist Inhalt der *Separability Doctrine*, Hierzu unter Gliederungspunkt 2. Kapitel. C.VI.

1941 *Howsam v. Dean Witter Reynolds, Inc.*, 537 U.S. 79, 82 ff., 123 S.Ct. 588, 590 f., 154 L.Ed.2d 491 (2002).

1942 Weigand, Practitioner's Handbook (1. Auflage), S. 1101, Rn. 74; Vgl. auch Born, International Arbitration, S. 1200 ff., der einen *stay* nach *lis pendens* Grundsätzen auch für internationale Konstellationen vorschlägt.

1943 Born, International Arbitration (1. Aufl.), S. 952, Fn. 508, S. 953 der darauf hinweist, dass es im Einzelfall auch sachgerecht sein kann, das Schiedsgericht als Erstes über bestimmte Fragestellungen die schiedsgerichtliche Zuständigkeit betreffend entscheiden zu lassen. Dies kann gelten, wenn das Schiedsgericht schon konstituiert und das Verfahren weit fortgeschritten ist; das Staatsverfahren hingegen gerade erst eingeleitet worden ist.

Entscheidung über eine Verfahrensaussetzung und den hierbei zu berücksichtigenden Faktoren zeigt. Diese Verfahrensweise ähnelt dem flexiblen und pragmatischen Umgang des US-amerikanischen Rechts mit *lis pendens*, der sich durch Entscheidungen im Einzelfall und nicht durch strikte Regelungen auszeichnet.[1944]

b) Parallelität zweier schiedsgerichtlicher Verfahren

Nicht nur das Nebeneinander mehrerer Schiedsverfahrensrechte in den Einzelstaaten und die hiermit verbundenen unterschiedlichen Zuständigkeiten, sondern auch die Koexistenz von Ad-hoc-Schiedsverfahren und institutioneller Schiedsverfahren kann zu mehreren gleichzeitigen Schiedsverfahren führen.

*aa) Konstellation 1: Gleichzeitige Schiedsverfahren in unterschiedlichen Bundesstaaten (*inter*bundesstaatlicher Kollisionsfall im Schiedsverfahren)*

Weder der FAA noch die Schiedsrechte von New York und Kalifornien enthalten spezielle Vorschriften zum Umgang mit parallelen Schiedsverfahren. Aufgrund der wiederholt angesprochenen Vorbildfunktion des staatlichen Verfahrens ist, solange schiedsgerichtliche Besonderheiten keine abweichende Regelung erfordern, davon auszugehen, dass den Schiedsgerichten dieselben Regelungsmechanismen zur Verfahrenskoordination zur Verfügung stehen wie den staatlichen Gerichten. Weil auch schiedsgerichtliche Verfahren, die dem Schiedsrecht unterschiedlicher Einzelstaaten unterliegen, im Verhältnis zueinander zu betrachten sind wie *parallel proceedings* in verschiedenen *jurisdictions*, ist – auch mangels gegenteiliger Indizien – davon auszugehen, dass kein zwingendes Koordinationsbedürfnis besteht.[1945]

bb) Konstellation 2: Gleichzeitige Schiedsverfahren im gleichen Bundesstaat (intrabundesstaatlicher Kollisionsfall im Schiedsverfahren)

Hinsichtlich zweier Schiedsverfahren, die zwischen denselben Parteien[1946] eingeleitet werden, ist es auch im US-amerikanischen Schiedsrecht anerkannt, dass beide Schiedsverfahren nicht gleichzeitig betrieben werden sollten, um widersprüchliche Entscheidungen zu vermeiden.[1947]

1944 So Born, International Arbitration (1. Aufl), S. 953 sowie eher auf den Bereich der internationalen Schiedsgerichtsbarkeit zugeschnitten Born, International Arbitration, S. 1192 f.

1945 Vgl. zu den in Bezug genommenen staatlichen Grundsätzen die Ausführungen unter Gliederungspunkt 2. Kapitel. D.III. 3. ff.

1946 Das Erfordernis der Parteiidentität ist im Umkehrschluss aus der Entscheidung *Wm. C. Blanchard Co. v. Beach Concrete Co., Inc.*, 121 N.J. Super. 418 (Ch. Div.1972) zu folgern, in der eine *consolidation* wegen bestehender Unterschiede zwischen den Parteien abgelehnt wurde.

1947 So die New Yorker Entscheidung in Sachen *Stewart Tenants Corp. v. Diesel Const. Co.*, 16 A.D.2d 895 f., 229 N.Y.S. 2d 204 (1st Dep't 1962).

Dennoch sind explizite Regelungen zur Koordination von zwei gleichzeitigen Schiedsverfahren weder dem New Yorker noch dem kalifornischen Schiedsrecht zu entnehmen. Zuletzt Genanntes enthält aber eine Regelung zur *consolidation of separate arbitration proceedings* in § 1281.3 CCP.[1948] Ähnlich den Voraussetzungen einer potenziellen Verfahrensverbindung im deutschen Schiedsrecht und entsprechend der Vorschrift in Art. 4 Abs. 6 ICC-SchO a. F., erfordert die kalifornische Regelung eine Parteiinitiative zur Verfahrensverbindung und das Einverständnis der Schiedsparteien mit einer *consolidation.*[1949] Das Einverständnis der Schiedsparteien bzw. eine Parteivereinbarung über eine *consolidation* wird auch ansonsten für das US-amerikanische Schiedsrecht gefordert.[1950]

3. *Zusammenfassung und Würdigung der Ergebnisse zum US-amerikanischen Teil*

Über die bereits erfolgten Zwischenergebnisse hinaus ist an dieser Stelle zusammenfassend zu sagen, dass im staatlichen Prozess viele Koordinationsmöglichkeiten für parallele Verfahren bestehen. Die Begrifflichkeit des *parallel proceedings* hat sich insgesamt als sachgerecht erwiesen, weil das US-amerikanische Recht, anders als das deutsche Recht, auch nur annähernde Parteiidentität und eine annähernde Identität der Streitsache akzeptiert. Je höher die Ähnlichkeit ist, desto

---

1948 § 1281.3 CCP: "*A party to an arbitration agreement may petition the court to consolidate separate arbitration proceedings, and the court may order consolidation of separate arbitration proceedings when*:
(1) *Separate arbitration agreements or proceedings exist between the same parties; or one party is a party to a separate arbitration agreement or proceeding with a third party; and*
(2) *The disputes arise from the same transactions or series of related transactions; and*
(3) *There is common issue or issues of law or fact creating the possibility of conflicting rulings by more than one arbitrator or panel of arbitrators.*" Grundsätzlich zur *consolidation* von zwei parallelen Schiedsverfahren 6 C.J.S., Arbitration, § 112.

1949 Zur Regelung der ICC-SchO a. F. unter Gliederungspunkt 1. Kapitel. F.II. 6. c)gg)(3).

1950 *Cavalier Mfg., Inc. v. Clarke*, 862 So. 2d 634, 642 (Ala. 2003); *Lefkovitz v. Wagner*, 395 F.3d 773, 780 (7th Cir. 2005). In der Entscheidung *Sociedad Anonima De Navegacion Petrolera v. CIA. De Petroleos De Chile S.A.*, 634 F.Supp. 805, 809 (S.D. N.Y. 1986) wurde angenommen, dass ein Gericht eine Zusammenlegung von zwei Schiedsverfahren anordnen könne, um widersprüchliche Schiedssprüche zu verhindern. In *P/R Clipper Gas v. PPG Industries, Inc.*, 804 F. Supp. 570, 573 ff. (S.D.N.Y. 1992) wurde die gerichtliche Anordnung der Verfahrenszusammenlegung sogar befürwortet, obwohl keine diesbezügliche Parteivereinbarung vorgelegen hatte. Allerdings ist – wie gesagt – keine *consolidation* gegen den Willen der Schiedsparteien möglich, hierzu *Connecticut General Life Ins. Co. v. Sun Life Assur. Co. of Canada*, 210 F.3d 771 ff. (7th Cir. 2000).

wahrscheinlicher ist auch eine aktive Reaktion eines US-amerikanischen Gerichts auf das parallele Verfahren.

Hinsichtlich des US-amerikanischen Schiedsverfahrensrechts ist zu bemerken, dass aufgrund der föderativen Struktur bereits andere Ursachen für *parallel proceedings* vorliegen können als im deutschen Recht. Die erörterten Grundsätze der *preemption doctrine* sind dem Problemkreis von gleichzeitigen Verfahren zwischen (annähernd) denselben Parteien zur (annähernd) selben Streitsache in gewisser Weise vorgelagert, weil sich hierdurch die beschriebenen Konflikte im materiellen Recht zwischen einzelstaatlichem Schiedsrecht und dem FAA auflösen lassen.

Ebenso wie im deutschen Schiedsrecht kommt eine Verfahrensdoppelung im Verhältnis zwischen Staatsgerichten und Schiedsgerichten sowie im schiedsinternen Bereich in Betracht. Auch das US-amerikanische Recht hat nur das zuerst genannte Verhältnis einer ausdrücklichen Regelung unterworfen. Dies ist besonders wegen der geringen Regelungsdichte des FAA (§§ 1 bis 16 FAA) im Vergleich zum deutschen Schiedsverfahrensrecht (§§ 1025 bis 1060 ZPO) auffällig. Der schiedsinterne Kollisionsfall ist hingegen weder im schiedsgerichtlichen Bundesrecht noch in den beiden einzelstaatlichen Schiedsrechten von New York und Kalifornien geregelt worden. Der Vergleich mit dem kodifizierten Widerstreit zwischen Staats- und Schiedsgerichten bestätigt den bereits im deutschen Schiedsrecht gewonnenen Eindruck, dass der schiedsinterne Kollisionsfall wohl für weniger praxisrelevant gehalten wird.[1951] Im US-amerikanischen Recht kann jedoch dem Schweigen des *statutory law* wesentlich weniger Aussagekraft beigemessen werden. Das in solchen Fällen heranzuziehende *common law* weist Fälle auf, in denen eine *consolidation* zweier Schiedsverfahren in Frage stand. Um widersprüchliche Entscheidungen zu verhindern, wurde bei vorhandener (überwiegender) Identität der Schiedsverfahren eine Verfahrenszusammenlegung befürwortet. Widersprüchliche schiedsgerichtliche Entscheidungen sind also unerwünscht. Die im deutschen Recht entwickelten Grundsätze zur Rolle des Schiedsrichters, zu dessen Handlungsmöglichkeiten und zur Bedeutung der Privatautonomie der Schiedsparteien haben als internationale Prinzipien[1952] auch im US-amerikanischen Schiedsrecht Geltung. Auf entsprechende Parteiinitiative hin kann deshalb von einer Verfahrensregelung des Schiedsrichters beispielsweise durch einen *stay* des einen Schiedsverfahrens ausgegangen werden.

1951 Wie bereits angesprochen widmet Born, International Arbitration, S. 3791 ff. *lis pendens* ein umfassendes Kapitel. Born thematisiert den schiedsinternen Kollisionsfall explizit (Born, International Arbitration, S. 3806 ff.). Im gesamten Werk finden sich umfassende Hinweise zu US-amerikanischen, schiedsgerichtlichen Entscheidungen. Für den schiedsinternen Kollisionsfall kann aber auch dieser Autor kein US-amerikanisches Material anführen.

1952 Zu den Grundsätzen im deutschen Recht, vgl. Kreindler/Schäfer/Wolf, Schiedsgerichtsbarkeit, S. 192, Rn. 654 sowie unter Gliederungspunkt 1. Kapitel. F.II. 6. c)jj) ff.

3. Kapitel. Internationaler Teil

A. Der lis pendens-Einwand im Bereich International Arbitration

I. Einführung und Begriff der internationalen Schiedsgerichtsbarkeit

Die Anwendbarkeit von *lis pendens* wird im Bereich der internationalen Schiedsgerichtsbarkeit ebenfalls diskutiert. Unter internationaler Schiedsgerichtsbarkeit versteht man Schiedsverfahren, an denen Parteien unterschiedlicher Nationalitäten beteiligt sind oder Schiedsverfahren, die in unterschiedlichen Staaten ausgetragen werden.[1953] Durch das rasche Anwachsen internationaler Gerichte und Schiedsgerichte stehen den Parteien immer mehr Möglichkeiten zur Verfügung, um ihre Rechtsstreitigkeiten beizulegen. Synchron zur wachsenden Anzahl Internationaler Abkommen steigt auch die Wahrscheinlichkeit parallel eingeleiteter Verfahren in derselben Streitsache.[1954] Im internationalen Zivilprozessrecht wird der *lis pendens*-Grundsatz relevant, wenn vor potenziell gleichermaßen zuständigen Gerichten in unterschiedlichen Staaten in derselben Streitsache zwischen identischen Parteien zwei oder mehreren Verfahren gleichzeitig eingeleitet werden.[1955] Fraglich ist, ob in der internationalen Schiedsgerichtsbarkeit dieselben Prinzipien angewandt werden können.

Für die Zielsetzung einer Koordination von gleichzeitig eingeleiteten Verfahren sind im länderübergreifenden Rechtsverkehr teilweise abweichende Faktoren anzuführen als für doppelt rechtshängige Verfahren vor (Schieds-)Gerichten eines Landes. Die Koordinierung paralleler Verfahren soll auch bei der Beteiligung von (Schieds-)Gerichten unterschiedlicher Länder die gerichtliche Funktionsfähigkeit[1956] fördern und die *res judicata*-Wirkung vorab absichern,[1957] d. h. *lis pendens* muss in Bezug auf die spätere Bindungswirkung eines angestrebten Urteils gesehen werden.[1958] Zusätzlich soll *comity*[1959] zwischen den Gerichten gefördert werden.

1953 Schlosser, in: Special Series (2001), S. 15 (30); Redfern/Hunter, Law and Practice, S. 8, Rn. 1.16.

1954 Vgl. McLachlan, Lis pendens, S. 18.

1955 Cremades/Madalena, 24 Arb. Int'l (2008), S. 507 (510).

1956 McLachlan, Lis pendens, S. 21.

1957 Vgl. Born, International Arbitration, S. 3792 f.

1958 Zu allen genannten Gründen McLachlan, Lis pendens, S. 21 ff. Den seiner Meinung nach teilweise zu eng dargestellten Zusammenhang zwischen der *res judicata*-Wirkung und der *lis pendens*-Wirkung schränkt McLachlan ein. Den Zusammenhang zwischen beiden Rechtsinstituten sieht er primär in der gemeinsamen Funktion widersprüchliche Entscheidungen zu verhindern, McLachlan, Lis pendens, S. 24 f.

1959 Slaughter, 44 Harv. Int'l L.J. (2003), S. 191 (205 ff.).

Schließlich kann eine Koordination darauf abzielen, anderenfalls zu weitreichende Gerichtszuständigkeiten einzudämmen.[1960]

Die Ausgangssituation in transnationalen Fallgestaltungen ist im Grundsatz vergleichbar mit der verfahrensrechtlichen Situation in den meisten nationalen Schiedsrechten: Eine umfassende, kodifizierte Regelung zur Berücksichtigung ausländischer anderweitiger Rechtshängigkeit kann keines der einschlägigen Regelungswerke vorweisen.[1961] Die unter *lis pendens*-Gesichtspunkten dennoch interessanten Vorschriften in Art. II Abs. 3 UNÜ und Art. VI Abs. 3 EuÜ wurden an anderer Stelle bereits vorgestellt.[1962] Hier werden beide Artikel, neben anderen Vorschriften, erneut partiell aufgegriffen. Als kodifizierte, staatsgerichtliche Vorbilder für die Berücksichtigung anderweitiger ausländischer Rechtshängigkeit können beispielsweise Art. 9 IPRG oder der schon genannte Art. 27 EuGVVO[1963] angeführt werden.

Für die beteiligten Gerichte und Schiedsgerichte stellt sich in transnationalen Fällen die Frage, ob jegliche verfahrensrechtliche Entscheidung nach der *lex arbitri* des Schiedsortes zu treffen ist oder ob es eine einheitliche international anerkannte Schiedspraxis gibt.[1964] Diese Frage entsteht insbesondere im Fall einer potenziellen Anwendung einer Rechtshängigkeitssperre als einer prozessrechtlichen Einrichtung.[1965]

II. Anwendbarkeit von res judicata-Grundsätzen in der internationalen Schiedsgerichtsbarkeit

Das Problemfeld der *lis pendens* zeigt auch in der internationalen Schiedsgerichtsbarkeit Verwandtschaft mit dem Themenkomplex der Berücksichtigung der *res judicata*-Wirkung eines vorangehenden Schiedsspruchs zwischen identischen Parteien in derselben Streitigkeit. Vorliegend liegt der Schwerpunkt beim *lis pendens*-Grundsatz. Für Fragestellungen im Zusammenhang mit der Rechtskraftwirkung von Schiedssprüchen wird auf weiterführende Literatur verwiesen.[1966] Einige Bemerkungen sind gleichwohl zu machen: Im Grundsatz besteht aufgrund „*Deeply*

1960 Zur generell weiten US-amerikanischen Gerichtszuständigkeit und dem Justizkonflikt mit europäischen Ländern Schack, IZVR, S. 307, Rn. 817 f.

1961 Redondo, in: liber amicorum Cremades, S. 1131 (1134); Born, International Arbitration, S. 3793.

1962 Siehe hierzu unter den Gliederungspunkten 1. Kapitel. F.II. 3. a)bb)(3) und 1. Kapitel. F.II. 3. a)bb)(4).

1963 Hierzu unter Gliederungspunkt 1. Kapitel. F.II. 6.

1964 International Law Association (2006), S. 4, Rn. 1.10.

1965 Vgl. Berger/Kellerhals, Arbitration in Switzerland, S. 266, Rn. 927.

1966 International Law Association (2004), S. 1 ff.; Lowe, 8 African J. Int'l Law (1996), S. 38 ff.; spezieller Hanotiau, 18 J. Int'l Arb. (2001), S. 251 ff. Aus US-amerikanischer Perspektive Lowenfeld, in: Special Series (2001), S. 55 ff.; aus schweizerischer Sicht Berger/Kellerhals, Arbitration in Switzerland, S. 429 ff., Rn. 1498 ff.; vgl. auch Dorda, in: FS Torggler, S. 169 ff.

grounded considerations of public policy"[1967] ein internationaler Konsens, dass einem Schiedsspruch *res judicata*-Wirkung zukommt.[1968] Abgesehen von dieser grundsätzlichen Einigkeit darüber, dass (internationale) Schiedssprüche generell verschiedene *preclusive effects* und insbesondere die *res judicata*-Wirkung entfalten, ist man sich über Reichweite und Inhalt der Rechtskraftwirkung von Schiedssprüchen keineswegs einig.[1969]

Zudem enthalten die wichtigsten internationalen Übereinkommen zur Schiedsgerichtsbarkeit keine ausdrücklichen Regelungen zur Rechtskraftwirkung von Schiedssprüchen. Der Wortlaut des Art. III S. 1 UNÜ nimmt inhaltlich hierauf nur Bezug: „*Each Contracting State shall recognize arbitral awards as binding and enforce them in accordance with the rules of procedure of the territory where the award is relied upon, under the conditions laid down in the following articles.*" Neben dieser Bezugnahme auf Bindungswirkungen von Schiedssprüchen wird die Rechtskraftwirkung als solche nicht eigens angesprochen. Ebenso wenig gibt Art. III UNÜ Aufschluss darüber, wie ein bereits ergangener Schiedsspruch in einem anderen Vertragsstaat durch ein staatliches Gericht zu berücksichtigen ist.[1970] Mit einer kodifizierten Rechtskraftregelung innerhalb des UNÜ wären auch einige Schwierigkeiten verbunden, weil die einzelnen Vertragsstaaten in unterschiedlicher Weise durch ihr nationales Verfahrens- und Schiedsrecht vorgeprägt sind. Dies gilt insbesondere beim Umfang der Rechtskraftwirkung.[1971] Die Beteiligung verschiedener Länder führt unter anderem zu der facettenreichen Fragestellung, welches Recht das maßgebliche Recht zur Bestimmung der Rechtskraftwirkung eines Schiedsspruchs sein sollte.[1972]

III. Anwendbarkeit von lis pendens-Grundsätzen in der internationalen Schiedsgerichtsbarkeit

1. Parallelverfahren vor staatlichen Gerichten und Schiedsgerichten

Im Vergleich zum nationalen deutschen Schiedsrecht findet in der internationalen Schiedsgerichtsbarkeit eine intensivere Auseinandersetzung mit der Geltung von

1967 Born, International Arbitration (1. Aufl.), S. 2881; Born, International Arbitration, S. 3734 („*deeply-rooted considerations of public policy* (...)" ebenso Cremades/Madalena, 24 Arb. Int'l (2008), S. 507 (507).

1968 Brekoulakis, 16 Am. Rev. Int'l Arb. (2005), S. 177 (180 f.).

1969 Born, International Arbitration, S. 3440 f.

1970 Cremades/Madalena, 24 Arb. Int'l (2008), S. 507 (521). Umfassend zu Art. III UNÜ K/N/O/P-*Börner*, S. 116 ff.

1971 In diese Richtung Born, International Arbitration, S. 3741. Zum Umfang der Ausschlusswirkung vgl. auch die US-amerikanische Entscheidung *Norris v. Grosvenor Mktg. Ltd.*, 803 F.2d 1281, 1285 f. (2d Cir. 1986).

1972 Zu den Varianten, nach welchem Recht der *preclusive effect* eines Schiedsspruchs bestimmt werden kann, vgl. Born, International Arbitration, S. 3759 ff.

lis pendens statt. Insbesondere widmen führende Werke[1973] im Bereich *International (Commercial) Arbitration* dem Themenbereich umfassende Kapitel. Zudem hat sich die *International Law Association* im mehrfach angesprochenen Abschlussbericht[1974] eingehend mit der Anwendbarkeit von *lis pendens* in der internationalen (Handels-) Schiedsgerichtsbarkeit befasst. Der dortige Meinungsstand bestätigt die Untersuchungsmethode und das Untersuchungsergebnis der nationalen Teile dieser Arbeit. Zunächst sind erstens Fallkonstellationen von Parallelverfahren vor Staatsgerichten und Schiedsgerichten und zweitens Parallelverfahren vor mehreren Schiedsgerichten zu unterscheiden. Im Bereich paralleler Verfahren vor Staatsgerichten und Schiedsgerichten sind des Weiteren der Komplex doppelter Verfahren zum Sachentscheid und der Komplex paralleler Verfahren zur Frage der schiedsgerichtlichen Zuständigkeit (inklusive diesbezüglicher Einwendungen) getrennt voneinander zu betrachten. Im Grundsatz wird davon ausgegangen, dass *lis pendens* in der internationalen Schiedsgerichtsbarkeit nicht anzuwenden ist.[1975]

a) Parallelverfahren zum Sachentscheid

Auf Konstellationen, in denen gleichzeitig Verfahren zwischen denselben Parteien über den identischen Streitgegenstand vor Staatsgerichten und Schiedsgerichten eingeleitet wurden, bezieht sich die obige Kernaussage der Nichtanwendbarkeit von *lis pendens*.[1976] Zur Begründung wird darauf hingewiesen, dass *lis pendens* nur dann angewandt werden könne, wenn es zwei gleichermaßen zuständige (kompetente) Gerichte in einer Streitsache gebe. Durch eine wirksam geschlossene Schiedsvereinbarung werde den Schiedsgerichten jedoch die ausschließliche Zuständigkeit in einer Streitsache übertragen.[1977] Den Staatsgerichten werde gleichzeitig die Entscheidungszuständigkeit in dieser Angelegenheit entzogen. Demnach gebe es nur ein zuständiges Gericht, nämlich das Schiedsgericht.[1978]

Diese Sichtweise enthält die richtige Aussage, dass für den sachlichen Umfang einer wirksamen Schiedsvereinbarung die Entscheidungszuständigkeit der staatlichen Gerichte derogiert wird. Es wird intendiert, parallele Verfahren zwischen denselben Parteien vor Schiedsgerichten und Staatsgerichten zum Sachentscheid

---

1973 Born, International Arbitration, S. 3791 ff.; McLachlan, Lis pendens, S. 189 ff.

1974 International Law Association (2006), S. 1 ff.; hierzu unter Gliederungspunkt 1. Kapitel. F.II. 6. b)bb).

1975 Born, International Arbitration, S. 3793 ff.; Lew, in: Cremades/Lew, Parallel Proceedings, S. 305 (311). Vgl. ebenfalls Born, International Arbitration, S. 3809, der wegen der Frage nach dem anwendbaren Recht auch für die Anwendbarkeit von *lis pendens* in der internationalen Schiedsgerichtsbarkeit sui-generis-Standards vorschlägt.

1976 Lew, in: Cremades/Lew, Parallel Proceedings, S. 305 (311); Born, International Arbitration, S. 3792 ff. mit weiterführenden Literaturangaben.

1977 International Law Association (2006), S. 16, Rn. 4.3.

1978 Vgl. Born, International Arbitration, S. 3794.

zu verhindern.[1979] Dies soll durch den Vorrang der Schiedsgerichtsbarkeit zum Sachentscheid erreicht werden.[1980] Verfahrenstechnisch wird dieser Vorrang der Schiedsgerichte u. a. in den internationalen Regelungswerken des UNÜ (Art. II Abs. 3 UNÜ), des EuÜ (Art. VI Abs. 3 EuÜ), im UNCITRAL-Modellgesetz (Art. 8 Abs. 1 ModG) sowie in nationalen Schiedsrechten (z. B. § 1032 Abs. 1 ZPO; § 3 FAA) über die Schiedseinrede abgesichert. Sofern eine Verfahrensordnung für ein administriertes Schiedsverfahren gewählt wurde und diese keine (direkte) Regelung zum Verhältnis zwischen Schiedsverfahren und Staatsverfahren enthält, ist dies unbeachtlich, da die institutionellen Schiedsordnungen den Parteien ohnehin nicht mehr Rechte zugestehen dürfen, als es das anwendbare zwingende Verfahrensrecht des jeweiligen Landes vorsieht.[1981]

Die Auseinandersetzung mit einer zusätzlichen Koordination gleichzeitiger Verfahren vor beiden Gerichtsbarkeiten nach dem *lis pendens*-Grundsatz macht entsprechend den Ausführungen zum deutschen Schiedsrecht auch im internationalen Bereich nur Sinn, wenn mithilfe der Schiedseinrede nicht alle problembehafteten Konstellationen doppelter Verfahren zum identischen Streitgegenstand zwischen denselben Parteien sach- und interessengerecht aufgelöst werden.[1982] Ebenfalls parallel zur Argumentation im deutschen Schiedsverfahrensrecht kann im internationalen Kontext auch auf die prozessuale Art und Weise abgestellt werden, durch die der Entscheidungsvorrang der Schiedsgerichte gesichert wird. Sowohl das UNÜ als auch das EuÜ berücksichtigen die Derogationswirkung der Schiedsvereinbarung und somit den Vorrang der Schiedsgerichte zum Sachentscheid ausschließlich bei rechtzeitiger Rüge der beklagten Partei.[1983] Dasselbe gilt für eine Vielzahl der nationalen Schiedsrechte.[1984] Eine Alternative zu dieser präklusionsbedrohten Schiedseinrede[1985] wäre eine von Amts wegen zu berücksichtigende Rechtshängigkeitssperre, wie sie beispielsweise das deutsche Zivilprozessrecht in § 261 Abs. 3 Nr. 1 ZPO vorsieht. In analoger Anwendung und um das Erfordernis einer positiven Anerkennungsprognose ergänzt, wird der Rechtshängigkeitseinwand nach § 261 Abs. 3 Nr. 1 ZPO außerhalb vorrangig zu beachtender staatsvertraglicher Regelungen bei der Berücksichtigung anderweitiger

1979 Hierzu noch unter Gliederungspunkt 3. Kapitel. A.III. 1. a).

1980 Liatowitsch, Parallelverfahren, S. 43. Hierzu bereits hinsichtlich des deutschen Schiedsrechts unter Gliederungspunkt 1. Kapitel. F.II. 6. b)bb)(1).

1981 Fouchard/Gaillard/Goldman, International Commercial Arbitration, S. 399 (bezüglich der schiedsgerichtlichen Kompetenz-Kompetenz).

1982 McLachlan, Lis pendens, S. 193: „*There is no doubt, as will be seen, that some of the problems of parallel proceedings in this field may be solved simply by the proper application of a rule of priority for arbitration. But other problems will persist.*"

1983 Cremades/Madalena, 24 Arb. Int'l (2008), S. 507 (511).

1984 Z. B. § 1032 Abs. 1 ZPO; § 3 FAA.

1985 So MüKo-*Münch*, § 1032, Rn. 2 hinsichtlich der deutschen Regelung in § 1032 Abs. 1 ZPO.

ausländischer Rechtshän-gigkeit angewandt.[1986] Diese Praxis bedeutet, dass sich das inländische staatliche Gericht wegen früherer anderweitiger Rechtshängigkeit nur dann für unzuständig erklärt, wenn das im Ausland zu erwartende Urteil voraussichtlich im Inland anzuerkennen ist.[1987] Wenn die deutsche *lex fori* daher das anwendbare Recht ist, könnte möglicherweise eine doppelt analoge Anwendung des § 261 Abs. 3 Nr. 1 ZPO im Verhältnis zwischen Staatsverfahren und Schiedsverfahren denkbar sein.

Zusätzlich zu den im nationalen Schiedsrecht angesprochenen Vorbehalten gegenüber einer von Amts wegen zu beachtenden Rechtshängigkeitsregelung im Verhältnis zwischen Staats- und Schiedsgerichtsbarkeit[1988] treten bei internationalen Fallkonstellationen weitere Bedenken praktischer Natur hinzu: An internationalen Schiedsverfahren sind Parteien beteiligt, die regelmäßig aus Ländern mit verschiedenen Rechtstraditionen kommen. Deutlich werden die Unterschiede, wenn sich Parteien aus Ländern mit *Common Law*-Tradition[1989] und Ländern mit *Civil Law*-Tradition gegenüberstehen. Exemplarisch wurde anhand des US-amerikanischen Rechts dargstellt, dass *lis pendens*-Gesichtspunkte im *Common Law* weniger eng ausgelegt werden (*substantially the same parties*).[1990] *Lis pendens* in der *Civil Law*-Tradition erfordert hingegen, dass der *triple identity*-Test (*identical parties, identical causes of action and relief*) erfüllt wird.[1991] Der Zeitpunkt der Klageerhebung ist im *Common Law*-Rechtskreis,[1992] wenn überhaupt, nur als ein Faktor unter mehreren zu berücksichtigen.[1993] Demgegenüber folgen vornehmlich die kontinentaleuropäischen Länder bei der Anwendung einer Litispendenzregelung strikt dem Prioritätsprinzip (*first seized rule*).[1994] Darüber hinaus greift

1986 Rechtsvergleichender Länderüberblick zur Berücksichtigung ausländischer Rechtshängigkeit bei Schütze, ZZP 104 (1991), S. 136 (137 f.).

1987 BGH FamRZ 1994, S. 434 (434). Von einer positiven Anerkennungsprognose macht außerhalb von Staatsverträgen neben dem deutschen Recht auch Art. 9 IPRG die Berücksichtigung ausländischer anderweitiger Rechtshängigkeit abhängig. Eingehender zum Erfordernis einer positiven Anerkennungsprognose noch unter den Gliederungspunkten 3. Kapitel. B.I. 2. a)aa)(d) und 3. Kapitel. B.I. 2. a)bb)(3).

1988 Hierzu unter Gliederungspunkt 1. Kapitel. F.II. 6. b)bb)(1).

1989 Zu den unterschiedlichen Rechtstraditionen in Bezug auf *lis pendens* Fawcett, General Report, S. 1 (28 ff.).

1990 Hierzu unter Gliederungspunkt 2. Kapitel. D.III. 3. a)bb)(2).

1991 Cremades/Madalena, 24 Arb. Int'l (2008), S. 507 (510); Vgl. auch Redondo, in: liber amicorum Cremades, S. 1131 (1138), der sich auf die von der *International Law Association* aufgestellten Voraussetzungen für die Anwendbarkeit von *lis pendens* und *res judicata* in der internationalen Schiedsgerichtsbarkeit bezieht.

1992 Fawcett, General Report, S. 1 (31 ff.).

1993 Hierzu unter den Gliederungspunkten 2. Kapitel. D.III. 3. b)cc) und 2. Kapitel. D.III. 4. b)aa)(1).

1994 Hierzu McLachlan, Lis pendens, S. 60 f. Generell gegen die Anwendung des Prioritätsprinzips im Verhältnis von Staats- und Schiedsgerichten Söderlund, 22 J. Int'l Arb. (2005), S. 301 (306).

insbesondere das US-Recht auf eine Vielzahl von Regelungsmechanismen zurück, um *parallel proceedings* zu verhindern. Schon diese Divergenzen verdeutlichen, dass ein gemeinsames Konzept nur schwer auszumachen ist. Es stehen sich zwei gegenläufige Modelle gegenüber.

Die Neutralität des schiedsgerichtlichen Forums ist ein wichtiger Gesichtspunkt für dessen Wahl an Stelle eines ausländischen Staatsgerichts.[1995] Dennoch gibt es in der internationalen Schiedsgerichtsbarkeit kein komplett neutrales Forum, welches von jeglichen Einflüssen nationalen Rechts losgelöst ist.[1996] Basis der schiedsrichterlichen Entscheidungskompetenz ist die abgeschlossene Schiedsvereinbarung.[1997] Mit der Schiedsvereinbarung können die Parteien dem Schiedsgericht aber keine weiter reichenden Rechte zuweisen, als es das auf die Schiedsvereinbarung anwendbare Recht und die *lex arbitri* zulassen.[1998] Eine übergeordnete schiedsgerichtliche Instanz, welche von jeglichen länderspezifischen Eigenarten losgelöst ist und in Kollisionssituationen eine verbindliche Entscheidung treffen könnte, ist ebenfalls nicht vorhanden.[1999]

Zusammengefasst erweist sich die bestehende Rechtslage in der internationalen Schiedsgerichtsbarkeit bei parallelen Verfahren zum Sachentscheid vor Staats- und Schiedsgerichten als sachgerecht. Zum einen spiegelt das Erfordernis der Schiedseinrede in den internationalen Regelungswerken die überwiegende Rechtspraxis der Vertragsstaaten wider. Zum anderen berücksichtigt das Einredeerfordernis die Privatautonomie der Parteien. Diese nimmt als eine der Grundsäulen des Schiedsverfahrens großen Stellenwert ein.[2000] Konsequenterweise können die Parteien deshalb durch Rügeverzicht unproblematisch auf den Rechtsweg vor den staatlichen Richter zurückkehren.

Die geschilderten Schwierigkeiten, eine allseits akzeptierte einheitliche Lösungsmöglichkeit zur Koordination ausländischer Rechtshängigkeit im Verhältnis von Schieds- und Staatsgerichten zu finden, werden durch den Umstand abgemildert, dass die meisten Fälle von internationalen Doppelverfahren vor Schiedsgerichten

---

1995 Nagel/Gottwald, IZVR, S. 844, Rn. 6; McLachlan, Lis pendens, S. 191; Kreindler/Schäfer/Wolff, Schiedsgerichtsbarkeit, S. 207, Rn. 702.

1996 Deutlich wird dies unter anderem im Bereich des UNÜ, wenn es um die Frage des anzuwendenden Rechts bei der Auslegung einer Anerkennungsvoraussetzung geht. Zur Zulässigkeit eines anationalen Schiedsspruchs unter Gliederungspunkt 3. Kapitel. B.I. 2. a)bb)(3) (b)(dd).

1997 *Totem Marine Tug & Barge v. North American Towing,* 607 F.2d 649, 651 (5th Cir. 1979) („*Arbitration is contractual and arbitrators derive their authority from the scope of the contractual agreement.*"); bezugnehmend auf *United Steelworkers of America v. Enterprise Wheel and Car Corp.*, 363 U.S. 593, 597, 80 S.Ct. 1358, 4 L.Ed.2d 1424 (1960)

1998 Redfern/Hunter, Law and Practice, S. 351, Rn. 5.109.

1999 Hierzu für das deutsche Schiedsrecht unter Gliederungspunkt 1. Kapitel. F.II. 6.

2000 Für das deutsche Schiedsrecht MüKo-*Münch,* § 1029, Rn. 5 (Privatautonomie als Zentralelement der Schiedsbindung).

und Staatsgerichten keine Fälle sind, in denen *lis pendens* in strikter Form angewandt werden könnte. Das Auswerten der vorhandenen Materialien verdeutlicht, dass es selten Konstellationen gibt, in denen sich die Parteien und der Streitgegenstand in zwei Verfahren exakt decken.[2001] Den Regelfall bilden konnexe Verfahren, in denen aufgrund der Sachnähe (z. B. Streitigkeiten aufgrund desselben Vertrages) oder wegen partiell identischer oder ähnlicher Parteien dennoch die Gefahr divergierender Sachentscheidungen besteht. Auch in einer solchen Situation ist es durchaus sinnvoll, eine Verfahrenskoordination vorzunehmen. Doch kann diese ohne den Rückgriff auf den strikten *lis pendens*-Grundsatz erfolgen.[2002]

Somit ist im internationalen Bereich weniger das mechanische und bisweilen starre europäische Konzept[2003] zu befürworten, sondern ein flexibles Modell, angelehnt an das *Common Law*-Konzept. Die Terminologie von *parallel proceedings* erscheint ebenfalls zutreffender.

b) Parallelverfahren zur Frage der schiedsgerichtlichen Zuständigkeit

Der Vorrang der Schiedsgerichtsbarkeit zum Sachentscheid kommt nur zum Tragen, wenn überhaupt eine wirksame Schiedsvereinbarung in der jeweiligen Streitsache vorliegt.[2004] Ein wichtiger Bereich, in dem die Anwendbarkeit von *lis pendens* diskutiert wird, betrifft gleichzeitig vor Schieds- und Staatsgerichten eingeleitete Verfahren über die Frage der schiedsgerichtlichen Zuständigkeit inklusive der Frage über die Wirksamkeit einer Schiedsvereinbarung. Da möglicherweise sowohl dem Schiedsgericht als auch dem Staatsgericht die Entscheidungsbefugnis über die schiedsgerichtliche Zuständigkeit eingeräumt ist, besteht die Gefahr von parallelen Verfahren.[2005] Konkret kann sich die Situation folgendermaßen darstellen: Der Schiedskläger A leitet ein Schiedsverfahren aufgrund einer mit B abgeschlossenen Schiedsvereinbarung am vereinbarten Schiedsort in Y ein. Der Schiedsbeklagte B bezweifelt die Zuständigkeit des Schiedsgerichts in Y und die Wirksamkeit der Schiedsvereinbarung und erhebt seinerseits Klage vor dem staatlichen Gericht in Z.

Unabhängig von einem einschlägigen Regelungswerk gibt es zumindest drei prinzipiell mögliche Lösungswege, wie man parallele Verfahren vor Staats- und Schiedsgerichten zur Frage der schiedsgerichtlichen Zuständigkeit handhaben kann. Die nachfolgend dargestellten Möglichkeiten entsprechen den Überlegungen der

2001 So auch Hobér, in: Cremades/Lew, Parallel Proceedings, S. 243 (245); McLachlan, Lis pendens, S. 109.

2002 Vgl. Söderlund, 22 J. Int'l Arb. (2005), S. 301 (306), der vorschlägt, generell auf den Grad der Überschneidungen beider Verfahren bzgl. Parteien, Streitsache u. ä. abzustellen.

2003 Fawcett, General Report, S. 1 (35), allgemein zu den Nachteilen einer strikten *lis pendens*-Regelung in der kontinentaleuropäischen Tradition.

2004 Van Houtten, in: Special Series (2001), S. 35 (39).

2005 Vgl. Born, International Arbitration, S. 3795 f.

Expertenkommission im Abschlussbericht der *International Law Association* zur Anwendbarkeit von *lis pendens* in der internationalen Handelsschiedsgerichtsbarkeit.[2006]

Die erste Variante basiert auf der Souveränität der Staatsgerichte und gewichtet diese sehr stark. Deshalb lehnt es diese Lösungsvariante ab, Schiedsgerichte als gleichwertiges Forum zur Streiterledigung zu betrachten. Staatsgerichte sollen ungeachtet einer bestehenden Schiedsvereinbarung über die schiedsgerichtliche Zuständigkeit entscheiden dürfen. Im Ergebnis würde dies ein Nebeneinander beider Verfahren bedeuten. Eine Koordination unter *lis pendens*-Gesichtspunkten fände nicht statt. Dass ein Konzept ohne jegliche Koordination zwischen Staats- und Schiedsgerichten international nicht gewollt sein könne, zeige sich jedoch anhand der internationalen schiedsgerichtlichen Praxis, insbesondere der des UNÜ.[2007]

Eine zweite Variante geht von der Gleichwertigkeit von Schiedsgerichten und Staatsgerichten aus. Die *lis pendens*-Grundsätze werden nach dieser Lösungsvariante aus dem staatlichen nationalen Recht und aus dem transnationalen Verhältnis zwischen mehreren Staatsgerichten auf das internationale Verhältnis zwischen Schieds- und Staatsgerichten übertragen. Problematisch an dieser Variante sei jedoch, dass das Verständnis von *lis pendens* – wie auch die Ausführungen dieser Arbeit belegen – zwischen *Common Law*-Ländern und *Civil Law*-Ländern zum Teil erheblich voneinander abweiche. Zu den negativen Folgen doppelter Verfahren könne es deshalb trotz Regelungsintention kommen, zumal durch eine *first-in-time-rule* ein zukünftiger Beklagter ein staatliches Verfahren einleiten könne, um ein Schiedsverfahren zu verhindern. Eine Lösungsvariante nach der *forum non conveniens*-Doktrin wäre hingegen wenig vorhersehbar. Zudem wäre nicht klar, welches Gericht, Schiedsgericht oder Staatsgericht, über deren Voraussetzungen zu entscheiden hätte.

Die dritte Variante räumt den Schiedsgerichten den Entscheidungsvorrang in der Frage der schiedsgerichtlichen Zuständigkeit ein. Staatsgerichtliche Eingriffs- und Kontrollbefugnisse hinsichtlich der schiedsgerichtlichen Zuständigkeit sind hiernach einem gerichtlichen Aufhebungs- und Vollstreckungsverfahren vorbehalten. Der Vorteil dieser Lösungsmöglichkeit sei darin zu sehen, dass Strategien der beklagten Partei, die darauf abzielten, das Schiedsverfahren zu boykottieren, von vornherein unterbunden würden. Als Nachteil dieser Variante wird auf den zeitlichen Verlust hingewiesen, den eine beklagte Partei hinzunehmen hätte, wenn sie trotz berechtigter Einwände gegen die schiedsgerichtliche Zuständigkeit den Erlass einer schiedsgerichtlichen Entscheidung abwarten müsse.[2008]

Die vorliegend exemplarisch heranzuziehenden Regelungswerke der internationalen Schiedsgerichtsbarkeit, das UNÜ und das EuÜ, sehen Vorschriften für Einwendungen gegen die schiedsgerichtliche Zuständigkeit oder bei Zweifeln an

---

2006 Vgl. zu allen drei nachfolgenden Lösungsvarianten und der erwähnten Kritik International Law Association (2006), S. 16, Rn. 4. 6.

2007 Hierzu unter 1. Kapitel. F.II. 3. a)bb)(4).

2008 Zu diesem Kritikpunkt auch Kaufmann-Kohler, 2 Dis. Rev. Int. (2008), S. 110 (112).

der schiedsgerichtlichen Zuständigkeit vor. Die Regelungen beider Abkommen betreffen Fragestellungen, die üblicherweise im Zusammenhang mit dem schiedsrechtlichen Grundsatz der Kompetenz-Kompetenz thematisiert werden. Bevor bewertet werden kann, ob *lis pendens* in der internationalen Schiedsgerichtsbarkeit eine eigenständige Funktion übernehmen kann, ist deshalb dieser Grundsatz auch im internationalen Verhältnis näher zu betrachten.

aa) Verhältnis von lis pendens und dem Grundsatz der Kompetenz-Kompetenz unter Berücksichtigung der schweizerischen Fomento-Entscheidung

Der Grundsatz der Kompetenz-Kompetenz[2009] ist weltweit anerkannt.[2010] Übereinstimmend versteht man unter Kompetenz-Kompetenz die Befugnis eines Schiedsgerichts, über die eigene Zuständigkeit zu entscheiden[2011] (so genannte positive Kompetenz-Kompetenz).[2012] Wenn ein Schiedsgericht ein zuvor eingeleitetes Staatsverfahren nach *lis pendens*-Gesichtspunkten zu berücksichtigen hätte, könnte es gerade nicht über die eigene Zuständigkeit entscheiden. Vom Inhalt des Grundsatzes der Kompetenz-Kompetenz im Bereich der internationalen Schiedsgerichtsbarkeit hängt es deshalb ab, ob dieser Grundsatz dagegen spricht, *lis pendens* im Verhältnis von Schiedsverfahren und Staatsverfahren zueinander anzuwenden.[2013]

Wie erwähnt, gibt es kein weltweit einheitliches Konzept über den Inhalt des Grundsatzes der Kompetenz-Kompetenz.[2014] Die Befugnis des Schiedsgerichts, über die eigene Zuständigkeit entscheiden zu können, ist nur einer von mehreren Aspekten dieses Grundsatzes.[2015] Länderübergreifend wird deshalb das Recht, über die eigene Zuständigkeit zu entscheiden, nur als Basis des Grundsatzes der

---

2009 Wie zu zeigen sein wird, bestehen durch das jeweilige nationale Recht geprägte Unterschiede hinsichtlich des Inhaltes des Grundsatzes der Kompetenz-Kompetenz. Park, in: International Arbitration 2006, S. 55 (60), weist deshalb darauf hin, dass es zutreffender wäre, nicht von einem, sondern von mehreren Grundsätzen der schiedsgerichtlichen Kompetenz-Kompetenz zu sprechen.

2010 Hierzu Born, International Arbitration, S. 1068, Fn. 127 mit Rechtsprechungshinweisen. Indonesien lehnt den Grundsatz der Kompetenz-Kompetenz ab, Shalakany, 41 Harv. Int'l L. J. (2000), S. 419 ff.

2011 Liatowitsch, Parallelverfahren, S. 32.

2012 Fouchard/Gaillard/Goldmann, International Commercial Arbitration, S. 401.

2013 Cremades/Madalena, 24 Arb. Int'l (2008), S. 507 (509), die auf die wichtige Rolle des Kompetenz-Kompetenz-Grundsatzes im Zusammenhang mit *parallel proceedings* hinweisen.

2014 Schlosser, in: Special Series (2001), S. 15 (15); Born, International Arbitration, S. 1048. Zum vielfältigen Inhalt des Grundsatzes der Kompetenz-Kompetenz Park, in: International Arbitration 2006, S. 55 (56).

2015 Nach Park, in: International Arbitration 2006, S. 55 (56) schließen sich an die Befugnis des Schiedsgerichts, über die eigene Zuständigkeit entscheiden zu dürfen, aus Sicht der staatlichen Gerichte zwei weitere Fragestellungen an. Erstens kommt es auf die zeitliche Komponente an, wann das Staatsgericht die schiedsgerichtliche Zuständigkeit überprüfen darf. Zweitens schließt sich die Frage an, ob

schiedsgerichtlichen Kompetenz-Kompetenz anerkannt.[2016] Differente nationale Ansätze führen dazu, dass auch im internationalen Kontext unterschiedliche Spielarten der Kompetenz-Kompetenz bekannt sind. Darüber hinaus variiert die Terminologie.[2017] Die wesentlichen Unterschiede beziehen sich tatsächlich auf die von *Park*[2018] herausgestellten Punkte, nämlich den Zeitfaktor und auf die Frage der Bindungswirkung der schiedsgerichtlichen Zuständigkeitsentscheidung für die Staatsgerichte. Der zeitliche Faktor betrifft den Bereich von *lis pendens.*[2019] Die Bindungswirkung der Zuständigkeitsentscheidung ist hingegen vorzugsweise im Zusammenhang mit der *res judicata*-Wirkung von Schiedssprüchen zu thematisieren.[2020]

Einerseits ist also zu untersuchen, wann das Schiedsgericht über die eigene Zuständigkeit entscheiden darf oder muss. Andererseits ist herauszustellen, wann eine gerichtliche Intervention zur schiedsgerichtlichen Zuständigkeitsfrage bzw. eine gerichtliche Entscheidung zur Zuständigkeit zuzulassen ist. Insbesondere ist fraglich, ob dem Schiedsgericht nur die grundsätzliche Möglichkeit einzuräumen ist, überhaupt über die eigene Zuständigkeit zu entscheiden,[2021] oder ob den Schiedsgerichten möglicherweise sogar die Erstentscheidungskompetenz über die eigene Zuständigkeit zukommen muss. Die zuletzt genannte Möglichkeit wird als negative Kompetenz-Kompetenz[2022] bezeichnet. Diese Ausprägung der Kompetenz-Kompetenz wird kritisch gesehen.[2023] Hiernach müsste ein Staatsgericht ein parallel eingeleitetes Verfahren zur schiedsgerichtlichen Zuständigkeit abweisen oder aussetzen, bis eine schiedsgerichtliche Entscheidung über die Frage der Zuständigkeit getroffen wurde. Das Verständnis der negativen Kompetenz-Kompetenz (bzw. in diesem Zusammenhang richtigerweise mit der französischen Schreibweise als *competence-competence* bezeichnet)[2024] liegt dem französischen Schiedsrecht

---

der Entscheidung des Schiedsgerichts über die eigene Zuständigkeit Bindungswirkung für staatliche Gerichte zukommt.

2016 Regelungen zur Kompetenz-Kompetenz enthalten das deutsche Schiedsrecht, § 1040 Abs. 1 ZPO; § 592 ÖZPO; § 30 des englischen Arbitration Acts; Art 186 Abs. 1 IPRG; Art. 22 Abs. 1 des spanischen Arbitration Acts und die Schiedsverfahrensordnungen führender Schiedsinstitutionen z. B. Art. 6 Abs. 1 ICC-SchO a. F.; Art. 23 Abs. 1 LCIA; Art. 15 Abs. 1 IRA.

2017 Hierzu Born, International Arbitration, S. 1048. Auch schon unter Gliederungspunkt 1. Kapitel. F.II. 6. b)bb)(2).

2018 Park, in: International Arbitration 2006, S. 55 (56).

2019 McLachlan, Lis pendens, S. 198.

2020 So auch McLachlan, Lis pendens, S. 198.

2021 So das deutsche Konzept in § 1040 Abs. 1 ZPO. Hiernach verbleibt die Letztentscheidungsbefugnis über die schiedsgerichtliche Zuständigkeit zwingend bei den Staatsgerichten (unechte Kompetenz-Kompetenz). Hierzu bereits unter Gliederungspunkt 1. Kapitel. F.II. 6. b)bb)(2).

2022 McLachlan, Lis pendens, S. 47, 194.

2023 International Law Association (2006), S. 17, Rn. 4.13.

2024 Hierzu Born, International Arbitration, S. 1110 ff. (mit zahlreichen Rechtsprechungshinweisen).

zugrunde. Nach Art. 1465 NCCP[2025] steht den Schiedsgerichten die Entscheidung zu, über die eigene Zuständigkeit zu entscheiden.[2026] Nach Art. 1448 NCCP[2027] besteht die angesprochene Besonderheit, dass die Staatsgerichte die eigene Zuständigkeit ohne weiteres – auch ohne summarische Prüfung – abweisen, soweit ein Schiedsgericht bereits mit der Streitsache befasst ist.[2028] Somit folgen die Franzosen der weiter oben als dritte Lösungsvariante vorgestellten Möglichkeit. Auf die hiermit verbundenen negativen Folgen wurde bereits hingewiesen.[2029]

Ähnlich der französischen Regelung, aber umfangreicher weisen die *London Court of International Arbitration Rules* (LCIA) in Art. 23 Abs. 4 LCIA[2030] den Schiedsgerichten ausdrücklich ein Erstentscheidungsrecht in Zuständigkeitsfragen zu. Abweichende Regelungen sind nur aufgrund schriftlicher Vereinbarung aller Parteien oder mit Zustimmung des Schiedsgerichts möglich. Die ICC-SchO sah in Art. 6 Abs. 2 ICC-SchO a. F. eine zweistufige Verfahrensweise vor.[2031] Hiernach

---

2025 Art. 1465 NCCP: „*The arbitral tribunal has the exclusive jurisdiction to rule on objections to its jurisdiction.*" Dieser Regelung entsprach die bis zum 13. Januar 2011 geltende Regelung in Art. 1466 NCCP a. F. Eine englische Fassung der alten Vorschrift ist abgedruckt bei Fouchard/Gaillard/Goldmann, International Commercial Arbitration, S. 1009: Art. 1466 NCCP: „*If, before the arbitrator, one of the parties challenges the principle or scope of the arbitrator's jurisdiction, the arbitrator shall rule on the validity or scope of his or her jurisdiction.*"

2026 Born, International Arbitration, S. 3797.

2027 Eine englische Fassung der Vorgängernorm von Art. 1448 NCCP ist abgedruckt bei Fouchard/Gaillard/Goldmann, International Commercial Arbitration, S. 1008: Art. 1458 Abs. 1 NCCP a. F.: „*When a dispute submitted to an arbitral tribunal by virtue of an arbitration agreement is brought before a national court, such court shall decline jurisdiction.* Art. 1458 Abs. 2 NCCP a. F.: *If the arbitral tribunal has not yet been seized of the matter, the court shall also decline jurisdiction unless the arbitration agreement is manifestly void.* Art. 1458 Abs. 3 NCCP a. F.: *In neither case may a court decline jurisdiction on its own motion.*"

2028 Vgl. Fouchard/Gaillard/Goldmann, International Commercial Arbitration, S. 412; K/N/O/P-*Schramm/Geisinger/Pinsolle*, S. 96 f. (zu Art. 1458 NCCP a. F.). Zur Neuregelung, vgl. Born, International Arbitration, S. 112 f.

2029 Hierzu unter Gliederungspunkt 3. Kapitel. A.III. 1. a).

2030 Art. 23 Abs. 4 LCIA: „*By agreeing to arbitration under these Rules, the parties shall be treated as having agreed not to apply any state court or other judicial authority for any relief regarding the Arbitral Tribunal's jurisdiction or authority, except with the agreement in writing of all parties to the arbitration or the prior authorisation of the Arbitral Tribunal or following the latter's award ruling on the objection to its jurisdiction or authority.* "

2031 Art. 6 Abs. 2 ICC-SchO a. F.: "*If the Respondent does not file an Answer, as provided by Article 5, or if any party raises one or more pleas concerning the existence, validity or scope of the arbitration agreement, the Court may decide, without prejudice to the admissibility or merits of the plea or pleas, that the arbitration shall proceed if it is prima facie satisfied that an arbitration agreement under the Rules may exist. In such a case, any decision as to the jurisdiction of the Arbitral Tribunal shall be*

entschied nach einer ersten *prima facie*-Entscheidung des ICC-Gerichtshofs zur Gültigkeit der Schiedsvereinbarung im Weiteren das Schiedsgericht selbst über Einwände gegen seine Zuständigkeit.[2032]

Das EuÜ regelt die Kompetenz-Kompetenz in Art. V Abs. 3 EuÜ. Auch wenn eine Partei die Zuständigkeit des Schiedsgerichts ausdrücklich bestreitet, kann das Schiedsgericht sein Verfahren fortsetzen.[2033] Das EuÜ folgt einem Konzept, das auf die zeitliche Reihenfolge der eingeleiteten Verfahren abstellt.[2034] Art. V Abs. 3 EuÜ[2035] verdeutlicht dies, indem es auf ein potenzielles *nachfolgendes* gerichtliches Überprüfungsverfahren abstellt. Die schiedsgerichtliche Kompetenz-Kompetenz ist nur vorläufig.[2036] Zum Verhältnis zwischen parallelen Verfahren vor Schieds- und Staatsgerichten nimmt Art. VI Abs. 3 EuÜ Stellung. Auch hier ist die zeitliche Priorität ausschlaggebend, indem festgelegt wird, dass ein nachfolgend mit der Frage der schiedsgerichtlichen Zuständigkeit oder Wirksamkeit der Schiedsvereinbarung betrautes Staatsgericht sein Verfahren aussetzen und die Parteien auf den Schiedsweg verweisen muss, bis ein Schiedsspruch ergangen ist.[2037] Da Art. VI Abs. 3 EuÜ die Verfahrensaussetzung des staatlichen Verfahrens unter den Vorbehalt stellt, dass kein wichtiger Grund dem entgegensteht, wird deutlich, dass das Regelungswerk Parallelverfahren zur Frage der schiedsgerichtlichen Zuständigkeit nicht umfassend verhindert. Sofern ein wichtiger Grund vorliegt, kann das staatliche Gericht parallel zum Schiedsgericht angerufen werden. Nur nach der Grundregel wird also dem zuerst angerufenen Schiedsgericht der Vorrang bezüglich der Frage der schiedsgerichtlichen Zuständigkeit eingeräumt.[2038]

Im Vergleich zum EuÜ regelt die *New York Convention* die Kompetenz-Kompetenz weniger eindeutig. Teilweise wird angenommen, die Konvention beziehe keinerlei Stellung zur Kompetenz-Kompetenz.[2039] Das Zusammenspiel der Art. II Abs. 3 UNÜ

---

taken by the Arbitral Tribunal itself. If the Court is not so satisfied, the parties shall be notified that the arbiration cannot proceed. In such a case any party retains the right to ask any court having jurisdiction whether or not there is a binding arbitration agreement."

2032 Redfern/Hunter, Law and Practice, S. 347, Rn. 5.100 ff.; Schütze-*Reiner/Jahnel*, Art. 6 ICC-SchO, Rn. 2 ff.

2033 Umfassend zu Art. V Abs. 3. EuÜ Hascher, YCY XVII (1992), S. 711 (728 f.).

2034 Das Prioritätsprinzip findet sich auch im schweizerischen Schiedsrecht, Art. 372 CH ZPO. Hierzu unter Gliederungspunkt 1. Kapitel. F.II. 3. a)bb)(2).

2035 Art. V Abs. 3 EuÜ: *„Subject to any subsequent judicial control provided for under the lex fori, the arbitrator whose jurisdiction is called in question shall be entitled to proceed with the arbitration, to rule on his own jurisdiction and to decide upon the existence or the validity of the arbitration agreement or of the contract of with the agreement forms part."*

2036 MüKo-*Adolphsen*, Art. V EuÜ, Rn. 17.

2037 Hierzu bereits unter Gliederungspunkt 1. Kapitel. F.II. 3. a)bb)(3).

2038 Born, International Arbitration, S. 1057 f.

2039 Bachand, 22 Arb. Int'l (2006), S. 463 (470 f.); Van den Berg, New York Convention, S. 131; a. A. K/N/O/P-*Schramm/Geisinger/Pinsolle*, S. 96 (Art. II Abs. 3 UNÜ

und Art. V Abs. 1 lit. a.) und lit. c.) UNÜ zeigt aber sehr wohl einige Grundlinien zu dieser Thematik auf. Wie gesagt[2040], räumt das UNÜ in Art. II Abs. 3 den Schiedsgerichten auf Antrag einer Partei die Entscheidungspriorität in der Streitsache selbst ein. Den Ausschluss der Entscheidungsgewalt staatlicher Gerichte zugunsten der Schiedsgerichte setzt Art. II Abs. 3 UNÜ unter den Vorbehalt einer existenten und wirksamen Schiedsvereinbarung. Da Art. V Abs. 1 lit. a.) und lit. c.) UNÜ inhaltlich wiederum den Erlass eines Schiedsspruchs voraussetzen, wird gleichzeitig impliziert, dass das Schiedsgericht selbst zuvor eine Entscheidung über seine Zuständigkeit getroffen hat.[2041] Indirekt fordert und unterstützt das UNÜ die Anerkennung des schiedsrechtlichen Grundsatzes der Kompetenz-Kompetenz im Rahmen der internationalen Schiedsgerichtsbarkeit.[2042] Auf der anderen Seite kann der Wortlaut des Art. II Abs. 3 UNÜ „(...) *unless it finds that the said agreement is null and void, inorperative or incapable of being performed.*“ sinnvollerweise nur so verstanden werden, dass den Staatsgerichten, schon bevor der Schiedsspruch erlassen wird, ebenfalls eine Entscheidungskompetenz in *jurisdictional matters* zukommt.[2043] Im Regelungswerk bleibt unbeantwortet, welches Gericht im Zweifelsfall die Erstentscheidungskompetenz hat, über die Wirksamkeit der Schiedsvereinbarung als Voraussetzung für die schiedsgerichtliche Entscheidungsgewalt zu entscheiden.[2044]

Auch die Möglichkeit, beide Verfahren ungestört weiterlaufen zulassen, ist in gesetzliche Form gegossen worden. Das ModG hat diese Variante festgeschrieben. Art. 8 ModG[2045] im Zusammenspiel mit Art. 16 ModG[2046] ermöglicht parallele

---

umfasst negativen Effekt der Kompetenz-Kompetenz) sowie K/N/O/P-*Port/Bowers/Davis Noll*, S. 274 („*The doctrine is not explicitly addressed in the Convention, but parties will on occasion raise an Article V (1) (c) defense on the ground that the tribunal lacked the authority to determine its own jurisdiction.*“).

2040 Hierzu unter Gliederungspunkt 1. Kapitel. F.II. 3. a)bb)(4).

2041 Born, International Arbitration, S. 1052 f.

2042 Born, International Arbitration, S. 1053.

2043 So Born, International Arbitration, S. 1053.

2044 Gegen eine Erstentscheidungszuständigkeit der Schiedsgerichte Born, Internationl Arbitration, S. 1053, Fn. 30 (mit weiterführenden Literaturangaben).

2045 Art. 8 Abs. 1 ModG: „*A court before with an action is brought in a matter which is the subject of an arbitration agreement, shall, if a party so requests not later than when submitting his first statement on the substance of the dispute, refer the parties to arbitration unless it finds that the arbitration agreement is null and void, inoperative or incapable of being performed.* Abs. 2: *Where an action referred to in paragraph (1) of this article has been brought, arbitral proceedings may nevertheless be commenced or continued, and an award may be made, while the issue is pending before the court.*“

2046 Art. 16 Abs. 1 ModG: „*The arbitral tribunal may rule on its own jurisdiction, including any objections with respect to the existence or validity of the arbitration agreement. For that purpose, an arbitration clause which forms part of a contract shall be treated as an agreement independent of the other terms of the contract. A*

Verfahren zur Frage der schiedsgerichtlichen Zuständigkeit.[2047] Allerdings hat Art. 16 ModG die Situation gleichzeitiger Verfahren nur aus der Sicht eines Schiedsgerichts und nicht aus dem Blickwinkel eines staatlichen Gerichts geregelt.[2048] Zudem lässt die Vorschrift in Art. 8 ModG unbeantwortet, ob den Staatsgerichten eine umfassende Überprüfung („*full review*") oder eine nur summarische Überprüfung („*prima facie review*") zusteht.[2049]

Für die Anwendbarkeit von Rechtshängigkeit im Bereich der internationalen Schiedsgerichtsbarkeit und für das Verhältnis von *lis pendens* zum Grundsatz der Kompetenz-Kompetenz ist die schweizerische internationale Schiedsgerichtsbarkeit besonders erwähnenswert. Einerseits ist das Rechtsinstitut der Rechtshängigkeit für das schiedsgerichtliche Verfahren – wie auch im nationalen schweizerischen Schiedsrecht[2050] – gesetzlich geregelt.[2051] Andererseits hat eine im Folgenden näher zu betrachtende Entscheidung des schweizerischen Bundesgerichts einen wichtigen Impuls für die Rechtshängigkeitsthematik innerhalb der internationalen Schiedsgerichtsbarkeit gegeben.

In der Entscheidung *Fomento de Construcciones y Contratas S.A.* gegen *Colon Container Terminal S. A.* vom 14.5.2001[2052] wurde über die Anwendbarkeit der schweizerischen Litispendenzregelung im Verhältnis zwischen einem Schiedsgericht mit Sitz in der Schweiz und einem ausländischen (panamaischen) Staatsgericht entschieden. Für das staatliche Verfahren beinhaltet Art. 9 IPRG[2053] eine Vorschrift, die im

---

decision by the arbitral tribunal that the contract is null and void shall not entail ipso jure the validity of the arbitration clause."

2047 Park, in: International Arbitration, S. 55 (87); kritisch zur Regelungsvariante des ModG Bachand, 22 Arb. Int'l (2006), S. 463 ff. Zu Art. 16 ModG Husslein-Stich, Das UNCITRAL-Modellgesetz, S. 83 ff.

2048 McLachlan, Lis pendens, S. 200.

2049 Hierzu Bachand, 22 Arb. Int'l. (2006), S. 463 ff.; Holtzmann/Neuhaus, UNCITRAL Model Law, S. 303 gehen davon aus, dass eine prima facie-Prüfung im Vorfeld des Gesetzes ausdrücklich abgelehnt wurde.

2050 Hierzu unter Gliederungspunkt 1. Kapitel. F.II. 3. a)bb)(2).

2051 Art. 181 IPRG: *„Das Schiedsverfahren ist hängig, sobald eine Partei mit einem Rechtsbegehren den oder die in der Schiedsvereinbarung bezeichneten Schiedsrichter anruft oder, wenn die Vereinbarung keinen Schiedsrichter bezeichnet, sobald eine Partei das Verfahren zur Bildung des Schiedsgerichts einleitet."*

2052 BGE 127 III, S. 279 ff.; abgedruckt in ZZPInt. 6 (2001), S. 365 ff. (französisch). Diese Entscheidung war nur die logische Konsequenz der Rechtsprechung des Schweizerischen Bundesgerichts. Der Entscheidung waren weitere vorangegangen, in denen kontinuierlich eine Tendenz deutlich wurde, Litispendenz im Verhältnis von Staats- und Schiedsgerichtsbarkeit anzuwenden; vgl. BGE 121 III, S. 38 ff.; BGE 121 III S. 495 ff.; BGE 124 III S. 83 ff.

2053 Art. 9 Abs. 1 IPRG: *„Ist eine Klage über denselben Gegenstand zwischen denselben Parteien zuerst im Ausland hängig gemacht worden, so setzt das schweizerische Gericht das Verfahren aus, wenn zu erwarten ist, dass das ausländische Gericht in angemessener Frist eine Entscheidung fällt, die in der Schweiz anerkennbar ist."*

internationalen Bereich das Verhältnis zwischen inländischer Gerichtsbarkeit und ausländischer Gerichtsbarkeit bei identischen Streitgegenständen zwischen denselben Parteien regelt. In der *Fomento*-Entscheidung war fraglich, ob ein schweizerisches Schiedsgericht ebenfalls Art. 9 IPRG anzuwenden hat. Es war von der Klägerin (*Fomento*) zunächst ein staatliches Verfahren in Panama eingeleitet worden. Die Beklagte (*Colon*) erhob daraufhin die Schiedseinrede. Diese wurde vom panamaischen Gericht mit der Begründung abgewiesen, der Beklagte habe die Schiedseinrede zu spät erhoben und am staatlichen Verfahren teilgenommen. Aufgrund einer im Hauptvertrag zwischen den Parteien enthaltenen ICC-Schiedsklausel erhob die Beklagte des Staatsverfahrens dennoch in der Schweiz Schiedsklage. Das schweizerische Schiedsgericht erklärte sich in einem Zwischenentscheid für zuständig. Gegen die Entscheidung des schweizerischen Schiedsgerichts wurde von der Schiedsbeklagten Beschwerde vor dem Schweizerischen Bundesgericht erhoben. In der Zwischenzeit entschied das oberste panamaische Gericht, dass die Schiedseinrede zu spät erhoben worden war. Auch das Schweizerische Bundesgericht hob den zuständigkeitsbejahenden Entscheid des Schiedsgerichts auf.

Es wurde entschieden, dass ein Schiedsgericht mit Sitz in der Schweiz Art. 9 IPRG anwenden müsse, wenn in derselben Sache bereits ein Verfahren vor einem inländischen oder einem ausländischen Staatsgericht anhängig sei. Die schweizerische Rechtsordnung lasse es nicht zu, dass zwei einander widersprechende Entscheidungen über denselben Streitgegenstand zwischen den Parteien erlassen würden. Hierfür seien die Institute der Rechtskraft und der Rechtshängigkeit vorgesehen, welche auch im internationalen Verhältnis eingriffen und dies ausdrücklich auch im Verhältnis zu Schiedsgerichten. Ein schweizerisches Schiedsgericht habe entsprechend der Verpflichtung eines staatlichen Gerichts in derselben Situation nach Art. 9 Abs. 1 IPRG das eigene Verfahren aus Gründen der Rechtshängigkeitssperre auszusetzen.[2054] Für die Anwendung von Litispendenz spreche, dass Schiedssprüche in ihrer Wirkung staatsgerichtlichen Urteilen gleichgestellt seien und sich infolgedessen im Verhältnis von Schieds- und Staatsgerichten wie bei mehreren in derselben Streitsache angerufenen staatlichen Gerichten die Aufgabe stelle, widersprüchliche Entscheidungen in der identischen Streitsache zu verhindern. Schweizerische Schiedsgerichte hätten ebenso wie Staatsgerichte die *res judicata*-Wirkung ausländischer Entscheidungen zu beachten, soweit diese in der Schweiz anerkannt und vollstreckt werden könnten. Wegen der funktional engen Verknüpfung von *res judicata* und *lis pendens* erscheine es deshalb grundsätzlich logisch, dass auch schweizerische Schiedsgerichte die Litispendenzregelung anzuwenden hätten.

In der Schweiz wurde der Vorstoß des Bundesgerichts durch die Neufassung des Gesetzes wieder zunichte gemacht. Art. 186 IPRG wurde um einen Unterabsatz,

2054 Einen Rechtsprechungsüberblick zur internationalen Schiedsgerichtsbarkeit bietet Walter, ZZPInt. 6 (2001), S. 347 ff.; Anmerkungen zum vorliegenden Entscheid Berti, ZZPInt. 6 (2001) S. 370 ff.

Abs. 1bis[2055] erweitert. Diese Neuerung ähnelt Art. 8 Abs. 2 ModG.[2056] Obwohl die *Fomento*-Entscheidung aufgrund der Gesetzesänderung heute de facto keinen Bestand mehr hat, darf ihre Bedeutung für Meinungsströmungen innerhalb der Schiedsgerichtsbarkeit nicht unterschätzt werden. Überwiegend stieß die schweizerische Entscheidung, insbesondere die strikte Anwendung des Prioritätsgrundsatzes, auf Ablehnung.[2057] Dies führte schließlich zu der gesetzlichen Neuregelung. Man befürchtete den Missbrauch des Prioritätsprinzips, wenn im Ausland einzig geklagt würde, um das schweizerische Schiedsverfahren zu blockieren.[2058] Der Vorstoß des schweizerischen Bundesgerichts wurde aber auch zum Anlass genommen, um sich eingehender mit der Frage auseinanderzusetzen, ob Rechtshängigkeit in der internationalen Schiedsgerichtsbarkeit angewandt werden sollte. Wie gesagt, entsprach es bis zu dieser Entscheidung der gefestigten traditionellen Auffassung, *lis pendens* in der internationalen Schiedsgerichtsbarkeit nicht anzuwenden.[2059] In der Folgezeit mehrten sich Stimmen, die eine Litispendenzregelung für anwendbar halten.[2060]

Durch die neue schweizerische Vorschrift liegt eine Prioritätszuweisung an die Schiedsgerichte dergestalt vor, dass diese den Zuständigkeitsentscheid eines zuerst in der Schweiz oder im Ausland angerufenen Schieds- oder Staatsgerichts nicht abzuwarten brauchen.[2061] Diese Regelung steht in Kontrast zu der ansonsten nach Art. 9 IPRG geltenden Litispendenzregelung, die eine Beachtlichkeit ausländischer Urteile vorschreibt, soweit eine positive Anerkennungsprognose besteht. Wegen der erweiterten schiedsgerichtlichen Entscheidungsfreiheit, trotz paralleler Verfahren fortzufahren, soll ein Staatsgericht – sofern es nach Art. 7 IPRG angerufen wird – nur noch im Rahmen einer summarischen Prüfung nachprüfen, ob die Schiedsvereinbarung hinfällig, unwirksam oder nicht erfüllbar ist. Auf diese Weise sollen widersprechende Zuständigkeitsentscheide vermieden werden.[2062]

2055 Art. 186 Abs. 1bis IPRG: „*Das Schiedsgericht entscheidet über seine Zuständigkeit ungeachtet einer bereits vor einem staatlichen oder einem anderen Schiedsgericht hängigen Klage über denselben Gegenstand zwischen denselben Parteien, es sei denn, dass beachtenswerte Gründe ein Aussetzen des Verfahrens erfordern.*“

2056 Berger/Kellerhals, Arbitration in Switzerland, S. 273, Rn. 951d.

2057 Liatowitsch, ASA Bull. 19 (2001), S. 422 (427); Söderlund, 22 J. Int'l Arb. (2005), S. 310 (314); Perret, in: Special Series (2001), S. 65 (75). Umfassend zur Fomento-Entscheidung Oetiker, 18 Arb. Int'l (2002), S. 137 ff.

2058 Bericht vom 17.2.2006 der Kommission für Rechtsfragen des Nationalrates, BBL 2006, S. 4677 (4684 f.).

2059 Vgl. USCIB News von Mai 2005, einzusehen unter www.enewsbuilder.net/uscib_news/e_article000255764.cl. sowie Born, International Arbitration, S. 3793.

2060 Vgl. Mansel, in: FS Kühne, S. 809 (812, Fn.15), der auf die *Fomento*-Entscheidung Bezug nimmt, um zu belegen, dass der *lis pendens*-Grundsatz in der internationalen Schiedsgerichtsbarkeit als international zwingender Verfahrensgrundsatz anzusehen sei.

2061 Vgl. BSK IPRG-*Schott/Courvoisier*, Art. 186, Rn. 3 f.; Born, International Arbitration, S. 1117.

2062 Vgl. BSK IPRG-*Schott/Courvoisiert*, Art. 186, Rn. 14; BGE III, S. 681 (684).

Mit Art. 186 Abs. 1bis IPRG wird dem Grundsatz der Kompetenz-Kompetenz gegenüber einer Anwendung der Litispendenzregelung eindeutig der Vorzug gegeben mit dem Ziel, Schiedsverfahren in der Schweiz zu konzentrieren.[2063] Dies gilt jedenfalls, wenn das Schiedsgericht zur Frage seiner Zuständigkeit als Erstes angerufen wird.[2064] Im umgekehrten Fall gilt, dass ein staatliches Gericht bis zum schiedsgerichtlichen Zuständigkeitsentscheid sein Verfahren auszusetzen hat. Obwohl *lis pendens* und *res judicata* eng miteinander zusammenhängen, regelt Art. 186 Abs. 1bis IPRG nur Belange der Rechtshängigkeit. *Res judicata*-Belange bleiben vom Regelungsgehalt der Vorschrift unberührt.[2065] Das Gesetz selber schweigt zu den beachtenswerten Gründen im Sinne des Art. 186 Abs. 1bis IPRG, die dazu führen, dass ein Schiedsgericht sein Verfahren ausnahmsweise doch aussetzt. Die Gesetzgebungsmaterialien zu Art. 186 Abs. 1bis IPRG heben aber ausdrücklich den Fall hervor, dass ein Schiedsgericht mit Sitz in der Schweiz sein Verfahren aussetzt, weil ein zweites ausländisches Schiedsgericht mit derselben Streitsache früher befasst wurde.[2066] Für den transnationalen Kollisionsfall mehrerer Schiedsverfahren mag hiermit bereits ein Indiz zu dessen Lösung gegeben sein.[2067]

bb) Stellungnahme

Die Bandbreite der Fragestellungen, die unter dem „Stichwort“ Kompetenz-Kompetenz thematisiert werden, konnte nur angedeutet werden. Teilweise sind Vorschriften nationaler Schiedsrechte, einige Vorschriften von institutionellen Verfahrensordnungen sowie Regelungen internationaler Übereinkommen vorgestellt worden. Trotz der internationalen Fragestellung durften die nationalen Schiedsrechte nicht unangesprochen bleiben, denn den Schiedsparteien steht eine große Rechtswahlfreiheit zu.[2068] Sofern eine internationale Schiedsvereinbarung ein nationales Schiedsrecht als *lex arbitri* bestimmt, kommt es daher zum Beispiel auf das französische Verständnis der Kompetenz-Kompetenz an.

Ungeachtet der im Detail unterschiedlichen Ausprägungen der Kompetenz-Kompetenz ist allen Vorschriften gemein, dass eine staatliche Überprüfung der schiedsgerichtlichen Zuständigkeit nicht umfassend ausgeschlossen wird. Vorbehalten ist die gerichtliche Überprüfung der schiedsgerichtlichen Zuständigkeit hierbei den Staatsgerichten am jeweiligen Schiedsort.[2069] Die erwarteten Unterschiede hinsichtlich des zulässigen Zeitpunktes für eine gerichtliche Überprüfung haben sich bestätigt.

2063 Cremades/Madalena, 24 Arb. Int'l (2008), S. 507 (514); BSK IPRG-*Schott/Courvoisier*, Art. 186, Rn. 13 ff.
2064 BSK IPRG-*Schott/Courvoisier*, Art. 186, Rn. 13.
2065 Berger/Kellerhals, Arbitration in Switzerland, S. 273, Rn. 951d.
2066 Bericht vom 17.2.2006 der Kommission für Rechtsfragen des Nationalrates, BBL 2006, S. 4677 (4685).
2067 Hierzu ausführlicher unter Gliederungspunkt 3. Kapitel. A.III. 2.
2068 Hierzu Schmidt-Ahrendts/Höttler, SchiedsVZ 2011, S. 267 ff.
2069 McLachlan, Lis pendens, S. 204.

Im Hinblick auf eine Anwendung von *lis pendens* im strikten (*civil law*-) Sinn bedeutet eine Regelung nach dem Prioritätsprinzip den Ausschluss des zweiten Verfahrens zur Zuständigkeitsfrage. Wenn das zuerst angerufene Gericht ein Schiedsgericht ist, macht eine Abweisung des zweiten staatlichen Verfahrens wenig Sinn. Eine Verfahrenssperre für das Staatsverfahren wäre ohnehin nur temporär möglich. Einer gerichtlichen Kontrolle der Zuständigkeitsfrage können sich die Schiedsgerichte nicht – auch nicht durch Parteivereinbarung – umfassend entziehen. Zunächst hat es überrascht, dass gerade das ModG – als Vorbild vieler nationaler Schiedsrechte – den parallelen Ablauf von Verfahren vor Staats- und Schiedsgerichten zulässt. Bei näherem Hinsehen erweist sich dieser Lösungsweg schiedsfreundlicher, vor allem parteifreundlicher, als zunächst angenommen. Eine möglichst frühzeitige staatsgerichtliche Kontrolle der Zuständigkeitsfrage erspart den Schiedsparteien im Fall einer unwirksamen Schiedsvereinbarung Kosten, Zeit und Mühen.[2070] Auf der anderen Seite begünstigt eine derartige Regelung prozesstaktisches Verhalten, das darauf abzielt, ein Staatsgericht nur anzurufen, um das Schiedsverfahren zu verzögern.[2071]

Sofern das Staatsgericht als Erstes mit der Frage der schiedsgerichtlichen Zuständigkeit befasst wird, ist es ebenfalls nicht erstrebenswert, das schiedsgerichtliche Verfahren durch die Verfahrenssperre wegen anderweitiger Rechtshängigkeit zu unterbinden. Hierin wäre ein eindeutiger Verstoß gegen den Grundsatz der Kompetenz-Kompetenz schon in seiner „Grundform“ gegeben.

Die Probleme, *lis pendens* in der internationalen Schiedsgerichtsbarkeit zu etablieren, resultieren zum einen aus der Natur der schiedsgerichtlichen Zuständigkeit, denn die schiedsgerichtliche Entscheidungskompetenz ist vom Umfang und von der Gültigkeit der Schiedsvereinbarung abhängig. Die Schiedsvereinbarung wiederum unterliegt der staatsgerichtlichen Kontrolle.[2072] Zum anderen ist die internationale Schiedsgerichtsbarkeit durch verschiedene nationale Rechte beeinflusst. Aus diesen zahlreichen rechtlichen Einflüssen ergeben sich die größten Schwierigkeiten für eine international einheitliche Koordinierung von gleichzeitigen Schiedsverfahren und Staatsverfahren zur selben Streitsache. Wenn ein Schiedsgericht des Landes A eine Schiedsvereinbarung für wirksam erachtet, ist nicht automatisch gesichert, dass Schiedsgerichte oder Staatsgerichte in Land B diese Meinung teilen und sich an diese Entscheidung gebunden fühlen.[2073]

Die Empfehlungen der *International Law Association*[2074] sehen vor, dass ein Schiedsgericht sein Verfahren zur Frage der eigenen Zuständigkeit stets fortsetzen sollte, ungeachtet eines ausländischen anderen Schiedsverfahrens oder eines

2070 Redfern/Hunter, Law and Practice, S. 352, Rn. 5.113; vgl. die deutsche Vorschrift des § 1032 Abs. 2 ZPO.

2071 Redfern/Hunter, Law and Practice, S. 352, Rn. 5.113.

2072 McLachlan, Lis pendens, S. 194.

2073 In diese Richtung auch Born, International Arbitration, S. 3801.

2074 International Law Association (2006), S. 24 f., Rn. 5.9.

gerichtlichen Verfahrens zu derselben Streitfrage. Die Gründe für diese Empfehlung sind vielfältig. Erstens entspreche die Kompetenz zur Entscheidung über die eigene Zuständigkeit den meisten nationalen Rechten. Zweitens werde das Schiedsgericht über ein ausländisches streitgegenstandsidentisches Verfahren in der Regel von den Parteien informiert und könne mit entsprechender Rücksicht auf die Einwände des dortigen Klägers reagieren. Drittens sei die ausländische Verfahrensdauer mitunter sehr lang und eine Verfahrensaussetzung aus diesem Grund unangemessen. Viertens könne es sein, dass die ausländische Entscheidung zur Zuständigkeit nach dem Recht des Schiedsortes nicht anerkannt würde. Fünftens könnten staatliche Gerichte am Schiedsort immer noch in einem Anerkennungs- und Vollstreckungsverfahren oder Aufhebungsverfahren den Schiedsspruch zur schiedsgerichtlichen Zuständigkeit überprüfen und gegebenenfalls abweichende ausländische Entscheidungen hierzu berücksichtigen.

Einem Schiedsgericht sollte aber auch grundsätzlich Ermessen zustehen bei der Frage, ob es im Einzelfall sein eigenes Verfahren aussetzt, um die Entscheidung des staatlichen Gerichts abzuwarten.[2075] In jedem Fall muss ein Schiedsgericht mit den rechtlichen Anforderungen am Schiedsort vertraut sein und darf diese nicht verletzen. Anderenfalls droht dem Schiedsspruch die Aufhebung durch die Staatsgerichte dieses Landes, welche keine widersprüchlichen Entscheidungen zur schiedsgerichtlichen Zuständigkeit hinnehmen werden.[2076]

Die Empfehlungen der *International Law Association* beinhalten die Ansicht, dass ein *lis pendens*-Konzept in der internationalen Schiedsgerichtsbarkeit eher auf Überlegungen der Verfahrenseffizienz und der Fairness gestützt werden sollte als auf strikte und starre Begrifflichkeiten.[2077] Insofern entspricht der Umgang mit Parallelverfahren in *Common Law*-Ländern auch hinsichtlich gleichzeitiger Verfahren zur Frage der schiedsgerichtlichen Zuständigkeit der als am sachgerechtesten eingeschätzten Lösungsvariante.[2078] Im Ergebnis kann kein umfassender Bedarf für eine strikte Rechtshängigkeitsregelung, wie es der deutschen Regelung in § 261 Abs. 3 Nr. 1 ZPO entspricht, für das Verhältnis von Schieds- und Staatsverfahren in internationalen Fallkonstellationen festgestellt werden. Das Problem paralleler Verfahren und dessen negative Folgen für öffentliche Interessen und für Parteiinteressen sind auch im internationalen Verhältnis nicht durch einen einzigen Mechanismus aufzulösen.[2079]

2075 Kritisch Söderlund, 22 J. Int'l Arb. (2005), S. 301 (313), der jedenfalls in einer von Amts wegen bestehenden Verpflichtung zur Verfahrensaussetzung des schiedsgerichtlichen Verfahrens, solange ein ausländisches Verfahren rechtshängig ist, einen Verstoß gegen grundlegende Prinzipien des Schiedsrechts sieht.

2076 Vgl. International Law Association (2006), S. 25 f., Rn. 5.13.

2077 International Law Association (2006), S. 24, Rn. 5.6.

2078 Ähnlich Born, International Arbitration, S. 1222.

2079 In diese Richtung McLachlan, Lis pendens, S. 33; Hobér, in: Cremades/Lew, Parallel Proceedings, S. 243 (253).

Schließlich ist deutlich geworden, dass die Reaktionen in der schweizerischen und ausländischen Wissenschaft auf die *lis pendens*-freundliche Entscheidung des Schweizerischen Bundesgerichts in der Streitsache *Fomento de Construcciones y Contratas SA v. Colon Container Terminal SA* charakteristisch für den Umgang mit *lis pendens* im Verhältnis von Staats- und Schiedsgerichten im Bereich der internationalen Schiedsgerichtsbarkeit sind.

2. Parallele Verfahren vor mehreren Schiedsgerichten

Die prozessuale Ausgangssituation in der Frage, wie mit zwei parallelen Schiedsverfahren in unterschiedlichen Ländern umzugehen ist, entspricht im Grundsatz zunächst der Situation paralleler Verfahren vor Staats- und Schiedsgerichten. Durch den Abschluss einer wirksamen Schiedsvereinbarung wird dem vereinbarten Schiedsgericht die ausschließliche Zuständigkeit für die von der Schiedsvereinbarung erfassten Streitigkeiten übertragen.[2080] Die Zuständigkeit des einen Schiedsgerichts wird gegenüber einem weiteren Schiedsgericht jedoch nicht über eine Art. II Abs. 3 UNÜ entsprechende Vorschrift abgesichert. Wie das UNÜ insgesamt ist dieser Artikel an die staatlichen Gerichte der Mitgliedsstaaten adressiert und regelt nicht das Verhältnis mehrerer gleichzeitiger Schiedsverfahren zueinander.[2081] Obwohl keine kodifizierte *lis pendens*-Regelung existiert, wird im Schrifttum überwiegend angenommen, dass der oben beschriebene Grundsatz von der Nichtanwendbarkeit des *lis pendens*-Grundsatzes in der internationalen Schiedsgerichtsbarkeit gerade für den schiedsinternen Kollisionsfall zu durchbrechen ist.[2082]

Diese Ausnahme von der Regel ist nur dann von Relevanz, wenn überhaupt die Möglichkeit doppelter Schiedsverfahren in unterschiedlichen Ländern besteht. Das Schiedsverfahren ist ein privatautonom vereinbartes Verfahren zur endgültigen Streiterledigung. Die entscheidende Basis für jedes Schiedsverfahren bildet die Schiedsvereinbarung. Sie gibt den Umfang und die Grenzen der schiedsrichterlichen Tätigkeit vor[2083], indem sie bestimmt, welche Parteien und welche Rechtsstreitigkeit von ihr erfasst werden. Gleichzeitig ist sie Ausdruck des Parteiwillens. Allerdings gehen die Schiedsparteien nicht immer übereinstimmend vom gleichen Inhalt der Schiedsvereinbarung aus. Es kann vorkommen, dass sich jede Partei auf eine andere Fassung einer im Rahmen langjähriger Geschäftsbeziehungen

---

2080 Vgl. McLachlan, Lis pendens, S. 214.

2081 So Hobér, in: Cremades/Lew, Parallel Proceedings, S. 243 (253); a. A. Born, Arbitration, S. 3808, Fn. 413.

2082 Born, International Arbitration, S. 3808; McLachlan, Lis pendens, S. 217; International Law Association (2006), S. 26, Rn. 5.13 ff.

2083 Vgl. die US-amerikanische Entscheidung *Totem Marine Tug & Barge v. North American Towing*, 607 F.2d 649, 651 (5th Cir. 1979) („*Arbitration is contractual and arbitrators derive their authority from the scope of the contractual agreement.*"); bezugnehmend auf *United Steelworkers of America v. Enterprise Wheel and Car Corp.*, 363 U.S. 593, 597, 80 S.Ct. 1358, 4 L.Ed.2d 1424 (1960)

wiederholt abgeänderten Schiedsabrede beruft und deshalb mehrere Schiedsverfahren in derselben Rechtsstreitigkeit eingeleitet werden.[2084] Wie im nationalen Schiedsverfahrensrecht können die Schiedsparteien auch ein Wahlrecht unter verschiedenen Schiedsgerichten vereinbart haben und deshalb gleichzeitig unterschiedliche Schiedsgerichte anrufen.[2085] In der Situation doppelt rechtshängiger Schiedsverfahren in verschiedenen Ländern kann als Motiv für das Einleiten mehrerer Schiedsverfahren die Befürchtung der klagenden Schiedspartei hinzutreten, der Schiedsspruch könnte in einem der beiden Länder nicht anerkannt werden.

Ebenso wie im nationalen Schiedsverfahrensrecht wird der Fall von doppelter Rechtshängigkeit in der internationalen Schiedsgerichtsbarkeit wenig thematisiert.[2086] Allerdings kann hier wenigstens vereinzelt auf Rechtsprechungsmaterial zurückgegriffen werden. Im Fall *Tema-Frugoli SpA v. Hubei Space Quarry Industry Co. Ltd.*[2087] hatten ein italienischer Verkäufer (*Tema*) und ein chinesischer Käufer (*Hubei*) in ihrem Vertrag über den Kauf von Waren eine Schiedsvereinbarung getroffen. Diese sah für den Fall, dass der Verkäufer ein Verfahren einleitet vor, dass die Vorschriften des *Stockholm Arbitration Institute* (SCC)[2088] maßgebend sein sollten. Für den Fall, dass der Käufer ein Schiedsverfahren einleitet, sollten die Regelungen der *China International Economic Trade Arbitration Commission* (CIETAC)[2089] gelten. Die Parteien gerieten in Streit. Der Verkäufer erhob als Erstes beim Schiedsgerichtsinstitut der Stockholmer Handelskammer Schiedsklage, um feststellen zu lassen, dass er seine Vertragspflichten erfüllt hatte. Der Schiedsbeklagte nahm an diesem Verfahren teil. Das Verfahren endete mit einem Schiedsspruch zugunsten des Schiedsklägers. Einige Zeit später erhob *Hubei* seinerseits eine Schiedsklage gegen *Tema* wegen Nichterfüllung des Vertrages unter den Regelungen der CIETAC. In Rom begehrte *Tema* aus dem Schiedsspruch des ersten Verfahrens die Zwangsvollstreckung gegen *Hubei*. *Hubei* wiederum begehrte in Mailand die Zwangsvollstreckung aus dem zweiten Schiedsspruch, der zu seinen Gunsten ergangen war. Ohne an dem zweiten Schiedsverfahren teilgenommen zu haben, wandte sich *Tema* gegen die Vollstreckung des zweiten Schiedsspruchs. Zur

---

2084 Vgl. International Law Association (2006), S. 22, Rn. 4.47 mit dem Beispiel, dass sich Schiedsparteien auf unterschiedliche Fassungen einer Schiedsvereinbarung berufen und sich beide Fassungen hinsichtlich der anzuwendenden Verfahrensregeln unterscheiden. In diese Richtung auch Cremades/Madalena, 24 Arb. Int`l (2008), S. 507 (507 f.).

2085 Zum Wahlrecht unter Gliederungspunkt 1. Kapitel. F.II. 6. c)bb)(3).

2086 Born, International Arbitration, S. 3807.

2087 *Tema-Frugoli SpA v. Hubei Space Quarry Industry Co. Ltd*, Corte d'Appello di Milano, No. 155 (2. Juli 1999); zitiert nach McLachlan, Lis pendens, S. 216 f.; besprochen und abgedruckt in YCA XXVI (2001), S. 809 ff.

2088 Abrufbar unter http://www.sccinstitute.com/; deutsche Kommentierung z. B. bei Schütze-*Öhrström*, Vor. Art. 1 SCC-SchO, Rn. 1 ff.

2089 Deutsche Kommentierung bei Schütze-*Stricker-Kellerer/Moser*, Vor. Art. 1 CIETAC-SchO, Rn. 1 ff.

Begründung verwies *Tema* darauf hin, dass das chinesische Schiedsverfahren nicht hätte eingeleitet werden dürfen wegen des zuerst eingeleiteten Schiedsverfahrens in Stockholm. Das darauf hin angerufene Mailänder Berufungsgericht entschied, dass in der Schiedsvereinbarung sowohl dem ersten Schiedsgericht als auch dem zweiten Schiedsgericht wirksam eine Zuständigkeit eingeräumt worden war. Das Gericht stellte weiter fest, Widersprüche zwischen beiden Schiedssprüchen seien kein Grund, die Vollstreckung des zweiten Schiedsspruchs nach den Regelungen des UNÜ zu versagen. Der gegen die Zwangsvollstreckung vorgebrachte Einwand sei – wenn das Recht am Schiedsort dies vorsehe – im Rahmen einer gerichtlichen Nachprüfung vorzubringen.

Die Entscheidung des Mailänder Berufungsgerichts ist in vielerlei Hinsicht interessant und diskussionsbedürftig: Zunächst ist festzuhalten, dass die Konstellation die tatbestandlichen Voraussetzungen für das Eingreifen des Rechtshängigkeitseinwandes erfüllt. In beiden Schiedsverfahren waren dieselben Schiedsparteien beteiligt. Hierfür muss die Parteirolle in beiden Schiedsverfahren nicht übereinstimmen.[2090] Das zweite Schiedsverfahren betraf das kontradiktorische Gegenteil des ersten Schiedsverfahrens. Nach der vorherrschenden Streitgegenstandslehre lag somit auch ein identischer Streitgegenstand in beiden Verfahren vor.[2091] Allerdings hat sich der Schiedsbeklagte des zweiten Verfahrens nicht direkt zu Beginn dieses Verfahrens auf den Einwand anderweitiger Rechtshängigkeit gestützt, sondern sich erst nach Erlass des zweiten Schiedsspruchs gegen dessen Vollstreckung gewandt. Am zweiten Schiedsverfahren nahm der Schiedsbeklagte gar nicht teil. Das Verhalten des Schiedsbeklagten ist unter *lis pendens*-Gesichtspunkten sehr kritisch zu sehen. Wie die bisherige Untersuchung ergeben hat, ist der schiedsgerichtliche Einwand anderweitiger Rechtshängigkeit vom Erheben der Parteirüge abhängig. Der schiedsrechtliche Rechtshängigkeitseinwand muss erstens in der richtigen Form und zweitens rechtzeitig vorgebracht werden. In der obigen Entscheidung hat der Schiedsbeklagte seine prozessualen Verpflichtungen zumindest in zeitlicher Hinsicht nicht erfüllt. Auf der anderen Seite kann es nicht überzeugen, dass das Berufungsgericht zwei sich eindeutig widersprechende Schiedssprüche aufrechterhalten möchte. Dieses Ergebnis ist nicht nur für die Parteiinteressen, sondern auch im Hinblick auf die Rechtssicherheit höchst bedenklich.[2092]

Außer Frage steht, dass das erste Schiedsverfahren wirksam vereinbart worden war und regulär stattgefunden hat. An diesem Verfahren haben beide Schiedsparteien teilgenommen. Das Mailänder Gericht hat es in seiner Entscheidung dabei belassen festzustellen, dass beiden Schiedsgerichten aufgrund der Schiedsvereinbarung wirksam die Entscheidungsgewalt übertragen worden war. Hierbei hat das Gericht keinerlei Aussagen darüber getätigt, ob es tatsächlich in zulässiger Weise von den Parteien gewollt sein kann, dass zwei Schiedsgerichte in derselben

---

2090 Cremades/Madalena, 24 Arb. Int'l (2008), S. 507 (508).

2091 BGH NJW 2003, S. 3058 (3059); BGH NJW 1995, S. 967 (968).

2092 Ähnliche Kritik an dieser Entscheidung übt McLachlan, Lis pendens, S. 217.

Streitsache entscheiden. Des Weiteren hat das Gericht unberücksichtigt gelassen, dass der Schiedsbeklagte des zweiten Verfahrens an diesem gar nicht teilgenommen hat.[2093] Letztlich hat das Berufungsgericht eine Auseinandersetzung mit der schiedsinternen Kollisionsproblematik vermieden und die Entscheidung dieser Fragen an andere Gerichte abgegeben. Nachvollziehbar, aber dennoch nicht richtiger, wird die Entscheidung des Gerichts, wenn man den allgemeinen Meinungsstand zu parallelen Schiedsverfahren genauer betrachtet.[2094] Teilweise wird die Anwendung von *lis pendens* auch von Vertretern im Schrifttum abgelehnt. Hierzu wird auf das Wesen des Schiedsverfahrens als ein von den Parteien privatautonom vereinbartes Verfahren verwiesen.[2095] Außerdem stehe eine Verfahrensaussetzung des zweiten Schiedsverfahrens im Widerspruch zur gerade durch die Wahl eines Schiedsverfahrens beabsichtigten schnelleren Streiterledigung.[2096]

Der Abschlussbericht der *International Law Association* zur Anwendbarkeit von *lis pendens* in der internationalen Handelsschiedsgerichtsbarkeit befürwortet es dennoch, *lis pendens* im schiedsinternen Kollisionsfall anzuwenden.[2097] Der Bericht der Kommission setzt sich mit der gerade angeführten Kritik auseinander. Es wird anerkannt, dass im schiedsinternen Kollisionsfall grundsätzlich ein echter Fall von *lis pendens* vorliegen könne. In den meisten Rechtsordnungen sei *lis pendens* ein fest etablierter Grundsatz des Prozessrechts. Mit Rücksicht auf die Eigenarten des Schiedsverfahrens befürworten die Empfehlungen aber eine weniger strikte Anwendung des Rechtshängigkeitseinwandes, als es beispielsweise das deutsche Recht vorsieht. Es böten sich auch für den schiedsinternen Bereich flexiblere Lösungen an, wie eine in das Ermessen des Schiedsgerichts gestellte temporäre oder nur partielle Verfahrensaussetzung des zweiten schiedsgerichtlichen Verfahrens, bis in dem ersten Verfahren eine Entscheidung getroffen sei.

Des Weiteren sollten nach der Ansicht der *International Law Association* Schiedsrichter auch in den Fällen *case management issues* erwägen,[2098] wenn mehrere Schiedsverfahren nicht im strengen Sinn identisch sind („*even when the situation did not fulfil the traditional criteria of lis pendens*"),[2099] sondern nur aufgrund

2093 Es besteht eine Vergleichbarkeit dieser Situation mit der Frage, ob eine Schiedspartei, die am ausländischen Schiedsverfahren nicht teilgenommen hat, sich auch im Anerkennungs- und Vollstreckungsverfahren noch auf Aufhebungs- bzw. Unwirksamkeitsgründe berufen kann oder ob die Partei hiermit präkludiert ist. Hierzu z. B. unter Gliederungspunkt 3. Kapitel. B.I. 2. a)bb)(3) (b)(aa).

2094 Hierzu für das deutsche Recht unter den Gliederungspunkten 1. Kapitel. F.II. 6. c) bb)ff.

2095 Vgl. Born, International Arbitration, S. 3807, der die zurückhaltende Anwendung von *lis pendens* mit der Rechtsnatur des Schiedsverfahrens begründet.

2096 Kaufmann-Kohler/Lévy, in: Peter/Jeandin/Kilborn, Challenges of Insolvency Law Reform, S. 257 (269) („*stay should be granted only in exceptional circumstances*").

2097 International Law Association (2006), S. 25, Rn. 5.10.

2098 International Law Association (2006), S. 25, Rn. 5.10.

2099 International Law Association (2006), S. 25, Rn. 5.11.

einer großen Ähnlichkeit beider Verfahren mehrere, möglicherweise anders lautende Entscheidungen unbillig wären. Im Einklang mit diesen

Überlegungen haben auch vereinzelt Schiedsgerichte ihr eigenes Verfahren im Hinblick auf ein bereits laufendes Schiedsverfahren ausgesetzt. Die Schiedsgerichte haben hierbei regelmäßig besonders abgestellt auf den Grad der Übereinstimmung in beiden Schiedsverfahren und die Effektivität des Rechtsschutzes im ersten Schiedsverfahren sowie auf die Fairness, d. h. die Gleichbehandlung beider Schiedsparteien.[2100]

Im schiedsgerichtlichen transnationalen Doppelprozess ist zu beachten, dass Schiedsgerichte, vor allem Ad-hoc-Schiedsgerichte, mit Sitz in unterschiedlichen Ländern nicht die gleiche Ähnlichkeit aufweisen oder eine vergleichbare Organisationsstruktur besitzen wie die meisten staatlichen Gerichte verschiedener Länder. Diese vergleichsweise geringere Einheitlichkeit erschwert die Kooperationsbereitschaft unter mehreren Schiedsgerichten.[2101] Hinzu kommt, dass Schiedsrichter ihre Entscheidungsbefugnis aus der getroffenen Schiedsvereinbarung ableiten. Diese Parteivereinbarung und das Schiedsrecht am Ort des schiedsgerichtlichen Verfahrens begrenzen die Handlungsmöglichkeiten eines Schiedsrichters, der mit einem gleichzeitig eingeleiteten Schiedsverfahren zur selben Streitsache zwischen den identischen Parteien konfrontiert wird.[2102]

Es könnte sich an Stelle einer gesetzlich festzuschreibenden *lis pendens*-Regelung bzw. der Geltung von *lis pendens* als ungeschriebenes Verfahrensprinzip der internationalen Schiedsgerichtsbarkeit eine privatautonom vereinbarte Koordinierung paralleler Schiedsverfahren anbieten.[2103] Eine solche Vereinbarung muss in der Schiedsvereinbarung selbst vorgesehen sein. Zu denken ist insbesondere an eine Vereinbarung über eine *consolidation* beider Schiedsverfahren.[2104] Sollte ein Schiedsgericht eigenmächtig mehrere Schiedsverfahren zusammenlegen, läge im Anwendungsbereich des UNÜ ein Überschreiten der schiedsrichterlichen

2100 *SGS Société Générale de Surveillance SA. v. Republic of the Philippines* (ICSID Case No. ARB/02/6, Decision on Jurisdiction vom 29. Januar 2004), 8 ICSID Rep. 515 ff.; *Benvenuti & Bonfant v. People's Republic of the Congo*, (ICSID Case No. ARB/77/2, Award vom 8. August 1980), YCA VIII (1983), S. 144 ff.; *Reading Bates v. Islamic Republic of Iran* (Case No. ITM 21-28-1, Interim Award vom 9. Juni 1983). Entsprechende Gesichtspunkte für die Verfahrensaussetzung führt die *International Law Association* (2006), S. 26, Rn. 5.2 an.

2101 Vicuña, in: Cremades/Lew, Parallel Proceedings, S. 207 (212).

2102 Vgl. Hobér, in: Cremades/Lew, Parallel Proceedings, S. 243 (250).

2103 Zum Regelungsvorschlag im transnationalen Doppelprozess bei Beteiligung von zwei Schiedsverfahren in Ländern, die beide dem UNÜ unterliegen, eingehend unter den Gliederungspunkten 3. Kapitel. B.I. 2. a) ff. Dargestellt anhand des Verhältnisses Deutschlands zu den USA. Die Ausführungen und Ergebnisse können auf das Verhältnis Deutschands zu anderen Vertragsstaaten des UNÜ entsprechend angewandt werden.

2104 McLachlan, Lis pendens, S. 195; Ware ADR, S. 86.

Entscheidungskompetenz nach Art. V Abs. 1 lit. c.) UNÜ vor, mit der Folge, dass einem Schiedsspruch die Anerkennung zu versagen wäre.[2105] Allerdings sind sowohl strikt identische als auch nur verwandte Parallelverfahren in der Regel auf das Parteihandeln zurückzuführen,[2106] so dass keine diesbezüglichen Vereinbarungen getroffen werden.[2107] Im Übrigen hat eine Verfahrenszusammenlegung nicht exakt denselben Konzentrationseffekt wie eine gleich zu Beginn des Schiedsverfahrens zu erhebende Rechtshängigkeitseinrede.[2108]

3. Stellungnahme

In der internationalen Schiedsgerichtsbarkeit sprechen im Ergebnis die besseren Gründe für die Nichtanwendbarkeit einer *lis pendens*-Regelung im Verhältnis zwischen Staats- und Schiedsgerichten. Neben Kritikpunkten an einer Rechtshängigkeitssperre, die auf bestehende Wesens- und Systemunterschiede zwischen beiden Gerichtsbarkeiten abzielen, treten weitere, speziell auf den länderübergreifenden Kollisionsfall zugeschnittene Gesichtspunkte. Hier sind besonders unterschiedliche Rechtstraditionen in *Civil Law*-Ländern und in *Common Law*-Ländern zu nennen.

Eine einfache Änderung der Regelungswerke bzw. eine Erweiterung der Vorschriften um einen Absatz, der zum Verhältnis zwischen mehreren gleichzeitig angerufenen Schiedsgerichten Stellung nimmt, würde zur Rechtklarheit und Rechtssicherheit beitragen.[2109] Mit einer solchen Regelung müssten dann aber auch selbstständige Grundsätze zur Rechtshängigkeit, eigens zugeschnitten auf die Anwendbarkeit im Bereich der internationalen Schiedsgerichtsbarkeit, verbunden sein. Anderenfalls würde die Frage hinsichtlich des anzuwendenden Rechts bei jedem einzelnen Tatbestandsmerkmal einer entsprechenden Litispendenzregelung erneut relevant.

Die Vorschläge der *International Law Association* zur Koordination von doppelt rechtshängigen Schiedsverfahren sehen eine Lösung vor, die sich weniger an strengen dogmatischen Grundsätzen und Begrifflichkeiten orientiert, wie es in *Civil Law*-Ländern üblich ist. Vielmehr stehen die Vorschläge dem Lösungskonzept für Parallelverfahren in *Common Law*-Ländern nahe. Im Hinblick auf das Wesen der Schiedsgerichtsbarkeit und die Bedeutung der Parteiautonomie der Schiedsparteien ist als oberstes Ziel bei jeder Verfahrenskoordination zunächst eine faire und interessengerechte Lösung zu suchen. Auf einverständliche Lösungen ist

2105 Zu Art. V Abs. 1 lit. c.) UNÜ und dessen weiteren Voraussetzungen unter Gliederungspunkt 3. Kapitel. B.I. 2. a)bb)(3) (b)(cc).
2106 Vgl. Mansel, in: FS Kühne, S. 809 (812).
2107 Anders die Regelung des kalifornischen Schiedsrechts, vgl. § 1281. 3 CCP, welche die Möglichkeit einer *consolidation* mehrerer Schiedsverfahren ausdrücklich vorsieht.
2108 Vgl. die Ausführungen unter Gliederungspunkt 1. Kapitel. F.II. 6. c)gg)(3).
2109 In diese Richtung Vicuña, in: Cremades/Lew, Parallel Proceedings, S. 207 (215).

hinzuwirken. Auf diese Weise kann ein Schiedsrichter auch sein Mandat am sachgerechtesten ausführen. Sofern die Parteien keine explizite Lösung für parallele Schiedsverfahren getroffen haben, sind dem Schiedsrichter die Hände gebunden. Eine andere Möglichkeit als eine Regelung nach *lis pendens*-Grundsätzen *sui generis* ist eine *consolidation* beider Schiedsverfahren. Vorausgesetzt ist ein Schiedsgericht höherer Instanz, das darüber entscheidet, welches der Schiedsgerichte im konkreten Fall am besten für die Streitentscheidung geeignet ist.[2110]

4. Exkurs: Investment Arbitration

Die vorstehend für den internationalen Bereich zitierten schiedsgerichtlichen Entscheidungen zu Fällen doppelter Schiedsverfahren betreffen in erster Linie parallele Schiedsverfahren im Bereich des Investitionsschutzrechts. Hier wurde die Problematik doppelter Rechtshängigkeit bereits mehrfach relevant. Auch die *Czech Republic*-Fälle[2111] betrafen eine Situation, in der zwei Schiedsverfahren parallel zueinander eingeleitet wurden.

Es lag folgender Sachverhalt zugrunde: Der US-amerikanische Staatsbürger Lauder hatte als beherrschender Gesellschafter in eine Gesellschaft, gegründet nach niederländischem Recht, investiert. Die Gesellschaft (CME) betrieb einen tschechischen Fernsehsender. Im Laufe der Zeit unternahm die Regierung Tscheschiens Maßnahmen, die nach Meinung der Gesellschaft einer Enteignung des Senders und damit einer Verletzung des Investitionsschutzabkommens gleichkamen. Daraufhin klagte die Gesellschaft, gestützt auf das niederländisch-tschechische Investitionsschutzabkommen, vor einem Schiedsgericht in Stockholm.[2112] In London hatte sechs Monate zuvor bereits Lauder persönlich, gestützt auf das US-tschechische Investitionsschutzabkommen, vor einem anderen Schiedsgericht ebenfalls wegen Verletzung des Investitionsschutzabkommens wegen derselben Maßnahmen der tschechischen Regierung geklagt.[2113] Besetzt waren die Schiedsgerichte mit unterschiedlichen Schiedsrichtern. Es handelte sich jeweils um UNCITRAL-Schiedsgerichte. Das Beweismaterial, der Tatsachenstoff sowie die vorgebrachten Behauptungen entsprachen sich in beiden Verfahren im Wesentlichen. Trotz dieser vorhandenen Gemeinsamkeiten lehnte es die in beiden Fällen

2110 Vicuña, in: Cremades/Lew, Parallel Proceedings, S. 207 (215).

2111 Zusammenfassung bei Gallagher, in: Pervasive Problems in International Arbitration, S. 329 (333); Born, International Arbitration, S. 3366, 3807; Schlosser, ZZP 124 (2011), S. 391 (395); McLachlan, Lis pendens, S. 286 ff.; 197.

2112 *CME Czech Republic BV v. Czech Republic* (Partial Award vom 13. September 2001), 14 WTAM, 288 ff. (2002) = 9 ICSID Rep. (2001) 121; sowie der endgültige Schiedsspruch (Final Award vom 14. März 2003) *CME Czech Republic BV v. Czech Republic*, 9 ICSID Rep. (2003) 264.

2113 *Lauder v. Czech Republic* (Final Award vom 3. September 2001), 14 WTAM, 109 ff. (2002) = 9 ICSID Rep. (2001) 62.

beklagte Tschechische Republik ausdrücklich ab, die Schiedsverfahren zusammenzulegen und stimmte einer vorgeschlagenen *consolidation* nicht zu.[2114]

Das zuerst angerufene Londoner Schiedsgericht kam zu dem Schluss, dass Tschechien das Investitionsschutzabkommen nicht verletzt habe. Die Schiedsklage wurde umfassend abgewiesen. Das Stockholmer Schiedsgericht entschied hingegen zugunsten der niederländischen Gesellschaft und sprach ihr eine Entschädigung in Millionenhöhe zu.

Die Beklagte stützte ihre Verteidigung unter anderem auf den *lis pendens*-Einwand, den *res judicata*-Einwand sowie auf den weitergefassten Gedanken eines *abuse of process.*[2115] Das Schiedsgericht in London setzte sich nur mit dem Einwand der *lis alibi pendens* auseinander. Hierbei verneinte das Gericht die Voraussetzungen von *lis alibi pendens.* Es fehle sowohl an der Parteiidentität als auch an der Identität der Streitsache, weshalb keine widersprüchlichen Entscheidungen anderer Gerichte mit der Entscheidung des Schiedsgerichts drohten.[2116]

Das Stockholmer Schiedsgericht verneinte im Zwischenschiedsspruch mit ähnlicher Begründung einen *abuse of process* und im späteren Schiedsspruch auch den *res judicata*-Einwand der Beklagten. Im Übrigen könne eine Partei, solange eine Streitigkeit im Zusammenhang mit einer Investition im Sinne des Investitionsschutzabkommens vorliege, auch aufgrund unterschiedlicher Investitionsschutzabkommen klagen.[2117] Auch der im Rahmen eines Aufhebungsverfahrens im Anschluss an das zweite Schiedsverfahren in Stockholm angerufene *Svea Court of Appeals*[2118] ging davon aus, dass es in beiden Schiedsverfahren an der Streitgegenstandsidentität fehle. Der *res judicata*-Einwand der Beklagten wurde ebenfalls abgelehnt, ebenso Argumente, gestützt auf einen *abuse of process.*[2119] In beiden Verfahren seien nämlich Ansprüche aus zwei unterschiedlichen bilateralen Investitionsschutzabkommen geltend gemacht worden. Die Ansprüche könnten deshalb nicht identisch sein.

Nicht ohne Grund gehören die angesprochenen Entscheidungen zu den am häufigsten zitierten Entscheidungen im Zusammenhang mit der Frage, ob der Rechtshängigkeitseinwand im Schiedsverfahrensrecht anzuwenden ist. Es liegt ein Negativbeispiel für den ungehinderten Erlass von zwei einander widersprechenden Schiedssprüchen vor. Dies ist auch deshalb bemerkenswert, weil alle beteiligten Schiedsgerichte, ebenso das schwedische Staatsgericht, die generelle Anwendbarkeit von *lis pendens* im Bereich des *Investment Treaty Arbitration* nicht

---

2114 *Lauder v. Czech Republic,* 9 ICSID Rep. (2001) 62 (87); vgl. Vicuña, in: Cremades/Lew, Parallel Proceedings, S. 207 (212), der das dezentralizierte System als Grund für die nicht erfolgte Zusammenlegung anführt.

2115 Zum *abuse of process* bereits unter Gliederungspunkt 2. Kapitel. D.III. 3. d).

2116 *Lauder v. Czech Republic,* 9 ICSID Rep. (2001) 62 (87).

2117 *CME Czech Republic BV v. Czech Republic,* 9 ICSID Rep. (2001) 121 (195); *CME Czech Republic BV v. Czech Republic* 9 ICSID Rep. (2003) 264 (355).

2118 Svea Court of Appeals, 42 ILM (2003) 919 ff.

2119 Svea Court of Appeals, 42 ILM (2003) 919 (953).

ausgeschlossen haben, sondern nur die Voraussetzungen im konkreten Fall als nicht gegeben ansahen.[2120]

Jedes Gericht hat die tatbestandlichen Voraussetzungen für das Eingreifen eines Rechtshängigkeitseinwandes (*identity of parties, object and cause of action*) geprüft. Die von den Gerichten angenommenen inhaltlichen Grenzen der jeweiligen Tatbestandsvoraussetzung bedürfen nunmehr einer genaueren Untersuchung. Die Schiedsgerichte und das staatliche Gericht verneinten zum einen die Identität der Parteien beider Schiedsverfahren. Im ersten Schiedsverfahren klagte Lauder als beherrschender Gesellschafter der CME, im zweiten Verfahren die Gesellschaft CME. Beklagte war jeweils die Tschechische Republik. Wenn man die Voraussetzungen der Partei- und Streitgegenstandsidentität auslegt, wie es alle (Schieds-) Gerichte getan haben, ist exakte Identität zu fordern. Parteiidentität besteht dann nur, wenn beide Verfahren exakt denselben Kläger und exakt denselben Beklagten betreffen. Identität des Streitgegenstandes kann auch nur dann bestehen, wenn aufgrund desselben Investitionsschutzabkommens geklagt wird.

Zwar entspricht die vorgenommene Auslegung dem im kontinentaleuropäischen Rechtsraum üblichen engen Verständnis von *lis pendens*, allerdings zeigen gerade die *Czech Republic*-Entscheidungen, dass widersprüchliche Schiedssprüche – im diesem Fall sogar vollständig kontradiktorische Entscheidungen – mit einer so engen Auslegung der Tatbestandsmerkmale nicht unterbunden werden können.[2121] Der Anwendungsbereich einer schiedsrechtlichen Rechtshängigkeitssperre ist bei dieser Auslegung sehr begrenzt.[2122]

Infolge der *Czech Republic*-Schiedssprüche wurden Lösungsmöglichkeiten diskutiert: Teilweise wird vorgeschlagen, im Bereich *Investment Arbitration* die Voraussetzungen der Parteiidentität und der Streitgegenstandsidentität nicht so eng wie allgemein üblich auszulegen.[2123] Insbesondere weist ein Autor[2124] auf die größtenteils bestehende Wirtschaftseinheit (*economic entity*) zwischen Lauder (Kläger I) als beherrschendem Gesellschafter und CME (Klägerin II) hin. Die parallelen Klagemöglichkeiten eines Minderheitenaktionärs (*minority shareholder*) mit anderer Nationalität als die der Investitionsgesellschaft müssten mit einer entsprechend angepassten Auslegung des Begriffs der Parteiidentität einhergehen, um

2120 So auch McLachlan, Lis pendens, S. 286.

2121 Vgl. McLachlan, Lis pendens, S. 287 ff.

2122 So auch Gallagher, in: Pervasive Problems in International Arbitration, S. 329 (347).

2123 Diese Vorschläge stimmen somit überein mit den weiter oben angesprochenen Vorschlägen der *International Law Association*, die generell eine weniger strikte Handhabung des *lis pendens*-Einwandes vorschlägt. Vgl. hierzu International Law Association (2006), S. 24, Rn. 5.6; Ähnlich Reinisch, 3 Law & Prac. Int'l Cts. & Tribunals 37 (2004), 37 (77).

2124 McLachlan, Lis pendens, S. 291.

Widersprüche zu vermeiden. Derselbe Autor will auch andere Maßstäbe an die Streitgegenstandsidentität anlegen.[2125]

Eine weitere Lösungsmöglichkeit wird in der Privatautonomie gesehen. Hierdurch könnten die Parteien in der Schiedsvereinbarung spezielle Regelungen aufnehmen, die beispielsweise eine Verfahrensverbindung vorsähen.[2126] Dass die Möglichkeiten dieser Varianten nur beschränkt sind, wurde bereits erwähnt.[2127] Schließlich wird über Änderungen der BITs nachgedacht und über die Einrichtung einer einheitlichen Kontrollinstanz bzw. Berufungsinstanz.[2128]

In einem anderen Fall wurde entschieden, dass einem Schiedsgericht grundsätzlich Ermessen zustehe, sein Verfahren wegen eines anderen Schiedsverfahrens in derselben Streitsache auszusetzen.[2129] Als Gründe hierfür wurden eine bessere Eignung des anderen Forums mit Rücksicht auf die Parteiinteressen sowie *comity*-Erwägungen genannt. In derselben Entscheidung heißt es weiter, dass jedoch keines der Schiedsgerichte darin gehindert sei, seine Zuständigkeit auszuüben.[2130]

Im Gegensatz zum Bereich der internationalen Schiedsgerichtsbarkeit setzt man sich im Bereich des *Investment Arbitration* mit dem Problem doppelt rechtshängiger Schiedsverfahren eingehender auseinander. Ungeachtet dessen, dass in den primär angesprochenen *Czech Republic*-Fällen kein strikter Fall von *lis pendens* angenommen wurde, führten die Fälle zu einer eingehenderen Befassung mit *lis pendens*-Gesichtspunkten. Die vorgeschlagenen Lösungswege ähneln denjenigen im Bereich der internationalen Schiedsgerichtsbarkeit. Dennoch ist darauf hinzuweisen, dass für ICSID-Schiedsverfahren im Vergleich zu anderen Schiedsverfahren Besonderheiten gelten.[2131] Beispielsweise können Gegenstand von ICSID-Schiedsverfahren nur Schiedsverfahren sein, die eine Investition gemäß Art. 25 ICSID-Konvention[2132] zum Gegenstand haben.

2125 McLachlan, Lis pendens, S. 291 f., 298.

2126 Gallagher, in: Pervasive Problems in International Arbitration, S. 329 (347 f.). Diese Vorschläge entsprechen also denjenigen im Bereich der internationalen Schiedsgerichtsbarkeit. Sie kommen aber auch an dieser Stelle nicht gegen das Argument an, dass eine Verfahrenszusammenlegung im Zweifel gerade nicht dem Parteiwillen zumindest einer der beteiligten Schiedsparteien entspricht.

2127 Hierzu bereits unter Gliederungspunkt 3. Kapitel. A.III. 2.

2128 Gallagher, in: Pervasive Problems in International Arbitration, S. 329 (354).

2129 *Southern Pacific Properties Ltd. v. Arab Republic of Egypt*, 3 ICSID Rep. (1985) 101 (129).

2130 Vgl. zu dieser Entscheidung auch McLachlan, Lis pendens, S. 287.

2131 Schütze-*Happ*, Vor. Rule 1 ICSID Arbitration Rules, Rn. 9, der auf weitere Besonderheiten dieser Schiedsverfahren und auf deren gesetzliche Grundlagen hinweist.

2132 Art. 25 Abs. 1 ICSID-Konvention: „*The jurisdiction of the Centre shall extend to any legal dispute arising directly out of an investment, between a Contracting State (or any constituent subdivision or agency of an Contracting State designated to the Centre by that State) and a national of another Contracting State, which the parties to the dispute consent in writing to submit to the Centre.*"

B. Doppelte Rechtshängigkeit im Verhältnis zwischen den USA und Deutschland

Der Umgang mit der Kollision von mehreren streitgegenstandsidentischen Verfahren wurde in den ersten beiden Kapiteln dieser Arbeit jeweils bezogen auf Zuständigkeitskonflikte innerhalb des Rechtssystems einer nationalen Gesamtrechtsordnung betrachtet. Der erste Teil A dieses letzten, 3. Kapitels hat – ohne länderspezifische Schwerpunkte zu setzen – den Umgang mit Parallelverfahren unter *lis pendens*-Gesichtspunkten im Anwendungsbereich der internationalen Schiedsgerichtsbarkeit dargestellt. Im vorliegenden Teil B wird der Frage nach einem Lösungskonzept für „*transnationale Doppelprozesse*"[2133] am Beispiel gleichzeitiger (Schieds-)Verfahren in den USA und in Deutschland nachgegangen. Hierbei werden im ersten Schritt die nationalen Konzepte zur Berücksichtigung des Einwandes anderweitiger Rechtshängigkeit bei gleichzeitigen Verfahren vor Staatsgerichten in beiden Ländern dargestellt. Im zweiten Schritt wird dann der schiedsgerichtliche transnationale Doppelprozess dargestellt und ein eigener Lösungsansatz unterbreitet.

I. Problembeschreibung

Der Themenkomplex der Beachtlichkeit ausländischer Rechtshängigkeit nimmt im internationalen Zivilprozessrecht eine zentrale Position ein. Die in diesem Zusammenhang auftretenden Probleme sind in verschiedener Hinsicht an den Schnittstellen zwischen mehreren wichtigen Bereichen des internationalen Zivilprozessrechts angesiedelt. Einerseits steht die Beachtlichkeit früherer ausländischer Rechtshängigkeit im direkten Zusammenhang mit dem Bereich der Jurisdiktion bzw. internationalen Zuständigkeit. Denn ein inländisches Gericht, welches die ausländische Rechtshängigkeit berücksichtigt, ist seinerseits an einer Sachentscheidung gehindert.[2134] Gleichzeitig berührt die Berücksichtigung anderweitiger, früherer ausländischer Rechtshängigkeit den Justizgewährungsanspruch, weil das inländische Verfahren nicht bis zu einer Sachentscheidung betrieben wird.[2135] Andererseits besteht – zumindest aus deutscher Sicht – ein starker Zusammenhang mit dem Anerkennungsrecht.[2136] Dies ist deshalb der Fall, weil deutsche Gerichte in der Regel eine ausländische Litispendenz nur dann beachten, wenn die aus dem rechtshängigen Rechtsstreit hervorgehende

---

2133 Definition bei Schulte, Anderweitige Rechtshängigkeit, S. 29.

2134 Vgl. Wittibschlager, Internationale Verhältnisse, S. 2.

2135 Geimer, NJW 1984, S. 527 (528 ff.); ähnlich Buschmann, Rechtshängigkeit im Ausland, S. 9 ff.

2136 Vgl. Wittibschlager, Internationale Verhältnisse, S. 2; Nagel/Gottwald, IZVR, S. 354, Rn. 234; McLachlan, Lis pendens, S. 20 f., der sich nicht nur auf Deutschland bezieht; Schulte, Anderweitige Rechtshängigkeit, S. 90; Stein/Jonas-*Roth*, § 261, Rn. 53.

Entscheidung im Inland voraussichtlich anerkannt wird.[2137] Auch im Geltungsbereich einiger multilateraler Übereinkommen führt die Nichtberücksichtigung einer anderweitigen ausländischen Rechtshängigkeit dazu, dass die Anerkennung und Vollstreckung einer ausländischen Entscheidung im Inland versagt wird.[2138] Darüber hinaus sind der Einwand anderweitiger Rechtshängigkeit und der Einwand anderweitiger Rechtskraft auch bei Verfahren mit Auslandsbezug eng miteinander verknüpft. Die Meinung, dass der Einwand anderweitiger ausländischer Rechtshängigkeit als Vorstufe der materiellen Rechtskraft zu sehen sei, ist weit verbreitet.[2139]

1. Entstehung internationaler Doppelprozesse

Im konkreten internationalen Verhältnis mit den USA potenziert die weitreichende Zuständigkeitserstreckung US-amerikanischer Gerichte die Wahrscheinlichkeit für transnationale Parallelverfahren. Wenn sowohl deutsche Gerichte als auch US-Gerichte nebeneinander international zuständig sind, ist mit dieser gleichzeitigen internationalen Zuständigkeit der unterschiedlichen Gerichte eine Grundvoraussetzung erfüllt, damit der Einwand anderweitiger Rechtshängigkeit überhaupt relevant werden kann.[2140] Durch die alternativ bestehende Zuständigkeit mehrerer Gerichte kommt es zu positiven Kompetenzkonflikten.[2141] Diese mehrfachen Zuständigkeiten beinhalten die Gefahr, dass in mehreren Staaten Urteile in derselben Rechtsstreitigkeit erlassen werden, die sich möglicherweise widersprechen.[2142] Der Urteilskollision kann vorgebeugt werden, wenn man die im Ausland begründete Rechtshängigkeit eines Verfahrens berücksichtigt.

Häufig überzieht ein Kläger einen Beklagten in derselben Streitsache mit mehreren Klagen in verschiedenen Staaten. So sind beispielsweise die Vorzüge hoher Schadensersatzsummen für deutsche Kläger erstrebenswerte Vorteile, die zu einer Verfahrenseinleitung vor einem US-amerikanischen Gericht führen können.[2143] Teilweise schätzen deutsche Kläger auch die verglichen mit Deutschland geringeren Anforderungen, die in den USA an den Inhalt einer Klageschrift gestellt

---

2137 Geimer, Internationales Zivilprozessrecht, S. 930, Rn. 2688 f.

2138 Eine Übersicht der von Deutschland abgeschlossenen Staatsverträge, die eine Berücksichtigung ausländischer Rechtshängigkeit vorsehen, findet sich bei Schütze, in: FS Beys, S. 1501 (1502 ff.).

2139 McLachlan, Lis pendens, S. 22; Habscheid, RabelsZ 31 (1967), S. 254 (255); Schütze, RabelsZ 31 (1967), S. 233 (234); ähnlich Dohm, Einrede Rechtshängigkeit, S. 243.

2140 Vgl. Linke/Hau, IZVR, S. 118 f., Rn. 249.

2141 Geimer, Internationales Zivilprozessrecht, S. 940, Rn. 2704 f (bzgl. des EuGVÜ bzw. der EuGVVO).

2142 Wittibschlager, Internationale Verhältnisse, S. 1.

2143 Lange/Black, Zivilprozeß, S. 36.

werden.[2144] Zudem kann die Belegenheit von Vermögenswerten, in die vollstreckt werden soll, den Ausschlag für eine Parallelklage im Ausland sein; insbesondere dann, wenn für den Gläubiger unklar ist, wohin der Schuldner seine Vermögenswerte verbracht hat.[2145] In überkreuzter Parteirolle kommen internationale Doppelprozesse ebenfalls nicht selten vor, wenn der Beklagte des einen Verfahrens seinerseits Klage erhebt.[2146]

2. Beachtlichkeit anderweitiger ausländischer Rechtshängigkeit im staatlichen Verfahren

a) Deutsches Verständnis: Wesentliche Grundsätze der Rechtslage in Deutschland

Die Frage nach der Berücksichtigung ausländischer Rechtshängigkeit wird aus Sicht eines deutschen Zivilgerichts immer dann relevant, wenn im Ausland bereits ein streitiges Verfahren über dieselbe Sache zwischen denselben Parteien schwebt. Einer der Verfahrensbeteiligten des ausländischen Verfahrens hat also ein inländisches Gericht in derselben Sache angerufen. Beide Verfahren konkurrieren fortan miteinander. Zwangsläufig sind mehrere Fragen zu stellen: erstens, ob die drohende Kollision beider Verfahren verhindert werden kann und soll, und zweitens, wie dies zu erfolgen hat. Grundsätzlich sind mehrere Lösungsmodelle denkbar. Die Bandbreite reicht von der Möglichkeit, beide Verfahren ungestört nebeneinander laufen zu lassen, über die Variante, ein ausländisches Verfahren nach richterlichem Ermessen zu berücksichtigen, bis hin zu der Möglichkeit, das später rechtshängige inländische Verfahren stets für unzulässig zu erklären.[2147]

Das autonome deutsche Recht ignoriert ein gleichzeitig laufendes Verfahren im Ausland nicht, sofern es die tatbestandlichen Voraussetzungen einer Partei- und Streitgegenstandsidentität erfüllt. Dies wird unter anderem mit der Gleichwertigkeit ausländischer und inländischer Gerichtstätigkeit begründet.[2148] Dennoch kennt das deutsche autonome Zivilprozessrecht keine eigenständige Regelung für die Beachtlichkeit einer früheren ausländischen Rechtshängigkeit.[2149]

2144 Hierzu bereits unter Gliederungspunkt 2. Kapitel. D.III. 2. a) f.; vgl. Lange/Black, Zivilprozeß, S. 35, Rn. 24.

2145 Vgl. Hau, Positive Kompetenzkonflikte, S. 33; Schütze, ZZP 104 (1991), S. 136 (148 f.).

2146 Zum hierbei häufig relevanten Verhältnis zwischen Leistungsklage und negativer Feststellungsklage, vgl. Schulte, Anderweitige Rechtshängigkeit, S. 47 ff.

2147 Die Koordinationsmöglichkeiten entsprechen den bereits angesprochen Varianten im Verhältnis zwischen Staats- und Schiedsgerichtsbarkeit. Hierzu unter Gliederungspunkt 1. Kapitel. F.II. 6. a).

2148 Schack, IZVR, S. 313, Rn. 833.

2149 Stein/Jonas-*Roth*, § 261, Rn. 53; Schütze, RabelsZ 31 (1967), S. 254 (255). Als Ausnahmeregelung sieht § 738 a Abs. 1 HGB eine Beachtlichkeitsregelung ausländischer Rechtshängigkeit vor.

Die Rechtshängigkeitssperre des 261 Abs. 3 Nr. 1 ZPO regelt in direkter Anwendung nur den Fall, dass eine anderweitige Rechtshängigkeit vor einem anderen deutschen (Staats-) Gericht begründet wird.[2150] Im Gegensatz zu gesetzlichen Regelungen in anderen Ländern überlässt die deutsche Zivilprozessordnung die Problematik der Aufarbeitung durch Rechtsprechung und Lehre.[2151] Schon früh fasste der BGH die Berücksichtigung ausländischer Rechtshängigkeit als einen gültigen Rechtsgrundsatz internationalen Rechts auf.[2152] Nach heute ganz überwiegender Meinung in Rechtsprechung[2153] und Schrifttum[2154] wird die Einrede ausländischer Rechtshängigkeit auf eine analoge Anwendung des § 261 Abs. 3 Nr. 1 ZPO gestützt.

Natürlich ist fraglich, ob der Rechtshängigkeitssperre im grenzüberschreitenden Rechtsverkehr dieselben Funktionen zukommen können wie im reinen nationalen Rechtsverkehr. Man geht davon aus, dass im Sinne einer geordneten Rechtspflege deutsche Gerichte eine anderweitige ausländische Rechtshängigkeit zu beachten haben.[2155] Die Beachtlichkeit eines im Ausland rechtshängigen Verfahrens vermeidet ein identisches inländisches Verfahren und dient deshalb der Prozessökonomie.[2156] Zudem wird die beklagte Partei vor einer doppelten Verteidigungslast bewahrt.[2157] Im Vordergrund steht auch hier das Bestreben, zu verhindern, dass zwei sich widersprechende Entscheidungen erlassen werden.[2158]

2150 B/L/A/H-*Hartmann*, § 261, Rn. 5 („vor einem deutschen staatlichen Gericht").

2151 Habscheid, in: FS Zweigert, S. 109 (111). In der Schweiz hat das schweizerische Gericht gem. Art. 9 Abs. 1 IPRG bei früherer ausländischer Rechtshängigkeit sein Verfahren auszusetzen, wenn durch das ausländische Gericht eine Entscheidung in angemessener Zeit zu erwarten ist und die Entscheidung in der Schweiz anerkennungsfähig ist. Hierzu Vogel, SJZ 1990, S. 77 ff.; Schwander, in: FS Vogel, S. 395 ff.

2152 BGH NJW 1958, S. 103 (104) in einem obiter dictum.

2153 BGH IPRax 1994, S. 40 (40); BGH WM 1964, S. 617 (617); OLG Hamburg IPRax 1992, S. 38 (39).

2154 MüKo-*Lüke* (2. Auflage), § 261, Rn. 74; MüKo-*Becker-Eberhard*, § 261, Rn. 73; Hau, IPRax 1995, S. 80 (81); Linke/Hau, IZVR, S. 123, Rn. 258; Siehr, IPRax 1989, S. 93 ff.; Kerameus, in: FS Schwab, S. 257 ff.; Geimer, NJW 1984, S. 527 (527). Anders Dohm, Einrede Rechtshängigkeit, S. 248 ff., der die Voraussetzungen für eine Analogie zu § 261 Abs. 3 Nr. 1 ZPO zwar eingehend prüft, aber eine Analogie zu § 148 ZPO vorzieht. Grundsätzlich gegen die Zulassung der Einrede anderweitiger ausländischer Rechtshängigkeit ist Schütze, NJW 1963, S. 1486 (1487); Schütze, ZZP 104 (1991), S. 136 (147 f.).

2155 Geimer, Internationales Zivilprozessrecht, S. 929, Rn. 2685.

2156 Riezler, Internationales Zivilprozessrecht, S. 452; Schütze, RabelsZ 31 (1967), S. 233 (248) lehnt es ab, im internationalen Verhältnis auf die Prozessökonomie abzustellen, da diese nur begrenzt auf das jeweilige Territorium eines Landes möglich sei.

2157 Schack, IZVR, S. 313, Rn. 833; Stein/Jonas-*Roth*, § 261, Rn. 53.

2158 Schack, IZVR, S. 313, Rn. 834.

Für das Verhältnis Deutschlands zu den USA greifen keine generell vorrangig zu beachtenden Staatsverträge oder bilateralen Abkommen ein.[2159] Die Beachtlichkeit ausländischer Rechtshängigkeit ist für das Verhältnis zwischen beiden Staaten somit unmittelbar in der analogen Anwendung des § 261 Abs. 3 Nr. 1 ZPO zu suchen. Insofern besteht ein gemeinsamer Ausgangspunkt des US-amerikanischen und deutschen Rechts, da die Verfahrensrechte beider Länder keine positiv-rechtliche Regelung zur Beachtlichkeit der anderweitigen ausländischen Rechtshängigkeit getroffen haben.

aa) Voraussetzungen für die Beachtlichkeit anderweitiger ausländischer Rechtshängigkeit

Damit die Rechtshängigkeit eines US-amerikanischen Zivilverfahrens in Deutschland berücksichtigt werden kann, müssen die tatbestandlichen Voraussetzungen der Rechtshängigkeitssperre vorliegen. Auf § 261 Abs. 3 Nr. 1 ZPO analog kann nur zurückgegriffen werden, wenn das inländische Verfahrensrecht, also die *lex fori*, überhaupt anzuwenden ist.[2160]

(a) Streitgegenstandsidentität

Der ausländische Prozess muss einen identischen Streitgegenstand zum Inhalt haben.[2161] Anderenfalls wird die Rechtshängigkeitssperre nach § 261 Abs. 3 Nr. 1 ZPO analog nicht ausgelöst. Fraglich ist hierbei, welches Recht dazu berufen ist, über die Identität des Streitgegen-standes in beiden Verfahren zu befinden. Die herrschende Meinung beurteilt die Identität des Streitgegenstandes in beiden Verfahren nach der *lex fori* des streitentscheidenden deutschen Gerichts.[2162]

(b) Identität der Parteien

Frühere ausländische Rechtshängigkeit wird nach deutschem autonomen Recht nur beachtet, wenn Personenidentität in beiden Verfahren besteht.[2163] Wie in

---

2159 Insbesondere enthält der Deutsch-Amerikanische Freundschafts-, Handels- und Schifffahrtsvertrag vom 29.10.1954 (BGBI. 1956 II, S. 488) keine Regelung der Rechtshängigkeit.

2160 So Schulte, Anderweitige Rechtshängigkeit, S. 44, bezugnehmend auf Schumann, in: FS Kralik, S. 301 (307). Allerdings ist der Grundsatz von der Anwendbarkeit der *lex fori* weder unbestritten, noch soll er ausnahmslos gelten. Zum Ganzen Jaeckel, Die Reichweite der lex fori, S. 18 ff.; Leipold, Lex fori, S. 25 ff.

2161 BGH NJW 2001, S. 524 (525); BGH NJW 1986, S. 2195 (2195).

2162 OLG Frankfurt a. M. WM 2001, S. 1108 (1109); OLG Saarbrücken WM 1998, S. 833 (835); Schumann, IPRax 1986, S. 14 (15); a. A. Geimer/Schütze, Internationale Urteilsanerkennung, S. 1654. Zu hiermit verbundenen Problemfällen Schumann, in: FS Kralik, S. 301 (307).

2163 Dohm, Einrede Rechtshängigkeit, S. 287; Schumann, in: FS Kralik, S. 301 (307).

Verfahren ohne Auslandsbezug kommt es auf die Identität der Parteirollen hingegen nicht an.[2164] Ob Personenidentität besteht, wird wiederum *lege fori* beurteilt.[2165]

(c) Anderweitige frühere ausländische Rechtshängigkeit

Es kommt nur zu einer Beachtung ausländischer Rechtshängigkeit, wenn das ausländische Verfahren bereits rechtshängig war, als das deutsche Verfahren eingeleitet wurde.[2166] Im Fall gleichzeitig rechtshängig werdender Verfahren wird dem deutschen Verfahren der Vorrang eingeräumt.[2167]

(aa) Maßgeblicher Zeitpunkt für den Rechtshängigkeitseintritt

Während nach deutschem Zivilprozessrecht Rechtshängigkeit durch Zustellung der Klageschrift an den Beklagten eintritt, stellen viele ausländische Rechtsordnungen auf den Zeitpunkt ab, zu dem die Klage bei Gericht eingereicht wird.[2168] Zuletzt genanntem Konzept folgen auch die FRCP und einige Zivilverfahrensordnungen der US-Bundesstaaten.[2169]

(bb) Maßgebliches Recht

Die Divergenzen zwischen dem US-Recht und dem deutschen Zivilprozessrecht hinsichtlich der Anforderungen, ob ein Begehren rechtshängig geworden ist, führen zu der Frage, nach welchem Recht zu bestimmen ist, wann das ausländische Verfahren rechtshängig ist. In Rechtsprechung und Literatur besteht hierüber kein Konsens. Der BGH[2170] und ein Großteil des Schrifttums[2171] bestimmen den Zeitpunkt des Eintritts der Rechtshängigkeit nach der ausländischen *lex* fori. Zur Begründung wird einerseits darauf verwiesen, dass man auf diese Weise den internationalen Entscheidungseinklang am besten erreichen könne. Andererseits wird argumentiert, dass man dem ausländischen Verfahrensrecht einen Verstoß gegen den deutschen *ordre public* unterstelle, wenn man anstatt auf das ausländische Verfahrensrecht auf das inländische Verfahrensrecht abstelle.

Eine Konsequenz dieser Ansicht ist, dass es möglich ist, dass ein ausländisches Verfahren ein früher anhängig gewordenes deutsches Verfahren verdrängt, wenn

---

2164 Zöller-*Greger*, § 261, Rn. 8a; OLG Thüringen FamRZ 1999, S. 1211 (1211).

2165 OLG Frankfurt a. M. WM 2001, S. 1108 (1109).

2166 Hau, Positive Kompetenzkonflikte, S. 169.

2167 Schumann, in: FS Kralik, S. 301 (308); Stein/Jonas-*Roth*, § 261, Rn. 59; Geimer, NJW 1984, S. 527, Fn. 3.

2168 Zahlreiche Hinweise bei Dohm, Einrede Rechtshängigkeit, S. 116 ff.; mit Übersicht der EU-Staaten Krusche, MDR 2000, S. 677 (680).

2169 Zum US-Recht bereits unter Gliederungspunkt 2. Kapitel. D.III. 2. a) ff.

2170 BGH NJW 1987, S. 3083 (3083 f.); BGH NJW-RR 1992, S. 642 (642); BGH IPRax 1994, S. 40 (41).

2171 Stein/Jonas-*Roth*, § 261, Rn. 60; MüKo-*Lüke* (2. Auflage), § 261, Rn. 74; Kaiser/Prager, RIW 1983, S. 667 (668 f.); Coester-Waltjen, in: liber amicorum Buxbaum, S. 101 (102 f.); zustimmend Reuß, Jura 2009, S. 1 (5 f.).

das ausländische Recht – wie es das US-Recht überwiegend tut – die Rechtshängigkeit schon mit dem Einreichen der Klage bei Gericht eintreten lässt. Deutsche Kläger haben den Nachteil zu tragen, dass die Zivilprozessordnung im internationalen Vergleich mit der Zustellung der Klage an den Beklagten höhere Anforderungen stellt und einen späten Zeitpunkt vorsieht, in dem Rechtshängigkeit eintritt.[2172] Unter anderem[2173] wegen der angesprochenen negativen Folgen für eine in Deutschland klagende Partei wird teilweise nicht auf den internationalen Entscheidungseinklang, sondern auf den vergleichbaren Entwicklungsstand beider Verfahren abgestellt.[2174] Teilweise wird eine Doppelqualifikation[2175] vorgeschlagen. Demnach sollen sowohl nach der ausländischen *lex fori* wie auch nach deutschem Verfahrensrecht die Voraussetzungen der Rechtshängigkeit erfüllt sein müssen.

(d) Erfordernis einer positiven Anerkennungsprognose
Die Rechtsprechung hat für internationale Fallkonstellationen die tatbestandlichen Voraussetzungen der Rechtshängigkeitssperre um das zusätzliche Erfordernis einer positiven Anerkennungsprognose erweitert.[2176] Dem zu erwartenden ausländischen Urteil muss deshalb im Inland durch den deutschen Richter eine positive Anerkennungsprognose zugesprochen werden. Im Detail bedeutet dies, dass die Anerkennungsversagungsgründe des § 328 ZPO zu prüfen sind.[2177] Eine

---

2172 Schack, IZVR, S. 316, Rn. 842.

2173 Zu weiterer Kritik vgl. Krusche, MDR 2000, S. 677 ff.

2174 OLG Hamm NJW 1988, S. 3102 (3103); Schack, IZVR, S. 316, Rn. 844: "*Zeitpunkt, in welchem das ausländische Verfahren ein dem Zeitpunkt der deutschen Rechtshängigkeit entsprechendes Stadium erreicht hat*"; Linke/Hau, IZVR, S. 124, Rn. 260; Geimer, Internationales Zivilprozessrecht, S. 937, Rn. 2701; Heiderhoff, IPRax 1999, S. 392 (394); Schwander, in: FS Vogel, S. 395 (403 f.).

2175 So Linke, IPRax 1982, S. 229 (230); Linke, IPRax 1994, S. 17 ff.; zustimmend OLG Hamm NJW 1988, S. 3102 (3103); Krause-Ablass/Bastuck, in: FS Stiefel, S. 445 (449).

2176 Aus der Rechtsprechung: BGH NJW 2001, S. 524 (525); BGH IPRax 1994, S. 40 (42); BGH FamRZ 1992, S. 1058 (1058); OLG Hamm FamRZ 2005, S. 1496 (1497); aus dem Schrifttum: B/L/A/H-*Hartmann*, § 261, Rn. 7 ff.; Geimer, Internationales Zivilprozessrecht, S. 930 f., Rn. 2688 ff.; Rauscher, IPRax 1994, S. 188 ff.; Schack, IZVR, S. 315, Rn. 840; Siehr, IPRax 1989, S. 93 ff.; Schumann, in: FS Kralik, S. 301 ff.

2177 § 328 Abs. 1 ZPO: "*Die Anerkennung des Urteils eines ausländischen Gerichts ist ausgeschlossen*: 1. *wenn die Gerichte des Staates, dem das ausländische Gericht angehört, nach den deutschen Gesetzen nicht zuständig sind*; 2. *wenn dem Beklagten, der sich auf das Verfahren nicht eingelassen hat und sich hierauf beruft, das verfahrenseinleitende Dokument nicht ordnungsgemäß oder nicht so rechtzeitig zugestellt worden ist, dass er sich verteidigen konnte*; 3. *wenn das Urteil mit einem hier erlassenen oder einem anzuerkennenden früheren ausländischen Urteil oder wenn das ihm zugrunde liegende Verfahren mit einem früher hier rechtshängig gewordenen Verfahren unvereinbar ist*; 4. *wenn die Anerkennung des Urteils zu einem Ergebnis*

zu beachtende staatsvertragliche Regelung, die als *lex specialis* vorrangig zu prüfen wäre, gibt es – wie gesagt – im Verhältnis zwischen Deutschland und den USA nicht.[2178] Es ist eine generell-abstrakte Prognoseentscheidung des inländischen Richters über die Anerkennungsfähigkeit der ausländischen Entscheidung im Inland zu treffen.[2179] Hierbei sei als Grundsatz davon auszugehen, dass die Anerkennung des ausländischen Judikats die Regel, ihre Nichtanerkennung die Ausnahme bilde.[2180] Vereinzelt – besonders von Schütze[2181] – wird das Kriterium der positiven Anerkennungsprognose als wenig praktikabel und als zu unsicher eingeschätzt.[2182] Die Praxis zeigt, dass eine umfassende Prüfung der Anerkennungsversagungsgründe des § 328 ZPO von einigen Gerichten regelmäßig nicht vorgenommen wird.[2183] Stillschweigend wird häufig angenommen, dass die nicht explizit in die Prognoseentscheidung einbezogenen Anerkennungsversagungsgründe des § 328 ZPO einer Anerkennung ebenso wenig entgegenstehen wie die ausdrücklich vom jeweiligen Gericht angesprochenen Anerkennungsversagungsgründe.[2184]

(aa) Internationale Zuständigkeit des ausländischen Gerichts

Das ausländische Gericht muss international zuständig sein.[2185] Diese Voraussetzung prüfen deutsche Gerichte nach dem so genannten Spiegelbildprinzip.[2186]

---

führt, das mit wesentlichen Grundsätzen des deutschen Rechts offensichtlich unvereinbar ist, insbesondere wenn die Anerkennung mit den Grundrechten unvereinbar ist; 5. *wenn die Gegenseitigkeit nicht verbürgt ist.*" § 328 Abs. 2 ZPO: „*Die Vorschrift der Nummer 5 steht der Anerkennung des Urteils nicht entgegen, wenn das Urteil einen nichtvermögensrechtlichen Anspruch betrifft und nach den deutschen Gesetzen ein Gerichtsstand im Inland nicht begründet war.*"

2178 Krause-Ablass/Bastuck, in: FS Stiefel, S. 445 (446 f.).

2179 BGH NJW 1986, S. 2195 (2195); Nagel/Gottwald, IZVR, S. 356, Rn. 245.

2180 Habscheid, in: FS Zweigert, S. 109 (113); etwas anders akzentuiert Stein/Jonas-*Roth*, § 261, Rn. 61, der zwar nicht vom Regel (Anerkennung)-Ausnahme (Versagung der Anerkennung)-Prinzip ausgeht, aber zugesteht, dass dieses Bild der vorherrschenden Praxis entspreche.

2181 Schütze, NJW 1963, S. 1486 (1487); etwas weniger kritisch jetzt Wieczorek/Schütze-*Schütze*, Anh. zu § 261, Rn. 4.

2182 Ebenfalls ablehnend Dohm, Einrede Rechtshängigkeit, S. 248 ff.

2183 Vgl. hierzu die Entscheidungen des OLG Frankfurt IPRax 1982, S. 71 (72 f.); OLG München IPRax 1992, S. 174 (175); OLG Hamm NJW 1988, 3102 (3103); ebenso die Ausführungen von Rosenberg/Schwab/Gottwald, § 98, Rn. 6; Dohm, Einrede Rechtshängigkeit, S. 256 f.

2184 Dohm, Einrede Rechtshängigkeit, S. 257.

2185 Schumann, in: FS Kralik, S. 301 (309); Zöller-*Geimer*, § 328, Rn. 98; MüKo-*Gottwald*, § 328, Rn. 79.

2186 Hierzu ausführlich Kern ZZP 120 (2007), S. 31 ff.; OLG Düsseldorf IPRax 2009, S. 517 (518); Zum Spiegelbildprinzip auch schon unter Gliederungspunkt 1. Kapitel. F.II. 6. c)gg)(3) (a); hierzu kritisch Kerameus, in: FS Schwab, S. 257 ff.

Nach dem Spiegelbildprinzip wird die Zuständigkeit des ausländischen Gerichts angenommen, wenn es bei einer entsprechenden Anwendung der inländischen Regeln zuständig wäre (sog. Anerkennungszuständigkeit).[2187] Der positiven Zuständigkeitsprüfung schließt sich eine Negativkontrolle an.[2188] Im Rahmen der Negativkontrolle wird geprüft, ob keine ausschließliche internationale Zuständigkeit deutscher Gerichte vorliegt.[2189] Häufig sind US-amerikanische Gerichtsstände wesentlich weiter, als sie das deutsche Recht vorsieht.[2190] Dies ist zu berücksichtigen. Bei US-amerikanischen Urteilen von *federal courts* wird darauf abgestellt, ob die Zuständigkeit irgendeines Gerichts innerhalb der USA begründet ist.[2191] Anhand einer Anerkennungsprognose lässt sich regelmäßig schon bei Verfahrensbeginn feststellen, ob das Gericht des Entscheidungsstaates nach deutschen Gesetzen international zuständig ist[2192] und ob keine ausschließliche internationale Zuständigkeit besteht.[2193] Nach § 328 Abs. 1 Nr. 1 ZPO analog ist schließlich festzustellen, ob Gerichtsbarkeit des Entscheidungsstaates über Parteien und Streitgegenstand besteht, was regelmäßig unproblematisch ist.[2194]

(bb) Gewährung rechtlichen Gehörs, insbesondere ordnungsgemäße Zustellung
Nach § 328 Abs. 1 Nr. 2 ZPO steht es der Anerkennung entgegen, wenn der Beklagte sich nicht auf das Verfahren eingelassen hat und er sich hierauf beruft,[2195] das verfahrenseinleitende Dokument nicht ordnungsgemäß und rechtzeitig an den Beklagten zugestellt worden ist und er sich deshalb nicht verteidigen konnte. Sofern die Zustellung an den Beklagten nicht ordnungsgemäß erfolgt ist, musste sich dieser nicht auf das Verfahren einlassen. Ein aus dem Verfahren resultierendes

2187 Kropholler, IPR § 60 IV 5a; Musielak-*Stadler*, § 328 Rn. 9.

2188 Linke, IZVR (4. Auflage), S. 176 f., Rn. 393.

2189 Zur ausschließlichen internationalen Zuständigkeit Linke/Hau, IZVR, S. 60, Rn. 122; Schumann, in: FS Kralik, S. 301 (309); a. A. Dohm, Einrede Rechtshängigkeit, S. 258.

2190 Zur Gerichtsgewalt unter dem US-amerikanischen Recht unter Gliederungspunkt 2. Kapitel. B.II. 3. ff.

2191 BGH NJW 1999, S. 3198 (3199); Zöller-*Geimer*, § 328, Rn. 107; a. A. Schack, IZVR, S. 372, Rn. 1001; Stein/Jonas-*Roth*, § 328, Rn. 77.

2192 Stein/Jonas-*Roth*, § 261, Rn. 62; kritisch zur Prognoseentscheidung nach der *lex fori* des Zweitstaates Kerameus, in: FS Schwab, S. 257 (266); vgl. Musielak-*Stadler*, § 328, Rn. 11 zur nachträglichen Zuständigkeitsbegründung durch rügeloses Verhandeln.

2193 OLG Thüringen, FamRZ 1999, S. 1211 (1212); differenzierend Dohm, Einrede Rechtshängigkeit, S. 258.

2194 OLG Frankfurt IPRax 1982, S. 71 (73); Zöller-*Geimer*, § 328, Rn. 98; MüKo-*Gottwald*, § 328, Rn. 79; Musielak-*Stadler*, § 328, Rn. 8 (Gerichtsbarkeit als Erfordernis, welches der internationalen Zuständigkeit logisch vorgelagert sei).

2195 Zur Rügepflicht des Beklagten MüKo-*Gottwald*, § 328, Rn. 96 f.; zum Verzicht auf diesen Anerkennungsversagungsgrund OLG Bremen FamRZ 2004, S. 1975 (1976).

Urteil wäre nicht anerkennungsfähig.[2196] Ob die Zustellung rechtzeitig und ordnungsgemäß erfolgt ist, ist nach der *lex fori* des Urteilsstaates zu beurteilen.[2197] Rechtzeitigkeit und Ordnungsgemäßheit sind zwei unterschiedliche Kriterien und getrennt voneinander zu prüfen.[2198] Probleme hinsichtlich der zu stellenden Anerkennungsprognose können auftreten, wenn die Zustellung fehlerhaft war. Die Möglichkeit der Heilung darf nicht außer Betracht gelassen werden.[2199] Trotz dieser verbleibenden Unsicherheiten lässt sich dennoch in der Regel bereits im Zeitpunkt der Prognoseentscheidung eine Aussage darüber treffen, ob dem Beklagten das verfahrenseinleitende Schriftstück ordnungsgemäß und rechtzeitig zugestellt worden ist und ob er sich auch im Übrigen sachgerecht verteidigen konnte.[2200]

(cc) Unvereinbarkeit mit anderer Entscheidung oder Rechtshängigkeit

Einem ausländischen Urteil ist nach § 328 Abs. 1 Nr. 3 ZPO die Anerkennung zu versagen, wenn es entweder mit einem in Deutschland erlassenen Urteil (1. Alt.) oder mit einem anzuerkennenden früheren ausländischen Urteil unvereinbar ist (2. Alt.) oder das dem ausländischen Urteil vorangehende Verfahren mit einem in Deutschland früher rechtshängig gewordenen Verfahren unvereinbar ist (3. Alt.). Die zuletzt genannte Alternative dieses Anerkennungsversagungsgrundes kommt im Rahmen der Anerkennungsprognose von vornherein nicht in Betracht: Ausländische anderweitige Rechtshängigkeit liegt nur vor und ist auch nur dann zu berücksichtigen, wenn das ausländische Verfahren früher als das deutsche Verfahren eingeleitet worden ist.[2201] § 328 Abs. 1 Nr. 3, 3. Alt. ZPO geht aber gerade von der zeitlichen Priorität des inländischen Verfahrens aus.[2202]

In § 328 Abs. 1 Nr. 3 ZPO wird als zentrale Begrifflichkeit auf die Unvereinbarkeit mehrerer Entscheidungen abgestellt. Das Gesetz schweigt zum Begriffsinhalt. Ausgehend vom Ziel der Anerkennung ausländischer Entscheidungen, ist von einer Unvereinbarkeit mehrerer Urteile auszugehen, wenn sie sich in ihren Wirkungen

2196 Musielak-*Stadler*, § 328, Rn. 14.

2197 BGH NJW 1993, S. 598 (600); Zöller-*Geimer*, § 328, Rn. 159; Musielak-*Stadler*, § 328, Rn. 15; zu den abweichenden Anforderungen bezüglich der Verfahrenseinleitung im US-Recht unter Gliederungspunkt 2. Kapitel. D.III. 2. a) ff.

2198 So BGH NJW 1993, S. 598 (599); Stein/Jonas-*Roth*, § 328, Rn. 92 f.; Kropholler, IPR, § 60 IV 3.

2199 Schack, IZVR, S. 349, Rn. 938; Zur Frage der Heilung völkerrechtswidriger Zustellungen Stürner, in: FS Nagel, S. 446 (454).

2200 Sofern das rechtliche Gehör im weiteren Verfahrensverlauf missachtet wird, sind diese Verstöße unter § 328 Abs. 1 Nr. 4 ZPO im Rahmen des verfahrensrechtlichen *ordre public* zu prüfen. Mit diesbezüglichen Beispielen Stein/Jonas-*Roth*, § 328, Rn. 111 f.

2201 Hierzu unter Gliederungspunkt 3. Kapitel. B.I. 2. a)aa)(c). Vgl. auch Dohm, Einrede Rechtshängigkeit, S. 263.

2202 MüKo-*Gottwald*, § 328, Rn. 112.

widersprechen.[2203] Mit diesem Verständnis von Unvereinbarkeit kann § 328 Abs. 1, 2. Alt. ZPO im Stadium der Anerkennung ebenfalls nicht geprüft werden, da die konkreten Wirkungen einer Entscheidung erst ab deren Erlass feststehen.

Von einer Unvereinbarkeit ist zudem auszugehen, wenn der Streitgegenstand beider Verfahren identisch ist und einem erneuten Urteil die Rechtskraft des früheren Urteils entgegenstünde.[2204] Die Streitgegenstandsidentität des inländischen Verfahrens, in dem die Einrede ausländischer Rechtshängigkeit vorgebracht wird, und des ausländischen Verfahrens wurde als notwendige Voraussetzung für die Berücksichtigung früherer ausländischer Rechtshängigkeit analog § 261 Abs. 1 Nr. 3 ZPO herausgestellt. Es wäre deshalb immer von der Unvereinbarkeit der potenziellen Entscheidungen des inländischen und des ausländischen Verfahrens auszugehen. Da § 328 Abs. 1 Nr. 3, 1. Alt. ZPO der inländischen Entscheidung zwingend den Vorrang einräumt[2205], kann der gesamte Anerkennungsversagungsgrund des § 328 Abs. 1 Nr. 3 ZPO kein Bestandteil der Prognoseentscheidung sein.[2206]

(dd) Ordre Public

Eine Prognose darüber, ob das ausländische Urteil gegen den deutschen *ordre public* verstoßen wird, ist zu Beginn des Verfahrens kaum zu treffen.[2207] An anderer Stelle[2208] wurde bereits auf den Inhalt des anerkennungsrechtlichen *ordre public* hingewiesen. Ebenso darauf, dass Verstöße gegen den *ordre public* Ausnahmecharakter haben.[2209] Dementsprechend sind hohe Anforderungen an Verstöße zu stellen, damit sie überhaupt *ordre-public*-relevant sind.[2210]

(ee) Verbürgung der Gegenseitigkeit

Nach § 328 Abs. 1 Nr. 5 ZPO kann ein ausländisches Urteil nicht anerkannt werden, wenn die Gegenseitigkeit nicht verbürgt ist und der Ausnahmetatbestand des

2203 Ähnlich, Zöller-*Geimer*, § 328, Rn. 201.

2204 Musielak-*Stadler*, § 328, Rn. 20; Stein/Jonas-*Roth*, § 328, Rn. 96. Zum Unvereinbarkeitsverständnis des EuGH unter Art. 34 EuGVVO Zöller-*Geimer*, Anh I, Art. 34 EuGVVO, Rn. 41 f. (mit weiterführenden Rechtsprechungshinweisen).

2205 Kritisch zum Vorrang Musielak-*Stadler*, § 328, Rn. 22.

2206 Nagel/Gottwald, IZVR, S. 355, Rn. 235 und Dohm, Einrede Rechtshängigkeit, S. 261 f., die ebenfalls davon ausgehen, dass § 328 Abs. 1 Nr. 3 ZPO kein Teil der Anerkennungsprognose sein kann.

2207 Schack, IZVR, S. 315, Rn. 841; Geimer, Internationales Zivilprozessrecht, S. 945, Rn. 2718; Schütze, RabelsZ 31 (1967), S. 233 (246).

2208 Hierzu unter Gliederungspunkt 1. Kapitel. F.II. 6. c)hh)(2). Zum anerkennungsrechtlichem *ordre public* in Europa und den USA Bruns, JZ 1999, S. 278 ff.

2209 BGHZ 118, 312 (320); Zöller-*Geimer*, § 328, Rn. 210 f.

2210 Die im Verhältnis zu den USA relevanten Fälle werden unter Gliederungspunkt 3. Kapitel. B.I. 2. a)bb)(3) (b)(gg) aufgezeigt. Die im schiedsgerichtlichen Verfahren diskussionswürdigen Konstellationen entsprechen denjenigen im Staatsverfahren weitgehend.

§ 328 Abs. 2 ZPO nicht eingreift.[2211] Von der Verbürgung der Gegenseitigkeit ist auszugehen, wenn der Anerkennung und Vollstreckung eines deutschen Urteils im Urteilsstaat keine größeren Schwierigkeiten entgegenstehen als der Anerkennung und Vollstreckung des anzuerkennenden Urteils in Deutschland.[2212] Vorbehaltlich der Möglichkeit, dass sich die Anerkennungspraxis in der Zwischenzeit verändert,[2213] kann in der Regel bereits bei Beginn des Verfahrens beurteilt werden, ob die Gegenseitigkeit verbürgt ist.[2214] Es handelt sich um eine Rechtsfrage, die einer Prognose eher zugänglich ist als eine Frage über Tatsachen.[2215] Insbesondere bei Staaten wie den USA, die aus vielen Bundesstaaten bestehen, ist bei Urteilen von einzelstaatlichen Gerichten und *federal courts* bei *diversity jurisdiction* auf die Verbürgung der Gegenseitigkeit mit dem konkreten Einzelstaat abzustellen.[2216] Obwohl die positive Anerkennungsprognose für die Entscheidung darüber erforderlich ist, ob man die Rechtshängigkeit eines ausländischen Verfahrens beachtet, darf es im Rahmen der Prognoseentscheidung nicht darauf ankommen, ob die Gegenseitigkeit bei der Beachtlichkeit ausländischer Rechtshängigkeit verbürgt ist.[2217]

(e) Zwischenergebnis

Die Prognoseentscheidung über die Anerkennungsfähigkeit des ausländischen Urteils ist letztlich nie mit Sicherheit zu treffen. Das Charakteristikum jeder Prognoseentscheidung ist es, dass diese mit Unsicherheiten verbunden bleibt.[2218] Dennoch kann sich ein deutscher Richter anhand der dargestellten Grundsätze ein hinreichendes Maß an Sicherheit über die Anerkennungsfähigkeit einer ausländischen Entscheidung verschaffen, um anhand dessen eine Prognose zu erstellen. Eine bloße Missbrauchskontrolle wird diesen Anforderungen jedenfalls nicht gerecht.[2219]

2211 Speziell für die Anerkennung und Vollstreckung US-amerikanischer Urteile in Deutschland, Schütze, in: FS Geimer, S. 1025 ff.

2212 BGH NJW 1964, S. 2350 (2351); BGH NJW 2001, S. 524 (525); Musielak-*Stadler*, § 328, Rn. 31.

2213 Schack, IZVR, S. 315, Rn. 841.

2214 Stein/Jonas-*Roth*, § 261, Rn. 64. Hinsichtlich des Verhältnisses von Deutschland und den USA Schütze, Deutsch-amerikanische Urteilsanerkenung, S. 171 ff.

2215 Schack, IZVR, S. 315, Rn. 841.

2216 BGH NJW-RR 2009, S. 1652 (1653); BGH ZIP 1999, S. 1226 (1229); OLG Koblenz RIW 2004, S. 302 (306); Linke/Hau, IZVR, S. 224, Rn. 497; kritisch Coester-Waltjen, in: liber amicorum Buxbaum, S. 101 (111 f.).

2217 Dohm, Einrede Rechtshängigkeit, S. 263 (Berücksichtigung der anderweitigen Rechtshängigkeit bereits unter § 328 Abs. 1 Nr. 3, 3. Alt. ZPO); vgl. auch Kerameus, in: FS Schwab, S. 257 (268).

2218 Stein/Jonas-*Roth*, § 261, Rn. 61; vgl. auch Dohm, Einrede Rechtshängigkeit, S. 268.

2219 So aber Schütze, ZZP 104 (1991), S. 136 (149). So wie hier Nagel/Gottwald, IZVR, S. 356 f., Rn. 245; Schack, IZVR, S. 840, Rn. 840 lässt ein „*Wahrscheinlichkeitsurteil*“ ausreichen, möchte sich dafür aber als Rechtsfolge die Verfahrensaussetzung vorbehalten.

(f) Grenzen der Anerkennungsfähigkeit ausländischer Rechtshängigkeit
Deutsche Gerichte berücksichtigen anderweitige ausländische Rechtshängigkeit nicht uneingeschränkt. Ihre Grenzen findet die analoge Anwendung der Rechtshängigkeitssperre in Fällen, in denen eine unzumutbare Beeinträchtigung des Rechtsschutzes durch die Berücksichtigung des ausländischen Verfahrens drohen würde.[2220] Die Rechtsprechung erkennt in diesem Zusammenhang beispielsweise Situationen an, in denen die ausländische Partei eine unzumutbar lange Verfahrensdauer im Ausland hinzunehmen hätte.[2221]

bb) Rechtsfolge der Beachtlichkeit ausländischer Rechtshängigkeit
Die Rechtsfolge der Berücksichtigung anderweitiger ausländischer Rechtshängigkeit ist in der Regel die Klageabweisung durch Prozessurteil[2222] als unzulässig.[2223] Anderslautende Vorschläge, wie etwa stets eine Aussetzung des inländischen Verfahrens in analoger Anwendung des § 148 ZPO der Analogie zu § 261 Abs. 3 Nr. 1 ZPO vorzuziehen, haben sich nicht durchgesetzt.[2224] Die analoge Anwendung des § 261 Abs. 3 Nr. 1 ZPO beinhaltet die Berücksichtigung der anderweitigen ausländischen Rechtshängigkeit von Amts wegen.[2225]

cc) Zusammenfassung
Das deutsche Recht bleibt für internationale Fallgestaltungen seinen Prinzipien treu, insbesondere der formalistischen Herangehensweise. Die Beachtlichkeit einer ausländischen Rechtshängigkeit wird – wie im nationalen Recht – an strikte generell-abstrakte Voraussetzungen gekoppelt. Einerseits hat das zusätzliche Erfordernis einer positiven Anerkennungsprognose ein weiteres Mal veranschaulicht, wie eng das Zusammenspiel zwischen dem Einwand anderweitiger Rechtshängigkeit und dem Rechtskrafteinwand ist. Andererseits wurde klar, dass eine Prognose aufgrund ihrer Natur stets mit Unsicherheiten behaftet bleibt. Nicht

---

2220 Zur Berücksichtigung ausländischer Rechtshängigkeit und dem Justizgewährungsanspruch Geimer, NJW 1984, S. 527 ff.
2221 BGH NJW 1983, S. 1269 (1270); BGH NJW 1986, S. 2202 (2202); KG FamRZ 1995, S. 1074 (1074).
2222 BGH NJW 2001, S. 524 (525).
2223 Schumann, in: FS Kralik, S. 301 (311).
2224 Grundsätzlich für eine analoge Anwendung des § 148 ZPO ist Dohm, Einrede Rechtshängigkeit, S. 248 ff.; 272 ff. Für die Anwendung des § 148 ZPO analog Geimer, Internationales Zivilprozessrecht, S. 943, Rn. 2712. Auf berechtigte Interessen des Klägers an einem inländischen Verfahren stellt Habscheid, RabelsZ 31 (1967), S. 254 (266 ff.) ab. Nur bei ungewisser Anerkennungsprognose ebenfalls für eine analoge Anwendung des § 148 ZPO Krause-Ablass/Bastuck, in: FS Stiefel, S. 445 (447); Geimer, NJW 1984, S. 527 (528).
2225 MüKo-*Lüke* (2. Auflage), § 261, Rn. 74; Hau, IPRax 1995, S. 80 (81); anders das OLG Schleswig NJOZ 2007, S. 2055 (2055), welches auf den Beibringungsgrundsatz hinweist.

alle Anerkennungsversagungsgründe können deshalb im zeitlichen Stadium vor Erlass eines Urteils, auf dessen Anerkennung die Gründe eigentlich zugeschnitten sind, gleich praktikabel gehandhabt werden. Das Kriterium der positiven Anerkennungsprognose und die hiermit einhergehende Entscheidung über die Wahrscheinlichkeit der Anerkennung des ausländischen Urteils im Inland ermöglichen dennoch eine ausreichend sichere Grundlage. Der Grad der Prognosesicherheit variiert von Anerkennungsgrund zu Anerkennungsgrund: Während § 328 Abs. 1 Nr. 1 und Nr. 2 sich regelmäßig gut im Vorfeld beurteilen lassen, ist nach hier vertretener Ansicht im Rahmen des § 328 Abs. 1 Nr. 3 ZPO keine der drei Tatbestandsalternativen einer Anerkennungsprognose zugänglich. Ein Verstoß gegen den *ordre public* gemäß § 328 Abs. 1 Nr. 4 ZPO ist ebenfalls kaum zu prognostizieren. Über die Verbürgung der Gegenseitigkeit nach § 328 Abs. 1 Nr. 5 ZPO kann hingegen – abgesehen von möglichen Änderungen in der Anerkennungspraxis – regelmäßig eine positive Anerkennungsprognose gestellt werden.

b) US-amerikanisches Verständnis: Wesentliche Grundsätze der US-amerikanischen Rechtslage

Eine kodifizierte Regelung zur Berücksichtigung anderweitiger ausländischer Rechtshängigkeit enthält das US-amerikanische Recht ebenso wenig wie für die (meisten) Kollisionsfälle innerhalb des amerikanischen Rechtssystems. Wiederum besteht eine Vielzahl an Regelungsmechanismen, die herangezogen werden können, um einen transnationalen Doppelprozess zu regulieren.[2226] Hierbei orientieren sich die Lösungsmechanismen für internationale Doppelprozesse grundsätzlich an den Prinzipien, wie sie für das inneramerikanische Recht dargestellt wurden. Allenfalls erfahren die unterschiedlichen Doktrinen Modifikationen, die durch den internationalen Kontext erforderlich werden.[2227] Am meisten Ähnlichkeit weisen internationale Doppelprozesse mit der Konstellation auf, in der Gerichte unterschiedlicher *jurisdictions* zueinander in Konkurrenz treten, also Fälle paralleler Verfahren in *state courts* unterschiedlicher Bundesstaaten oder Parallelverfahren vor *federal courts* und *state courts.*[2228] Für die Beurteilung, nach welchem Recht zu verfahren ist, findet im US-amerikanischen internationalen Zivilprozessrecht ebenso wie im deutschen internationalen Zivilprozessrecht das *lex fori*-Prinzip Anwendung.[2229]

2226 Hierzu unter Gliederungspunkt 3. Kapitel. B.I. 2. b)cc).

2227 Born, International civil litigation, S. 548.

2228 Vgl. Habscheid, in: FS Zweigert, S. 109 (121).

2229 So bereits: 15A C.J.S., Conflict of Laws, § 9, lit. b. (1967): "*Applicability of Lex Fori – The Law of the forum controls as to matters of remedy and procedure except where they are an integral part of a foreign right which is recognized, and it alone controls where the foreign law would ordinarily control, but for some reason, such as absence of proof, does not.*" Ebenso die aktuelle Fassung des *Corpus Juris Secundum*, 15A C.J.S., Conflict of Laws, § 46.

aa) Common Law and State Law

Wie im Kollisionsfall von zwei parallelen Verfahren in unterschiedlichen Bundesstaaten ist fraglich, ob die Anhängigkeit eines *parallel proceeding* im Ausland überhaupt Auswirkungen auf ein in den USA laufendes Gerichtsverfahren hat. Die verschiedenen Sammlungen des *common law* gehen in der Situation eines gleichzeitig laufenden ausländischen Verfahrens davon aus, dass das ausländische Verfahren nicht als Grund für eine Abweisung des US-amerikanischen Verfahrens dienen könne.[2230]

Die Einzelstaaten New York und Kalifornien sehen in ihren jeweiligen Zivilprozessordnungen kodifizierte Regelungen für den *intra*bundesstaatlichen Kollisionsfall vor. Möglicherweise könnte auch im internationalen Kollisionsfall ein Rückgriff auf Rule 3211 CPLR bzw. auf § 430.10 (c) CCP zulässig sein, wenn das US-amerikanische Verfahren ein in diesen Staaten anhängiges Verfahren ist. Der Wortlaut beider Vorschriften ist diesbezüglich jedenfalls offen.[2231] In der Regel wird ein transnationaler Doppelprozess mit Beteiligung eines US-Gerichts jedoch dergestalt auftreten, dass ein *federal court*-Verfahren betrieben wird und kein *state court*-Verfahren.[2232]

bb) Entscheidungspraxis US-amerikanischer Gerichte im Fall von international parallel proceedings

(1) Colorado River nachfolgende Entscheidungen

Mit der *colorado-type abstention doctrine* hat der *Supreme Court* für nationale Konstellationen einen der am häufigsten verwandten Regelungsmechanismen für das Problem von *parallel proceedings* entwickelt.[2233] Es ist daher naheliegend, dass einige untere Bundesgerichte[2234] auch in internationalen Fallgestaltungen den Grundsätzen der *Colorado River*-Entscheidung gefolgt sind. Ihnen zufolge soll das Institut der *abstention doctrine* gleichfalls bei transnationalen Parallelverfahren

---

2230 Restatement of the Law (Second), Conflict of Laws, § 86 comment a. (1971): "*A State may entertain an action even though an action on the same claim is pending in another state.*"; 1 Am.Jur.2d, Abatement, Survival, and Revival, § 10; 19 A.L.R.2d (1951), 301 (305).

2231 Hierzu auch schon Schulte, Anderweitige Rechtshängigkeit, S. 154.

2232 Vgl. Lange/Black, Zivilprozeß, S. 36, was jedenfalls für den Fall zutreffend ist, dass die nicht amerikanische Partei das US-amerikanische Verfahren eingeleitet hat, da den Bundesrichtern eine größere Vertrautheit mit internationalen Fallgestaltungen nachgesagt wird.

2233 Hierzu unter Gliederungspunkt 2. Kapitel. D.III. 4. b)aa) ff.

2234 *Johns Hopkins Health System Corp. v. Al Reem General Trading & Company's Rep.*, 374 F.Supp. 2d 465, 478 (D.Md. 2005); *Royal & Sun Alliance Ins. Co. of Canada v. Century Int'l Arms, Inc.*, 466 F.3d 88, 93 ff. (2d Cir. 2006); *Finova Capital Corp. v. Ryan Helicopters U.S.A., Inc.*, 180 F.3d 896, 898 (7th Cir. 1999); *General Motors Corp. v. Ignacio Lopez de Arriortua*, 948 F.Supp. 656, 669 (E.D. Mich. 1996).

Anwendung finden.[2235] Teilweise nehmen die Gerichte explizit Bezug auf die Grundsätze der *Colorado River*-Entscheidung.[2236] Manche Gerichte haben dabei ausdrücklich betont, dass ein Parallelverfahren vor einem ausländischen Gericht keine größere Rücksichtnahme erfordere als ein entsprechendes weiteres Verfahren vor einem US-Gericht.[2237] Andere Gerichte haben wiederum nur im Sinne der *Colorado-type abstention doctrine* entschieden, ohne die Entscheidung eigens zu erwähnen.[2238] Auffällig ist, dass in den internationalen Fallkonstellationen nahezu jeder Faktor aufgegriffen wird, der auch im Rahmen des inneramerikanischen Doppelprozesses bei der richterlichen Ermessensentscheidung, ob ein Verfahren auszusetzen oder abzuweisen ist, eine Rolle spielt.[2239]

(2) Landis v. North American Co.

Andere Bundesgerichte[2240] sind nicht den Grundsätzen der *Colorado River*-Entscheidung gefolgt. Diese Gerichte orientierten sich vor allem an der Entscheidung in Sachen *Landis v. North American Co.*, welche die inneramerikanische Konstellation von Parallelverfahren vor zwei *federal courts* zum Gegenstand hatte.[2241] Wie schon an anderer Stelle herausgestellt,[2242] machte der *Supreme Court* hier die richterliche Ermessensentscheidung über eine Verfahrensaussetzung nicht davon abhängig, ob *exceptional circumstances* gegeben waren. Neben diesem Verzicht

---

2235 Diese Sichtweise ist allerdings nicht unbestritten. Teilweise wird es ausdrücklich abgelehnt, für transnationale Doppelprozesse auf die *abstention doctrine* zurückzugreifen, so z. B. *Black & Decker Corp. v. Sanyei America Corporation*, 650 F.Supp. 406, 410 (N.D. Ill 1986).

2236 *Brinco Mining Ltd. v. Federal Insurance Company*, 552 F.Supp. 1233, 1240 (D.D.C. 1982).

2237 *Neuchatel Swiss General Ins. Co. v. Lufthansa Airlines*, 925 F.2d 1193, 1195 (9th Cir. 1991): "*The fact that the parallel proceedings are pending in a foreign jurisdiction is immaterial. We reject the notion that a federal court owes greater deference to foreign courts than to our own state courts*". Interessant in diesem Zusammenhang auch die Aussage in *Ingersoll Milling Machine Co. v. Granger*, 833 F.2d 680, 685 (7th Cir. 1987): "*Here, the alternate forum is not the tribunal of a state of the federal union to which, under our Constitution, we owe a special obligation of comity.*"

2238 So z. B. die bereits erwähnte Entscheidung *Neuchatel Swiss General Ins. Co. v. Lufthansa Airlines*, 925 F.ed 1193, 1195 (9th Cir. 1991); *Ronar, Inc. v. Wallace*, 649 F.Supp. 310, 318 (S.D.N.Y. 1986).

2239 So auch Schulte, Anderweitige Rechtshängigkeit, S. 177.

2240 *Itel Corporation v. M/S Victoria U*, 710 F.2d 199 (5th Cir. 1983); *Efco Corp. v. Aluma Systems USA, Inc.*, 983 F.Supp. 816, 824 (S.D. Iowa 1997); *Televisa, SA de CV v. Koch Lorber Films*, 382 F.Supp. 2d 631, 634 f. (S.D.N.Y. 2005); bezugnehmend allerdings auf *Piper Aircraft Co. v. Reyno*, 454 U.S. 235, 255 f., 102 S.Ct. 252, 70 L.Ed.2d 419 (1981).

2241 *Landis v. North American Co.*, 299 U.S. 248, 57 S.Ct. 163, 81 L.Ed. 153 (1936); hierzu auch Fawcett, General Report, S. 1 (40 f.).

2242 Hierzu unter Gliederungspunkt 2. Kapitel. D.III. 4. c).

auf das Vorliegen von *exceptional circumstances* ist bemerkenswert, dass in beiden Verfahren keine Parteiidentität bestanden hat.[2243]

Auch für die Gerichte, welche sich vornehmlich an den vorgegebenen Konturen der *Landis*-Entscheidung halten, sind bestimmte Faktoren für das Ausüben der richterlichen Ermessensentscheidung von Bedeutung. Exemplarisch ist eine Passage aus der *Ronar, Inc. v. Wallace*-Entscheidung[2244] zu zitieren: „*Numerous factors bear on the propriety of staying litigation while a foreign proceeding is pending. They include pragmatic concerns such as the promotion of judicial efficiency and the related issues of whether the two actions have parties and issues in common and whether the alternative forum is likely to render a prompt disposition. Also relevant are considerations of fairness to all parties or possible prejudice to any of them. A third group relates to comity between nations.*"

Für die beteiligten Parteien paralleler Verfahren in den USA und im Ausland kann es entscheidend darauf ankommen, ob das beteiligte US-Gericht der Entscheidungslinie der *Colorado River*-Grundsätze folgt und somit darauf abstellt, ob *exceptional circumstances* vorliegen, oder ob ein US-Gericht angerufen worden ist, welches die Maßstäbe der *Landis*-Entscheidung bevorzugt. Im zuletzt genannten Fall sind die Anforderungen an die richterliche Ermessensentscheidung, die über das Aussetzen des inländischen Verfahrens entscheidet, wesentlich geringer.[2245] Aus der Sicht einer Partei, die den transnationalen Doppelprozess unterbinden möchte, ist es deshalb von Vorteil, wenn ein US-Gericht nicht explizit auf *exceptional circumstances* abstellt. Mit der richtigen Wahl des Gerichtsstandes können deshalb transnationale Parallelverfahren im größeren Umfang vermieden werden.

(3) Laker Airways Ltd. v. Sabena

Im Zusammenhang mit *international parallel proceedings* ist des Weiteren auf die Entscheidung in Sachen *Laker Airways Ltd. v. Sabena*[2246] hinzuweisen. In dieser Entscheidung war Ausgangspunkt der Auffassung des *US Court of Appeals*, dass ein *federal court*-Verfahren gleichzeitig mit einem ausländischen Verfahren betrieben werden könne.[2247] Die Entscheidung, ob ein ausländisches Verfahren in den USA beachtet wird, wird mit dieser Entscheidungspraxis zeitlich hinaus geschoben

2243 Zur Parteiidentität unter Gliederungspunkt 2. Kapitel. D.III. 3. a)bb)(2).

2244 *Ronar Inc. v. Wallace*, 649 F.Supp. 310, 318 (S.D.N.Y. 1986).

2245 Born, International civil litigation, S. 551.

2246 *Laker Airways Ltd. v. Sabena*, 731 F.2d 909 (D.C. Cir. 1984).

2247 *Laker Airways Ltd. v. Sabena*, 731 F.2d 909, 926 f. (D.C. Cir. 1984): „*The fundamental corollary to concurrent jurisdiction must ordinarily be respected: parallel proceedings on the same in personam claim should ordinarily be allowed to proceed simultaneously, at least until a judgment is reached in one which can be pled as res judicata in the other.*"; so auch *BP Chems., Ltd. v. Jiangsu Sopo Corp.* Ltd., 429 F.Supp. 2d 1179 (E.D. Mo. 2006); *American Cyanamid Co. v. Picaso-Anstalt*, 741 F.Supp. 1150, 1159 (D.N.J. 1990). Ebenso die bereits angesprochene Ansicht im Restatement of the Law (Second), Conflict of the Laws, § 86 comment a. (1971).

und den *res-judicata*-Grundsätzen unterstellt.[2248] Im Ausland wird den USA teilweise vorgeworfen, rücksichtslos das inländische Verfahren betreiben zu wollen. Entscheidungen wie das vorstehend genannte Urteil bilden das Einfallstor für diese Kritik.[2249]

(4) Ingersoll

Die Entscheidung *Ingersoll v. Granger*[2250] gilt als weitere prägende Entscheidung. Hier stellte das Gericht heraus, dass es bei einem Parallelverfahren im Ausland keine vergleichbar ausgeprägte Verpflichtung zur Rücksichtnahme gebe wie in der Situation eines inneramerikanischen Parallelverfahrens.[2251] Insofern zeigt sich eine Parallele zur vormals genannten *Laker*-Entscheidung. Die Faktoren aus *Colorado River*[2252] wurden in dieser Entscheidung – ohne Modifikation für den internationalen Fall – als eine Art Richtlinie („*helpful guide*“) für die richterliche Ermessensentscheidung angesehen und führten letztlich zur Verfahrensaussetzung.[2253] Das Besondere an der *Ingersoll*-Entscheidung ist, dass das US-Gericht einem *stay*[2254] des Verfahrens erst nach Erlass eines Urteils in dem belgischen Parallelverfahren zustimmte.

Gleichfalls in der Tradition der *colorado-type abstention doctrine* steht die Entscheidungsfindung in der Sache *Turner Entertainment Co. v. Degeto Film GmbH.*[2255] Das entscheidende Gericht verwies hier ausdrücklich auf bestehende *„international abstention“*[2256] und rechtfertigte auf diese Weise die Nichtausübung seiner bestehenden Gerichtsgewalt, indem es das eigene Verfahren aussetzte.

2248 *Laker Airways Ltd. v. Sabena,* 731 F.2d 909, 926 f. (D.C. Cir. 1984); bezugnehmend unter anderem auf *Princess Lida of Thurn and Taxis v. Thompson,* 305 U.S. 456, 466, 59 S.Ct. 275, 280, 83 L.Ed. 285 (1939); *Kline v. Burke Const. Co.*, 260 U.S. 226, 230, 43 S.Ct. 79, 81, 67 L.Ed. 226 (1922).

2249 Schack, IZVR, S. 314, Rn. 837.

2250 *Ingersoll Milling Machine Co. v. Granger,* 833 F.2d 680 (7th Cir. 1987).

2251 *Ingersoll Milling Machine Co. v. Granger,* 833 F.2d 680, 685 (7th Cir. 1987); ähnlich *Neuchatel Swiss General Ins. Co. v. Lufthansa Airlines,* 925 F.2d 1193, 1195 (9th Cir. 1991).

2252 Hierzu unter Gliederungspunkt 2. Kapitel. D.III. 4. b)aa)(1).

2253 *Ingersoll Milling Machine Co. v. Granger,* 833 F.2d 680, 685 (7th Cir. 1987); bezugnehmend auch auf *Ronar Inc. v. Wallace,* 649 F.Supp. 310 (S.D.N.Y. 1986); vgl. auch McLachlan, Lis pendens, S. 107 f.

2254 Der Ansicht der *Ingersoll*-Entscheidung folgen z. B. *Finova Capital Corp. v. Ryan Helicopters USA,* 180 F.3d 896, 898 (7th Cir. 1999); *AAR Int'l Inc. v. Nimelias Enterprises SA,* 250 F.3d 510, 517-518 (7th Cir. 2001).

2255 *Turner Entertainment Co. v. Degeto Film GmbH,* 25 F.3d 1512 (11th Cir. 1994); bezugnehmend auf die Standards dieser Entscheidung *Belize Telecom, Ltd. v. Gov't of Belize,* 528 F.3d 1298 (11th Cir. 2008); *Posner v. Essex Ins. Co., Ltd.*, 178 F.3d 1209, 1223 ff. (11th Cir. 1999).

2256 *Turner Entertainment Co. v. Degeto Film GmbH,* 25 F.3d 1512, 1518 ff. (11th Cir. 1994).

(5) Continental Times

Die Entscheidung *Continental Times Corp. v. Swiss Credit Bank*[2257] eines New Yorker Bezirksgerichts verdeutlicht ebenfalls, dass bei der Frage, ob eine ausländische Rechtshängigkeit zu berücksichtigen ist, auf unterschiedliche Faktoren[2258] zurückgegriffen werden kann. Als Faktoren werden explizit genannt: adäquate Abhilfemöglichkeit vor dem ausländischen Gericht; die Wahrscheinlichkeit schneller gerichtlicher Abhilfe vor dem anderen Gericht; Förderung gerichtlicher Effizienz; Identität von Parteien und Streitsache; Rechtsbeistände und Zeugen; die Angemessenheit für die Parteien; die zeitliche Reihenfolge der Klageeinreichung[2259] sowie die Möglichkeit von Vorurteilen gegenüber einer Partei. Des Weiteren bietet dieser Fall Besonderheiten. Eine Besonderheit besteht darin, dass *forum shopping*[2260] einen weiteren Gesichtspunkt bildet, der bei der Entscheidung über die Abweisung der zweiten Klage vor dem New Yorker Bezirksgericht von den entscheidenden Richtern berücksichtigt wurde. Eine weitere Besonderheit liegt darin, dass die Parteien des ersten Verfahrens in der Schweiz und des nachfolgenden New Yorker Verfahrens eigentlich nicht identisch waren. Die Kläger des ersten Verfahrens traten nämlich ihre Ansprüche an *Continental* ab. *Continental* klagte anschließend in New York. Nach Auffassung der Richter sei die vorangegangene Abtretung aber als Bestandteil des *forum shopping* zu werten und die zweite Klage deshalb abzuweisen.[2261]

cc) Vielfalt von Regelungsmechanismen

Die Darstellungsweise anhand der Entscheidungspraxis der US-amerikanischen Gerichte zur direkten oder nur sinngemäßen Anwendbarkeit der *abstention doctrine* soll nicht den falschen Eindruck erwecken, dass im Fall von internationalen Parallelverfahren nur einer der zahlreichen Regelungsmechanismen angewandt wird. Die *pendency of another action* wird als selbstständige Doktrin auch in internationalen Fallgestaltungen geprüft.[2262] Allerdings werden Unterschiede bei

---

2257 *Continental Time Corp. v. Swiss Credit Bank*, 543 F. Supp. 408 (S.D.N.Y. 1982).

2258 *Continental Time Corp. v. Swiss Credit Bank*, 543 F. Supp. 408, 410 (S.D.N.Y. 1982); bezugnehmend auf *Landis v. North American Co.*, 299 U.S. 248, 57 S.Ct. 163, 81 L.Ed. 153 (1936).

2259 Wie schon im inneramerikanischen Recht, hierzu unter Gliederungspunkt 2. Kapitel. D.III. 4. b)bb), stellen einige Gerichte nicht auf den Faktor der zeitlichen Reihenfolge, sondern auf die Fortgeschrittenheit des ausländischen Verfahrens ab, so z. B. *Brinco Mining Ltd. v. Federal Insurance Company,* 552 F.Supp. 1233, 1241 f. (D.D.C. 1982).

2260 *Continental Time Corp. v. Swiss Credit Bank*, 543 F.Supp. 408, 409 f. (S.D.N.Y. 1982); weitere Entscheidungen desselben Jahres, *Brinco Mining Ltd. v. Federal Insurance Company*, 552 F.Supp. 1233, 1241 ff. (D.D.C. 1982).

2261 *Continental Time Corp. v. Swiss Credit Bank*, 543 F.Supp. 408, 410 (S.D.N.Y. 1982).

2262 Ausführlich hierzu Schulte, Anderweitige Rechtshängigkeit, S. 153, 158 ff. (mit Rechtsprechungsanalyse).

der Anwendung beider Doktrinen zum einen kaum gemacht, zum anderen auch nicht als solche benannt. Hauptsächlich unterscheiden sich die *pendency of another action*-Lehre und die *abstention doctrine* (*colorado-type*) nur durch das zusätzliche Erfordernis der *exceptional circumstances* im Rahmen der *abstention doctrine*. Des Weiteren kommt das Institut des *forum non conveniens*[2263] zur Anwendung.

Im Bereich des inneramerikanischen Rechts wurde erwähnt, dass der Grundsatz des internationalen Entgegenkommens (*comity*) in internationalen Kollisionsfällen seinen eigentlichen Anwendungsbereich hat.[2264] Tatsächlich stellen einige Gerichtsentscheidungen auf *comity*-Gesichtspunkte als Beurteilungsfaktor ab, um zu entscheiden, ob das US-Verfahren mit Rücksicht auf ein ausländisches Verfahren auszusetzen ist.[2265] Vereinzelt[2266] wird an Stelle von *pendency of another action*-Erwägungen auf *comity*-Erwägungen als Reaktionsmöglichkeit auf ein paralleles ausländisches Verfahren abgestellt.

Zusammengefasst ist der Umgang US-amerikanischer Gerichte mit transnationalen Doppelprozessen somit zutreffend beschrieben, wenn man festhält, dass der Problemkreis *parallel litigation* oftmals gleichzeitig Anwendungsfälle des Instituts des *forum non conveniens* sowie relevante Fälle für den Erlass von *anti-suit injunctions* betrifft.[2267] Um effektiven Rechtsschutz zu erreichen, ist einer Partei zu raten, sich möglichst auf mehrere Doktrinen zu stützen, um ein US-amerikanisches Parallelverfahren zu unterbinden. In einigen Urteilen[2268] wird für das Problem gleichzeitiger ausländischer Verfahren auch auf die Grundsätze von *res judicata* verwiesen. Für Kritiker wird hierdurch aus dem Problem des „*run to the courthouse*" dann ein

---

2263 So z. B. *Blanco v. Banco Industrial de Venezuela*, 997 F.2d 978 ff. (2d Cir. 1993).

2264 Vgl. die Entscheidungen *Timberlane Lumber Co. v. Bank of America*, 549 F.2d 597, 615 (9th Cir. 1976); *Mannington Mills., Inc. v. Congoleum Corp.*, 595 F.2d 1287 ff. (3d Cir. 1979).

2265 *Ronar Inc. v. Wallace*, 649 F.Supp. 310, 318 (S.D.N.Y. 1986), *I.J.A., Inc. d/b/a Northeast Jet Company, Inc. v. Marine Holdings, Ltd., Inc.*, 524 F.Supp. 197, 198 (1981) sowie *Brinco Mining Ltd. v. Federal Insurance Co.*, 552 F.Supp. 1233, 1240 (D.D.C. 1982); ähnlich *Royal & Sun Alliance Ins. Co. of Canada v. Century Int'l Arms, Inc.*, 466 F.3d 88, 88 ff., 94 (2th Cir. 2006) in dieser Entscheidung hat das Gericht unter dem Gesichtspunkt von *international comity* eine Reihe weiterer Faktoren wie z. B. *fairness to the litigants, judicial efficiency* geprüft und dann im Ergebnis erneut auf eine *abstention* in *exceptional circumstances* Bezug zu nehmen. Die Grenzen verwischen hier. Siehe auch *United Feature Syndicate, Inc. v. Miller Features Syndicate*, Inc. 216 F.Supp. 2d 198, 212 (S.D.N.Y. 2002).

2266 *Ensign-Bickford Company v. ICI Explosives USA, Inc.*, 817 F.Supp 1018, 1031 f. (1993); *Herbstein v. Bruetman*, 743 F.Supp. 184, 187 (S.D.N.Y 1990).

2267 Vgl. McLachlan, Lis pendens, S. 37.

2268 *Cliffs-Neddrill Turnkey International-Oranjestad v. M/T Rich Duke*, 743 F.Supp. 142, 151 (1990); *BP Chems., Ltd. v. Jiangsu Sopo Corp. Ltd.*, 429 F.Supp. 2d 1179 ff. (E.D. Mo. 2006); *American Cyanamid Co. v. Picaso-Anstalt*, 741 F.Supp. 1150, 1159 (D.N.J. 1990).

„*race to judgment*".[2269] Letztlich werden bestehende Schwierigkeiten nicht gelöst, sondern nur zeitlich aufgeschoben.[2270]

c) Zusammenfassung und rechtsvergleichende Bewertung

Die Lösungsmöglichkeiten des US-amerikanischen Rechts im Fall transnationaler Doppelprozesse sind ebenso vielfältig wie im ausschließlich nationalen Recht. Anhand der exemplarisch herausgestellten Entscheidungen konnten deshalb nur Grundlinien zur Koordinierung von Parallelverfahren vor US-amerikanischen Gerichten und ausländischen Gerichten aufgezeigt werden.[2271] Bewusst wurde hier die Darstellungsweise anhand der schon aus dem inneramerikanischen Recht bekannten Entscheidungen zur *abstention doctrine* gewählt. Mit diesem Instrumentarium kristallisiert sich ein Konzept heraus, welches im internationalen Kontext sehr häufig herangezogen wird.[2272] Die US-Amerikaner verfolgen im Gegensatz zur Verfahrensweise deutscher Gerichte bei einer früheren anderweitigen Rechtshängigkeit vor ausländischen Gerichten generell eine wesentlich weniger systematisierte Verfahrensweise.[2273] Vielmehr kommt es auf eine konkret-individuelle Entscheidung in jedem Einzelfall an.[2274]

Es ist deutlich geworden, dass es nahezu unmöglich ist, die unterschiedlichen Instrumentarien klar voneinander abzugrenzen. Häufig wird unter den Gesichtspunkten der *abstention doctrine* oder der *pendency of another foreign action* auf dieselben Faktoren zurückgegriffen, welche gleichfalls für das Institut des *forum non conveniens* relevant sind. Vereinzelt wird isoliert auf *comity*-Erwägungen[2275] abgestellt. Besonders das Verhältnis von *lis pendens* und des *forum non conveniens* ist unklar.[2276] Unterschiede zwischen beiden Rechtsinstituten bestehen jedenfalls

2269 Vgl. McLachlan, Lis pendens, S. 111, der die kontinentaleuropäische *first-to-file-rule* mit der Koordination nach *res judicata*-Grundsätzen vergleicht.

2270 Schulte, Anderweitige Rechtshängigkeit, S. 174.

2271 Umfassend zum Problem von *parallel litigation* in den USA George, 51 Baylor Law. Rev. (1999), 769 ff.

2272 Vgl. hierzu die Darstellungsweise bei Born, International civil litigation, S. 548 ff. und McLachlan, Lis pendens, S. 102 ff., welche beide die Geltung von *lis alibi pendens* im internationalen Verhältnis ebenfalls anhand der einschlägigen Entscheidungen aufzeigen.

2273 Krause-Ablass/Bastuck, in: FS Stiefel, S. 445 (457).

2274 So Schulte, anderweitige Rechtshängigkeit, S. 31; vgl. auch Born, International civil litigation, S. 549: „*The subject is instead governed almost entirely by common law precedent.*"

2275 *Herbstein v. Bruetman*, 743 F.Supp. 184, 187 (S.D.N.Y 1990); *Ensign-Bickford Company v. ICI Explosives USA*, Inc., 817 F.Supp. 1018, 1031 (D. Conn. 1993).

2276 Hierzu *Taub v. Marchesi Di Barolo S.p.A.*, 2009 U.S. Dist. LEXIS 115565 (E.D.N.Y.2009).

hinsichtlich der Rechtsfolgen. Im Fall des *forum non conveniens* erfolgt ein *dismissal*; im Fall der *pendency of another action* regelmäßig nur ein *stay*.[2277]

Die Entscheidung in Sachen *Ingersoll v. Granger* folgte den Grundsätzen aus *Colorado River*. Dieser lag ein inneramerikanischer Kollisionsfall zwischen einen *state court*-Verfahren und einem *federal court*-Verfahren zugrunde. Die Entscheidung in Sachen *Continental* orientierte sich hingegen an der *Landis*-Entscheidung, welche das Verhältnis von Parallelverfahren vor unterschiedlichen *federal courts* zu beurteilen hatte. Es stellt sich deshalb die Frage, welcher der unterschiedlichen Kollisionsfälle besser geeignet ist, um adäquate Richtlinien für internationale Doppelprozesse vorzugeben.[2278]

Wie bereits angedeutet, ist weiter zu hinterfragen, ob es angemessen ist, ein US-amerikanisches Verfahren nur auszusetzen, wenn *exceptional circumstances* vorliegen, oder ob es vorzugswürdiger ist, die Wahrscheinlichkeit für einen *stay* des amerikanischen Verfahrens zu erhöhen und deshalb darauf zu verzichten.[2279] An anderer Stelle[2280] wurde schon erwähnt, dass es der *Supreme Court* bisher unterlassen hat, genau zu definieren, wann *exceptional circumstances* eindeutig vorliegen. Die unteren Gerichte haben eine Präzisierung teilweise versucht. Es bleibt aber der Kritikpunkt, dass trotz der benannten Faktoren nur eine Leitlinie an die Hand gegeben wird.[2281] Was schon für inneramerikanische Fallkonstellationen kritisch zu bemerken war, gilt umso mehr für transnationale Konstellationen.

Letztlich setzt sich keine der erwähnten Entscheidungen bewusst mit der Frage auseinander, ob die entweder unmittelbar oder nur mittelbar angewandten Grundsätze aus dem nationalen Recht überhaupt auf transnationale Konstellationen übertragbar sind. Konsequenterweise wird es deshalb teilweise abgelehnt, den Grundsätzen in *Colorado, Landis* etc. in internationalen Fällen zu folgen.[2282] Einerseits zeigt die Vielzahl der Reaktionsmöglichkeiten, dass es nicht zutreffend ist, pauschal von einer generell anerkennungsfeindlichen Haltung der USA gegenüber ausländischen Verfahren auszugehen.[2283] Andererseits sagt die bloße Existenz der zahlreichen Koordinationsmöglichkeiten wenig über die tatsächlich geübte

---

2277 Eine Ausnahme bildet angesprochene Entscheidung *Continental Time Corp. v. Swiss Credit Bank*, 543 F. Supp. 408 (S.D.N.Y. 1982). Hier erfolgte ebenfalls ein *dismissal.*

2278 Hierzu auch Born, International civil litigation, S. 557, der die Frage aufwirft, ob es einen Unterschied mache, ob es um die Entscheidung irgendeines US-amerikanischen Gerichts gehe oder ob es gerade um die Beurteilung durch einen *federal court* gehe.

2279 Born, International civil litigation, S. 559.

2280 Hierzu unter Gliederungspunkt 2. Kapitel. D.III. 4. b)aa) ff.

2281 Ähnlich Schulte, Anderweitige Rechtshängigkeit, S. 182 f.

2282 *Goldhammer v. Dunkin' Donuts, Inc.*, 59 F.Supp. 2d 248, 252 (D. Mass. 1999); Vgl. die weiterführenden Hinweise bei *Posner v. Essex Ins. Co.*, 178 F.3d 1209, 1223 ff. (11th Cir. 1999).

2283 So aber die bereits zitierte Ansicht von Schack, IZVR, S. 314, Rn. 837.

Rechtspraxis aus. Zumal gerade die *colorado-type abstention doctrine* wegen des Erfordernisses der *exceptional circumstances* strenge Voraussetzungen aufstellt, um überhaupt zu einer Verfahrensaussetzung des amerikanischen Verfahrens zu gelangen.

Die Fälle, in denen sich zwei Verfahren exakt decken und man deshalb tatbestandlich tatsächlich von einer *lis pendens*-Situation im strengen Sinn ausgehen kann, sind sehr selten.[2284] Hierzu passt die US-amerikanische Praxis. Denn die aus deutscher Sicht maßgeblichen Voraussetzungen für das Eingreifen der Rechtshängigkeitssperre, die Identität der Parteien und des Streitgegenstandes in beiden Verfahren, bilden nur Faktoren unter mehreren innerhalb der Abwägungsentscheidung.[2285] Diese werden mal stärker,[2286] mal weniger stark[2287] gewichtet. Mit der unterschiedlichen Gewichtung gehen zugleich verschieden strenge Prüfungsmaßstäbe einher. Entsprechend dem inneramerikanischen Recht gilt die grundsätzliche Regel, dass *parallel proceedings* schon vorliegen, wenn substanzielle Identität zwischen den Parteien und dem Verfahrensgegenstand beider Verfahren besteht.[2288] Auch die für das kontinentaleuropäische Verständnis von *lis pendens* bedeutsame zeitliche Reihenfolge des Verfahrensbeginns wurde schon in der *Colorado River*-Entscheidung nur als ein möglicher Abwägungsfaktor betrachtet. Dieser Faktor soll im internationalen Verhältnis für die US-Gerichte ebenfalls eine unterschiedlich stark zu gewichtende Rolle im Rahmen der Abwägungsentscheidung spielen.[2289] Die aus deutscher Sicht wichtige Frage nach dem maßgeblichen Recht für den Eintritt der Rechtshängigkeit ist einem US-amerikanischen Richter fremd. Mehr Bedeutung als der zeitlichen Reihenfolge der Verfahrenseinleitung

2284 McLachlan, Lis pendens, S. 109.

2285 *Continental Time Corp. v. Swiss Credit Bank*, 543 F.Supp. 408, 410 (1982).

2286 *Black & Decker Corp. v. Sanyei America Corporation*, 650 F.Supp. 406, 409 (N.D. Ill 1986); *Seguros Del Estado, SA v. Scientific Games, Inc.*, 262 F.3d 1164, 1170 f. (11th Cir. 2001); *Lexington Ins. Co. v. Forrest*, 263 F.Supp. 2d 986, 1002 (E.D. Pa. 2003).

2287 *Goldhammer v. Dunkin`Donuts, Inc.*, 59 F. Supp. 2d 248, 253 (D.Mass. 1999).

2288 *Royal & Sun Alliance Ins. Co. of Canada v. Century Int'l Arms, Inc.*, 466 F.3d 88, 94 f. (2d Cir. 2006); ausführlich zum Gesichtspunkt der Übereinstimmung beider Verfahren *Republic of Colombia v. Diageo North America, Inc.*, 531 F.Supp. 2d 365, 413 ff. (E.D.N.Y. 2007).

2289 *Colorado River Water Conservation District v. United States*, 424 U.S. 800, 818; 96 S.Ct. 1236, 1246, 47 L.Ed.2d 483, 499 (1976); *Continental Time Corp. v. Swiss Credit Bank*, 543 F.Supp 408, 410 (S.D.N.Y. 1982); *Dragon Capital Partners v. Merrill Lynch*, 949 F.Supp. 1123, 1128 (S.D.N.Y. 1997); *Ronar, Inc. v. Wallance*, 649 F.Supp. 310, 318 (S.D.N.Y. 1986): "*When (...) the foreign action is pending rather than decided, comity requires that priority generally goes to the suit first filed*".; *Robinson v. Royal Bank of Canada*, 462 So.2d 101 (1985); *National Union Fire Ins., Co. v. Kozeny*, 115 F.Supp. 2d 1243, 1249 (D.Colo. 2000); weniger stark gewichteten diese Entscheidungen die Reihenfolge der Klageerhebung *Palm Bay Int'l, Inc. v. Marchesi Di Barolo S.p.A.*, 659 F.Supp. 2d 407, 414 (E.D.N.Y. 2009); *American Cyanamid Co. v. Picaso-Anstalt*, 741 F.Supp. 1150, 1159 (D.N.J. 1990).

wird – wie schon im nationalen Recht – dem Umstand beigemessen, wie weit das ausländische Verfahren in der Sache selbst fortgeschritten ist.[2290] Abhängig davon, ob ein *federal court* oder ein *state court* am transnationalen Doppelprozess beteiligt ist, wird die Frage nach dem maßgeblichen Recht für die Anwendung der anzuwendenden Koordinationsgrundsätze beantwortet.[2291]

Deutsche Gerichte beachten ausländische Rechtshängigkeit, sofern im Vorfeld bestimmte, generell abstrakt festgelegte Voraussetzungen vorliegen. Hier zeigt sich bereits der konzeptionelle Unterschied zum am Einzelfall orientierten Lösungskonzept der US-Amerikaner. Für die deutsche Vorgehensweise stellt das zusätzliche Erfordernis einer positiven Anerkennungsprognose im Rahmen der analogen Anwendung von § 261 Abs. 3 Nr. 1 ZPO einen gewissen Unsicherheitsfaktor dar. Nach herrschender Ansicht[2292] ist die Vorschrift, erweitert um die Anerkennungsprognose, aber immer der gesetzliche Ansatzpunkt für die Berücksichtigung anderweitiger ausländischer Rechtshängigkeit. Auch in englischsprachiger Literatur wird der enge Zusammenhang der *lis pendens*-Problematik mit dem Recht der Anerkennung und Vollstreckung ausländischer Urteile betont.[2293] Dieser Zusammenhang spiegelt sich in der US-amerikanischen Praxis allerdings nicht wider.[2294] Allenfalls wird die spätere Anerkennungsfähigkeit eines ausländischen Urteils im Gesamtzusammenhang der richterlichen Argumentation angesprochen, insbesondere bei der Frage, ob *comity*-Erwägungen durchgreifen könnten.[2295]

Die US-amerikanischen Möglichkeiten zur Beachtlichkeit eines im Ausland rechtshängigen Verfahrens und die deutsche Vorgehensweise teilen bei allen beschriebenen Unterschieden eine Grundidee: Beide Konzepte orientieren sich bei der Lösung von internationalen Kollisionsfällen an den für das nationale Recht entwickelten Prinzipien. Die deutsche Lösungsvariante zieht einen Analogieschluss zur kodifizierten Verfahrenssperre in § 261 Abs. 3 Nr. 1 ZPO und erweitert diese um das zusätzliche Erfordernis einer positiven Anerkennungsprognose.

2290 *Kitaru Innovations Inc. v. Chandaria*, 698 F.Supp. 2d 386, 391 (S.D.N.Y. 2010); *Palm Bay Int'l, Inc. v. Marchesi Di Barolo S.p.A.*, 659 F.Supp. 2d 407, 414 (E.D.N.Y. 2009); *Goldhammer v. Dunkin' Donuts, Inc.*, 59 F.Supp. 2d 248, 255 (D. Mass. 1999); *Brinco Mining Ltd. v. Federal Insurance Co.*, 552 F.Supp. 1233, 1241. (D.D.C. 1982); *Herbstein v. Bruetman*, 743 F.Supp. 184, 190 (S.D.N.Y. 1990); hierzu auch schon unter Gliederungspunkt 2. Kapitel. D.III. 4. b)bb).

2291 Bundesgerichte wenden Bundesrecht an, so *Turner Entertainment Co. v. Degeto Film GmbH*, 25 F.3d 1512, 1518 (11th Cir. 1994). Einzelstaatliche Gerichte wenden hingegen *state law* an, *Hurst v. General Dynamics Corp.*, 583 A.2d 1334 ff. (Del. Ch. 1990).

2292 Hierzu unter Gliederungspunkt 3. Kapitel. B.I. 2. a)aa)(d).

2293 Fawcett, General Report, S. 1 (28).

2294 Anders Ehrenzweig, A Treatise on the Conflict of Law, S. 129, dem zustimmend Habscheid, in: FS Zweigert, S. 109 (124).

2295 *I.J.A., Inc. d/b/a Northeast Jet Company, Inc. v. Marine Holdings, Ltd., Inc.*, 524 F.Supp. 197, 198 (1981).

Die US-amerikanischen Lösungsvarianten ziehen die nationale Entscheidungspraxis, insbesondere die unterschiedlichen Doktrinen heran. Eine Modifikation der angewandten Reaktionsmöglichkeiten im Hinblick auf den transnationalen Kontext findet nicht von vornherein statt. Allenfalls belegen zusätzliche Faktoren, wie eine verstärkte Berücksichtigung von *comity*-Erwägungen oder der weitere Faktor des *forum shopping* einen im Vergleich zum ausschließlich nationalen Recht veränderten Prüfungsmaßstab. Es wird nicht klar, was sich hinter der Begrifflichkeit *international abstention*[2296] im Vergleich zur nationalen *abstention doctrine* verbirgt.

Die Vorgehensweise, auf nationale Prinzipien zurückzugreifen, ist nicht nur nachvollziehbar, sondern auch sachgerecht, weil die entscheidenden Richter mit ihrem nationalen Recht am besten vertraut sind. Dass der Gesichtspunkt einer gewissen Kenntnis und Vertrautheit mit dem Recht eine Rolle in der richterlichen Ermessensentscheidung, ob das eigene Verfahren auszusetzen ist, spielen kann, sprechen einige US-Entscheidungen mittelbar an, indem sie auf gemeinsame Wurzeln der *Common Law*-Länder verweisen.[2297] Hiermit sind aber auch einige nicht zu unterschätzende Schwierigkeiten verbunden, weil die Interessenlage und Gesichtspunkte, welche in einem internationalen Fall zu berücksichtigen sind, sich von denen in rein nationalen Fällen stark unterscheiden.[2298]

3. *Beachtlichkeit anderweitiger ausländischer Rechtshängigkeit im schiedsgerichtlichen Verfahren: Der schiedsgerichtliche transnationale Doppelprozess*

a) Beachtlichkeit eines in den USA rechtshängigen Schiedsverfahrens für ein deutsches Schiedsgericht

aa) Einführung

Die Vielfalt an Klagemöglichkeiten ist in den letzten Jahren im Bereich des internationalen Schiedswesens beträchtlich gestiegen. Als Folge kann es auch im Rahmen der Schiedsgerichtsbarkeit vermehrt zu transnationalen Doppelprozessen kommen. Die Motivlage der Schiedsparteien, mehrere Schiedsverfahren in unterschiedlichen Ländern zu betreiben, ähnelt derjenigen für transnationale Doppelprozesse vor Staatsgerichten. Für die Parteien treten die grundsätzlichen Vorteile

2296 *Turner Entertainment Co. v. Degeto Film GmbH*, 25 F.3d 1512, 1517 (11th Cir. 1994).

2297 *Brinco Mining Ltd v. Federal Insurance Company*, 552 F.Supp. 1233, 1240 (D.D.C. 1982): "*This court is of the view that the standard should be the same as that between two federal courts. This conclusion is supported by two facts of this case. The first fact is simply that the alternate forum is that of Canada, a country that shares the same common law roots as our jurisdiction.*"; bezugnehmend auf *Clarkson Co. Ltd. v. Shaheen*, 544 F.2d 624, 630 (2d Cir.1976); *Cornfield v. Investors Overseas, Ltd.*, 471 F.Supp. 1255 (E.D.N.Y. 1979).

2298 In diese Richtung auch McLachlan, Lis pendens, S. 109.

der Schiedsgerichtsbarkeit gegenüber der staatlichen Gerichtsbarkeit hinzu.[2299] In internationalen Fällen ist besonders die umfassend durch Staatsvertrag gewärleistete Anerkennung und Vollstreckung von Schiedssprüchen hervorzuheben.[2300] Dies gilt speziell für das Verhältnis der USA zu Deutschland.[2301] Des Weiteren spricht für die Schiedsgerichtsbarkeit in internationalen Fällen die freie Wahlmöglichkeit der Schiedsparteien sowohl hinsichtlich des anzuwendenden Verfahrensrechts als auch hinsichtlich des einschlägigen materiellen Rechts.[2302] Schließlich ist die Neutralität des Forums oft ein ausschlaggebender Faktor.[2303]

Im Nachfolgenden wird untersucht, ob ein in Deutschland angerufenes Schiedsgericht ein in den USA zuvor eingeleitetes Schiedsverfahren unter Rechtshängigkeitsgesichtspunkten zu berücksichtigen hat, und wenn ja, wie. Ebenso wenig wie das staatliche Recht verfügt das deutsche Schiedsverfahrensrecht über eine positiv-gesetzliche Regelung zur Berücksichtigung früherer ausländischer Rechtshängigkeit. In der Praxis sind mehrere Konstellationen denkbar, in denen diese Fragestellung relevant wird. Zur Veranschaulichung werden exemplarisch die Fallvarianten A und B beschrieben. Diese sind der weiteren Untersuchung zugrunde gelegt. In der Fallvariante A erhebt der Kläger in den USA eine Schiedsklage.[2304] Das Verfahren ist möglicherweise langwieriger als erwartet, oder es zeichnet sich ab, dass der Schiedskläger dort mit seinem Begehren nicht obsiegen wird. Vorstellbar ist auch, dass der Schiedsbeklagte in den USA keine Vermögenswerte mehr hat, in die vollstreckt werden könnte. Daraufhin leitet derselbe Schiedskläger eine zweite Schiedsklage in derselben Rechtsstreitigkeit vor einem deutschen Schiedsgericht ein. Im deutschen Schiedsverfahren erhebt nun der Schiedsbeklagte die Einrede anderweitiger Rechtshängigkeit wegen des in den USA zuvor eingeleiteten Schiedsverfahrens. In der Fallvariante B erhebt der Schiedskläger in den USA eine Schiedsklage. Der Beklagte dieses Verfahrens leitet daraufhin ein Schiedsverfahren in Deutschland ein, um feststellen zu lassen, dass seine im ersten Schiedsverfahren geltend gemachte Schuld nicht besteht. Der Schiedsbeklagte dieses Verfahrens erhebt den Einwand anderweitiger ausländischer Rechtshängigkeit wegen des US-amerikanischen Schiedsverfahrens.

2299 Hierzu Schwab/Walter, Schiedsgerichtsbarkeit, Kap. 41, Rn. 1.

2300 Reithmann/Martiny, Internationales Vertragsrecht, S. 2025, Rn. 6550.

2301 Schlosser, Internationale Schiedsgerichtsbarkeit, S. 86 f., Rn. 109; vgl. auch Henn, Schiedsverfahrensrecht, S. 221, Rn. 521. Zur Vollstreckung ausländischer Urteile in den USA im Vergleich zur Anerkennung von *sister state judgments Van Den Biggelaar v. Wagner*, 978 F.Supp. 848, 853 ff. (N.D. Ind. 1997).

2302 Gessner, Anerkennung und Vollstreckung, S. 31.

2303 Gallagher, in: Pervasive Problems in International Arbitration, S. 329 (329).

2304 Zur Vereinfachung kann in den Beispielen offen bleiben, ob das Schiedsverfahren unter den FAA oder unter einzelstaatliches Schiedsrecht fällt. Zudem wird unterstellt, dass eine Partei die deutsche, die andere Partei die US-amerikanische Staatsangehörigkeit besitzt.

In beiden Fallbeispielen wird bewusst die zeitliche Priorität des US-amerikanischen Schiedsverfahrens vorausgesetzt. Aus deutscher Sicht ist der Einwand anderweitiger Rechtshängigkeit stets an das Prioritätsprinzip gekoppelt, d. h. nur bei zeitlicher Priorität des ausländischen Schiedsverfahrens liegt ein echter, strikter Fall anderweitiger ausländischer Rechtshängigkeit im schiedsgerichtlichen Verfahren vor.

bb) Voraussetzungen

(1) Parteiidentität

Hinsichtlich der tatbestandlichen Voraussetzungen sind für den Rechtshängigkeitseinwand im schiedsinternen Verhältnis keine Besonderheiten zu berücksichtigen. Es gilt der formelle Parteibegriff. Auf dieselbe Parteirolle in beiden Schiedsverfahren kommt es nicht an, so dass auch die Fallvariante B unter diesem Gesichtspunkt in den Anwendungsbereich des schiedsgerichtlichen Rechtshängigkeitseinwandes fällt.[2305]

(2) Streitgegenstandsidentität

Für das Erfordernis der Streitgegenstandsidentität im in- und ausländischen Schiedsverfahren sind ebenfalls keine Besonderheiten zu beachten.[2306]

(3) Erfordernis einer positiven Anerkennungsprognose

Ausländische Schiedssprüche und ausländische Urteile teilen die Gemeinsamkeit, dass ihre Vollstreckung von der Anerkennung und Vollstreckbarerklärung durch das staatliche Gericht des Vollstreckungsstaates abhängig ist. Ohne die Anerkennung und Vollstreckung des ausländischen Schiedsspruchs könnte dieser keinerlei Wirkung in Deutschland entfalten.[2307] Hierbei bildet die Vollstreckbarerklärung des ausländischen Schiedsspruchs die Voraussetzung für dessen Anerkennung. Der Vollstreckungsstaat muss[2308] den Schiedsspruch anerkennen, es sei denn, einer der in Art. V UNÜ abschließend[2309] aufgezählten Anerkennungsversagungsgründe liegt vor.

Die Voraussetzungen, unter denen ein ausländischer Schiedsspruch im Inland anerkannt und vollstreckt werden kann, entsprechen also – vorbehaltlich anzuwendender selbstständiger schiedsgerichtlicher Regelungsregime wie das des UNÜ – den im staatlichen Verfahren geltenden Grundsätzen. Das deutsche

2305 Vgl die Ausführungen für das Staatsverfahren unter Gliederungspunkt 3. Kapitel. B.I. 2. a)aa)(b).

2306 Zum Erfordernis des identischen Streitgegenstandes unter Gliederungspunkt 1. Kapitel. E ff.

2307 Vgl. Nagel/Gottwald, IZVR, S. 898 f., Rn. 186 f.

2308 Die englische Fassung des Art. V UNÜ „*may be refused*" ist nach international überwiegender Meinung nicht als Ermessensvorschrift zu verstehen, so Van den Berg, YCA XII (1987), S. 409 (463); K/N/O/P-*Nacimiento*, S. 207 f.; Musielak-*Voit*, § 1061, Rn. 28.

2309 K/N/O/P-*Nacimiento*, S. 206.

autonome Recht macht die Beachtlichkeit ausländischer Rechtshängigkeit analog § 261 Abs. 3 Nr. 1 ZPO von der bestehenden Parteiidentität, der Streitgegenstandsidentität in beiden Verfahren sowie vom zusätzlichen Erfordernis einer positiven Anerkennungsprognose abhängig. Für die Berücksichtigung eines im Ausland rechtshängigen Schiedsverfahrens kann aus deutscher Sicht nichts anderes gelten. Es bietet sich also an, die Berücksichtigung anderweitiger Rechtshängigkeit vor einem ausländischen Schiedsgericht ebenfalls dem ungeschriebenen Erfordernis einer positiven Anerkennungsprognose in Deutschland zu unterwerfen. Die Rechtshängigkeit des ausländischen Schiedsverfahrens kann dann nur im Inland berücksichtigt werden, wenn einem späteren Schiedsspruch hier Wirkungen zuerkannt würden. Nur in diesem Fall wird der durch das schiedsgerichtliche Verfahren gleichermaßen gewährleistete Justizgewährungsanspruch[2310] nicht verletzt, wenn das inländische Schiedsverfahren wegen des ausländischen Schiedsverfahrens ausgesetzt oder abgewiesen wird. Für einen Gleichlauf mit den Grundsätzen zur Anerkennung ausländischer staatlicher Urteile spricht auch die gesetzliche Gleichstellung eines Schiedsspruchs mit einem gerichtlichen Urteil in § 1055 ZPO.[2311]

Das UNÜ ist in erster Linie ein Regelungsmechanismus zur Anerkennung und Vollstreckung bereits erlassener ausländischer Schiedssprüche.[2312] Für den Untersuchungszweck dieser Arbeit muss die Anerkennungsfähigkeit eines Schiedsspruchs jedoch in einem Zeitpunkt beurteilt werden, zu dem dieser noch gar nicht ergangen ist. Insbesondere aus der Existenz des Art. II UNÜ, der es gestattet, vor Erlass eines Schiedsspruchs die Wirksamkeit einer Schiedsvereinbarung umfassend zu beurteilen, kann die Möglichkeit für das ungeschriebene Erfordernis einer positiven Anerkennungsprognose gefolgert werden. Als Maßstab der zu treffenden Prognoseentscheidung dienen die Anerkennungsversagungsgründe des Art. V UNÜ. Vergleichsweise sind die dargestellten Grundsätze zu § 328 ZPO aus dem staatlichen Teil heranzuziehen.[2313]

Einer Erläuterung bedarf die Frage, welches Gericht die Anerkennungsprognose trifft, wenn in einem deutschen Schiedsverfahren zu beurteilen ist, ob die Rechtshängigkeit eines US-amerikanischen Schiedsverfahrens zu beachten ist. Adressat des UNÜ sind die jeweiligen Mitgliedsstaaten[2314], genauer die Exequaturrichter, die nachprüfen, ob ein ausländischer Schiedsspruch der Anerkennung und Vollstreckung fähig ist. Im schiedsgerichtlichen (internationalen) Doppelprozess handelt es sich um einen schiedsinternen Kollisionsfall. Sofern der staatliche Richter mit der Anerkennungsprognose befasst wird, verlassen die Schiedsparteien auf den ersten Blick diesen schiedsinternen Bereich.

2310 Hierzu unter Gliederungspunkt 1. Kapitel. C.XI. 1. b).
2311 Hierzu unter Gliederungspunkt 1. Kapitel. D.II. 1. ff.
2312 Hierzu bereits unter Gliederungspunkt 1. Kapitel. F.II. 3. a)bb)(4).
2313 Hierzu unter Gliederungspunkt 3. Kapitel. B.I. 2. a)aa)(d) f.
2314 Hobér, in: Cremades/Lew, Parallel Proceedings, S. 243 (253).

Wie im ausschließlich nationalen Schiedsverfahrensrecht ist die internationale Schiedsgerichtsbarkeit jedoch im Vollstreckbarerklärungsverfahren auf Hilfs- und Kontrollbefugnisse der Staatsgerichte angewiesen. Da auch für das internationale Schiedsverfahren das Verbot der *révision au fond* gilt,[2315] darf es gar nicht zu einer vollständigen inhaltlichen Nachprüfung der Schiedssache kommen. Genau genommen bleibt der schiedsgerichtliche Doppelprozess daher hinsichtlich der Sachentscheidung innerhalb des Schiedswesens. Hieran ändert auch die Tatsache nichts, dass die meisten Schiedssprüche freiwillig erfüllt werden[2316] und man im Zeitpunkt der Prognoseerstellung somit gar nicht sicher sagen kann, ob das Zwangsvollstreckungsmonopol des Staates im konkreten Fall überhaupt in Anspruch genommen würde.

Für eine Zuständigkeit des staatlichen Richters hinsichtlich der zu treffenden Prognoseentscheidung und nicht eines Schiedsrichters sprechen besonders zwei Gründe: Einerseits bietet eine staatliche Beurteilung der Anerkennungsfähigkeit eines Schiedsspruchs für die rügende Schiedspartei größeren Schutz, weil die Staatsgerichte schon in einem frühen Verfahrensstadium die Rechtsstaatlichkeit eines ausländischen Schiedsverfahrens beurteilen können. Andererseits beugt die Zuständigkeit eines staatlichen Richters einem Interessenkonflikt der streitentscheidenden Schiedsrichter vor. Denn diese haben ein eigenes wirtschaftliches Interesse daran, dass das eigene Schiedsverfahren nicht ausgesetzt oder abgewiesen wird, sondern zu einem Schiedsspruch führt.[2317] Die Zuständigkeit des Staatsrichters für die Anerkennungsprognose ergibt sich aus § 1062 Abs. 1 Nr. 4, 2. Alt. ZPO analog.

Bedingt durch das Erfordernis einer positiven Anerkennungsprognose, ausgesprochen durch einen deutschen staatlichen Richter, kann viel Zeit verloren gehen und den Schiedsparteien drohen in der Zwischenzeit Rechtsverluste (z. B. Verjährung oder steigendes Vollstreckungsrisiko). Im Vergleich zu einem nationalen schiedsinternen Kollisionsfall sind die bestehenden Unsicherheiten unkalkulierbarer. Voranzustellen ist deshalb eine andere Wertung im Vergleich zum nationalen schiedsinternen Fall doppelter Rechtshängigkeit: Eine Partei sollte in Fällen transnationaler doppelter schiedsgerichtlicher Rechtshängigkeit nicht von vornherein daran gehindert werden, zwei parallele Schiedsverfahren in derselben Rechtsstreitigkeit einzuleiten. Die Hürde der Anerkennungsfähigkeit des ausländischen Schiedsverfahrens im Inland ist zusätzlich zu überwinden. Die vergleichsweise komplexeren Schiedsverfahren und die hiermit einhergehenden Unsicherheiten gebieten diese flexiblere Sichtweise. Eine weitere vom nationalen Kollisionsfall

---

2315 Geimer, Internationales Zivilprozessrecht, S. 1337, Rn. 3909; vgl. auch die Ausführungen unter Gliederungspunkt 1. Kapitel. F.II. 6. c)hh)(2).

2316 Vgl. Born, International Arbitration, S. 2900, Fn. 18, S. 3733.

2317 Eine Auffassung gegen den Rückgriff auf das Regelungsregime des UNÜ für das Verhältnis von zwei Schiedsgerichten zueinander vertritt Hobér, in: Cremades/Lew, Parallel Proceedings, S. 243 (253), der als einen Grund, der gegen die Anwendbarkeit des UNÜ spreche, gerade darauf abstellt, dass nur die staatlichen Gerichte Adressaten des Übereinkommens seien.

abweichende Weichenstellung erfolgt gegebenenfalls bei der auszusprechenden Rechtsfolge im Fall einer positiven Anerkennungsprognose.[2318]

Wenn es tatsächlich um die Anerkennung und Vollstreckung eines erlassenen US-amerikanischen Schiedsspruchs in Deutschland ginge, wäre zudem zu erläutern, ob der Schiedsspruch selbst nach dem UNÜ für vollstreckbar zu erklären wäre, oder ob das staatliche Vollstreckungsurteil, in dem der Schiedsspruch aufgeht (*doctrine of merger*), nach den §§ 328, 722 ZPO für in Deutschland vollstreckbar zu erklären wäre.[2319] Für die Frage nach einer positiven Anerkennungsprognose kann dieses Spezialproblem außer Betracht gelassen werden.

(a) Anwendungsvoraussetzungen des UNÜ im Verhältnis zu den USA

Grundsätzlich sind Anerkennungs- und Vollstreckungsversagungsgründe nach nationalem Recht zu beurteilen. Bilaterale oder multilaterale Staatsverträge haben allerdings den Vorrang.[2320] Im Verhältnis zwischen den USA und Deutschland besteht zur Regelung der Anerkennung und Vollstreckung von Schiedssprüchen als bilateraler Vertrag seit 1954 das Deutsch-Amerikanische Freundschafts-, Handels- und Schifffahrtsabkommen.[2321] Deutsche Schiedssprüche können nach Art. VI dieses bilateralen Vertrages für vollstreckbar erklärt werden.[2322] Zudem sind beide

---

2318 Hierzu unter Gliederungspunkt 3. Kapitel. B.I. 2. a)bb)(3) (c).

2319 Zu dieser Fragestellung umfassend Borges, Doppelexequatur ausländischer Schiedssprüche, S. 23 ff. Für eine selbstständige Vollstreckungsmöglichkeit des staatlichen Urteils BGH RIW 1984, S. 557 (557), der sich in diesem Fall mit einem Exequaturурteil des Staates New York auseinanderzusetzen hatte; zustimmend Schlosser, Internationale Schiedsgerichtsbarkeit, S. 653 ff., Rn. 908 ff.; nunmehr hat der BGH seine frühere Ansicht aufgegeben, BGH NJW 2009, S. 2826 (2826 f.); zustimmend Plaßmeier, SchiedsVZ 2010, S. 82 ff.; Musielak-*Voit*, § 1061, Rn. 6.

2320 Haas, Vollstreckung ausländischer Schiedssprüche, S. 157.

2321 BGBl. II 1956, 488.

2322 Art. VI Abs. 2: „*Verträge zwischen Staatsangehörigen oder Gesellschaften des einen Vertragsteils und Staatsangehörigen oder Gesellschaften des anderen Vertragsteils, welche die Entscheidung von Streitigkeiten durch Schiedsrichter vorsehen, darf die Anerkennung in dem Gebiet eines jeden der Vertragsteile nicht lediglich deshalb versagt werden, weil sich der für die Durchführung des Schiedsgerichtsverfahrens bestimmte Ort außerhalb seines Gebiets befindet oder weil ein Schiedsrichter oder mehrere Schiedsrichter nicht seine Staatsangehörigen sind. In einem Verfahren zur Vollstreckbarerklärung, das vor den zuständigen Gerichten eines Vertragsteils anhängig gemacht wird, soll ein ordnungsgemäß aufgrund solcher Verträge ergangener und nach den Gesetzen des Ortes, an dem er gefällt wurde, endgültiger und vollstreckbarer Schiedsspruch als bindend angesehen werden. Das Gericht muss ihn für vollstreckbar erklären, außer wenn die Anerkennung des Schiedsspruchs gegen die guten Sitten oder die öffentliche Ordnung verstoßen würde. Ist der Schiedsspruch für vollstreckbar erklärt, so steht er hinsichtlich der Wirkungen und der Vollstreckung einem inländischen Schiedsspruch gleich. Es besteht jedoch Einverständnis, dass ein außerhalb der Vereinigten Staaten von Amerika ergangener Schiedsspruch*

Länder Vertragsstaaten des UNÜ. Für die Bundesrepublik gilt das New Yorker Übereinkommen zur Anerkennung und Vollstreckung ausländischer Schiedssprüche seit 1961.[2323] Die USA sind 1970 beigetreten.[2324] Für das Verhältnis zwischen dem bilateralen Vertrag und dem UNÜ gilt, dass zuletzt Genanntem als *lex posterior* der Vorrang zukommt.[2325] Im Übrigen ist die Meistbegünstigungsklausel in Art. VII Abs. 1 UNÜ zu berücksichtigen. Die anerkennungsfreundlichste Regelung wird angewandt.[2326]

In den USA obliegt nach § 201 FAA die Durchsetzung des UNÜ den *federal courts*.[2327] Im Gegensatz zu Deutschland haben die USA vom Vertragsstaatenvorbehalt Gebrauch gemacht.[2328] Ausländische Schiedssprüche werden nur anerkannt und vollstreckt, wenn der Schiedsspruch aus einem Vertragsstaat des UNÜ stammt.[2329] Ebenso haben die USA den Handelssachenvorbehalt erklärt.[2330] Der Begriff der Handelssache ist nach US-amerikanischem Recht zu bestimmen.[2331] Schiedssprüche von Ad-hoc-Schiedsgerichten und von ständigen Schiedsgerichten fallen nach Art. I Abs. 2 UNÜ gleichermaßen unter das UNÜ.

(b) Anerkennungsversagungsgründe im Einzelnen

Schon im Rahmen von § 1059 ZPO wurden große Parallelen dieser Aufhebungsgründe zu den Anerkennungsversagungsgründen des § 328 ZPO sichtbar. Die Aufhebungsgründe des § 1059 ZPO sind den Anerkennungsversagungsgründen des Art. V UNÜ nachempfunden.[2332] Der deutsche Gesetzgeber wollte eine Harmonisierung zwischen dem nationalen und internationalen Schiedsrecht erreichen und Deutschland als Schiedsort für internationale Schiedsverfahren attraktiver machen.[2333] Wie § 1059 ZPO unterscheidet Art. V UNÜ zwischen auf Parteirüge

---

vor den Gerichten eines Staates der Vereinigten Staaten von Amerika nur im gleichen Maße Anerkennung genießt, wie Schiedssprüche, die in einem Staat der Vereinigten Staaten von Amerika erlassen worden sind."

2323 BGBl 1962 II, 102; vgl. die Ausführungen unter Gliederungspunkt 1. Kapitel. F.II. 3. a)bb)(4).

2324 63 Dept. State Bull. 464 (1970).

2325 Reithmann/Martiny, Internationales Vertragsrecht, S. 2044, Rn. 6590; Gessner, Anerkennung und Vollstreckung, S. 44.

2326 MüKo-*Adolphsen*, Art. VII UNÜ, Rn. 11; für das US-Recht *Lander Co., Inc. v. MMP Investments, Inc.* (7th Cir. 1997), YCA XXII (1997), S. 1049 (1056).

2327 § 201 FAA: „*The Convention on the Recognition and Enforcement of Foreign Arbitral Awards of June 10, 1958, shall be enforced in United States courts in accordance with this chapter.*"

2328 Vgl. Born, International civil litigation, S. 1167.

2329 Zum Vertragsstaatenvorbehalt Stein/Jonas-*Schlosser*, Anhang § 1061, Rn. 22 f.

2330 Aksen, YCA IV (1979), S. 341 (341).

2331 Schwab/Walter, Schiedsgerichtsbarkeit, Kap. 42, Rn. 9.

2332 Stein/Jonas-*Schlosser*, Anhang § 1061, Rn. 74; Hausmann, in: FS Stoll, S. 593 (595 ff.).

2333 BT-Drucks. 13/5274, S. 23 li. Sp.; Gaul, in: FS Sandrock, S. 285 (290).

zu berücksichtigenden Anerkennungsversagungsgründen (Abs. 1) und von Amts wegen zu beachtenden Versagungsgründen (Abs. 2).

Im originären Anwendungsbereich des Art. V UNÜ, also bei der Frage, ob ein bereits erlassener ausländischer Schiedsspruch im Inland anerkannt und vollstreckt wird, liegt die Beweislast für das Vorliegen eines Versagungsgrundes beim Vollstreckungsgegner.[2334] Übertragen auf die vorliegende Prognosesituation, ob ein in den USA rechtshängiges Schiedsverfahren in einem deutschen Schiedsverfahren zu berücksichtigen ist, gilt, dass die Position des Vollstreckungsgegners der prozessualen Stellung der in Deutschland klagenden Schiedspartei entspricht. Richtigerweise trifft deshalb den deutschen Schiedskläger die Behauptungs- und Beweislast für potenzielle Anerkennungsversagungsgründe. Der Schiedskläger muss sich substantiiert auf Fehler des US-Schiedsverfahrens berufen. Dies entspricht der im deutschen Recht üblichen Beweislastverteilung. Jede Partei muss die für sie günstigen Tatsachen darlegen und beweisen.[2335] Wenn das US-amerikanische Schiedsverfahren an einem der in Art. V UNÜ normierten Anerkennungsversagungsgründe leidet, wird ein deutscher Richter keine positive Anerkennungsprognose aussprechen, und der Schiedskläger könnte das inländische Schiedsverfahren ungeachtet des US-Schiedsverfahrens fortführen.

Wie zu zeigen ist, kann es schon im Stadium der Anerkennungsprognose große Schwierigkeiten bereiten, das anwendbare Recht zu bestimmen. Dem privatautonomen Charakter des Schiedsverfahrensrechts entsprechend, steht den Schiedsparteien eine große Verfahrensgestaltungsfreiheit zu. Unter Umständen können deshalb drei unterschiedliche Rechte zu berücksichtigen sein: das auf die Schiedsvereinbarung anzuwendende Recht (Schiedsvereinbarungsstatut), das Recht des schiedsgerichtlichen Verfahrens (Verfahrensstatut) sowie das auf die materielle Streitsache anzuwendende Recht (Sachstatut).[2336] Im Schiedsverfahren gelten für die Ermittlung und Anwendung ausländischen Rechts die zu § 293 ZPO entwickelten Grundsätze.[2337] Als ausländisches Recht ist solches zu qualifizieren, welches nicht dem Recht der nach dem Sitz des Schiedsgerichts zu bestimmenden *lex fori* entspricht.[2338]

(aa) Unwirksame Schiedsvereinbarung (Art. V Abs. 1 lit. a.) UNÜ)

Nach Art. V Abs. 1 lit. a.) UNÜ stellt die Unwirksamkeit des Schiedsvertrages einen Hinder-ungsgrund für die Anerkennung und Vollstreckung eines ausländischen Schiedsspruchs dar. In der Praxis wird dieser Anerkennungsversagungsgrund sehr

2334 BGH NJW 1988, S. 3090 (3091).

2335 BGH NJW 2005, S. 2395 (2396), B/L/A/H-*Hartmann*, Anh § 286, Rn. 3, 12.

2336 Schmidt-Ahrendts/Höttler, SchiedsVZ 2011, S. 267 (267); Geimer, Internationales Zivilprozessrecht, S. 1294, Rn. 3786.

2337 Schütze, Schiedsgericht und Schiedsverfahren, S. 115, Rn. 394; Schack, IZVR, S. 265 ff., Rn. 697 ff.; Schilken, in: FS Schumann, S. 373 ff.

2338 Schütze, Schiedsgericht und Schiedsverfahren, S. 115, Rn. 394.

häufig geltend gemacht.[2339] Die Anerkennung und Vollstreckung ist zu versagen, wenn die getroffene Schiedsvereinbarung nach dem auf sie anwendbaren Recht nicht wirksam ist oder wenn eine Partei nach dem auf sie anwendbaren Recht zum Abschluss der Schiedsvereinbarung nicht fähig ist.

Es gibt mehrere Möglichkeiten, das auf die Schiedsvereinbarung anwendbare Recht zu bestimmen. Nach Art. V Abs. 1 lit. a.) UNÜ ist in erster Linie die Rechtswahl der Parteien ausschlaggebend. Die Grenzen der Rechtswahlfreiheit sind hierbei weitgefasst. Als äußerste Grenze ist der *ordre public* zu berücksichtigen.[2340] Ansonsten muss das gewählte Recht keine Bezüge zu einer der Schiedsparteien haben.[2341] Sofern die Schiedsparteien keine Rechtswahl getroffen haben, richtet sich die Wirksamkeit der Schiedsvereinbarung sekundär nach dem Recht des Landes, in dem der Schiedsspruch erlassen worden ist.[2342] Somit hat sich das UNÜ beim Fehlen einer Rechtswahl über das auf die Schiedsvereinbarung anzuwendende Recht gegen eine automatische Anknüpfung an das Recht des Hauptvertrages entschieden.[2343] Dies ist sachgerecht, weil in den meisten Schiedsrechten der Vertragsstaaten und institutionellen Schiedsordnungen Vorschriften zur Unabhängigkeit der Wirksamkeit der Schiedsvereinbarung von der Wirksamkeit des Hauptvertrages existieren.[2344]

Sollten die Schiedsparteien in einer der eingangs beschriebenen Fallvarianten A oder B[2345] keine Rechtswahl über das Schiedsvereinbarungsstatut getroffen haben, muss wegen des amerikanischen Schiedsortes also nach US-amerikanischem Recht die Wirksamkeit der Schiedsvereinbarung beurteilt werden. Grundsätzlich können die Schiedsparteien in den USA ebenfalls über das auf die Schiedsvereinbarung anzuwendende Recht frei befinden.[2346] Wenn eine Rechtswahl der Parteien fehlt, geht die heute überwiegende Meinung davon aus, dass dasjenige Recht anzuwenden ist, zu dem die engste Beziehung besteht.[2347] Entsprechend der *doctrine of separability*

2339 Kröll, SchiedsVZ 2007, S. 145 (155).

2340 MüKo-*Adolphsen*, Art. V UNÜ, Rn. 23; Gottwald, in: FS Nagel, S. 54 (68).

2341 Reithmann/Martiny, Internationales Vertragsrecht, S. 2047, Rn. 6613 f.

2342 Stein/Jonas-*Schlosser*, Anhang § 1061, Rn. 78; MüKo-*Adolphsen*, Art. V UNÜ, Rn. 21.

2343 OLG Hamburg, YCA XXIX (2004), S. 663 (667).

2344 Vgl. Gessner, Anerkennung und Vollstreckung, S. 62; vgl. auch die Regelungen in § 1040 Abs. 1 2. Alt. ZPO; Art. 16 Abs. 1 S. 2, 3 ModG; Art. 6 Abs. 4 ICC-SchO a. F.; zu den einzelnen Anknüpfungsmöglichkeiten Geimer, Internationales Zivilprozessrecht, S. 1293 ff., Rn. 3785 ff.

2345 Hierzu unter Gliederungspunkt 3. Kapitel. B.I. 2. a)aa).

2346 Haas, Vollstreckung ausländischer Schiedssprüche, S. 69. Vgl. Hoellering, in: Böckstiegel, Schiedsgerichtsbarkeit im deutsch-amerikanischen Wirtschaftsverkehr, S. 11 (12). Zum Zustandekommen der Schiedsvereinbarung nach US-amerikanischem Recht, Borris, Handelsschiedsgerichtsbarkeit, S. 57 ff.

2347 Restatement of the Law (Second), Conflict of the Laws, § 218 comment b. (1971): "(...) *most significant relationship to the arbitration agreement and the parties*";

wird auch hier nicht an das Recht des Hauptvertrages angeknüpft, sondern das Recht am Schiedsort als insgesamt anzuwendendes Recht betrachtet.[2348]

Fehlt die subjektive Schiedsfähigkeit einer Partei, ist die Schiedsvereinbarung ebenfalls nach Art. V Abs. 1 lit. a.) UNÜ unwirksam. Für die subjektive Schiedsfähigkeit der Parteien[2349] ist deren Personalstatut maßgeblich.[2350] Dieses bestimmt sich nach dem Internationalen Privatrecht des Exequaturstaates.[2351] Für die Beispielsfälle A und B ist deshalb das EGBGB heranzuziehen, insbesondere Art. 7 EGBGB.[2352] Art. V Abs. 1 lit. a.) UNÜ steht zudem im direkten Zusammenhang mit Art. II UNÜ, denn in Art. V Abs. 1 lit. a.) UNÜ wird eine Schiedsvereinbarung im Sinne des Art. II UNÜ vorausgesetzt. Die formellen Wirksamkeitserfordernisse für die Schiedsvereinbarung ergeben sich aus Art. II Abs. 2 UNÜ.[2353] Es wird ein Schriftformerfordernis statuiert, welches als Varianten den Austausch von Briefen oder Telegrammen sowie die von den Schiedsparteien unterschriebene Vertragsurkunde vorsieht.[2354] Art. II UNÜ wird ganz überwiegend als einheitliche Sachnorm[2355] bewertet und ist deshalb *lex specialis* zu abweichenden Formerfordernissen des für die Schiedsvereinbarung maßgeblichen Rechts.[2356] Fehler hinsichtlich der

---

Gessner, Anerkennung und Vollstreckung, S. 64; vgl. auch *Ross v. Twentieth Century-Fox Film Corp.*, 236 F.2d 632 ff. (9th Cir. 1956).

2348 Restatement of the Law (Second), Conflict of the Laws, § 218 comment b. (1971); Gessner, Anerkennung und Vollstreckung, S. 64.

2349 Hierzu Haas, Vollstreckung ausländischer Schiedssprüche, S. 181 ff. Zur subjektiven Schiedsfähigkeit bereits unter Gliederungspunkt 1. Kapitel. C.IX. 2.

2350 BGH SchiedsVZ 2011, S. 46 (48); Schlosser, Internationale Schiedsgerichtsbarkeit, S. 238 ff., Rn. 325 ff.; MüKo-*Adolphsen*, Art. V UNÜ, Rn.19. Anders in den USA, die über kein Personalstatut verfügen, vgl. hierzu *Dana Feed A/S v. OOO Arctic Salmon*, YCA XXXIII (2008), S. 658 (662); allgemein zum Personalstatut, Kropholler, IPR, § 37 I1 ff.

2351 BGH NJW 1998, S. 2452 (2452 f.); Haas, Vollstreckung ausländischer Schiedssprüche, S. 181 ff.

2352 Böckstiegel/Kröll/Nacimiento-*Kröll*, § 1061, Rn. 55.

2353 Art. 2 Abs. 2 UNÜ: "*Unter einer "schriftlichen Vereinbarung" ist eine Schiedsklausel in einem Vertrag oder eine Schiedsabrede zu verstehen, sofern der Vertrag oder die Schiedsabrede von den Parteien unterzeichnet oder in Briefen oder Telegrammen enthalten ist, die sie gewechselt haben.*"

2354 Zu den Wirksamkeitsvoraussetzungen Gildeggen, Internationale Schiedsvereinbarungen, S. 39 ff.; zu den Voraussetzungen des Schriftlichkeitsgebots nach § 2 FAA *Oriental Commercial and Shipping Co., Ltd. v. Rosseel, N.V.*, 609 F.Supp. 75 ff. (S.D.N.Y. 1985).

2355 MüKo-*Adolphsen*, Art. V UNÜ, Rn. 24; Stein/Jonas-*Schlosser*, Anhang § 1061, Rn. 76.

2356 Sanders, 13 Int. Law. (1979), S. 269 (279); Van den Berg, New York Convention, S. 287. Zur Frage, ob nach dem Meistbegünstigungsprinzip weniger strenge Formvorschriften des Exequaturstaates angewandt werden können, Mallmann, SchiedsVZ 2004, S. 152 (156); nunmehr zu § 1031 ZPO BGH SchiedsVZ 2010, S. 332 (332).

objektiven Schiedsfähigkeit sind nicht nach Art. V Abs. 1 lit. a.) UNÜ, sondern nach Art. V Abs. 2 lit. a.) UNÜ zu beurteilen.[2357]

Dem UNÜ liegt das Verbot widersprüchlichen Verhaltens als Rechtsgrundsatz zugrunde.[2358] Deshalb kann sich eine Schiedspartei nicht mehr auf die formelle Unwirksamkeit der Schiedsvereinbarung berufen, wenn sie sich zuvor rügelos auf das Verfahren eingelassen hat.[2359] Im Übrigen muss der Vollstreckungsgegner, in unseren Fällen der Schiedskläger, in den USA alle erforderlichen Rechtsschutzmöglichkeiten ausgenutzt haben. Ansonsten ist die Partei mit den entsprechenden Rügen im Vollstreckbarerklärungsverfahren präkludiert.[2360]

Im Zeitpunkt des eingeleiteten Schiedsverfahrens steht fest, wo das Schiedsverfahren stattfindet. Welche Rechtswahl die Parteien getroffen haben und ob überhaupt eine Rechtswahl getroffen wurde, ist hingegen häufig noch unklar. Regelmäßig bestimmen die Parteien nur das in der Hauptsache anwendbare Recht und das Schiedsprozessrecht. Eine Prognoseentscheidung hinsichtlich Art. V Abs. 1 lit. a.) UNÜ ist deshalb zwar unsicherheitsbehaftet, aber nicht unmöglich.

(bb) Verletzung des rechtlichen Gehörs und weitere Fehler bei der Verfahrensfairness (Art. V Abs. 1 lit. b.) UNÜ)

Nach Art. V Abs. 1 lit. b.) UNÜ kann die Vollstreckbarerklärung eines ausländischen Schiedsspruchs auf Antrag einer Partei versagt werden, wenn diese von der Bestellung des Schiedsgerichts nicht gehörig in Kenntnis gesetzt worden ist oder aus einem anderen Grund ihre Angriffs- und Verteidigungsmittel nicht hat geltend machen können. Dieser Anerkennungsversagungsgrund sanktioniert die Verletzung von Grundsätzen eines fairen Verfahrens, insbesondere einen Verstoß gegen die Gewährung rechtlichen Gehörs.[2361] Es kann zu Überschneidungen dieses Anerkennungsversagungsgrundes und der von Amts wegen zu berücksichtigenden Verletzung des *ordre public* nach Art. V Abs. 2 lit. b.) UNÜ kommen.[2362]

2357 K/N/O/P-*Nacimiento*, S. 221.

2358 Reithmann/Martiny, Internationales Vertragsrecht, S. 2087, Rn. 6698.

2359 OLG Schleswig RIW 2000, S. 706 (707 f.); Van den Berg, New York Convention, S. 185.

2360 BGH NJW 1984, S. 2763 (2764); OLG Koblenz SchiedsVZ 2005, S. 260 (261); OLG Schleswig, YCA XXXI (2006), S. 652 (658); MüKo-*Adolphsen*, Art. V UNÜ, Rn. 21. Allerdings gibt es Ausnahmen von der Präklusion im Vollstreckungsverfahren, hierzu BGH RIW 2008, S. 474 ff. sowie OLG München SchiedsVZ 2009, S. 340 (343) mit dem Beispiel, dass die Partei sich nicht auf das ausländische Schiedsverfahren eingelassen hatte und deshalb auch im Ausland von keinen Rechtsbehelfen Gebrauch machen müsse.

2361 Schwab/Walter, Schiedsgerichtsbarkeit, Kap. 57, Rn. 9. Zur Gewährung rechtlichen Gehörs im Schiedsverfahren Aden, NJW 1993, S. 1964 f.; Sawang, Rechtliches Gehör, S. 247 ff.

2362 Van den Berg, New York Convention, S. 300; Musielak-*Voit*, § 1061, Rn. 15.

Nach welchem Recht zu beurteilen ist, ob das rechtliche Gehör verletzt worden ist, wird unterschiedlich gesehen. Eine Ansicht möchte Art. V Abs. 1 lit. b.) UNÜ autonom auslegen. In der Vorschrift sei eine internationale Regelung zu sehen.[2363] Eine andere Ansicht stellt auf das Recht des Vollstreckungsstaates ab.[2364] Der ersten Ansicht ist insofern beizupflichten, als die ausschließliche Anknüpfung an das Recht des Vollstreckungsstaates die Intention des Art. V Abs. 1 lit. b.) UNÜ einschränkt, primär das von den Parteien vereinbarte Recht zu berücksichtigen.[2365] Am interessengerechtesten ist deshalb eine vermittelnde Ansicht: Parteivereinbarungen, z. B. über besondere Zustellungsfragen oder die Beibringung von Beweismitteln, sind zu beachten. Gleichzeitig darf das nationale Schutzniveau des Rechts des Vollstreckungsstaates nicht unterschritten werden.[2366] Im Ergebnis wird das rechtliche Gehör der Parteien unabhängig von der befürworteten Ansicht ausreichend geschützt, da eklatante Verstöße ohnehin am *ordre public* der *lex fori* zu messen sind.[2367] Des Weiteren muss sich nach ganz überwiegender Meinung die Verletzung des rechtlichen Gehörs auf das Ergebnis des Schiedsspruchs ausgewirkt haben.[2368] Erforderlich, aber auch ausreichend ist, dass die beweisbelastete Partei darlegt, dass der Schiedsspruch auf dem Verstoß beruhen kann.[2369]

Inhaltlich entsprechen die Anforderungen an die Gewährleistungen des rechtlichen Gehörs sowohl für nationale Schiedssprüche[2370] als auch für ausländische

---

2363 Born, International Arbitration, S. 3504 ff.; Fouchard/Gaillard/Goldmann, International Commercial Arbitration, S. 986; in diese Richtung auch MüKo-*Adolphsen*, Art. V UNÜ, Rn. 30, der allerdings zusätzlich das anzuwendende Verfahrensrecht berücksichtigt.

2364 OLG Hamburg, YCA IV (1979), S. 266 (267); Schwab/Walter, Schiedsgerichtsbarkeit, Kap. 57, Rn. 9; Weigand, Practitioner's Handbook (1. Auflage), S. 494, Rn. 27; vgl. auch die Meinung in den USA *Parsons & Whittemore Overseas Co. Inc. v. Société Générale de l'Industrie du Papier* (RAKTA) 508 F.2d 969, 975 f. (2d Cir. 1974); kritisch K/N/O/P-*Jana/Armer/Kranenberg*, S. 240.

2365 So MüKo-*Adolphsen*, Art. V UNÜ, Rn. 27.

2366 Schwab/Walter, Schiedsgerichtsbarkeit, Kap. 57, Rn. 9 (zu beachtender *„unverzichtbarer Mindeststandard"* des Vollstreckungsstaates); ebenso Musielak-*Voit*, § 1061, Rn. 15.

2367 Vgl. Van den Berg, New York Convention, S. 300; Haas, Vollstreckung ausländischer Schiedssprüche, S. 211.

2368 BGH RIW 1986, S. 816 (817); BGH NJW 1992, S. 2299 (2299); Lachmann, Schiedsgerichtspraxis, S. 616, Rn. 2686; Van den Berg, New York Convention, S. 301; Stein/Jonas-*Schlosser*, Anhang § 1061 ZPO, Rn. 82 (*„auf der Verletzung beruhen können"*); vgl. auch Schwab/Walter, Schiedsgerichtsbarkeit, Kap. 57, Rn. 11 mit Beispielsfällen.

2369 BGH SchiedsVZ 2009, S. 126 (127).

2370 BGH NJW 1992, S. 2299 (2299); Maßstab für nationale Schiedssprüche ist § 1059 Abs. 2 Nr. 1 lit. b.) ZPO sowie ggf. § 1059 Abs. 2 Nr. 2 lit. b.) ZPO.

Schiedssprüche[2371] den im staatlichen Verfahren entwickelten Grundsätzen.[2372] Im deutschen Schiedsverfahrensrecht wird die Gewährung rechtlichen Gehörs an unterschiedlichen Stellen berücksichtigt. Zum Beispiel in § 1042 Abs. 1 S. 2 ZPO und in dem textlich Art. V Abs. 1 lit. b.) UNÜ entsprechenden § 1059 Abs. 1 Nr. 1 lit. b.) sowie im Rahmen des *ordre public* nach § 1059 Abs. 2 Nr. 2 lit. b.) ZPO. Eine umfassende Darstellung aller Ausprägungen der Garantie des rechtlichen Gehörs ist hier nicht möglich. Einige prägnante „Schlagworte" und nachfolgende Rechtsprechungsbeispiele, in denen ein Verstoß gegen die Gewährleistung rechtlichen Gehörs bejaht worden ist, ermöglichen eine ausreichende Handhabungsgrundlage: Die Schiedsparteien müssen ordnungsgemäß vertreten werden,[2373] d. h. bei Prozessunfähigkeit muss ein gesetzlicher Vertreter zugegen sein.[2374] Zudem müssen die Parteien rechtzeitig vom Beginn des schiedsgerichtlichen Verfahrens und über dessen Fortgang informiert werden.[2375] Die Parteien müssen die Möglichkeit haben, alles vorzutragen, was nach ihrer Meinung für den Ausgang des Rechtsstreits von Bedeutung ist.[2376] Die Gewährung rechtlichen Gehörs erschöpft sich nicht im Vortrag der Parteien. Die Schiedsrichter, d. h. die gesamte Besetzung des berufenen Schiedsgerichts,[2377] müssen das Vorbringen zur Kenntnis nehmen und in ihre Entscheidungserwägungen einbeziehen.[2378]

In der Rechtsprechung wurden Verstöße gegen Art. V Abs. 1 lit. b.) UNÜ zum Beispiel angenommen, bei unterbliebener Bekanntgabe des klägerischen Sachvortrags gegenüber der gegnerischen Partei;[2379] bei fehlender Namensangabe des bestellten Schiedsrichters;[2380] sowie als einer Partei keine Gelegenheit gegeben wurde, auf die schriftlichen Ausführungen der Gegenpartei unter Vorlage neuer Beweismittel zu reagieren.[2381]

In den exemplarischen Fallvarianten A und B ist jeweils der deutsche Exequaturrichter zur Entscheidung über eine positive Anerkennungsprognose berufen. Aufgrund getroffener Parteivereinbarungen ist der deutsche Richter gegebenenfalls

---

2371 Stein/Jonas-*Schlosser*, Anhang § 1061, Rn. 83.

2372 Zur Gewährung rechtlichen Gehörs im Schiedsverfahren BGH NJW-RR 1993, S. 444 ff.

2373 Vgl. § 1042 Abs. 2 ZPO; § 6 UAA; § 7506 (d) CPLR.

2374 Walter/Wackenhuth, IPRax 1985, S. 200 (203).

2375 Schlosser, Internationale Schiedsgerichtsbarkeit, S. 602, Rn. 831; vgl. auch *Ferrara S.p.A. v. United Grain Growers Ltd.*, 441 F.Supp. 778, 782 f. (S.D.N.Y. 1977).

2376 Böckstiegel/Kröll/Nacimiento-*Kröll*, § 1061, Rn. 72 f. mit zahlreichen Rechtsprechungshinweisen.

2377 Für die USA Borris, Internationale Handelsschiedsgerichtsbarkeit, S. 79.

2378 BGH NJW-RR 1993, S. 444 (444); BGH NJW 1992, S. 2299 (2299); OLG Köln SchiedsVZ 2005, S. 163 (165); Zöller-*Geimer*, § 1042, Rn. 11.

2379 LG Bremen, YCA XII (1987), S. 486 (487); so auch in den USA *Totem Marine Tug & Barge v. North American Towing, Inc.* 607 F.2d 649, 651 ff. (5th Cir. 1979).

2380 OLG Köln ZZP 91 (1978), S. 318 (318).

2381 Gerechtshof Den Haag, XXIII (1998), S. 731 (734).

verpflichtet, bei seiner Prognoseentscheidung US-amerikanisches Recht zu berücksichtigen. Hierbei ist zu beachten, dass der Inhalt des Grundsatzes des rechtlichen Gehörs in den USA und in Deutschland im Detail differieren kann.[2382] Vor allem im Rahmen der Beweisaufnahme nach US-amerikanischen Recht werden Unterschiede bezüglich der Gewährung rechtlichen Gehörs deutlich, die den systemimmanenten Unterschieden zwischen den Rechtssystemen beider Länder geschuldet sind.[2383] Im Übrigen ist in vielen Schiedsgesetzen der USA die Durchführung eines *hearing* (mündliche Verhandlung) als ein wesentlicher Aspekt der korrekten Gewährung rechtlichen Gehörs festgeschrieben.[2384] Wohingegen ein Schiedsverfahren nach deutschen Recht auch im schriftlichen Verfahren durchgeführt werden kann.[2385] Einigkeit besteht beim Grad der gerichtlichen Kontrolle. Denn wie in Deutschland beschränken sich US-Gerichte auf fundamentale und offensichtliche Verstöße gegen die Grundsätze eines fairen Verfahrens.[2386]

Die beispielhafte Darstellung der unterschiedlichen Konstellationen, in denen ein Verstoß gegen Grundsätze eines fairen Verfahrens bzw. gegen die Gewährung rechtlichen Gehörs in Betracht kommt, lässt erkennen, dass es im frühen Verfahrenszeitpunkt, in dem der schiedsgerichtliche Rechtshängigkeitseinwand geltend gemacht wird, sehr schwer ist, eine eindeutige Prognose zu treffen. Insbesondere Heilungsmöglichkeiten können eine ursprünglich negative Anerkennungsprognose in eine positive Prognose umkehren. Zusammengefasst besteht für den Exequaturrichter zum Zeitpunkt seiner Beurteilungsprognose nur eingeschränkt die Möglichkeit, eine verlässliche Entscheidung abzugeben.

(cc) Überschreitung der schiedsrichterlichen Entscheidungsbefugnisse (Art. V Abs. 1 lit. c.) UNÜ)

Einem Schiedsspruch ist nach Art. V Abs. 1 lit. c.) UNÜ die Vollstreckung zu versagen, wenn er nicht die in der Schiedsvereinbarung erwähnten Streitpunkte betrifft oder die Grenzen der Schiedsvereinbarung überschreitet. Es kann eine partielle

---

2382 Die Basis beider Rechtssysteme ist dieselbe. Nach US-amerikanischen Recht bedeutet die richtige Gewährung rechtlichen Gehörs „ (...) *the fundamental requirement of due process is the opportunity to be heard at a meaningful time and in a meaningful manner.* “, *Iran Aircraft Industries v. Avco Corp.*, 980 F.2d 141, 145 (2d Cir. 1992); bezugnehmend auf *Mathews v. Eldridge*, 424 U.S. 319, 333, 96 S.Ct. 893, 902, 47 L.Ed.2d 18 (1967); umfassend auch Inoue, 11 Am. Rev. Int'l Arb. (2000), S. 247 ff.

2383 Hierzu Haas, Vollstreckung ausländischer Schiedssprüche, S. 216 f.; Gessner, Anerkennung und Vollstreckung, S. 133 f.; Borris, Handelsschiedsgerichtsbarkeit, S. 78 ff.

2384 Vgl. § 7506 CPLR; § 1282.2 CCP; § 5 UAA; hierzu Holtzmann, YCA II (1977), S. 116 (127).

2385 Vgl. OLG Naumburg NJW-RR 2003, S. 71 (72).

2386 Vgl. *Cobec Brazilian Trading and Warehousing Corp. of U.S. v. Isbrandtsen*, 524 F.Supp. 7, 10 (S.D.N.Y. 1980).

Vollstreckbarerklärung zulässig sein, wenn eine Trennung der Streitgegenstände, die der schiedsrichterlichen Entscheidung überantwortet worden sind, von denen, die der schiedsrichterlichen Entscheidungsgewalt nicht übertragen wurden, möglich ist.[2387] Wie bei Art. V Abs. 1 lit. b.) UNÜ muss die Überschreitung der Entscheidungskompetenz kausal für den Erlass des Schiedsspruchs gewesen sein.[2388] Voraussetzung des Art. V Abs. 1 lit. c.) UNÜ ist eine wirksame Schiedsvereinbarung. Fälle, in denen bereits fraglich ist, ob eine wirksame Schiedsvereinbarung vorliegt, unterliegen Art. V Abs. 1 lit. a.) UNÜ.[2389] Im Einzelfall kann eine Abgrenzung schwierig sein. Ob eine wirksame Schiedsvereinbarung existiert, ist – entsprechend der herausragenden Rolle der Privatautonomie im Schiedswesen – primär aufgrund des Inhalts der Parteiabrede zu bestimmen, sekundär aufgrund des auf die Schiedsvereinbarung anwendbaren Rechts.[2390] Dieses ist anhand der zu Art. V Abs. 1 lit. a.) UNÜ erörterten Grundsätze zu bestimmen.[2391]

Besonders im französischen Schiedsrecht, aber nicht nur dort, ist es üblich, dass die Parteien neben der ursprünglichen Schiedsvereinbarung zu Verfahrensbeginn in einer weiteren Vereinbarung (*compromis*) den Streitgegenstand des Verfahrens noch einmal genauer festlegen, als es in der vorformulierten Schiedsvereinbarung ursprünglich geschehen ist.[2392] Wenn das Schiedsgericht den in dieser Vereinbarung festgelegten Umfang überschreitet, liegt ein Verstoß im Sinne des Art. V Abs. 1 lit. c.) UNÜ vor.[2393]

Trifft ein Schiedsgericht eine Entscheidung nach Billigkeit, ohne hierzu von den Parteien ausdrücklich ermächtigt worden zu sein, überschreitet das Schiedsgericht nach § 1051 Abs. 4 ZPO des deutschen Schiedsrechts seine Entscheidungskompetenz.[2394] Anders beurteilen US-amerikanische Gerichte die Zulässigkeit von Entscheidungen nach Billigkeit. Hier sind diese bereits zulässig, wenn die Parteien keine abweichende Vereinbarung getroffen haben[2395] und die Entscheidung nicht

---

2387 Van den Berg, New York Convention, S. 318; Schwab/Walter, Schiedsgerichtsbarkeit, Kap. 57, Rn. 6.

2388 Weigand, Practitioner's Handbook (1. Auflage), S. 506, Rn. 60.

2389 K/N/O/P-*Port/Bowers/Davis Noll*, S. 258; MüKo-*Adolphsen*, Art. V UNÜ, Rn. 36; Van den Berg, New York Convention, S. 312.

2390 Zur Frage, wieweit der Schiedsrichter an die gestellten Parteianträge (ne *ultra petita*) gebunden ist, Van den Berg, New York Convention, S. 314 ff.; gegen die Qualifizierung als Verstoß nach Art. V Abs. 1 lit. c.) bei Überschreiten der Parteianträge durch das Schiedsgericht Eberl, SchiedsVZ 2003, S. 109 (112 ff.); zustimmend Musielak-*Voit*, § 1061, Rn. 16.

2391 Van den Berg New York Convention, S. 312 ff.; Vgl. auch die Ausführungen unter Gliederungspunkt 3. Kapitel. B.I. 2. a)bb)(3) (b)(aa)

2392 Hierzu Stein/Jonas-*Schlosser*, Anhang § 1061, Rn. 113.

2393 Stein/Jonas-*Schlosser*, Anhang § 1061, Rn. 113 f.

2394 Gottwald, in: FS Nagel, S. 54 (61); OLG München SchiedsVZ 2005, S. 308 (309).

2395 Hoellering, in: Böckstiegel, Schiedsgerichtsbarkeit im deutsch-amerikanischen Wirtschaftsverkehr, S. 11 (21); Holtzmann, YCA II (1977), S. 116 (133).

gegen fundamentale Rechtsprinzipien verstößt.[2396] Nach deutschem Recht sind auch Entscheidungen nach der *lex mercatoria* ohne Parteiermächtigung als Überschreitung der schiedsrichterlichen Entscheidungsbefugnisse zu werten.[2397]

US-amerikanische Gerichte sind bei der Beurteilung, ob ein Schiedsgericht seine Entscheidungsbefugnisse überschritten hat, prinzipiell zurückhaltend. Mehrfach gingen US-Gerichte davon aus, dass nur grobe Überschreitungen der schiedsrichterlichen Entscheidungsgewalt dazu führen könnten, die Anerkennung eines Schiedsspruchs zu versagen.[2398] Einige Entscheidungen legen eine generelle Vermutung zugrunde, dass das Schiedsgericht innerhalb seiner Entscheidungsbefugnisse entschieden habe.[2399] Diese Rechtsprechung führt konsequent die generell schiedsfreundliche Haltung der US-Gerichte fort und berücksichtigt, dass Schiedsvereinbarungen in der Regel weit ausgelegt werden.[2400]

Die Beurteilung, ob ein Schiedsgericht seine Kompetenz überschritten oder rechtlich unzutreffend entschieden hat, kann im Einzelfall auch nach Erlass eines Schiedsspruchs sehr schwer sein. Die wenigen gerichtlichen Entscheidungen zu diesem Anerkennungsversagungsgrund zeigen, dass bei deutschen Gerichten dieselbe Tendenz wie in den USA besteht: Ein Verstoß nach Art. V Abs. 1 lit. c.) UNÜ wird selten angenommen.[2401]

2396 Borris, Handelsschiedsgerichtsbarkeit, S. 85, zu fundamentalen Verstößen *Wilko v. Swan*, 346 U.S. 427, 436 f.; 74 S.Ct. 182,187 f., 98 L.Ed. 168, 176 f. (1953).

2397 Vgl. Nagel/Gottwald, IZVR, S. 881, Rn. 128; Gottwald, in: FS Nagel, S. 54 (64 ff.). Zur Frage, ob eine Entscheidung aufgrund der *lex mercatoria* an Stelle einer Rechtsentscheidung eine Kompetenzüberschreitung darstellt, Stein, Lex mercatoria, S. 148 ff.; 239 ff.; allgemein zur *lex mercatoria* Dasser, Internationale Schiedsgerichte und lex mercatoria; Frick, Arbitration, S. 88 ff.

2398 *Parsons & Whittemore Overseas Co. Inc. v. Société Générale de l'Industrie du Papier* (RAKTA) 508 F.2d 969, 975 (2d Cir. 1974); *Karaha Bodas Co., L.L.C. v. Perusahaan Pertambangan Minyak Dan Gas Bumi Negara*, 364 F.3d 274, 306 (5th Cir. 2004) sowie *Puerto Rico Tel. Co. v. U.S. Phone Mfg. Corp.*, 427 F.3d. 21, 32 (1st Cir. 2005) (unzutreffende rechtliche Entscheidung stellt nicht automatisch eine Kompetenzüberschreitung bzw. einen Grund für eine gerichtl. Aufhebung dar), zustimmend MüKo-*Adolphsen*, Art. V UNÜ, Rn. 42; vgl. zu diesem Fall auch Schwab/Walter, Schiedsgerichtsbarkeit, Kap. 57, Fn. 3; *Management Technical Consultants S.A. v. Parsons-Jurden Int. Corp.* 820 F.2d 1531 (Court of Appeals, 9th Cir. 1987), YCA XIII (1988), S. 611 ff. (sehr weite Auslegung der Schiedsvereinbarung).

2399 *Management Technical Consultants S.A. v. Parsons-Jurden Int. Corp.*, 820 F.2d 1531, 1534 (9th Cir. 1987): "(...) *federal arbitration law has established a presumption that an arbitral body has acted within its power.*"; Parsons & Whittemore Overseas Co. Inc. v. Société Générale de l'Industrie du Papier (RAKTA) 508 F.2d 969, 976 (2 d Cir. 1974). "*powerful presumption that the arbitral body acted within its power.*"

2400 *PRM Energy Sys., Inc. v. Primenergy LLC*, 592 F.3d 830, 836 f. (8th Cir. 2010); *Telectronics Pacing Sys., Inc. v. Guidant Corp.*, 143 F.3d 428, 430 f. (8th Cir. 1998).

2401 Vgl. allgemein zur gerichtlichen Praxis bezüglich Art. V Abs. 1 lit. c) UNÜ Wolff-*Borris/Hennecke*, Art. V, Rn. 196, 199 ff. (mit zahlreichen Rechtsprechungshinweisen bzgl. beider Länder); vgl. auch Van den Berg, New York Convention, S. 312.

Für vorliegende Zwecke befindet sich das Verfahren, in dem die schiedsgerichtliche anderweitige ausländische Rechtshängigkeit geltend gemacht wird, in einem sehr frühen Verfahrensstadium. Das ausländische Schiedsverfahren wird regelmäßig weiter fortgeschritten sein, aber noch nicht zum Erlass eines Schiedsspruchs geführt haben. Anderenfalls wäre der Einwand anderweitiger Rechtskraft zu erheben. Eine positive oder eine negative Anerkennungsprognose darüber, ob ein Schiedsgericht seine Entscheidungskompetenz überschreitet, ist kaum zu treffen. Den einzigen Ansatzpunkt bieten die Parteianträge. Es ist naheliegend, dass Art. V Abs. 1 lit. c.) UNÜ ähnlich wie § 328 Abs. 1 Nr. 3 ZPO kein Bestandteil der Prognoseentscheidung sein kann, weil der Erlass eines Schiedsspruchs im Rahmen dieses Anerkennungsversagungsgrundes eine Grundvoraussetzung bildet.

(dd) Konstituierungsfehler oder Fehler im schiedsrichterlichen Verfahren (Art. V Abs. 1 lit. d.) UNÜ)

Ebenfalls sind Anerkennung und Vollstreckung zu versagen, wenn eine fehlerhafte Konstituierung des Schiedsgerichts oder ein Fehler im schiedsrichtlichen Verfahren vorliegt. Zu inhaltlichen Überschneidungen kommt es mit den Anerkennungsversagungsgründen nach Art. V Abs. 1 lit. b.) UNÜ und nach Art. V Abs. 2 lit. b.) UNÜ.[2402] Wie bereits erwähnt, können die Schiedsparteien das anwendbare Verfahrensrecht – inklusive des für die Bildung des Schiedsgerichts maßgeblichen Rechts – frei wählen. Nach h. M. sind vom Grundsatz der Privatautonomie auch Parteivereinbarungen umfasst, die ein Verfahrensrecht weitgehend unabhängig von einem nationalen Recht oder die Wahl einer Verfahrensordnung vorsehen.[2403] Aus der Wahl eines bestimmten Schiedsortes wird ein dahingehender Parteiwille gefolgert, dass das dort geltende Verfahrensrecht angewandt werden soll.[2404] Im Übrigen wird die Parteiautonomie hinsichtlich des zu wählenden Verfahrensrechts durch den *ordre public* sowie durch die Vorschriften des zwingenden Rechts der *lex fori arbitri* begrenzt.[2405] Ein Verstoß gegen das zwingende Recht des Sitzstaates hätte gegebenenfalls die Aufhebung des Schiedsspruchs zur Folge und würde nach Art. V Abs. 1 lit. e.) UNÜ dazu führen, dass dem Schiedsspruch im Vollstreckungsstaat die Anerkennung und Vollstreckung zu versagen wäre.[2406] Der

---

2402 K/N/O/P-*Nacimiento*, S. 282.

2403 Van den Berg, New York Convention, S. 323; MüKo-*Adolphsen*, Art. V UNÜ, Rn. 46; K/N/O/P-*Nacimiento*, S. 284; Bertheau, Das New Yorker Abkommen, S. 86 f.

2404 OLG Frankfurt a. M. RIW 1989, S. 911 (912); Kreindler/Schäfer/Wolff, Schiedsgerichtsbarkeit, S. 192, Rn. 652.

2405 Weigand, Practitioner's Handbook (1. Auflage), S. 508, Rn. 66; vgl. auch Bülow, ZZP 85 (1972), S. 115 (121 f.).

2406 MüKo-*Adolphsen*, Art. V UNÜ, Rn. 48; kritisch Wolff-*Borris/Hennecke*, Art. V, Rn. 272 f. Generell zur Zulässigkeit der Wahl eines anationalen Schiedsrechts Münzberg, Parteivereinbarungen, S. 101 ff.; Schlosser, Internationale

Anwendungsbereich des Art. V Abs. 1 lit. d.) UNÜ wird eingeschränkt, indem es möglich erscheinen muss, dass die Verletzung der Vorschrift sich auf das Ergebnis des Schiedsverfahrens ausgewirkt hat.[2407]

Sollten die Parteien entweder durch Rechtswahl ein US-amerikanisches Schiedsverfahrensrecht vereinbart haben oder keine Rechtswahl über das Verfahrensstatut getroffen haben, kommt in den Beispielsfällen A und B[2408] aufgrund des hier unterstellten amerikanischen Schiedsortes US-amerikanisches Recht zur Anwendung. Der deutsche Exequaturrichter muss im Zeitpunkt seiner Prognoseentscheidung darüber urteilen, ob die Schiedsparteien diesem Recht entsprochen haben; sei es als gewähltes Recht oder als Recht des Heimatstaates. Grundsätzlich gehen auch die US-Amerikaner von einer umfassenden Rechtswahlfreiheit der Schiedsparteien bezüglich des anzuwendenden Schiedsverfahrensrechts aus.[2409] Begrenzt wird diese Freiheit durch wenig zwingendes Recht. Die Grundsätze eines fairen Verfahrens müssen in jedem Fall beachtet werden.[2410] Wenn primär geltende Parteivereinbarungen nicht vorliegen, steht es im Ermessen des Schiedsgerichts, verfahrensrechtliche Entscheidungen zu treffen.[2411]

Zur fehlerfreien Konstituierung eines Schiedsgerichts gehört auch dessen richtige Besetzung. Für das Bestellungsverfahren stellen sowohl der FAA als auch das New Yorker und kalifornische Schiedsverfahrensrecht in erster Linie auf die diesbezüglich getroffene Parteivereinbarung ab.[2412] Sofern keine Regelung vorliegt oder diese fehlschlägt, wird auf Parteiverlangen ein Schiedsrichter gerichtlich ernannt.[2413] Ein Fehler bei der Bildung des Schiedsgerichts sowie Kompetenzüberschreitungen stellen im US-amerikanischen Recht ebenfalls einen Aufhebungsgrund dar.[2414] Dies entspricht grundsätzlich der deutschen Regelung in § 1059

Schiedsgerichtsbarkeit, S. 346, Rn. 448; befürwortend Rensmann, 15 J. Int'l Arb. (1998), S. 37 ff.; ablehnend Zöller-*Geimer* § 1061, Rn. 11; MüKo-*Adolphsen*, Art. V UNÜ, Rn. 49.

2407 Musielak-*Voit*, § 1061, Rn. 17; Stein/Jonas-*Schlosser*, Anhang § 1061, Rn. 122; restriktiver Schwab/Walter, Schiedsgerichtsbarkeit, Kap. 57, Rn. 13 (wesentlicher Verfahrensfehler); a. A. Schlosser, Internationale Schiedsgerichtsbarkeit, S. 595, Rn. 818 (jeder Verfahrensfehler).

2408 Hierzu unter Gliederungspunkt 3. Kapitel. B.I. 2. a)aa).

2409 Smit, 1 Am. Rev. Int'l Arb. (1990), S. 64 (71 f.); Borris, Handelsschiedsgerichtsbarkeit, S. 77.

2410 Vgl. *Reichman v. Creative Real Estate Consultants Inc.*, 476 F.Supp. 1276, 1285 (S.D.N.Y. 1979).

2411 Holtzmann, YCA II (1977), S. 116 (127).

2412 Vgl. § 5 FAA; § 7504 CPLR; § 1281.6 CCP sowie § 4 UAA, § 27 AAA-Rules. Rechtsprechungshinweise zu US-amerikanischen Entscheidungen im Zusammenhang mit § 5 FAA bei Born, International Arbitration, S. 1717, Fn. 456.

2413 Bennett, Essential Concepts, S. 139 (bzgl. ICC-Verfahren).

2414 Vgl. § 10 (a) (4) FAA; § 12 (a) (2) UAA; § 7511 (b) CPLR; vgl. *Western Employers Ins. Co. v. Jefferies & Co., Inc.* 958 F.2d 258, 262 (9th Cir. 1992); vgl. auch

Abs. 1 Nr. 1 lit. d.) ZPO.[2415] Allerdings ist das Vorliegen dieses Aufhebungsgrundes hier zusätzlich davon abhängig, dass sich ein Fehler bei der Besetzung des Schiedsgerichts auf den Schiedsspruch ausgewirkt hat.[2416] Im Ergebnis entsprechen sich die deutsche und die US-amerikanische Regelung, da sich letztlich nie endgültig klären lässt, ob ein anders besetztes Schiedsgericht einen inhaltlich anderen Schiedsspruch getroffen hätte.[2417] Darüber hinaus kann ein relevanter Fehler bei der Bildung des Schiedsgerichts vorliegen, wenn einer Partei beim Bestellungsprozess ein Übergewicht zukommt.[2418]

In der Situation des deutschen Exequaturrichters, der eine Anerkennungsprognose für einen Schiedsspruch aus dem US-amerikanischen Schiedsverfahren treffen soll, ist die für dieses Verfahren geschlossene Schiedsvereinbarung jederzeit der Auslegung zugänglich. Der Richter kann mit hinreichender Sicherheit feststellen, ob gegen in der Schiedsvereinbarung getroffene Vereinbarungen bezüglich der Konstituierung des Schiedsgerichts verstoßen wurde. Gleichfalls lassen sich sowohl Konstituierungsfehler als auch sonstige Verfahrensfehler innerhalb des US-amerikanischen Schiedsverfahrens prognostizieren, weil auch Einzelheiten des anzuwendenden Verfahrensstatuts im Vorfeld bekannt sind. Art. V Abs. 1 lit. d.) UNÜ ist deshalb nicht nur hinsichtlich der exemplarisch aufgezeigten potenziellen Verstöße bei der Konstituierung des Schiedsgerichts und im schiedsgerichtlichen Verfahren Bestandteil der Anerkennungsprognose. Eine positive Anerkennungsprognose kann insgesamt getroffen werden.

(ee) Fehlende Verbindlichkeit des Schiedsspruchs (Art. V Abs. 1 lit. e.) UNÜ)

Der Anerkennungsversagungsgrund des Art. V Abs. 1 lit. e.) UNÜ greift ein, wenn dem anzuerkennenden Schiedsspruch die Verbindlichkeit fehlt. Dieser Anerkennungsversagungsgrund beinhaltet mehrere Varianten, deren Aspekte in zeitlicher Hinsicht gut zu erfassen sind. Die Verbindlichkeit des Schiedsspruchs kann fraglich sein, weil der Schiedsspruch zwischen den Parteien noch nicht verbindlich geworden ist (z. B. bestehende Anfechtungsmöglichkeit) oder weil er nicht mehr verbindlich ist (erfolgreiche Aufhebung).[2419] Wie bei nahezu allen Hinderungsgründen bereitet

---

Deiulemar Compagnia di Navigazione S.p.A. v. Transocean Coal Co., 03 Civ. 2038 (RCC) (S:D:N:Y. 2004).

2415 Hierzu MüKo-*Münch*, § 1059, Rn. 29 ff.; § 1059 Abs. 2 Nr. 1 lit. d) ZPO; BT-Drucks. 13/5274, S. 59, li. Sp. Hierzu auch unter Gliederungspunkt 1. Kapitel. F.II. 6. c)hh)(1).

2416 OLG München SchiedsVZ 2003, S. 92 (93 f.); MüKo-*Münch*, § 1059, Rn. 34.

2417 Vgl. Stein/Jonas-*Schlosser*, § 1059, Rn. 21.

2418 Böckstiegel/Kröll/Nacimiento-*Kröll*, § 1061, Rn. 92. Zusammenstellung potenzieller Fehler bei der Bildung des Schiedsgerichts und im Verfahren bei K/N/O/P-*Nacimiento*, S. 290 ff.

2419 Vgl. Schlosser, Internationale Schiedsgerichtsbarkeit, S. 571 ff., Rn. 785 ff.; Zur Vollstreckung eines im Ursprungsstaat aufgehobenen Schiedsspruch BGH, SchiedsVZ 2013, S. 229 ff.

das anwendbare Recht Schwierigkeiten. Umstritten ist, nach welchem Recht zu beurteilen ist, ob der Schiedsspruch verbindlich ist. Konsens besteht darüber, dass die Verbindlichkeit des Schiedsspruchs keine vorherige Vollstreckbarerklärung im Erlassland voraussetzt.[2420] Dies resultiert daraus, dass das Erfordernis eines Doppelexequaturs für das UNÜ abgelehnt wurde.[2421] Überwiegend wird auf das dem Schiedsspruch zugrunde liegende ausländische Verfahrensrecht abgestellt.[2422] Nach dieser Ansicht tritt die Verbindlichkeit des Schiedsspruchs ein, sobald er nach dem auf ihn anzuwendenden Verfahrensrecht für vollstreckbar erklärt werden kann.[2423] Andere befürworten eine autonome Auslegung des Begriffs der Verbindlichkeit im Rahmen des UNÜ.[2424] Demnach ist ein Schiedsspruch verbindlich, wenn er weder durch einen Rechtsbehelf vor einem Schiedsgericht höherer Instanz noch vor einem Staatsgericht mit ordentlichen Rechtsbehelfen angegriffen werden kann. Eine weitere Ansicht[2425] kombiniert Aspekte beider vorherigen Meinungen miteinander. Abzustellen ist auf die Intention des UNÜ. Das Übereinkommen möchte eine international vereinheitlichte Anerkennung und Vollstreckung ausländischer Schiedssprüche ermöglichen. Deshalb dürfen einem Schiedsspruch im Vollstreckungsstaat nicht weiter reichende Wirkungen beigemessen werden, als es das anwendbare Recht des Erlassstaates zulässt.[2426]

Für die Verbindlichkeit ist es unerheblich, ob im nationalen Recht eine Aufhebungsklage oder ein außerordentlicher Rechtsbehelf noch eingelegt werden können.[2427] Lange war umstritten, ob im deutschen Vollstreckbarerklärungsverfahren Präklusion eintritt, wenn im Ausland nicht von der bestehenden Möglichkeit einer

---

2420 Van den Berg, New York Convention, S. 339; Zöller-*Geimer*, § 1061, Rn. 24; Musielak-*Voit*, § 1061, Rn. 18.

2421 Haas, Vollstreckung ausländischer Schiedssprüche, S. 154; Bülow, KTS 1959, S. 1 (11); Born, International Arbitration, S. 3424.

2422 *Dworkin v. Avraham* 728 F.Supp. 156, 161 (S.D.N.Y 1989); Zöller-*Geimer*, § 1061, Rn. 24; Schwab/Walter, Schiedsgerichtsbarkeit, Kap. 57, Rn. 20.

2423 Schwab/Walter, Schiedsgerichtsbarkeit, Kap. 57, Rn. 19 f. weisen richtigerweise daraufhin, dass der Schiedsspruch in seinem Heimatland noch nicht für vollstreckbar erklärt worden sein muss; a. A. Schlosser, Internationale Schiedsgerichtsbarkeit, S. 573, Rn. 787 (aufgrund des Schiedsvertrages bestehende Bindung ausreichend).

2424 Van den Berg, New York Convention, S. 341 ff.; Sanders, 13 Int. Law. (1979), S. 269 (275); Musielak-*Voit*, § 1061, Rn. 18; Solomon, Verbindlichkeit, S. 98 ff., 374.

2425 Sandrock, in: FS Trinkner, S. 669 (678); zustimmend MüKo-*Adolphsen*, Art. V UNÜ, Rn. 55; Stein/Jonas-*Schlosser*, Anhang § 1061, Rn. 127.

2426 So auch Schwab/Walter, Schiedsgerichtsbarkeit, Kap. 57, Rn. 20.

2427 BGH NJW 1988, S. 3090 (3091); BayObLG NJW-RR 2003, S. 502 (504); OLG Hamburg SchiedsVZ 2003, S. 284 (286); Solomon, Verbindlichkeit, S. 116; Schwab/Walter, Schiedsgerichtsbarkeit, Kap. 57, Rn. 20; MüKo-*Adolphsen*, Art. V, Rn. 55; a. A. Sandrock, in: FS Trinkner, S. 669 (692).

befristeten Aufhebungsklage Gebrauch gemacht worden ist.[2428] Ist der Schiedsspruch im Ursprungsland oder von einer Behörde des Landes, nach dessen Verfahrensrecht er ergangen ist, aufgehoben worden, ist der Schiedsspruch in seinen Wirkungen einstweilen gehemmt und nach Art. V Abs. 1 lit. e.), 2. Alt. UNÜ nicht anzuerkennen.[2429]

In den Fallvarianten A und B wurde das zeitlich frühere Schiedsverfahren jeweils in den USA eingeleitet. Sofern die Schiedsparteien als Verfahrensstatut das US-amerikanische Recht bestimmt haben, ist deshalb zu fragen, wann ein Schiedsspruch aus US-amerikanischer Sicht verbindlich (*binding*) wird. Dies ist umstritten.[2430]

Denklogisch setzt Art. V Abs. 1 lit. e.) UNÜ voraus, dass im Erlassstaat ein Aufhebungssystem für Schiedssprüche vorhanden ist.[2431] Einige Aufhebungsgründe nach § 10 FAA sowie der einzelstaatlichen Schiedsrechte wurden bereits benannt. Darüber hinaus hat die Rechtsprechung weitere ungeschriebene und eng[2432] auszulegende Aufhebungsgründe wie *„manifest disregard of the applicable law“*[2433] oder die Verletzung der *public policy*[2434] entwickelt. In den USA geht der Schiedsspruch durch die staatliche Bestätigung nach der *doctrine of merger* in dem staatlichen Bestätigungsurteil auf.[2435] Seine Qualität als anerkennungsfähiger Schiedsspruch nach den Regelungen des UNÜ verliert der Schiedsspruch hierdurch nicht.[2436]

Für den Exequaturrichter, der darüber befinden soll, ob eine positive Anerkennungsprognose für einen Schiedsspruch aus dem zuerst rechtshängigen US-amerikanischen Schiedsverfahren in Deutschland besteht, liegt immer der Fall eines nicht verbindlichen Schiedsspruchs vor, weil dieser noch gar nicht erlassen

2428 Für eine Präklusion des nicht fristgerecht erhobenen Aufhebungsgrundes BGH RIW 2001, S. 458 (460); Lachmann, Schiedsgerichtspraxis, S. 607 f., Rn. 2542; Kühn, SchiedsVZ 2009, S. 53 (60); nunmehr gegen eine Präklusion, weil es legitime Gründe der unterlegenen Partei für das Unterlassen einer Aufhebungsklage im Ursprungsland geben könne BGH NJW 2011, S. 1290 (1292).

2429 MüKo-*Adolphsen*, Art. V UNÜ, Rn. 59; Van den Berg, New York Convention, S. 350; a. A. Kröll, SchiedsVZ 2009, S. 40 (51). Darstellung der unterschiedlichen Ansichten bei Lachmann, Schiedsgerichtspraxis, S. 626, Rn. 2643.

2430 Hierzu Carbonneau, 6 Tul. J. Int'l Comp. L. (1998), S. 277 ff.

2431 Vgl. Schwab/Walter, Schiedsgerichtsbarkeit, Kap. 57, Rn. 25; MüKo-*Adolphsen*, Art. V UNÜ, Rn. 53.

2432 *Montes v. Shearson Lehman Bros., Inc.*, 128 F.3d. 1456, 1461 (11 th Cir. 1997).

2433 *Montes v. Shearson Lehman Bros., Inc.*, 128 F.3d. 1456, 1461 (11 th Cir. 1997); *Wilko v. Swan*, 346 U.S. 427, 436 f., 74 S.Ct. 182, 187 f. 98 L.Ed. 168, 176 f. (1953); *Univ. Commons-Urbana, Ltd. v. Universal Constructors Inc.*, 304 F.3d 1331, 1337 (11th Cir. 2002); für Einzelheiten Ware, ADR, S. 117 ff.; die Entscheidung *Hall Street Associates, L.L.C. v. MATTEL*, Inc., 552 U.S. 576, 128 S.CT. 1396, 170 L.Ed.2d 254 (2008) wirft Zweifel am weiteren Bestand der ungeschriebenen Aufhebungsgründe auf.

2434 Hierzu unter Gliederungspunkt 3. Kapitel. B.I. 2. a)bb)(3) (b)(gg).

2435 Vgl. § 9 FAA.

2436 Van den Berg, YCA XII (1987), S. 409 (463).

worden ist. Möglichkeiten, gegen einen Schiedsspruch in den USA vorzugehen, sind gegeben und zu berücksichtigen. Eine Anerkennungprognose ist mit den üblichen Unsicherheiten verbunden. Vollkommen unmöglich ist sie aber nicht.

(ff) Schiedsunfähigkeit des Streitgegenstandes (Art. V Abs. 2 lit. a.) UNÜ)

Die nachfolgenden Anerkennungsversagungsgründe sind im Gegensatz zu den bisherigen Hinderungsgründen von Amts wegen zu berücksichtigen.[2437] Der Vollstreckungsgegner bzw. in unseren Fallvarianten der Schiedskläger des deutschen Verfahrens trägt dennoch weiterhin das Beweislastrisiko für das Vorliegen des Anerkennungsversagungsgrundes.[2438] Dem Schiedsspruch ist die Anerkennung zu versagen, wenn dem Streitgegenstand nach dem Recht des Vollstreckungsstaates die objektive Schiedsfähigkeit fehlt.[2439] Es ist allgemein anerkannt, dass die objektive Schiedsfähigkeit ein Bestandteil des *ordre public* ist.[2440] Deshalb wird die Auffassung vertreten, dass der separate Anerkennungsversagungsgrund nach Art. V Abs. 2 lit. a.) UNÜ gegenstandslos sei.[2441] Zumal die objektive Schiedsfähigkeit auch im Zusammenhang mit Art. V Abs. 1 lit. a.) UNÜ zu prüfen sei.[2442] Zu diesen gesetzlichen Überschneidungen passt die US-amerikanische Gerichtspraxis, denn hier werden Fragen der objektiven Schiedsfähigkeit und Verstöße gegen die *public policy* nicht immer strikt voneinander getrennt geprüft.[2443] Vorliegend wird der deutschen Einordnung potenzieller Verstöße unter die beiden Anerkennungsversagungsgründe gefolgt.[2444]

Wie zu zeigen sein wird,[2445] ist es im Rahmen des Art. V Abs. 2 lit. b.) UNÜ ebenso wenig praktikabel, eine verlässliche Anerkennungsprognose zu treffen, wie bei der entsprechenden Fragestellung gemessen an § 328 Abs. 1 Nr. 4 ZPO.[2446] Schon aus diesem Grund muss vorliegend eine separate Darstellung beider Anerkennungsversagungsgründe erfolgen. Außerdem ist der Prüfungsmaßstab für

---

2437 Vgl. hierzu die Ausführungen unter Gliederungspunkt 3. Kapitel. B.I. 2. a)bb)(3) (b)(gg).

2438 Böckstiegel/Kröll/Naciemiento-*Kröll*, § 1061, Rn. 108; MüKo-*Adolphsen*, Art. V UNÜ, Rn. 65.

2439 Van den Berg, New York Convention, S. 369; BT-Drucks. 13/5274, S. 59, re. Sp.

2440 Van den Berg, New York Convention, S. 360.

2441 Schwab/Walter, Schiedsgerichtsbarkeit, Kap. 57, Rn. 32.

2442 Schwab/Walter, Schiedsgerichtsbarkeit, Kap. 57, Rn. 32.

2443 So z. B. in der Entscheidung *Mitsubishi Motors Corp. v. Soler Chrysler-Plymouth, Inc* 723 F.2d 155 ff. (1st Cir. 1983); Gessner, Anerkennung und Vollstreckung, S. 145; vgl. auch Weigand, Practitioner's Handbook (1. Auflage), S. 518 f., Rn. 97 f. hinsichtlich der Überschneidungen der objektiven Schiedsfähigkeit und der *public policy*.

2444 Beispielsweise bzgl. der Verurteilung zu *punitive damages* als Frage des *ordre public*, hierzu unter Gliederungspunkt 3. Kapitel. B.I. 2. a)bb)(3) (b)(gg).

2445 Hierzu unter Gliederungspunkt 3. Kapitel. B.I. 2. a)bb)(3) (b)(gg).

2446 Hierzu unter Gliederungspunkt 3. Kapitel. B.I. 2. a)aa)(d)(dd).

die objektive Schiedsfähigkeit nach Abs. 2 lit. a.) ein anderer als nach Abs. 2 lit. b.). Im zuletzt genannten Fall wird der weniger strenge Maßstab des *ordre public international* angelegt.[2447] Zudem bieten beide Anerkennungsversagungsgründe in zeitlicher Hinsicht unterschiedliche Ansatzpunkte bei der Kontrolle.[2448]

Nach deutschem Recht sind alle vermögensrechtlichen Ansprüche objektiv schiedsfähig.[2449] In den USA ist die objektive Schiedsfähigkeit einer Streitsache hingegen ebenso wenig konkreten gesetzlichen Regelungen zu entnehmen wie der Streitgegenstandsbegriff.[2450] Die Rechtsprechung hat Grundsätze zu den Grenzen objektiver Schiedsfähigkeit entwickelt, die für internationale Fälle stets schiedsfreundlicher waren als in reinen nationalen Fällen.[2451] Bedeutung gewinnt die Frage nach der objektiven Schiedsfähigkeit des Streitgegenstandes, wenn der Schiedsspruch nach US-amerikanischem materiellen Recht ergehen würde, die Schiedsparteien also das US-Recht als Sachstatut gewählt haben.[2452] Hierbei gilt folgender Grundsatz: Sind den Schiedsparteien Ansprüche zugesprochen worden, deren Rechtsnatur dem deutschen Recht fremd ist, muss die objektive Schiedsfähigkeit bejaht werden, wenn Vergleichbares im inländischen Recht schiedsfähig wäre.[2453]

Die Beurteilung der objektiven Schiedsfähigkeit einer Streitsache ist zum Zeitpunkt der Anerkennungsprognose gut möglich. Sofern Unklarheiten über den konkreten Inhalt der Schiedsvereinbarung bestehen und es deshalb Schwierigkeiten bereitet, den konkreten Umfang des der schiedsgerichtlichen Entscheidungsgewalt unterworfenen Streitgegenstandes festzulegen, bedarf es einer Auslegung. Art. V Abs. 2 lit. a.) UNÜ ist aber in jedem Fall fester Bestandteil der Anerkennungsprognose.

2447 Hierzu unter Gliederungspunkt 3. Kapitel. B.I. 2. a)bb)(3) (b)(gg).

2448 So Gessner, Anerkennung und Vollstreckung, S. 145 lit. a.): („von vornherein nicht objektiv schiedsfähig"); lit b.): („bei Erlass des Schiedsspruchs Verstoß gegen den ordre public"); ähnlich Wolff-*Wolff*, Art. V, Rn. 492 („*they differ in their effects*").

2449 Hierzu unter Gliederungspunkt 1. Kapitel. C.IX. 1.

2450 Vgl. Schlosser, Internationale Schiedsgerichtsbarkeit, S. 216 f., Rn. 296 f.

2451 Vgl. hierzu unter Gliederungspunkt 2. Kapitel. C.IV. Zu den aus deutscher Sicht bestehenden Vermengungen der objektiven Schiedsfähigkeit und der Streitgegenstandslehre bezogen auf die *arbitrability*-Entwicklung in den USA Schlosser, Internationale Schiedsgerichtsbarkeit, S. 216 ff., Rn. 296 ff. Speziell zur US-amerikanischen Auseinandersetzung mit Art. V Abs. 2 lit. a.) UNÜ *Parsons & Whittemore Overseas Co. Inc. v. Société Générale de l'Industrie du Papier RAKTA* 508 F.2d 969, 974 f. (2d Cir. 1974).

2452 Für die Berücksichtigung des Sachstatuts Schwab/Walter, Schiedsgerichtsbarkeit, Kap. 57, Rn. 33, ablehnend Van den Berg, New York Convention, S. 369; vgl. auch Haas, Vollstreckung ausländischer Schiedsprüche, S. 254 ff., der danach differenziert, ob es sich beim ausländischen materiellen Recht um zwingendes Wirtschaftsrecht handelt.

2453 Schwab/Walter, Schiedsgerichtsbarkeit, Kap. 57, Rn. 34.

(gg) Verstoß gegen den ordre public (Art. V Abs. 2 lit. b.) UNÜ)

Nach Art. V Abs. 2 lit. b.) UNÜ erfolgt keine Anerkennung und Vollstreckung eines ausländischen Schiedsspruchs, wenn dieser gegen den *ordre public* des mit der Vollstreckbarerklärung befassten Landes verstieße.[2454] Ein Verstoß ist nach Maßgabe der *lex fori* zu beurteilen,[2455] im Rahmen der durchzuführenden Anerkennungsprognose also aufgrund deutschen Schiedsverfahrensrechts. Wie im deutschen nationalen Schiedsrecht[2456] werden Verstöße gegen den *ordre public* nur selten angenommen, und der Anerkennungsversagungsgrund wird restriktiv ausgelegt.[2457] Im Verhältnis zu den übrigen Anerkennungsversagungsgründen gilt Art. V Abs. 2 lit. b.) UNÜ subsidiär.[2458] Im Rahmen des UNÜ unterscheidet man ebenfalls zwischen einem verfahrensrechtlichen und einem materiell-rechtlichen *ordre public*-Verstoß.[2459] Inhaltlich stimmt der anerkennungsrechtliche *ordre public* im Geltungsbereich des UNÜ im Grundsatz mit dem nationalen *ordre public* des § 1059 Abs. 2 lit. b.) ZPO überein.[2460] Allerdings legt die Rechtsprechung bei der Anerkennung ausländischer Schiedssprüche einen großzügigeren Prüfungsmaßstab an. Es wird zwischen einem *ordre public* international und einem *ordre public* interne unterschieden.[2461] Die Rechtsprechung versagt einem ausländischen Schiedsspruch dann die Anerkennung bzw. bereits die Vollstreckbarerklärung, wenn dieser sich über einen Kernbereich von Vorschriften zwingenden Rechts hinwegsetze, welche die Grundlagen des staatlichen und wirtschaftlichen Lebens berührten, deren Erlass von bestimmtem staatspolitischen, sozial- oder wirtschaftspolitischen

---

2454 Umfassend zur *public policy* als Anerkennungsversagungsgrund in der internationalen Schiedsgerichtsbarkeit International Law Association (London 2000), S. 2 ff.

2455 BT-Drucks. 13/5274, S. 59, re. Sp. (für deutsche Schiedssprüche).

2456 Zu Begriff und Inhalt des *ordre public* national unter Gliederungspunkt 1. Kapitel. F.II. 6. c)hh)(2).

2457 Schwab/Walter, Schiedsgerichtsbarkeit, Kap. 57, Rn. 37; *Parsons & Whittemore Overseas Co. Inc. v. Société Générale de l'Industrie du Papier RAKTA* 508 F.2d 969, 974 (2d Cir. 1974); *Waterside Ocean Navigation. Co., Inc. v. International Navigation, Ltd.*, 737 F.2d 150, 152 (2d Cir. 1984).

2458 Schwab/Walter, Schiedsgerichtsbarkeit, Kap. 57, Rn. 37.

2459 Wolff-*Wolff*, Art. V, Rn. 480; Schütze/Tscherning/Wais, Handbuch Schiedsverfahren, S. 355, Rn. 643.

2460 Hierzu unter 1. Kapitel. F.II. 6. c)hh)(2).

2461 BGHZ 48, 327 (331); zustimmend Baur, Private Schiedsgerichtsbarkeit, S. 15; Haas, Vollstreckung ausländischer Schiedssprüche, S. 222; Stein/Jonas-*Schlosser*, Anhang § 1061, Rn. 135; Weigand, Practitioner's Handbook (1. Auflage), S. 521, Rn. 106. In den USA legen die Gerichte ebenfalls in internationalen Fällen einen gelockerten Maßstab gegenüber rein nationalen Konstellationen an. So z. B. in *Mitsubishi Motors Corp. v. Soler Chrysler-Plymouth, Inc.*, 473 U.S. 614, 632 f., 105 S.Ct. 3346, 3356 f., 87 L.Ed.2d, 444, 458 (1985); *Waterside Ocean Navigation and International Navigation* Ltd., 737 F.2d 150 (2d Cir. 1984); *Hewlett-Packard, Inc. v. Berg*, 867 F.Supp. 1126, 1131f. (D.Mass. 1994).

Zielsetzungen motiviert worden sei.[2462] Entscheidend ist, ob konkret die Anerkennung des Schiedsspruchs den *ordre public* verletzen würde, nicht kommt es darauf an, ob das Schiedsgericht bestimmte Vorschriften, die Bestandteil des *ordre public* sind, unrichtig angewandt hat.[2463] Das Staatsgericht ist weder an rechtliche noch an tatsächliche Feststellungen des Schiedsgerichts gebunden.[2464] Begründet wird der im Vergleich zum nationalen Schiedsrecht weniger strenge Maßstab mit dem häufig wesentlich geringeren Inlandsbezug internationaler Schiedsfälle zum Recht des Vollstreckungsstaates[2465] sowie mit dem Prinzip der Achtung der Staaten untereinander.[2466] Andere lehnen diese Unterscheidung aufgrund des ohnehin engen Prüfungsmaßstabes für *ordre public*-Verstöße im deutschen Recht ab.[2467]

Alle potenziellen *ordre public*-Verstöße können nicht dargestellt werden.[2468] Die nachfolgende Leitlinie problematischer Einzelfälle speziell im Verhältnis zu den USA wird aber eine ausreichende Tendenz aufzeigen, um in nicht eigens benannten Fällen die richtigen Bewertungsmaßstäbe anlegen zu können. Nach BGH-Rechtsprechung[2469] ist in der Vereinbarung und Durchführung eines Verfahrens mit *pretrial discovery* nach US-amerikanischem Recht nicht von vornherein ein *ordre public*-Verstoß zu sehen. In einem solchen Beweis- und Beweisermittlungsverfahren, das entscheidend durch die Herrschaft der Parteien charakterisiert wird und zwischen Klageerhebung und mündlicher Verhandlung durchgeführt wird, bestehe zwar die Gefahr, dass es zu nach deutschem Zivilprozessrecht unzulässigen Ausforschungen komme. Allein diese Möglichkeit könne aber noch keinen *ordre public*-Verstoß begründen.[2470] Nach h. M. ist das Vorliegen eines Restitutionsgrundes nach § 580 ZPO ausreichend, um einen *ordre public*-Verstoß zu bejahen.[2471]

2462 BGH NJW 1958, S. 1538 (1539); BGH NJW 2007, S. 772 (775 f.).

2463 BGH NJW 1972, S. 2180 (2181); Stein/Jonas-*Schlosser*, Anhang § 1061, Rn. 137.

2464 BGH NJW 1958, S. 1538 (1539).

2465 BGHZ 48, 327 (331); BGHZ 98, 70 (74 f.).

2466 Haas, Vollstreckung ausländischer Schiedssprüche, S. 220.

2467 Schwab/Walter, Schiedsgerichtsbarkeit, Kap. 30, Rn. 21; vgl. Sandrock, IPRax 2001, S. 550 (556); Kornblum, in: FS Nagel, S. 140 (142 f.); MüKo-*Adolphsen*, Art. V UNÜ, Rn. 68 (Unterscheidung als effektiv bedeutungslos); Gottwald, in: FS Nagel, S. 54 (67) (kaum ein praktischer Unterschied).

2468 Zur US-Auslegung des *ordre public Parsons & Whittemore Overseas Co. Inc. v. Société Générale de l'Industrie du Papier RAKTA* 508 F.2d 969, 973 f. (2d Cir. 1974) sowie mit zahlreichen Rechtsprechungshinweisen Harris, 24 J. Int'l Arb. (2007), S. 9 (12 ff.).

2469 BGHZ 118, 312 (312); Lachmann, Schiedsgerichtspraxis, S. 631, Rn. 2662; vgl. auch BVerfG NJW 2007, S. 3709 (3710) für das Staatsverfahren.

2470 Zöller-*Geimer*, § 1061, Rn. 44 sowie Schlosser, Internationale Schiedsgerichtsbarkeit, S. 477, Rn. 638, S. 610, Rn. 845.

2471 BGH NJW 2001, S. 373 (374).

In den USA ist es nicht ungewöhnlich, dass ein Urteil eine Verurteilung zur Zahlung von *punitive damages* (Strafschadensersatz) vorsieht.[2472] Für das Schiedswesen war es im US-amerikanischen Recht hingegen umstritten, ob die Gewährung von *punitive damages* in einem Schiedsspruch zulässig ist.[2473] Sofern bereits in der Schiedsklausel selbst die Verurteilung zu *punitive damages* geregelt sei, gehen die *federal courts* heute mehrheitlich von der Schiedsfähigkeit von *punitive damages* aus.[2474] In Deutschland wird die Verurteilung zu *punitive damages* nicht im Hinblick auf deren objektive Schiedsfähigkeit geprüft. Der BGH sieht in der Gewährung von *punitive damages* einen Verstoß gegen den materiell-rechtlichen *ordre public*. Die Anerkennung eines Urteils sei deshalb wegen Verstoßes gegen den materiell-rechtlichen *ordre public* zu versagen.[2475] Der BGH stützt seine Ansicht hauptsächlich auf das Strafmonopol des Staates und den Grundsatz der Verhältnismäßigkeit.[2476]

Gegen den deutschen *ordre public* verstoßen zudem Schiedssprüche, die durch eine vorsätzliche sittenwidrige Handlung herbeigeführt wurden[2477] oder zwingendes Wirtschaftsrecht missachten.[2478] Bei zuletzt genannten Fällen ist besonderes Augenmerk darauf zulegen, dass im US-amerikanischen Recht vom Begriff der *public policy* weniger wirtschaftliche Interessen der USA erfasst

---

2472 Vgl. z. B. *BROWNING-FERRIS INDUSTRIES v. KELCO DISPOSAL*, 492 U.S. 257, 109 S.Ct. 2909, 106 L.Ed.2d 219 (1989). Umfassend aus neuerer Zeit Lüke, Punitive Damages in der Schiedsgerichtsbarkeit, S. 53 ff. (mit ausführlicher Rechtsprechungsanalyse des US-amerikanischen Schiedsrechts). Grundlegend zu *punitiv damages* und deren Bewertung aus europäischer Sicht Meurkens, The power of punitive damages - is Europe missing out?; Bachmann, in: FS Schlosser, S. 1 ff. sowie zur Vereinbarkeit von *treble damages* mit dem deutschen *ordre public* Stürner, in: FS Schlosser, S. 967 ff.

2473 Hierzu *Fahnestock & Co., Inc. v. Waltman*, 935 F.2d 512 (2d Cir. 1991); *Barbier v. Shearson Lehman Hutton, Inc.*, 948 F.2d 117 (2d Cir. 1991); Schlosser, Internationale Schiedsgerichtsbarkeit, S. 231, Rn. 316 (mit Rechtsprechungshinweisen).

2474 *Mastrobuono v. Shearson Lehman Hutton, Inc.*, 514 U.S. 52, 58, 115 S.Ct. 1212, 1216, 131 L.Ed.2d 76, 84 (1995): "*(I)f contracting parties agree to include claims for punitive damages within the issue to be arbitrated, the FAA ensures that their agreement will be enforced according to its terms even if a rule of state law would otherwise exclude such claims from arbitration.*"; vgl. aber auch *Baltimore Regional Joint Bd. v. Webster Clothes, Inc.*, 596 F.2d 95, 98 (4th Cir. 1979); *Bonar v. Dean Witter Reynolds, Inc.*, 835 F.2d 1378 ff. (11th Cir. 1988). Zum New Yorker Schiedsrecht vgl. Hajicek, 2 Disp. Resol. (1992), S. 1 ff.

2475 BGHZ 118, 312 (338).

2476 BGHZ 118, 312 (343); Zusammenfassung der BGH-Rechtsprechung bei Lachmann, Schiedsgerichtspraxis, S. 642 f., Rn. 2691 ff.; einschränkend gegenüber dem BGH BVerfG, NJW 1995, S. 649 (650); für eine summenmäßig begrenzte Teilanerkennung Kühn, in: FS Glossner, S. 193 ff.

2477 BGH NJW 1993, S. 1801 (1802) bezüglich eines ausländischen Urteils.

2478 Hierzu Stein/Jonas-*Schlosser*, Anhang § 1061, Rn. 145 f.; BGH NJW-RR 1991, S. 757 (758).

werden, als vielmehr die Kategorien von Moral und Gerechtigkeit.[2479] Im Übrigen ist das US-amerikanische Verständnis eines Verstoßes gegen die *public policy* an strengere Maßstäbe gehalten, als es das deutsche Verständnis des *ordre public*-Verstoßes vorsieht.[2480] Die Verletzung des rechtlichen Gehörs kann gleichzeitig einen Anerkennungsversagungsgrund nach Art. V Abs. 2 lit. b.) UNÜ darstellen.[2481] Zudem muss die Unabhängigkeit und Unparteilichkeit der beteiligten Schiedsrichter gewährleistet sein.[2482] Eine fehlende Begründung des Schiedsspruchs reicht für sich genommen nicht aus, um einen *ordre public*-Verstoß zu bejahen.[2483]

An sich ist der maßgebliche Zeitpunkt für die Feststellung, ob ein *ordre public*-Verstoß angenommen werden muss, der Zeitpunkt der Entscheidung über den Antrag auf Vollstreckbarerklärung.[2484] Im Verfahrensverlauf können sich sowohl tatsächliche als auch rechtliche Tatsachen noch verändern, was zu einer anders lautenden Entscheidung führen würde. Zu denken ist auch an Rechtsschutzmöglichkeiten im Erlassstaat, die der schiedsrichterlichen Entscheidung ein anderes Gepräge geben könnten oder bereits national die Bestätigung versagen. Insbesondere ist § 10 FAA zu berücksichtigen. Wie bei der Anerkennung eines ausländischen Urteils ist eine Prognose darüber, ob der ausländische Schiedsspruch gegen den deutschen *ordre public* verstoßen wird, zu Beginn des Verfahrens kaum verlässlich zu treffen.

2479 *Parsons & Whittemore Overseas Co. Inc. v. Société Générale de l'Industrie du Papier (RAKTA)* 508 F.2d 969, 974 (2d Cir. 1974), (*the enforcement of a foreign arbitral award may be denied on public policy grounds, "only where enforcement would violate the forum state's most basic notions of morality and justice"*); *Waterside Ocean Navigation. Co., Inc. v. International Navigation, Ltd.*, 737 F.2d 150, 152 (2d Cir. 1984); Kuner, 7 J. Int'l Arb. (1990), S. 70 (77); Gessner, Anerkennung und Vollstreckung, S. 143.

2480 Vgl. Van den Berg, New York Convention, S. 359.

2481 MüKo-*Adolphsen*, Art. V UNÜ, Rn. 73.

2482 BGHZ 98, 70 (72 f.); BGH NJW-RR 2001, S. 1059 (1060); BGH JZ 1976, S. 245 (247); Leitentscheidung bzgl. Parteilichkeit für das US-amerikanische Schiedsrecht *Commonwealth Coatings Corp. v. Continental Casualty Co.*, 393 U.S. 145, 89 S.Ct. 337, 21 L.Ed.2d 301 (1968).

2483 OLG Schleswig RIW 2000, S. 706 (709); OLG Hamburg, YCA IV (1979), S. 266 (276); Zöller-*Geimer*, § 1061, Rn. 49; Haas, Vollstreckung ausländischer Schiedssprüche, S. 224 (mit Hinweis auf die im Vergleich zum deutschen Recht weniger strengen ausländischen Rechtsordnungen). Im US-amerikanischen Schiedsrecht ist eine Begründung des Schiedsspruchs nicht vorgesehen, hierzu *Bernhardt v. Polygraphic Co. of America*, 350 U.S. 198, 203, 76 S.Ct. 273, 276, 100 L.Ed. 199, 205 (1956); *Green v. Ameritech Corp.*, 200 F.3d 967, 976 (6th Cir. 2000) mit dem Hinweis, dass der Parteiwille nach einer Begründung in der Schiedsvereinbarung festgeschrieben sein muss.

2484 BGH NJW 1998, S. 2358 (2358).

(c) Rechtsfolge einer positiven Anerkennungsprognose

Mittels einer generell-abstrakten Anerkennungsprognose lässt sich im Vorfeld des Erlasses eines ausländischen Schiedsspruchs eine Aussage über dessen Anerkennungsfähigkeit im Inland treffen. Wie im staatlichen Verfahren bietet eine positive Anerkennungsprognose die Grundlage, um zu beurteilen, ob ein im Ausland rechtshängiges Schiedsverfahren in Deutschland berücksichtigt wird. Fraglich ist die konkrete Rechtsfolge, die die Beachtung des ausländischen Schiedsverfahrens für das inländische Schiedsverfahren auslöst. Im nationalen schiedsinternen Kollisionsfall wurde bei rechtszeitiger Parteirüge im zweiten Schiedsverfahren von einer Klageabweisung als unzulässig ausgegangen.[2485] Es wurde bereits angedeutet, dass im transnationalen Verhältnis etwas anderes gelten kann. So können gute Gründe wie drohende Vermögensverschiebungen des Schiedsgegners in Betracht kommen, die es rechtfertigen, mehrere Schiedsverfahren in unterschiedlichen Ländern einzuleiten. Zudem kann das beschriebene Prozedere zur Anerkennung viel Zeit in Anspruch nehmen und bleibt stets mit den Unsicherheiten einer Prognoseentscheidung behaftet. Es bietet sich an, nicht nur bei unsicherer Anerkennungsprognose, wie es für das Staatsverfahren teilweise vorgeschlagen wird,[2486] sondern generell das zweite Schiedsverfahren nicht als unzulässig abzuweisen, sondern zunächst nur bis zum Erlass der schiedsgerichtlichen Entscheidung des ersten Verfahrens auszusetzen.

(d) Zusammenfassung und Würdigung

In dieser Dissertation ist deutlich geworden, dass die Anerkennungsversagungsgründe des UNÜ einen guten und weitgehend kalkulierbaren Maßstab bilden, um die Anerkennungsfähigkeit eines späteren Schiedsspruchs im Inland beurteilen zu können. Das zusätzliche Erfordernis einer positiven Anerkennungsprognose für die Beachtung ausländischer Rechtshängigkeit nach § 261 Abs. 3 Nr. 1 ZPO analog hat sich nach h. M. in den letzten Jahren als probates Mittel erwiesen.[2487] Da die Anerkennungsversagungsgründe des UNÜ weitgehend denjenigen des § 1059 ZPO entsprechen, und diese Vorschrift sich wiederum an § 328 ZPO orientiert, ist es sachgerecht, das ungeschriebene Erfordernis einer positiven Anerkennungsprognose auch für die Berücksichtigung ausländischer schiedsgerichtlicher Rechtshängigkeit zu fordern. Hierfür spricht auch der abschließende Charakter der Anerkennungsversagungsgründe des UNÜ. Hierdurch wird ein einheitlicher Maßstab festgelegt. Wie auch bei § 328 ZPO sind nicht alle Anerkennungsversagungsgründe im Vorfeld eines Schiedsspruchs einer Prognoseentscheidung gleichermaßen zugänglich. Es kommt immer auf eine Entscheidung im konkreten Einzelfall an.

2485 Hierzu unter Gliederungspunkt 1. Kapitel. F.II. 6. c)ff)(2) (b)(bb) ff.

2486 Hierzu bereits unter Gliederungspunkt 3. Kapitel. B.I. 2. a)bb).

2487 Auf die abweichenden Meinungen wurde bereits hingewiesen. Vgl. z. B. Dohm, Einrede Rechtshängigkeit, S. 275 ff.

An dieser Stelle ist zusätzlich darauf hinzuweisen, dass nicht in allen Konstellationen zwingend auf den *lis pendens*-Grundsatz zurückzugreifen ist, um ein ausländisches Schiedsverfahren in Deutschland zu berücksichtigen. Zur Veranschaulichung ist erneut auf die eingangs vorgestellten Fallvarianten A und B zurückzukommen.[2488] Hier gilt es insbesondere noch einmal Fallvariante B heranzuziehen. Diese betraf den Fall, dass der Schiedsbeklagte des ersten (ausländischen) Schiedsverfahrens seinerseits ein zweites Schiedsverfahren durch Erheben einer negativen Feststellungsklage in Deutschland eingeleitet hat. Im Verhältnis von allgemeiner Leistungsklage und negativer Feststellungsklage gelten Besonderheiten. Zwar betreffen sie denselben Streitgegenstand.[2489] Neben den Regelungen zum Einwand anderweitiger Rechtshängigkeit findet aber auch der allgemeine Grundsatz der Subsidiarität der Feststellungsklage im Verhältnis zur Leistungsklage Anwendung.[2490] Hintergrund des Subsidiaritätsgrundsatzes ist, dass die Feststellungsklage nur zu einem Feststellungsurteil und somit zu keinem vollstreckungsfähigen Titel in der Hauptsache führt.[2491] Um einen solchen zu erhalten, muss ein weiteres Verfahren angestrebt werden. Diese Verfahrensweise ist zum einen zeitraubend, zum anderen kommt es auf diese Weise erneut zu einer der Prozessökonomie widerstrebenden Verfahrensdoppelung.[2492]

Anhand von Konstellationen, wie sie der Fallvariante B zugrunde liegt, wird deutlich, dass ein ähnliches Ergebnis – nämlich das Verhindern von zwei gleichzeitigen Schiedsverfahren – auch zu erreichen ist, wenn der Grundsatz der Subsidiarität der Feststellungsklage konsequent beachtet wird. Das Erfordernis einer positiven Anerkennungsprognose ist hierbei für den länderübergreifenden Kollisionsfall allen Lösungswegen gemein.

Die Schwachstellen einer Prognoseentscheidung im Allgemeinen sind auch im Schiedsverfahrensrecht nicht auszuräumen. Dennoch zeigt das staatliche Verfahren, dass mit diesem zusätzlichen Erfordernis unter Gesichtspunkten der Rechtssicherheit und der internationalen Entscheidungsharmonie sachgerechte Ergebnisse erzielt werden. Ob eine positive Anerkennungsprognose getroffen werden kann, lässt sich nie mit absoluter Sicherheit sagen. Endgültige Gewissheit würde auch dem Wortsinn einer Prognose als einer im Vorfeld eines Ereignisses zu treffenden Beurteilung widersprechen. Dennoch kann die Missachtung der ausländischen

2488 Hierzu unter Gliederungspunkt 3. Kapitel. B.I. 2. a)aa).

2489 Hierzu unter Gliederungspunkt 1. Kapitel. F.I. 2. c)bb)(4) (a). Nach der h. L. steht der negativen Feststellungsklage der Einwand anderweitiger Rechtshängigkeit in dieser Konstellation entgegen so z. B. MüKo-*Becker-Eberhard*, § 261, Rn. 64. Vgl. zur Ansicht des BGH GRUR 1994, S. 823 (824 f.); kritisch wegen eines abweichenden Streitgegenstandsverständnisses Stein/Jonas-*Roth*, § 256, Rn. 91.

2490 Zum Verhältnis zur Leistungsklage MüKo-*Becker-Eberhard*, § 256, Rn. 49; umfassend zum Verhältnis der negativen Feststellungsklage zu den anderen Klagearten Gruber, ZZP 117 (2004), S. 133 ff.

2491 MüKo-*Becker-Eberhard*, § 256, Rn. 49.

2492 Vgl. BGH NJW 1986, S. 1815 (1816); Schellhammer, Zivilprozess, S. 98, Rn. 184.

Rechtshängigkeit im schiedsgerichtlichen internationalen Doppelprozess ebenso wenig die sachgerechte Antwort auf die verbleibenden Unsicherheiten der Prognoseentscheidung sein, wie bei der Frage nach der Berücksichtigung ausländischer Rechtshängigkeit im staatlichen Verfahren.

b) Beachtlichkeit eines in Deutschland rechtshängigen Schiedsverfahrens für ein US-amerikanisches Schiedsgericht

Abschließend ist noch einzustufen, wie sich der schiedsgerichtliche transnationale Doppelprozess aus US-amerikanischer Sicht im Verhältnis zu Deutschland darstellt. An dieser Stelle ist darauf hinzuweisen, dass die deutsche Sichtweise in dieser Arbeit jedoch den eindeutigen Schwerpunkt bildet. Über die Frage nach dem im Einzelfall einschlägigen Sachstatut, Verfahrensstatut oder nach dem richtigen Schiedsvereinbarungsstatut ist das US-amerikanische Schiedsverfahrensrecht zudem bereits mitberücksichtigt worden.

aa) Vielfalt potenziell maßgeblicher Rechtsgrundlagen

Bei der Frage nach der Berücksichtigung eines laufenden ausländischen Schiedsverfahrens spitzt sich die Vielfalt der in Betracht kommenden Rechtsgrundlagen des US-amerikanischen Schiedsverfahrensrechts zu. Es sind nicht weniger als vier Ebenen zu beachten:[2493] 1. Internationale Übereinkommen, 2. der *Federal Arbitration Act*, 3. die einzelstaatlichen schiedsgerichtlichen Gesetze und schließlich 4. Verfahrensordnungen einer durch Parteivereinbarung vereinbarten Schiedsgerichtsorganisation. Auf keiner der angesprochenen Ebenen sind explizite Regelungen für den transnationalen Doppelprozess im schiedsgerichtlichen Verfahren vorgesehen.

bb) Grundsätzliche Lösungsmodelle

Entsprechend der US-amerikanischen Grundsätze zur Berücksichtigung eines ausländischen *parallel proceeding* im Staatsprozess sind auch im Schiedsverfahrensrecht eine Vielzahl an Reaktionsmöglichkeiten auf ein laufendes ausländisches Schiedsverfahren denkbar. Mit Rücksicht auf schiedsgerichtliche Eigenarten bilden die Entscheidungen zur Berücksichtigung eines *parallel proceeding* im staatlichen Verfahren nur einen eingeschränkten Vergleichsmaßstab. Im Gegensatz zum länderübergreifenden Problemkreis im staatlichen Verfahren sind – soweit ersichtlich – keine (Schiedsgerichts-)Entscheidungen zum transnationalen schiedsinternen Kollisionsfall vorhanden. Die nachfolgenden Erläuterungen beschränken sich deshalb auf Hinweise zu in Betracht kommenden Reaktionsmöglichkeiten der US-Amerikaner auf ein zeitgleich eingeleitetes ausländisches Schiedsverfahren. Im Übrigen hat sich schon im nationalen Schiedsverfahrensrecht angedeutet, dass die US-Amerikaner den schiedsinternen Kollisionsfall noch weniger thematisieren, als

2493 Kolkey, 1 Am. Rev. Int'l Arb. (1990), S. 491 (496); Kronenburg, Vollstreckung, S. 27.

es im deutschen Schiedsrecht der Fall ist. Für das inneramerikanische Schiedsrecht konnte zur Koordination zweier gleichzeitiger Schiedsverfahren nur auf Regelungen über eine *consolidation*[2494] zurückgegriffen und auf generell bestehende Handlungsmöglichkeiten eines Schiedsrichters mit dem Ziel eine einverständliche Lösung zu finden, hingewiesen werden.[2495]

Aus US-amerikanischer Sicht sind im schiedsgerichtlichen transnationalen Doppelprozess nachfolgende Lösungsvarianten generell denkbar: 1. die Missachtung eines im Ausland rechtshängigen Schiedsverfahrens, 2. ein generelles Verbot, ein inländisches Schiedsverfahren einzuleiten[2496], wenn bereits ein ausländisches Schiedsverfahren zur selben Streitsache zwischen denselben Schiedsparteien läuft und 3. eine Verfahrensaussetzung des US-amerikanischen Schiedsverfahrens.

Abgesehen von denjenigen pozessualen Reaktionsmöglichkeiten, die staatliche Souveränitätsinteressen in den Vordergrund rücken, gilt, dass auch im schiedsinternen transnationalen Kolisionsfall auf einzelne Gesichtspunkte, z. B. der Lehre vom *forum non conveniens* oder der *abstention doctrine*, zurückgegriffen werden kann. Zwar sind sowohl die USA als auch Deutschland Vertragsstaaten des UNÜ, doch stellen US-amerikanische Gerichte schon im Staatsverfahren nur vereinzelt auf die Anerkennungsfähigkeit einer ausländischen Entscheidung ab, um über eine Berücksichtigung der Rechtshängigkeit des ausländischen Verfahrens zu befinden. Eine Lösungsvariante, die sich unter Zuhilfenahme einer positiven Anerkennungsprognose am UNÜ orientiert, kommt deshalb aus US-amerikanischer Sicht nicht in Betracht.

Aufgrund der bisher erfolgten Untersuchung der US-amerikanischen Schiedsgerichtspraxis erscheint eine Einzelfallentscheidung über eine Verfahrensabweisung oder eine Verfahrensaussetzung als die am besten geeignete Herangehensweise eines US-amerikanischen Schiedsgerichts, welches mit einem weiteren Schiedsverfahren in derselben Streitsache konfrontiert wird. Wie bereits an anderer Stelle erwähnt, gehört die Möglichkeit einer Verfahrensaussetzung stets zu den Handlungsinstrumentarien, die einem Schiedsrichter bei Zustimmung der Parteien zur Verfügung stehen.[2497] Ebenso wie im deutschen Schiedsrecht stehen die Parteiinteressen im Vordergrund, und diese bilden neben der Schiedsvereinbarung, die selbstverständlich eine Regelung über den Kollisionsfall mit einem ausländischen Schiedsverfahren enthalten kann, den Entscheidungsrahmen des Schiedsrichters.

2494 Insbesondere könnten die kodifizierten Regelungen einer *consolidation* auch eine Anwendung im Verhältnis zu ausländischen Schiedsverfahren zulassen.

2495 Die bestehenden Handlungsmöglichkeiten eines Schiedsrichters entsprechen sich im US-Recht und im deutschen Recht. Hierzu unter Gliederungspunkt 1. Kapitel. F.II. 6. c)jj)(2) ff.

2496 Zur Zulässigkeit von *anti-suit injunctions* in der Schiedsgerichtsbarkeit Gaillard, in: International Arbitration 2006, S. 235 ff.

2497 Hierzu Ware, ADR, S. 86.

II. Zusammenfassung und Würdigung der Ergebnisse des internationalen Schiedsrechtsteils

Der Überblick zum Umgang mit dem *lis pendens*-Grundsatz im Bereich der internationalen Schiedsgerichtsbarkeit hat ein ähnliches Bild ergeben wie die nationalen Lösungsmodelle des deutschen und des US-amerikanischen Schiedsrechts beim Auftreten paralleler Verfahren. Eine kodifizierte Rechtshängigkeitsregelung enthält weder das EuÜ noch das UNÜ. Zu erörtern ist die Anwendbarkeit des *lis pendens*-Grundsatzes im internationalen Verhältnis ebenfalls zum einen im Fall gleichzeitiger Verfahren vor Staatsgerichten und Schiedsgerichten sowie im Fall mehrerer identischer Schiedsverfahren. Die h.M.[2498] geht für das Verhältnis gleichzeitiger identischer Staatsverfahren und Schiedsverfahren vom Grundsatz der Nichtanwendbarkeit einer Rechtshängigkeitsregelung aus.[2499] Hierbei sind auch im internationalen Bereich der Komplex doppelter Verfahren zum Sachentscheid und der Komplex paralleler Verfahren zur Frage der schiedsgerichtlichen Zuständigkeit (inklusive diesbezüglicher Einwendungen) getrennt voneinander zu betrachten.

Im Gegensatz zu den ausschließlich nationalen Konstellationen findet im internationalen Bereich eine eingehendere Auseinandersetzung mit einer potenziellen Anwendbarkeit des *lis pendens*-Grundsatzes statt. Ausschlaggebend für diese intensivere Beschäftigung mit dem *lis pendens*-Grundsatz sind nationale Entscheidungen, insbesondere die schweizerische *Fomento*-Entscheidung.[2500]

Bei der Frage, ob der *lis pendens*-Grundsatz im Fall paralleler Verfahren zur Frage der schiedsgerichtlichen Zuständigkeit vor Schiedsgerichten und Staatsgerichten angewandt werden sollte, muss auch das Verhältnis zwischen dem schiedsgerichtlichen Grundsatz der Kompetenz-Kompetenz und dem *lis pendens*-Grundsatz angemessene Berücksichtigung finden. Vom Inhalt des Grundsatzes der Kompetenz-Kompetenz hängt es maßgeblich ab, ob dieses Rechtsinstitut dagegen spricht, *lis pendens* im Verhältnis von Schiedsverfahren und Staatsverfahren zueinander anzuwenden.[2501] Hierbei ist deutlich geworden, dass in der internationalen Schiedsgerichtsbarkeit noch wesentlich mehr Aspekte bei der Bestimmung der schiedsgerichtlichen Kompetenz-Kompetenz von Bedeutung sind als im nationalen Recht. Denn gerade in länderübergreifenden Konstellationen wird die Bandbreite der Fragestellungen deutlich, welche unter dem Themenkomplex schiedsgerichtliche Kompetenz-Kompetenz diskutiert werden. Es besteht kein weltweit einheitliches Konzept zur schiedsgerichtlichen Kompetenz-Kompetenz. Aus diesem Grund ist es auch sehr schwierig, allgemeingültige Aussagen über

---

2498 Vgl. z.B. Lew, in: Cremades/Lew, Parallel Proceedings, S. 305 (311).

2499 Hierzu unter Gliederungspunkt 3. Kapitel. A.III. 1. a).

2500 BGE 127 III, S. 279 ff.; abgedruckt in ZZPInt. 6 (2001), S. 365 ff.; Hierzu unter Gliederungspunkt 3. Kapitel. A.III. 1. b)aa).

2501 Vgl. Cremades/Madalena, 24 Arb. Int'l (2008), S. 507 (509), die auf die wichtige Rolle des Kompetenz-Kompetenz-Grundsatzes im Zusammenhang mit *parallel proceedings* hinweisen.

das Verhältnis zwischen dem *lis pendens*-Grundsatz und der schiedsrichterlichen Kompetenz-Kompetenz zu treffen.

Vor allem unterschiedliche Rechtstraditionen – besonders zwischen *Common Law*-Ländern und *Civil* Law-Ländern führen schließlich dazu, dass auch in dieser Arbeit der *Status quo* bestätigt wird und somit der *lis pendens*-Grundsatz im Verhältnis zur Staatsgerichtsbarkeit in allen Konstellationen für unanwendbar gehalten wird.[2502] Den Regelfall bilden ohnehin keine exakt identischen Verfahren vor Staatsgerichten und Schiedsgerichten, sondern konnexe Verfahren. Hier kann eine Verfahrenskoordination auch ohne den Rückgriff auf den strikten *lis pendens*-Grundsatz erfolgen.[2503]

Für den schiedsinternen Kollisionsfall soll hingegen der Rechtsgedanke der *lis pendens* angewandt werden können.[2504] Die *International Law Association* spricht sich ausdrücklich hierfür aus. Allerdings soll *lis pendens* weniger strikt angewandt werden, als es der kontinentaleuropäischen Rechtstradition entspricht. Vielmehr sollen auch im schiedsinternen Bereich flexible Lösungen wie z. B. eine temporäre Verfahrensaussetzung im Vordergrund stehen.[2505] Vereinzelt kann im internationalen Bereich auf Rechtsprechungsmaterial zurückgegriffen werden.[2506] Besonders im Bereich von Investitionsstreitigkeiten sind einige Entscheidungen ergangen, die sich explizit mit der Anwendbarkeit von *lis pendens* auseinandersetzen. Hier sind besonders die *Czech Republic*-Fälle[2507] zu nennen. Vor deren Hintergrund haben sich einige Ansätze zur Anwendbarkeit von *lis pendens* im schiedsinternen Kollisionsfall entwickelt. Unter anderem wurde angeregt, die Voraussetzungen der Parteiidentität und der Streitgegenstandsidentität nicht so eng, wie allgemein üblich auszulegen.[2508]

Der schiedsgerichtliche transnationale Doppelprozess aus deutscher Sicht hat die Vorbildfunktion staatlicher Verfahrensgrundsätze für das schiedsrichterliche Verfahren bestätigt, denn der hier vorgeschlagene Lösungsansatz orientiert sich an der zivilprozessualen Praxis im Fall von anderweitiger ausländischer Rechtshängigkeit. Im ausschließlich staatlichen Kollisionsfall wendet die h. M. die Rechtshängigkeitssperre des § 261 Abs. 3 Nr. 1 ZPO analog an. Ergänzt wird die analoge

---

2502 Hierzu unter Gliederungspunkt 3. Kapitel. A.III. 1. b)bb).

2503 Vgl. International Law Association (2006), S. 25, Rn. 5.11 („*there is no real lis pendens situation* (...)“)

2504 Hierzu unter Gliederungspunkt 3. Kapitel. A.III. 2.

2505 International Law Association (2006), S. 25, Rn. 5.10.

2506 Hierzu unter Gliederungspunkt 3. Kapitel. A.III. 2.

2507 Zusammenfassung bei Gallagher, in: Pervasive Problems in International Arbitration, S. 329 (333); Born, International Arbitration, S. 3366, 3807; Schlosser, ZZP 124 (2011), S. 391 (395); McLachlan, Lis pendens, S. 286 ff.; 197.

2508 McLachlan, Lis pendens, S. 291 f.; 298. Diese Vorschläge stimmen somit überein mit den weiter oben angesprochenen Vorschlägen der *International Law Association*, die generell eine weniger strikte Handhabung des *lis pendens*-Einwandes vorschlägt. Vgl. hierzu International Law Association (2006), S. 24, Rn. 5.6.

Anwendung der Verfahrenssperre des § 261 Abs. 3 Nr. 1 ZPO um das zusätzliche Erfordernis einer positiven Anerkennungsprognose. Diese Anerkennungsprognose erfordert, dass die Voraussetzungen des § 328 ZPO erfüllt sind.[2509]

Nach hier vertretener Ansicht soll im schiedsgerichtlichen transnationalen Doppelprozess ebenfalls die Beachtlichkeit eines identischen ausländischen Schiedsverfahrens in Deutschland vom zusätzlichen, ungeschriebenen Erfordernis einer positiven Anerkennungsprognose abhängig gemacht werden. Hierbei bilden die Anerkennungsversagungsgründe des Art. V UNÜ den Prüfungsmaßstab, um beurteilen zu können, ob die Rechtshängigkeit eines ausländischen Schiedsverfahrens für ein deutsches Schiedsverfahren zwischen denselben Parteien und zum identischen Streitgegenstand beachtlich ist.[2510] Wie schon im Staatsverfahren wird deutlich, dass das zusätzliche Erfordernis einer positiven Anerkennungsprognose stets mit den Unsicherheiten einer Prognoseentscheidung einhergeht.

Der schiedsgerichtliche transnationale Doppelprozess aus US-amerikanischer Sicht konnte vergleichsweise knapp dargestellt werden, da es derzeit keine veröffentlichten Entscheidungen zum länderübergreifenden, schiedsinternen Kollisionsfall gibt. Sachgerecht erscheint es, dass ein US-amerikanisches Schiedsgericht dann eine Verfahrenskoordination zwischen einem inländischen und einem ausländischen Schiedsverfahren vornimmt, wenn beide Verfahren tatsächlich als *parallel proceedings* zu charakterisieren sind. In diesem Fall können dann die aus dem staatlichen Verfahren, vornehmlich durch die Rechtsprechung entwickelten Grundsätze angewandt werden.

C. Gesamtergebnis

Auf der Basis der jeweiligen Zusammenfassungen und Würdigungen der drei Kapitel dieser Arbeit lässt sich das Gesamtergebnis vergleichsweise kurz formulieren. Hinsichtlich des deutschen Schiedsverfahrensrechts ist als Hauptthese festzuhalten, dass *lis pendens* im schiedsinternen Verhältnis unter Geltung der ZPO als *lex fori arbitri* als ungeschriebener zwingender Verfahrensgrundsatz gemäß § 1042 Abs. 3 ZPO zu berücksichtigen ist. Hierbei erfährt der *lis pendens*-Grundsatz im Vergleich zu dessen traditionellem Anwendungsbereich im reinen staatlichen Prozess mehrere schiedsgerichtstypische Modifikationen: Zum einen ist der Interessenschutz einer schiedsgerichtlichen Rechtshängigkeitssperre primär im Schutz der beteiligten Parteien zu sehen. Zum anderen ist es dem privatautonomen Charakter des schiedsgerichtlichen Verfahrens geschuldet, dass das Wesen eines zwingenden Verfahrensgrundsatzes auf der Ebene der prozessualen Berücksichtigung durch den Parteiwillen in Gestalt eines Rügeerfordernisses etwas abgemildert werden kann. Zwingend zu berücksichtigen ist die schiedsgerichtliche Rechtshängigkeitssperre, wenn deren Tatbestandsvoraussetzungen vorliegen, und, wenn

2509 Hierzu unter Gliederungspunkt 3. Kapitel. B.I. 2. a)aa)(d) ff.

2510 Hierzu unter den Gliederungspunkten 3. Kapitel. B.I. 2. a)bb)(3) ff.

sich die beklagte Schiedspartei rechtzeitig und auf die richtige Art und Weise im zweiten Schiedsverfahren auf die bereits bestehende schiedsgerichtliche Rechtshängigkeit beruft.

Abgesehen von den erläuterten schiedsgerichtstypischen Modifikationen findet ansonsten der Rechtsgedanke des § 261 Abs. 3 Nr. 1 ZPO im schiedsinternen Bereich entsprechende Anwendung. Die Ratio der Verfahrenssperre gilt auch im Verhältnis von zwei gleichzeitigen Schiedsverfahren zwischen denselben Parteien zum identischen Streitgegenstand. Andere elementare Prinzipien des Schiedsverfahrensrechts, insbesondere die Privatautonomie und der Grundsatz der schiedsgerichtlichen Kompetenz-Kompetenz werden nicht unangemessen eingeschränkt oder verletzt. Die hier vertretene Konzeption zur Geltung des *lis pendens*-Grundsatzes im schiedsinternen Verhältnis wird auch durch das bestehende Aufhebungssystem des § 1059 ZPO unterstützt und somit – im Einzelfall sogar über den verfahrensrechtlichen *ordre public* – bis in das Vollstreckbarerklärungsverfahren prozessual durchgesetzt und abgesichert.

Die zweite Hauptthese dieser Arbeit für das deutsche Schiedsrecht betrifft das Verhältnis zwischen Staatsgerichten und Schiedsgerichten. Diesbezüglich wurde aufgezeigt, dass einer Litispendenzregelung auch hier in Gestalt eines Regel-Ausnahme-Prinzips ein enger selbstständiger Anwendungsbereich zukommen kann. Der Anwendungsbereich betrifft Fälle, in denen es sich um zwei Verfahren zur Hauptsache handelt und kein staatliches Kontrollverfahren zeitgleich eingeleitet worden ist. Diese Anwendungsmöglichkeit wird vorliegend zumindest als diskussionswürdig angesehen. Im Ergebnis ist jedoch der h. M. dahingehend zuzustimmen, dass im Hinblick auf die bestehenden Systemunterschiede zwischen der Staatsgerichtsbarkeit und der Schiedsgerichtsbarkeit die besseren Gründe gegen eine Anwendbarkeit einer Rechtshängigkeitssregelung sprechen.

Die zahlreichen Zusammenhänge zwischen Rechtshängigkeit und Rechtskraft sind im Rahmen der gesamten Ausführungen an einigen Stellen vertieft und an anderen Stellen weniger stark angesprochen worden. Festzuhalten ist, dass sich die Meinungen in Rechtsprechung und Lehre sowohl für das deutsche und das amerikanische Schiedsrecht als auch im Bereich der internationalen Schiedsgerichtsbarkeit bezüglich der Rechtskraftwirkung von Schiedssprüchen umfassender äußern und diese Wirkung im Vergleich zum *lis pendens*-Grundsatz wesentlich stärker befürwortet wird.

Die grundsätzliche Vorbildfunktion des jeweiligen staatlichen Verfahrens für das schiedsgerichtliche Verfahren ist sowohl im deutschen Kapitel als auch im US-amerikanischen Kapitel deutlich geworden. Besonders der schiedsgerichtliche transnationale Doppelprozess aus deutscher Sicht hat die Leitbildfunktion der staatsgerichtlichen Grundsätze im Bereich der Berücksichtigung anderweitiger ausländischer Rechtshängigkeit aufgezeigt. Wie § 328 ZPO bei der Anerkennung ausländischer Urteile bietet Art. V UNÜ für ausländische Schiedssprüche aus Vertragsstaaten des UNÜ ein praktikabeles Regelungsregime, um die Beachtlichkeit des ausländischen Schiedsverfahrens im Vorfeld eines bereits ergangenen Schiedsspruchs beurteilen zu können.

Eine weitere Gemeinsamkeit betrifft die im deutschen Schiedsrecht kaum und im US-amerikanischen Schiedsrecht noch weniger thematisierte Frage nach der Geltung einer Rechtshängigkeitsregelung im Verhältnis von zwei Schiedsgerichten. Diesbezüglich hatten die zahlreichen Rechtsgrundlagen im US-amerikanischen Schiedsrecht, auf Bundesebene und auf der Ebene der Einzelstaaten eigentlich erwarten lassen, dass die hieraus verstärkt resultierende Gefahr von *paralell proceedings* auch zu einer regen Diskussion führt. Ein möglicherweise bestehender Koordinationsbedarf wird von den US-Amerikanern aber dahingehend abgeschwächt, dass die verschiedenen Bundesstaaten im Verhältnis zueinander wie ausländische Staaten zu behandeln sind und deshalb offenbar kein grundlegendes Bedürfnis gesehen wird, zwei gleichzeitige Schiedsverfahren zu koordinieren. Die Möglichkeit einer *consolidation* besteht jedoch. Im Übrigen gehört es zum generellen Handwerkszeug eines Schiedsrichters, sein Verfahren – bei Zustimmung der Schiedsparteien – aussetzen zu dürfen.

Hinsichtlich der US-amerikanischen Sichtweise des schiedsgerichtlichen transnationalen Schiedsprozesses konnte anhand der bisherigen Erkenntnisse nur gemutmaßt werden, welche Reationsmöglichkeit aus US-amerikanischer Sicht dieser Kollisionskonstellation am ehesten gerecht wird. Gerade die Tatsache, dass im US-amerikanischen Recht bisher keine veröffentlichten schiedsgerichtlichen Entscheidungen zum transnationalen Doppelprozess ergangen sind, hält den Ausblick in die Zukunft spannend und verdeutlicht, dass die Thematik zukünftig eine nicht unerhebliche Bedeutung haben wird. Im Hinblick auf die fortschreitende Globalisierung und die damit einhergehende weltweite Vernetzung – auch in der Justiz und der Schiedsgerichtsbarkeit – ist es erstrebenswert, die Entwicklungen der US-Amerikaner hinsichtlich des schiedsgerichtlichen transnationalen Schiedsprozesses zu beobachten.

Literaturverzeichnis

Entwurf eines Gesetzes zur Neuregelung des Schiedsverfahrensrechts (Schiedsverfahrens-Neuregelungsgesetz – SchiedsVfG) vom 12.7.1996; 13. Wahlperiode, Drucksache 13/5274; (zit.: BT-Drucks. 13/5274)

Parlamentarische Initiative – Änderung von Artikel 186 des Bundesgesetzes über das Internationale Privatrecht; Bericht vom 17.2.2006 der Kommission für Rechtsfragen des Nationalrates, in: Bundesblatt der Schweiz (BBL) 2006, S. 4677 (4685); (zit.: Bericht vom 17.2.2006 der Kommission für Rechtsfragen des Nationalrates, BBL 2006, S. 4677 (4685))

American Law Reports, Annotated, Second Edition, Volume 56, "Stay of civil proceedings pending determination of action in federal court in the same state", Stand: 1957; Seiten: 335 ff. (zit.: 56 A.L.R.2d (1957))

American Law Reports, Annotated, Third Edition, Volume 6, "Circumstances under with court may abate a prior action and permit parties to proceed in subsequent action", Stand: 1966; Seiten: 468 ff.; (zit.: 6 A.L.R.3d (1966))

American Law Reports, Annotated, Second Edition, Volume 19, "Stay of civil proceedings pending determination of actions in another state or country", Stand: 1951; Seiten: 301 ff.; (zit.: 19 A.L.R.2d (1951))

Aden, Menno: Gewährung rechtlichen Gehörs im Schiedsgerichtsverfahren, in: NJW 1993, Seiten: 1964-1965; (zit.: Aden, NJW 1993)

Aden, Menno: Internationale Handelsschiedsgerichtsbarkeit, 2. Auflage, München 2003; (zit.: Aden, Handelsschiedsgerichtsbarkeit)

Ahrendt, Achim: Der Zuständigkeitsstreit im Schiedsverfahren, Tübingen 1996; (zit.: Ahrendt, Zuständigkeitsstreit)

Aksen, Gerald: The Application of the New York Convention by United States Courts, in: Yearbook Commercial Arbitration, Volume IV, Deventer 1979; Seiten: 341-361; (zit.: Aksen, YCA IV (1979))

Altenrath, Johannes: Grundlage und Wirkung des Schiedsspruchs, Jena 1907; (zit.: Altenrath, Wirkung des Schiedsspruchs)

Althammer, Christoph: Die Streitgegenstandslehre von Karl Heinz Schwab im Zivilprozess des 21. Jahrhunderts, in: ZZP 123 (2010), Seiten: 163-184; (zit.: Althammer, ZZP 123 (2010))

Althammer, Christoph: Streitgegenstand und Interesse, Tübingen 2012; (zit.: Althammer, Streitgegenstand und Interesse)

Bachand, Frédéric: Does Art. 8 of The Model Law Call for Full or Prima Facie Review of the Arbitral Tribunal's Jurisdiction?, in: Arbitration International, Volume 22, 2006; Seiten: 463-476; (zit.: Bachand, 22 Arb. Int'l (2006))

Bachmann, Birgit: Neue Rechtsentwicklungen bei punitive damages? Erkenntnisverfahren, Zustellung und Vollstreckung, in: Festschrift für Peter Schlosser zum 70. Geburtstag, Tübingen 2005, Seiten 1-18; (zit.: Bachmann, in: FS Schlosser)

Backhausen, Georg: Schiedsgerichtsbarkeit unter besonderer Berücksichtigung des Schiedsvertragsrechts, Wien 1990; (zit.: Backhausen, Schiedsgerichtsbarkeit)

Bader, Hans: Zur Tragweite der Entscheidung über die Art des Anspruchs bei Verurteilung im Zivilprozeß, Berlin 1966; (zit.: Bader, Tragweite der Entscheidung im Zivilprozess)

Baicker-McKee, Steven/Janssen, William M./Corr, John B.: Federal Civil Rules Handbook, St. Pauls: Minnesota 2008; (zit.: Baicker-McKee, Federal Civil Rules)

Baltzer, Johannes: Die negative Feststellungsklage aus § 256 I ZPO, Köln u. a. 1980; (zit.: Baltzer, Negative Feststellungsklage)

Bargen, Jan Malte von: Gerichtsinterne Mediation: eine Kernaufgabe der rechtsprechenden Gewalt, Tübingen 2008; (zit.: v. Bargen, Gerichtsinterne Mediation)

Barrett, Edward E.: The Doctrine of Forum Non Conveniens, in: California Law Review, 1947, Band 35, Seiten: 380-422; (zit.: Barrett, 35 Cal. L.Rev. (1947))

Barron, Jerome A./Dienes, C. Thomas: Constitutional Law in a Nutshell, 6. Auflage, St. Paul: Minnesota 2005; (zit.: Barron/Dienes, Constitutional Law)

Bäuerle, Michael: Vertragsfreiheit und Grundgesetz, 1. Auflage, Baden-Baden 2001; (zit.: Bäuerle, Vertragsfreiheit)

Baumbach, Adolf (Begr.)/Lauterbach, Wolfgang/Albers, Jan/Hartmann, Peter: Zivilprozessordnung; 56. Auflage, München 1998; (zit.: B/L/A/H-*Bearbeiter* (56. Auflage))

Baumbach, Adolf (Begr.)/Lauterbach, Wolfgang/Albers, Jan/Hartmann, Peter: Zivilprozessordnung mit FamFG, GVG und anderen Nebengesetzen, 72. Auflage, München 2014; (zit.: B/L/A/H- *Bearbeiter)*

Baumgärtel, Gottfried: Zur Lehre vom Streitgegenstand, in: JuS 1974, Seiten: 69-75; (zit.: Baumgärtel, JuS 1974)

Baumgärtel, Gottfried: Wesen und Begriff der Prozeßhandlung einer Partei im Zivilprozeß, 2. Auflage, Köln u. a. 1972; (zit.: Baumgärtel, Prozeßhandlung)

Baur, Fritz: Neuere Entwicklungen in der privaten Schiedsgerichtsbarkeit, Berlin 1980; (zit.: Baur, Private Schiedsgerichtsbarkeit)

Baur, Fritz: Einige Bemerkungen zum verfahrensrechtlichen ordre public, in: Festschrift für Max Guldener zum 70. Geburtstag, Zürich 1973, Seiten: 1-20; (zit.: Baur, in: FS Guldener)

Baur, Fritz: Betriebsjustiz, in: JZ 1965, Seiten: 163-167; (zit.: Baur, JZ 1965)

Baur, Fritz: Rechtshängig – Schiedshängig, in: Festschrift für Hans W. Fasching zum 65. Geburtstag, Wien 1988, Seiten: 81-92; (zit.: Baur, in: FS Fasching)

Becker, Michael/Nicht, Matthias: Einigungsversuch und Klagezulässigkeit, in: ZZP 120 (2007), Seiten: 159-197; (zit.: Becker/Nicht, in: ZZP 120 (2007))

Beitzke, Günther: Zuständigkeitsstreit zwischen staatlichem Gericht und Schiedsgericht, in: ZZP 60 (1936/37), Seiten: 317-333; (zit.: Beitzke, ZZP 60 (1936/37))

Bennett, Steven C.: Arbitration: Essential Concepts; ALM Publishing 2002; (zit.: Essential Concepts)

Berg, Albert J. van den: New York Convention of 1985 – Commentary Cases Reported in Volume XII (1987); in: Yearbook Commercial Arbitration, Volume XII, Deventer 1987; Seiten: 409-475; (zit.: Van den Berg, YCA XII (1987))

Berg, Albert J. van den: The New York Arbitration Convention of 1958, Deventer u. a. 1981; (zit.: Van den Berg, New York Convention)

Berger, Bernhard/Kellerhals, Franz: International and Domestic Arbitration in Switzerland, 2. Auflage, Bern 2010; (zit.: Berger/Kellerhals, Arbitration in Switzerland)

Berger, Klaus Peter: Internationale Wirtschaftsschiedsgerichtsbarkeit, Berlin u. a. 1992, (zit.: Berger, Wirtschaftsschiedsgerichtsbarkeit)

Berger, Klaus Peter: Das neue Recht der Schiedsgerichtsbarkeit, Köln 1998; (zit.: Berger, Recht der Schiedsgerichtsbarkeit)

Bertheau, Theodor Richard: Das New Yorker Abkommen vom 10. Juni 1958 über die Anerkennung und Vollstreckung ausländischer Schiedssprüche, Zürich 1965; (zit.: Bertheau, Das New Yorker Abkommen)

Berti, Stephen: Zur Gleichstellung von Schiedsverfahren und Gerichtsverfahren bei der Rechtshängigkeit, Anmerkung zu BGE 4 P. 37/2001 vom 14.5.2001, in: ZZPInt 2006, Band 6; Seiten: 365-374; (zit.: Berti, ZZPInt 6 (2006))

Berti, Stephen: Zum Einfluss ungeschriebenen Bundesrechts auf den kantonalen Zivilprozess im Lichte der Rechtsprechung des schweizerischen Bundesgerichts, Zürich 1989; (zit.: Berti, Einfluss ungeschrieben Bundesrechts)

Besson, Sébastien: The Utility of State Laws Regulating International Commercial Arbitration and Their Compatibility with the FAA, in: American Review

of International Arbitration, Volume 11, 2000, Seiten: 211-249; (zit.: 11 Am. Rev. Int'l Arb. (2000))

Bethmann-Hollweg, Moritz August von: Civilprozess des gemeinen Rechts in geschichtlicher Entwicklung, Band 2, Bonn 1865; (zit.: Bethmann-Hollweg, Civilprozess in geschichtlicher Entwicklung)

Bettermann, Karl August: Rechtshängigkeit und Rechtsschutzform, Detmold u. a. 1949; (zit.: Bettermann, Rechtsschutzform)

Bischof, Hans Helmut: Heilung durch „rügelose Einlassung" im schriftlichen Verfahren gem. § 128 II und III ZPO, in: NJW 1985, Seiten: 1143-1144; (zit.: Bischof, NJW 1985)

Bitter, Georg: Die Crux mit der obligatorischen Streitschlichtung nach § 15a EGZPO - Zulässige und unzulässige Strategien zur Vermeidung des Schlichtungsverfahrens, in: NJW 2005, Seiten: 1235-1239; (zit.: Bitter, NJW 2005)

Blair, Paxton: The Doctrine of Forum Non Conveniens in Anglo-American Law, in: Columbia Law Review 1929, Band 29, Seiten: 1 ff.; (zit.: Blair, 29 Col. L. Rev. (1929))

Blomeyer, Arwed: Zivilprozeßrecht: Erkenntnisverfahren, 2. Auflage, Berlin 1985; (zit.: Blomeyer, Zivilprozeßrecht)

Blomeyer, Jürgen: Zum Streit über Natur und Wirkungsweise der materiellen Rechtskraft, in: JR 1968, Seiten: 407-411; (zit.: Blomeyer, JR 1968)

Blomeyer, Karl: Betrachtungen über die Schiedsgerichtsbarkeit, in: Beiträge zum Zivilprozessrecht, Festgabe für Leo Rosenberg zum 70. Geburtstag, München 1949, Seiten: 51–71; (zit.: Blomeyer K.; in: FG Rosenberg)

Blum, Claude Paul: Forum non conveniens: eine Darstellung der anglo-amerikanischen Doktrin und die Anwendungsmöglichkeiten im kontinentalen Recht am Beispiel der Zürcher Zivilprozessordnung, Zürich 1979; (zit.: Blum, Forum non conveniens)

Blumenwitz, Dieter: Einführung in das anglo-amerikanische Recht, 7. Auflage, München 2003; (zit.: Blumenwitz, Einführung in das anglo-amerikanische Recht)

Böckstiegel, Karl-Heinz: Zur Vertragsgestaltung und Schiedsgerichtsbarkeit bei Infrastrukturprojekten, in: Festschrift für Otto Sandrock zum 70. Geburtstag, Heidelberg 2000, Seiten: 95-110; (zit.: Böckstiegel, in: FS Sandrock)

Böckstiegel, Karl-Heinz: Möglichkeiten und Wege außergerichtlicher Streitbeilegung: Schlichten statt Richten, in: DRiZ 1996, Seiten: 267-273; (zit.: Böckstiegel, DRiZ 1996)

Böckstiegel, Karl-Heinz/Kröll, Stefan/Nacimiento, Patricia: Arbitration in Germany: the model law in practice, Austin u. a. 2007; (zit.: Böckstiegel/Kröll/Nacimiento-*Bearbeiter*)

Böckstiegel, Karl-Heinz: Die Internationalisierung der Schiedsgerichtsbarkeit, in: Festschrift für Peter Schlosser zum 70. Geburtstag, Tübingen 2005, Seiten: 49-59; (zit.: Böckstiegel, in: FS Schlosser)

Böhm, Peter: Die Ausrichtung des Streitgegenstandes am Rechtsschutzziel, in: Festschrift für Winfried Kralik zum 65. Geburtstag, Wien 1986, Seiten 83-123; (zit.: Böhm, in: FS Kralik)

Borges, Georg: Die Anerkennung und Vollstreckung von Schiedssprüchen nach dem deutschen Schiedsverfahrensrecht, in: ZZP 111 (1998), Seiten: 487-513; (zit.: Borges, in: ZZP 111 (1998))

Borges, Georg: Das Doppelexequatur von Schiedssprüchen: die Anerkennung von ausländischen Schiedssprüchen und Exequaturentscheidungen, Berlin u. a. 1997; (zit.: Borges, Doppelexequatur ausländischer Schiedssprüche)

Bork, Reinhard: Der Begriff der objektiven Schiedsfähigkeit, in: ZZP 100 (1987), Seiten: 249-272; (zit.: Bork, ZZP 100 (1987))

Born, Gary B./Rutledge, Peter B.: International civil litigation in United States courts, 5. Auflage, Frederick 2011 (zit.: Born, International civil litigation)

Born, Gary B.: International Arbitration: Law and Practice, Alphen aan den Rijn 2012; (zit.: Born, Law and Practice)

Born, Gary B.: International Commercial Arbitration, International Arbitration Agreements, 2. Auflage, Volume I,, Alphen aan den Rijn 2014; (zit.: Born, International Arbitration)

Born, Gary B.: International Commercial Arbitration, International Arbitral Procedures, 2. Auflage, Volume II, Alphen aan den Rijn 2014; (zit.: Born, International Arbitration)

Born, Gary B.: International Commercial Arbitration, International Arbitral Awards, 2. Auflage, Volume III, Alphen aan den Rijn 2014; (zit.: Born, International Arbitration)

Born, Gary B.: International Arbitration, 1. Auflage, Volume 1, Alphen aan Rijn 2009; (zit.: Born, International Arbitration (1. Aufl.))

Born, Gary B.: International Arbitration, 1. Auflage, Volume 2, Alphen aan Rijn 2009; (zit.: Born, International Arbitration (1. Aufl.))

Bornhak, Conrad: Schiedsvertrag und Schiedsgericht nach geschichtlicher Entwicklung und geltendem Recht, in: ZZP 30 (1902), Seiten: 1-46; (zit.: Bornhak, in: ZZP 30 (1902))

Borris, Christian: Die internationale Handelsschiedsgerichtsbarkeit in den USA, Köln u. a. 1987; (zit.: Borris, Internationale Handelsschiedsgerichtsbarkeit)

Bosch, Wolfgang: Anmerkungen zum BGH-Urteil vom 26.5.1988 – III ZR 46/87 (OLG Hamm), in: JZ 1989, Seiten: 202-203; (zit.: BGH JZ 1989 mit Anm. Bosch)

Bosch, Wolfgang: Rechtskraft und Rechtshängigkeit im Schiedsverfahren, Tübingen 1991; (zit.: Bosch, Rechtshängigkeit im Schiedsverfahren)

Bötticher, Eduard: Kritische Beiträge zur Lehre von der materiellen Rechtskraft im Zivilprozeß, Aalen 1970 (Neudruck); (zit.: Bötticher, Kritische Beiträge)

Bötticher, Eduard: Zur Lehre vom Streitgegenstand im Eheprozeß, in: Festgabe für Leo Rosenberg zum 70. Geburtstag, München, Seiten: 73-100; (zit.: Bötticher, in: FG Rosenberg)

Braun, Johann: Rechtskraft und Restitution, Band 2, Berlin 1978; (zit.: Braun, Rechtskraft und Restitution)

Bredow, Jens: Deutsche Institution für Schiedsgerichtsbarkeit (DIS), in: Recht und Praxis der Schiedsgerichtsbarkeit, 15. Beilage zum Betriebs-Berater 1992, Seiten: 4-8; (zit.: Bredow, RPS-BB Beil. 15/1992)

Bredow, Jens: Das neue 10. Buch der ZPO – ein Überblick, in: Recht und Praxis der Schiedsgerichtsbarkeit, 2. Beilage zum Betriebs-Berater, 1998, Seiten: 2-6; (zit.: Bredow, RPS-BB Beil. 02/1998)

Breidenbach, Stephan: Mediation: Struktur Chancen und Risiken von Vermittlung im Konflikt, Köln 1995; (zit.: Breidenbach, Mediation)

Brekoulakis, Stavros: The effect of an arbitral award and third parties in international arbitration: res judicata revisited, in: American Review of International Arbitration, Volume 16, 2005; Seiten: 177-211; (zit.: Brekoulakis, 16 Am. Rev. Int'l Arb. (2005))

Briner, Robert: Reflections on the Duration of Arbitral Proceedings, in: Festschrift für Otto Sandrock zum 70. Geburtstag, Heidelberg 2000; Seiten: 137-148; (zit.: Briner, in: FS Sandrock)

Brown, Henry J./Marriott, Arthur L.: ADR principles and practice, 2. Auflage, London 2005; (zit.: Brown/Marriott, ADR principles and practice)

Brox, Hans/Walker, Wolf-Dietrich: Zwangsvollstreckungsrecht, 9. Auflage, München 2011; (zit.: Brox/Walker, Zwangsvollstreckungsrecht)

Bruns, Alexander: Der anerkennungsrechtliche ordre public in Europa und den USA, in: JZ 1999, Seiten: 278-287; (zit.: Bruns, JZ 1999)

Büchting, Hans-Ulrich/Heussen, Beno: Beck'sches Rechtsanwalt-Handbuch, 10. Auflage, München 2011; (zit.: Büchting/Heussen-*Bearbeiter*)

Bühler, Michael W./Webster, Thomas H.: Handbook of ICC Arbitration, Commentary, Precedents, Materials, London 2005, 1. Auflage; (zit.: Bühler/Webster, ICC Arbitration (1. Auflage))

Bühler, Michael W./Webster, Thomas H.: Handbook of ICC Arbitration, Commentary, Precedents, Materials, London 2008, 2. Auflage; (zit.: Bühler/Webster, ICC Arbitration)

Bülow, Arthur: Buchbesprechung von Reinhard Münzberg, Die Schranken der Parteivereinbarungen in der privaten internationalen Schiedsgerichtsbarkeit, in: ZZP 85 (1972), Seiten: 115-127; (zit.: Bülow, ZZP 85 (1972))

Bülow, Arthur: Das Übereinkommen über die Anerkennung und Vollstreckung ausländischer Schiedssprüche, in: KTS 1959, Seiten: 1-17; (zit.: Bülow, KTS 1959)

Bülow, Oscar: Absolute Rechtskraft des Urtheils, in: AcP 83 (1894); Seiten: 1-152; (zit.: Bülow, AcP 83 (1894))

Buschmann, Andreas: Rechtshängigkeit im Ausland als Verfahrenshindernis unter besonderer Berücksichtigung der Klageerhebung im französischen Zivilprozeß, München 1995, (zit.: Buschmann, Rechtshängigkeit im Ausland)

Calavros, Constantin: Grundsätzliches zum Rechtsverhältnis zwischen Schiedsrichtern und Parteien nach griechischem Recht, in: Festschrift für Walther J. Habscheid zum 65. Geburtstag, Bielefeld 1989, Seiten: 65-78; (zit.: Calavros, in: FS Habscheid)

Carbonneau, Thomas E.: Arbitration in a Nutshell, St. Paul: Minnesota 2007; (zit.: Carbonneau, Arbitration)

Carbonneau, Thomas E.: Case and Materials on the Law and Practice of Arbitration, 3. Auflage, Huntington, New York 2003; (zit.: Carbonneau, Law and Practice)

Carbonneau, Thomas E.: Debating the Proper Role of National Law under the New York Convention, in: Tulane Journal of International and Comparative Law, Volume 6, 1998; Seiten: 277-291; (zit.: Carbonneau, 6 Tul. J. Int'l Comp. L. (1998))

Carper, Donald L./West, Bill W.: Understanding the Law, 4. Auflage, Manson: Ohio 2004; (zit.: Carper/West, Understanding the Law)

Carter, James H./Fellas, John: : International Commercial Arbitration in New York, Oxford u. a. 2010, (zit.: Carter/Fellas, Arbitration in New York)

Catlett, Fred. W.: The Development of the Doctrine of Stare Decisis and the Extent to which it should be applied, in: Washington Law Review, Volume 1946, Seiten: 158-170; (zit.: Catlett, 21 Wash. L. Rev. (1946))

Coester-Waltjen, Dagmar: Das Spiegelbildprinzip bei der Anerkennungszuständigkeit, in: liber amicorum Richard M. Buxbaum, The Hague 2000, Seiten: 101-112; (zit.: Coester-Waltjen, in: liber amicorum Buxbaum)

Craig,William Laurence/Park, William W./Paulsson, Jan: International Chamber of Commerce Arbitration, 3. Auflage, New York u. a. 2000; (zit.: Craig/Park/Paulsson, ICC Arbitration)

Cremades, Bernardo/Madalena, Ignacio: Parallel Proceedings in International Arbitration; in: Arbitration International, Volume 24, 2008; Seiten: 507-540; (zit.: Cremades/Madalena, 24 Arb. Int'l (2008))

Dasser, Felix: Internationale Schiedsgerichte und lex mercatoria, Zürich 1989; (zit.: Dasser, Internationale Schiedsgerichte und lex mercatoria)

Delaume, Georges R.: Law and Practice of Transnational Contracts, Oceana 1988; (zit.: Delaume, Transnational Contracts)

Derains, Yves: Schwartz, Eric A.: A Guide to the New ICC Rules of Arbitration, the Hague u. a. 1998; (zit.: Derains/Schwartz, Guide ICC)

Dicey, Albert Venn/Morris, John H.C.: Collins, Lawrence: The Conflict of Laws, 15. Auflage, Band 1, London 2012; (zit.: Dicey/Morris/Collins, The Conflict of Laws)

Distler, Wolfram: Private Schiedsgerichtsbarkeit und Verfassung: Eine rechtsvergleichende Untersuchung zum deutschen und englischen Recht, Frankfurt am Main 2000; (zit.: Distler, Schiedsgerichtsbarkeit und Verfassung)

Dohm, Christian: Die Einrede ausländischer Rechtshängigkeit im deutschen internationalen Zivilprozessrecht, Berlin 1996; (zit.: Dohm, Einrede Rechtshängigkeit)

Dolinar, Hans/Holzhammer, Richard: Zivilprozeßrecht, 9. Auflage, Freistadt 2008; (zit.: Dolinar/Holzhammer, Zivilprozeßrecht)

Domke, Martin (Hrsg.): Dorda, Christian: Domke on Commercial arbitration, Stand: August 2012; (zit.: Domke, Arbitration)

Dorda, Christian: Res judicata und Schiedsverfahren, in: Festschrift für Hellwig Torggler zum 75. Geburtstag, Wien 2013; Seiten: 169-182; (zit.: Dorda, in: FS Torggler)

Dorsel, Christoph: Forum non conveniens: Richterliche Beschränkung der Wahl des Gerichtsstandes im deutschen und amerikanischen Recht, Berlin 1996; (zit.: Dorsel, Forum non conveniens)

Drahozal, Christopher R.: In Defense of Southland: Reexamining the Legislative History of the Federal Arbitration Act, in: Notre Dame Law Review 2002, Volume 78, Seiten: 101-170; (zit.: Drahozal, 78 Notre Dame L. Rev. (2002))

Dreier, Horst (Hrsg.): Grundgesetz: Kommentar, Art. 83-146 GG, 2. Auflage, Band 3, Tübingen 2008; (zit.: Dreier-*Bearbeiter*)

Dütz, Wilhelm: Funktionswandel des Richters im Zivilprozeß?, in: ZZP 87 (1974), Seiten: 361-405; (zit.: Dütz, ZZP 87 (1974))

Dütz, Wilhelm: Rechtsstaatlicher Gerichtsschutz im Privatrecht: zum sachlichen Umfang der Zivilgerichtsbarkeit, Gehlen 1970; (zit.: Dütz, Gerichtsschutz)

Duve, Christian: Alternative Dispute Resolution (ADR) – die außergerichtliche Streitbeilegung in den USA, in: Recht und Praxis der Schiedsgerichtsbarkeit, 9. Beilage zum Betriebs-Berater 1998; Seiten: 15-20; (zit.: Duve, RPS BB-Beil. 09/1998)

Ebbing, Frank: Private Zivilgerichte: Möglichkeiten und Grenzen privater (schiedsgerichtlicher) Zivilrechtsprechung, München 2003; (zit.: Ebbing, Private Zivilgerichte)

Eberl, Walter: As Night Follows Day Shakespeare und die schiedsrichterliche Kompetenz gemäß Art. V 1c des UNÜ vom 10.6.1958; in: SchiedsVZ 2003, Seiten: 109-114; (zit.: Eberl, SchiedsVZ 2003)

Ehrenzweig, Albert Armin: A Treatise of the Conflict of Laws, St. Paul: Minnesota 1962 (zit.: Ehrenzweig, A Treatise on the Conflict of Laws)

Eidenmüller, Horst: Vertrags- und verfahrensrechtliche Grundfragen der Mediation: Möglichkeiten und Grenzen privatautonomen Konfliktmanagements, in: Breidenbach, Stephan u. a. (Hrsg.), Konsensuale Streitbeilegung, Akademisches Symposium zu Ehren von Peter F. Schlosser zum 65. Geburtstag, Bielefeld 2001; Seiten: 45-99; (zit.: Eidenmüller, in: Breidenbach u. a., Konsensuale Streitbeilegung)

Elias, Olusoji: Judicial Remedies in the Conflict of Laws, Oxford u. a. 2001; (zit.: Elias, Judicial Remedies)

Elsing, Siegfried H.: Zur Auslegung von Schiedsvereinbarungen, in: Festschrift für Friedrich Graf von Westphalen zum 70. Geburtstag, Köln 2010, Seiten: 109-126; (zit.: Elsing, in: FS Westphalen)

Engelmann-Pilger, Albrecht: Die Grenzen der Rechtskraft des Zivilurteils im Recht der Vereinigten Staaten: eine Darstellung mit rechtsvergleichenden Anmerkungen, Berlin 1974; (zit.: Engelmann-Pilger, Grenzen der Rechtskraft)

Farnsworth, Edward Allan/Sheppard, Steve: An introduction to the legal system of the United States, 4. Auflage, Oxford u. a. 2010; (zit.: Farnsworth/Sheppard, Legal System of the United States)

Fasching, Hans W./Konecny, Andreas: Kommentar zu den Zivilprozeßgesetzen, 2. Auflage Wien 2007, Band 4, 2. Teilband, §§ 577-618 ZPO; (zit.: Fasching/Konecny-*Bearbeiter*)

Fasching, Hans W.: Lehrbuch des österreichischen Zivilprozessrechts, 2. Auflage, Wien 1990; (zit.: Fasching, Lehrbuch)

Fasching, Hans W.: Schiedsgericht und Schiedsverfahren im österreichischen und internationalen Recht, Wien u. a. 1973; (zit.: Fasching, Schiedsgericht)

Fawcett, James J. (Hrsg.): Declining Jurisdiction in Private International Law, in: reports to the XIVth Congress of the International Academy of Comparative Law, Athens August 1994; Oxford 1995, Seiten: 1-70; (zit.: Fawcett, General Report)

Fisher, Roger/Ury William/Patton, Bruce M.: Das Harvard-Konzept: Der Klassiker der Verhandlungstechnik, 23. Auflage, Frankfurt am Main u. a. 2009 (zit.: Fisher/ Ury/Patton, Das Harvard-Konzept: der Klassiker der Verhandlungstechnik)

Fleming, James/Hazard, Geoffrey C./Leubsdorf, John: Civil Procedure, 5. Auflage, New York 2001; (zit.: Fleming/Hazard/Leubsdorf, Civil Procedure)

Fouchard, Philippe/Gaillard, Emmanuel/Goldman, Berthold: On International Commercial Arbitration, The Hague u. a. 1999; (zit.: Fouchard/Gaillard/Goldman, International Com-mercial Arbitration)

Fouchard, Philippe: L' arbitrage commercial international, Paris 1965; (zit.: Fouchard, L' arbitrage commercial international)

Frick, Joachim G.: Arbitration and complex international contracts: with special emphasis on the determination of the applicable substantive law and on the adaptation of contracts to changed circumstances, Zürich 2001; (zit.: Frick, Arbitration)

Friedenthal, Jack H./Kane, Mary Kay/Miller, Arthur R.: Civil Procedure, 4. Auflage, St. Paul: Minnesota 2005; (zit.: Friedenthal/Kane/Miller, Civil Procedure)

Gaillard, Emmanuel: Anti-suit Injunctions issued by Arbitrators,; in: Van den Berg, Albert J. (Hrsg.), International Arbitration 2006: Back to Basics?, ICCA International Arbitration Congress, New York 2007; Seiten: 235-266; (zit.: Gaillard, in: International Arbitration 2006)

Gal, Jens: Die Haftung des Schiedsrichters in der internationalen Handelsschiedsgerichtsbarkeit, Tübingen 2009; (zit.: Gal, Die Haftung des Schiedsrichters)

Gallagher, Norah: Parallel Proceedings, Res Judicata and Lis Pendens: Problems and possible Solutions, in: Mistelis, Loukas A. (Hrsg.), Lew, Julian D. M.(Hrsg.), Pervasive Problems in International Arbitration; Alphen aan den Rijn 2006, Seiten: 329-356; (zit.: Gallagher, in: Pervasive Problems in International Arbitration)

Gasser, Dominik/Rickli, Brigitte: Schweizerische Zivilprozessordnung (ZPO), Kurzkommentar, Zürich u. a. 2010; (zit.: Gasser/Rickli, Schweizerische ZPO)

Gaul, Hans Friedhelm: Der Einfluß rückwirkender Gestaltungsurteile auf vorangegangene Leistungsurteile, in: Festschrift für Hideo Nakamura zum 70. Geburtstag, Tokyo 1996, Seiten: 137-168; (zit.: Gaul, in: FS Nakamura)

Gaul, Hans Friedhelm: Die „Bindung" an die Tatbestandswirkung des Urteils, in: Festschrift für Albrecht Zeuner zum 70. Geburtstag, Tübingen 1994, Seiten: 317-352; (zit.: Gaul, in: FS Zeuner)

Gaul, Hans-Friedhelm: Die Entwicklung der Rechtskraftlehre seit Savigny, in: Festschrift für Werner Flume zum 70. Geburtstag, Band 1, Köln 1978, Seiten: 443-526; (zit.: Gaul, in: FS Flume)

Gaul, Hans-Friedhelm: Der betrügerisch erwirkte Schiedsspruch, in: Festschrift für Dieter Leipold zum 70. Geburtstag, Tübingen 2009; (zit.: Gaul, in: FS Leipold)

Gaul, Hans-Friedhelm: Rechtskraft und Aufhebbarkeit des Schiedsspruchs im Verhältnis zur Verbindlichkeit des staatlichen Richterspruchs, in: Festschrift für Otto Sandrock zum 70. Geburtstag, Heidelberg 2000, Seiten: 285-328; (zit.: Gaul, in: FS Sandrock)

Gaul, Hans-Friedhelm: Zur Struktur und Funktion der Nichtigkeitsklage gemäß § 579 ZPO, in: Festschrift für Winfried Kralik zum 65. Geburtstag, Wien 1986, Seiten: 157-178; (zit.: Gaul, in: FS Kralik)

Gaul, Hans-Friedhelm: Die Grundlagen des Wiederaufnahmerechts und die Ausdehnung der Wiederaufnahmegründe, Bielefeld 1956; (zit.: Gaul, Grundlagen des Wiederaufnahmerechts)

Gaul, Hans-Friedhelm: Negative Rechtskraftwirkung und konkursmäßige Zweittitulierung, in: Festschrift für Friedrich Weber zum 70. Geburtstag, Berlin 1975; Seiten: 155-180; (zit.: Gaul, in: FS Weber)

Geimer, Reinhold: Beachtung ausländischer Rechtshängigkeit und Justizgewährungsanspruch, in NJW 1984, Seiten: 527-530; (zit.: Geimer, NJW 1984)

Geimer, Reinhold: Lis pendens in der Europäischen Union, in: Festschrift für Hans Jürgen Sonnenberger zum 70. Geburtstag, München 2004, Seiten: 357-368; (zit.: Geimer, in: FS Sonnenberger)

Geimer, Reinhold/Schütze, Rolf A.: Internationale Urteilsanerkennung: Allgemeine Grundsätze und autonomes deutsches Recht, Band 1, 2, München 1984; (zit.: Geimer/Schütze, Internationale Urteilsanerkennung)

Geimer, Reinhold: Internationales Zivilprozessrecht, 6. Auflage, Köln 2009; (zit.: Geimer, Internationales Zivilprozessrecht)

Gentinetta, Jörg: Die lex fori internationaler Handelsschiedsgerichte, Bern 1973; (zit.: Gentinetta, Die lex fori internationaler Handelsschiedsgerichtsbarkeit)

George, James P.: Parallel Litigation, in: Baylor Law Review, Volume 51, 1999; Seiten: 769-986; (zit.: George, 51 Baylor Law Rev. (1999))

Gessner, Judith: Anerkennung und Vollstreckung von Schiedssprüchen in den USA und in Deutschland, Frankfurt 2001; (zit.: Gessner, Anerkennung und Vollstreckung)

Gildeggen, Rainer: Internationale Schieds- und Schiedsverfahrensvereinbarungen in Allgemeinen Geschäftsbedingungen vor deutschen Gerichten, Frankfurt am Main u. a. 1991; (zit.: Gildeggen, Internationale Schiedsvereinbarungen)

Gilfrich, Stephanie Uta: Schiedsverfahren im Scheidungsrecht, Tübingen 2007; (zit.: Gilfrich, Schiedsverfahren im Scheidungsrecht)

Glossner, Ottoarnd: 75 Jahre institutionelle Schiedsgerichtsbarkeit in Deutschland, in: Recht und Praxis der Schiedsgerichtsbarkeit, 5. Beilage zum Betriebs-Berater 1996, Seiten: 3-5; (zit.: Glossner, RPS-BB Beil. 05/1996)

Glossner, Ottoarnd/Bredow, Jens/Bühler, Michael: Das Schiedsgericht in der Praxis, 3. Auflage, Heidelberg 1990; (zit.: Glossner/Bredow/Bühler, Schiedsgericht in der Praxis)

Goldberg, Steven B./Green, Eric D./Sander, Frank E. A.: Dispute resolution, Bosten u. a. 1985; (zit.: Goldberg/Green/Sander, Dispute resolution)

Goldschmidt, James: Der Prozess als Rechtslage: eine Kritik des prozessualen Denkens, Berlin 1925 (Neudruck); (zit.: Goldschmidt, Prozess als Rechtslage)

Gottwald, Peter: Streitgegenstandslehre und Sinnzusammenhang, in: Akademisches Symposium zu Ehren von Karl Heinz Schwab aus Anlass seines 80. Geburtstages, Bielefeld 2000, Seiten: 85-100; (zit.: Gottwald, in: Symposium für Schwab)

Gottwald, Peter: Die sachliche Kontrolle internationaler Schiedssprüche durch staatliche Gerichte, in: Festschrift für Heinrich Nagel zum 75. Geburtstag, Münster 1987, Seiten: 54-69; (zit.: Gottwald, in: FS Nagel)

Götz, Andreas: Der Schiedsrichter zwischen Dienstleistungserbringer und Richtertätigkeit – Zum sogenannten Spruchrichterprivileg im System der Schiedsrichterhaftung, in: SchiedsVZ 2012, Seiten: 311-317; (zit.: Götz, SchiedsVZ 2012)

Greger, Reinhard/Stubbe, Christian: Schiedsgutachten: Außergerichtliche Streitbeilegung durch Drittentscheidung, München 2007; (zit.: Greger/Stubbe, Schiedsgutachten)

Grenz, Christoph: Der Faktor Zeit im Schiedsverfahren, Frankfurt am Main 2013; (zit.: Grenz, der Faktor Zeit im Schiedsverfahren)

Gruber, Peter: Das Verhältnis der negativen Feststellungsklage zu anderen Klagearten im deutschen Zivilprozeß – Plädoyer für eine Neubewertung, in: ZZP 117 (2004), Seiten: 133-162; (zit.: Gruber, ZZP 117 (2004))

Grunsky, Wolfgang: Grundlagen des Verfahrensrechts, 2. Auflage, Bielefeld 1974; (zit.: Grunsky, Verfahrensrecht)

Haas, Ulrich: Die Reform des englischen Schiedsverfahrensrechts – Der englischen Arbitration Act 1996, in: ZZPInt 1997, Band 2, Seiten: 409-4323; (zit.: Haas, ZZPInt 2 (1997))

Haas, Ulrich: Die Anerkennung und Vollstreckung ausländischer und internationaler Schiedssprüche, Berlin 1991; (zit.: Haas, Vollstreckung ausländischer Schiedssprüche)

Haas, Ulrich: Die gerichtliche Kontrolle der schiedsgerichtlichen Entscheidungszuständigkeit, in: Festschrift für Walter H. Rechberger zum 60. Geburtstag, Wien 2005; Seiten: 187-210; (zit.: Haas, in: FS Rechberger)

Haas, Ulrich: Die Vertraulichkeit im Zusammenhang mit Schiedsverfahren, in: Festschrift für Athanassios Kaissis zum 65. Geburtstag, München 2012; Seiten: 315-331; (zit.: Haas, in: FS Kaissis)

Habscheid, Walther J.: Die Rechtsnatur des Schiedsvertrages und ihre Auswirkungen, in: KTS 1955, Seiten: 33-39 (zit.: Habscheid, KTS 1955)

Habscheid, Walther J.: Zur Kompetenz-Kompetenz nach dem neuen Schiedsrecht, in: Festschrift für Peter Schlosser zum 70. Geburtstag, Tübingen 2005, Seiten: 247-256; (zit.: Habscheid, in: FS Schlosser)

Habscheid, Walther J.: Schiedsgericht und Staatsaufsicht, in: KTS 1959; Seiten: 113-120; (zit.: Habscheid, KTS 1959)

Habscheid, Walther J.: Bemerkungen zur Rechtshängigkeitsproblematik im Verhältnis der Bundesrepublik Deutschland und der Schweiz einerseits und den USA andererseits, in: Festschrift für Konrad Zweigert zum 70. Geburtstag, Tübingen 1981; (zit.: Habscheid, in: FS Zweigert)

Habscheid, Walther J.: Zur Frage der Kompetenz-Kompetenz der Schiedsgerichte, in: Festschrift für Fritz Baur, Tübingen 1981, Seiten: 425-442; (zit.: Habscheid, in: FS Baur)

Habscheid, Walther J.: Die neuere Entwicklung der Lehre vom Streitgegenstand im Zivilprozeß, in: Festschrift für Karl Heinz Schwab zum 70. Geburtstag, München 1990, Seiten: 181-196; (zit.: Habscheid, in: FS Schwab)

Habscheid, Walther J.: Der Streitgegenstand im Zivilprozess und im Streitverfahren der freiwilligen Gerichtsbarkeit, Bonn 1954; (zit.: Habscheid, Streitgegenstand)

Habscheid, Walther J.: Das Problem der Unabhängigkeit der Schiedsgerichte, in: NJW 1962, Seiten: 5-12; (zit.: Habscheid, NJW 1962)

Habscheid, Walther J.: Aus der höchstrichterlichen Rechtsprechung zur Schiedsgerichtsbarkeit, in: KTS 1957, Seiten: 161-167; (zit.: Habscheid, KTS 1957)

Habscheid, Walther J.: Aus der höchstrichterlichen Rechtsprechung zur Schiedsgerichtsbarkeit, in: KTS 1958, Seiten: 177-181; (zit.: Habscheid, KTS 1958)

Habscheid, Walther J.: Zur Frage der rechtsstaatlichen Ausgestaltung des Schiedsgutachtenverfahrens, in: Festschrift für Franz Laufke zum 70. Geburtstag, Würzburg, 1971, Seiten: 303-320; (zit.: Habscheid, in: FS Laufke)

Habscheid, Walther J.: Das Schiedsgutachten, in: Festschrift für Heinrich Lehmann zum 80. Geburtstag, Berlin u. a. 1956, Band II, Seiten: 789-811; (zit.: Habscheid, in: FS Lehmann)

Habscheid, Walther J.: Zur Berücksichtigung der Rechtshängigkeit eines ausländischen Verfahrens, in: RabelsZ, Volume 31, 1967, Seiten: 254-274; (zit.: Habscheid, RabelsZ 31 (1967))

Haft, Fritjof/Schlieffen, Katharina von: Handbuch Mediation, 2. Auflage, München 2009; (zit.: Haft/v. Schlieffen, Handbuch Mediation)

Hager, Günter: Konflikt und Konsens: Überlegungen zu Sinn, Erscheinung und Ordnung der alternativen Streitbeilegung, Tübingen 2001; (zit.: Hager, Konflikt und Konsens)

Hahn, Carl (Hrsg.): Die gesamten Materialien zu den Reichs-Justizgesetzen – auf Veranlassung des kaiserlichen Reichsjustizamts, Band 2, Die gesamten Materialien zur Civilprozessordnung und den Einführungsgesetzen zu derselben vom 30. Januar 1877, Erste Abtheilung Berlin 1880, Zweite Abtheilung Berlin 1880; (zit.: Hahn, Materialien II/1)

Hajicek, Brian R.: Punitive Damages in New York Arbitration: Who Is Really Being Punished?, in: Journal of Dispute Resolution, Volume 1992, Issue 2, Seiten: 1-16; (zit.: Hajicek, 2 Disp. Resol. (1992))

Hanotiau, Bernhard: Problems Raised by Complex Arbitrations Involving Multiple Contracts – Parties – Issues, in: Journal of International Arbitration, Volume 18, 2001, Seiten: 251-360; (zit.: Hanotiau, 18 J. Int'l Arb. (2001))

Harbst, Ragnar: Die Rolle der staatlichen Gerichte im Schiedsverfahren: ein Rechtsvergleich zwischen dem englischen Arbitration Act 1996 und deutschem Schiedsverfahren, Heidelberg 2002; (zit.: Harbst, Rolle der staatlichen Gerichte)

Harder, Florian: Das Schiedsverfahren im Erbrecht, Berlin 2007; (zit.: Harder, Schiedsverfahren im Erbrecht)

Harris, Troy L.: The „Public Policy „Exception to Enforcement of International Arbitration Awards Under the New York Convention – With Particular Reference to Construction Disputes, in: Journal of International arbitration, Volume 24, 2007; Seiten: 9-24; (zit.: Harris, 24 J. Int'l Arb. (2007))

Hascher, Dominique T.: European Convention on International Commercial Arbitration Of 1961 – Commentary, in: Yearbook Commercial Arbitration, Deventer 1992, Seiten: 711-746; (zit.: Hascher, YCA XVII (1992))

Hau, Wolfgang: Rechtshängigkeitssperre durch parallele Scheidungsverfahren in Tennessee, in: IPRax 1995, Seiten: 80-82; (zit.: Hau, IPRax 1995)

Hau, Wolfgang Jakob: Positive Kompetenzkonflikte im Internationalen Zivilprozeßrecht, Frankfurt am Main 1996; (zit.: Hau, Positive Kompetenzkonflikte)

Hauck, Gerswith: „Schiedshängigkeit" und Verjährungsunterbrech-ung nach § 220 BGB unter besonderer Berücksichtigung des Verfahrens der ZPO, ICC-SchO,

UNCITRAL-SchO und ZPO-E/UNCITRAL-MG, Tübingen 1996; (zit.: Hauck, Schiedshängigkeit und Verjährungsunterbrechung)

Hausmann, Rainer: Die Aufhebung von Schiedssprüchen nach neuem deutschen Schiedsverfahrensrecht, in: Festschrift für Hans Stoll zum 75. Geburtstag, Tübingen 2001, Seiten: 593-618; (zit.: Hausmann, in: FS Stoll)

Hay, Peter: Einführung in das amerikanische Recht, 4. Auflage, Darmstadt 1995; (zit.: Hay, Einführung in das amerikanische Recht)

Hay, Peter: Law of the United States, 3. Auflage, München 2010; (zit.: Hay, Law of the United States)

Hay, Peter: US-Amerikanisches Recht, 5 Auflage, München 2011; (zit.: Hay, US-amerikanisches Recht)

Hazard, Geoffrey C./Taruffo, Michele: American Civil Procedure: an introduction, New Haven u. a., 1993; (zit.: Hazard/Taruffo, American Civil Procedure)

Heiderhoff, Bettina: Widerklage und ausländische Streitanhängigkeit, in: IPRax 1999, Seiten: 392-394; (zit.: Heiderhoff, IPRax 1999)

Heidinger, Franz J.: Geklagt in den USA: US-amerikanisches Zivilprozessrecht für Unternehmer, Anwälte und Berater, Wien 2003; (zit.: Heidinger, Geklagt in den USA)

Heinsheimer, Karl: Klage und Widerklage, in: ZZP 38 (1909), Seiten: 1-48; (zit.: Heinsheimer, ZZP 38 (1909))

Hellwig, Hans-Jürgen: Nationale und internationale Schiedsgerichtsbarkeit, in: RIW 1984; Seiten: 421-429; (zit.: Hellwig, RIW 1984)

Hellwig, Konrad: System des deutschen Zivilprozessrechts, Band 1, Ordentliches Verfahren, ausschließlich besondere Prozessarten und Zwangsvollstreckung, 2. Auflage, Aalen 1980; (zit.: Hellwig, Zivilprozessrecht)

Henckel, Wolfram: Prozessrecht und materielles Recht, Athen u. a. 1988; (zit.: Henckel, Prozessrecht)

Henn, Günter: Gibt es eine bindende Kompetenz-Kompetenz der Schiedsgerichte?, in: Jahrbuch für die Praxis der Schiedsgerichtsbarkeit 1990, Band 4, S. 50-57; (Henn, in: JPS 1990)

Henn, Günter: Schiedsverfahrensrecht, 3. Auflage, Heidelberg 2000; (zit.: Henn, Schiedsverfahrensrecht)

Henn, Günter: Die Unparteilichkeit des Schiedsrichteramts, in: Recht und Praxis der Schiedsgerichtsbarkeit, 17. Beilage zum Betriebs Berater 1993; Seiten: 13-18; (zit.: Henn, RPS BB-Beil. 17/1993)

Herrmann, Ulrich: Die Grundstruktur der Rechtshängigkeit, Köln u. a. 1988; (zit.: Herrmann, Grundstruktur der Rechtshängigkeit)

Hesselbarth, Franziska: Schiedsgerichtsbarkeit und Grundgesetz, Lichtenberg 2005; (zit.: Hesselbarth, Schiedsgerichtsbarkeit und Grundgesetz)

Heymann, Ekkehardt von: Der ordre public in der privaten Schiedsgerichtsbarkeit, Bielefeld 1969; (zit.: v. Heymann, Ordre public)

Hirshman, Linda R.: The Second Arbitration Trilogy: The Federalization of Arbitration Law; in: Virginia Law Review, Volume 71, 1985, Seiten: 1305-1354; (zit: Hirshman, 71. Vir. L. Rev. (1985))

Hobér, Kai: Parallel Arbitration Proceedings – Duties of the Arbitrator: Some Reflections and Ideas, in: Cremades, Bernardo (Hrsg.), Lew, Julian D. M. (Hrsg.), Parallel State and Arbitral Proceedings in International Arbitration, ICC Publication No. 692, Paris 2006; Seiten: 243-263; (zit.: Hobér, in: Cremades/Lew, Parallel Proceedings)

Hoellering, Michael F.: The Law of Arbitration in the United States and its Relevance for German-American Business Relations, in: Böckstiegel, Karl-Heinz (Hrsg.), Schiedsgerichtsbarkeit im deutsch-amerikanischen Wirtschaftsverkehr, Köln u. a. 1985, Seiten: 11-24; (zit.: Hoellering, in: Böckstiegel, Schiedsgerichtsbarkeit im deutsch-amerikanischen Wirtschaftsverkehr)

Hoffmann, Bernd von: Internationales Privatrecht einschließlich der Grundzüge des Internationalen Zivilverfahrensrechts, 9. Auflage, München 2007; (zit.: v. Hoffmann, IPR)

Hoffmann-Riem, Wolfgang: Konfliktbewältigung in einer angebotsorientierten Rechtsschutzordnung, in: ZRP 1997, Seiten: 190-198; (zit.: Hoffmann-Riem, ZRP 1997)

Holtzmann, Howard M./Neuhaus, Joseph E.: A Guide to the UNCITRAL model law on international commercial arbitration, Deventer 1989; (zit.: Holtzmann/ Neuhaus, UNCITRAL Model Law)

Holtzmann, Howard M.: National Report – United States, in: Yearbook Commercial Arbitration, Volume II, Deventer 1977, Seiten: 116-140; (zit.: Holtzmann, YCA II (1977))

Holtzmann, Howard M./Donovan, Donald Francis: National Report (United States), in: Paulsson, Jan (Hrsg.), ICCA International Handbook on Commercial Arbitration, Stand: November 2005; Seiten: 1-96; (zit.: Holtzmann/Donovan, National Report (United States), in: ICCA International Handbook on Commercial Arbitration)

Honsell, Heinrich (Hrsg.)/Vogt, Nedim Peter/Schnyder, Anton K./Berti, Stephen V.: Basler Kommentar, Internationales Privatrecht, 3. Auflage, Basel 2013; (zit.: BSK IPRG-*Bear-beiter*)

Hopt, Klaus J./Steffek, Felix: Mediation: Principles and Regulation in Comparative Perspective, Oxford 2013; (zit.: Hopt/Steffek, Mediation)

Horstmeier, Gerrit: Das neue Mediationsgesetz: Einführung in das Mediationsgesetz für Mediatoren und Medianden, München 2013; (zit.: Horstmeier, das neue Mediationsgesetz)

Houtten, Hans van: Parallel Proceedings before State Courts and Arbitration Tribunals: Is there a Transnational lis alibi pendens-exception in Arbitration or Jurisdiction Conventions, in: Arbitral Tribunals or State Courts Who must defer to Whom?, ASA Special Series No. 15, 2001, Seiten: 35-54; (zit.: van Houtten, in: Special Series (2001))

Huber, Peter: Schiedsvereinbarungen im Scheidungsrecht, in: SchiedsVZ 2004, Seiten: 280-288.; (zit.: Huber, SchiedsVZ 2004)

Huber, Peter: Das Verhältnis von Schiedsgericht und staatlichen Gerichten bei der Entscheidung über die Zuständigkeit, in: SchiedsVZ 2003, Seiten: 73-75; (zit.: Huber, SchiedsVZ 2003)

Husslein-Stich, Gabriele: Das UNCITRAL-Modellgesetz über die internationale Handelsschiedsgerichtsbarkeit, Köln 1990; (zit.: Husslein-Stich, Das UNCITRAL-Modellgesetz)

Inoue, Osamu: „The Due Process Defense to Recognition and Enforcement of Foreign Arbitral Awards in United States Federal Courts: A Proposal for a Standard“, in: American Review of International Arbitration, Volume 11, 2000, Seiten: 247-285; (zit.: Inoue, 11 Am. Rev. Int'l Arb. (2000))

International Law Association (Hrsg.): International Law Association, London Conference (2000), Third Interim Report: Declining Jurisdiction & Referring Jurisdiction in International Litigation; (zit.: International Law Association (2000))

International Law Association (Hrsg.): International Law Association, Toronto Conference (2006), International Commercial Arbitration, Final Report on Lis Pendens and Arbitration; (zit.: International Law Association (2006))

International Law Association (Hrsg.): International Law Association, London Conference (2000), Interim Report on Public Policy as a Bar to Enforcement of International Awards; (zit.: International Law Association (London 2000))

International Law Association (Hrsg.): International Law Association, Berlin Conference (2004), International Commercial Arbitration, Interim Report: „ Res judicata“ and Arbitration; (zit.: International Law Association (2004))

Isensee, Josef: Das Grundrecht auf Sicherung: Zu den Schutzpflichten des freiheitlichen Verfassungsstaates, Berlin u. a. 1983; (zit.: Isensee, Das Grundrecht auf Sicherheit)

Jacobson, Alfred: Die Rechtskraft von Schiedssprüchen, Leipzig 1914; (zit.: Jacobson, Rechtskraft)

Jaeckel, Fritz: Die Reichweite der lex fori im internationalen Zivilprozessrecht, Berlin u.a. 1995, (zit.: Jaeckel, Die Reichweite der lex fori)

Jarass, Hans D./Pieroth, Bodo: Grundgesetz für die Bundesrepublik Deutschland, Kommentar, 12. Auflage, München 2012; (zit.: Jarass/Pieroth-*Bearbeiter*)

Jauernig, Othmar: Verhandlungsmaxime, Inquisitionsmaxime und Streitgegenstand, Tübingen 1967; (zit.: Jauernig, Verhandlungsmaxime)

Jauernig, Othmar/Hess, Burkhard: Zivilprozessrecht: ein Studienbuch, 30. Auflage, München 2011; (zit.: Jauernig/Hess, Zivilprozessrecht)

Joelson, Mark R.: The Interplay of International, Federal and State Law in US Arbitration, in: Journal of International Arbitration, Volume 24, 2007, Seiten: 379-388; (zit.: Joelson, 24 J. Int'l Arb. (2007))

Junker, Abbo: Der lange Arm der amerikanischen Gerichte: Gerichtsgewalt, Zustellung und Jurisdictional Discovery, in: IPRax 1986, Seiten: 197-208; (zit.: Junker, IPRax 1986)

Junker, Abbo: Einheit und Vielfalt: Die Zivilprozeßrechte der Vereinigten Staaten von Amerika – Geschichte, Systematik, Rezeption, in: ZZP 101 (1988), Seiten: 241-293; (zit.: Junker, ZZP 101 (1988))

Kaiser, Erhard/Prager, Martin: Rechtshängigkeit im Ausland nach ausländischem Prozessrecht?, in: RIW 1983, Seiten: 667-670; (zit.: Kaiser/Prager, RIW 1983)

Kaser, Max: Das römische Zivilprozessrecht, 2. Auflage, München 1996; (zit.: Kaser, Das römische Zivilprozessrecht)

Kaskell, Peter H.: Centre For Public Resources und nicht-gerichtliche Beilegung von Wirtschaftsstreitfällen, in: Böckstiegel, Karl-Heinz (Hrsg.), Schiedsgerichtsbarkeit im deutsch-amerikanischen Wirtschaftsverkehr: Arbitration in US-German Business Relations, Köln u. a. 1985; Seiten: 85-103; (zit.: Kaskell, in: Böckstiegel, Schiedsgerichtsbarkeit im deutsch-amerikanischen Wirtschaftsverkehr)

Katzenmeyer, Christian: Zivilprozeß und außergerichtliche Streitbeilegung, in: ZZP 115 (2002); (zit.: Katzenmeyer, ZZP 115 (2002))

Kaufmann-Kohler, Gabrielle: How to Handle Parallel Proceedings: A Practical Approach to Issues such as Competence-Competence and Anti-Suit Injunctions, in: Dispute Resolution International, Volume 2, May 2008; Seiten: 110-113; (zit.: Kaufmann-Kohler, 2 Dis. Rev. Int. (2008))

Kaufmann-Kohler, Gabrielle/Lévy, Laurent: Insolvency and International Arbitration, Seiten: 257-284; in: Peter, Henry; Jeandin, Nicolas; Kilborn, Jason, The Challenges of Insolvency law reform in the 21st century: facilitating investment and recovery to enhance economic growth; Zürich 2006; (zit.: Kaufmann-Kohler/Lévy, in: Peter/Jeandin/Kilborn, Challenges of Insolvency Law Reform)

Kees, Jörg: Die Grenzen der Zulässigkeit von Schiedsgerichten in Vereinssatzungen, Hamburg 1959; (zit.: Kees, Grenzen der Zulässigkeit von Schiedsgerichten in Vereinssatzungen)

Kegel, Gerhard: Begriffs- und Interessenjurisprudenz im Internationalen Privatrecht, in: Festschrift für Hans Lewald: Bei Vollendung des vierzigsten Amtsjahres als ordentlicher Professor, Neudruck der Ausgabe, Basel 1953; Seiten: 259-288; (zit.: Kegel, in: FS Lewald)

Kerameus, Konstantionas D.: Rechtsvergleichende Bemerkungen zur internationalen Rechtshängigkeit, in: Festschrift für Karl Heinz Schwab zum 70. Geburtstag, München 1990, Seiten: 257-268; (zit.: Kerameus, in: FS Schwab)

Kern, Christoph A.: Anerkennungsrechtliches Spiegelbildprinzip und Europäische Zuständigkeit, in: ZZP 120 (2007), Seiten: 31-71; (zit.: Kern, ZZP 120 (2007))

Kiesow, Bernd-Joachim: Die Vereinbarkeit des Schiedsgerichtswesens mit dem Grundgesetz, in: KTS 1962, Seiten: 224-233; (zit.: Kiesow, KTS 1962)

Kinkel, Klaus: Grußadresse aus der Sicht der Politik zur Rolle der DIS, in: Böckstiegel, Karl-Heinz (Hrsg.), Schiedsgerichtsbarkeit im Umfeld von Politik, Wirtschaft und Gerichtsbarkeit, Köln u. a. 1992, Seiten: 1-4; (zit.: Kinkel, in: Böckstiegel, Schiedsgerichtsbarkeit im Umfeld von Politik, Wirtschaft und Gerichtsbarkeit)

Kisch, Wilhelm: Einige Bemerkungen zum Wesen des Schiedsvertrages, in: ZZP 51 (1927), Seiten: 321-334; (zit.: Kisch, in: ZZP 51 (1927))

Klingsberg, David: New Methods of Dispute Settlement in the United States, especially Mini-Trials, in: Böckstiegel, Karl-Heinz (Hrsg.), Schiedsgerichtsbarkeit im deutsch-amerikanischen Wirtschaftsverkehr: Arbitration in US-German Business Relations, Köln u. a. 1985; Seiten: 73-84; (zit.: Klingsberg, in: Böckstiegel, Schiedsgerichtsbarkeit im deutsch-amerikanischen Wirtschaftsverkehr)

Kohler, Josef: Das materielle Recht im Urteil, in: Festschrift für Franz Klein zum 60. Geburtstag, Wien 1914, Seiten: 1-14; (zit.: Kohler, in: FS Klein)

Kohler, Josef: Der Prozeß als Rechtsverhältnis, Aalen 1969 (Neudruck); (zit.: Kohler, Prozeß als Rechtsverhältnis)

Kohler, Klaus: Die moderne Praxis des Schiedsgerichtswesens in der Wirtschaft, Berlin 1967; (zit.: Kohler, Die moderne Praxis des Schiedsgerichtswesen in der Wirtschaft)

Kolkey, Daniel: Reflections on the U.S. statutory framework for international Commercial Arbitrations: its scope, its shortcomings, and the advantage of U.S. adoption of the UNCITRAL model law, in: American Review of International Arbitration, Volume 1, 1990, Seiten: 491-534; (zit.: 1 Am. Rev. Int'l Arb. (1990))

Kornblum, Udo: Grenzfragen des Ordre public in der privaten Schiedsgerichtsbarkeit, in: KTS 1968; Seiten: 143-157; (zit.: Kornblum, KTS 1968)

Kornblum, Udo: Zur Kompetenzfrage privater Schiedsgerichte nach deutschem Recht, in: Jahrbuch für die Praxis der Schiedsgerichtsbarkeit, Band 3, Heidelberg 1990, Seiten: 38-46; (zit.: Kornblum, in: JPS 1989)

Kornblum, Udo: Zur Übernahme des UNCITRAL Modellgesetzes über die internationale Handelsschiedsgerichtsbarkeit in das deutsche Schiedsverfahrensrecht, in: Jahrbuch für die Praxis der Schiedsgerichtsbarkeit, Band 1, Heidelberg 1988; Seiten: 34-46; (zit.: Kornblum, in: JPS 1987)

Kornblum, Udo: Probleme der schiedsrichterlichen Unabhängigkeit, München 1968; (zit.: Kornblum, Schiedsrichterliche Unabhängigkeit)

Kornblum, Udo: „Ordre public transnational", „ordre public international" und „ordre public interne" im Recht der privaten Schiedsgerichtsbarkeit, in: Festschrift für Heinrich Nagel zum 75. Geburtstag, Münster 1987, Seiten: 140-156; (zit.: Kornblum, in: FS Nagel)

Kornmeier, Udo: Vergleichsbefugnis und Schiedsfähigkeit, in: ZZP 94 (1981), Seiten: 27 ff.; (zit.: Kornmeier, ZZP 94 (1981))

Koussoulis, Stelios: Beiträge zur modernen Rechtskraftlehre, Köln u. a. 1986; (zit.: Koussoulis, Rechtskraftlehre)

Krause, Herrmann: Die geschichtliche Entwicklung des Schiedsgerichtswesens in Deutschland, Berlin 1930; (zit.: Krause, Geschichtliche Entwicklung des Schiedsgerichtswesens)

Krause, Rainer: Urteilswirkungen gegenüber Dritten im US-amerikanischen Zivilprozessrecht, Tübingen 1994; (zit.: Krause, Urteilswirkungen)

Krause-Ablass, Wolf-D./Bastuck, Burkhard: Deutsche Klagen zur Abwehr amerikanischer Prozesse?, in: Festschrift für Ernst C. Stiefel zum 80. Geburtstag, München 1987, Seiten: 445-470; (zit.: Krause-Ablass/Bastuck, in: FS Stiefel)

Kreindler, Richard H./Schäfer, Jan K./Wolff, Reinmar: Schiedsgerichtsbarkeit: Kompendium für die Praxis, Frankfurt am Main 2006; (zit.: Kreindler/Schäfer/Wolff, Schiedsgerichtsbarkeit)

Kreindler, Richard H.: Das neue deutsche Schiedsverfahrensrecht: Eine ausländische Betrachtung, in: Festschrift für Otto Sandrock zum 70. Geburtstag, Heidelberg 2000; Seiten: 515-535; (zit.: Kreindler, in: FS Sandrock)

Kroll, Bernd: Der Supreme Court – Das oberste Gericht der USA, in: JuS 1987, Seiten: 944-947; (zit.: Kroll, JuS 1987)

Kröll, Stefan: Recourse Against Negative Decisions on Jurisdiction, in: Arbitration International, Volume 20, 2004; Seiten: 55-72; (zit.: Kröll, 20 Arb. Int.'l (2004))

Kröll, Stefan: Schiedsklauseln in Satzungen – zur Abgrenzung von Vereinsgericht und Schiedsgericht, in: ZIP 2005, Seiten: 13-20; (zit.: Kröll, ZIP 2005)

Kröll, Stefan: Die schiedsrechtliche Rechtsprechung des Jahres 2009, in: SchiedsVZ 2010, Seiten: 144-151; (zit.: Kröll, SchiedsVZ 2010)

Kröll, Stefan: 50 Jahre UN-Übereinkommen über die Anerkennung und Vollstreckung ausländischer Schiedssprüche – Standortbestimmung und Zukunftsperspektive, in: SchiedsVZ 2009 Seiten: 40-53; (zit.: Kröll, SchiedsVZ 2009)

Kröll, Stefan: Die Entwicklung des Rechts der Schiedsgerichtsbarkeit 2001/2002, in: NJW 2003, Seiten: 791-797; (zit.: Kröll, NJW 2003)

Kröll, Stefan: Schiedsrechtliche Rechtsprechung 2006, in: SchiedsVZ 2007, Seiten: 145-157; (zit.: Kröll, SchiedsVZ 2007)

Kronenburg, Michael: Vollstreckung ausländischer Schiedssprüche in den USA, Köln 2001; (zit.: Kronenburg, Vollstreckung)

Kronke, Herbert (Hrsg.)/Nacimiento, Patricia (Hrsg.)/Otto, Dirk (Hrsg.)/Port, Nicola Christine (Hrsg.): Recognition and Enforcement of Foreign Arbitral Awards: a Global Commentary on The New York Convention, Alphen aan den Rijn u. a. 2010; (zit.: K/N/O/P-*Bearbeiter*)

Kropholler, Jan: Internationales Privatrecht, 6. Auflage, Tübingen 2006; (zit. Kropholler, IPR)

Krüger, Wolfgang (Hrsg.)/Rauscher, Thomas (Hrsg.): Münchener Kommentar zur Zivilprozessordnung mit Gerichtsverfassungsgesetz und Nebengesetzen, Band 2, §§ 355-1024, 4. Auflage, München 2012; (zit.: MüKo-*Bearbeiter*)

Krüger, Wolfgang (Hrsg.)/Rauscher, Thomas (Hrsg.): Münchener Kommentar zur Zivilprozessordnung mit Gerichtsverfassungsgesetz und Nebengesetzen, Band 1, §§ 1-345, 4. Auflage, München 2013; (zit.: MüKo-*Bearbeiter*)

Krusche, Matthias: Entgegenstehende ausländische Rechtshängigkeit – Prozessuale Nachteile für deutsche Kläger, in: MDR 2000, Seiten: 677-682; (zit.: Krusche, MDR 2000)

Kühn, Wolfgang: Aktuelle Fragen zur Anwendung der New Yorker Konvention von 1958 im Hinblick auf die Anerkennung und Vollstreckung ausländischer Schiedssprüche - Eine Betrachtung der deutschen Rechtsprechung, in: SchiedsVZ 2009, Seiten: 53-61; (zit.: Kühn, SchiedsVZ 2009)

Kühn, Wolfgang: RICO-Ansprüche im internationalen Schiedsverfahren und deren Anerkennung in Deutschland, in: Festschrift für Ottoarndt Glossner zum 70. Geburtstag, Heidelberg 1994, Seiten: 193-208; (zit.: Kühn, in: FS Glossner)

Kuner, Christopher: The Public Policy Exception to the Enforcement of Foreign Arbitral Awards in the United States and West Germany Under the New York Convention, in: Journal of International Arbitration, Volume 7, 1990, Seiten: 71-91; (zit.: Kuner, 7 J. Int'l Arb. (1990))

Kuner, Christopher: Die neuen internationalen Handelsschiedsgesetze der US-amerikanischen Einzelstaaten, in: RIW 1994, Seiten: 368-370; (zit.: Kuner, RIW 1994)

Lachmann, Jens-Peter: Handbuch für die Schiedsgerichtspraxis, 3. Auflage, Köln 2008; (zit.: Lachmann, Schiedsgerichtspraxis)

Lange, Dieter G./Black, Stephen F.: Der Zivilprozeß in den Vereinigten Staaten: ein praktischer Leitfaden für deutsche Unternehmen, Heidelberg 1987; (zit.: Lange/ Black, Zivilprozeß)

Lauer, Jürgen: Erfahrungen mit der außergerichtlichen Streitbeilegung in Ausführung des § 15a EGZPO, in: NJW 2004, Seiten: 1280-1281; (zit.: Lauer, NJW 2004)

Lawyers Cooperative Publishing Company (Hrsg.): American Jurisprudence, Judgments, Second Edition, Volume 47, Stand: Februar 2013; (zit.: 47 Am. Jur.2d, Judgments)

Lawyers Cooperative Publishing Company (Hrsg.): American Jurisprudence 2d, Abatement, Survival, and Revival, Volume 1, Stand: Februar 2013; (zit.: 1 Am. Jur.2d Abatement, Survival, and Revival,)

Leipold, Dieter: Anmerkungen zu BGH-Urteil vom 05.05.1977 – III ZR 177/74, in: ZZP 91 (1978), Seiten: 479-485; (zit.: Leipold, in: ZZP 91 (1978))

Leipold, Dieter: Lex fori, Souveränität und Discovery: Grundfragen des Internationalen Zivilprozessrechts, Heidelberg 1989; (zit.: Leipold, Lex fori)

Lenenbach, Markus: Die Behandlung von Unvereinbarkeiten von rechtskräftigen Zivilurteilen nach deutschem und europäischem Zivilprozeßrecht, Berlin 1997; (zit.: Lenenbach, Die Behandlung von Unvereinbarkeiten)

Leuenberger, Christoph/Uffer-Tobler, Beatrice: Schweizerisches Zivilprozessrecht, 1. Auflage, Bern 2010; (zit.: Leuenberger/Uffer-Tobler, CH ZPO)

Lew, Julian D. M.: Concluding Remarks: Parallel proceedings in international arbitration – challenges and realities, in: Cremades/Lew, Parallel State and Arbitral Proceedings in International Arbitration, ICC Publication No. 692, Paris 2006; Seiten: 305-312 (zit.: Lew, in: Cremades/Lew, Parallel Proceedings)

Liatowitsch, Manuel: Die Anwendung der Litispendenzregeln von Art. 9 IPRG durch schweizerische Schiedsgerichte: Ein Paradoxon?, in: ASA Bulletin, 2001, Volume 19, Seiten: 422-443; (zit.: Liatowitsch, ASA Bull. 19 (2001))

Liatowitsch, Manuel: Schweizer Schiedsgerichte und Parallelverfahren vor Staatsgerichten im In- und Ausland, Basel u. a. 2002; (zit.: Liatowitsch, Parallelverfahren)

Lindacher, Walter F.: Schiedsspruch und Parteidisposition, in: KTS, 1966; Seiten: 153-157; (zit.: Lindacher, KTS 1966)

Linke, Hartmut: Internationales Zivilprozessrecht, 4. Auflage, Köln 2006; (zit.: Linke, IZVR (4. Auflage))

Linke, Hartmut/Hau, Wolfgang: Internationales Zivilverfahrensrecht, 5. Auflage, Köln 2011; (zit.: Linke/Hau, IZVR)

Linke, Hartmut: Anderweitige Rechtshängigkeit im Ausland und inländischer Justizgewährungsanspruch, in: IPRax 1994, Seiten: 17-18; (zit.: Linke, IPRax 1994)

Linke, Hartmut: Zur Berücksichtigung ausländischer Rechtshängigkeit eines Scheidungsverfahrens vor deutschen Gerichten, in: IPRax 1982, Seiten: 229-231; (zit.: Linke, IPRax 1982)

Lionnet, Klaus/Lionnet, Annette: Handbuch der internationalen und nationalen Schiedsgerichtspraxis: systematische Darstellung der privaten Handelsschiedsgerichtsbarkeit für die Praxis der Parteien, 3. Auflage, Stuttgart u. a. 2005; (zit.: Lionnet/Lionnet, Internationale und nationale Schiedsgerichtspraxis)

Lippmann: Die Einrede der Rechtshängigkeit nach der neuen Zivilprozessordnung, in: AcP 65 (1882), Seiten: 358-461; (zit.: Lippmann, AcP 65 (1882))

Lörcher, Gino: Schiedsgerichtsbarkeit – Übernahme des UNCITRAL – Modellgesetzes?; in: ZRP 1987, Seiten: 230-232; (zit.: Lörcher, ZRP 1987)

Lörcher, Gino/Lörcher, Heike/Lörcher, Torsten: Das Schiedsverfahren – national/international – nach deutschem Recht, 2. Auflage, Heidelberg 2001; (zit.: Lörcher/Lörcher, Das Schiedsverfahren)

Lorenz, Dieter: Der Rechtsschutz des Bürgers und die Rechtsweggarantie, München 1973; (zit.: Lorenz, Rechtsschutz und Rechtsweggarantie)

Lorenz, Werner: Die Rechtsnatur von Schiedsvertrag und Schiedsspruch, in: AcP 157 (1958/1959), Seiten: 265-302; (zit.: Lorenz W., AcP 157 (1958/1959))

Loritz, Karl-Georg: Probleme der Rechtskraft von Schiedssprüchen im deutschen Zivilprozessrecht, in: ZZP 105 (1992), Seiten: 1-19; (zit.: Loritz, ZZP 105 (1992))

Lowe, Alan Vaughan: Res Judicata and the Rule of Law in International Arbitration, in: African Journal of international Law 1996; Seiten: 38-50 (zit.: Lowe, 8 African J. Int'l Law (1996))

Lowenfeld, Andreas: "Arbitration and Issue Preclusion: a view from America", in: ASA Special Series No. 15, 2001, Seiten: 55-65; (zit.: Lowenfeld, in: Special Series (2001))

Lukits, Rainer: Die private Schiedsgerichtsbarkeit im römischen Recht und heute, in: SchiedsVZ 2013, Seiten: 269-274; (zit.: Lukits, SchiedsVZ 2013)

Lüke, Gerhard: Zum zivilprozessualen Klagensystem, in: JuS 1969; Seiten: 301-307; (zit.: Lüke, JuS 1969)

Lüke, Gerhard/Prütting, Hanns: Lexikon des Rechts - Zivilverfahrensrecht, 2. Auflage, Neuwied u. a. 1995; (zit.: Lüke/Prütting, Zivilverfahrensrecht)

Lüke, Gerhard: Die Bindungswirkung im Zivilprozess, in: JuS 2000, Seiten: 1042-1046; (zit.: Lüke, JuS 2000)

Lüke, Gerhard: Aus der Jugendzeit der Streitgegenstandslehre, in: Festschrift für Akira Ishikawa zum 70. Geburts-tag, Berlin 2001, Seiten: 241-267; (zit.: Lüke, in: FS Ishikawa)

Lüke, Gerhard: Zweifelsfragen zu typischen Rechtswegproblemen, in: Gedächtnisschrift für Rudolf Bruns, München 1980, Seiten: 129-144; (zit.: Lücke, in: GS Bruns)

Lüke, Stephan: Punitive Damages in der Schiedsgerichtsbarkeit, Tübingen 2003; (zit.: Lüke, Punitive Damages in der Schiedsgerichtsbarkeit)

Lüke, Gerhard (Hrsg.)/Wax, Peter (Hrsg.): Münchener Kommentar zur Zivilprozessordnung, Band 1, §§ 1-354, 2. Auflage, München 2000; (zit.: MüKo-*Bearbeiter* (2. Auflage))

Lüttmann, Ruth/Breyer, Michael: Notarielle Beurkundung von Schiedsvereinbarungen?, in: ZZP 119 (2006), Seiten: 475-486; (zit.: Lüttmann/Breyer, ZZP 119 (2006))

Mädrich, Matthias: Rechtskraftprobleme bei Klagen aus Eigentum, in: MDR 1982, Seiten: 455-456; (zit.: Mädrich, MDR 1982)

Maier, Hans Jakob: Handbuch der Schiedsgerichtsbarkeit: Ein Handbuch der deutschen und internationalen Schiedsgerichtspraxis, Herne/Berlin 1979; (zit.: Maier, Schiedsgerichtsbarkeit)

Mallmann, Roman A.: Die Bedeutung der Schiedsvereinbarung im Verfahren zur Anerkennung und Vollstreckbarerklärung ausländischer Schiedssprüche, in: SchiedsVZ 2004, Seiten: 152-159; (zit.: Mallmann, SchiedsVZ 2004)

Mangoldt, Herrmann von (Begr.)/Klein Friedrich (Hrsg.)/Starck, Christian (Hrsg.): Kommentar zum Grundgesetz, Band 3, Art. 83-146 GG, 6. Auflage, München 2010; (zit.: v. Mangoldt/Klein/Starck-*Bearbeiter*)

Mangoldt, Herrmann von (Begr.)/Klein, Friedrich (Hrsg.)/Starck, Christian (Hrsg.): Kommentar zum Grundgesetz, Band 1, Art. 1-19 GG, 6. Auflage, München 2010; (zit.: v. Mangoldt/Klein/Starck-*Bearbeiter*)

Mansel, Heinz-Peter: Zur Einrede der anderweitigen Schiedshängigkeit im Schiedsverfahrenrecht, in: Festschrift für Gunther Kühne zum 70. Geburtstag, Frankfurt a. M. 2009, Seiten: 809-818; (zit.: Mansel, in: FS Kühne)

Manssen, Gerrit: Privatrechtsgestaltung durch Hoheitsakt: verfassungsrechtliche und verwaltungsrechtliche Grundfragen, Tübingen 1994, (zit.: Manssen, Privatrechtsgestaltung)

Markert, Lars/Wilske, Stephan: Entwicklungen in der internationalen Schiedsgerichtsbarkeit im Jahr 2011 und Ausblick auf 2012, in: SchiedsVZ 2012, Seiten: 58-66; (zit.: Markert/Wilske, SchiedsVZ 2012)

Markert, Lars/Wilske, Stephan,/Bräuninger, Laura: Entwicklungen der internationalen Schiedsgerichtsbarkeit in Jahr 2013 und Ausblick auf 2014, in: SchiedsVZ 2014, Seiten: 49-65; (zit.: Markert/Wilske/Bräuninger, SchiedsVZ 2014)

Matscher, Franz: Schiedsgerichtsbarkeit und EMRK, in: Festschrift für Heinrich Nagel zum 75. Geburtstag, Münster 1987; Seiten: 227-245; (zit.: Matscher, in: FS Nagel)

Maunz, Theodor (Begr.)/Dürig, Günter (Begr.)/Herzog, Roman (Hrsg.)/Scholz, Rupert (Hrsg.)/Herdegen, Matthias (Hrsg.)/Klein, Hans H.(Hrsg.): Grundgesetz-Kommentar, Band 6, Art. 86-106b GG; 66. Ergänzungslieferung, Stand: 2012; (zit.: Maunz/Dürig-*Bearbeiter*)

Maxeiner, James J. D.: Die Gefahr der Übertragung deutschen Rechtsdenkens auf den US-amerikanischen Zivilprozeß, in: RIW 1990, Seiten: 440-445; (zit.: Maxeiner, RIW 1990)

McGlendon, J. Steward/Goodman, Rosabel E. Everard: International commercial arbitration in New York, New York u. a. 1986; (zit.: McGlendon/Goodman, International commercial arbitration)

McKinney's: Mckinney´s Consolidated Laws of New York Annotated Currentness, Civil Practice Law and Rules (Ref & Annos), Chapter 8, Art. 32, Rule 2311, Stand: Januar 2013; (zit.: Mckinney´s Consolidated Laws of New York Annotated Currentness, Civil Practice Law and Rules (Ref & Annos))

McLachlan, Campbell: Lis Pendens in international Litigation, Leiden/Boston 2009; (zit.: McLachlan, Lis pendens)

Mendelssohn-Bartholdy, Albrecht: Die Grenzen der Rechtskraft, Leipzig 1900; (zit.: Mendelssohn-Bartholdy, Grenzen der Rechtskraft)

Mettenheim, Christoph von: Der Grundsatz der Prozeßökonomie im Zivilprozeß, Berlin 1970; (zit.: v. Mettenheim, Prozeßökonomie)

Meurer, Christina/Katzenmeyer, Christian: Außergerichtliche Streitbeilegung in Arzthaftungssachen: unter besonderer Berücksichtigung der Arbeit der Gutachterkommissionen und Schlichtungsstellen bei den Ärztekammern, Berlin u. a. 2008; (zit.: Meurer/Katzenmeyer, Außergerichtliche Streitbeilegung in Arzthaftungssachen)

Meurkens, Lotte: The power of punitive damages – is Europe missing out?, Cambridge u. a. 2012; (zit.: Meurkens, The power of punitive damages – is Europe missing out?)

Mittenzwei, Ingo: Die Aussetzung des Prozesses zur Klärung von Vorfragen, Berlin 1971; (zit.: Mittenzwei, Aussetzung)

Morris, John K.: Nonparties and Preclusion by Judgement: The Privity Rule Reconsidered, in: California Law Review, Volume 56, 1946, Seiten: 1098-1133; (zit.: Morris, 56 Cal. L. Rev (1946))

Mönnikes, Ralf: Die Reform des deutschen Schiedsverfahrensrechts – Das neue 10. Buch der ZPO, Hamburg 2000; (zit.: Mönnikes, Die Reform des deutschen Schiedsverfahrensrechts)

Müller, Harald: Gerichtspflichtigkeit wegen „doing business": ein Vergleich zwischen dem US-amerikanischen und dem deutschen Zuständigkeitswesen, Köln u. a. 1992; (zit.: Müller, Die Gerichtspflichtigkeit wegen „doing business")

Müller, Lukas Martin: Die Zuständigkeit des Schiedsgericht, Bern u.a. 1997; (zit.: Müller, Zuständigkeit)

Münch, Joachim: Verjährungshemmung durch Erhebung einer Schiedsklage, in: Festschrift für Peter Schlosser zum 70. Geburtstag, Tübingen 2005, Seiten: 613-636; (zit.: Münch, in: FS Schlosser)

Münzberg, Reinhard: Die Schranken der Parteivereinbarungen in der privaten internationalen Schiedsgerichtsbarkeit, Berlin 1970; (zit.: Münzberg, Parteivereinbarungen)

Musielak, Hans Joachim: Die Bindung des Gerichts an die Anträge der Parteien im Zivilprozeß, in: Festschrift für Karl Heinz Schwab zum 70. Geburtstag, München 1990, Seiten: 349-366; (zit.: Musielak, in: FS Schwab)

Musielak, Hans-Joachim: Der rechtskräftig entschiedene Lebenssachverhalt, in: NJW 2000, Seiten: 3593-3599; (zit.: Musielak, NJW 2000)

Musielak, Hans-Joachim: Kommentar zur Zivilprozessordnung mit Gerichtsverfassungsgesetz, 11. Auflage, München 2014; (zit.: Musielak-*Bearbeiter*)

Nagel, Heinrich/Gottwald, Peter: Internationales Zivilprozessrecht, 7. Auflage, Köln 2013; (zit.: Nagel/Gottwald, IZVR)

Nagel, Heinrich: Durchsetzung von Vertragsansprüchen im Auslandsgeschäft, Berlin 1978; (zit.: Nagel, Durchsetzung von Vertragsansprüchen)

Nedden, Jan Heiner/Herzberg, Axel Benjamin: ICC-SchO/DIS-SchO Praxiskommentar zu den Schiedsgerichtsordnungen, 1. Auflage, Köln 2014; (zit.: Nedden/Herzberg, ICC-SchO/DIS-SchO, Praxiskommentar)

Neef, Manfred: Die Rechtskraft des Schiedsspruchs, Halle-Wittenberg 1933; (zit.: Neef, Rechtskraft Schiedsspruch)

Neuner, Robert: Die dogmatische Bedeutung der materiellrechtlichen und der prozessualen Rechtskrafttheorie, in: ZZP 54 (1929), Seiten: 217-256; (zit.: Neuner, ZZP 54 (1929))

Neuner, Robert: Privatrecht und Prozessrecht, Mannheim u.a. 1925; (zit.: Neuner, Privatrecht und Prozessrecht)

Niese, Werner: Doppelfunktionelle Prozeßhandlungen: ein Beitrag zur allgemeinen Prozeßrechtslehre, Göttingen 1950; (zit.: Niese, Doppeltfunktionelle Prozeßhandlungen)

Niese, Werner: Prozesshandlungen und Verträge über Prozesshandlungen, Leipzig 1931; (zit.: Niese, Verträge über Prozesshandlungen)

Nikisch, Arthur: Der Streitgegenstand im Zivilprozess, Tübingen 1935; (zit.: Nikisch, Der Streitgegenstand im Zivilprozess)

Nöcker, Thomas: Gesetzgebungstechnische Aspekte bei einer Über-nahme des UNCITRAL – Modellgesetzes; in: RIW 1990, Seiten: 28-31; (zit.: Nöcker, RIW 1990)

Oberhammer, Paul: Entwurf eines neuen Schiedsverfahrensrechts, Wien 2002; (zit.: Oberhammer, Entwurf Schiedsverfahrensrecht)

Oberhammer, Paul: Der Weg zum neuen österreichischen Schiedsverfahrensrecht, in: SchiedsVZ 2006, Seiten: 57-65; (zit.: Oberhammer, SchiedsVZ 2006)

Oehmke, Thomas: Commercial Arbitration, Rochester, New York 1987; (zit.: Oehmke, Commercial Arbitration)

Oetiker, Christian: The Principle of Lis Pendens in International Arbitration: The Swiss Decision in Fomento v. Colon, in: Arbitration International, Volume 18, 2002; Seiten: 137-145; (zit.: Oektiker, 18 Arb. Int'l (2002))

Oldenstam, Robin/Pachelbel, Johann von: Confidentiality and Arbitration – a few reflections and practical notes, in: SchiedsVZ 2006, Seiten: 31-36; (zit.: Oldenstam/v. Pachelbel, SchiedsVZ 2006)

Otto, Dirk: Säumnis in internationalen Schiedsverfahren, in: IPRax 2002, Seiten: 164-169; (zit.: Otto, IPRax 2002)

Pagenstecher, Max: Zur Lehre von der materiellen Rechtskraft, Neudruck der Ausgabe Berlin 1905, Frankfurt am Main 1968; (zit.: Pagenstecher, Lehre der materiellen Rechtskraft)

Park, William W.: Determining Arbitral Jurisdiction: Allocation of Tasks between Courts and Arbitrators, in: Arbitration and Dispute Resolution Journal, Volume 9, 2000; Seiten: 27 ff.; (zit.: Park, 9 Arb. Disp. Res. L. J. (2000))

Park, William W.: The Arbitrability dicta in First Options v. Kaplan: What Sort of Kompetenz-Kompetenz has crossed the Atlantic?, in: Arbitration International, Volume 12, 1996; Seiten: 137-159; (zit.: Park, 12 Arb. Int'l (1996))

Park, William W.: The Arbitrator's Jurisdiction to Determine Jurisdiction, in: Van den Berg, Albert J. (Hrsg.), International Arbitration 2006: Back to Basics, New York 2007; Seiten: 55-146; (zit.: Park, in: International Arbitration 2006)

Peltzer, Oliver Markus: Die dissenting opinion in der Schiedsgerichtsbarkeit, Frankfurt 2000; (zit.: Peltzer, Dissenting opinion in der Schiedsgerichtsbarkeit)

Perret, François: Parallel Actions Pending before an Arbitral Tribunal and a state Court: The Solution under Swiss Law, in: ASA Special series No. 15, 2001, Seiten: 65-84; (zit.: Perret, in: Special Series (2001))

Planck, Julius Wilhelm: Mehrheit von Rechtsstreitigkeiten, Göttingen 1844; (zit.: Planck, Mehrheit von Rechtsstreitigkeiten)

Plaßmeier, Heiko: Ende des Doppelexequatur bei ausländischen Schiedssprüchen, in: SchiedsVZ 2010, Seiten: 82-85; (zit.: Plaßmeier, SchiedsVZ 2010)

Pohle, Rudolf: Besprechung Lehrbuch des deutschen Zivilprozeßrechts von Leo Rosenberg, in: JR 1954, Seiten: 436-437; (zit.: Pohle, JR 1954)

Prütting, Hanns: Zur Rechtsstellung des Schiedsrichters – dargestellt am richterlichen Beratungsgeheimnis, in: Festschrift für Karl Heinz Schwab zum 70. Geburtstag, München 1990; Seiten: 409-420; (zit.: Prütting, in: FS Schwab)

Prütting, Hanns (Hrsg.)/Gehrlein, Markus (Hrsg.): ZPO-Kommentar, 6. Auflage, Köln 2014; (zit.: Prütting/Gehrlein-*Bearbeiter*)

Prütting, Hans: Vertraulichkeit in der Schiedsgerichtsbarkeit und in der Mediation, in: liber amicorum Karl Heinz Böckstiegel; anlässlich seines Ausscheidens als Direktor des Instituts für Luft- und Weltraumrecht, und des von ihm gegründeten Lehrstuhls für Internationales Wirtschaftsrecht, Köln u. a. 2001, Seiten: 629-639; (zit.: Prütting, in: liber amicorum Böckstiegel)

Pushaw, Robert J. Jr.: A Neo-Federalist Analysis of Federal Question Jurisdiction; in: California Law Review, Volume 95, 2007; Seiten: 1515 ff.; (zit.: Pushaw, 95 Cal. L. Rev. (2007))

Quinke, David: Börsenschiedsvereinbarungen und prozessualer Anlegerschutz, Köln u. a. 2005; (zit.: Quinke, Börsenschiedsvereinbarungen)

Raeschke-Kessler, Hilmar: Die deutsche Rechtsprechung zur Schiedsgerichtsbarkeit von 1991 und die neuere Rechtsprechung zu Schiedsgutachten, in: Recht und Praxis der Schiedsgerichtsbarkeit, 15. Beilage zum Betriebs Berater 1992, Seiten: 19-22; (zit.: Raeschke-Kessler, RPS BB-Beil. 15/1992)

Rauscher, Bert: Das Schiedsgutachtenrecht: unter besonderer Berücksichtigung der Regelungen der Praxis des Massenverkehrs, Frankfurt am Main 1969; (zit.: Rauscher, Schiedsgutachtenrecht)

Rauscher, Thomas: Rechtshängigkeitseinwand im belgischen Parallelverfahren, in: IPRax 1994, Seiten: 188-191; (zit.: Rauscher, IPRax 1994)

Rauscher, Thomas (Hrsg.)/Wax, Peter (Hrsg.): Münchener Kommentar zur Zivilprozessordnung mit Gerichtsverfassungsgesetz und Nebengesetzen, Band 3,

§§ 1025-1109, EGZPO; GVG; EGGVG; UKlaG; Internationales und Europäisches Zivilprozessrecht 4. Auflage, München 2013; (zit.: MüKo-*Bearbeiter*)

Rauscher, Thomas (Hrsg.)/Wax, Peter (Hrsg.)/Wenzel, Joachim (Hrsg.): Münchener Kommentar zur Zivilprozessordnung mit Gerichtsverfassungsgesetz und Nebengesetzen, Band 3, §§ 946-1086, 3. Auflage, München 2008; (zit.: MüKo-*Bearbeiter*)

Rauscher, Thomas (Hrsg.)/Wax, Peter (Hrsg.)/ Wenzel, Joachim (Hrsg.): Münchener Kommentar zur Zivilprozessordnung mit Gerichtsverfassungsgesetz und Nebengesetzen, Band 1, §§ 1-510c, 3. Auflage, München (2008); (zit.: MüKo-*Bearbeiter* (3. Auflage))

Rauscher, Thomas (Hrsg.)/Wax, Peter (Hrsg.)/Wenzel, Joachim (Hrsg.): Münchener Kommentar zur Zivilprozessordnung mit Gerichtsverfassungsgesetz und Nebengesetzen, Band 2, §§ 511-945, 3. Auflage, München 2007; (zit.: MüKo-*Bearbeiter* (3. Auflage))

Rechberger, Walter H./Simotta, Daphne-Ariane: Grundriss des österreichischen Zivilprozessrechts: Erkenntnisverfahren, 7. Auflage, Wien 2009; (zit.: Rechberger/Simotta-*Bearbeiter*)

Redfern, Alan/Hunter, Martin: Law and Practice of International Commercial Arbitration, Oxford u. a. 2009, 5. Auflage, (zit.: Redfern/Hunter, Law and Practice)

Redondo, Miguel Temboury: Preliminary Judgments, Lis Pendens and Res Judicata in Abitration Proceedings, in: Liber Amicorum für Bernardo Cremades, Getafe 2010, Seiten: 1131-1145; (zit.: Redondo, in: liber amicorum Cremades)

Rehm, Florian Nikolaus: Die Schiedsgerichtsbarkeit im Rechtssystem, Baden-Baden 2009; (zit.: Rehm, Rechtssystem)

Reichel, Hans: Rechtskraft und ungerechtfertigte Bereicherung, Leipzig 1913; (zit.: Reichel, Rechtskraft)

Reichel, Hans: Anmerkung zum Beschluss des Oberlandesgerichts Hamburg vom 9.10.1934 (Bf II 463/34), in: ZZP 59 (1935), Seite: 188; (zit.: Reichel, ZZP 59 (1935))

Reiner, Andreas: Das neue österreichische Schiedsrecht, Wien 2006; (zit.: Reiner, Österreichisches Schiedsrecht)

Reinhard, Jakob W.: Klageerhebung und Beklagtenschutz nach US-amerikanischem und deutschem Zivilprozessrecht: eine Untersuchung der US-amerikanischen Federal Rules of Civil Procedure und der ZPO am Beispiel ausgewählter Rechtsfragen, Berlin 2006; (zit.: Reinhard, Klageerhebung und Beklagtenschutz)

Reinisch, August: The Use and Limits of res judicata and Lis Pendens as Procedural Tools to Avoid Conflicting Dispute Settlement Outcomes, in: The Law and Practice of international Courts and Tribunals, Leiden, The Netherlands 2004; Seiten: 37-77; (zit.: Reinisch, 3 Law & Prac. Int'l Cts. & Tribunals 37 (2004))

Reiß, Stefan Konrad: Obligatorische Streitschlichtung: eine empirische Untersuchung der Schlichtungspraxis in Baden-Württemberg, Tübingen 2003; (zit.: Reiß, Obligatorische Streitschlichtung)

Reithmann, Christoph/Martiny, Dieter: Internationales Vertragsrecht: das internationale Privatrecht der Schuldverträge, 7. Auflage, Köln 2010; (zit.: Reithmann/ Martiny, Internationales Vertragsrecht)

Rensmann, Thilo: 'Anational Arbitral Awards – Legal Phenomenon or Academic Phantom?', in: Journal of International Arbitration, Volume 15, 1998, Seiten: 37-65; (zit.: Rensmann, 15 J. Int'l Arb. (1998))

Reuß, Philipp M.: Internationale Rechtshängigkeit im Zivilprozess, in: Jura 2009, Seiten: 1-8; (zit.: Reuß, Jura 2009)

Riegler, Stefan/Petsche, Alexander/Fremuth-Wolf, Alice/Platte, Martin/Liebscher, Christoph: Arbitration Law of Austria: Practice and Procedure, New York, 2007; (zit.: Riegler/Petsche/ u.a.-*Bearbeiter*))

Riezler, Erwin: Internationales Zivilprozessrecht und prozessuales Fremdenrecht, Berlin u. a. 1949; (zit.: Riezler, Internationales Zivilprozessrecht)

Rimmelspacher, Bruno: Zur Prüfung von Amts wegen im Zivilprozess, Göttingen 1966; (zit.: Rimmelspacher, Zur Prüfung von Amts wegen im Zivilprozess)

Rimmelspacher, Bruno: Materiellrechtlicher Anspruch und Streitgegen-standsprobleme im Zivilprozeß, Göttingen 1970; (zit.: Rimmelspacher, Materiellrechtlicher Anspruch)

Risse, Jörg: Anmerkung zu BGH Urteil vom 14.9.2000 – III ZR 33/00, in: Recht und Praxis der Schiedsgerichtsbarkeit, 6. Beilage zum Betriebs-Berater 2001, Seiten: 11-12; (zit.: Risse, RPS BB-Beil. 06/2001)

Risse, Jörg: Das Mediationsgesetz – eine Kommentierung, in: SchiedsVZ 2012, Seiten: 244-254; (zit.: Risse, SchiedsVZ 2012)

Risse, Jörg: Wirtschaftsmediation, München 2003; (zit.: Risse, Wirtschaftsmediation)

Römer, Wolfgang: Der Ombudsmann für private Versicherungen, in: NJW 2005, Seiten: 1251-1255; (zit.: Römer, NJW 2005)

Rosenberg, Leo: Lehrbuch des Deutschen Zivilprozessrechts, 1. Auflage, Berlin 1927; (zit.: Rosenberg, Lehrbuch Zivilprozessrecht)

Rosenberg, Leo/Schwab, Karl Heinz/Gottwald, Peter: Zivilprozessrecht, 17. Auflage, München 2010; (zit.: Rosenberg/Schwab/Gottwald)

Rüssel, Ulrike: Das Gesetz zur Förderung der außergerichtlichen Streitbeilegung – der Weg zu einer neuen Streitkultur?, in: NJW 2000, Seiten: 2800-2802; (zit.: Rüssel, NJW 2000)

Sachs, Michael (Hrsg.): Grundgesetz: Kommentar, 6. Auflage, München 2011; (zit.: Sachs-*Bearbeiter*)

Saenger, Ingo (Hrsg.): Zivilprozessordnung, Handkommentar, 5. Auflage, Baden-Baden 2013; (zit.: HK/ZPO-B*earbeiter*)

Samuel, Adam: Jurisdictional Problems in International Commercial Arbitration: A Study of Belgian, Dutch, English, French, Swedish, Swiss, U.S. and West German Law, Zürich 1989; (zit.: Samuel, Jurisdictional Problems)

Sanders, Pieter: A Twenty Years Review of the Convention on the Recognition and Enforcement of Foreign Arbitral Awards, in: The International Lawyer, Volume 13, 1979; Seiten: 269-287; (zit.: Sanders, 13 Int. Law (1979))

Sandrock, Otto: Welche Verfahrensregeln hat ein internationales Schiedsgericht zu befolgen?, in: Festschrift für Ottoarndt Glossner zum 70. Geburtstag, Heidelberg 1994; Seiten: 281-310; (zit.: Sandrock, in: FS Glossner)

Sandrock, Otto: Gerichts- oder Schiedsklauseln in Verträgen zwischen US-amerikanischen und deutschen Unternehmen: Was ist zu empfehlen?, in: Festschrift für Ernst W. Stiefel zum 80. Geburtstag, München 1987; Seiten: 625-664; (zit.: Sandrock, in: FS Stiefel)

Sandrock, Otto: Zum ordre public bei der Anerkennung und Vollstreckung ausländischer Schiedssprüche „Local remedies", Unparteilichkeit und Unabhängigkeit von Schiedsrichtern, in: IPRax 2001; Seiten: 550-557; (zit.: Sandrock, IPRax 2001)

Sandrock, Otto: Wann wird ein ausländischer Schiedsspruch im Sinne des Art. V Abs. 1 Buchst, (e) der New Yorker Konvention und des § 1044 ZPO „verbindlich"?, in: Festschrift für Reinhold Trinkner zum 65. Geburtstag, Heidelberg 1995; Seiten: 669-702; (zit.: Sandrock, in: FS Trinkner)

Sareika, Wieland: Zu den Begriffen der Schiedsgerichtsbarkeit, in: ZZP 90 (1977), Seiten: 285-299; (zit.: Sareika, ZZP 90 (1977))

Saucken, Alexander von: Die Reform des österreichischen Schiedsver-fahrensrechts auf der Basis des UNCITRAL-Modellgesetzes über die Internationale Handelsschiedsgerichtsbarkeit, Frankfurt a. M. 2004; (zit.: v. Saucken, Reform Schiedsverfahrensrecht)

Savigny, Carl von: Das System des heutigen römischen Rechts, Band VI, 2. Neudruck der Ausgabe Berlin, 1847, Aalen 1981; (zit.: v. Savigny, System römischen Rechts)

Sawang, Judith: Geheimhaltung und rechtliches Gehör im Schiedsverfahren nach deutschem Recht, Tübingen 2010; (zit.: Sawang, Rechtliches Gehör)

Schack, Haimo: Die Versagung der deutschen internationalen Zuständigkeit wegen forum non conveniens und lis alibi pendens, in: RabelsZ, Volume 58, 1994, Seiten: 41-58; (zit.: Schack, RabelsZ 58 (1994))

Schack, Haimo: Einführung in das US-amerikanische Zivilprozessrecht, 5. Auflage, München 2011; (zit.: Schack, Einführung Zivilprozessrecht)

Schack, Haimo: Internationales Zivilverfahrensrecht, 6. Auflage, München 2014; (zit.: Schack, IZVR)

Schäfer, Ulrike A.: Die Einrede der Kompetenz-Kompetenz des Schiedsgerichts, in: Festschrift für Wolfram Henckel zum 70. Geburtstag am 21. April 1995, Berlin u.a. 1995, Seiten: 723-735; (zit.: Schäfer, in: FS Henckel)

Schellhammer, Kurt: Zivilprozess, 14. Auflage, Heidelberg u. a. 2012; (zit.: Schellhammer, Zivilprozess)

Schiedermair, Gerhard: Vereinbarungen im Zivilprozeß, Bonn 1935; (zit.: Schiedermair, Vereinbarungen im Zivilprozeß)

Schiffer, Karl Jan: Wirtschaftsschiedsgerichtsbarkeit: Die erfolgreiche außergerichtliche Streitlösung, Köln u. a. 1999; (zit.: Schiffer, Wirtschaftsschiedsgerichts-barkeit)

Schilken, Eberhard: Zur Bedeutung der Anhängigkeit im Zivilprozeß, in: JR 1984, Seiten: 446-450; (zit.: Schilken, JR 1984)

Schilken, Eberhard: Probleme der außergerichtlichen obligatorischen Streitschlichtung aufgrund der Öffnungsklausel nach § 15a EGZPO, in: Festschrift für Akira Ishikawa zum 70. Geburtstag, Berlin 2001, Seiten: 471-484; (zit.: Schilken, in: FS Ishikawa)

Schilken, Eberhard: Zur Rechtsnatur der Ermittlung ausländischen Rechts nach § 293 ZPO, in: Festschrift für Ekkehard Schumann zum 70. Geburtstag, Tübingen 2001, Seiten: 373-388; (zit.: Schilken, in: FS Schumann)

Schill, Stephan W.: Schiedsverfahren im öffentlichen Recht aus rechtsvergleichender Perspektive, in: SchiedsVZ 2012, Seiten: 335-336; (zit.: Schill, SchiedsVZ 2012)

Schindler, Thomas: Die Restatements und ihre Bedeutung für das amerikanische Privatrecht, in: ZeuP 1998, Seiten: 277-295; (zit.: Schindler, ZeuP 1998)

Schlosser, Peter: Rezension zu Campbell McLachlan: Lis Pendens in international Litigation, in: 124 ZZP (2011); Seiten: 391-396; (zit.: Schlosser, ZZP 124 (2011))

Schlosser, Peter: Arbitral Tribunals or State Courts – Who must defer to whom ?; in: ASA Special Series No. 15, 2001, Seiten: 15-34; (zit.: Schlosser, in: Special Series (2001))

Schlosser, Peter: Das Recht der internationalen privaten Schiedsgerichtsbarkeit, 2. Auflage, Band 1, Tübingen 1989; (zit.: Schlosser, Internationale Schiedsgerichtsbarkeit)

Schlosser, Peter: Gestaltungsklagen und Gestaltungsurteile, Bielefeld 1966; (zit.: Schlosser, Gestaltungsklagen)

Schlosser, Peter: Einverständliches Parteihandeln im Zivilprozess, Tübingen 1968; (zit.: Schlosser, Einverständliches Parteihandeln)

Schlosser, Peter: Die objektive Schiedsfähigkeit des Streitgegen-standes – eine rechtsvergleichende und internationale Studie, in: Festschrift für Hans W. Fasching zum 65. Geburtstag, Wien 1988; Seiten: 405-438; (zit.: Schlosser, in: FS Fasching)

Schmidt, Karsten: Schiedsfähigkeit von GmbH-Beschlüssen – Eine Skizze mit Ausblicken auf das Recht der AG und der Personengesellschaften –, in: ZRG 1988, Seiten: 523-541; (zit.: Schmidt, ZRG 1988)

Schmidt-Ahrendts, Nils/Höttler, Philipp: Anwendbares Recht bei Schiedsverfahren mit Sitz in Deutschland, in: SchiedsVZ 2011, Seiten: 267-276; (zit.: Schmidt-Ahrendts/Höttler, SchiedsVZ 2011)

Schmidt-Bleibtreu, Bruno (Begr.)/Hofmann, Hans (Hrsg.)/ Brockmeyer, Hans-Bernhard: GG – Kommentar zum Grundgesetz, 12. Auflage, Köln 2011; (zit.: Schmidt-Bleibtreu-*Bearbeiter*, Grundgesetz Kommentar)

Schollmeyer, Friedrich: Die Compensationseinrede im Deutschen Reichs-Civilproceß; Berlin u. a. 1884; (zit.: Schollmeyer, Compensationseinrede)

Schopflocher, Ernst H.: Civilprocedure: A Comparative Study Of Some Principel Features Under German And American Law, in: Wisconsin Law Review, 1940, Seiten: 234-264; (zit.: Schopflocher, Wis. L. Rev. (1940))

Schönke, Adolf: Das Rechtsschutzbedürfnis – Ein zivilprozessualer Grundbegriff, in: AcP 150 (1949), Seiten: 216-234; (zit.: Schönke, AcP 150 (1949))

Schottelius, Dieter J.: Die kaufmännische Schiedsgerichtsbarkeit: eine vergleichende Darstellung des Schiedsgerichts der Bremer Baumwollbörse mit den Bremer und Hamburger ständigen Schiedsgerichten und ausländischen Baumwollschiedsgerichten, Bremen 1953; (zit.: Schottelius, Die kaufmännische Schiedsgerichtsbarkeit)

Schreiber, Klaus: Schiedsgericht und Verjährung, in: Festschrift für Rolf A. Schütze zum 65. Geburtstag, München 1999, Seiten: 807-820; (zit.: Schreiber, in: FS Schütze)

Schroeter, Ulrich: Der Antrag auf Feststellung der Zulässigkeit eines schiedsrichterlichen Verfahrens gemäß § 1032 Abs. 2 ZPO, in: SchiedsVZ 2004, Seiten: 288-296; (zit.: Schroeter, SchiedsVZ 2004)

Schubert, Werner (Hrsg.): Protokolle der Kommission zur Ausarbeitung des Entwurfs einer Civilprozessordnung für die Staaten des Norddeutschen Bundes, Frankfurt am Main 1985 (Neudruck der Ausgabe von 1968 (Berlin), Band 2; (zit.: Protokolle der Kommission zur Ausarbeitung des Entwurfs einer Civilprozessordnung für die Staaten des Norddeutschen Bundes)

Schulte, Norbert: Die anderweitige (ausländische) Rechtshängigkeit im US-amerikanischen Zivilprozess, Berlin 2001; (zit.: Schulte, Anderweitige Rechtshängigkeit)

Schultzenstein, Max: Verhältnis zwischen schiedsrichterlichem und zivilprozessualem Verfahren, in: ZZP 41 (1911), Seiten: 351-369; (zit.: Schultzenstein, ZZP 41 (1911))

Schulze, Jörn-Christian: Letztwillig eingesetzte Schiedsgerichte, in: MDR 2000, Seiten: 314-318; (zit.: Schulze, MDR 2000)

Schulze, Jörn-Christian: Grenzen der objektiven Schiedsfähigkeit im Rahmen des § 1030 ZPO: Eine Betrachtung der Schiedsfähigkeit nach der Schiedsverfahrensrechtsreform, Frankfurt am Main 2003, (zit.: Schulze, Grenzen der objektiven Schiedsfähigkeit)

Schumann, Ekkehard: Der Einwand internationaler Rechtshängigkeit am Beispiel paralleler deutsch-türkischer Ehescheidungsverfahren, in: IPRax 1986, Seiten: 14-15; (zit.: Schumann, IPRax 1986)

Schumann, Ekkehard: Internationale Rechtshängigkeit (Streitanhängigkeit), in: Festschrift für Winfrid Kralik zum 65. Geburtstag, Wien 1986; Seiten: 301-316; (zit.: Schumann, in: FS Kralik)

Schumann, Ekkehard: Relativität der Rechtshängigkeit. Zugleich ein Beitrag zu § 1933 und § 2077 BGB, in: Festschrift für Gerhard Lüke zum 70. Geburtstag, München 1997, Seiten: 767-792; (zit.: Schumann, in: FS Lüke)

Schurtman, William/Walter, Otto L.: Der amerikanische Zivilprozess: ein Überblick für die Praxis, Frankfurt am Main 1978; (zit.: Schurtman/Walter, Amerikanischer Zivilprozess)

Schütte, Hans-Edgar: Die Einsetzung von Schiedsgerichten durch die Satzungen juristischer Personen des Privatrechts, Regensburg 1969; (zit.: Schütte, Einsetzung von Schiedsgerichten)

Schütze, Rolf A.: Überlegungen zur Anerkennung und Vollstreckbarerklärung US-amerikanischer Zivilurteile in Deutschland – Zur Kumulierung von Ordre-Public-Verstößen, in: Festschrift für Reinhold Geimer zum 65. Geburtstag, München 2002; Seiten: 1025-1042; (zit.: Schütze, in: FS Geimer)

Schütze, Rolf A.: Die Berücksichtigung der Rechtshängigkeit eines ausländischen Verfahrens, in: RabelsZ 31 1967, Seiten: 233-253; (zit.: Schütze, RabelsZ 31 (1967))

Schütze, Rolf A.: Deutsche Institution für Schiedsgerichtsbarkeit e.V.: Praxisbezogene Anmerkungen, in: SchiedsVZ 2003, Seiten: 179-180; (zit.: Schütze, SchiedsVZ 2003)

Schütze, Rolf A.: Deutsch-amerikanische Urteilsanerkennung, Berlin u. a. 1992; (zit.: Schütze, Deutsch-amerikanische Urteilsanerkennung)

Schütze, Rolf A.: Ausgewählte Probleme des deutschen und internationalen Schiedsverfahrensrechts, Köln u. a. 2006; (zit.: Schütze, Ausgewählte Probleme)

Schütze, Rolf A./Tscherning, Dieter/Wais, Walter: Handbuch des Schiedsverfahrens, 2. Auflage, Berlin u. a. 1990; (Schütze/Tscherning/Wais, Handbuch Schiedsverfahren)

Schütze, Rolf A.: Die Wirkungen ausländischer Rechtshängigkeit in inländischen Verfahren, in: ZZP 104 (1991), Seiten: 136-149; (zit.: Schütze, ZZP 104 (1991))

Schütze, Rolf A.: Schiedsgericht und Schiedsverfahren, 5. Auflage, München 2012; (zit.: Schütze, Schiedsgericht und Schiedsverfahren)

Schütze, Rolf A.: Schiedsgericht und Schiedsverfahren, 4. Auflage, München 2007; (Schütze, Schiedsgericht und Schiedsverfahren (4. Auflage))

Schütze, Rolf A.: Rechtsverfolgung im Ausland - Prozessführung vor ausländischen Gerichten und Schiedsgerichten, 4. Auflage, Berlin 2009; (zit.: Schütze, Rechtsverfolgung im Ausland)

Schütze, Rolf A.: Die Berücksichtigung der Rechtshängigkeit eines ausländischen Verfahrens, in: NJW 1963, Seiten: 1486-1487; (zit.: Schütze, NJW 1963)

Schütze, Rolf A.: Zur Internationalen Rechtshängigkeit im deutschen Recht, in: Festschrift für Kostas E. Beys zum 70. Geburtstag, Band 1, Athen 2003, Seiten: 1501-1514; (zit.: Schütze, in: FS Beys)

Schütze, Rolf A. (Hrsg.): Institutionelle Schiedsgerichtsbarkeit: Kommentar, 2. Auflage, Köln u. a. 2011; (zit.: Schütze-*Bearbeiter*)

Schütze, Rolf A.: Armut im internationalen Schiedsverfahren - Kollisionsrechtliche Aspekte –, in: Festschrift für Peter Schlosser zum 70. Geburtstag, Tübingen 2005, Seiten: 867-876; (zit.: Schütze, in: FS Schlosser)

Schwab, Karl Heinz: Schiedsrichterernennung und Schiedsrichtervertrag, in: Festschrift für Gerhard Schiedermair zum 70. Geburtstag, München 1976, Seiten: 499-516; (zit.: Schwab, in: FS Schiedermair)

Schwab, Karl Heinz/Walter, Gerhard/Baumbach, Adolf (Begr.): Schiedsgerichtsbarkeit; 5. Auflage, München 1995; (zit.: Schwab/Walter, Schiedsgerichtsbarkeit (5. Auflage))

Schwab, Karl Heinz/Walter, Gerhard/Baumbach, Adolf (Begr.): Schiedsgerichtsbarkeit, 7. Auflage, München 2005; (zit.: Schwab/Walter, Schiedsgerichtsbarkeit)

Schwab, Karl Heinz: Streitgegenstand im Zivilprozeß, München u.a. 1954; (zit.: Schwab, Streitgegenstand im Zivilprozeß)

Schwab, Karl Heinz: Noch einmal: Bemerkungen zum Streitgegenstand, in: Festschrift für Gerhard Lüke zum 70. Geburtstag, München 1997, Seiten: 793-808; (zit.: Schwab, in: FS Lüke)

Schwab, Karl Heinz/Gottwald, Peter: Verfassung und Zivilprozess, Bielefeld 1984; (zit.: Schwab/Gottwald, Verfassung und Zivilprozess)

Schwab, Karl Heinz: Gegenwartsprobleme der deutschen Zivilprozeßrechtswissenschaft, in: JuS 1976, Seiten: 69-74; (zit.: Schwab, JuS 1976)

Schwab, Karl Heinz: Wandlungen der Schiedsfähigkeit, in: Festschrift für Wolfram Henckel zum 70. Geburtstag am 21. April 1995, Berlin 1995, Seiten: 803-816; (zit.: Schwab, in: FS Henckel)

Schwalbach, Theodor: Über Rechtshängigkeit und formelle Rechtskraft, in: AcP 64, 1881, Seiten: 256-307; (zit.: Schwalbach, AcP 64 (1881))

Schwander, Ivo: Ausländische Rechtshängigkeit nach IPR-Gesetz und Lugano-Übereinkommen, in: Festschrift für Oscar Vogel, Fribourg 1991, S. 395-418; (zit.: Schwander, in: FS Vogel)

Schwartz, Johann Christoph: Absolute Rechtskraft und heutiges Deutsches Recht, in: Festgabe für Heinrich Dernburg zum fünfzigjährigen Doktorjubiläum, Berlin 1900, Seiten: 309-347; (zit.: Schwartz, in: FG Dernburg)

Schwenn, Kirstin: „Toll Collect: Bund erwägt Trennung", Frankfurter Allgemeine Zeitung, abgerufen am 15.2.2013; (zit.: Schwenn, "Toll Collect – Bund erwägt Trennung", in: Frankfurter Allgemeine Zeitung)

Seuffert, L.: Besprechung Schollmeyer, Die Compensationseinrede im Deutschen Reichscivilprozeß, in: Kritische Vierteljahresschrift für Gesetzgebung und Rechtswissenschaft (KrVSchr), Band 27, 1885, Seiten: 472-477; (zit.: Seuffert, in: KrVSchr. 27)

Shalakany, Amr A.: Arbitration and the Third World: A Plea for Reassessing Bias under the Specter of Neoliberalism, in: Harvard International Law Journal (Harv. Int'l L. J.), Volume 41, 2000; Seiten: 419-468; (zit.: Shalakany, 41 Harv. Int'l L. J. (2000))

Siehr, Kurt: Rechtshängigkeit im Ausland und das Verhältnis zwischen staatsvertraglichen sowie autonomen Anerkennungsvorschriften, in: IPRax 1989, Seiten: 93-96; (zit.: Siehr, IPRax 1989)

Slaughter, Anne-Marie: A Clobal Community of Courts, in: Harvard International Law Journal (Harv. Int'l L. J.), Volume 44, 2003; Seiten: 191-219; (zit.: Slaughter, 44 Harv. Int'l L. J. (2003))

Smid, Stefan: Gewährleistung eines fairen Schiedsgerichtsverfahrens, in: DZWir 1995, Seiten: 441-446; (zit.: Smid, DZWir 1995)

Smit, Hans: The Arbitration Clause: Who Determines its Validity and its Personal and Subject Matter Reach?, in: The American Review of International Arbitration (Am. Rev. Int'l Arb.), Volume 6, 1995, Seiten: 395 ff.; (zit.: Smit, 6 Am. Rev. Int'l Arb. (1995))

Smit, Hans: Elements of International Arbitration in the United States, in: The American Review of International Arbitration, Volume 1, 1990; Seiten: 64 ff.; (zit.: Smit, 1 Am. Rev. Int'l Arb. (1990))

Söderlund, Christer: Lis Pendens, Res Judicata and the Issue of Parallel Judicial Proceedings, in: Journal of International Arbitration, Volume 22, 2005; Seiten: 301-322; (zit.: Söderlund, 22 J. Arb. Int'l (2005))

Solomon, Dennis: Die Verbindlichkeit von Schiedssprüchen in der internationalen privaten Schiedsgerichtsbarkeit, München 2007; (zit.: Solomon, Verbindlichkeit)

Sonnauer, Heinz: Die Kontrolle der Schiedsgerichte durch die staatlichen Gerichte, Köln 1992; (zit.: Sonnauer, Kontrolle der Schiedsgerichte)

Späth, Patrick: Zum gegenwärtigen Stand der Doctrine of Comity im Recht der Vereinigten Staaten von Amerika, in: IPRax 2006, Seiten: 184-193; (zit.: Späth, IPRax 2006)

Spohnheimer, Frank: Die Vorabentscheidung über die (Un-) Zulässigkeit des schiedsgerichtlichen Verfahrens nach § 1032 Abs. 2 ZPO durch staatliche Gerichte, in: Festschrift für Gerhard Käfer, Saarbrücken 2009, Seiten: 357-385; (zit.: Spohnheimer, in: FS Käfer)

Spohnheimer, Frank: Gestaltungsfreiheit bei antezipiertem Legalanerkenntnis des Schiedsspruchs, Tübingen 2010; (zit.: Spohnheimer, Gestaltungsfreiheit bei antezipiertem Legalanerkenntnis des Schiedsspruchs)

Staudinger, Julius von (Begr.): Kommentar zum Bürgerlichen Gesetzbuch mit Einführungsgesetz und Nebengesetzen Einleitung zum BGB; Buch 1 Allgemeiner Teil, §§ 1-14; VersG, Berlin 2004; (zit.: v. Staudinger-*Bearbeiter*)

Stein, Friedrich/Jonas, Martin: Kommentar zur Zivilprozessordnung, Band 1, §§ 1-252, 20. Auflage; Tübingen 1984; (zit.: Stein/Jonas-*Bearbeiter* (20. Auflage))

Stein, Friedrich/Jonas, Martin: Kommentar zur Zivilprozessordnung, Band 1, Einleitung, §§ 1-40, 22. Auflage, Tübingen 2003; (zit.: Stein/Jonas-*Bearbeiter*)

Stein, Friedrich/Jonas, Martin: Kommentar zur Zivilprozessordnung, Band 2, §§ 41-127a, 22. Auflage, Tübingen 2004; (zit.: Stein/Jonas-*Bearbeiter*)

Stein, Friedrich/Jonas, Martin: Kommentar zur Zivilprozessordnung, Band 3, §§ 128-252, 22. Auflage, Tübingen 2005; (zit.: Stein/Jonas-*Bearbeiter*)

Stein, Friedrich/Jonas, Martin: Kommentar zur Zivilprozessordnung, Band 3, §§ 253-299a, 21. Auflage, Tübingen 1997; (zit.: Stein/Jonas-*Bearbeiter* (21. Auflage))

Stein, Friedrich/Jonas, Martin: Kommentar zur Zivilprozessordnung, Band 4, §§ 253-327, 22. Auflage, Tübingen 2008; (zit.: Stein/Jonas-*Bearbeiter*)

Stein, Friedrich/Jonas, Martin: Kommentar zur Zivilprozessordnung, Band 4, Teilband 2, §§ 883-1048, 20. Auflage, Tübingen 1988; (zit.: Stein/Jonas-*Bearbeiter* (20. Auflage))

Stein, Friedrich/Jonas, Martin: Kommentar zur Zivilprozessordnung, Band 4, Teilband 1, §§ 300-347, 21. Auflage, Tübingen 1998; (zit.: Stein/Jonas-*Bearbeiter* (21. Auflage))

Stein, Friedrich/Jonas, Martin: Kommentar zur Zivilprozessordnung, Band 5, §§ 328-510b, 22. Auflage, Tübingen 2006; (zit.: Stein/Jonas-*Bearbeiter*)

Stein, Friedrich/Jonas, Martin: Kommentar zur Zivilprozessordnung, Band 7, §§ 704-827, 22. Auflage, Tübingen 2002; (zit.: Stein/Jonas-*Bearbeiter*)

Stein, Friedrich/Jonas, Martin: Kommentar zur Zivilprozessordnung, Band 5, Teilband 1, §§ 511-591, 21. Auflage, Tübingen 1994; (zit.: Stein/Jonas-*Bearbeiter* (21. Auflage))

Stein, Friedrich/Jonas, Martin: Kommentar zur Zivilprozessordnung, Band 7, Teilband 2, §§ 946-1048 EG ZPO, 21. Auflage, Tübingen 1994; (zit.: Stein/Jonas-*Bearbeiter* (21. Auflage))

Stein, Friedrich/Jonas, Martin: Kommentar zur Zivilprozessordnung, Band 9, §§ 916-1068 EG ZPO, 22. Auflage, Tübingen 2008; (zit.: Stein/Jonas-*Bearbeiter*)

Stein, Ursula: Lex mercatoria: Realität und Theorie, Frankfurt am Main 1995; (zit.: Stein, Lex mercatoria)

Steinbrück, Ben: Die Unterstützung ausländischer Schiedsverfahren durch staatliche Gerichte, Tübingen 2009; (zit.: Steinbrück, Unterstützung ausländischer Schiedsverfahren)

Steiner, Udo: Das Verhältnis Schiedsgerichtsbarkeit und staatlicher Gerichtsbarkeit, in: SchiedsVZ 2013, Seiten: 15-19; (zit.: Steiner, SchiedsVZ 2013)

Stober, Rolf: Staatsgerichtsbarkeit und Schiedsgerichtsbarkeit, in: NJW 1979, Seiten: 2001-2008; (zit.: Stober, NJW 1979)

Straatmann, Kuno: Die Qualitätsarbitrage – eine Rechtsschöpfung des Überseehandels, in: Festschrift für Rolf Stödter zum 70. Geburtstag, Hamburg 1979, Seiten: 109-132; (zit.: Straatmann, in: FS Stödter)

Stumpf, Herbert: Vor- und Nachteile des Verfahrens vor Schiedsgerichten gegenüber Verfahren vor Ordentlichen Gerichten, in: Festschrift für Arthur Bülow zum 80. Geburtstag, Köln u. a. 1981, Seiten: 217-227; (zit.: Stumpf, in: FS Bülow)

Stürner, Rolf: Europäische Urteilsvollstreckung nach Zustellungsmängeln, in: Festschrift für Heinrich Nagel zum 75. Geburtstag, Münster 1987, Seiten: 446-456; (zit.: Stürner, in: FS Nagel)

Stürner, Rolf: Preclusive Effects of Foreign Judgments – The European Tradition, in: Stürner, Rolf (Hrsg.), Kawano, Masanori (Hrsg.) Current Topics of international litigation, Tübingen 2009; Seiten: 239-255; (zit.: Stürner, in: Stürner/Kawano, Topics of International Litigation)

Stürner, Rolf: Rechtskraft in Europa, in: Festschrift für Rolf A. Schütze zum 65. Geburtstag, München 1999, Seiten: 913-934; (zit.: Stürner, in: FS Schütze)

Stürner, Rolf: Die richterliche Aufklärung im Zivilprozeß, Tübingen 1982; (zit.: Stürner, Richterliche Aufklärung)

Stürner, Rolf: Die Vereinbarkeit von treble damages mit dem deutschen ordre public, in: Festschrift für Peter Schlosser zum 70. Geburtstag, Tübingen 2005; Seiten: 967-983; (zit.: Stürner, in: FS Schlosser)

Surrency, Erwin C.: History of the federal courts, 2. Auflage New York 2002; (zit.: Surrency, Federal Courts)

Sutter-Somm, Thomas/Hasenböhler, Franz/Leuenberger, Christoph: Kommentar zur Schweizerischen Zivilprozessordnung (ZPO), Zürich 2011; (zit.: Sutter-Somm/ Hasenböhler/Leuenberger-*Bearbeiter*, CH ZPO)

The American Law Institute (Hrsg): Restatement of the Law, Second, Conflict of the Law, (Second), Stand: 1971, §§ 1 to 221; (zit.: Restatement of the Law (Second), Conflict of the laws, § (1971))

The American Law Institute (Hrsg.): Restatement of the Law, Second, Torts, Stand: 1977, §§ 504-707A, (zit.: Restatement of the Law (Second), Torts § (1977))

The American Law Institute (Hrsg.): Restatement of the Law, Second, Judgments, Stand: 1982, §§ 43-End; (zit.: Restatement of the Law (Second), Judgments § (1982))

The American Law Institute (Hrsg.): Restatement of the Law, Second, Judgments, Stand: 1982, §§ 1-42-; (zit.: Restatement of the Law, Second, Judgments, § (1982))

The American Law Institute (Hrsg.): Restatement of the Law, Third, The Foreign Relations Law of the United States, Stand: 1987; §§ 1-488; (zit.: Restatement of the Law (Third), The Foreign Relations Law of the United States, § (1987))

Thiel, Sophie/Pörnbacher, Karl: Kostenentscheidungen und Kompetenz des Schiedsgerichts – Probleme aus der Praxis, in: SchiedsVZ 2007, Seiten: 295-300; (zit.: Thiel/Pörnbacher, SchiedsVZ 2007)

Thomas, Heinz/Putzo, Hans: Zivilprozessordnung, Kommentar, 35. Auflage, München 2014; (zit.: Thomas/Putzo-*Bearbeiter*)

Thümmel, Roderich C.: Internationale Schiedsverfahren zwischen Effizienzanforderungen und zunehmender Komplexität, in: Festschrift für Athanassios Kaissis zum 65. Geburtstag, München 2012, Seiten: 1027-1037; (zit.: Thümmel, in: FS Kaissis)

Triebel, Volker/Coenen, Tilman: Parallelität von Schiedsverfahren und staatlichem Gerichtsverfahren, in: International Journal of Dispute Resolution, 5. Beilage zum Betriebs Berater 2003, Seiten: 2-8; (zit.: Triebel/Coenen, IDR BB-Beil. 05/2003)

Vetter, Eberhard: Schiedsgerichtsbarkeit der American Arbitration Association, in: Recht der Internationalen Wirtschaft 1993, Seiten: 191-198; (zit.: Vetter, RIW 1993)

Vicuña, Francisco Orrego: Lis pendens arbitralis, in: Cremades, Bernardo (Hrsg.), Lew, Julian D. M. (Hrsg.), Parallel State and Arbitral Proceedings in International Arbitration, ICC Publication No. 692, Paris 2006; Seiten: 207-218; (zit.: Vicuña, in: Cremades/Lew, Parallel Proceedings)

Vogel, Oscar: Rechtshängigkeit und materielle Rechtskraft im internationalen Verhältnis, in: Schweizerische Juristen-Zeitung (SJZ) 1990, Seiten: 77-84; (zit.: Vogel, JSZ 1990))

Voit, Wolfgang: Privatisierung der Gerichtsbarkeit, in: JZ 1997, Seiten: 120-125; (zit.: Voit, JZ 1997)

Vollkommer, Max: Zum „Streitgegenstand" im Mahnverfahren, in: Festschrift für Egon Schneider zum 70. Geburtstag, Herne u. a. 1997; Seiten: 231-248; (zit.: Vollkommer, in: FS Schneider)

Wagner, Gerhard: Prozeßverträge: Privatautonomie im Verfahrens-recht, Tübingen 1998; (zit.: Wagner, Prozeßverträge)

Wagner, Philipp K.: Anmerkung zum BGH-Urteil vom 6.4.2009 – ZR II 255/08 (OLG Köln), in: GWR 2009, Seite: 110 (zit.: Wagner, GWR 2009)

Walter, Gerhard/Wackenhuth Michael: Zur „ordnungsgemäßen Vertretung" der Parteien im Rahmen eines internationalen Schiedsverfahrens, in: IPRax 1985; Seiten: 200-203; (zit.: Walter/Wackenhuth, IPRax 1985)

Walter, Gerhard: Internationale Schiedsgerichtsbarkeit in der Schweiz- ein Rechtsprechungsbericht, in: ZZP Int. 6 (2001), Seiten: 347-355; (zit.: Walter, ZZPInt 6 (2001))

Walter, Gerhard: Die Vollstreckbarerklärung als Voraussetzung bestimmter Wirkungen des Schiedsspruchs, in: Festschrift für Karl Heinz Schwab zum 70. Geburtstag, München 1990, Seiten: 539-560; (zit.: Walter, in: FS Schwab)

Walter, Gerhard: Der nicht niedergelegte Schiedsspruch (zu § 1039 Abs. 3 n. F. ZPO), in: RIW 1988, Seiten: 945-950; (zit.: Walter, RIW 1988)

Walter, Helmut: Die schiedsrichterliche Unabhängigkeit in der privaten Schiedsgerichtsbarkeit im deutschen und angloamerikanischen Recht, München 1986; (zit.: Walter, Die schiedsrichterliche Unabhängigkeit)

Ware, Stephen, J.: Alternative Dispute Resolution, 2. Auflage, St. Paul: Minnesota 2007; (zit.: Ware, ADR)

Weigand, Frank-Bernd: Practitioner's Handbook on International Commercial Arbitration, 2. Auflage, Oxford u. a. 2009; (zit.: Weigand, Practitioner's Handbook)

Weigand, Frank-Bernd: Der nebenberuflich tätige Schiedsrichter – Auswahlkriterien und Erwartungen der Parteien an ihren privaten Richter, in: Festschrift für Peter Schlosser zum 70. Geburtstag, Tübingen 2005, Seiten: 1081-1102; (zit.: Weigand, in: FS Schlosser)

Weigand, Frank-Bernd: Practitioner's Handbook on International Commercial Arbitration, 1. Auflage, München 2002; (zit.: Weigand, Practitioner's Handbook (1. Auflage))

West Publishing Company (Hrsg.): Corpus Juris Secundum, Actions, Volume 1A, Stand: Dezember 2012; (zit.: 1A C.J.S., Actions)

West Publishing Company (Hrsg.): Corpus Juris Secundum, Conflict of Laws, Volume 15A, Stand: Dezember 2012; (zit.: 15A C.J.S., Conflict of Laws)

West Publishing Company (Hrsg.): Corpus Juris Secundum, Lis pendens, Volume 54, Stand: Dezember 2012 (zit.: 54 C.J.S., Lis pendens)

West Publishing Company (Hrsg.): Corpus Juris Secundum, Arbitration, Volume 6, Stand: Dezember 2012; (zit.: 6 C.J.S., Arbitration)

West Publishing Company (Hrsg.): Corpus Juris Secundum, Conflict of Laws, Volume 15; Stand: 1967; (zit.: 15A C.J.S., Conflict of Laws (1967))

West Publishing Company (Hrsg.): Corpus Juris Secundum, Federal Courts, Volume 36, Stand: Dezember 2012; (zit.: 36 C.J.S., Federal Courts)

West Publishing Company (Hrsg.): Corpus Juris Secundum, Abatement and Revival, Volume 1, Stand: Dezember 2012; (zit.: 1 C.J.S., Abatement and Revival)

West Publishing Company (Hrsg.): Corpus Juris Secundum, Judgments, Volume 50, Stand: Dezember 2012; (zit.: 50 C.J.S., Judgments)

Wieczorek, Bernhard (Begr.)/Schütze, Rolf A. (Hrsg.): Zivilprozessordnung und Nebengesetze, Band 4, §§ 253-299a, 4. Auflage, München 2013; (zit.: Wieczorek/Schütze-*Bearbeiter*)

Wieczorek, Bernhard (Begr.)/Schütze, Rolf A. (Hrsg.): Zivilprozessordnung und Nebengesetze, Zweiter Band, 2. Teilband, §§ 253-299a; 3. Auflage, München 2008; (zit.: Wieczorek/Schütze-*Bearbeiter*)

Wieczorek, Bernhard (Begr.)/Schütze, Rolf A. (Hrsg.): Zivilprozessordnung und Nebengesetze, §§ 916-1048 ZPO, §§ 1-24 EGZPO, §§ 1-202 GVG, §§ 1-30 EGGVG, 3. Auflage, Berlin u. a. 1995; (zit.: Wieczorek/Schütze-*Bearbeiter* (3. Auflage))

Wieczorek, Bernhard (Begr.)/Schütze, Rolf A. (Hrsg.): Zivilprozessordnung und Nebengesetze, §§ 916-1066 ZPO, 4. Auflage, Berlin u. a. 2014; (zit.: Wieczorek/Schütze-*Bearbeiter*)

Wilke, Mark: Verfahrenseinleitung und Verjährungshemmung in AAA-, DIS- und ICC-Schiedsverfahren, in: RIW 2007, Seiten: 189-194; (zit.: Wilke, RIW 2007)

Windscheid, Bernhard: Die Actio des römischen Zivilrechts: vom Standpunkte des heutigen Rechts; Neudruck der Ausgabe von 1856, Aalen 1969; (zit.: Windscheid, Die Actio römisches Zivilrechts)

Windthorst, Jan Erik: Die Wirkung des Antrags auf Feststellung der Zulässigkeit des schiedsgerichtlichen Verfahrens (§ 1032 Abs. 2 ZPO) auf die Verjährung, in: SchiedsVZ 2004, Seiten: 230-234; (zit.: Windthorst, SchiedsVZ 2004)

Witthohn, Hauke: Gewohnheitsrecht als Eingriffsermächtigung, Baden-Baden 1997; (zit.: Witthohn, Gewohnheitsrecht als Eingriffsermächtigung)

Wittibschlager, Martina: Rechtshängigkeit in internationalen Verhältnissen, Basel u. a. 1994; (zit.: Wittibschlager, Internationale Verhältnisse)

Wittmann, Arno: Struktur und Grundprobleme des Schiedsgutachtenvertrages, Köln 1978; (zit.: Wittmann, Schiedsgutachtenvertrag)

Wolf, Christian: Die institutionelle Handelsschiedsgerichtsbarkeit, München 1992; (zit.: Wolf, Die institutionelle Handelsschiedsgerichtsbarkeit)

Wolff, Reinmar (Hrsg.): New York Convention: Convention on the Recognition and Enforcement of Foreign Arbitral Awards of 10 June 1958, Commentary, München 2012; (zit.: Wolff-*Bearbeiter*)

Wright, Charles Alan: Law of federal courts, 5. Auflage, St. Paul, Minn.1994; (zit.: Wright, Federal Courts)

Zerbe, Götz: Die Reform des deutschen Schiedsverfahrensrechts auf der Grundlage des UNCITRAL-Modellgesetzes über die internationale Handelsschiedsgerichtsbarkeit, Baden-Baden 1995; (zit.: Zerbe, Die Reform des deutschen Schiedsverfahrensrechts)

Ziegler, Karl-Heinz: Das private Schiedsgericht im antiken römischen Recht, München 1971; (zit.: Ziegler, Schiedsgericht im römischen Recht)

Zimmermann, Walter: Zivilprozessordnung, mit FamFG (Allgemeiner Teil sowie Verfahren in Familiensachen), GVG, EGGVG, EGZPO, EU-Zivilverfahrensrecht, 9. Auflage Münster 2011; (zit.: Zimmermann, ZPO)

Zöller, Richard: Kommentar zur Zivilprozessordnung, 30. Auflage, Köln 2014; (zit.: Zöller-*Bearbeiter*)

Zweigert, Konrad/Kötz, Hein: Einführung in die Rechtsvergleichung, 3. Auflage, Tübingen 1996; (zit.: Zweigert/Kötz, Rechtsvergleichung)